體育運動行政與管理

Administration of Physical Education and Sport Programs

LARRY HORINE、DAVID STOTLAR◎著

程紹同、呂佳霙、黃煜◎譯

ADMINISTRATION OF PHYSICAL EDUCATION AND SPORT PROGRAMS, FIFTH EDITION

Published by McGraw-Hill, a business unit of The McGraw-Hill Companies, Inc., 1221 Avenue of the Americas, New York, NY 10020.

This book is printed on acid-free paper.

1 2 3 4 5 6 7 8 9 0 DOC/DOC 0 9 8 7 6 5 4 3

ISBN 0-07-255716-8

Vice president and editor-in-chief: *Thalia Dorwick*
Publisher: *Jane E. Karpacz*
Executive editor: *Vicki Malinee*
Developmental editor: *Gary O'Brien*
Senior marketing manager: *Pamela S. Cooper*
Senior project manager: *Marilyn Rothenberger*
Production supervisor: *Enboge Chong*
Media technology producer: *Lance Gerhart*
Designer: *Cassandra Chu*
Cover/interior designer: *Laurie Anderson/Detta Penna*
Cover image: *Jules Frazier/PhotoDisc, Ryan McVay/PhotoDisc, Karl Weatherly/PhotoDisc*
Associate art editor: *Cristin Yancey*
Compositor: *Carlisle Communications, Ltd.*
Typeface: *10/12 Palatino*
Printer: *R. R. Donnelley/Crawfordsville, IN*

Library of Congress Cataloging-in-Publication Data

Horine, Larry.
Administration of physical education and sport programs/ Larry Horine, David Stotlar.- 5th ed.
p. cm.
Includes bibliographical references and index.
ISBN 0-07-255716-8 (alk. paper)
1. Sports administration-United States. 2. School sports—United States-Management. 3. Physical education and training—United States—Management I. Stotlar, David Kent, 1952- II. Title.

GV713.H67 2004
796'.06'0973-dc21

2003044551

This text was based on the most up-to-date research and suggestions made by individuals knowledgeable in the field of athletictraining. The authors and publisher disclaim any responsibility for any adverse effects or consequences from the misapplication or injudicious use of information contained within this text. It is also accepted as judicious that the coach and/or athletic trainer performing his or her duties is, at all times, working under the guidance of a licensed physician.

www.mhhe.com

序

“Dr. Larry Horine and I are very excited about the translation of this text into Chinese. While many of the examples may not relate exactly to your culture and sport settings, we hope that the basic information will benefit you. In our many years as professors in the United States, Dr. Horine and I have managed many sport programs, served as Chairs of National Sport Organizations and produced many publications and presentations in the field. We hope that you enjoy the book and thank Dr. Philip Cheng for his outstanding work in translating not just the words but the meaning of the material.”

Dr. Larry Horine與我個人非常高興這本書中文版的發行，這本書中許多的案例也許與你們的文化與運動環境並非直接有關，我們依然希望書中基本的概念對你們有幫助。以我們在美國多年的教學經驗，Dr. Horine與我參與許多運動組織的管理工作，擔任國家運動組織主席及在這個領域發表許多研究及演講工作的經歷，希望會喜歡這本書，同時也感謝程紹同教授優秀的翻譯，不僅提供字面上的意涵而且能夠貼切地闡述出本書內容的精髓。

Dr. David K. Stotlar
Professor, Sport Management
University of Northern Colorado
Campus Box 39
Greeley, CO 80639

譯序

台灣目前開設有運動管理（Sport Management）類別科系的大學約有31所（周宏室，2004），並有超過70所以上的大專院校開設運動管理領域的相關課程，已成爲熱愛運動的青年學子們爭相就讀的新興科系及熱門行業選擇。而運動管理科學自1966年美國俄亥俄大學（Ohio University）開設第一個碩士班課程發展至今，以及隨著21世紀結合健康暨運動休閒娛樂的意識高漲，與全球運動產業的快速蓬勃成長趨勢下，更已成爲國際體育運動學術的當代主流顯學之一。

運動管理科學之所以重要，譯者於1997年出版的《運動管理學講集》一書中早已強調其重要性，即(1)國家體育運動政策推行的原動力、(2)體育運動組織行政管理人才的殷求、(3)休閒性運動服務專業的致勝之道、(4)現代體育運動學術發展的新趨勢。所以，不論國家體育政策的實踐與施行、體育教學目標的達成、運動賽事的成功舉辦以及運動產業的持續發展均有賴運動管理功能之充分發揮。因爲，「人，才是創造奇蹟的關鍵；而瓶頸，也總是發生在『上層』」。尤其是體育運動行政與管理組織的領導者，位居影響力的核心，享有職權，也有權責，若能強化自身的運動管理理念與能力，組織目標與理想就能夠實現。鑑此，運動管理之專業知能實爲現代體育運動行政管理者必備的重要條件，更是成爲卓越領導者不可或缺的成功因素。

■譯著的緣起

譯者初次拜讀Dr. Larry Horine的大作《體育運動行政與管理（*Administration of Physical Education and Sport Programs*），第3版》一書是在1995年，該書被列爲國立台灣師範大學體育研究所運動管理學門師生讀書會的共同選讀書籍，當時便認爲這是一本適合體育運動專業教育的理想教科書。10年後，發現該書第5版的發行仍廣受美國運動管理教育界師生的認同與採用，其中增加的第二作者Dr. David Stotlar又是譯者多年的好友，覺得這本結合美國兩位知名教授心血的著作，相信對台灣體育運動行政與管理教育也會受益不少，便興起翻譯此書之念頭，希望能提供國內師生參考，並對專業人才培育做出些許貢獻。

■關鍵詞的界定

本書英文標題爲《Administration of Physical Education and Sport Programs》，直譯可爲「體育運動的行政」。但是，譯者發現全書內容，作者們論及學校體育課程與活動多使用「體育」一詞，而談到競技訓練及比賽部分，則以「運動」一詞稱之。再者，書中的「行政（administration）」與「（management）」二詞常交替使用，除突顯行政單位對管理功能的需求與強調外，爲能廣義解釋，譯者不在書中刻意區分行政與管理。因此，爲能涵蓋全書內容與精神，故將本書中文標題訂爲「體育運動行政與管理」。

■本書特色與適用對象

本書作者們不僅以其專業涵養來撰寫相關內容，更強調理論必須驗證實務的理念，將他們個人行政管理的思維反映在此書的架構及各章內文之中，誠屬難得。與坊間衆多同質專書相較，突顯出本書的不凡價值。從每章首頁發人省思的「管理思維」以及契合實際的「案例討論」切入該章主題開始；接著明確地指出該章節的學習目標；到最後鼓勵思考的「關鍵思維」及應用所學的「練習題」，處處可感受到作者們的領袖觀點與用心。全書15章的豐富內容鉅細靡遺地將體育運動行政管理者所需要的專業知能以及所會面臨到的各種事務均做了詳細的解說，甚至於連採購運動服的材質與肌力訓練設備廠商的名單等細節資料都做了清楚交代，讀者若能融會貫通，相信獲益匪淺。

舉凡體育運動範疇所提及者皆需要本書強化自身專業競爭力。包括運動產業中的教育學術組織（體育運動暨相關科系師生）、各級學校運動組織（大專／高中體總、學校體育室／組、體育教師、代表隊教練等）、職業（餘）運動組織（職棒、單項協會、基金會、健身俱樂部、游泳池經營等運動暨休閒事業體及經營管理者）、政府行政單位（體委會、教育部體育司、體育場等行政人員）。不論您的學術研究背景或者工作性質，職場上的行政管理專業能力絕對是不可或缺的必備條件！而本書將會是您的重要參考寶典，從中也可以獲得個人的研究方向及實戰經驗範例。

■衷心的感謝

本書專業內容充實而多元，質量並重，爲求忠實地呈現作者們的原意，誠非易事。其中漫長的翻譯過程更是繁重而費時，超乎譯著預期。全書歷經一年終於完成編輯出版作業。首先要感謝本書的第二譯者呂佳霙博士及第三譯者黃煜博士；由於他們對美國體育運動文化背景的專業知能與辛勤的努力，才使得這本好書能夠及早問世。而本譯著之順利付梓全得力於揚智文化事業的盛情邀約，該公司秉持一貫支持體育學術界的精神，積極出版運動與休閒管理的專業教材，嘉惠讀者，令人欽佩；同時也得特別感謝主編暨責任編輯鄧宏如小姐及美編同仁們細心而專業的協助，才能讓此書以最完美的風貌呈現在讀者面前。回想整個翻譯出版過程與團體合作的努力點滴，不也正是行政管理的具體實踐。期許所有（未來）的體育運動行政管理者不僅能夠瞭解本書的精義，更能夠「起而行之」，造福國家社會。

本譯著雖歷經多次努力校對，恐仍不免有所疏漏錯誤，尚祈各界先進同好，不吝賜教指正。

程紹同 博士 謹識

國立台灣師範大學運動與休閒學院教授

中華民國94年9月

各章譯者一覽

		譯者
第 1章	體育運動行政與管理的本質	程紹同
第 2章	體育運動的管理功能	程紹同
第 3章	體育運動管理的溝通與激勵	程紹同
第 4章	體育運動管理的人力資源	呂佳霙
第 5章	體育運動管理的公共關係	呂佳霙
第 6章	體育運動的財務管理	黃　煜
第 7章	體育運動的採購、保養維護與安全管理	黃　煜
第 8章	體育運動與法律	黃　煜
第 9章	體育運動的風險管理	黃　煜
第10章	體育運動場館的設施設備規劃、設計與管理	黃　煜
第11章	體育運動管理的評量／評鑑	呂佳霙
第12章	體育運動管理的資訊處理與辦公室管理	呂佳霙
第13章	體育與校園休閒活動常見的行政問題	呂佳霙
第14章	運動代表隊與健康體適能中心的特殊管理問題	呂佳霙
第15章	體育運動行政與管理的未來	呂佳霙

前言

撰寫本書的主要目的，是想要提供體育運動管理的基本概論給體育學系或運動管理學系的大學部學生。但又因本書也提供不同程度的閱讀與練習題，所以這本書適合給體育學系的研究所學生和運動場館管理主修的大學部學生。

■ 我們的目標（OUR GOALS）

根據作者在過去30年的第一手經驗，本書的學術主題強調行政管理的實務。此外，本書的內容是根據以下的架構：（1）內容是否實際；這些是否可以應用到實際情況上？（2）內容是否依據研究和專家的建議與意見？（3）內容是否有運用理論？

本書的風格是以輕鬆與直接討論的方式，而非以傳統嚴肅理論的教科書模式。撰寫方式是以讀者可容易閱讀爲前提，所以讀者們不必費心去找尋專門技術用詞。在許多討論的領域，本書是以列表方式陳列，一方面是因爲這是較有效率的學習方式，另一方面又可保有重要資訊。這種內容安排也可以讓授課教授輕易地測驗學生學習成果。

■ 第五版的架構和內容（ORGANIZATION AND CONTENT OF THE FIFTH EDITION）

每章皆以一則「案例（case study）」開始介紹，每則案例都是設計用來啓發學生的興趣，也替該章節的內容設置開場白。而在每一章的最後皆設有「關鍵思維（Critical Thinking）」，提供假設的情境給讀者，以加強該章節的重點。

在這本第五版中，內容已做過大幅增加與部分刪減，並加入最新訊息，也加入新的討論重點如：多樣性、種族、標準、解決衝突和組織透明化。爲了討論日增的預算限制議題，新版本也加入新場館的預算編列討論，以及如何透過適當財務策略、抗辯先訴書來轉移風險。本書也提供新的相關網址。全新的附錄還包括提供體育運動與休閒領域產品與服務的公司聯絡資料（包含電話、email和網站）。

■ 感謝建議的學者專家（ACADEMIC ADVISERS AND REVIEWERS）

本書能完成，承蒙下列學者專家的傾力協助，包括檢閱本書的以前版本與爲第五版提供修改方向：

Mauricio Ferreira, Ohio University
John M. Kraus, Utah State University
Victor H. Mancini, Ithaca College
Gary P. Overton, East Carolina University
Nita Unruh, University of Nebraska
Frank Veltri, University of Georgia

誌謝

Larry Horine

誠摯地感謝我的妻子，Dr. Mary Ellen Horine，支持我繼續在學術領域的追求。

David Stotlar

感謝我的子女和北科羅拉多大學同事們的支持，更且，感謝我最近剛過世的父親，感謝他惠予我對運動的熱愛。我也感謝我的妻子Sylvia，我們的婚姻帶領我繼續通過所有人生的挑戰。我們都因周圍的人事物而豐富生命。

目 錄

第5章　體育運動管理的公共關係　139

第6章　體育運動的財務管理　185

Chapter 1
體育運動行政與管理的本質

The Nature of Administration and Management in Sport and Physical Education

管理思維 Management Thought

教師影響力是永恆的，無人可以知曉這股力量的盡頭。

A teacher affects eternity; no one can tell where his influence stops.

～亨利・亞當（Henry Adams）～

案例討論：一窺體育組長的職務（A Glimpse at an Athletic Director）

珍（Jane）是一所高中資深的體育組組長（AD），她熱愛自己的工作。體育教師曼紐（Manuel）向她徵詢有關應徵學區內另一所高中體育組組長職缺的意見。曼紐向珍表示，有些朋友勸告他不要去應徵這份工作，因爲體育組組長的薪資有限，而職務上的繁重負擔與問題卻是層出不窮。

珍則回答，金錢並非是擔任體育組組長工作上唯一的報酬。當問題獲得解決或成功地完成前所未有的任務時，她內心會充滿了成就感，而觀看學校運動代表隊獲勝的那種興奮感覺，就像自己是教練般的喜悅雀躍。運動若能透過有效的行政與管理而發揮其應有功能，將對運動員的人格養成與行爲自律產生強而有力的助益；同時，可以提供運動員追求極致表現的機會。

以珍的經驗認爲，不論運動代表隊的輸贏，開明的行政與管理政策，能夠讓教練們暢所欲言。如果教練們要求更多的資源或經費，他們就可以與體育組組長坐下來共同商討解決之道，有時候也會拿其他學校的體育預算來做比較參考。

從事任何工作，總是無法一切盡如人意。珍鼓勵曼紐能夠將問題當成挑戰，而不是件麻煩事。如果曼紐能夠讓其他同仁一起參與解決問題的過程，那麼他就可以準備去接下這份行政職務了。在聽完珍的說明後，曼紐決定去應徵這份工作了。

本章目標

讀者應能夠

1.陳述為什麼運動管理學系或體育學系學生，或者是有志於教練工作者應該修習行政管理課程的理由，以及需要評估與行政職務相關利益與問題的原因。

2.建構指引體育運動行政者，在行政決策中所必須具備之哲學觀及倫理思想。

3.描述傳統行政者的類型及其職責功能。

4.指出有助於獲得行政職務及保障持續成功的必備本質或技能條件。

5.瞭解運動管理學系或體育學系學生或者是有志於教練工作者未來擔任行政職務的準備條件及其職務上的責任與角色。

行政的重要性
IMPORTANCE OF ADMINISTRATION

經驗指出，若要追求體育行政事務上的卓越表現，其關鍵因素就在於行政主管的本質。有能力的領導者在維持原有的組織架構及人力支援下，能夠將普通平庸的活動辦得有聲有色，這樣「化腐朽爲神奇，反敗爲勝」的成功實例其實處處可見。產業界也一致認爲，聘任卓越的領導者是一種獲利最大的資金運用策略。就如同體操運動一般，身體動作總是會跟隨著頭部在進行；同樣地，活動的品質也是緊緊跟隨著領導者的行政能力高低而定。

領導與行政
LEADERSHIP AND ADMINISTRATION

瑞利（Railey）與邱勒（Tschauner）（1993: 6）提出建議認爲：領導、管理與行政一詞應是可以交替使用的。他們指出，領導意指爲：「一種透過說服或影響力方式，引導或指揮他人的行爲。」有學者亦認爲，管理者與行政者的職責是將「對」的事辦好（get the right thing done），而有遠見的領導者則是選擇做「對」的事（do the right thing）（Mobley, 1997）。

領導或行政的職銜 Leadership or Administrative Tiles

管理（Management）　管理一詞是可與行政一詞交替使用的（Parkhouse, 2001）。將學校內負責一個游泳池的主管稱爲「管理者（經理）」，而將綜管數個游泳池運作的主管稱爲「行政者」或「主任」應是一

表1.1 學校及大學之典型行政組織

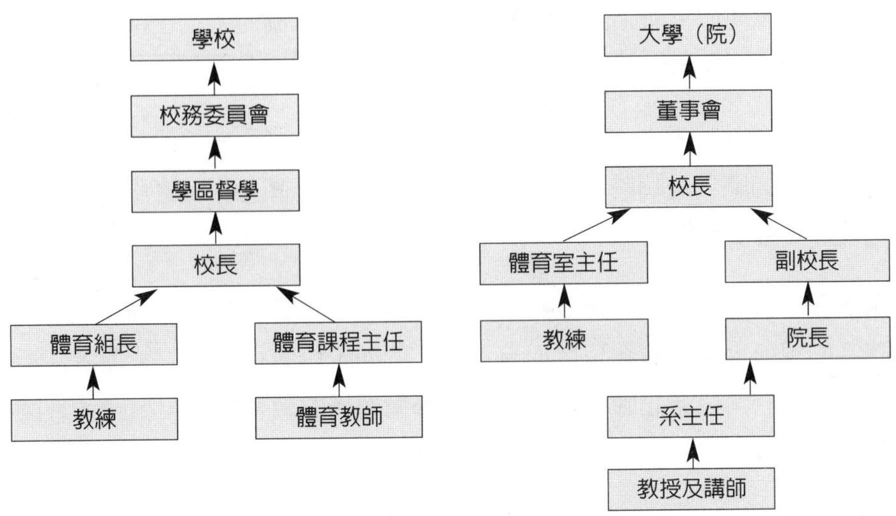

註：1.根據學校規模大小，可能是由督學員（supervisors）或委員會召集人（coordinators）來直接協助學區督學，與學區內的學校教師、教練及校長們共同推動校務。

2.在大型學校，體育組組長則須向助理校長報告。

3.在大學中，體育室主任須向副校長報告。

4.在大學中，屬於奧運項目的教練則須經常向助理主任或副主任報告，以及向一些直接與教練、副主任或主任共同工作的運動競技專家等人（如運動資訊中心主任與運動防護小組組長）報告。

個恰當的稱謂（參閱**表1.1**）。

主任（Director） 體育運動中主任的頭銜多指負責學校體育事務的主管，意指體育組（室）主任（組長）（athletic director, AD）。中等學校的體育組組長通常是須向校長（principle）負責。在高等教育體系中，體育室主任亦必須向大學校長（president or chancellor）負責。有些學校所謂的「主任」也可能是指負責校園休閒活動的主管。

召集人（Coordinator） 通常召集人的頭銜意指該人並沒有職權或職責來督導或指揮其他人員工作。該職務性質通常隸屬於行政者的幕僚，就像「學區督學（superintendent）」的職務，是負責協調學區內各所學校校長、體育組組長或體育部門主管們的校務工作。在高等教育體系中，該項職務則多屬於系所下設的任務編組（單位），以協助系主任推動系務工作，例如，活動課程委員會。

總監（Supervisor） 意指擁有超越其他專業工作者之直接職權的個人，通常總監的職責是超越技術層面的督導權力，稱謂上多以總監、主任及經理等交替使用稱之。

系主任（Chairperson or Department Head） 系主任的職務角色依該學系的規模大小及複雜程度而有不同。例如，扮演行政者、管理者甚至於召集人的角色。該職務負有在特定學術領域的教育單位中，帶領教師的角色。

運動管理（Sport Management） 對於類似體育、運動科學、健康科學及休閒研究等相關科系而言，運動管理現已成為一個新的學術研究領域及授予大學及研究所學位的新興課程。而源起於美國體育學術領域的運動管理專業，目前已擴展至大多數的已開發國家。北美運動管理學會（North American Society of Sport Management, NASSM）及美國體育運動學會（National Association for Sport and Physical Education, NASPE）則對於運動管理專業學術的發展，居功卓著（Parkhouse and Pitts in Parkhouse, 2001）。1993年5月NASPE與NASSM首將《運動管理課程標準與審查程序（*Sport Management Curriculum Standards and Program Review Process*）》出版，並於1994 正式成立「運動管理課程審查委員會（Sport Management Program Review Council, SMPRC）」以督導整個審查流程（Parkhouse and Pitts in Parkhouse, 2001: 7）。詳細資訊可去電1-800-321-0789或上網至www.aahperd.org/瀏覽查詢。

適能課程主任（Wellness Program Director） 運動產業中不論是商業或是大學的適能中心如雨後春筍般林立，創造了對此一專業行政主管的人力需求。許多大型商業體適能健身俱樂部均已體認到結合適能課程所帶來的商機。根據人力資源經理表示，體適能課程方面的專業人力需求，將會成爲職場上未來熱門行業之一（"Trade Talk", 1993）。一家大企業指出，在公司導入適能課程後，員工曠職率降低了14%（"Inside Fitness", 1993）。

爲什麼要修習行政？
WHY STUDY ADMINISTRATION?

學生也許會質疑爲什麼應該要唸行政的理由。大多數的學生可能會比較關心畢業後找工作的問題，而忽略了自己在未來工作上所需擔任的行政職責。然而，即使是體育運動的社會新鮮人，他們不難發現自己的第一份工作，卻經常與行政事務有關連。即使是第一年的教師或教練生手，也會涉入與**表1.2**所列出的行政事務。

修習行政的相關內容其實也包括對求職者的面試。很明顯地，倘若我們愈熟悉面試的程序，將來在自己求職時便愈能佔到優勢。教育是屬於官僚的科層體制（bureaucracy）的，教師或教練若能對此行政的科層

表1.2 教師／教練的一般行政職責一覽表

1. 督導校內或休閒運動。
2. 管理游泳池。
3. 出席家長會議。
4. 研擬各項標準作業流程或政策內容。
5. 擔任各項委員會委員。
6. 修訂課程內容。
7. 各項運動器材用品的盤點登錄。
8. 採購運動器材用品。
9. 檢視運動設施設備的安全性。
10. 督導運動設施設備的保養維護及器材用品的維修。
11. 籌辦或指導各項運動日活動、運動競賽、運動會或公開展演活動。
12. 代表學校對外參加各項運動競賽。
13. 訓練學生代表。
14. 指導運動社團或啦啦隊。
15. 為運動支持者撰寫新聞稿及會訊。
16. 透過媒體，在服務性社團及精神講話場合中發表演說。
17. 籌備、計算及指導票務銷售工作。
18. 協助票務銷售的推廣或增加後援會的收入。
19. 為運動競賽活動安排支援性服務，包括餐飲服務、收票員或領位員等。
20. 排課、辦比賽、擔任裁判等工作。

體制愈瞭解，便愈能在此行政體系中有稱職的表現，同時也可以與其他行政者合作無間。雖然本書著重於教育行政之內容，但是，別忘了在公立健康體適能中心、商業健身俱樂部、企業內部健身中心以及休閒與職業運動等行業中的行政職缺，也正日益增加中。

擔任行政者的利弊得失
WHAT ARE THE PROS AND CONS OF BECOMING AN ADMINISTRATOR?

優點 Advantages

體育運動行政者所面對的挑戰、報酬以及令人興奮的事務是層出不窮的。（參閱表1.3）雖然擔任行政者的薪資會有所增加，但是來自於本身職責的內部動機與工作成就感，可能會遠超過外在金錢的報酬（一種立即性的獲利）。再者，大多數的教師與教練會羨慕與尊敬行政上的領導者。能夠獲得其他專業者的敬重，是一件相當令人感到欣慰的事。所以，領導者便會經常被要求在不同場合中，對不同對象講話，也會受到來自專業的認同。教育體系中各層級的領導者會受到社會公眾的肯定與

表1.3　擔任行政者的優缺點

優點	缺點
1. 增加財務的收入。	1. 來自於加班及超時工作的壓力。
2. 增加專業的聲望。	2. 無法與學生建立關係的損失。
3. 增加社會的聲望。	3. 教學與研究時數的短缺。
4. 獲得專業的挑戰。	4. 來自於職責與人事上的壓力。
5. 強化個人的力量。	5. 與其他教師同事關係上的改變。
6. 獲得專業的成就。	6. 來自於專業與公眾嚴謹的要求，所產生下決策與執行計畫的壓力。
7. 擁有改變現狀影響力的機會。	7. 缺乏工作保障的安全感。
8. 可以結交其他卓越的領導者。	8. 個人時間的損失。
9. 正面的內在心理報酬。	
10. 獲得自我成長的機會。	

認同，這是擔任行政工作的報酬，這類的回報尚包括受邀加入一些社會或服務性團體，或受邀出席一些社交或專業聚會。

有些教育者不論是主動尋求及被指定擔任行政職務的情形，與登山者攻上一個陡峭山頭的情況一樣，皆是爲了「自我挑戰」的理由，並且他們均想知道自己的潛力極限到底到哪裡，所以常會問自己，這一次可不可以做得更好呢？對於一位客觀公正的領導者而言，能夠影響其他專業人員的未來命運，也算是一種工作上的回饋；但是對於缺乏安全感的人而言，若以掌握他人未來命運做爲尋求行政職位的理由，則是一種滿危險的想法。然而，眞正促使人們願意持續擔任行政職務的理由，其實應該是那種可以「改變現況」的成就感使然。就像是目睹體育活動的成功舉辦、運動設施設備的升級改善、部屬能力的進步與成長或學生運動技能表現的提升。對於計畫或活動而言，行政者擁有這樣的機會可以去創造、成就事物，以及提出願景，同時可以見到它從無到有的成長與茁壯。對於大多數的行政者來說，能夠有機會經常與其他的領導者會面，並發展友誼則是另一項令人喜悅的收穫。

缺點Disadvantages

表1.3也指出了一些擔任教育行政主管的缺點。行政的工作似乎永遠做不完，不論行政者花了多少工作時間，總是會有更多的事情等待處理，實在令人沮喪。更甚者，隨著「待辦業務」的增加，行政者的壓力與不安程度也隨之增加。擔任行政主管也會成爲社會公衆的焦點，所以必須增加額外與媒體互動的時間，也會打亂了個人的家庭生活。

體育教師與教練常與學生們關係融洽密切，行政者卻沒有許多機會與學生們進行近距離的接觸，而失去這種親近的感覺。在大學裡，過去積極從事學術研究與講演的工作性質，也會因爲選擇擔任行政職務而無法持續下去。通常行政者也會相當懷念過去從事專業學術活動所帶來的成就感。

行政者必須擔負相當大的責任。教師與教練應該問自己以下的問題：「我是否願意去承擔責任，去解決每一位部屬在工作及個人生活上的困難呢？」「在不同的會議中，我是否曾經大聲表示自願擔任最繁重的工作，同時享受大功告成的滿足感？」「如果說，班上有位學生受傷嚴重，我將會如何反應？」（教師或教練總是以：「我們學生太多了」或「我們缺乏適合的器材」等理由解釋）「如果我負責的體適能計畫，數年來均無法改善學生體適能的狀況，那我的感想會是如何呢？」

在擔任行政主管前，教師還必須能夠回答這個問題：「我是否有勇氣站穩立場，要求一個拒絕合理上課卻又受歡迎的常勝軍教練配合？」通常要分辨一位稱職的行政主管，並不在於其本身業務的成功，而是他辨別是非對錯的道德勇氣。是否有勇氣去選擇做對的事情，即使這件事並不討好，這就是對每一位熱切期望擔任行政者的一項眞實考驗，應該謹愼思考。行政主管與部屬之間的關聯性，通常僅存在於要求他們全力以赴達成任務之上，因此，尤其在大學中，行政者以主管的身分是很難與同事們維繫友誼的，所以這是一份很孤單的差事。最後，所有的行政者均會感受到沉重的壓力，主要是因爲他們的業績必須是經由其上級主管與社會公衆的公評而定。

薩特勒（Sattler）與金恩（King）（1997: 22）提出建議，若能回答以下5個問題，便可瞭解自己是否有能力成爲一位領導者：「（1）你是否有領導他人的欲望？（2）你是否渴望接受更大的挑戰？（3）你是否願意犧牲自己專業及個人的時間？（4）你是否能夠與任何人一起工作？（5）你是否擁有組織、激勵、授權與提出願景的能力？」

哲學觀與行政
PHILOSOPHY AND ADMINISTRATION

哲學觀或可定義爲追求眞理之事實基礎，是以邏輯辯證方式代替實驗調查或社會價值體系來探究眞理。體育運動行政者必須自我發展一套健全的哲學觀，做爲艱難決策制定之依據。以下的事件則說明教練、教師或行政者做爲行事依據的哲學觀（包括現今的價值觀）。

一些大學體育運動行政主管與教練，以揑造合法憑證收據或加報旅費開支的方式增加個人所得之情事時有耳聞。雖然，這些類似的混亂事件在高中甚至於國中已經相當嚴重，但卻仍未引起全國的注意。事實上，在體育運動的環境中，充滿著違反原則與規定的誘因，對於體育教師，特別是行政者將有許多迷失的可能性，必須能夠堅定自己的立場。

倘若你的最佳跑鋒（running back, 美式足球運動的球員位置）在前兩場比賽中受傷，醫師對於該名球員是否可以繼續上場比賽的診斷不置可否，而球員本身及他的父母親卻表示沒有問題，堅持要下場比賽，以教練或體育室主任的立場而言，你的決定會是什麼呢？

或者假設你是體育室主任，正面對著一個不用心於體育課教學或未規定上課的大牌教練時，你會採取什麼樣的處置呢？又或者假設你是運動休閒中心主任，爲了購置明年度所有的運動器材，對外公開招標。其中一家供應商表示，可以提供立即的售後服務，更換瑕疵品或損壞物品；另一家供應商則強調，如果能夠得標的話，就會「提供」一套高爾夫球具給你。這些競標條件並無明顯不同，而你會怎麼做呢？

行政哲學觀的基礎Basis for Philosophy in Administration

學生應該從一般教育以及體育運動主修課程中，瞭解到多元的傳統哲學觀念。經由哲學概念所建立起的價值觀，則會反映在行政者的行爲之上。

理想主義（Idealism）　在理想主義中，所謂的「眞實（reality）」是基於思想與精神；「眞理（truth）」來自於觀念；價值觀則是維繫生活，避免動盪不安的基礎。強調這樣哲學觀的行政者便會在他的工作活動當中發

展此一思想精神。此一主張即使短時間不被接受，也會因長期持續地執行而形成傳統受到遵循。進行改變是會被抗拒的，而規定與規則是會嚴格貫徹執行的。

運動家精神是受到社會高度的尊崇，而且體育運動的推動是可以降低學生缺課率，同時也可以鼓勵學生爭取更高的體育課成績。體育活動或運動的教育通常是需要實質的精神訓練，而不能只是口頭宣導而已。例如，學生必須穿著潔淨的運動服上課，課後一定要淋浴等規定。因爲，理想主義的行政者強調人格培養及公民權養成之發展，所以，在進行行政績效方面的評鑑時，恐怕會淪爲主觀的判斷，而無法做到眞正客觀化的評量。

現實主義（Realism） 在現實主義中，所謂的「眞實（reality）」是基於科學；「眞理（truth）」來自於眞實世界中的驗證；眞理是可以由具體事物及自然法則中獲取，價值則有時候也是客觀的。遵循現實主義教條的體育運動行政者則會支持可具體量測的活動與計畫。例如，活動參與者的數目是重要的。檢測對於行政者顯得相當重要，他（她）也許會利用電腦程式來施行系統化的健康與體適能的檢測，並依據對照性的統計資料來評鑑體育運動計畫的實施效率。

教練會被鼓勵去運用客觀性的標準來決定誰該從代表隊中除名，或誰最適當來擔任先發位置的球員。體育教師則被期待以可測量的項目來打分數，例如，客觀的運動技能測驗及動作的要求標準。而教師與教練的表現主要也會依據學生、同儕及行政評鑑的結果來做客觀衡量。所以，依個人工作表現做爲合約要求標準，以及可評估能力高低的課程科目，皆有可能會受到行政者的支持。適合進行統計測量的運動及體育活動也是受到支持的。再者，體育活動也會強調運用不同的評量要素來進行測驗。

實用主義（Pragmatism） 在實用主義中，所謂的「眞實（reality）」是必須經由體驗的，而且是一直變化不定的；「眞理（truth）」則需要從體驗中去發現的，而且眞理會隨著新體驗的產生而有所改變；眞理是指可行的事務，所以應該是講究實際的；而價值是指與社會良善面有關的，且是根據經驗判斷下的預期結果。此類哲學觀也被稱爲實驗主義（experimentation）或工具主義（instrumentalism）。遵循此一哲學觀的體育運動行政者則會對於那些有助於學校精神之發揚，以及可以整合促進弱勢族群回流至學校和社區生活的相關計畫暨活動，予以支持。

一般而言，遵循實用主義的體育運動行政者非常支持那些可以激起觀衆興致，且會讓學生們感染比賽氣氛的團隊運動項目。實用主義的體育運動行政者很可能比現實主義者及理想主義者，更願意去支持舞蹈及律動性的活動，而且傾向於民主化的行政類型。

實用主義之體育運動行政者的行動關鍵點，在於其「怎樣做會最好」的考量。這樣追求實際的作風會影響到相關政策的決定，包括的議題有體育課後的沖浴問題、制服的規定、評分方式、體育活動的種類、校際運動競賽的重視程度、設施設備的種類等。所以，行政者多會支持大班制團體合作性的體育活動項目。

存在主義（Existentialism）　在存在主義中，所謂的「眞實（reality）」存在於每一個人與現存的經驗之中；個人依據自由意志的選擇與責任來決定自己的道德標準；「眞理（truth）」則來自於個人的經驗；價值則是經由自我檢視而定；最後，抉擇是取決於自我的實現與自決。

存在主義型的體育運動行政者，大多會依據過去的經驗來下決定或政策的制定，這就會造成行政上的不一致或衝突。雖然這種哲學觀源自於個人自由的選擇即自由意志，但是也必須特別強調存在主義者的道德評估部分。因此，這類型的行政者爲了顧及社會道德的標準，而會做出一些非常不受歡迎的決定。

因爲自我實現與自決爲此類哲學觀的基礎，所以動作教育、律動、現代舞及團體合作性的活動等課程就會優先排入。除此之外，運動可以讓學生有許多自我表達的機會（如體操課），或可以幫助參與者多瞭解自己性格或韌性的一些課程（如美式足球、摔角、長距離的游泳或跑步）就受到相當的重視。一般而言，個人項目的運動會比團體項目的運動受到重視。因爲存在主義者是不會去設定一些規定或標準來比較課程之優劣，實際的評鑑則是依據主觀的自我反省。

折衷主義（Eclecticism） 折衷主義的觀點意指，綜合採用各家哲學的部分融合爲一，要比信奉單一哲學觀點來得好。幾乎所有的行政者皆有一定程度的折衷主義作法，因爲規定或環境情況有時是無法控制的。

每一位行政者，特別是身處於充滿激情衝勁危險的體育運動或休閒情境中的行政者，必須要有一套行得通的哲學觀。教練及領導者需要能夠擁有可以一直指引他們重要行政決策的哲學觀。若行政者未設定一套自己可行的哲學觀的話，就會像是一艘沒有指南針的小船飄流在海上逆流之中，遲早會落得擱淺在珊瑚礁上或是沉入海底的下場。

倫理學Ethics

倫理學是一門與人們應遵循的道德標準有關之學問。有關價值的問題以及是非的概念均會被評論。倫理揭示人們的「正確」行爲準則。在倫理道德的實例中，有一種聲音強調運動參與者包括觀衆、運動員、以及運動的行政管理者之間倫理道德的重要性，認爲運動管理者需要發展出倫理的準則…才能控制自己的行政作爲…運動管理者總是必須在環境混沌不明的情況下，做下堅定的道德抉擇（DeSensi & Rosenberg, 1996: 8-9, 17）。

價值（value）是倫理中重要的一部分，因爲我們的行爲表現（行動與決策）是根據個人的價值觀而定。價值是指個人認爲合意的、重要的及有意義的一種信念。價值可以是正面的，也可以是負面的，即所謂的是非對錯。價值也可以依其重要性而分爲較高或較低的等級（DeSensi & Rosenberg, 1996）。例如，若教練在明知道該名球員資格不符的情況下，仍然讓他下場比賽的話，此舉會被體育室主任認爲是最嚴重的錯誤行爲。同樣的，如果教練非法地（違反聯盟規定）送了一件冬季外套給一名飽受貧窮寒冷之苦的運動員，此舉會被體育室主任認爲是無傷大雅的失當行爲。

道德（morality）是與社會中的行爲和規範有關，所以也是倫理學研究中重要的部分。道德涉及到行爲與可學習的規範。「道德教導人們瞭解並遵守社會的規範，從個人的道德觀點推及至社會整體的道德標準」（DeSensi & Rosenberg, 1996: 30）。

「情境倫理學（situational ethics）」則是將特殊的行動及情況列入考量。據此觀點，每一種情況都是獨特的，且無前例可循，而每一件個案均是由其自身觀點看待；因此，通常被稱爲倫理相對論（ethical relativism）。運用在體育運動上，迪山喜（DeSensi）與羅森堡（Rosenberg）（1996: 109）便指出：「體育室主任的職責，就是要確保校方運動計畫能夠完善規劃，執行上也要能夠符合倫理規範。」這些責任包括：人事、資源、設施設備、發展，以及校方整體的運動計畫。

> 一項倫理的決策制定，是經由一個程序過程所產生的，而此一程序的形成起於壓力結構當中，並在情緒緊張的情況下，激起了合理性的討論，最後，獲得符合倫理的抉擇。最成功的程序過程應包括以下四項特性：
>
> - 必須是植基於核心的共享價值。
> - 必須是以針對選擇「是與是」之間的兩難問題，而不會是「是與非」之間的迷惑決定，做為考量的重點。
> - 必須是能夠提供出明確且具強迫性決議的原則。
> - 必須是能夠注入道德勇氣的（Kidder and Born, 2002: 14）。

倫理的決策應該要能夠反映出以下的準則：（1）信賴度（誠實、正直、忠誠）；（2）尊重；（3）責任感；（4）公正與公平；（5）關懷；（6）公民道德與公民權（DeSensi & Rosenberg, 1996）。

各家倫理學理論已傳播了好幾世紀了，帕克豪斯（Parkhouse）與匹茲（Pitts）將其綜整介紹如下：

> 實際上，最廣為接受的倫理學理論既不是完全是目的論（teleology），也不完全是義務論（deontology）。目的論中最著名的是實用論（utilitarianism），該論點重視行動的結果，並以「為最多的人們，創造最大的利益」為依歸。義務論則是較具有絕對的引導性，主張正確的行動取決於道德的基本法則，而與結果如何是無關的（Parkhouse and Pitts in Parkhouse, 2001: 165）。

倫理學的理論或是倫理的決策規範，在特定的用語中，會形成常用的格言如下列句子：

- 金科玉律：己所不欲，勿施於人。
- 實用論的原則：爲天下人謀福利。
- 德國哲學家康德（Kant）之定然律令：道德行爲的發生並無目的性，純粹爲情況發生時，人所必然對應之行動，這是必然且客觀性的法則。
- 專業倫理：受到公平無私的專業同仁所認爲之適當行爲，才會去做。
- 電視測驗：採取的適當行動，是可以接受全國觀衆公評與認同的。（Laczniak and Murphy in Parkhouse, 2001）。

行政的類型 Types of Administration

放任型態（Laissez-faire） 放任意指「不干涉」。因爲行政主管採取一種極爲低調的管理態度，並允許其組織自行運作。所以，放任型的行政有時會被認爲是一種「無政府狀態的（anarchic）」行政類型。

放任型行政的形成理由紛雜，不過，大多是負面的原因。例如是因爲行政者的專業性不足、沒有信心或單純是因爲懶散所致。很明顯地，此類型的行政並無法讓積極的領導發揮功能，所以是不建議採用的。

然而，事實上「無政府狀態」的行政也有其正面的意義。對於年輕、充滿活力且有能力的專業者而言，是可以自由地嘗試一些創新的構想與計畫，同時可在較短的時間內，獲得較多的經驗。對於幹練且具工作效率的專業者而言，就可以施行一些新穎的計畫或輕易地擺脫掉老舊的計畫。如中學校長或學區督學或大學學院的院長等的高階主管，他們也會經常給予這類型的行政者幾年的時間，並支持其作爲。爲什麼呢？因爲這些高階主管有時也得應付一些要求的緣故，包括需要更多的經費、更多的職位或是要求課程或校務政策的改變等，還不如放手讓各單位主管自己處理看看。此外，如果這些高階主管缺乏自信心的話，也會覺得督導這些放任型的行政者，比較沒有壓力或也不會有衝突的發生。

「無政府狀態」的行政，其缺點是顯而易見的。最嚴重的部分就是缺乏領導力。如果部屬們的能力不足的話，那麼缺乏效率的計畫與政策就會因爲無人管控，而繼續實行。在沒有規範約束的情況下，能力不足的教師及教練仍會安穩地坐在自己的位置上。倘若大家只顧著維持彼此的和諧氣氛，均不願對工作事務提出任何質疑與爭辯的話，那組織內便會失去追求卓越的動力，也會缺乏對未來的長程規劃了。年輕且缺乏經驗的體育教師們，則經常會在這種環境中迷失了自我，而不求上進。

專制的或獨裁主義（Autocratic or Authoritarian）　正如專制一詞可知，此類型的行政者就像是公司老闆，而不像領導者。通常這類型的行政很適用於軍隊，以及需要高度一致控管且單一目標條件的工業環境之中。許多公立學校是採用這樣的管理模式，這樣的行政類型也被稱爲「仁慈的專制主義（paternalistic）」，行政者則被稱爲「仁慈的獨裁者（benevolent despot）」，就像是在封建制度下的一位睿智且富裕的統治者一般，將權利與利益施捨給那些唯命是從者。

專制的行政者是可以有工作效率的。事實上，有許多專制的領導者聲稱，他們之所以必須獨裁的原因，是因爲人手的不足加上工作的繁重所導致。爲了能夠順利完成任務，他們就必須得專制行事。

在專制型的行政中，會議並不多，當需要開會時，大多只有事項的宣佈與指示。假設一位專制型的行政者是睿智且經驗豐富的話，工作的進度就會很快速，提出的修訂計畫或政策，也不會受到延誤。即使是沒有經驗或能力不足的教師或教練也會稱職地表現，因爲他或她會被清楚地告知如何適時地完成份內的每一件工作。

專制型行政者的缺點是不少的，首先其根本的問題則在於現今民主社會中談專制是站不住腳的，尤其是在公立的教育機構中。在專制型的行政中，也會喪失團體思考的綜效與力量。其他的問題尙包括：（1）最後的決策很可能會考慮不週；（2）最後所有的政策與計畫僅淪爲領導者個人的單一想法；（3）重大失誤產生的原因多肇因於團體參與及討論功能的喪失之故；（4）年輕教師或教練會因此缺乏行政與領導的重要經驗；（5）專制體系下的部屬，在行政養成階段若缺乏指引，將來獲得公眾支持的可能性不高，也不會勤奮地努力達成份內的工作；（6）經過長期的獨裁行政模式下，唯命是從的部屬會受到重用，而質疑領導權威的部屬則會當成是一種威脅。

民主主義（Democratic）　大多數的當權者會支持，在民主社會中採用民主式的行政作爲（democratic form of administration）。創意是可以在一場充滿活力的會議裡，透過團體中的個人意見所激發形成。這樣的創意也遠比同一群人各自單獨思索想出的點子要來得好。這樣的過程通常被稱爲「團隊動力（group dynamics）」，這是在一種參與性的管理情境所產生的。其他民主型行政的優點尙包括：（1）所有的部屬均有機會來決定自己專業的宿命；（2）年輕的成員可以透過團隊工作的方式，獲得行政事務的相關經驗；（3）部屬成員們將會更加努力完成工作目標，因爲在規劃過程中他們曾參與表達過個人的意見；（4）當團體共同努力時，團隊精神就會產生；（5）缺乏說服力或正當性不足的政策或計畫就不太可能實現，因為多數決的意見才會獲得團體的支持。

當然民主型的行政並非是完美無缺的，而最常見的問題就是缺乏行政效率。民主過程的磨合固然很好，但是進度非常緩慢。公共機關則突然發現自己為了與急速增加的各類功能委員會保持聯繫，而必須成立「委員會中的委員會（committee on committees）」。有時候，團體本身會陷入意見紛歧或個人偏見的泥沼之中。有許多的妥協是在團體共識尚未形成之前便已達成，這樣的結果通常也是行不通的。一般而言，民主型的行政效率得依大多數組織成員的能力程度而定。

折衷主義（Eclectic）　透過折衷的方式，行政者可依特定的情況，考量選擇幾種不同行政型態的部分精神，以真正符合實際的需要。有效率的行政者通常會以民主型態做為行政作為的基石，同時混入一定程度的放任空間。而一些特殊情況的發生才會考慮實行專制的方式。

對於從民主到專制式的折衷型行政之運用，行政者也許可以運用下列的方式來制定行政決策：

- 行政者可在融合所有可用的資訊後，自己來下決定。
- 領導者可搜尋多元管道的資訊，但仍是自己單獨下決定。
- 行政者為了得到部屬們的訊息、意見看法、立場與建議，可私下與他們談話，然後再單獨下決定。
- 領導者可以召集團體成員一起開會，在略述目前的狀況後，聆聽大家的回應與立場，最後仍是獨自下決定。
- 行政者可以邀請有興趣的團體共同參與討論，然後大家投票表決。

必備的領導特質與技能
QUALITIES AND SKILLS REQUIRED FOR LEADERSHIP

具備某些特質是可以加強個人獲選擔任行政主管的機會，不過長期的成功領導則仍需要一些必要的額外技能。

獲選擔任行政主管所需的個人特質與技能
Qualities and Skills That Can Enhance One's chances of Being Selected for Administration

1.曝光度（Visibility） 曝光度是可透過不同的方式獲得。例如，教練帶隊的獲勝紀錄或個人的運動名氣均可增加曝光度。獲選爲公務或專業單位服務模範，或者被服務性團體選爲年度（風雲）人物也可以獲得曝光度。在高等教育環境中，受到肯定認同的部分，則是來自於個人的出版著作或者是獲選爲重要委員會的委員。

2.認識「對」的人或朋友（Whom you Know, or friends in the right places） 雖然你認識誰並不重要，但是與人交往相識卻是每個人生活中必然的事。能夠獲得成功的行政主管、校長或體育室主任爲你美言，則顯得相當重要。在產業中，能夠讓年輕部屬不顧薪水高低及工作地點的遠近，而願意爲精悍且仕途看好的主管努力工作的原因，就是希望有朝一日可以「拉著長官的衣角，一起高昇」。越是成功的人士（如校務委員、醫師、民意代表）幫你說話，越顯得份量。

3.形象（Image） 體育運動行政主管形象的效應是很重要的。試想：如果你是學區督學，而你指派的體育室主任是一個穿著邋遢、頭髮雜亂又極度肥胖的人時，那麼，社會公眾及輿論又會如何來評論你的個人能力呢？

4.熱忱、活力與積極的工作態度（Enthusiasm, energy, and a posi-

tive attitude） 教練工作者會經常被遴選擔任不同性質行政職務的原因之一，即是因爲他們在教練工作上所表現出的熱忱。社會上自願出來義務工作的人並不多，然而，想要獲選爲行政主管者，就必須主動出來服務才行。因爲，人們對行政者的期望就像是一部「人類發電機（human dynamos）」般的充滿活力幹勁。資深的主管們皆希望教師與教練對於工作的態度是積極投入，永不嫌多的。

5.果斷堅決（Assertiveness） 一個行事作風勇敢果決，又不淪爲獨斷專制的教師或教練是會受到關注的。在會議中說出自己的想法並提出創新的解決方案，是需要勇氣的。有些人私底下意見很多，到了正式場合卻沒有什麼聲音。事實上，能夠擔任未來行政主管工作者，應是那些懂得提出正確問題又發言得宜的人物。他們的態度及語氣流露出友善的權威性，其行爲舉止反映出他們的自信與堅定。

6.學業表現（Academic record） 雖然以在校學業成績來預測個人行政職務上的未來表現是否合宜，值得商榷。但是，若能擁有優異的大學成績，的確有助於候選人爭取到他或她的第一個行政主管頭銜。對於缺乏正式行政工作經驗的年輕人而言，學業成績確實是一項可以參考的客觀遴選標準之一。

7.人格與情感因素（Personality and sensitivity） 雖然這些特質在行政工作將會愈突顯其重要性，但是在目前的人員面試或新主管的遴選上，便已是一項相當重要的考量因素。套句簡單話，就是說：「我會喜歡這個人嗎？我會樂意在每天的工作環境中與他相處嗎？」

長期成功的領導者之重要特質與技能
Qualities and Skill Important for Long-Term Success of a Leader

上述的許多特質或技能（除學業表現外）對於行政上的持續成功，仍屬重要，不過，若與下列的特質或技能相比，其重要性通常則會相形失色。

1.人際關係的能力（Human relations competencies） 人際關係上的能力是領導者最爲重要的特質。其中包括前述所提的人格與情感因素，但範圍上則較爲廣泛。擁有人際關係的能力表示領導者能夠激勵引導人員、行事公正果決且懂得變通、言行一致；能夠適時展現出個人的勇敢、謙遜與感性的一面；能夠與學校內的職工、學生家長、教師、高低年級的學生建立關係；能夠成爲最佳的聆聽者；能夠在混淆不明的情況下，以概念化的綜合運用能力來觀察全局，分析並解決問題。

2.溝通的能力（Communication competencies） 成功的領導者必須具備極佳的口語及寫作能力。所有的體育運動行政業務的公文份量均相當可觀，需要領導者花費不少時間來解讀簽辦。特別是在體育運動的領域中，領導者尙需要相當的口語表達能力來主持許多的會議、參加電台電視節目的訪問，以及對學生團體、服務性社團、家長會和教師們講話。

3.創意、彈性與願景（Creativity, flexibility, and vision） 成功的行政者會維持鮮活及積極向上的思維，是一位充滿想像力及創造力的領導者。他會營造一個萌生構想的氣氛，並且可以預見問題，防範於未然。他應該是一位主動出擊而不是被動反應的領導者。然而，教練則趨於傳統保守，有時候會認爲這些特質較難發揮。

4.思路敏捷（Metal quickness） 雖然許多領導者並非是絕頂聰明的，但是所有成功的領導者卻一定是思路敏捷、反應快速的人。他們必須具備高水準的常識，以便綜理複雜的情境，且依情節之輕重緩急，做出立即反應。勝利的運動團隊教練幾乎皆具備此一特質。

5.可信賴度與勇氣（Reliability and courage） 歷史證明，成功的領導者必須是可信賴的且行事風格平穩一致，而反覆無常的行政者是會產生問題與麻煩的。通常正確的決定是不受歡迎的，要提出與同僚意見相左的行爲或爲對的事情挺身而出，是需要勇氣的。一位眞正的領導者就必須能夠堅持眞理與自己的信念，有不少優秀的領導者均會以不惜辭職的代價來堅持自己正確的立場。如同美國第十三任總統哈利・杜魯門

（Harry Truman）的一句名言：「如果你無法忍受廚房的悶熱，那就請出去吧！（If you can't stand the heat, get out of the kitchen!）」

6.工作熱忱與活力（Enthusiasm and vitality） 體育運動行政者對於工作與生活的熱愛與激動是有感染性的。對他們而言，即使工作再忙碌，也要維持身體的最佳狀態。你無法想像這是怎麼辦到的。對於困難的工作，他們同樣地動作敏捷，且自我要求甚高，又能夠堅持到底。領導者的特質就是要如此有衝勁，不怕困難，敢於冒險。

7.專業化與技術能力（Professionalism and technical skills） 專業的行政者不僅要對現況熟悉，也要能掌握趨勢的發展。例如，近年來行政者針對平權措施（affirmative action）、失能者、性騷擾及電腦使用等議題的重大改變，必須能夠充分瞭解。雖然對行政者而言，技術能力並不如人際關係的能力那麼重要，但是卻能夠讓行政者更有工作效率。例如，行政主管看得懂建築計畫、帳簿、課程計畫，也能夠執行運動器材設施的細部計畫。高度專業化則是意指領導者在任何情況下，行爲舉止均不會違反道德規範。

體育運動行政業務的準備
PREPARATION FOR ADMINISTRATION IN SPORT AND PHYSICAL EDUCATION

打算從事體育教學、教練、運動管理或者是擔任校內休閒活動職務的學生們，現在就應該爲將來所可能面臨的各種行政業務做好準備。除了擔任前述工作者會經常遇到許多行政性的工作外，即使是第一年進來當體育老師或教練的社會新鮮人，立即接任行政職務的機會，比率也相當高。

一般的人文教育與職業訓練，是未來擔任行政職務者的基本要求。那些僅懂得自己領域內東西的人，總是會有一份不安全感。事實上，在建立自己紮實的人文素養之後，就應該會體認到人際關係才是行政業務最重要

的部分。吾人應該修習這方面的課程，或是去學習有關工作行為與激勵方面的技巧與方法。不論是必修或選修的有用課程可包括，心理學、學校法律、商業學、社會學、人類學或政治學。電腦能力也是必須的。參與服務性社團或學生會組織，也會強化未來對人際關係方面的認識。

此外，打算未來從事行政工作的學生，應該試著從課堂中或課外的社會經驗來增加本身的專業技能。參與過學生會組織的活動經歷，將會為個人提供絕佳的議事程序經驗。曾經參加過辯論會的經驗，也可為吾人未來進行公開演講做準備。試問你已經完成了那些準備工作了呢？又獲得了那些經驗？其他如企業管理、會計、說服講演技巧及團體動力等輔助課程也是很有幫助。為了維持行政者的活力，發展出一套屬於個人體適能的終身計畫及壓力管理方式是非常重要的。

對於打算未來從事行政工作的學生而言，完成研究所的進修，是必要的。碩士學歷幾乎已是成為一個行政者的最低要求。很明顯地，在校的學生必須能夠獲得一個不錯的平均成績，才能選修上一些必要的課程，以便具備未來申請碩士班所需資格之用。例如，有許多學校提供體育行政、休閒管理或運動管理等的碩士班及博士班學位課程，但是其中大多數的學校就會要求申請者應具備教學及（或）教練的實務經驗，以及行政實習的工作經驗。

也有不少的重要準備工作，是在畢業後頭幾年的工作經驗中獲得的。主動地表達參與興趣或自願承接委員會所交付的任務，可以幫助你自己做好準備。例如，擔任運動比賽的裁判工作、自願擔任社區休閒活動的籌劃負責人或者是青少年運動聯盟的選拔委員等工作。總之，多參與服務性組織的工作。記住，這些經驗可以強化個人的領導能力，且讓你一輩子受用無窮。

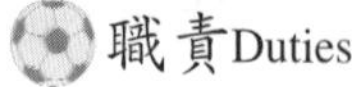

職責Duties

體育運動行政者的職責是什麼呢？這會隨著他們的頭銜（體育組／

室主任、體育課程主任、召集人)、責任範圍(休閒、商業化運動、競技運動、校園運動、體育學術等)、學生層級(小學、國高中、大學)及所在區域(州、郊區、市區)而有不同。若要詳細介紹所有的行政職責內容,恐非本書範疇所及,因此,僅將一具代表性之職責列表(**表1.4**)簡述於下。

表1.4 體育組/室主任與體育課程主任的職責對照表

體育組/室主任	體育課程主任
1.檢視與維持教練與運動員的合法資格與行為,以符合應有之道德標準。 2.人事管理(含評鑑考核)。 3.向學生、教師、校方及社會公眾說明體育組/室的工作內容及施行計畫。 4.籌募款項、編列預算與會計。 5.公共關係、行銷、活動促銷計畫(含門票銷售)。 6.運動器材的預算編列、採購、維護及會計核銷。 7.設施設備的規劃、安全檢查、場地時間表的編排與維護。 8.長程規劃。 9.為所有教師、教練與體育組/室主任以及與校方提供多元的溝通管道。 10.運動代表隊及運動員個人成績的適當統計與保存。 11.編列賽程及為裁判工作人員提供交通安排。 12.協調運動場地的使用時間。	1.領導部屬並提供專業成長機會,並為他們訂定專業道德標準。 2.人事管理(含評鑑考核)。 3.向學生、教師、校方及社會公眾說明體育課程的工作內容及施行計畫。 4.編列預算與會計。 5.公共關係。 6.運動器材的規劃、採購、維護、會計與供應使用。 7.設施設備的規劃、安全檢查、課程時間表的編排與場地維護。 8.長程規劃。 9.課程設計與活動規劃。 10.協調運動場地的使用時間。

關鍵思維 Critical Thinking

如果你是一位體育系的畢業生，且目前擔任中學的體育組長。全年的工作量早已壓得你喘不過氣來，完全超乎預期的想像。特別是那些堆積如山，不可能批閱完畢的公文。再加上許多必須出席參加的委員會議、教師會議及其他功能性會議等，迫使你養成了將公文帶回家，晚上加班批閱的習慣。即使如此，也很難讓你如期完成工作。

經過嘗試各種提高工作效率的時間管理計畫與節省時間的方法後，你終於在第二階段的學生成績計算期間，想到了一個非常有效的時間運用策略。即運用學生助理來幫忙一些文書登錄的工作。而學生助理們在課堂點名、各類測驗的成績登錄及計算平均成績等作業上，表現良好。基於這成功的模式，你打算利用部分的學生來協助4月份的全校學生健康體適能檢測的成績記錄工作。

過去來說，這些檢測成績對學生相當重要。不僅校方會將成績告知家長，最高分數者也會獲得該學區獎勵的殊榮，他們的相片更會刊登在當地的報紙上，這些學生的分數也會以團體成績的方式，代表該校與全學區內的其他學校一較高下。

就當這項重要的檢測工作完成，獲勝學生們的相片也都出現在報紙上之後，你收到了副校長的一張便條紙，上面寫著她接到一通來自學生家長的電話，聲稱他兒子的檢測成績，比報上刊登的其中一名學生的分數還要高，卻竟然沒有上報，他希望校方能夠查明眞相。當時，雖然你很震驚，但表示會去檢查這些分數，並確保沒有任何失誤的發生，然後再做回報。在檢查成績無誤的情況下，所以，你晤談了學生助理們。

其中一名學生助理承認，他替朋友吉姆（Jim）捏造假的成績分數。因爲吉姆的父親過去老是抱怨兒子過於懶散，又不夠強壯，所以吉姆請求這名學生幫忙他篡改成較高的分數，免得一直被父親嘮叨。

當你進一步調查又發現，吉姆的父親竟是本學區校務委員會委員。請依據下列問題試擬一份提交給副校長的調查結果報告：（1）協助成績舞弊的學生該如何懲處？懲罰的理由爲何？（2）獲得造假分數的男孩又該如何處罰？懲罰的理由爲何？（3）你自己是否也該自請處分？（4）是否該向報紙媒體提出更正聲明稿呢？（5）針對當初提出質疑的那位父親，你又有什麼話要對他說呢？最後，（6）對於此案，是否應該主動向學區督學或學區校務委員會提出說明？

練習題

1. 請將表1.3「擔任體育運動行政者的10項優點」隨機列出。想像自現在起的5年後，您將會受邀擔任一項這樣的行政職務，請依自己個人的想法列出這10項優點的優先重要順序，並說明你的理由。
2. 行政者的職務繁重，該如何解決時間不夠用的問題？請列出解決的辦法。
3. 假設您是一所高中體育課程主任兼體育組組長，為了避免因此而失去個人及專業上的人際關係，以及與學生的親近關係，請列出您的解決之道。
4. 請選擇任何一項，5年後心目中理想的運動管理主管職務，您為了維持屬下的高道德標準，請提出可行的策略。
5. 請試解決以下的一項組織問題：身為一所高中的體育課程主任，3月時，校長就指示您修訂明年度的體適能檢測程序。請問該如何運用折衷型的行政步驟來完成交辦任務。
6. 請根據體育組／室主任與體育課程主任的職責，討論兩者之間的異同。

參考文獻

DeSensi, J. T., and Rosenberg, D. (1996). *Ethics in sport management.* Morgantown, WV: Fitness Information Technology.

Inside fitness. (1993, February). *Club Industry 13.*

Kidder, R. W., and Born, P. L. (2002, February). Moral courage in a world of dilemmas. *The School Administrator* 59, pp. 14-20.

Mobley, T. A. (1997, April). Leadership in higher education for health, physical education, recreation and dance. *Journal of Physical Education, Recreation and Dance* 68, pp. 36-38.

Parkhouse, B. L. (ed.). (2001). *The management of sport,* 3rd ed. Dubuque, Iowa: McGraw-Hill.

Railey, J. H., and Tschauner, P. R. (1993). *Managing Physical education, fitness, and sport programs* (2nd ed.). Mountain View, Ca: Mayfield.

Sattler, T. P., and King, M. J. M. (1997, November.) Management: Ready of not? *Fitness Management* 13, p. 22.

Trade talk. (1993, February). *Club Industry* 10.

Chapter 2
體育運動的管理功能

管理思維 Management Thought

不做事前規劃的人們，那就準備規劃失敗吧。

Many people don't plan to fail, they fail to plan.

案例討論：

一項未獲同意的校長決策（Chancellor's Decision Not Approved）

有一所中型的大學決定準備興建一棟新的籃球館。在沒有徵詢學生、教師或社區民眾的意見下，校長逕行宣布這棟新的籃球館將命名爲「學生活動中心」，並決定以增加學生學費的方式，來支付約1,800萬美元的興建費用。

許多社區民眾、學生及教師們開始批評這項興建計畫。大家有兩大訴求：（1）這項設施並非眞的是所謂的「學生活動中心」，而目的僅是做爲籃球比賽、音樂會及畢業典禮活動的用途。（2）由增加學費的方式來興建籃球館的決定，並沒有經過公民投票程序的同意。

學生及教師團體抗議這項興建計畫。教師評議會及學生會皆以壓倒性票數通過反對此一籃球館興建案。整起校園內抗議事件也一直延燒至州議會的層級。最後，籃球館興建案就在缺乏民意的支持下，被撤銷了。

事後，當新校長接手此案時，校方邀集了教師、行政主管及學生代表，組成了大規模的委員會來審議籃球館興建的問題。委員會則建議這棟建築物應稱爲「集會中心」，可爲校內最大科系之一的健康休閒暨運動科學學系，提供新的實驗研究室、學生教室及辦公室等設施之用。同時，也可以做爲音樂會、畢業典禮、商展及其他社區活動等用途。這項新的建設工程預算則要比原先的計畫高出一倍，但是，州議會認定這不僅是一棟學術用途的建築物，也算是屬於社區的資源，因此同意撥下3,500萬美元的興建補助款。

本章目標

讀者應能夠

1. 舉例說明或描述體育運動部門暨組織之傳統與未來的結構。
2. 描述不同人力運用方式間之效能關係。
3. 比較對照麥葛雷格（McGregor）的X理論、Y理論、品管圈及Z理論在運動管理中之應用。
4. 舉例說明如何在運動管理中應用全面品質管理之理論。
5. 比較對照人際關係中不同的「權力」類型。
6. 描述體育運動行政者領導行為之理論、問題解決、授權、督導與決策等概念。
7. 瞭解運動管理中督導的原動力。

組織
ORGANIZATION

本書中所謂的組織結構（organizational structure）一詞意指，運動組織中職務的劃分與人員（員工與志工）的配置方式，以及這些人員間的彼此隸屬角色關係、協調與控制的機制（Slack, 1997: 6）。

每一個特定的組織結構均需進行以下的檢視：

- 複雜化（Complexity）－將組織劃分爲團體、運動項目、部門或組別，所形成的垂直、水平或空間的關係稱之。
- 集權化（Centralization）－指決策集中的程度謂之。決策集中程度愈高者，由最上層決定的可能性就愈高；決策集中程度愈低者，則多數決策會是由較低層級所形成的。
- 正式化（Formalization）－指組織內之政策制度、程序及作業辦法所能夠規範的程度。例如學校是一個高度正式化的組織，教師個人對於如何教學，就沒有太多自由發揮的空間（Amis and O'Brien in Parkhouse, 2001: 75-76）。

組織圖（organizational charts）即是以圖示方式，代表一個單位正式的結構內容。有些專家認爲組織圖概念已經過時，且會造成組織的僵化。經驗指出，當實際業務的溝通開始時，會隨著需要而變化，便會與組織圖上所顯示的架構關係有所不同（Miller, 1997）。

鑑於體育運動內容的豐富性，創造出多樣化的產品，因此就需要不一樣的組織結構。例如，教學單位的結構就必須能夠發揮訓練專業人員的功能，共同科的體育課程規劃、體育組、校園休閒或是健康體適能的事業單位等，均有其不同的服務（產品）內容。所以，如何設計出最適宜的組織結構，是一項獨特的挑戰。

倘若組織結構能夠維持幕僚與管理階層的溝通管道暢通，鼓勵創新與變革，並提供在職訓練與生涯規劃，那麼未來的體育運動事業就會蓬勃發展。所以，組織結構中的行政控制程度，以及所能夠提供給員工和幕僚的自由彈性、資訊分享與提出建言等權限間，必須要能夠維持一個平衡。也就是說，如果員工有好的點子，但是組織結構無法提供一個便捷的建議管道，那麼組織與員工皆會有所損失。換言之，如果組織管理中的控制是非常含混不明的話，員工就可以自由行事，而不會受到主管的監督或檢核，那麼，組織同樣會因爲無法達成既定目標而遭受損害。

由上述說明可知，組織內部的平衡勢必將無法維持。當內部的平衡達成時，領導者必須體認所將面對的組織結構之變動與問題。組織內部的平衡，通常只會在生產或利潤的衰退、運動代表隊的減少、或畢業生人數的減少、或者是新派行政者的到任等情況發生後的數年才會產生（Arburgey, Kelly, and Barnett, 1993）。

組織結構的層次Dimensions of Structure

組織的大小與複雜性可反映出其結構上的差異程度。最典型的學校及大學組織結構，多屬於直線與幕僚型（direct line and staff）結構（請參閱圖2.1）。在此類組織結構中，所有次級單位（如研究所），均會有一名召集人或主任的職位。教師們則透過此一主管向上負責。

有人則建議，環狀組織結構（circular model）是教育組織中較有效

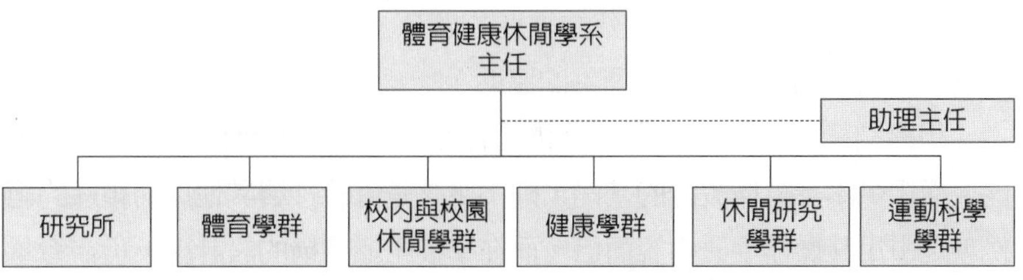

圖2.1 直線與幕僚組織結構

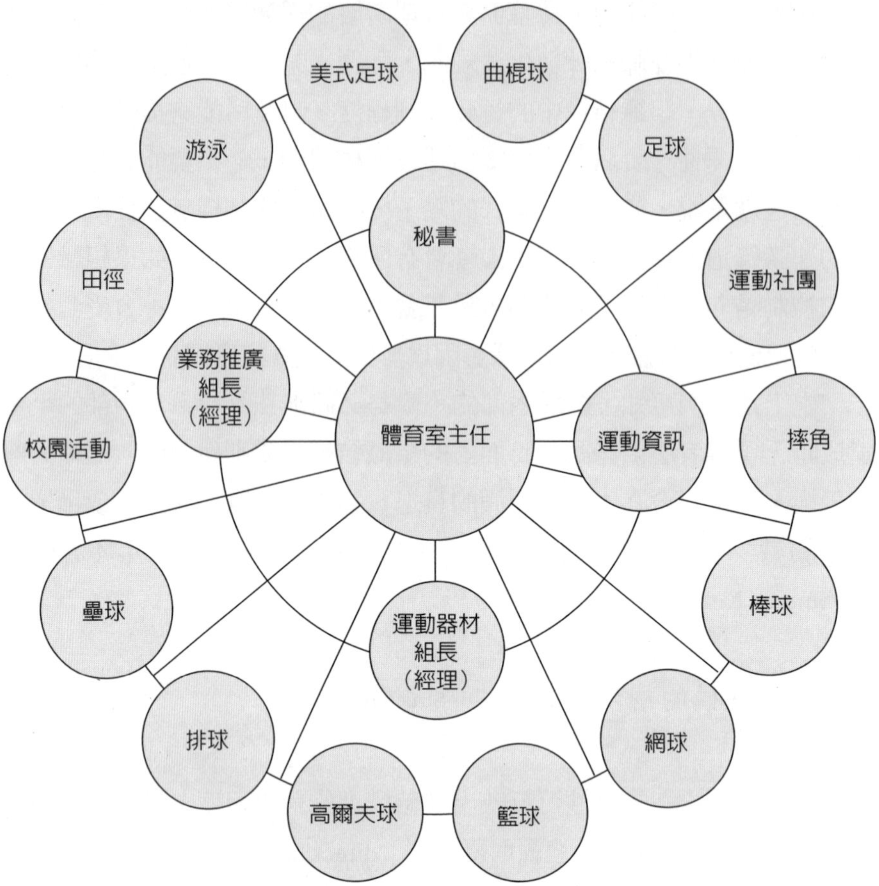

美式足球
曲棍球
游泳
足球
秘書
田徑
運動社團
業務推廣組長（經理）
體育室主任
運動資訊
摔角
校園活動
壘球
棒球
運動器材組長（經理）
排球
網球
高爾夫球
籃球

圖2.2　環狀組織結構

能的一種模式。此類結構圖如**圖2.2**。在此類組織結構中，所有的總教練位階相同，且可相互自由地建立彼此的關係。所有的教練均可平等地尋求支援幕僚（如事業推廣經理）的協助。

組織結構必須要能夠真正地讓其幕僚人盡其才地發揮最大的工作潛能。而組織本身結構設計的基礎，則不應該是直接抄襲其他成功組織的範例或是引用其操作手冊內容而已。而在學校組織結構的設計上，仍需考量另一項獨特的因素，即因學校組織內的教練、教師或教授等成員，對其本身特定領域（如課程、運動設施及器材或賽程編排等）的專業能力均高於他們的領導者。此類學校組織就必須能夠反映出這項知識的力量。

矩陣型（matrix-type）組織結構（**如圖2.3**）的設計則是在於鼓勵幕僚專業能力的充分發揮。此一系統可使教授不同課程的教師們，在矩陣圓環上有彼此交集與互動的機會。包括目標設定、課程修訂、評鑑協議及教材選定等功能，皆會由這些圓環群集中產生。

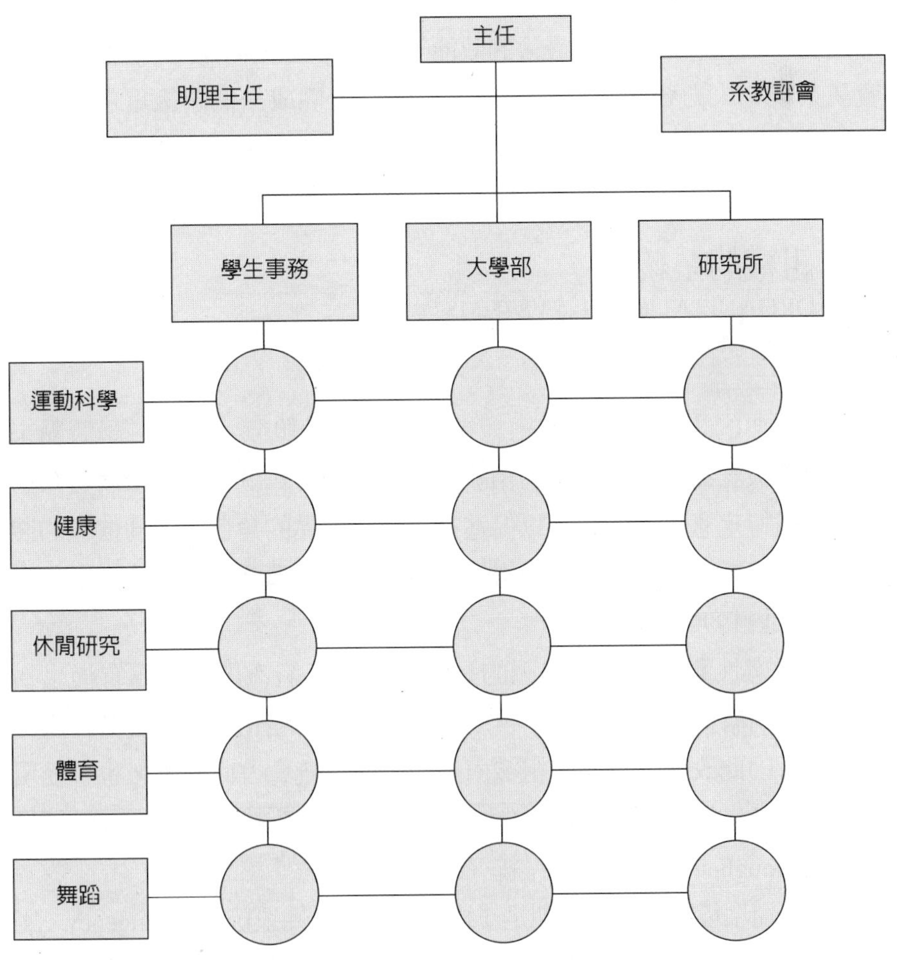

圖2.3 教師群母體組織結構

組織的理論
ORGANIZATIONAL THEORY

在觀點上，除了基本的組織結構上會不同外，組織實體是如何依其功能與運作方式而發展形成也有所差異。有些組織純粹是遵循其執行長（CEO）的個人風格而定，而其他組織則是依照上級命令行事。例如，接受州（省）長的指揮與命令；或者，在大型組織中，會參照其研究發展部門的建言，以發揮組織最大的效能。有些大型企業則甚至會將內部的資訊系統、人力資源及程序管理部門予以合併成一個超級單位，稱爲「策略性資源群（Strategic Resources Group）」（Davenport, 1993）。

組織的系統
ORGANIZATIONAL SYSTEMS

在古典的組織理論中，組織被視爲與機器類似。由此科學觀點來看，組織被認爲是「一系列的相關單位所組成，每個單位皆扮演著藉由執行一組特定意義的活動，以促進完成特定產品的角色。如同機械的裝置一般，組織被期待以一種精密性、反覆性且無情感性的態度在進行運作」（Slack, 1997: 9）。

由技術性觀點來看，強調的是環境影響。組織則比喻爲有機生物體。就如同有機生物體一般，會爲了適應環境的變化，而改變其行爲；組織則會因此改變其系統，組織內部的不同系統會彼此互動，也會受環境影響而產生變化。這些系統分別被稱爲「輸入系統（input）」、「轉換系統（throughput）」、「輸出系統（output）」。

另一種環境影響的觀點則是「權變（情境）性系統（contingency systems）」觀點。意指組織結構會受到情境因素（如組織規模的大小及目標）

的影響而改變。組織會根據實際情境的變化，尋求最佳效能表現的結構體。

最後，隨著環境快速變遷的影響，學者們建議，組織結構體應仿傚人類的大腦。如此才能持續監測環境的變化，並能夠立即做出適當調整的反應。而此類組織則是屬於自律性質的，該理論的基礎在於人工智慧學（cybernetics），期能以電腦機械功能代替人類神經系統的概念，對環境做出反應。所以，此一組織被視爲一種全圖像（holographic system）概念的系統，組織如同一張完整的圖畫，而內部的每一個單位就像是全幅圖畫中的一部分，而且是可以自我更新的組成部分（Slack, 1997）。

透明化、關係人與陽光政策Transparency, Stakeholders, and Sunshine

管理中的透明化即代表著管理中的眞理。關係人（stakeholder）是指對該組織的活動有興趣或有相關者，謂之。包括所有人事、政府機構、客戶、觀衆、顧客、供應商、代理商、媒體、校友、社會公衆及該組織的所有人／股東在內。陽光政策雖源自於民主政治中開放作風的古老概念，目前卻廣受企業體及非營利性組織所運用，運動組織也包括在內。組織結構要透明化，陽光才能夠普照在所有的關係人身上。彼此之間便不會有隔閡的產生或者是各懷鬼胎。所謂的組織透明化（transparent organizations），包括公正、共同協議的貫徹及信守承諾（Brown, 2002; CABMA Corner, 2002）。當組織透明化的概念已持續發展多年後，再加上數家大型企業因管理不透明而崩潰的事件發生，更促進了此一概念的推行。

管理透明化很適用於人事的管理。假設某個學校體系表示，其人事晉升的政策就是從組織內部中遴選可能的人選，而事實也證明，一般的人員晉升方式的確是由內部所產生的。此一政策確實有助於人員的招募及留住優秀人才。透明化的管理亦有助於發現缺乏效率的運作情事以及問題的瓶頸，以便於採取實質的改善措施。一名工作經驗豐富的高爾夫球場管理員便有可能獲得較多的晉升機會，並可提出降低高爾夫球場地維護保養成本的方法。透明化的運動設施更具安全性，且更有助於主動積極的風險管理策略之研擬。透明化的管理也可以強化服務的品質。如果有名觀衆因爲餐飲服務上的延誤怠慢，而造成他（她）整個第三季不願再進場觀賽的話，經由透明化的管理，就可以將及時的意見反映給負責的行政人員進行補救。如果這些問題均能夠經由透明化的過程，而有圓滿的處理，那麼顧客們就較有可能願意花時間來反應問題與提供建議（Brown, 2002）。

全面品質管理
TOTAL QUALITY MANAGEMENT（TQM）

「全面品質管理（TQM）是一個持續努力改善的過程，其重點在於回應顧客的需求，根據具體數據下決策，而且是組織全員共同參與的過程」（Law, 1993: 24）。目前有許多組織建立全面品質管理的系統，然而這卻不能算是一個全新的概念。它是源自於1920年代如貝爾（Bell）實驗室等的單位，強調針對時間、品質與控制之努力。

在1990年代初期，有相當多的美國大企業採用全面品質管理的概念；據報這些企業也因此降低了成本開支，產品與利潤皆獲得改善。除此之外，同一時期也有不少的州政府單位及學校皆運用了全面品質管理的概念。不論是否是因爲受到上述行政單位的要求與否，運動管理中的全面品質管理之運用已臻成熟。

全面品質管理基於14項的原則，爲了有效執行，需要有一大群瞭解並支持這些原則的員工參與，才能發揮效能（Mawson, 1993）。一些主要推動全面品質管理的原則，是以強調團隊合作及針對全體員工在職訓練的投資爲主。

在一般學校及大學中的全面品質管理之執行，重點必須著眼於教師們的權力分享、教師的訓練以及全面高工作品質的強調。有時則被視爲

「知識型的工作（knowledge work）」，這些由眞實世界的實務經驗所累積的工作意涵，實有助於學生瞭解如何運用所學（Rist, 1993）。其他可供學校運用的是指「授權（empower）」的需求，當授權給整個工作團隊時，他們便會藉由持續的回饋與評鑑過程，努力追求品質的改善（Herman, 1993）。學校中最成功的全面品質管理之實踐，是在服務與場地維護的部分。有些則是在教學上的運用，不過，主要問題會發生在強調迎合顧客需求的觀念上。因爲，大部分的授課教師們會認爲，是他們來決定大學中學生應該學習的內容與經驗，而不應是由學生來決定的（Mangan, 1992）。

有些人認爲全面品質管理僅是一時的流行而已。一些採用全面品質管理的企業，數年後便已產生問題或者就直接放棄了這個系統。一項研究結果發現，接受調查的全面品質管理計畫中，有2／3者不是受到延宕，就是缺乏明顯的改善成效（DeMeuse & Tornow, 1993）。不過，也有人質疑，這些急於採用全面品質管理計畫的企業中，其實有不少是因爲他們企業本身正面臨著重大危機，或是急於尋求脫困之道的緣故。分析這些對於全面品質管理計畫失望的公司，似乎可以看出他們並沒有完全照著全面品質管理的程序來實踐，若僅是流於空口白話或是喊喊口號而已，當然是不會有效果的（Holmes, 1992）。當有些人相信全面品質管理可以取代麥葛雷格的X理論與Y理論、品管圈、目標管理（該理論將於本書第11章中介紹）及Z理論等管理理論時，也有人認爲這些理論皆有其獨特之處，均値得探究一番。

麥葛雷格的X理論與Y理論McGregor's Theory X and Theory Y

道格拉斯·麥葛雷格（Douglas McGregor）認爲，組織系統之採行取決於管理者對工作者的態度，即他所謂的X理論與Y理論。麥葛雷格斷言，很不幸地，大多數的行政者是屬於X型態的。這些行政者會認爲大部分的工作者是懶散的，習慣被指派工作。再者，X理論的行政者相信，員工希望盡量避免額外的責任，喜歡安全與穩定的感覺勝於一切。很明顯地，面對此類型的員工，則需要有嚴厲獨裁的管理結構來直接監督員工稱爲「梯狀原則（scalar principle）」，部屬必須靠持續的施壓，才能維持其應有的工作表現（參閱**表2.1**）。

表2.1　可供教育者運用之人類本性及行為相關的麥葛雷格觀點

X理論：傳統觀點的監督與控制假設	Y理論：現代觀點的監督與控制假設
1.運動事業中的教師、教練及職員們本來就不喜歡工作，並且會盡量逃避工作。 2.因為他們不喜歡工作，所以大部分的人必須以強迫、控制或懲罰的威脅方式來要求他們應有的工作表現。 3.運動事業中的教師、教練及職員們較喜歡被督導，而沒有企圖心、也不願承擔責任，一心只求個工作上的安全感。	1.將工作上所付出的身心努力與精力，視為像是參與遊戲般的自然。 2.運動事業中的教師、教練及職員們會對於他們所追求的目標，自動自發地去實踐。 3.達成目標就有成就感。 4.在合適的條件下，教師與教練願意接受責任，並會主動地承擔下來。 5.Y理論的工作成員，在解決組織問題的過程中，是充滿著高度的想像空間與創造力的。 6.在現代教育環境中，教師、教練及運動事業職員們的潛能只有部分發揮出來，尚有很大的開發空間。

換言之，在麥葛雷格Y理論中的管理者是較爲主動的，此種積極的工作態度可以激發較高的部屬工作表現。Y理論的管理是強調組織中的獨立自主、責任感及自我成長。

此一觀點認爲，運動事業中的教師、教練及職員們基本上是自我引導的，也是可以有高度自發性的。如前所述，假設學校的部屬成員對於組織目的目標認同投入的話，他們就會有較高水準的工作表現。當然，Y理論的行政者是處於一個較具彈性且監督較爲寬鬆的組織結構中，同時較爲重視專業化的自我評量。麥葛雷格提出其理論的數年後，便發現Y理論中的一個問題，即該論點之成立，行政者需要得到其下一級的管理階層或部屬的共識。也就是說，通常對於一個有衝勁的領導者而言，需要

表2.2　組織的系統

組織	影響範疇	主要目的	運動中的應用性	困難
全面品質管理	非常廣泛且複雜	降低開銷、產品的改善與利潤	可有效運用至教師及教練身上，但不適用於學生非常適用於教師及教練的評鑑	需要長期的投入及可觀的開支
目標管理	一對一	工作績效評鑑	易於應用	需要能夠找出衡量成就的方法
麥葛雷格的X理論與Y理論	影響至所有的員工	促進工作表現	易於應用	無
品管圈	由少數員工至全體成員	強化溝通與回饋	應用性極佳	需要開明的行政體系與開誠布公的員工
Z理論	整體組織的文化	經由員工品質的改善以提高產能		需要投入更多的資源以促進員工的進步

的是一個受歡迎的決策勝過勇敢創新的決定。（參閱**表2.2**）運動環境中的Y理論若要有效執行，就必須能夠說服部屬，讓他們相信藉由本身自發的努力，除了可以達成組織的目標，同時也可以實現自己個人的目標。

運動中的品管圈Quality Circles in Sport

品管圈（quality circle）的觀念主要是強調整個組織中團隊間的彼此尊重、信賴與開放的溝通。品管圈是經由組織中的個別成員所組成的小團體，他們具有類似的功能且定期開會討論，通常是每週一小時的會議，會中進行共同問題的討論與解決方案。此類的團體（討論圈）通常需要由一位訓練有素的推動者負責帶領。而系主任或體育室主任則是理所當然地成為其討論圈的領導者。在業界中，品管圈成立的主要功能為增加產能、減少缺失，以及降低曠職與人事變動的情況發生。

此處所指的品管圈核心概念在於任何一個有助於執行或改善體育課程或體育活動的絕佳構想，應是來自於教師或教練，而不是行政主管。

在品管圈系統中的行政者應該將其時間與精力用在規劃與引導，而不是專注於設定工作規範、工作評鑑及問題解決之上。所以，品管圈需要的是一個充滿自信與革新觀念的領導者，敢於下放權力，以確保品管圈功效之發揮。

高中體育組品管圈之應用案例可為，運動代表隊隊長們可以每週開會一次，體育組則指派一名行政代表出席，並扮演團體討論促進者的角色，以促進會議中的問題討論及解決方案的提出。

運動中的Z理論 Theory Z in Sport

威廉・大內（William Ouchi）曾研究過一家美國大型企業，並創造出Z理論一詞，同時出版《Z理論：美國企業如何迎戰日本挑戰（*Theory Z: How American Business Can Meet the Japanese Challenge*）》一書，相信此一理論也非常適用於學校系統。麥葛雷格的X理論與Y理論已區分出領導者的風格類型，而大內主張的Z理論是與整個組織文化有關。大內也認為，品管圈是可以與Z理論相容的，不過，後者理論的系統較為廣泛且具說服力。

Z理論的組織並非是屬於典型的官僚體系，而比較類似於一個具有共同利益的團體。因為組織內的所有成員均參與組織目的目標的設定。為了有效建立Z理論的組織，行政者及其員工必須相互信賴，而且幕僚們對於組織的活動計畫必須能夠發自內心地去關注。所有的組織成員也必須對於組織內部的整體資源與問題瞭如指掌。

有一些領導理論學家也提出與Z理論相同的觀點，但是以共同工作的團隊或社群稱之。瑞絲（Drath）（1996: 2）指出：

> 領導為社會體系中的資產，是集合眾人意志的結果，而不是單一個人影響力或想法的結果。因此這概念或可稱為，領導是一項社會體系的資產，強調與眾人的關係。藉此可看出領導

是源自於眾人共同工作所產生之系統化的關係。

由休閒研究的觀點來看，這種以共同工作的團隊或社群的領導概念，或許可被視爲是一個以「全生態學基礎（holistic ecology-based）」的領導觀點，是爲了有所改變而快速地促進新構想的提出與反應。而領導者的首要職責便是與他人建立對話機制，以便產生一個具影響力的程序，在這個過程中，爲了組織的進步發展，行政者、社會公眾及員工們均會分享他們的想法（Edginton, 1997）。

因爲Z理論的不少概念是來自於日本成功企業（Japanese industry）中的終生聘用這項具說服性的趨勢。所以，這也就是爲什麼Z理論與美國學校系統較企業系統更爲相容的理由之一，即學校中具有永久任期的制度。藉由Z理論的組織，可建立教師們長期的工作投入，其成效如下：（1）在同意通過永久任期資格前，針對最初申請者的審查作業會更徹底，評估也會更加嚴格；（2）學校單位對於教授休假年、職務交替、講習會的舉辦、員工成長及工作內容的豐富化等事務會更加重視；（3）教師對於一個完整而長期的計畫發展會更加用心；以及（4）面對面的接觸溝通機會也會增加（Ouchi and Price, 1993）。

從領導者的觀點來看，在Z理論的應用下，行政者較會成爲一位鼓舞士氣的領導者，因此會常出現在學校及教室中。教師與教練則較可能會針對行政者的決策提出質疑。與教練們所簽定的合約期限也會較長（在沒有永久任期制學校的情況下），也較不會以運動代表隊的勝負戰績做爲績效評估的基準。正因爲工作的穩定性，會使得教師與教練更願意爲他們的學校、校譽、服務單位及未來而努力付出。也因爲教師與教練在學校發展目標的制定過程中已發表過意見，所以不致於產生較大的問題。教師與行政單位的摩擦也會減少。

我不是負責開火車的駕駛
也不是車長
我不是火車的技師
也不知道火車會跑多快
我不是踩煞車的人
也不是站長
但是我可能是那個會讓火車出軌的人
那麼就看看誰先抵達地獄
～作者：佚名～

權力
POWER

權力的一般定義意指，在某種範圍及方式下，所能獲得的欲求，或者是指可以命令他人依照我們的要求辦事的能力謂之。Brunner（1997: 6）指出：「大部分的教育者將權力定義爲：影響他人的力量。」然而，他建議權力更應被視爲，一種與他人共享的力量。權力一般可分爲三種類型。第一類，威脅性權力（threat power），這主要是屬於一種消極否定的權力。即「如果你不照著我的意思辦事的話，那你可能就要倒楣了！」（也許你的預算就會被刪減，或是你就不會有升遷的機會。）第二類，交換性權力（exchange power），這主要是屬於一種具生產價值的權力。即「如果你幫助我，我也會幫助你！」此類權力會存在於談判、會談、合約中或僅是一種共識。當有一方無法信守協議時，否定的權力就有可能存在；相反地，交換性權力則可以增加信賴感。這就會進入第三層面的權力，稱爲整合性權力（power through integration）。因爲它是基於愛與信任，所有能夠發揮最大的潛能。在此概念下，權力的大餅愈切分，整合的力量愈大（Rist, 1993）。

上述的例子也許可視爲是鉅觀的權力，而以下的例子則可視爲是微觀的權力。獎賞權（reward power）可以提供他人所認爲有價值的獎賞。強制權（coercive power）則是藉由對他人的威脅、傷害或虐待所產生的。因爲它是消極的、負面的、絕對的，所以又與紀律有所不同。例如，「如果這場球你輸了，就會被開除！」法制權力或指揮權（legitimate or authority power）是來自於個人的職位。此類權力會減少利益且限制住團體問題的解決或綜效的產生，應該明顯地減少使用，通常限制在面對運動管理中的危機時，才去使用它。參考權（referent power）是基於彼此的尊重，且如同針對於價值觀、興趣及個人特性緩慢地相互學習而來的。專家權（expert power）來自於對組織有價值的卓越知識，只有個人的專業確實爲組織所需要時，其專家權才會產生（Slack, 1997）。

資訊權（information power）源自於手中可掌握之特定事務或組織的正確情報及數據。有時被稱爲「共同記憶（corporate memory）」，意指某人在特定時間點上，擁有對組織相當重要的資訊，所產生的強大影響力。「行政者有時會掩藏資訊以保有權力，因爲他們本身認爲自己未能擁有充足的資訊，所以要擁『資訊』以自重。令人矛盾的是，掩藏資訊又會造成組織分裂與失能的後果。被剝奪資訊權的人們就會採取破壞行動、消極抵抗、退出或忿怒的強硬態度等方式，予以反擊」（Bolman and Deal, 2002: 25）。

集體權（group power）是由團體動能與團體綜效的相關力量中所形成，事實上，因爲這股力量相當巨大，所以必須妥善運用，以避免形成集體思維（groupthink）的模式，集體思維意指一種尋找「一致通過」的傾向，這種現象會造成組織中產生劣質的決策。組織中凝聚力愈強，組織成員彼此間會相互地更友善，團隊精神會愈強烈，喪失獨立關鍵思維的可能性就會愈高。因此，當團體凝聚力的形成是起於社會及情感性的因素，而不是工作導向的目標因素時，集體思維很可能會隨著非理性的決定而產生。當集體思維產生後，團體運作的重心就會強調維持內部和諧及社交活動，那麼團體便會失去彈性及靈活度，而無法專注於眞正集體權力與功能的發揮，決策的品質與組織目標皆無法達成（Bernthal &

Insko, 1993）。這論點似乎可支持「零基委員會（zero-based committee）」的政策，意即所有的委員會每年皆必須能夠突顯本身的存在價值，否則來年就可能會被撤銷掉。

領導
LEADERSHIP

《爲什麼領導者不懂得領導》（*Why Leaders Can't Lead*）一書作者爲企業管理系教授華倫．班尼斯（Warren Bennis），他曾經訪談了所有類型企業及非營利性組織的領導人後，認爲未來領導者最佳的比喻，就像是交響樂團的指揮及運動教練一般。根據他的觀察，領導力爲任何人類組織興衰的關鍵要素，且必須是因應特定的時機，才能發揮功能（如亂世出英雄）。同時，幾乎目前所有的組織皆處於兩種運作模式中，一者是內部成員共同組成的方式，另一種則是內部成員被領導的方式。未來的領導觀念將會是結盟合作、創造力、及授權，即由過去所謂單打獨鬥的強人時代，進入講求團隊合作的溝通協調時代（Norris, 1992）。

康寧磁器（Corning）的執行長豪頓．詹姆士（James Houghton）也強調，未來的領導者將與過去不同。他認爲大家必須體認並接受產業革命的時代已經過去，而資訊時代已經來臨的事實。聯盟合作將愈顯重要。勞工的組成會愈趨多元化，且會獲得更多的授權。這些事實將會形塑未來組織的結構及領導者的行爲（Houghton, 1992）。

卸任的校長喬治．戈恩斯（George Goens）則指出：

> 領導力不應僅是講話態度強硬而已，而且還是要真正懂得做事才行。引導眾人與領導力的要點是在於人際關係的建立。人際關係擁有正面及負面的能量，且可以被激發或是耗損的。關係的建立有多少是靠著恐懼與懲罰？那又有多少的關係建立是憑藉著寬恕、同情與和解？（2002: 32）

數十年來，全國教育領導培育中心（National Center for Educational Leadership）一直嘗試解開領導力的秘密。研究人員愈深入探索，就愈深信答案是與信心、心靈及精神等層面議題有關。

《心靈領導》（*Leading with Soul*）一書指出，領導者具備贈送部屬下列四項禮物的能力：

- 創始感（Authorship）：當某項獨特的事物被創造出來時，那一種驕傲及滿足的感覺。
- 關愛（Love）：爲了完成組織與組織關係人最重要的目標時，而對他人流露出個人的關懷或同情。
- 權力（Power）：可以形成改變及造成影響的能力。
- 重大意義（Significance）：重要與有意義的雙重意味。（Goens, 2002）

領導者的塑造Developing a Leader

> 領導的最基本意義就是能夠讓他人接受一個抽象的觀念，即意指領導者對於組織未來發展的一個願景。身為一個管理者，如果你希望屬下能夠認同你的願景規劃，那麼，你的做為就必須好像是確實已經看到、聞到並且感受到這個願景一般。換句話說，你所提出的組織目標、價值觀與個人行為就必須能夠與這願景吻合才行（O'Brien and Sattler, 2000: 58）。

領導者是不會命令部屬「去做事（get going）」的，而是提出「讓我們一起去做吧（Let's go）」的方式。領導者是會走在前頭引導方向的。一個有能力的領導者不僅需要具備專業的技能，而且必須懂得如何有效地與人共事。領導者是會爲了理想而自發努力的。有效率的領導者敢於冒險，而且行事靈活；他們也有能力去重覆檢視工作的情況，洞燭機先，隨時應變。領導者必須能夠深思熟慮、充滿智慧、反應靈敏、精力充沛、堅決果斷，以及具備愈挫愈勇的毅力。

坦恩（Tan）（1997: 30）曾提出「目前尚缺乏證據顯示，領導能力是來自於遺傳或是與生俱來的，而是在穩定的狀態下，隨著不斷的練習與經驗累積而獲得的。」具備有領導能力的年輕專業人員，是很快就會被發掘並授予管理職權的。一旦有機會，他們的能力就會在初期的專業工作生涯中展露無遺，因爲他們會激勵自己，而且擁有特殊的領導特質。在工作中，他們的領導能力會更加精進，同時也會更受到重視，而被賦予更重要的責任。領導者的層次也會隨著行政管理職位的持續陞遷與不斷地成功而向上提升。

作者建議，除了專業管理技能之外，一個成功的領導者需有下列幾項的工作能力：（1）授權，（2）懂得獲取建言的方法及管道，（3）主動地設定生活目標，而非被動地等待事情的發生，（4）善於發揮自己的優勢，（5）懂得面對逆境，突破困境，（6）善於因應快速變遷的局勢。綜言之，成功領導者的塑造是由兩項因素所形成：一是屬於天生的才能，另一項則是透過後天環境與學習的結果。當然，除了行政管理與人際關係的技能是可以透過學習而獲得的，評估與解決問題的概念性技能與機智也是不可或缺的。

領導理論Leadership Theories

綜觀1950年代，古典領導理論是以特質論爲基礎，認爲領導者是與生俱來的觀念。而在1960年代，費德勒（Fielder）提出LPC（least preferred coworker；最不喜歡的同事）量表的觀點，這是最古老的權變領導模式（contingency models）。LPC量表的分數被視爲領導者動機特質的指標。這份量表是讓領導者回答16組的敘述性問題，來評估工作表現最差的員工。題意如：「愉快的、不愉快的」（Chelladurai, 1999: 168）。

美國俄亥俄州立大學（Ohio State University）發展出的「領導行爲描述問卷（LBDQ, leadership behavior description questionnaire）」也廣爲運用，而該問卷已經過多次的修改。不過由於此一方法，並未考慮情境的

因素，所以常會造成結果的不一致性。

美國密西根大學（University of Michigan）也有許多領導領域的相關研究，這些研究顯示，一個成功的領導者：（1）與部屬相較下，會花較少的時間去做事，而會用較多的時間在規劃與監督管理之上；（2）會以員工導向而非生產導向爲中心；（3）允許部屬有較多的自由空間可以發揮；（4）發展團隊凝聚力；（5）來自上級的督導多屬於一般性質的，而非緊迫盯人的方式（Slack, 1997）。

豪斯（House）在1971年發表一篇有關「路徑－目標（path-goal）」的領導理論，此理論的基礎在於領導者爲員工免除工作路徑上的障礙與陷阱，不僅使得工作目標得以順利達成，而整個工作過程也會更令人感到愉悅的。在此觀點中，領導者是扮演支援的角色。領導者需要提供員工獎賞或工作成就感，或者是提供一個可做爲未來獎勵的方式。

> 此一理論著重於組織成員的個人目標，他們所認知的組織目標，以及達到目標的有效成功路徑…。在路徑一目標理論中的第二項主張為：領導的激勵效應是情境功能的發揮，情境因素則包括組織成員及環境的各種壓力與要求。組織成員的個性及他們所認知的工作能力，會影響到他們對特定領導者類型與風格的喜好及反應。同樣的，領導者的行為亦應隨著工作性質之不同而有所改變，即意指例行性的工作內容或不同的工作內容…路徑一目標理論較強調部屬本身、其個人的能力以及他們的個人特質（Chelladurai, 1999: 166）。

契拉都籟（Chelladurai）爲綜整與歸納領導的理論，建構了一個多次元的領導模式。此一模式的本質著重於領導者行爲的三種狀態——必要的、理想的與實際的領導行爲。據此前提變項可依情境特性、員工特性及領導者特性，來決定領導者行爲的類型。影響該模式的關鍵（例如：結果變項）在於團體工作表現及工作滿意度（Chelladurai, 1999: 161, 164）。

在1980年代，赫希（Hersey）及布蘭查（Blanchard）發展出「情境領導理論（situational leadership）」。該理論主要是根據兩種領導者行爲的類型：（1）任務行爲－領導者的行爲表現在該如何完成工作之上；（2）關係行爲－領導者的行爲表現在支持員工，以及開放的溝通方式之上。

領導中的多元化、授權與願景
DIVERSITY, EMPOWERMENT, AND VISION IN LEADERSHIP

在有關領導的文獻及研究回顧中，與「多元化、授權與願景（diversity, empowerment, and vision）」相關議題的文獻受到持續的關注。許多企業體、教育機構及政府部門均認同組織內的多元化是必要的，且受到法律的保障，同時，多元化有助於企業的發展。藉由反映多樣化的顧客爲基礎，企業便能在市場上佔有一席之地，成本亦能因此而降低，高品質的產品生產量便會增加，公平與榮譽感亦隨之形成（Morrison, 1992a）。「在進入下一個世紀之前，可能會有85%的新進人員投入生產線工作，不過絕大部分不會是土生土長的白人」（Morrison, 1992b）。

多元化（Diversity）　多元化的顧客、幕僚、球員或學生是我們潛在的優勢。在運動的領域中，對於多元化的包容，過去早有優良的歷史紀錄（有時，即使第一次是在法院命令下才開始的）。在1950年代，已經有不少的大學及學校接受黑人運動員學生。到了1960年代，對於外籍運動員學生的接受程度便更寬鬆了。經過「男女平權法案（Title IX）」的衝擊，便有更多的女性參與運動的行列之中。而經由對「美國失能者法案（American with Disabilities Act, ADA）」的重視，越來越多（本來就應該更多）的失能運動員開始參與休閒活動與競技運動。

男女同性戀（gay/lesbians）身分的運動員、教練與領導者，則是最近被承認與接受的多元化現象。《女強人、深邃的櫃櫥：運動中的同性戀》（*Strong Women, Deep Closets: Lesbians and Homophobia in Sport*）」一書作者派特・葛里芬（Pat Griffin）提及，如果體育室主任及運動經理者人還不能接受同性戀的這個事實，而有所因應的話，將會面臨到嚴重的衝擊（Rochman, 2002）。運動、休閒及體育領域中的行政管理者，必須是第一個能夠依據其相關研究與資訊來更新自我觀念的人。如果可能的話，應該請教圈內人有關同性戀的問題，以充分瞭解其中相關的法令內容。接著應與上司討論此一議題，並灌輸其相關的正確觀念，同時提早研擬相關因應對策。行政管理者也必須能夠與部屬開誠布公地討論這項同性戀的問題，因爲此一議題會公開地發生在運動員、教練或是行政管理者與同性戀的生活型態之間，例如共同搭乘交通工具、外宿、運動員招募、以及運動員或員工的權利等問題。鼓勵部屬跳脫舊有的刻板觀念，以及思考該如何公平地處理任何一項因同性戀而起的問題。假使領導者需要公開發表與同性戀有關的任何議題，就該聰明地先行向法律顧問及學區督學釐清相關論點爲宜（Rochman, 2002）。

授權（Empowerment）　授權或可視爲是部屬能夠自我監督的準備。是管理者扮演協助者而非上司角色的雙贏局面（Sattler and Doniek, 1993）。然而，部屬必須在管理者充分參與並瞭解的情況下，才能被授權進行規劃與決策的事務（Sayles, 1993）。

願景（Vision）　受到衆人廣泛認同的未來願景必須是具有吸引力、意義性且可以實現達成的，才能成爲引領組織走向卓越與永續成功的堅強動力（Nanus, 1992: 3）。願景的分享就像是一種心理約定，明顯地反映出員工與行政者彼此雙方間的利益（De Meuse and Tornow, 1993）。有句古諺提及，除非是你改變了前進的方向，否則你將會抵達前方的目的地。願景式的領導者便是擁有驅使自己向前的遠景——他們是結果導向的，是擁有具體工作達成進度表的，同時會說服他人共同參與此一實現的過程。這些領導者倡導信任感，並且強調以人爲本（Nanus, 1992）。**表2.3**可看出新式領導強調多元化、願景與授權的特性。

領導力談的即是夢想與無限的可能性，其中的精義就是「人」。領導者必須能夠建立人與人之間的關聯。領導力就是與衆人的夢想有關

表2.3　新領導力之差異表

較不強調的部分	較強調的部分
規劃	願景／宗旨
指派工作	提出願景
監控與問題解決	激勵與啓發
建立常規與內部和諧	鼓勵創造與創新
保有權力	授權
要求服從	創造工作投入感
約定的義務	信賴與自發的努力
獨斷思考與合理性	重視員工及領導者的直覺力
對環境變化採被動消極的態度	對環境變化採主動積極的態度

資料來源：修改自Bryman, A. (1992). *Charisma and leadership in organizations*. London, Sage.

（Houston, 2002）。有人稱呼這些人爲具有願景式魅力（vision charismatic）的領導者；他們的行爲具有啓發性、直覺與象徵的意義。「魅力型領導者可以影響改變追隨者的個人需求、價值觀與偏好，並且會鼓舞激勵他們發揮個人潛能，犧牲奉獻以達成任務。魅力型領導者的追隨者，通常主要是受到集體意志的激勵而努力工作，而較不會爲了一己之私的目的」（Hadden and Sattler, 2000: 60）。

成功的領導者在於他們所提出的願景，是否能夠促進組織的轉型——包括領導者自己、組織內部以及員工本身的轉變。這些轉型包括捨棄老舊觀點與規範，以及藉由與他人溝通回饋方式獲取員工的內心想法。「此類層次的領導力可經由三個強而有力的名詞來描述之：勇氣、規範與信心」（Noer, 1996: 4）。

「創造性領導中心（Center for Creative Leadership）」的總裁巴伯・李（Bob Lee）綜述說明了領導力發展的精髓，認爲回饋是促使人們改變的主要因子。他首先提及領導者塑造的願景與重心，然後「轉移至既訂的目標、明確的工作行爲以及預期的結果之上。而每一個階段被視爲是一個正確的動態連續過程，而不只是一件單一的事件而已」（Lee, 1996: 7）。此一發展過程也可以直接地運用在許多體育運動行政管理之中。

有些權威人士形容願景式領導（visionary leader）爲願景的共享或是

系統化思考——意指強調回饋及與員工共同工作，而不是命令部屬工作，這樣也許可稱爲「團隊學習（team learning）」。有人則認爲這是「第五項修鍊（the fifth discipline）」或是系統化思考（system thinking）的概念（McAdams, 1997）。所有的關係人必須受到激勵努力將願景化爲實際（Lease, 2002）。

典範與領導Modeling and Leadership

具有健康與健美形象的體育運動行政主管，可將此特色視爲一項外顯的優點，對顧客、員工或是學生而言，這代表著一個相當正面的形象。根據著名的體育運動期刊如《運動管理》（*Athletic Management*）的觀點認爲，「典範（modeling）」很重要，所以他們會定期辦理傑出楷模的選拔與表揚（Bradley, 1996; Rochman, 1997）。

只要是體育運動的行政管理者，他們公開的曝光機會都不少。教練則對於青少年更深具影響力。如果看到年輕人模仿他們教練的一言一行，這也是沒有什麼好驚訝的（Rafaeli and Pratt, 1993）。那麼如果這群年輕人會去遵循他們教練個人的道德與價值觀，你會感到訝異嗎？所以，無可置疑地，教練、體育教師或是體育運動行政管理者，在這群學生面前抽煙的行爲或是體態過於肥胖的現象，就會成爲青少年健康體適能的負面示範。

那麼體育教師、教練或體適能的工作人員，是否應該通過體適能檢測驗？就像對軍人、消防員或是飛機駕駛員一樣的要求呢？從另一個方面來思考，本書作者總是強烈地認爲那些傳播健康與體適能觀念的人，就應該以自身最佳的健康與體適能狀態爲典範。不過，一般而言，這些人是不會親身去做示範的，而是透過教導、引起動機及激勵他人的方式來宣導觀念。那問題就產生了，當個人的健康或是體適能狀態不佳的情況下，他們是否就有能力改善他人的健康或是體適能嗎？會有說服力嗎？

答案也許會依據以下的情況而定：（1）這名工作人員是否會經常出現在公開場合？或是帶領／教導體適能活動或是健康教育的課程？（2）

參加者的年齡與性別。

「美國體育、健康、休閒與舞蹈聯合會（The American Alliance for Health, Physical Education, Recreation and Dance, AAHPERD）」於1998年便清楚地定義出以下的願景內容：

> 美國體健休舞蹈聯合會（AAHPERD）所勾勒出的理想社會中，所有人均能夠透過體認並實際參與具積極性和創造性，以及健康促進的一種生活型態方式，來享受個人最適宜的生活品質。所以，該會的會員們以及其全國性、地區性與州級聯盟，皆被認為是該會實踐未來理想的最佳代表人物。而會中的成員及幕僚們也必須全力以赴地負起實現該會願景的責任（AAHPERD, 1998）。

瑪麗塔（Marita）及布萊德雷・卡登諾（Bradley Cardinal）夫婦兩人以「角色楷模態度量表（Attitude Toward Role Modeling Scale, ATRMS）」，依李克特（Likert）1到5分（從非常不同意到非常同意）的五分量表方式，進行1,036人的抽樣調查，問卷共有16道題目，以期瞭解身體活動及體適能的行爲模式。結果清楚顯示，非常支持「角色楷模」是一個強而有力的教導工具（重要性排序第一名），緊接在後的是「身體力行所宣導的觀念」（重要性排序第二名）。請參閱**表2.4**的調查結果（Cardinal and Cardinal, 2001）。

行政管理中的典範影響力是什麼呢？有關領導理論中的典範效應之相關研究目前並不多見。然而，也有些成功的體育室主任與學校行政者，並不會去注意他們本身的正面示範行爲與形象，不過，這算是一個例外的情況。假使一個領導者並未針對即將召開的會議提供充分的資訊，又延誤了會議召開的時間，那麼就難保教練與教師不會表現出同樣的錯誤行爲？如果領導者總是穿著不合宜的服裝，那麼又怎能期望教師們會穿著什麼樣的合適服裝？體育運動行政管理者仍尚未體認到典範效應之重要性。

表2.4 角色楷模態度排序表

排序	題意	平均數	標準差
1	對體健休舞蹈聯合會專業人員而言，角色楷模是一個極具說服力的教育工具。	4.56	0.57
2	對體健休舞蹈聯合會專業人員而言，身體力行所宣導的觀念是相當重要的。	4.52	0.62
3	對健康教育教師而言，規律地從事充足的體能活動，以改善個人的健康體適能程度，是一項為人所期望並值得鼓勵的行為。	4.48	0.59
4	對體育教師而言，規律地從事充足的體能活動，以改善個人的健康體適能程度，是一項為人所期望並值得鼓勵的行為。	4.44	0.58
5	對體健休舞蹈聯合會專業人員而言，以身作則地從事體能活動與適能促進的行為是重要的。	4.42	0.56
6	對休閒活動專業者而言，規律地從事充足的體能活動，以改善個人的健康體適能程度，是一項為人所期望並值得推薦的行為。	4.26	0.61
7	對舞蹈教師而言，規律地從事充足的體能活動，以改善個人的健康體適能程度，是一項為人所期望並值得鼓勵的行為。	4.15	0.64
8	為了有效推廣，體健休舞蹈聯合會專業人員需要以身作則地從事體能活動與適能促進的行為。	4.14	0.79
9	對體健休舞蹈聯合會專業人員而言，每週至少三天或以上天數，從事中高強度的有氧活動（例如：騎單車、慢跑）至少持續20分鐘是重要的。	4.07	0.76
10	對體健休舞蹈聯合會專業人員而言，每週至少二天或以上天數，從事身體主要肌肉群的伸展活動是重要的。	4.07	0.76
11	對體健休舞蹈聯合會專業人員而言，保持健康的身體體脂肪比例是重要的。	4.00	0.73
12	體健休舞蹈聯合會專業人員從事規律性體能活動或適能促進的行為，會豐富他們事業發展的機會。	3.75	0.84
13	對體健休舞蹈聯合會專業人員而言，每週至少二天或以上天數，針對身體8-10個不同部位的主要肌肉群，實施至少一組反覆8-12次的肌肉強化活動（例如：柔軟操、重量訓練）是重要的。	3.71	0.90
14	對體健休舞蹈聯合會專業人員而言，最好是每週每天花30分鐘或以上時間，盡量從事中高強度的體能活動，是重要的。	3.64	0.90
15	欲取得體健休舞蹈專業學位者，學生必須通過健康體適能的檢測。	3.63	0.98
16	對體健休舞蹈聯合會專職人員而言，應該每年通過健康體適能的檢測。	3.19	1.01

資料來源：Cardinal, B. J., and Cardinal, M.K. (2001, April). Role modeling in HPERD : Do Attitudes Match-Behavior? *Joperd* 72, p. 36.

變革與創新Change and Innovation

「厭新症（misoneism）」或可定義為憎惡、恐懼、或是無法忍受創新或是改變。厭新症有時會成為體育運動領導者們的問題，而且會成為領導者因應未來環境的致命傷。那些樂於接受改變的領導者就會成功。當科技快速變遷之際，透過觀察來學習的模仿者將會成為跨越現況的先鋒（Bolton, 1993）。

管理中所謂的「問題」，意指現況與未來之間的不一致性。問題並不一定需要解決它，而是代表著一個可以有效改善工作態度與方法的合理程序，這是一個尋求改變的機會。管理中的問題並不是抽象而離散的，而是循序漸進所形成的。行政管理者認為只要能夠提早發現問題，並予以處理，有些事務是可以做得更好的。因為，領導者握有資源或是知道取得資源的方法，接著採取必要的措施，情況是可以獲得改善或是問題就可以迎刃而解了。

史雷克（Slack）（1997）提出下列的策略，用來克服進行變革時所遭遇到的抵抗：

- 善用教育及溝通的方式：知識就是力量。
- 找出可能阻礙變革的人物，然後確保他們對變革過程的涉入與參與。
- 組成「變革」團隊，像是問題處理委員會、全新的單位或是跨單位的功能小組。
- 找出「點子王」，這些人對於變革有高度興趣，適時善用他們的特點。
- 創造一個支持的氛圍，來軟化那些會受到變革所影響的人們。
- 與那些反對變革的人們進行必要的交涉或是磋商。
- 矯飾策略（例如為達到目的而扭曲資料的原意），此方法經常被運用，但卻是不道德的行為。
- 以收買吸收反對者的方式誘使其接受變革。
- 以解職、喪失升遷機會或降職等「脅迫」方式逼其就範。

在約翰．科特（John Kotter）所著一書《領導變革》（*Leading Change*）可知，他使用了以下8個步驟來進行變革的程序，透過各階段工作的施行來描述組織內因變革所產生的一些根本變化：

- 營造一個事態緊急的氣氛。
- 建立一個強而有力的領導聯盟。
- 提出一個願景。
- 與大家溝通此一願景。
- 授權他人依願景行事。
- 規劃並創造出一個短期立即的成功。
- 鞏固改善的成果，並繼續進行更多的改革。
- 讓創新變革形成體制（Bencivenga, 2002）。

做決策Decision Making

最常用來分辨卓越領導者的基礎，在於瞭解他們如何面對問題，並且做出艱難決定的方式。法爾森（Farson）（2002）卻不認同此一觀點，他認爲，事實上行政管理者很少在做決策。因爲問題通常是一種能夠被處理的情況，所以部屬們就能夠解決它了。但行政管理者所必須要面對的卻是「進退兩難的處境」，似乎令人覺得它是永遠存在的、無法逃避的、錯綜複雜的、似是而非的矛盾窘境。他們沒有辦法解決此一困境，就只能去適應它了。

行政管理者經常是獨自做決定的，但是有時候若與關係人進行集體協商或民主的過程中，團體決策則應是最理想的方式。伊斯特（East）

（1997）條列出以下4項會影響高等教育決策過程的阻礙因素：（1）時間，（2）主題（情報訊息），（3）因果關係（環境），（4）選民。大多數艱難的決策皆有許多的灰色地帶。在這樣的情況中，建議行政管理者做決策的考量點，應從產生最小損害，並獲得最大利益的方向去思考（East, 1997）。

並非所有的決策過程皆是有效而正確的，所以建議組織能夠採用一個「尋求意見」的決策模式過程，而不是需要一個獲得衆人「擁護支持」的決策模式過程。爲了施行這樣的決策過程，就必須注意到有效決策中的3C：

- 衝突（Conflict）－激烈的爭辯與認知上的衝突。
- 體諒（Consideration）－大家必須認同並相信所有提出的觀點都是值得考慮的。
- 終止（Closure）－懂得何時該結束討論（Tucker, 2002）。

科學化的問題解決方法是可以處理各種的問題，無論是屬於個人的或是研究相關的、行政的或人事問題。在概念與方法上則是相通的。雖然當權者處理問題的步驟有所不同，但是建議可採用以下的程序：

1.確認問題之所在。舉例來說，假設問題之所在是有位體育老師經常延誤到校時間。
2.搜集事實。準確地判定該名體育老師遲到的程度。
3.解釋事實。舉例來說，這對24歲或64歲的人來說，解釋上是否會有所不同？假使遲到的是第一節上課時間或是準備上課的階段，是否會有不同？假使遲到的時間是5分鐘或是35分鐘，是否會有不同？
4.評估選擇方案，並選出最好的解決方法。應找出所有可能的解決方法，也許當有新的想法產生，便需要再重複前述步驟，以求得更多的事實並解析之。
5.執行決策。假設最好的暫時性決策就是召開非正式的會議，並且搜集更多的事實，以求得解決問題的方案。

6.檢視解決方案的效果。在此例中，假設在非正式會議的結果得知，那位新老師（第一年）從未被告知需要在早上7點45分到校，而不是早上8點到校，所以她承諾未來不會再遲到了。隨後沒多久發現這位老師的遲到問題已不再存在。

做決策並不會隨著年紀的增長而有所精進的。有些行政管理者在面對同樣的問題與決策時，長年來仍舊會感到困擾不已，因爲他們一直沒有改變解決問題的方法。其他人則是迴避做決策，希望那些問題會自然消失。有效率的行政管理者能夠察覺問題發生的徵兆，所以他們經常能夠防範於未然。當問題確實已經發生時，領導者就必須承擔並且主動迎擊，而不是等待他人將問題提出來。這就是解決問題的主動性（proactive）態度，而非被動性（reative）的。

同時，領導者也必須要能夠意識到「放下問題」的時機。在很多的案例當中，有效率的領導者可以從其他人（特別是上司）的肢體語言與態度中觀察到，此時不宜提出問題。例如，有位教練在秋季班開學的第一天（也許是全年最忙碌的一天）打電話給體育室主任，並詢問當天是否可以見面討論問題。由於那一天主任的活動安排已經滿檔，所以那位教練被告知，除非是很嚴重的問題，他可以約在明天見面。不過，教練回答說，他認爲茲事體大，希望在數小時後就能與主任見面。結果見面後才發現，教練所提的問題並不是很重要。體育室主任就這樣被教練耽擱了時間，請問主任會有什麼樣的反應呢？當主任得知所提問題並不嚴重時，又會對那位教練產生什麼樣的觀感呢？

授權Delegating

5位知名的體育室主任共同研擬出可以增進當前體育行政管理事務的有用策略。他們認爲授權是管理中最重要的元素（Hamill, 1997: 55）。「許多規劃者最常犯的錯誤，就是將過多的責任承攬在自己身上，而部屬部分擔過少」(Capell, 1993)。這意味了什麼呢？這應該是很簡單的問題才對，那麼，爲何授權會如此困難呢？

一些有效率的領導者會說，授權意指安排他人完成工作，因此你可以有時間及精力去綜合並分析所有的相關資訊，並持續地做出完美的決策。有幾項原因可以看出授權爲何是如此的困難。首先，在運動管理中受到拔擢的領導者，通常都是有良知的工作者，所以，當他們本身並沒有非常忙碌疲累時，是不會去命令他人去工作的，那是會讓他們他們產生愧疚感的。其次，這些行政管理者之所以被拔擢的理由，是歸因於他們極高的工作效能。所以他們有時會覺得除了自己之外，無人可以將工作做得那麼完善。此外，他們認爲自己的工作效能是由活動成敗而定，爲了確保自身的工作績效，一切作爲均要盡善盡美，而無法假手他人完成。最後，爲了讓部屬達成交辦任務，必須賦予他們相當的權限；相對地，行政管理者似乎就會失去了某種程度的控制力。以上陳述應該可以充分說明了行政管理者施行授權的難處。

授權考量中最困難的部分，就是發覺被授予權限的人，他（她）的行政管理立場與觀點可能不爲授權者所同意。但是如果部屬可以因此而增加行政管理經驗與信心的話，那就值得授權者一搏了。我們可以這麼來看待此事：對領導者而言，唯一的不良後果就僅是部屬的行事作爲可能不同調罷了。如果授權的用意失敗了，領導者也僅會感到些微的受窘而已。然而，我們應該往好處想：（1）如果授權部屬的策略成功，便可突顯出領導者的睿智；（2）部屬一定可以從工作學習中獲取難得的經驗；（3）即使授權策略失敗，部屬內心也會感覺不安，而會更加努力工作，來證明自己的實力，表示領導者沒有看錯人；（4）假使授權策略失敗，部屬內心也會感受到上司的信賴，而會更加地尊敬他（她），也會產生更高的忠誠度；（5）領導者因授予部屬一個「自由飛翔的天空」，而受到敬重，所以當然不會因爲這授權的失敗，而對領導者產生不良的評價。

以下提供數則有效授權的參考指引：

1.對於被賦予權力的幕僚成員，應提供其足以完成任務的必要資源與權限。
2.對於被賦予權力的員工們，應交付其適當的工作。關鍵在於依照他們的工作經驗與能力，而授予適當的權限。
3.提供簡明的指導，並允許雙向的溝通。如果是簡易的職責，便可使用口頭的溝通方式。如果所交付的職責是屬於長程目標的設定，且內容性質相當複雜的話，則應以口頭方式說明工作要求，然後再要求員工以書面方式提出計畫草案、工作內容、工作分配、預算來源及進度表。
4.當交付任務時，應述明責任義務。一開始就必須說明工作評量的方式。
5.應有期末完成報告書及工作評鑑報告。當專案完成時，必須提出一份清晰而簡潔的策略管理書面報告，並與員工進行討論（Horine, 1996）。行政管理者必須公開表揚員工所有的優異表現，但是針對表現欠佳的員工，則應私下提供其改進意見。

監督Supervising

若要全面監督各自獨立的部門是相當困難的，因爲包括場地設施、交通、裝備器具、預算編列、公共關係、法律政令等絕大部分的部門均需要依靠行政管理。在行政管理中，有兩種監督的類型值得關注。第一類是直接與監督幕僚及員工有關的。例如，教師是否有按表上課？教練是否有遵守學區規定？體適能中心職員是否有遵循正確的待客禮節？第二類與監督員工有關的，是指學生、運動員或是參與者所提供的服務表現。教師回答問題是否正確的？教練是否教導必要的技能？體適能中心職員是否監督指導參與者的健身運動？

在監督中，管理者需要發展自身的「情緒智商（emotional wisdom）」，才能有效處理其他成年人的問題。這情緒智商需要能夠接觸到他人的認知層面以及觀點。心理學家特別指出，情緒智商高者會運用5項技能來經營人際關係：（1）能夠接納人們的本性，而不會企圖去改變他們；（2）擁有即時建立關係與解決問題的能力；（3）不論與他人的親疏關係，均能夠公平對待之；（4）即使是風險不小，也能夠願意去信任他人；（5）能夠廣納諫言，而不喜諂媚。建議實習導師或是實習學校輔導教師進行督導時，能夠朝向以下5C的施行綱領：

- 信任（credibility）。
- 美好願景（compelling vision）。
- 魅力型溝通（charismatic communication）。
- 具感染力的熱誠（contagious enthusiasm）。
- 組織文化的創造者（culture builder）（Dollar and Sagas, 2002）。

請記住先前的人際關係導向之討論內容。那麼，主管該如何介入監督部屬，才能夠讓體育教師或教練專心工作？有趣的是，第一步並沒有直接與人有關；而是仔細閱讀相關人事規定、體育活動之組織規定、學區或學校政策手冊，最重要的是必須詳閱員工人事檔案。而且必須以嚴格檢視的方式，來研究他們的個人紀錄。充分準備作業是沒有任何捷徑的：這是需要時間及堅持到底的精神。其次，如果需要直接地監督他人的工作內容，爲了避免衝突的發生，就必須個別地與員工進行溝通，以瞭解其工作目標及其所預見的問題。若僅是被動地任由個人問題的發生再來處理，是無法達到我們預期的目的。

在體育運動方面，對於監督者來說，部門間的團體動力是相當重要的。負責教學或是教練的部屬會花很多時間在一起，因此，人際間的互動關係將會對他們的工作表現產生直接的影響。團體動力之研究自有其完整的一套理論，但不在本書的討論範圍之內。但是爲了能夠與員工更加親近，可有以下的考量：

1.當需要僱用一名新進的人員，可以邀請幾位幕僚成員共同參與遴選過程。
2.避免立即撤換團體中犯錯的員工，只有在盡了所有公開溝通的努力，以及讓他充分瞭解自己先前犯錯的情況下，才會考慮撤換。
3.提供新進員工完整的工作說明，並安排一名資深人員扮演其輔導諮詢的角色。
4.如果同時監督數個運動代表隊團體（如所有代表隊的教練團職員），應找機會坐下來出席他們所舉行的工作會議（例如，美式足球代表隊的訓練計畫會議），才能夠更瞭解每個團體的動力所在。
5.假使每個次級團體皆有委派或選出領導人的話，就應該經常透過那個人與其他員工進行溝通。
6.強化團體本身的意識，並應以口頭讚揚方式獎勵該團體成員（如「這位教師所指導的班級，同學們的體適能檢測分數居全學區之冠」），或是贈送以學校代表色為主的教學T恤方式獎勵，或是提供一間舒適的教練及教師休息室。

上級長官們最常進行的督導方式就是走出總辦公室，然後到各個工作場所實地監督。有位睿智的校長告訴一名剛接主管職位的年輕行政管理者說：「你的工作效能評鑑將取決於你投入在『工作現場』的時間而定。督導的方式也需要有所變化，有時候是採取明察的方式通知員工你的到來，有時候則採取暗訪的方式進行之。「務必告知所有的員工們，只要是有需要，或者是在進行一些具創意或特殊的工作，就應該立即通知上級主管。當你前往工作現場視察時，總是需要停下來與直屬負責的員工打招呼，並查詢是否有任何的問題或是其他的必須討論溝通的情事。當前往視察體育課、代表隊練習或是球隊比賽時，行政管理者應站在較不引人注意的地方觀察，避免驚嚇或打擾到學生，但是，也不需要躲起來，因為那樣會讓人產生一種正在偷窺的印象。絕對不可反客為主地去管理上課情形，除非你是因為觀察到會有安全之虞的情況下，才會直接介入教師的教學。

整個視導過程，盡可能避免強行介入教學或訓練活動，僅需簡要記錄觀察所得即可。試著快速地記下特殊案例來驗證所觀察到的情形，不論它是正面或是負面的。因爲以教師或教練相關的實際案例做說明，會比介紹概念或通則要來得受用。即使是簡短地視導各個班級，還是需要與每班進行溝通，包括強調重要的相關內容，以及正反面評語。隨身攜帶錄音機或是手提電腦，以便在結束訪視後，完成總結報告。假使可能的話，可能安排與教師或教練進行訪視前與訪視後的檢討會議。輕便而小巧的攝影機則可以幫助現代的學區督學「紀錄」所觀察到的一切上課情形（見**圖2.4**）。

盡快在訪視後，將訪視結果寄給該名教師或教練，然後將附本寄給他的直屬主管（體育組長、部門主任、校長）並自己一份留存。這份報告內容必須是眞實的情況，如果該名員工存在許多的問題，而你的報告中卻表述「一切表現良好」，那就是一種惡劣的行爲，學區督學是很難站得住腳的。

- 觀察參加者及其活動與反應，還有活動的呈現方式。
- 觀察那些能夠引起高度興趣的活動類型，以及那些參加者興趣缺缺的活動類型。
- 觀察課堂的領導者（教師）如何將課程內容與實務結合。
- 假使活動目標十分簡明的話，則觀察目標是否達成。
- 觀察課堂的領導者（教師）所使用的各種教學技巧與方法。
- 觀察教學或練習環境中，那些是具吸引力的新奇事物。
- 觀察課堂的領導者（教師）所用來增加教學效率與學習動機的工具與器材。
- 觀察不同學習程度及學習方式之參與者需求該如何陳述。
- 觀察日常例行事務該如何進行。
- 觀察規定作業及評分的內容與方式。
- 觀察評分的方法。
- 觀察課堂時間管理的效率，以及各個教學單元進行的流暢性。
- 觀察課堂的領導者（教師）迅速關注所有參加者的技能。

圖2.4　班級教學觀察的焦點指南

資料來源：修改自*Appalachian State University Reich College of Education Student Teaching Handbook*, 1995

請參考**表2.5**的學區督學報告內容，這是一篇典型的運動意外實例報告。

如何進行批評（criticism）呢？你也許已經聽過「鼓勵代替責罵」這句話。雖然批評有其必要，但是需要經過仔細的規劃與謹慎的執行。主要的問題是，批評是否眞的能夠幫助這個接收訊息的人。批評不應被用來做爲宣洩個人的忿怒，彰顯自己的權威或者是用來傷害他人。應確保接受批評的員工能夠瞭解，這是爲他（她）好的，而且學區督學是可以

表2.5　運動意外事件的督學報告書範例

1.經要求，以下內容是有關於X一Y校美式足球賽意外事件的報告內文。

2.在中場休息時，我與裁判進行討論，也在賽後與所有的執法職員進行交談；以下則是他們對於整件事故的描述。就在第一節比賽結束前，主審宣判一名X校的球員犯規，而裁判也緊接著吹了X校隊長犯規，此時，X校隊長請求裁判是否可以過去與他的教練解釋。那位裁判便走到X校的教練面前，並且召來了主審一同詢問教練是那位球員犯規。教練表示是背號15號的球員。教練接著詢問裁判是那一個Y校球員進行非法阻礙？裁判說他不知道，也不需要回報這個狀況。於是，教練召回場上的所有隊員到邊線集合，然後告訴裁判說，如果不指出是那一個Y校球員犯規的話，X校球員就不會再上場打球。於是裁判便走到記分員處，並做出X校喪失比賽資格的判決。不過，有其他的執法人員提醒他，根據規則，在做出喪失比賽資格的判決前，必須要求球隊在兩分鐘內返回球場繼續比賽。因此該名裁判做出限定兩分鐘上場的手勢。裁判表示這不是球隊喊出「暫停」。就在那兩分鐘期限即將耗盡前，教練將隊員叫回場中的比賽位置，準備繼續比賽。工作人員指出那教練講了幾句髒話，而且也有未經證實的傳聞指出，X校教練在賽前就曾表示說，如果球員遭受不合理的判決時，他就會率隊退席以示抗議。

3.此次事件是有關於中場時的X校教練行為，據我個人所悉如下說明：教練請求裁判指出Y校那名承認違規球員的姓名。而在未經與主審確定的情況下，該名裁判也無法回答X校教練的請求。於是該教練問說，是那一個Y校球員涉嫌，而裁判則不願意也不能回答他的問題。就是因為這樣，X校教練才將場上所有球員召回場下，直到裁判給他答覆為止。教練告訴我，他確有喊出「暫停」的請求，而不是因為即將被判喪失比賽資格的那兩分鐘期限，這不是刻意的策略運用。也因為如此，裁判才會改變主意，給了他們兩分鐘時間。

4.我告知那位教練，不論等待消息的這個動作是對還是錯，在任何情況下，教練都不應該隨便要求球隊退場，除非是遇到了緊急情況。我告訴他，校長與我本人均認為這是一件令學區蒙羞的事件，也將球員當成犧牲品，更不是經營球隊之道。我告誡他，如果下次再有因抗議裁判不公而率隊退席的情事發生的話，他的職位（我並未明確指出是教職還是教練工作部分）就會有瀕臨免除的危機了！

以身作則的。如果學區督學自己就經常遲到的話，卻大言不慚地批評屬下的遲到，這會令人感到有點滑稽。一定要能夠先行瞭解員工的個性，再來選擇批判的方式，才會產生正面的改變。否則，就需要嘗試其他的方法。

對於參加者（學生）的監督，教師、教練或是體育活動負責人等必須遵循基本的指導原則，包括監督的位置應處於視線與聽得到參加者聲音的距離附近。在還沒有找到合格的職務代理人之前，監督者絕對不能離開現場。上課教材或訓練教材（如活動目標、場地佈置、活動內容及危機處理等）的實施步驟與過程均須以書面方式列出，做爲授課或訓練的計畫與指引。監督的緊密程度應取決於參加者的年齡、成熟度與技術水準以及活動性質的危險性而定（Merriman, 1993）。請記住，對於特殊族群的參加者，就一定要提高監督的緊密程度。

關鍵思維 Critical Thinking

一位大學體育科系的主任深信以身作則的影響力。所以，規定所有體育系主修的學生在進行教學實習前，必須要通過體適能測驗及術科測驗。學生必須要能夠跑完1.5公里、踩水（立泳）、游泳50公尺、基本體操動作示範、改良式伏地挺身（女生）、伏地挺身（男生）、仰臥起坐及完成全套的基礎韻律操。經過數年後，所有術科的男女及格標準便已建立。未能全部通過的學生，可以針對失敗的項目以選修該門術科，並通過考試做爲補救通過的方式，或者他們可以針對失敗的術科項目自行再做練習，於下學期重考一次。此項措施是假設說，未來想成爲體育教師的每一位學生，都會勤做練習，然後通過考試。但是，對於因身體障礙而影響到在特定項目技能表現的失能學生而言，該系課程委員會召集人則有權同意此一例外通過的個案。

請根據體育系的此項規定，回答下列問題：

1.這項規定是否合理？

2.這項規定要求是否可以因此讓學生成爲更好的體育教師？

3.絕大部分知名的藝術及音樂學院會規定學生先通過術科考試，才能成爲此項主修領域的學生。那麼，體育科系是否也應該舉辦術科考試，做爲錄取學生的方式？

4.假設在所有條件相同的情況下，術科表現較好的體育教師，是否就會是一位較好的體育教師？

5.假設您將規劃類似的課程規定時，有那些測驗項目您會列入？又有那些測驗項目您不會列入？

練習題

將班上學生7～10人分成一組，然後依品管圈的功能訂定討論規則，並提出一個會影響到各組的實際問題，供學生討論嘗試予以解決。

1.請依據本章有關組織結構單元之內容，嘗試以非傳統方式，即不用標準化的直線幕僚架構圖，畫出體育系或體育室的組織架構。可自行描畫或從雜誌上剪下可用圖片內容組成該組織架構圖。注意要發揮創意！（建議往蜘蛛網狀或棒球場鑽石形狀方向思考架構圖）

2.複習麥葛雷格的X理論與Y理論的領導風格。然後將班上同學分成贊成X理論與贊成Y理論的兩個組別進行辯論，看看那一個系統才是最好的。

3.將班上學生分成小組，然後討論10年後的體育系或體育室主任之職責應為何？而他們應需要具備那些才能與特性，才能成為成功的領導者？各組需將討論結果寫成書面檔案交出（如果您們有興趣擔任未來的領導者，而且相信您們小組所提出的意見是正確的話，那麼就應該針對這些需要培養的才能與特性，開始設定自己的目標了。）

4.將班上學生分成小組進行討論，列出擔任學校體育系主任或體育室主任所需要的主要領導特性為何？再列出擔任成人體適能活動中心主任所需要的主要領導特性為何？然後比較兩者間之異同為何？如果討論出來的結果發現，兩者之間差異甚大時，則嘗試解釋其中的原因可能為何？

5.於本章問題解決與決策單元中，曾提及一個易於解決的個案範例，因為此問題是可以輕易地被刪除掉。現在運用同一個範例，但是換上一個難題，再向同學們說明後，引導他們進行討論並解決此一問題。

6.本章曾多次提及，有效率的領導者會付予部屬等量的權力與責任。請舉例說明，如果行政者不授予等量的權力與職責給教師或教練的話，那他會如何交派任務，讓教師或教練完成呢？

7.假設您是一個學區的體育督學，前往某間學校並觀察兩位不同體育教師的授課情況，然後試提出您的督學評語。

參考文獻

Arburgey, T. L., Kelly, D., and Barnett, W. P. (1993, March). Resetting the clock: The dynamics of organizational change and failure. *Administrative Science* Quarterly, pp. 51-73.

Bernthal, P. R., and Insko, C. A. (1993, March). Cohesiveness without groupthink. *Group and Organization Management,* pp. 66-87.

Bencivenga, J. (2002, February). John Kotter on leadership, management and change. *The School Administrator* 59, pp. 36-40.

Bolman L. G., and Deal, T. E. (2002, February). Leading with soul and spirit. *The School Administrator* 59, pp.21-26.

Bolton, M. K. (1993, Winter). Imitation versus innovation: Lessons to be learned from the Japanese. *Organizational Dynamics*, pp. 30-43.

Bradley, M. (1996, October/ November). Role models. *Athletic Management* 8, pp. 27-28.

Brown, G. (2002, March). Transparency, truth in management. *Fitness Management* 18, pp, 47-51.

Brunner, C. C. (1997, December). Exercising power. *School Administrator* 54, pp. 6-9.

Bryman, A. (1992). *Charisma and leadership in organizations*. London: Sage.

CABMA Corner (2002, April). *Athletic Administration* 37, p. 45.

Capell, K. (1993, February). Time management: A professional's most underrated skill. *Financial Planning*, pp. 64-65.

Cardinal, B. J., and Cardinal, M. K. (2001, April). Role modeling in HPERD: Do attitudes match behavior? *Journal of Physical Education, Recreation and Dance* 72, pp. 34-39.

Case, R. (2002, March Supplement). A test of the situational leadership II theory in a college football setting. *The Research Quarterly for Exercise and Sport* 73, p. A109.

Chelladurai, P. (1999). *Human resource management in sport and recreation.* Champaign, IL: Human Kinetics.

Davenport, T. H. (1993, February). Need radical innovation and continuous improvement? Integrate process reengineering and TQM. *Planning Review*, pp. 6-12,

De Meuse, K. P., and Tornow, W. W. (1993). Leadership and the changing psychological contact between employer and employee. *Issues and Observations, Center for Creative Leadership*, pp. 4-6.

Dollar, J., and Sagas, M. (2002, March Supplement). Sport management internships: the impact of site supervisor leadership behavior. *Research Quarterly for Exercise and Sport* 73, p. A111.

Drath, W. H. (1996). Changing our minds about leadership. *Issues and Observations, Center for Creative Leadership* 16, pp. 1-4.

East, W. B. (1997, April). Decision-making strategies in educational organizations. *Journal of Physical Education, Recreation and Dance* 69, pp. 9-11.

Edginton, C. R. (1997, October). Managing leisure services: A new ecology of leadership toward the year 2000. *Journal of Physical Education, Recreation and Dance* 69, pp. 9-11.

Farson, R. (2002, February). Decisions, dilemmas and dangers. *The School Administrator* 59, pp. 6-13,

Goens, G. A. (2002, February). The courage to risk forgiveness. *The School Administrator* 59, pp. 32-34.

Hadden, C., and Sattler, T. P. (2000, April). The impact of charismatic leadership. *Fitness Management* 16, p.60.

Hamill, G. (1997, October/November). Speaking on style. *Athletic Management* 9, pp. 55-57.

Herman, J. (1993, April). Is TQM for me? *School Business Affairs*, pp. 28-30.

Holmes, E. (1992). Leadership in the quest for quality. *Issues and Observations, Center for Creative Leadership* 12(3), pp. 5-7.

Horine, L. (1996, June/July). Deciding to delegate. *Athletic Management* 8, p.13.

Houghton, J. R. (1992, September/October). Leadership's challenge: The new agenda for the '90s. *Planning Review*, pp. 8-12.

Houston, P. D. (2002, May). Elevating dreams to reality. *The School Administrator* 5, p. 46.

Law, J. E. (1993, April). TQM and me: Why is it important? *School Business Affairs*, pp. 24-27.

Lease, A. J. (2002, June). New administrators need more than good grades. *The School Administrator* 59, pp. 40-41.

Lee, R. (1996). Solving a puzzle. *Issues and Observations, Center for Creative Leadership* 16(1), pp. 7-8.

Mangan, K. S. (1992, August 12). TQM: Colleges embrace the concept of "total quality management." *Chronicle of Higher Education*, pp. A25-26.

Mawson, L. M. (1993, May). Total quality management perspectives for sport managers. *Journal of Sport Management,* pp. 101-106.

McAdams, R. P. (1997, October). A systems approach to school reform. *Phi Delta Kappan* 79, pp. 138-142.

Merriman, J. (1993, February). Supervision in sport and physical activity. *Journal of Physical Education, Recreation and Dance* 64, pp. 20-21.

Miller, L. K. (1997). *Sport business management.* Gaithersberg. MD: Aspen.

Morrison, A. M. (1992a). *Diversity management and affirmative action.* San Francisco: Jossey-Bass.

Morrison, A. M. (1992b). Leadership diversity and leadership challenge. *Issues and Observations, Center for Creative Leadership* 12(3), pp. 1-4.

Nanus, B. (1992). *Visionary leadership.* San Francisco: Jossey-Bass.

Noer, D. M. (1996). Leading the liberated. *Issues and Observations, Center for Creative Leadership* 16(2/3), pp. 1-6.

Norris, M. (1992, September/ October). Warren Bennis on rebuilding leadership. *Planning Review* pp. 13-15.

O' Brien, T., and Sattler, T. P. (2000, January). Integrity: The foundation of success. *Fitness Management* 16, p. 58.

Ouchi, W. G., and Price, R. L. (1993, Spring). Hierarchies, clans, and theory Z. *Organizational Dynamics*, pp. 62-91. (Originally published 1978.)

Parkhouse, B. L. (editor) (2001). *The management of sport.* Dubuque, Iowa: McGraw-Hill.

Rafaeli, A., and Pratt, M. G. (1993, January). Impact of organizational dress. *Academy of Management Review,* pp. 32-55.

Rist, M. C. (1993, June). TQM in Tupelo. *Executive Educator,* pp. 27-29.

Rochman, S. (1997, October/ November). Role models. *Athletic Management* 9, pp. 29-30.

Rochman, S. (2002, April/ May). A different diversity. *Athletic Management* XIV, pp. 43-49.

Sattler, T. P., and Doniek, C. A. (1993, March). How to create an empowered workplace. *Fitness Management,* insert.

Sayles, L. R. (1993). A different perspective on leadership: The working leader. *Issues and Observations, Center for Creative Leadership* 13(1), pp. 1-5.

Slack, T. (1997). *Understanding sport organizations.* Champaign, IL: Human Kinetics.

Tan, S. K. (1997, February). The elements of expertise. *Journal of Physical Education,*

Recreation and Dance, 68, pp. 30-33.

Tucker, R. (2002, March). Making decisions. *Fitness Management* 18, p. 6.

Chapter 3
體育運動管理的溝通與激勵

Communication and Motivation in Sport Management and Physical Education

管理思維 Management Thought

個人成就之高低，取決於堅定的自我激勵與期許。

Achievement is largely the product of steadily raising one's level of aspiration and expectation.

～傑克・尼克勒斯（Jack Nicklaus）～

案例討論：

一名教師的奮發（A Teacher's Push）

有一位年輕的體育教師相當重視學生在運動技能上的學習，特別是學習有困難的學生。她爲那些學生提供額外的協助，並能夠找出幫助他們進步的方法。最初，其他的老師和主管們都很高興，並嘉許她的表現，有時候，有些老師還將他們有學習困難的學生轉讓給她指導。

就是因爲她有無比的活力和企圖心，她分配到6個班級，每班有45名學生，而其他老師的班級每班僅有30名學生。學生邀請她指導户外的社團和啦啦隊，她的主管還分派她擔任校内無給職的課外活動組長工作。她只好利用晚上和週末的時間來協助學生。

在這段期間她相當地忙碌，以致於和同事間的溝通、交往少之又少，她甚至覺得他們不夠盡職。很自然地，其他人也會認爲她很自負，不願意與他們溝通。在試用期滿後，她提出永久教職的申請，但最終卻沒有通過。她相當地震驚，後來才知道，這所學校每年有20%的老師會離職的情形。

她很快地找到了零售連鎖店管理訓練部門的工作，這項工作有不錯的待遇和薪資，而且業績好的話，也有晉升的機會。由於她表現傑出，獲得優渥的薪資和升遷機會，並且調任到不同的部門歷練。10年後，她回溯自己的人生，以及所賺得的財富皆在不錯的水準，但似乎缺少了一種歸屬感。她認爲她對社會並沒有什麼貢獻，事實上，偶爾她還會感覺行銷和銷售技術僅是在占顧客的便宜，使他們確信需要某些產品，而事實上那些產品可能是言過其實的或是劣質品。

她決定重新安排自己的人生，於是完成了碩士學位，並再次開始教學的工作。理所當然的，她的碩士論文就是在研究教育的價值報酬。當她重返教職時，她謹慎地選擇學區位置與社區的地點，一個她覺得可以落地生根的地方。並且在這學區中，有足夠的學校數，即使是調校也不需要搬家，這才是一個可以獎勵績優教師者的理想系統。

本章目標

讀者應能夠

1. 確認組織有效溝通之阻礙。
2. 描述出組織有效溝通之要素。
3. 說明非口語化溝通之重要性。
4. 熟悉體育行政上所需的書面溝通。
5. 學習主持會議的要領。
6. 熟悉傳統的激勵理論。
7. 提出多種激勵策略，以提高部屬工作表現。

溝通
COMMUNICATION

溝通：（1）使人瞭解；（2）進行轉換；（3）傳遞及轉達訊息；（4）成功地傳遞訊息；（5）產生連接（Pophal, 2001-2002）。

對體育室主任而言，與部屬溝通所指派的任務，是一個組織的成功關鍵。漢彌爾（Hamill）（1997: 56）指出：「大部分的體育室主任覺得，溝通是部門工作分配的關鍵，如果部屬要和他人一起工作，來完成單位的任務，他們就必須進行有效溝通，以取得內部和諧。無論如何，溝通是不會自然產生，它需要有組織性與架構性的內容才行。」審視此一觀點，溝通是雙向的。我們是「與」他人溝通，而不是「向」他人溝通。而且必須針對人們已講過的話或未說出口的心裡話，已完成的事或尚未完成的事持續地進行溝通。

另一個觀點則是透過所欲完成的事，來定義（defined）溝通。柯爾（Cole）（1997: 49）說：「我們的研究發現，組織中有效溝通的定義如下：（1）隨時讓相關人員瞭解狀況；（2）鼓勵人們表達自己的想法；（3）用心傾聽以瞭解狀況；（4）要有開誠佈公的態度。費特（Fatt）（1995a: 15）同意：「語言的力量在於其所產生的影響。管理者需要瞭解到語言的重要性，它足以塑造或毀滅掉一個人的形象。」

溝通是一個過程，而不是一個單一事件。下列有10種方法可以改善溝通（ways to achieve better communication）：

- 瞭解溝通的用途——它是用來達成目的。
- 鼓勵內部員工共同討論相關的議題。
- 搜集額外的訊息。
- 確認你的聽眾。
- 創造「關鍵訊息（key messages）」。

- 編排進度表——循序漸進地提供你的聽衆所需要瞭解的訊息。
- 發展一項溝通計畫。
- 先從組織內部溝通做起。
- 使用多元化的溝通工具，進行多次溝通。
- 循環思考（think circular）——從所欲達到的目的，做爲思考起點。（Pophal, 2001-2002）.

根據史帝芬・柯飛（Stephen Covey）所言，爲了釐清溝通的界限，必須注意適當的態度與行爲：

態度（Attitudes）

- 我心存善念；而不會質疑你的眞誠和公正。
- 我重視彼此間的關係，且願意解決認知上的歧見。請幫助我藉由你的觀點來看清問題。
- 對於改變，我的態度是開放的，而且已做好改變的心理準備。

行為（Behaviors）

- 傾聽去瞭解。
- 說話要讓人聽得懂。
- 從共同的觀點或互相認同的事務開始進行對話，再慢慢地移向歧異之處。

當具備了這3種態度和行爲，幾乎任何認知或信任的問題皆可以迎刃而解。通常一旦人們瞭解了溝通的意涵，就會改變說話的態度。他會用「這是我所看到的想法」來代替「事情就得這樣辦」的口吻；用「我的觀點是…」來代替「事情本來就應該是這樣」的說法。

溝通交流中的障礙或失眞，常會造成誤解，這就是「雜音（noise）」。這種雜音可能是實體的或心理的（Olson and Forrest, 1999）。例如（1）實體的雜音，像是體育館內充斥著球迷的尖叫聲；（2）距離和時間，如滑雪場的經理透過無線電傳送訊息，通知工作人員修整滑雪道，或是交代工作人員當晚要再回來工作；（3）空間的安排，如在兩名教練桌位間的隔板；（4）組織階級的距離，如休閒中心主任與清潔地板人員的溝通；（5）訊息來源，如在溝通時根本沒有尊重或企圖去瞭解他人的意見；（6）分心，像是在辦公室中很明亮的顏色，或是有一位具吸引力的人經過身旁；（7）缺乏共同的知識，特別是使用一些技術性的術語（例如：「難怪我們沒有得分，就是因爲他由中鋒切入而不是從邊線進攻」）；（8）聽者缺乏專注力；（9）專用術語（gobbledygook），企圖使用一大堆專門術語，使人困惑，其實這是一種累贅的障眼法；（10）認知程度意指每個人是透過自身經驗與社會的接觸，來形塑其個人對事務、語言文字及行爲的認知喜惡；（11）語意，語意上的障礙就好比一位教練對他所帶領的第一支美式足球隊員們說：「你們打球的樣子就像一群農夫！」這可能會帶來球員們疑惑的眼光，以爲說他們都是農夫之子，所以打球像農夫嗎？

溝通的基本成分包括下列幾項要素：

- 資訊來源（originator）——意念、想法的傳遞，或是以符號的描繪來傳遞所欲表達的意思。
- 編碼（encoding）——找到正確的符號，最普遍的方式就是透過文字語言。
- 管道（channel）——透過說、寫或動作表情來發送訊息。
- 接收和解碼（receiving and decoding）——就溝通而言，訊息必須先被接收，然後解讀該訊息所代表的意義。
- 回饋（feedback）——已接收到訊息的一種表示，譬如點頭稱是、皺眉深思、提出看法或問題（Olson and Forrest, 1999）。

組織溝通的發展 Evolution of Organizational Communication

組織溝通的發展歷經有以下3個階段：

1.單向對下溝通（One-way communication down） 大部分學校行政上的溝通皆爲此類型態。但上級交辦的事務並不算是溝通，因爲其中並沒有互動及有限的瞭解。

2.行政體系試圖瞭解員工的想法（Administration seeking to determine what staff is thinking） 透過報告、核對表、面談、問卷或意見箱方式以獲得員工的想法。即使這些方法是粗略而不完整的，但這是個開始，很多學校的行政體系會嘗試使用它。

3.參與式管理（Participative management） 這種形式的管理是將部屬納入決策的程序中，這就比較像是眞正的溝通。然而，要建立部屬的信賴和信心，讓他們勇敢地說出自己的想法，可能會有許多的阻礙。對想升遷的人而言，質疑行政者的決策和計畫可能被視爲是危險的舉動。有時候，管理者並不反對部屬的參與意見，只是還不知道該如何接受它。還有一種情況，管理者確實很鼓勵員工參與意見，並樂於接納，但最後卻沒有眞正地落實。

溝通涉及多種意圖性的行爲，其中包括口語和行爲表現。人們會使用一些表徵來代表自己內心的想法、感覺與信念。另外一半的溝通方式則是非口語化的。這兩種溝通方式的運用便形成了我們的主體性。另外，溝通不是靜態和獨斷的，但其發展總是會受到文化的影響。

個人溝通的方法Methods of Personal Communication

部屬可以透過單向或雙向系統來進行溝通。在《說服力的剖析》（*The Anatomy of Persuasion*）（Fatt, 1997-1998b: 23）一書中指出，溝通是雙向的過程，而非單向的。二個（或以上）的人們是透過溝通來交換需求，不論他們是否知道這就是溝通。

在學校中，單向溝通的形式常如標誌、公告、擴音器廣播。雙向溝通則如體育室發出公告詢問星期五下午3：30是否適合召開會議，或主任在修訂下學期的活動行事曆時，詢問部屬有無建議事項。

傾聽（Listening） 傾聽是溝通中的重要元素，但對於體育運動主管而言，這種技能通常並非與生俱來的，所以需要藉由練習來發展。試想你在溝通時用在傾聽的全部時間——似乎大部分有一半的時間用在傾聽。有些研究顯示，通常我們僅會保留住自己所聽到的1／4。當然所剩下的3／4的內容就憑我們自由想像了。為了改善傾聽的技巧，應先從少講話開始，然後讓說話者感到輕鬆，並且表現出你願意傾聽的態度。移除會令人分心的事物，例如將收音機關掉、或把門關起來避免噪音。表現出投入的樣子，可以藉由點頭、微笑或將身體微傾向說話者。要表現出完全地專注，不要打斷正在緩慢進入重點的主題內容——要有耐心。經常提出問題或確認內容。要注意能夠辨別出這是一個良好而積極的討論，抑或是一場爭辯的情況。在憤怒時，應避免進行溝通，因為那幾乎不會有好事發生，更可能對彼此的關係造成永久性的傷害（Lesikar, Pettit, and Flately, 1996）。有時候，傾聽會透露出兩造雙方所有的爭論、溝通和不同的立場。就這點而言，少說多妥協就變得重要了（Stiebel, 1993）。

正式與非正式（Formal and Informal） 溝通可以是正式或非正式的。正式的溝通可以是文字的或口語的，而且通常需要慎重的事前規劃，並且落實於文字紀錄或錄音檔案，這些大多是有關於法條或政策的一些事項。非正式溝通則多屬於立即同時發生的情況，常常連訊息發送者本身都不知道正在進行溝通。非正式溝通的工具包括使用身體語言、語調、身分表徵、空間和高度。例如，一位主管可能讓自己坐在較高的位置或較大的座椅，而面前放張大的辦公桌，那麼其他人便坐在一般大小的座椅上。本文作者曾見識過一位行政者運用類似的非口語謀略，在與一些工會領袖們進行冗長且艱難的會議過程中，取得談判優勢。情況是他在開場白之後，他假裝似乎想要脫掉自己的西裝外套，但卻停下來而去為工會領袖們脫下他們的外套，而他自己的外套則仍穿在身上。可能有人會質疑這是違反道德權謀，但事實上，也並非所有的優勢皆可藉此而得。

非口語化和電子化溝通（Nonverbal and Electronic Communication）

非口語化溝通有三種形式：肢體語言（body language）、空間語言（space language）及時間語言（time language）。肢體語言是我們身體的動作，如揮動或交叉我們的手臂。交叉手臂表示你不同意或覺得否定。另一方面，身體前傾專注傾聽，則顯露出高度的興趣和開闊的心胸。隨著個人肢體語言的傳遞，人們會使用空間語言，而這是隨著文化所發展出來的。空間語言包含許多不同層次。例如，親密的空間是指從身體接觸到的距離到18英吋遠；屬於個人的空間則約從18英吋到4呎；社會的空間從4呎到12呎；至於公共開放空間則為12呎到看得到、聽得到的距離。最後，關於時間語言，這關係到你如何賦予時間意義，如約會時早一點或晚一點到、事先以電話聯繫、管理每日的行程或準備會議議程（Lesikar, Pettit, and Flately, 1996）。根據研究指出，大約有85%的溝通是透過非口語化溝通管道所接收的。實際上，在面試前的4分鐘，你的非口語化的表現，幾乎已全盤決定了他人對你的印象（Henderson, 1989: 22）。

當我們看著某人的時候，就必須視他為我們所欲溝通的對象。我們必須將眼、耳全心地放在他的身上。緊張、羞澀、臉部肌肉的收縮、坐立不安、過份的偏見、勉強的笑容或傻笑以及沈默地凝望著對方，皆被視為非口語化的溝通方式（Fatt, 1997a）。

非口語化的溝通應該從訊息發送者和接收者的觀點來考量。在傾聽對方的內容方面，許多策略是為了達到較好的「接收」溝通——「你可以回想起我剛才說的內容嗎？」從前述的內容也可以發現到空間和符號方式的非口語化溝通。在面試中，是否有時間和身體語言的非口語化溝通的例子？運動中，表徵性的非口語化溝通方式是如何被經常運用的？男人和女人、運動員和非運動員在嘗試非口語化的溝通時，是否會採用同樣的方式呢？透過非口語化的溝通方式，是否能夠改善班上學生對教師的評價？

運動員似乎對傾聽非口語化的信號，有著與眾不同的敏感度。或許他們聽多了教練的大聲咆哮，所以他們需要從一些非口語化的溝通內

容，來解讀眞正傳達的訊息爲何。很重要的且需記住的是，我們對於運動的熱情與熱愛，是會顯露在臉上與肢體語言。不幸地，運動中的躊躇、缺乏準備或缺乏興趣等，同樣地也會表露出來。

行政主管們必須謹愼地選擇其所使用的溝通方式。比較好的方法就是面對面口語表達的溝通。即使需要某人走過一座體育館來傳遞一個訊息，這大概仍會比用寫的來得快。當有人提出問題以及產生回饋時，也可以確定訊息已被清楚地獲得。有時候管理者可能認爲他（她）自己太過忙碌，以致於無法親自將訊息傳遞給某人，但這可能會被他人認爲是懶惰而沒有效率的。若是無法進行一對一溝通的話，就必須能夠找到藉口，而不是直接迴避它。第二個較好的方法則是透過電話。行政主管們必須開發出有效使用電話的藝術，如此才能使得對話不致於唐突也不會迂迴曲折。建議將一些重要的電話號碼記錄起來。第三個較好的方法是用手書寫下訊息，最後，使用便箋的形式進行溝通。如果這個訊息關係到人事或其他的主題，書面紀錄則是必要的，而且，最好是用打字的。

電子郵件的使用說明了在很多組織中，各單位之間每天有大量例行的溝通工作。就像是寫便箋一樣，可以很簡單快速的完成所欲表達的內容。但是，在滑鼠一按下之後，組織中的某一個人、或更多人、甚至每一個人，皆會立刻收到這訊息。如果檔案是有用的，電腦的任何一端都可以加以複製。當有一些接收者有電子郵件，而有些人並沒有的時候，書面副本就可以提供給不在這個系統中的人。一旦安裝了數據機，傳送這些訊息是不需要付費的，這項功能超越了電話的基本開支。研究顯示，在1995～2001年間，電子郵件的使用成長了6倍。單位主管每天約花2小時寄、收電子郵件，而有更多的時間可以用來進行面對面的溝通。令人困擾的是，約有1／3的郵件內容與組織的基本業務無關——造成了生產力上的龐大浪費。研究進一步顯示，2／3的主管認爲面對面溝通的技巧已因爲使用電子郵件而產生衰退現象。有八成一的員工較喜歡不論消息的好壞，最好能夠以面對面的方式直接告訴他們（Crowther, 2001）。

傳送給體育課程主任和體育室主任的溝通內容，絕大部分是以書面形式進行的，但卻又不符合正式的簽文法令格式。在此，強烈建議教育人員參與漸進的練習一種在產業界以及很多政府部門所使用的公文寫作方法，即如何在原箋和信件的底部或空行間寫下註記意見，如果有人要求一份原箋意見的紀錄時，那就可以很容易地複製。

創新溝通的強化Innovative Communication Enhancers

有一所大學爲了增進與最高管理階層的有效溝通，採取兩種策略。負責學術事務的副校長公告所有同仁，所有人均可與他預約進行免費早餐會，來談論任何的事務。所有報名的人會被安排成6至10組。這項做法已經行之有年且效果極佳。在正常的情況下，教師們和副校長間有二個行政層級——系主任和院長——大多數的員工是以正面的態度看待這件事。此外，校長與各學院教師們每年會有一至兩次的會面。 這些會議有一半的次數是用來和各個學院討論其特定的議題。剩餘的時間用來開放給教師提問。

員工和組織之間的溝通是相當必要的——假設爲了要減少因缺乏溝通所造成影響組織的謠言，就必須增強溝通的頻率（Feldman, 1993）。所有訊息的障礙皆應予以鏟除，而且應該鼓勵員工持續交談和分享想法。也可以透過視訊會議、所有承辦人員的電子郵件信箱，以及報導組織工作成果的簡訊等方式進行溝通。中高管理階層主管應該鼓勵開放溝通的政策。

周哈里窗（The Johari Window）　運動管理者可能發現，當他們自己和部屬之間的人際關係提升時，彼此的溝通也會獲得改進。透過周哈里窗概念的方法可以達到這樣的情況。這個主題可能無法在本書中完全闡釋，但其原理可綜整如下：領導者爲了提升自己與部屬之間的人際關係，願意冒險透過分享自身更多的訊息、信賴和情感等方式來達成。同樣地，他們需要鼓勵獎賞部屬做相同的事。當領導者與部屬願意進行更多的彼此分享時，人際關係進而改善且溝通也會增強（Horine, 1990）。

衝突排解（Conflict Resolution） 成功的行政管理者瞭解到認知對溝通而言，是相當具有影響力的。如果一位行政管理者把衝突視爲是一個問題時，那麼負面的成見就早已形成了。另一方面，如果行政管理者認爲衝突是一種正常的工作情形，或者是一種挑戰，那將是容易解決的。衝突甚至可能被視爲是一項機會。衝突可以確認出一項議題，並引起解決議題的動機，且能夠找到解決方案的媒介。因此衝突可以從負面的觀念轉換成正面積極的意義，進而產生組織內的團結和諧及公義。如下內容可被視爲是衝突管理的益處：

- 刺激創造力。
- 發現錯誤。
- 促進生產力。
- 增加團體意識。
- 強化自我接受度。
- 促進個人發展。
- 強化工作環境的舒適感（O'Brien and Sattler, 2000）。

運動經理人最不願意面對的事就是抱怨的處理——從「因爲有人把一杯飲料濺在我身上，所以我想要回我的錢（總是在一場實力懸殊比賽的下半場時發生）」到「我想要重新取票，因爲有人偷了它。」

一位人際關係專家蘭迪·玻爾（Randy Bauer），指導處理忿怒顧客的方法。第一步就是成爲一名好的傾聽者（Suchetka, 1998）。別忘了增進記憶的策略藝術（ART）：提出問題，重複你所聽到的，並且做筆記。

當有人忿怒地找上門時，應採用將心比心（umbrella visualization）的開放處理態度，才不致變成個人情緒化的反應。建議使用安慰語句如「我眞的試著努力幫助您。」「感謝您打電話提醒我這個問題。」如果你無法解決抱怨（complain），試著找遇過相同情況的同事幫忙。如果可能的話，當場解決問題，如果沒辦法，則說明你的理由，並且爲無法滿足

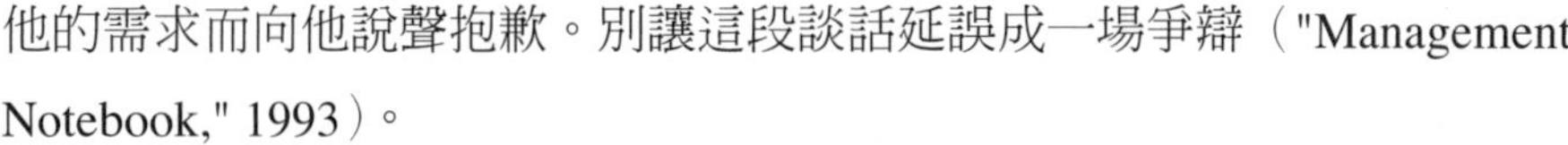

他的需求而向他說聲抱歉。別讓這段談話延誤成一場爭辯（"Management Notebook," 1993）。

與運動參與者的溝通（Communicating to Participants） 本章重點雖然在於部屬和管理階層之間的有效溝通，但是確保與運動參與者的清晰溝

政策案例：不上高中體育課的理由

因故全天請假缺課（excused absences）的學生，不應該要求他補足缺課的時間，缺課的學生可能會被要求補繳書面報告，或者是需要補考所錯過的術科測驗。雖然學生家長提出的學生缺課理由應予以尊重，但是對於這些缺課學生的事後要求，就必須以耗時的書面作業或放學後的補課時段來補足。

如果有學生提出口頭的病假申請，這個理由可視爲如家長所提出的理由一樣，所以補課的要求也是一樣的，但是有些學生則是在向校方請假後才開始生病的。依據學校的政策，如果學生表示身體不適或無法達到教師要求的技能標準時，是不會主動去激勵、誘使、驅策、或者勉強他（她）一定要上課或從事特定的技能動作。

如果有學生經醫生建議無法上體育課長達6周或以上時，就應該與該醫生商量討論，爲學生開設個別的輔助課程。

如果學生在校內已恢復得差不多了，但是因爲有家長或者醫療上的理由，而仍舊無法上體育課者，一般教師會要求他們穿著運動制服，並且在接受點名後，才會允許他們離開。如果天氣良好，建議安排這些學生幫忙協助計時或計分的工作。

大學運動代表隊的隊員也是要上體育課的。只有比賽期間，這些代表隊隊員才可以請公假，平常則仍須穿著規定的運動服裝，全程參與。

通也是同等重要。例如，在運動器材方面，應有明確的說明，告知參與者該如何使用與維護。緊急處理程序也必須清楚地寫成書面資料，並讓參與者明瞭。從體育教師到學生，對大學運動代表隊員的訓練技巧和技術，以及體適能中心複雜的運動設施使用說明，相關的規定和規則一定要清楚地向參與者溝通，並要確保參與者皆理解相關的說明。一個溝通失敗的案例是可利根與金牌俱樂部生肌素有限公司之間的訴訟案（*Corrigan v. Musclemakers, Inc., D.B.A. Gold's Gym*）（1999年2月25日紐約高等法院，Appellate區，案件編號258 A. D. 2d 861）。一名不常運動的老婦人，她從未去過體適能俱樂部或者使用過跑步機。在加入俱樂部後，她第一次前往俱樂部並接受私人教練的指導（因爲有一部分的會費是包括私人教練的服務）。稍後，教練將她放在跑步機上，並且把速度定在3.5英里／小時，時間20分鐘，但卻沒有告訴她該怎樣調整速度或者如何停止下來。老婦人因跟不上速度，從跑步機上摔下來而受傷。審理法庭及上訴法庭皆一致認同老婦人缺乏應得的指導和危險提示方面的溝通（Sawyer, 2002）。請參考本書第8章有關運動法律的討論內容，以及第9章的風險管理或者關於本案的進一步詳細資料。

政策和程序Policies and Procedures

當檢視一個組織時，有經驗的管理者首先提出的第一項要求就是「讓我看看你們的政策（policy handbook）或者人事規定手冊（personal manual）」。當有經驗的主管被調到一個新單位時，他們最優先處理的首要事項之一，便是建立或者修正這些資料內容。

對於體育室的工作手冊架構而言，可建議如下：（1）前言和介紹，（2）組織宗旨，（3）人事，（4）財務，（5）差旅，（6）採購，（7）設施經營，（8）賽程安排與合約，（9）學生運動員，（10）公共關係，（11）夏令營和講習會，（12）其他。

一項有關這種工作手冊效果的研究指出，政策手冊有利於組織的運

政策案例：美式足球的健康與安全政策

1.必須強調賽季前的體能調整。（特別是那些一直工作或者居住在有空調設備地區的球員）

2.所有球員必須在體檢完成後，才准予從事練習。

3.在團隊進行練習5天後，才允許球員對外的接觸。

4.開始練習的第一週，制服規定是短褲和T恤，頭盔的配戴則可自行決定。

5.前5天的練習若是在早晨，則要在早上10：00前結束，或是在下午5：00以後開始。前兩周，建議採取夜間練習。

6.教練必須瞭解熱病的症狀與急救的程序。

7.超過一小時以上的練習，必須要有補充水份的休息時段。

8.所有練習不可以超過兩個小時。

9.第2周練習結束後，才可舉行比賽練習。

10.比賽當日球員不得以任何健康理由請假，而且要全副裝備上場。

11.球員若因傷退出比賽，如果沒有醫生的許可，則不能再回到比賽場上。

12.在比賽期間，主場教練會確定有醫生在場，擔架是接近每個長凳，救護車已就定位。如果救護車或醫生不在場，將由主場校長決定是否延遲比賽。

13.比賽前後，醫生與兩隊教練應在更衣室內核對確認相關事宜。

作。它們提供了有用的資訊，並藉由標準化的工作，解決主要的一般性問題及減少電話查詢相關資訊的浪費。有些手冊的問題是因爲不良的索引和交叉參照，而造成使用者找尋資訊上的困擾；他們也可能是因爲含糊的寫法，或者信賴的訊息早已過時，而造成理解上的問題。

該如何著手撰寫一本工作手冊？根據前述所列，盡量收集當前的所有政策說明內容，並且寫出一份草稿，內容加上任何你所能想到的增添部分。如果可能的話，安排一個安靜的地方，讓所有人員可以在同一時間審視和編輯這些資料，而不受干擾。若沒有辦法，則把資料分派給相關人員，並且要求在一個明確合理的期限內完成。因爲對接受任務者而言，這可能是一項繁重的工作，愼選時間並且發送一封來自高層的信（你應該草擬），略述這個過程的重要性並提及截止期限。允許部屬也可草擬或建議額外的政策。每項新政策必須有部屬的背書支持或者明顯大多數人的同意。就此項觀點，全部的新訂政策必須獲得上級批准。

避免將一些瑣碎或者經常改變的事項納入工作手冊。當工作手冊經核可後，且在準備大量印製前，應向專家徵詢特定的政策，如法律顧問、安全主管、審計或預算人員，維修主管、平權法案專家，或與失能者補助事務相關的人員。手冊的編製，包括頁碼系統，使其可以簡單地校訂、擴充或減少，而不會受到少數幾頁變更的影響導致全部重印。這需要一個簡單的插入和移除系統。工作手冊每年皆有必要重新審視和校訂，如此，部屬對它的正確性和流通性才會信賴。當業務執行發生問題時，就應該經常參考手冊內容，如此部屬才會開始從手冊中尋找工作指引。

書面資料的溝通Communicating with the Staff in Written Forms

在面對許多顧客或工作人員時，若欲每週都有溝通的機會，最有效也是最節省成本的溝通方式，莫過於定期發布公告或簡訊刊物（newletters），因爲需要溝通的資訊內容龐大而多樣。鼓勵所有員工參與這公告或簡訊刊物的編製或提供資料，以免這定期的刊物被誤認爲僅是上位者傳達其權威命令的工具而已（McDonnell, 2002）。

另一個比較有效能（efficient），但卻不一定具有效率（effective）的書面溝通方法就是員工公布欄（bulletins）。這方法主要是找一個可以讓員工容易看見的地方（但不容易被大部分的學生顧客移除），公告一些員工或教練的資訊。這公布欄應該只公布重大的訊息，而且每隔幾天就必須更新，這可以使得員工習慣每天都會注意到這個公布欄的消息。發給所有員工的備忘錄或信件，應該只針對特殊的重要議題或資訊使用。對於休閒旅遊或健身中心一類的小規模員工，有效的技巧就是要求員工在讀完這些資訊後，必須立即簽名加註一些感想心得或資訊。當然，基本的方法就是透過「方法與程序」工作手冊，來對所有的員工進行最好的溝通。

個別會議Personal Conferences

許多學區學校和一些大學院校會要求教師和教練每隔一年或兩年，就必須與系主任或校長進行個別會議。雖然對於行政者來說，這是一件相當耗時的工作，經驗卻顯示這是一個明智且有意義的人事動作。

通常這些個別會議建議在每學年的前6週內舉辦，第二次會議則選在學年結束前的最後一季再實施。第一次的會議，主要是要制訂當年度的目標與目的，建議將目標分成一般性目標與特殊目標，如此將更容易達成共識與完成制訂目標的工作，討論中也必須包含評估的方法。如果沒有先定義此目標評估的方法，那談到教師如何改善教學就顯得沒有意義了。如果不是新進教師，那麼前幾年的工作概況也必須一併加以評估。

第二次會議中，必須提供年度的評量結果供與會者參考，而以開放、輕鬆、自然但是不公開的情境，來進行會議中的討論，在會議室外掛上「會議中，嚴禁打擾」的標示牌，並拒絕所有電話的干擾，讓所有與會者意識到這是個必須專心進行的重要會議。建議不要在星期一和星期五召開這樣的會議，更不要在接近下班前的時間召開，以免與會者無法專心於會議上的討論。

會議中強調已完成之工作的正面意義，同時，不用把失敗當成負面意義，反而將這些當成繼續改善的空間與方向。試著分析這些缺點，並討論發生的原因，或許部分原因是來自於行政管理者過度負荷的工作量、設施設備的缺乏、不良的規劃與安排等。將會議的結論寫下，包含最後所形成的共識，有個技巧可以幫助這項工作的完成，就是在會議前先要求員工先提供一份個人意見的摘要給行政主管。另外，如果可能的話，主持會議的主管盡量不要高高在上，應該從桌子後面走出來，與參加會議者平起平坐，讓他們知道，主管是沒有預設立場，並且是願意聆聽意見的；也可以試著讓員工來為會議下結論，通常最重要的事情是在最後一刻才會宣布的。

財務緊縮與溝通Contraction and Communication

在組織遭逢經濟困境的時候，通常會開始針對預算做一些限制與調整。在非營利性組織的財務危機中，最先被裁撤的，大部分都是組織簡訊的預算。而在大學面臨同樣的財務困境時，首先會被裁撤的也是教職員工的週刊簡訊。這樣的作法是明智的嗎？溝通專家並不這麼認為，在財務緊縮的時候，減少溝通的管道，會引起下列的長期負面結果：

- 混淆：造成發展的停滯。
- 不信任與猜疑。
- 生產力下降。
- 方向模糊：員工無法清楚地瞭解他們目前的工作與組織成功之間的關聯性（Warner, 2001）。

委員會Committees

> 委員會裡可能有20個思考周延的人，
> 可能其中有10個偶爾行動的人，
> 但是大部分的工作都是由委員會中的一個人所完成。

行政管理的民主形式（democratic form）有賴於委員會的延伸。行政者要能很熟練地組織各委員會，並且能確認他們獲得充分的指導，第一項要件就是委派一個意見均衡的團體，如果太分散，反而不容易發揮團體精神。換句話說，除非行政者要求委員會達成一個已預定的決議，否則這團體應該不會有完全一致的看法。委員會的人數建議控制在3～5個人最能有效地發揮功能。行政者應該委派委員會的主席，或者指定一個人擔任委員會的召集人，並安排選舉主席的相關事宜。除此之外，有兩點是必須要貫徹執行的，就是委員會的任務與功能必須能夠很清楚地被界定出來，任期也必須在事前確定清楚。依據經驗法則，適當合理的短暫任期是最佳的，而任期的長短則取決於任務的複雜程度而定。委員會主席必須指派專人負責記錄委員會工作進度與內容，此項記錄也必須在每一次的會議前，隨著會議通知先行提供給委員會成員作參考。

會議主持Leading Meetings

1.目的明確（Define the purpose） 沒有明確目的的會議，就不應該舉辦！如果一個會議主席在會議的開場白中說道：「我不知道我們今天會議的目的是什麼？但是既然我們已經在這裡了，有沒有人有問題需要提出來討論的？」這樣的情景在專業上來說，是相當有問題的行政程序。會議首要的事情，就是先把會議的議題在會議前先發送各個與會人員，如果要討論的事項，都是已經完成的，那這個會議也就不需要召開了。

安排會議日期需有合理的前置作業時間，一般來說，學校內的會議必須在一個星期前就已經排定，人們很容易忘記離現在還很遙遠的會議日程，除非有人特別提醒。同時，每一次會議預定結束的時間也應該提前決定，並且注意在接近會議結束時，避免讓與會者提出太多的評論，以免耽誤會議結束的時間。盡量將會議控制在預定時間內結束，甚至比預定的時間稍微提前結束。

2.善用團體的優點（Capitalize on what groups do best） 團體並不能做決策的事務，但是卻善於找出問題、讓議題更加明確、以及評論問題解決的方案。當然，委員會也交付以表決的方式來審核決策；但是，請記住，這也只反映了多數人的意見，如果另一方持相反意見的人數達到一定的規模，雖然仍屬於較少數人的意見，但是也應該在會議報告中忠實呈現。讓團體的注意焦點維持在問題上，會議主持人必須懇求所有成員提供意見，並做成綜合性的結論，在時間的掌控上，更必須避免會議的時間超過一個半小時。

3.會議議程的修訂（Rewrite the meeting agenda） 預先規劃的議程僅是會議前的大綱，通常會議主持人在會議結束後，必須重組會議的議程，或者綜合幾項議題形成一個提案討論。有時，議程就代表著一個整體的會議目的。例如，向學校董事會提出教練薪資的建議。

4.避免一般性的工作（Avoid common tasks） 做爲委員會的主席，不應以召開會議方式來規避或轉移個人的過失到特定團體身上，或者企圖將已經完成的工作，刻意歸功於團體會議的努力成果。注意例行的會議，不要只因爲行事曆上既訂的會議日期，而召開一些不必要的會議。另外，如果固定的會議也常被臨時取消，那麼員工們就會變得習慣於期待會議的取消。

5.裁撤沒有成效的團體（Eliminate unproductive groups） 定期仔細檢視團體存在的理由與原因是必要的。每當有新的行政者就任時，一個有趣的情況是，所有的委員會就會回到原點，重新組成，意指所有的團體都被要求提出各個委員會存在的理由，而提出較差書面資料的團體，就會面臨被裁撤的命運。

6.以委員會規模大小來訂定適當的討論議題（Define appropriate topics for the size of the group） 一個超過12位委員的大型委員會，所討論的議題必須注意是否可以滿足所有與會者的興趣。在大型會議中，人們通常會對於一般性，非切身相關的議題感到無聊，並且會開始找藉口請假不參加會議。如果決策是必須經由大團體表決的，預先規劃由次級團體提出執行方案，供委員會參考表決。請記得，委員會的決議既然採納了該執行方案，就不該再考慮其他的方案。在約7～9人的小團體裡，大部分的人有類似的興趣，對於較狹隘的議題，採取妥協方式的討

論會比較有效率。

一些行政者必須與某些大型團體開會，但是這會是一個完全沒有成效的會議。理查・李馬克（Richard Nemec, 1997）提到：「典型的商業會議如果有三個或三個以上的人參與，那就是浪費時間了。」

成爲一個有效率的會議主持人，是需要經過訓練的，思考反應靈敏的，並且具備有許多基本條件（見**表3.1**）。如果是較小型的會議，與會者必須先行討論出會議進行的程序。在大型員工會議中，則必須遵守一套有系統的議會規則；無論如何，這一些基本條件應該是要保留的。此系統則是被設計來確保委員會能有條理地、公平地針對議題提出討論。但是當系統出了明顯的問題時，爲了避免依循腐敗系統所衍生的錯誤，主持人應該介入，並做一般性的調整。舉例來說，在討論某科系重要課程的會議中，有15個人缺席的情況下，該案最後以3票對2票通過了，這就表示了多數人同意這樣的決定嗎？這課程實施後，主席能夠得到多少的熱心支持與協助？

表3.1　會議主持行為

有效率(effective)的主席	缺乏效率(inefficient)的主席
1.有效控制個人情緒	1.易發脾氣
2.善用詞彙	2.經常咆哮
3.給予合理的解釋與說明	3.粗暴地發出命令
4.鼓勵自由發言	4.蠻橫專制地做決策
5.每天掛在嘴邊的話是「我該如何盡力做到處事圓融？」	5.不理會他人的感受
6.提出具有建設性的步驟	6.拒絕接受建議
7.保護弱勢者與會議缺席者	7.喜歡看到有人困窘不安
8.防止嘲笑情形的發生	8.喜歡嘲弄別人的笑柄
9.對於與會者談論的事項表示興趣	9.表現得無聊且態度傲慢
10.替與會者設想周到	10.不在乎其他人是否感到舒適
11.說話彬彬有禮	11.講話沒有禮貌
12.除了微笑與不悅外，臉部肌肉是放鬆的	12.臉部的肌肉緊繃，顯得很緊張
13.真誠地讚美他人，但不阿諛奉承	13.吝於表達感謝
14.寬恕微不足道的錯誤	14.緊咬錯誤，並且予以嚴重化
15.當主持會議時，常有不錯的建議構想	15.容易疑心且看法悲觀

會議主持人在呈現問題與議題上，必須注意要保持中立的態度。如果會議主席，在會議開始討論的前15分鐘都偏向某一個議題中的單方意見，那基本上來說，便已經是系統上的一種錯誤，這名主席只是利用這團體爲事先做好的決定背書而已。有些主席習慣上會指派一個人暫時代理會議主席，以便他加入會議的討論中，通常這樣可以獲得不少討論意見的，如同衆所周知的，跟主席看法一致的人是比較不會有壓力的。

會議的開始與結束Opening and Closing Meetings

調整自己聲音的語調，並以簡短、有精神的方式吸引衆人注意做爲會議的開始。會議準時開始，首先介紹會議的議程，並確定與會者均瞭解並同意本次會議的目的。然後由主席或與會者設定會議規則，試著讓與會者儘早融入會議的討論之中。然後在預定時間內結束會議，由主席清楚地說明後續作業的安排及需要完成的決策後，宣布散會（Munter, 1997）。

激勵
MOTIVATION

談到組織的激勵，羅賓斯（Robbins）（1997）把激勵定義爲「藉由能夠滿足人們個別需求的努力，而產生有條件的高度持續努力意願，以達成組織的目標」（p.388）。在1800年代後期，威廉・詹姆士（William James）發現每小時職員大概僅需要花他們工作能力的25%就可以完成他們的工作，激勵乃是透過滿足身體或心理社會的需求而發生。

激勵理論Motivation Theories

1.傳統激勵理論（Traditional）　依照傳統的激勵理論，金錢是最初的激發因素。因此，在這些激勵系統中，是以優渥薪資或「比率」薪資爲基礎。

2.馬斯洛的需求層級理論（Maslow's need hierarchy theory）　馬斯洛在1940年代早期中宣布了這個理論，他認爲人類因爲有5個不同階層的需要，而受不同力量的驅使。第一個階層是生理需求，亦即基本的生理需要，像是食物，庇護所，免於痛苦的需求。第二個階層是安全的需求，需要有秩序的且可預期，不期望一個沒有妥善管理的組織環境與危險事物的發生。第三階層是愛和社會的需求，這可以透過溫暖的人際互動和他人的友誼來達成。下一個更高的階層是爲符合受人尊重的需要，這與人渴望被認同與自尊有關——對現況、力量、成就、尊敬和信心的渴望。最高一層則是達到自我實現（sell-actualization）的需求，美國陸軍已經將自我實現列爲每一位軍人的箴言，以激勵他們個人潛能的完全發揮，而達成每件事務（Chelladurai, 1999）（見表 3.2），而後續研究的結果顯示了對此理論有一定程度的支持（Chelladurai, 1999）。

表3.2　馬斯洛需求層級激勵理論

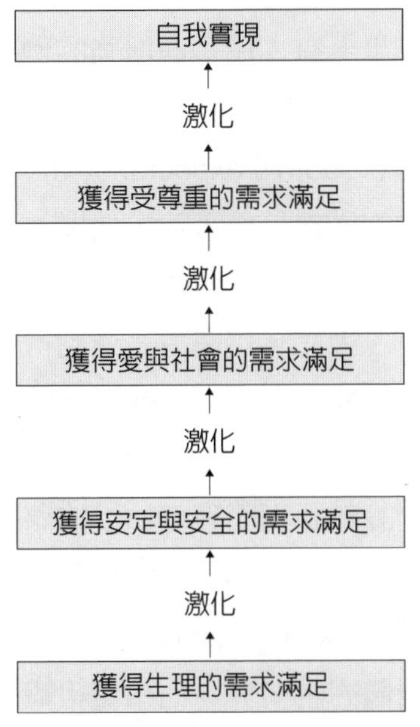

資料來源：Chelladurai, 1999。

3.赫茲柏格的激勵維持理論（Herzberg's motivation maintenance） 這個想法來自於赫茲柏格與工業界工程師和會計師的面談，也被稱爲「雙因子理論（dual-factor theory）」或稱「衛生保健激勵理論（motivation-hygiene theory）」，理論中的一些概念來自於馬斯洛的「需求理論」（Williams and Neal, 1991）。赫茲柏格認爲滿足基本的衛生保健需求並不會激勵員工向上，而僅是讓他們不會感到不滿意。關於激勵，他建議提供增加工作的豐富性與重要性，例如比較具有挑戰性的責任。研究已經顯示他的理論適合於管理階層的工作，但是較不適於較低階層的工作者。這一個理論的研究目前仍被其他專家學者持續地進行中。其中一項方法就是利用激勵評估和工作表現量表或「動機評價表現量表（MAPS）」爲基礎，而繼續進行的研究（MAPS意指結合重要——表現分析與赫茲柏格的動機／衛生保健理論的架構）（Williams and Neal, 1991: 60）。

4.史基樂的增強理論（Skinner's reinforcement theory） 史基樂的理論是假設如果好的工作表現被強化，則這工作表現將會一再被重複。如果一名教師或教練因爲有了優異表現，而獲得相當高的評價，或者獲得獎賞，依照增強理論來說，這名教師或教練將繼續努力工作，以獲得這受人稱讚或獎賞的成果。有一個負面增強的例子，就是當運動代表隊的勝績衰退時，教練的薪資也會因此而被刪減。

5.伍潤的期盼模式（Vroom's expectancy model） 伍潤的模式是一種唯樂論，他認爲人類的動機是爲了追求快樂，而動機是在從事特別的行爲時，個體內在的一種驅力。依照此模式，員工尋求快樂的最大值，並希望將痛苦減到最少。因此，這驅力是受到行動的結果影響，結果可能是立即與直接的，也可能是非立即性或間接的。此理論也是以員工對特定結果的主觀評估爲基礎，而這被意識到的結果稱爲「期盼」。如果一位體育教師期待藉由開設新課程而獲得愉悅的體驗，這項期待就會被轉變成爲一種內在驅力，來完成此一課程的修訂。

6.李克特團隊串連領導模式（Likert's linking pins group leadership） 李克特強調組織內各團體的重要性。他相信組織是藉由一些交疊的小團體而互相連接的，靠著原隸屬於兩個不同團體的一些個人，扮演類似連接物體的別針角色，來達成各個組織間的互動。他相信藉著強調團體內的公開溝通、資料分享及決策參與，就可以達到激勵組織內部單獨個體的目的（Euske and Roberts, 1987）。

7.目標設定理論（Goal-setting theory）　「愛德溫．洛克（Edwin Locke）建議，知覺的目標、激勵和企圖等，會與工作表現有關。洛克模式的基本前提是：人們設定的目標是與他們未來行為有關的，在此模式中，程序受到6種任務／目標構面所影響，分別為：目標特性、目標困難度、目標設定的參與、目標取向行為的回饋、同儕競爭和目標認同」（Wilson, Goodall, and Woagen, 1986: 60）。

8.競爭（Competition）　雖然似乎沒有任何一個主要的激勵理論稱為「競爭」，但是實際上它卻被廣泛地運用在工業、教育、運動和休閒領域中。例如：我們在體育課中使用的晉級比賽、「年度最佳教練」、「年度最佳運動員」、「本季最佳滑冰選手」的提名選拔。很明顯地，競爭似乎一定被當作操作動機的一個因子，因為這也已經被廣泛地接受。競爭果眞是一個絕佳的激發因素嗎？許多專家並不這麼認為，因為運動競賽中，每一個勝利者通常伴隨著許多的失敗者。當組織選出一個傑出的員工時，對其他衆多勤奮工作的員工來說，會令他們覺得自己像是個失敗者，而且還有一個共通的問題，就是量的評量會比質的評量來得容易。因此，如果受評量的工作性質都是各自獨立的，比起工作性質是相互有關連的時候，競爭可能會更有效。而獎賞的「價值」也很重要，在運動管理方面，專業的認同可能比金錢上的獎勵更為重要。

9.黑克曼與奧爾德韓姆模式（Hackman and Oldham model）　有些理論提到，當員工經歷有意義性、責任感及結果知識等三項心理狀態的過程，將會產生積極行為與情感的結果。這些包括內在的工作動機、一般性的滿足和成長性的滿足。進言之，理論上也建議增加工作的多樣化、工作的性質、工作的重要性、自治，以及從工作上得到的回饋皆可以增強心理上的工作狀態。利用修訂版的「工作診斷問卷（Job

Diagnostic Survey)」，來評估擔任體育教育、大學校際運動和校內休閒活動等業務行政者的工作滿意程度。結果顯示了這些行政者大多認為自身的工作較為複雜，體驗到的重要心理狀態層次較高，流露出更積極的情感反應。有了較強烈的自我成長需求，而且比起一般人的工作，他們對於自己的工作職務更感到滿意（Cleave, 1993: 149）。

動機理論的應用Application of Motivational Theories

因為體育運動或休閒的行政主管所督導的大多數員工，是已經具備正式教育與訓練的背景，因此，強調員工內在動機的意義，是相當明智的做法。將員工視為專業人員，並且盡可能提供許多獨立的工作，以提高其內在工作動機（instrinstic motivation）。行政主管應提供願景、實際可行的工作目標，並且在他們達成目標後予以獎勵。

因為體育教師和教練的薪水和其他物質回饋，都是由外來的力量所決定，主管們時常透過前述的赫茲柏格雙因子技術來激勵員工完成工作。建議行政者運用象徵意義來強化部屬的工作表現。舉例而言，體育室主任也許會經常提及，運動代表隊隊員的未來人格特性，會直接地受到教練行為的影響，而這樣的象徵意義，將會使得教練體認到他或她本身工作的重要性。赫茲柏格工作滿意研究中，工作保障和工作的內在因素排名第一、二位。這項發現更強化了前述有關提高職務重要性的論點，如此，工作動機就變得更傾向於員工的內在因素或自我引導方式。

那麼到底是什麼因素可以讓人們獲得工作滿足與投入？行為學家指出，人類必定會經歷3種心理狀態：（1）有意義性——教師或教練必須要體認到本身工作的意義與重要性；（2）責任——教師或教練必須相信他或她對於工作的結果來說，是有責任的；而且（3）對結果的瞭解——教師或教練必須針對工作結果，有定期的回饋與評鑑。

一項針對有監督者及無監督者的員工之工作動機需求比較研究中發現，兩類工作團體皆偏好較低度的自我管理、工作任務的多樣化、團體共同參與以及獲得稱讚話語。兩類團體均期望有更多的金錢獎勵和工作的保障。有監督者的員工們認為，參與組織的決策是一項很重要的因素，但他們卻很少有機會積極地參與決策的過程（Jurkiewicz, 1997）。

一份有關教師和教練工作動機的綜合研究顯示，行政管理者肯定員工成就的表現，將會激發員工的努力，研究也顯示缺乏合理薪資與工作保障，可能造成員工工作滿意度的低落，但是不至於會影響到員工工作的意願。所以，肯定員工表現與工作滿意度間的密切關係，高過於薪資或工作保障的相關程度。

那麼動機對於促進員工努力於工作上，到底有多重要呢？答案是相當重要！一位教師曾經將更衣室的置物櫃號碼誤認為學生智商的分數記錄，並以此來分類教育學生。到了年底的時候，他們的學習成就竟與這誤認的智商分數高低相符合，這樣結果則被認為是「匹邁利安效應（Pygmalion effect）」。

許多研究已經顯示，學生會依照教師或教練的期望來表現。行政管理者也必須鼓勵教師們，根據實際的目標，為自己設定更高的成就表現。然而高度期待下的正面效應與追求卓越及勝利的過度壓力下所產生的負面效應之間，應有一條適當的界線，這條界線也存在於行政管理者對教師和教練的期待。

增強教師和教練工作動機的最有效方法之一，其實也是最廉價的——就是讚美和認同。但是為什麼似乎許多的行政管理者，都不願輕易地讚美別人？理由之一即是他們認為稱讚他人會損害自己的價值；他們認為如果稱讚員工的良好工作表現，那麼員工就會期望獲得更高的薪資；所以他們就會扮演成一個難以取悅的強硬老板角色；或他們可能認為，如果太輕易讚美別人的話，他們自己的職位可能就會被部屬所取代而不保了。領導者必須接受這樣的事實，就是他們越稱讚部屬，並且認同他們優秀的工作表現，員工也就將會更努力爭取改進的機會，而這些也都會正面地反映在行政管理者的身上。就以往的經驗來說，如果要有持續性的激勵效果，那麼口語化的激勵會比金錢的激勵要來得更有效果。

激勵策略 Motivational Strategies

提高組織內的人際社交氣氛，能夠創造組織正面的效應及強化工作的動機。在學校系統中，體育運動的學區督學為所有學校的行政者、教師及教練規劃舉辦每月一次的週六晨間高爾夫球友誼賽。高爾夫球場則提供折扣收費及一些小獎項。比賽後還安排了社交活動和餐宴。

創造和創新能夠提高員工的工作動機。但有創造力的組織不會憑空產生，是需要經由鼓勵與推動才能形成。那什麼是創造力最普遍的刺激和障礙呢？研究顯示刺激物包括，可為人典範的管理者、工作投入的態度、良好的溝通技巧和適度管理下的明確工作方向。部屬可以自由決定工作的內容與方式，員工會因工作迷人的本質與以及工作對組織的重要性，而將此它視為是一種挑戰。而阻礙因素則包括管理者不願冒險的態度、鞏固「勢力範圍」的心態、強調工作「規定」勝於工作「績效」、過度批判的工作氣氛或者是缺乏回饋報酬。

關鍵思維 Critical Thinking

有位擔任過高中行政職務的體育與健康教師，又回到研究所攻讀博士學位。在他取得博士學位之後，便獲聘到一所大學的體育科系任教，接著被選爲擔任該系主任職務。

他要求所有的系上教師均需具備博士學位資格，於是，他將那些沒有博士學位與學生評量反應不好者的薪資予以凍結。有些教師對於系主任堅持要增加在星期五下午的排課，感到相當忿怒，因爲對部分教授而言，這等於剝奪了他們過去習慣於星期五下午從事休閒活動安排的時間。很明顯地，他並沒有與大多數的教師商量有關這些改變的決定。

當他決定進行這些改變的同時，他與其直屬上司（學院院長）相處也並不融洽。該系主任認爲這位院長會比較偏袒自己本身隸屬的科系，於是便與支持者跳過院長層級，越權地向院長直屬上司（學術副校長）報告。在此同時，系上教師們也在評估這位主任於系上的工作績效，在審議委員會上的大部分教師，對於主任在系上的改變感到不滿。

該委員會列出了由這名系主任所引發的一連串問題，而建議撤換他。主任則以書面方式反駁了系上所提出的每一項抱怨，並向副校長報告自己在前兩階段的評量中，都有最高的評價。院長檢視了審議委員會的調查結果，建議撤除他的主任職位。雖然有一份系上80%教師所簽署建議他繼續留任的訴願書，但是基於審議委員會和院長的決定，副校長撤換了這名系主任。

於是，他重新回到全職教授的身分。不過，數年後，他則被選爲擔任比學院院長職級還要高的行政職位。

1.在工作績效評量前，該名系主任所犯下的主要錯誤是什麼？如果重新來過，他會怎麼樣做呢？

2.其他的行政主管所犯的主要錯誤又是什麼呢？

3.你會如何評價這最後將系主任撤除的系統機制？

4.如果審議委員會不是代表全體教師的意見，那這些委員代表又是如何被選出來的？

5.為了確保審議委員會委員之代表性，在選舉之前，系主任該怎麼做？

6.系主任是否應該接受要求而自動請辭呢？才不致於讓自己受到公開被撤換的羞辱。

練習題

1.請描述說明您在運動或休閒領域中，是否曾經親身經歷過溝通上的障礙。

2.請以運動體育的相關案例，說明有效溝通的基本要素。

3.請列出5個運動或休閒領域中之非口語化溝通實例。

4.請針對特定之運動或體育活動，撰寫其政策說明範例。

5.請虛構一個由學校教練群或體育科系教職員組成的團體。並條列出此一團體中會出現的每個不同角色或人物（例如，萬事通、多話者、寡言者，以及總是會說「這些以前早就試過了，沒有用的……等」洩氣話的倚老賣老者）。然後，分配每位同學擔任這杜撰的角色。接著安排一個正式的會議議程，並讓大家輪流擔任會議主席來體驗如何主持這項會議。

6.假設您是一所高中的體育課程主任，兼體育組組長。有位擁有常勝戰績的傑出教練，卻也是教師評量結果中表現最差的體育教師。過去他曾經認真教學，但是卻沒有獲得到激勵。請分成小組討論此一情況，然後列出行政者可以嘗試的激勵策略。

8.請提出一項書中沒有提及的激勵策略，來增加員工的工作動機。

參考文獻

Chelladurai, P. (1999). *Human resource management in sport and recreation*. Champaign, IL: Human Kinetics.

Cleave, S. (1993, May). Applicability of job diagnostic survey to administrative positions in university physical education and sport. *Journal of Sport Management*, pp. 141-150.

Cole, L. (1997, August/ September). To see communication it has to be measured. *Communication World* 14, pp. 141-150.

Covey, S. R. (1992). *Principle-centered leadership*. New York, NY: Fireside.

Crowther, G. (2001, August/ September). Face to face or email? *Communication World* 18, pp. 23-26.

Euske, N. A., and Roberts, K. H. (1987). Evolving perspectives in organizational theory: Communicating implications. In F. M. Jablin, L. L. Putnam, K. H. Roberts, AND l. w. Porter(eds.), *Handbook of organizational communication*. Newbury Park, CA: Sage.

Fatt, J. R. T. (1997a, August/ September). Affecting the senses. *Communication World* 14, pp. 15-17.

Fatt, J. P. T. (1997-1998b, December/ January). The anatomy of persuasion. *Communication World* 15, pp. 21-23.

Feldman, E. (1993, February). Is your department rife with rumors? *Cleaning Management*, p. 62.

Hamill, G. (1997, October/ November). Speaking on style. *Athletic Management* 9, pp. 55-57.

Henderson, P. E. (1989, January). Communication without words. *Personal Journal* 68, pp. 22-29.

Horine, L. (1990, August). The Johari window: Solving sport management communication problems. *Journal of Physical Education, Recreation and Dance* 62, pp. 49-51.

Jurkiewicz, C. L. (1997, Fall). What motivates municipal employees: A comparison study of supervisory vs. non-supervisory personnel. *Public Personnel Management* 26, pp. 367-389.

Lesikar, R. V., Pettit, J. D., and Flately, M. E. (1996). *Lesikar's basic business communication* (7th ed.). Chicago: Times Mirror Higher Education Group.

Management notebook. (1993, March). *Club Industry*, p. 43.

McDonnell, A. B. (2002, March). Using a newsletter to better reach your members. *Fitness Management* 18, pp. 32-34.

Munter, M. (1997). *Guide to managerial communication.* Upper Saddle Rive, NJ: Simon & Schuster.

Nemec, R. (1997-1998, December/ January). Get rid of business meetings. *Communication World* 15, pp. 10-11.

O'Brien, T. and Sattler, T. P. (2000, May). The benefits of conflict. *Fitness Management* 16, pp. 54-56.

Olson, M., and Forrest, M. (1999, 5th ed.). *Shared meaning: An introduction to speech communication.* Dubuque, IA: Kendall/Hunt Publishing Company.

Pophal, L. (2001-2002, December/ January). Ten steps to better communication. *Communication World* 19, pp. 16-19.

Robbins, S. P. (1997). *Essentials of organizational behavior* (5th ed.). Upper Saddle River, NJ: Prentice Hall.

Sawyer, T. H., ed. (2002, October). Considerations for training beginners on the use of treadmills. *JOPERD* 73, pp. 10-11.

Stiebel, D. (1993). The talking trap. *Executive Educator*, pp. 33-34.

Suchetka, D. (1998, January 15). Taming a tantrum. *Charlotte Observer*, pp. 5E, 8E.

Warner, S. B. (2001, October/ November). When times get tough. *Communication World* 18, pp. 20-22.

Williams, A. E., and Neal, L. L. (1991, Summer). Motivational assessment in organizations: An application of importance-performance analysis. *Journal of Park and Recreation Administration*, pp. 60-71.

Wilson, G. L., Goodall, H. Jr., and Woagen, C. L. (1986). *Organizational communication.* New York: Harper & Row.

Chapter 4
體育運動管理的人力資源

Human Resources in Sport Management and Physical Education

管理思維 Management Thought

在世界上的每份工作，總是有人沒辦法勝任。如果給予足夠的升遷，那麼有能力的人就可以得到這份工作。

For every job in the world there is someone somewhere who can't do it. Given enough promotions, that someone will get the job.

～彼得（Peter, L. J.）（1985）. *Why things go wrong.* New York: Wm. Morrow and Co.～

案例討論：

輕率的決定導致法律訴訟（Hasty Decisions Lead to Litigation）

某一個秋天，在學校剛開學之際，女子排球教練因為個人因素請辭工作。排球隊已經開始練習了一個禮拜，體育組組長（Athletic Director, AD）也立即登廣告徵人。該所學校為大型高中，其運動代表隊是屬於競爭最激烈的比賽等級，包括美式足球等其他運動項目的比賽季節都在秋天，體育組組長需要把很多注意力放在這些代表隊訓練上。

一位中學老師向體育組組長表示他對這份工作有興趣，並且約時間與該組長面談這份工作。體育組組長打電話向那位中學老師所服務學校的校長詢問有關該名老師的背景，得知這位中學老師剛從外州來到該校任教，因為他在課程準備和建議上都準備得很好，所以該所中學聘用他。

在面試時，體育組組長對這位應徵老師的熱情印象深刻，也注意到他有排球的相關經驗。因為排球隊已經有好幾天沒有教練帶領練習了，所以主任馬上就僱用他。

在一週後的練習裡，一位學生在一個非正統且危險的練習中嚴重地受傷。稍後她控告體育室主任和新任排球教練。經過調查，發現這位新教練完全沒有排球教練的經驗，他的經驗僅限於沙灘排球。同時，體育組組長也沒有要求教練提出任何訓練計畫或者是經過她許可的訓練計畫，更沒有前往去探視過任何一次的練習。

本章目標

讀者應能夠

1. 在體育運動代表隊的聘用上，運用公平僱用和正面行動的觀念。
2. 示範有效的面試技巧。
3. 將相關的人際關係運用於體育運動管理之中。
4. 勾勒出現代體育運動的督導，員工發展與時間配置之運用內涵。
5. 解釋壓力、教師、教練和行政者倦怠之間的關係，以及每個角色該如何共同合作以管理壓力。

平權措施和公平任用機會
AFFIRMATIVE ACTION AND EQUAL EMPLOYMENT OPPORTUNITY

我們常聽到平權措施和公平任用機會，但是你曾想過它們的意思嗎？公平任用機會（Equal Employment Opportunity, EEO）指的是每個人只要符合資格，就有公平任用的權利和機會。禁止因爲種族、膚色、宗教、性別、國籍或失能的歧視。這個觀念可以應用到訓練、升遷、工作指派、福利、紀律、解僱和招募聘任等。平權措施（Affirmative Action）是在公平任用之後的動作，因爲這需要雇主多點努力以吸引、任用和升遷弱勢族群。平權措施意指對弱勢族群的聘用是採取行動，而不僅僅是反應。平權措施可以被定義爲一個主動的評估過程，還有矯正的行動以消除過去與未來的歧視問題。

公平任用機會和平權措施的緣起
Origins of EEO and Affirmative Action

這些法案的根本得追溯到憲法本身，還有後來的法律和執行法案，公平任用機會是經由1964年公民權法案（Civil Rights Act）所特別創立的，在剛開始的那幾年，效果並不起眼。到1972年，公平任用機會法擴大應用在1,500萬的州和聯邦的雇員上，另外，因爲過程的改變，所以歧視（discrimination）不再被視爲是一個單獨、孤立的法案，而是有系統性的（systematic）。

此外，就業法中的年齡歧視（The Age Discrimination in Employment Act, ADEA）在1967年通過，爾後在1978和1986年時修正過。這項法案禁止對40歲以上的雇員歧視，也禁止強制退休年齡（mandatory retirement ages）。

員工擁有眞正的年齡歧視，如果：

- 該名員工爲受保護的會員。

- 該名員工被解僱或降職。
- 該名員工的工作表現優良，也可符合雇主的合法期望。
- 其他員工較受到照顧與福利（Miller, 1997: 102-103）。

雖然種族、性別和年齡常被人們用來控訴歧視，相關的宗教歧視問題也漸漸增加。爲了要讓申訴成功，申訴人必須證明以下事項：

- 有眞正的宗教原因與員工規定衝突。
- 雇主被告知該宗教信仰，和僱用的衝突結果。
- 員工因爲不同意僱用條款衝突而受懲處（Miller, 1997）。

與其爭辯公平任用機會是對是錯，我們倒不如考慮平權措施是一個解決舊問題的正面機會。有三個方案是有差別的，而且是被禁止的：

- 不公平待遇（Disparate treatment）——對待一個團體或是團體中的一員不同，如同種族歧視。
- 不公平結果（Disparate effect）——不公平地應用條款在所有的團體上，這對有些團體是不利的。例如，不僱用曾經被逮捕的人；雖然說他們從未犯罪過，只僱用白人是因爲統計數字上顯示非白人有較高的犯法機率。
- 因爲過去歧視而影響到現在（Present effects of past discrimination）——例如，在入學人數減少時，學校對老師數量的需求變少。因爲以前對於教師的性別比例沒有規定，所以男性教師較多。即使現在有新進女老師可以平衡原來的教師性別比，但由於資深的老師已取得永久教職合約，所以還是得解聘這些新進女老師，而讓教師男女比例又再次相距懸殊。

多元化Diversity

現在的工作環境已有多元化的情形，很多的社會科學家同意多元化刺激我們去達成高成就和豐富生活。當世界越變越小時，與其他的多元文化接軌是很重要的。大部分的大專院校盡量努力保持教職員和學生的多元性。

當被聘用的職員或收到入學通知被允許入學的學生，他們尚未準備充分或是具備足夠的技巧時，問題已經產生。解決問題的方式是給這些員工或學生提供特別訓練，這樣子多元化就可以繼續，且標準仍舊可以維持。有些具有天賦的運動員可以根據這些方式，得到獎學金而進入私立中學就讀。另一個案例是西點軍校預備學校（West Point Military Academy Prep School）。總體而言，這所學校的畢業生提高了110分的SAT分數（Dickerson, 1998）。

為了確保弱勢族群學生的畢業率，以及有些覺得對工作職位尚未準備充分的學生可以在未來順利找到工作，學校應該提供零學分的畢業實習學分。他們可以適度的給薪、在監督下學習協助教學或教練和在職訓練。這些實習（internship）方式也可以在健康體適能中心、高爾夫球和網球俱樂部、休閒中心進行（Handley, 1997b）

正義是給所有的人，還是偏頗特定人士

Justice for All or Preferences for Some

有些人或許會爭論如果歧視是錯誤的，那麼顛倒歧視也應該是錯誤的。他們也假設如果有人是因為過去的不公平導致現在再受苦的話，那是很不公平的。許多其他類似的爭論，有大部分是偽造的，所以現在已經晉升到爭論平權措施的階段。

這些平權措施的案例指出，這個概念只是簡單地要試著去打破白種男性主導的局面，尤其是在專業領域和在高層董事會中。自動方式尚未有效，所以這種主動系統（proactive system）是必須的。那些支持這措施的概念，平權措施主要是強調不論性別或種族，要確保最好、最符合資格的人選得以聘用。

平權措施指南Affirmative Action Guidelines

平權措施指南需要雇主（例如學區）去執行一個工作分析，以評估是否有任何的弱勢族群或女性是在組織內的類似工作上，沒有被充分地指派任務。決定「未充分使用（underutilization）」的關鍵是：對某些工作的僱用比例上，沒有按照組織人數比例安排，而安排較多的工作數目給男性白種人。

爲了要在大學中遵守平權措施，僱用和招募（employment and recruitment）程序必需符合以下三個條件：工作職缺必需要在當地和全國性媒體公告，所有的篩選程序力求公正，工作薪資與福利必須要符合公平補償原則（Howe, 1997）。除了這些條件，該科系或單位必須公布聘用符合資格的人。

如果組織或學校的規模是大到足以設置一位公平任用機會的主管，那麼基於標準程序，應該讓這位主管參與人事委員會議。委員會議一開始，就得強調所有的事情與資料都是保密的，人事委員會議（the search committee）的主席是唯一的官方發言人（Howe, 1997）。

如果是歧視的話，很多的問題都變成是非法的。在某些情況下，爲了要落實平權措施，某些問題的資訊是必需且適合的（請參照**表4.1**的問題表）

工作內容敘述和徵才廣告

Job Description and Advertising Positions

在徵人的第一步驟，是分析需求以決定組織需要完成何種任務。之後，你可以撰寫要公布的工作內容。對於在大專院校以下的徵人啓事是很簡單直接的工作，列出包括需要教授那些科目以及是否需要擔任某項運動的教練。在大專院校裡，徵人啓事必須要列得更仔細完整，包括需

表4.1　應徵表格上或口頭問題的非法歧視

1.你的年齡？根據聘用法案（Employment Act）中的「年齡與歧視」條款，企業聘用人不得有任何年齡歧視，尤其是40～70歲之間的人員。
2.你曾被逮捕過嗎？如同先前所提，弱勢族群有較高的被逮捕機會，但是這項事實並不會直接與犯罪相關。
3.你可以在週末工作嗎？這有可能對信仰某些宗教的人歧視，如果因為該職位需要週末工作的話，雇主還是可以詢問這項問題。
4.你有幾個小孩？他們分別是幾歲？這很顯然的會導致對有幼小子女的女性的歧視，因為大部分的雇主會認為這些女性比較會常請假，然而這也對信仰某些鼓勵生育多子女宗教的女性有歧視。
5.你曾犯罪嗎？當這有可能把某些犯罪行為排除於某些領域工作之外，通常這樣的問題將會是對弱勢族群的歧視。
6.你的財務狀況如何？通常這些問題是透過類似詢問你有幾張信用卡、你的房子是自有還是租賃、你的車子與家具是自有還是租賃、薪水足夠付貸款／負債、或是否遭債券拒絕過等等，來瞭解你的財務狀況。這些問題有可能會對弱勢族群和女性歧視，這些問題也與體育教學或任何與運動相關的職位無關。
7.你是否有任何的親朋好友在這個學區辦公室工作？這個問題的回答都有可能會導致歧視——有可能雇主喜歡回答「是」的，或者有些學區會因為該名應徵者已有親戚在這個組織工作，而拒絕聘用。
8.你的身體特徵為何？眼睛顏色和髮色有可能會導致種族歧視，而身材大小在過去會用來限制沒有身材優勢的應徵者。這都有可能導致對某些國家和女性的歧視。
9.你將可以接受的薪資底限？
10.你的婚姻狀況？你的婚前姓氏？你的配偶姓名或職業？你是鰥寡、離婚或分居？你的娘家姓氏？你是被稱為先生（Mr.）、太太（Mrs.）或小姐（Miss）？這些問題和你要應徵的工作職位完全無關。
11.你是否失能（disability）？如果雇主提供合理的安排，而要求的安全和工作表現沒辦法符合的話，那麼失能者才能被排除在外。

資料來源：修改自Howe（1997）。

要教授那些科目、需要或較偏好那個學位層級、特殊的資格能力要求（如主要研究或課程研究）或可以服務學校的能力，例如指導實驗室或學生選課諮詢等。明確的敘述工作要求與內容很重要，因爲這樣可以吸引到想要找的候選人，而且也是因爲面試的問題和對候選人的判斷，是必須根據之前列出的工作內容。

職缺公告必須根據全部應徵者的所在位置來刊登，申請截止日得明確列出，並要有30天的合理公告時間。中小學的工作職缺，必需在學區內的所有學校中、當地報紙公告徵人啓事，並寄到鄰近地區的大專院校就業中心。在大專院校的職缺，建議該則徵人啓事得刊登在當地的報紙、教師通訊報、全國教育類報紙——如高等教育論壇報（the Chronicle of Higher Education），或是該專業領域的期刊，如美國健康體育休閒舞蹈聯合會期刊中的「最新動態」單元（AAHPERD Update），這些資訊都會寄到個別學校，尤其是那些會有許多弱勢族群畢業生的學校。

自從網際網路（World Wide Web）的興起，大部分的組織也把職缺登在網路上。大多組織的網站建立都與自己的組織或學校有連結，這些網站通常都有該組織的徵人啓事網頁或廣告，而且應徵者也可以在網路上直接登記資料。獨立網站也有提供許多運動、體適能和體育相關的工作。大部分的這些網站將會接受職缺公告，並且是免費。

應徵者的篩選和面試 Applicant Screening and Interviewing

有效率的人事篩選程序可以避免因爲僱用疏忽引起的訴訟，一份最近對學區篩選人事方法的研究建議下列方式：

- 擬一份完整且合法的徵人公告，這一方面可以顧及應徵者的權益，一方面可顧及學區因爲需保護學生所需要做調查的責任。
- 撰寫一份清楚完整的工作要求、資格要求和期望的工作表現標準。
- 查證所有的資訊，如以往的工作經歷、專業證照、可能的犯罪經歷和個人特性。這個查驗的步驟很重要，因爲這涉及一些引人注意的問題，如應徵者的履歷被發現不實或是誤導事實。因此要命令行政人員謹慎檢查並驗證應徵的的資料。
- 要讓所有人事僱用程序相關人員得知完整的資訊，和每年修正之處（"An Effective Screening Process," 1997）。

遴選候選人Selecting the Candidate

除了人事委員會議（the search committee）的委員外，任何應徵者應該要有機會向人事委員會議表達意見，等到人事委員看完他們對所有應徵者的建議後，委員應該要有機會表達他們的意見。建議他們對每個應徵者列出優缺點，有的委員會甚至會要求對應徵者做排名。在這個階段，如果可能的話，人事委員會議主席應該試圖將所有委員的意見做統整，以防止有分裂的意見（Thomas, 1997）。葛里芬（Griffin）（1997: 30）提到：「在人事聘用的關鍵是要確定該位人選是適合的，這個人將可以勝任我們系所的要求嗎？這個人是否可以適應並融入我們的工作團隊文化？」

在非學校的運動企業聘用人員，選擇得包括從那些願意接受低薪工作的，到那些有足夠的成熟度、純熟訓練和成熟人格，足以提供予成熟顧客一個合適服務的人員。普拉姆（Plummer）（1997: 3）建議：「在體適能產業市場競爭的贏家，將是那些瞭解長期服務乃是經營策略的核心，並且遠勝過只追求短期業績衝刺的健身俱樂部」。他也建議企業在未來如果要成功，將需提供高薪以吸引符合高標準的人才，並考量提供較好的工作環境、更多的在職訓練、績效評估、更彈性化福利的改變以及工作時間等。

誰該獲得面試的機會Who Should Be Interviewed?

行政管理者和人事委員會的一項困難任務，就是過濾應徵者以決定面試人選。第一步驟是很簡單快速地刷掉超過截止日期的申請人、不足的申請文件、不符合基本要求，如特殊的學位要求。人事委員會大概篩選出8至10位的候選人，委員會應該開會並且確認這個「簡短名單」（short list）」，然後每一個在這名單上的候選人都需要以電話告知，確認他們仍然對該項職缺的意願，並告知他們列在履歷上的推薦人將有可能

會接到人事委員會的電話（Howe, 1997）。

那些不在簡短名單上的應徵者，應該要被告知人事委員會已不再考慮其申請。在這個階段裡，人事委員會應該要參與打電話的過程，所有的詢問要有相同的方式、相同的問題，還要做紀錄。如果候選人的主管名列在其推薦人名單的話，人事委員會可以打電話給這些主管去詢問和查證。從推薦人電話到先前的資訊，這時簡短名單上的候選人，應該已再篩選到剩下2至3位可邀請至該單位做面試。如果先前的調查和資訊都很完整的話，經驗已告訴我們這樣就對候選人瞭解得差不多了。如果在面試時，候選人的談話比重沒有佔到75%的話，主考官必須介入並且修正面試狀況（Howe, 1997）。

面試的程序The Interview Process

記住，面試並不是唯一評量候選人的機會，這同時也是「銷售（selling）」組織的機會。通常你的第一人選也將會是其他幾個工作機會的第一人選，薪水大概也不會相差太多，所以候選人對你的組織印象如何，才是決定她／他接受你的工作的主因。花了六個月的人事篩選時間才瞭解你的候選人拒絕你，這將會令人沮喪，而且還要從頭再來一次。面試也是你的組織去表現出「最好一面（your best face）」的機會。

眞正的面試範圍，包括從地方上低階工作機會的非正式一對一面試，到專業職位的全部委員會列席面試（committee interview）。之後，人事委員會需要事先擬好問題，對每個候選人的問題要一致。有一個方式是讓每一個委員負責一個特定的問題，稍後的深入問題可以由任何一個委員提出，對每個候選人的深入問題數量要平均。

面試應該從可以讓候選人輕鬆回答並且強調其資格符合開始。面試應該詢問候選人提出他們最重要的工作成就爲何，這可以增加他們的自信心也建立面試的正面氣氛。很多的人事委員也會詢問類似：「爲什麼你認爲你是成功地完成這項任務？」的問題，這可以讓候選人回想這件工作的過程和那些參與任務的人。

最糟的面試問題之一是：「告訴我，你的缺點是什麼？」這會讓候選人建立防衛之心，而且這會顯露出面試委員的價值低落，機靈的候選人會處理問題如「我太求完美了」、或「我花很多時間在工作上，所以我沒有什麼社交生活」。一個較好的問題會是：「我們都會碰上結果不如預期的狀況，你是否也有這樣的經驗可以分享嗎？」然後應該要有個延續的問題：「那麼你認爲沒辦法達到預期結果的原因爲何？」當面試委員聆聽候選人的回答時，如果有候選人把所有的功勞都歸於己，然後把所有的過失都推給別人的話，那麼面試委員得謹慎些。

隨後的問題應該把重點放在列於徵人啓事的工作內容上，類似的問題如：「你如何擬定計畫？」或「你認爲那一種教學（教練）方式是最有效率的？」很多行政管理者喜歡採用情境式問答，他們會預設一個情境，然後問候選人他們將如何回應。這種類型的問題，可以讓你瞭解候選人是否擁有你的組織所要求的技巧和個性。

在問題的結束上，確定要保留幾分鐘給候選人問問題。（請注意在面試會議之前，需要應徵者與單位主管先完成一個小會議，內容包括應徵者想知道諸如辦公室大小、電腦的使用與否、升遷辦法、居住、交通和薪資等問題。）

人事委員會通常會要求一個職位要有兩位最後建議人選，或許可以按照喜歡的程度來排序。在收到候選人接受職位的同意書時，打電話給其他參與面試的候選人，也以信件告知在「簡短名單」上的申請者。如果前兩名候選人沒有接受該職位的話，人事委員會需要決定是否重新審查在「簡短名單」上的申請者，或者重新公告職缺、再次面試。

應徵者該如何準備成功的面試

The Successful Interview from the Candidate's Perspective

以下爲面試者的成功面試指南：瞭解應徵機構的所有事情，如果可以的話，與已在該單位工作的員工先談過，這樣可以更能掌握動態消息。與面試主管見面時，眼神要看對方，穩重地握手。仔細聆聽問題，如需要，可以要求進一步的說明，或是把問題重複一次，以確定瞭解問題。

穿著必須要與你應徵的工作相符。提早到面試地點，有關電梯壞掉、塞車等的塘塞理由都不是很好。利用早到的時間做心理上的準備和放鬆。展現開朗親和的身體語言（請勿雙手交插在胸前）、放輕鬆。心理上的準備可以讓你有自信，預先做面試的練習是很好的主意。請記住，經驗告訴我們，面試主管是注重在聽你的「人格與個性」，而不是在你的回答內容。在面試之後，要保持樂觀的心情，如果可以的話，在面試之後寄封信或打通電話。

人事服務 PERSONNEL SERVICES

人際關係Human Relations

運動管理人員無論是在教育、休閒和商業運動領域，都必須加強人際關係。在我們這個越來越注重服務導向的經濟中，「人際關係技術（people skills）」是最重要的。要有好的人際關係，個人必須要平衡與企業或部門的目標，還有支持員工的需求、感受和慾望（Fraze, 1989）。

爲了要加強正面的人際關係，運動管理人員必須知書達禮及正面瞭解人情世故。「有教化的過程…包含特別對基本需求的注意，例如認可、關懷、接受、自尊、識別、安全、自由和達成目標、明辨價值的力量。教化（humanizing）意指在培養競爭能力時，同時也對人們的需求要敏感。」（Knapp, 1989: 40）。人道主義教學（humanistic education）是：（1）接受領導者的需求和目標；（2）協助自我實現；（3）加強取得必要的基本技術；（4）教育選擇的個人化。這個人道主義管理（humanistic management）彰顯了先前提到的麥葛雷格的Y型行政者（McGregor's type Y administrator）。

專家建議在產業界內，執行人道主義將可以比傳統模式增加20%～40%的效果，而且還可以擁有更健康且更滿意的員工。這在體育和運動代表隊中，也是同樣的道理。在許多方面，類似這樣的運動高競爭行業，選手就如同員工。

今日，最顯著影響經營的力量是社會趨勢（social trends）。其中一個主要的趨勢是藍領白種男性的工作比例減少，現在大部分這樣的工作漸漸由弱勢族群所取代。而且美國社會中以往盛行的個人主義——「我到底可以得到哪些好處？」也較式微，反之，他們現在較注重人道主義和社會福祉。一般都同意權威的形成是根據成員間的共識。如果，或是在什麼時候這個觀念滲透到運動的時候，將會對體育運動行政帶來什麼影響？

有些人堅持這是因爲社會的快速變遷，而現今的學生、選手、教師和教練有可能因爲社會的負面注意和行動，導致對於被貶低的議題太敏感，因此產生內在怒氣。如果那樣的怒氣沒有透過適當的管道釋放的話，這將有可能不利於工作表現。建議教師、教練和行政管理人員須要培養以下領域的技巧：

1.**編碼技巧（encoding skills）**——人際關係、親近的。

2.**解碼技巧（decoding skills）**——聆聽技術，瞭解其他人的世界。

3.**神經機械學技巧（cybernetic skills）**——回饋，透過身體與言、眼神、文字來溝通，總結你認爲其他人說了什麼。

4.**適應（變頻）技巧（channel skills）**——設定適合的心情、語調和氣氛。

5.**面對面技巧（confrontation skills）**——表達雙方的議題，不一定要解決所有的問題甚至去決定該做什麼事，但是要把問題開誠布公。

參與式管理Management by Participation

參與式管理（participative management）技巧已經創造出引人注目的結果，這在運動管理觀念中佔有一席之地嗎？作者相信這是有的。基本上，這是強調民主式管理技巧，如同第1章中所列出的。關鍵是讓所有的員工對事情可以馬上被完全告知，然後，他們如果越能參與在決策的過程中，組織更可以期待受到越多來自內部的支持和忠誠（Zeigler, 1987）。

員工發展Staff Development

假設萬事具備之後聘用到最佳的員工，最主要可以改善工作表現的方式是透過員工發展。那麼，什麼是員工發展？員工發展是包括個人和團體的努力；它包含影響工作表現改善的任何規劃性和未經規劃的活動。這些活動可能指的是個人問題的減少或學習諸如新的教學技巧等。

以高標準要求員工，然後好好地訓練他們。從明確撰寫、簡明易懂的手冊開始，一旦員工學習例行工作，那麼之後就必須要有繼續的訓練。所有的部門都要有在職訓練的經費，讓員工得到證照認可爲優先，然後賞識那些得到證照的人（"Employees," 1997）。

在行政上，許多的管道都開放給員工發展。作者曾經因爲本身曾在開學前才找國小體育教師的工作，但因爲太晚找而沒有其他學校提供工作機會的窘境，後來我意外地找到一所學校。但因自己沒有教學經驗，所以我在兩所學校之間輪班工作，以爲這可以更充實在職訓練。在評估我的工作經驗時，教師建議我如果可以在學區內的各個學校都花點時間的話，就可以學到更多的經驗。所以我的輪替時間表確定了後，那些我曾經工作過學校的老師們有到我當時工作的學校去拜訪，這個過程持續到學區內的所有國小體育老師都已至少參觀過一間其他國小。這方法可以增進熱誠、溝通、交換並豐富彼此的創意，這種團隊精神是異於平常的。此外，新老師可以將前輩數年的經驗壓縮在一個學期中學會。

正式的員工發展可以包括下列事項：

- 請另一所學校的老師和教練到另一個學校，告知並分享他們是如何做的。
- 請一位學術極優且經驗豐富的老師，爲學校的老師與教練上課。
- 邀請大學區、州辦公室或大學的辦事處中心專家來上課。
- 規定團體報告，每一個教師和教練負責研究一個特別活動的部分。
- 安排參訪其他學校或特別中心；聘用代課老師上課。
- 在學校中安排課後活動或夜間課程。
- 合適的人員輪流使用器材或教材。
- 參與工作坊和研討會。

使用正式、非正式的書面和口語的評語，是一個很好的員工發展方式。例如，在每學期成績統計完後，請所有的體育老師開會來評估對該學期的各項心得與建議。請他們列出值得鼓勵和繼續維持的事項，解決問題的建議。同樣的方式可以應用到主辦任何的運動賽會（或是整季的比賽）或特別體育課程等。

在職訓練（in-service training）可改善工作能力，對於健身俱樂部產業而言，也可以創造重要的升遷機會。因爲老是在選同樣職位的人，這是不僅非常花時間且成本昂貴。有些健身俱樂部在面試、新進員工階段就有提供在職訓練。例如，每一個新員工可以造訪競爭者的工作，並提供一份評估報告。某個連鎖型健身俱樂部就要求員工須要有包括證照、口頭視聽報告及角色扮演的40個小時訓練（"High-Stakes Headhunting," 1993）。

當預算的編列有可能限制購買大量的期刊和書籍，那麼建議這些可以巡迴流通在各校中。例如學區中有7個國小，建議各校購買的體育類圖書可以在這7所學校中巡迴流通。成本有可能是每所學校每年一本書的價格，而書籍在第一次巡迴後可以歸放在一個中間地點保存。

員工福利Employee Benefits

在大部分的公立學校中，所有的全職員工將享有整個組織提供的福利。在運動產業中，許多兼職員工並沒有享受到這些福利。有時，如果員工的工作量提高到全職工作的3／4的話，那麼他們也會被納入福利制度中。在商業中，以合理的成本提供健全的福利，將可以提供更多長期的高生產力員工和節省時間。

目前有四種健康保險計畫（health care plans）可供各組織選擇：

- 健康維護組織（Health maintenance organization, HMO）
- 優先提供者組織（Preferred provider organization, PPO）
- 補償計畫（Indemnity plan），這可以讓病人自行看病，但這比安排好的醫療計畫的成本更高。
- 醫藥儲存帳號（Medical savings account, MSAs），這是員工在扣除稅金前繳出的私人帳號。

當評估健保計畫時，可詢問以下的問題（Handley, 1997a）：成本多少？我可以自行選擇醫生嗎？該計畫有提供任何專家嗎？在健康保健方面的保險經費用了多少？該計畫有好口碑嗎？它可以提供良好的教育教材嗎？它是否說到的服務就保證會做到？

時間管理Time Management

爲什麼那些世界頂尖大企業的執行長，只要花半天的時間就可以把所有的事情處理完畢呢？一位專家指出，這些執行長們把精力最旺盛的時間花費在最重要的事情上，他們使用一個策略叫做「快速處理和過濾大量資訊的槓桿作用」來使他們的時間倍增。在某些研討會或會議拖延時間又沒有提供新的訊息，你有可能覺得：「難道會議主持人就這樣結尾了嗎？」有效率的執行長們會強制作一個結尾（compulsion to closure），他們沒辦法忍受模糊的結尾。他們會問：「最糟的狀況是如何？讓我們試試看」（Palmer, 1997）。

像大部分的經理人，運動管理領導者也是在有限的工作時間內，得負責處理許多事情。如果指派部分工作給予有組織的學生們，那麼這樣將可以協助經理人減輕一些工作量。現在有比青少年人數更多的超過65歲人力，運動管理者應該可以使用這些人力做爲志工協助。

要學習如何管理你的時間？請考慮以下幾點：

1.面對事實，要瞭解時間管理是你必須培養的技能。你得花時間去閱讀、思考和評估你應該要去做的事，你在做的事，你想要去做的事。

2.培養一個更實際的時間概念以決定你是如何去處理的，記錄你花費的時間，你可以記錄一份整天的活動時間表。

3.把時間紀錄表上的活動分組，區分爲如「與學生討論」和「講電話」，然後把花費在該事項的時間百分比列在旁邊，評估你的目標，並且比較你所使用的時間。

4.學習去說「不」，除非要求是有直接的責任，你可以學著說：「謝謝你的詢問，我將查我的時間表，然後再做考慮，請在幾天後和我聯絡。」稍後，你可以評估這個要求是否符合目標和時間。

5.請有條理！拋棄那些已經在他處存檔，或丟掉那些不再重要的東西。

6.儘量慢慢處理文件，固定請秘書先過濾要求處理的文件。把需要的電話聯絡提供給屬下員工，並使用醒目且容易轉給秘書的制式信件和備忘錄。

7.熟練講電話技巧，親切有禮、懂得應對，但要控制時間。

8.研究和控制你的時間表，把優先的事項列在上面。當你從經驗上知道你在校慶日前一天或是成績的最後一天，將會是非常地忙碌時，請把那一整天標出，除非有其他緊急事情，不然不去更動。業務員、學生、家長如果沒有事先預約的話，他們得瞭解你的時間表已經滿了。

9.授權所有適合的事項。

10.放輕鬆。為了要更有效率，你必須要留時間給自己。一位精神科專家同時也是大學的學生健康中心主任，他每天會有兩次10分鐘的時間把電話插頭拔掉、把門鎖起來，把燈熄掉，把腳放在桌上放鬆。

採用新的辦公通訊和科技設備，這樣子組織可以節省很多額外的時間成本。有效地使用個人電腦和簡易歸檔系統，將可以節省許多時間。可以把如郵寄名單、協力廠商的名稱與地址，還有可能招募的選手名單都可以歸檔在電腦的資料庫中，這也可以節省時間（Olson and others, 1987）。

行政管理者的禍根是不斷地回答不重要的問題，或去解決枝微末節的問題。為了避免這樣的狀況，有經驗的管理者建議使用操作手冊（詳細內容，請參閱第3章的「政策和程序」部分）。這樣的手冊不僅可以節省行政管理者的時間，這也節省屬下員工的時間，對於新進員工的訓練也可以節省訓練時間（Renner, 1998）。（有關體適能管理（fifness management）的進一步資訊，請參考http://www.fitnessworld.com）。

沒有條理的經理人常常會覺得時間不夠用，因為他們對問題反應太大且放任時間。可以解決像這樣的「救火」的方式是在電腦上設定一個「備忘錄（tickler calender）」用以提醒。這可以提醒快到的截止日、預定的工作進度。5月第一週的進度可以確定是否收到所有下一年度的預算表；寫一張備忘錄給維護人員，提醒他們在學期的最後一天把網球網和室外籃球框的網子收起來；寫封感謝函給所有在去年秩序冊上的廣告贊助商。大概要花超過一年的時間去修正這個系統，但是這個是很值得去建立的。

衝突排解Conflict Resolution

在快節奏的運動管理工作中，難免有人事衝突。管理階層應該像關心其他問題一樣地關心——解決它的話，可以當做提供一個組織成長的機會。

衝突的起因可能是從個人或是兩個人間，找到衝突的原點是解決的起步。

大部分的時間，衝突是因爲缺乏溝通或不同領域的績效標準所產生。例如，業務人員喜歡看到會員人數的成長，但是對於體適能教練和更衣室的工作人員，他們可能不太喜歡因會員人數增加後卻沒有增加工作人手的狀況。

另一個常有的衝突來源，是「監督」或「管理」階層和工作人員之間的不配合。這就是品管圈可以發揮功能的最佳之處（參閱本書第2章）。任何衝突的最後解決應該是每個人都是贏家的結果，而不是某一方妥協的局面（Sattler and King, 1998）。

下列爲預防或解決的方法（Cocchi, 1998）：

- 永遠敞開你的大門和心胸。
- 定期開會。
- 成爲好的聆聽者。
- 鼓勵你的同事和員工。
- 提供合適的訓練。
- 建立政策方針。

獨立調查員Ombudsperson

「獨立調查員（ombudsperson）」意指發生官僚制度或是行政疏失時，可以提供員工詢問、指引、解釋或安撫情況的人。這個職位的任務包括要獨立自主、處理抱怨或不公、有權力進行調查、批評、公布事實，但不能違反行政動作，還要服務學生、選手、教職員。

有些獨立調查員會介入的特殊狀況有：（1）教職員或行政上的過失；（2）官方當事人提出的證據不足或不夠充分的解釋；（3）不正確的資訊和提供錯誤意見導致抱怨；（4）錯誤使用規則和指示；（5）官方斷然或不適當行爲；（6）不合理的拖延。

在學校方面，在1960年代時設立獨立調查員一職變得很普遍，東蒙大拿學院（Eastern Montana College）在1966年時設立第一個獨立調查員。到了1974年時，有超過百所學校擁有獨立調查員。而首先在健康體育休閒科系裡設這個職位，是1973年時在阿帕拉契州立大學（Appalachian State University）（Horine, 1987）。

當學校、休閒機構和大專院校的規模成長得更大更複雜時，員工之間很容易就會產生猜忌情況。當組織積極地宣傳將有獨立調查員去處理不公平或官僚制度時，職員和公衆將對組織有較爲正面的評價，減少敵對的眼光。不可避免的，在複雜的組織中，如果申訴委員會（appeal boards）和冤情調查會（grievance committees）不提供緩和狀況的裁決時，就會產生錯誤。運用是符合成本效益的，因爲起訴和聽證調查比獨立調查員多花很多人力和花費許多「個人時間」。但是，我們應該要強調，獨立調查員是不會取代現行的聽證或評議委員會。請記住，除非經過同意，否則不得使用申訴人的名字。申訴人經常是已收到反駁的消息，所以只是單純地想要有官方的回答。當獨立調查員不是諮詢者時，即使沒有更進一步的動作，傳達問題給中間人將會有淨化組織的效果。

壓力和倦怠
STRESS AND BURNOUT

科羅拉多大學（University of Colorado）的科學家曾經對實驗老鼠做

過噪音實驗，每一組有兩隻老鼠，其中一隻可以經由推輪子的方式停止噪音，而另一隻不能停止噪音。可以控制噪音的老鼠狀況良好，而另外一隻不能控制噪音的老鼠，則出現「學習上的無力感（learned helplessness）」。這個實驗證明身心連結（mind-body connections）是與生俱來的，這個新的研究領域稱為「神經心理免疫學（psychoneuroimmunology）」。「身體的免疫反應是很敏感的，胸腺、脾、骨髓、淋巴結間、特殊白血球的複雜交互作用，然後由血液傳送到身體的每一個細胞」（Somerville, 1993: 6）。

什麼是壓力和倦怠？What Are Stress and Burnout?

壓力可定義為外力（force）加在身上造成的緊張（strain）或不舒服（discomfort）的感覺。以下以物理的觀點來解釋，壓力如同在水庫裡面被擋住的水，水庫會如山洪爆發一次崩潰，或無外力地慢慢增加壓力至潰決。另一方面，壓力可以定義為對一個外在事件的心理或生理反應。外在事件或情況稱為壓力源（stressor），在反應（response）的定義中，重要的不是壓力源，而是個人如何因應壓力的反應。

> 壓力的最佳解釋應是，來自特定情況下所感受到的要求以及因應這些要求所知覺到個人能力程度間的差異。當特定情況下的要求是超乎個人能力所能承擔，就會產生負面的壓力。外在需求和個人能力間的差異越大時，就會產生越大的身心或情緒上的反應（Kelly and Gill, 1993: 94）。

其中一個負面反應是「倦怠」（burnout）。有些人認為，倦怠是因為和情緒有問題的人一同工作所造成的問題。另外一個對倦怠的看法，是「這是一個情緒疲憊和想減輕個人工作的感覺等多方面的症狀」（Kelly and Gill, 1993: 94）。

A型人格Type A Behavior

A型人格常與健康的問題有關，具有A型人格的人會有焦急、主動積極和缺乏耐心的特性；明顯且特殊的行爲包括肌肉緊張、警戒、說話很快、生活節奏快速，易怒有敵意，常對時間感到壓迫感，好像總有做不完的事情；具有強烈的成就動機，要求高標準，有野心及遠大的目標，對工作相當投入，好勝且喜歡競爭，因此常無法信任且放心地將事情交由他人處理。研究結果顯示成就的追求與表現有正相關，而憤怒和敵意與焦慮是成正比的。顯然的，焦慮的增加會造成健康問題，建議行政管理者需要對擁有A型人格的員工，提出一些策略方案以調整他們的憤怒和敵意因素（Lee, Ashford, and Jamieson, 1993）。

選擇迎擊或是逃避？Fight or Flight?

爲了求生存，如果面對危險時，人類身體會產生一連串的反應。很久以前，這些本能反應是讓人類可以爲了生存而選擇站起來迎擊，或是選擇逃避。這些生理化學反應來自於視床下部腺（hypothalamus gland）的導引，這會使肌肉緊張、腎上腺素或其他荷爾蒙升高、減緩消化、眼睛擴張、儲存的醣份被釋放到血液中、血紅素製造的增加、心跳升高以及血液凝結機能的啓動。這個反應系統至今還是在我們身上運轉，但是在今日，這個反應系統是有嚴重的缺點。例如教師和教練常常得面對緊張的狀況，他們得選擇迎擊或逃避，但是他們被要求一定要沉著面對去解決問題。雖然，面對威脅或緊張時，他們的自主神經系統會自動控制身體的反應（如心跳、荷爾蒙、呼吸等等），但是這些還是可以自我控制的。

體育老師與倦怠Physical Education Teachers and Burnout

如同前面的定義，首先，當有過多的壓力來源時，教師會感覺「受傷害」。倦怠是循環的、自行注入的。當教師變得遲鈍、昏睡和沮喪，他／她的學校工作和人際關係也會連帶惡化。老師會開始詢問：「這有什麼用？家長、學生、行政人員都不關心，我就自己去做就好了」。除了上述的問題，體育老師可能會有失眠、吃太多或吃不夠、性機能障礙、不當使用藥物和酒精、拉肚子、抽筋或便祕、常請病假、易怒、沮喪、慢性背痛或經常性頭痛。

原因（Causes） 丹尼恰克（Danylchuk, 1993a, 1993b）使用兩個不同的量表——「壓力診斷問卷（The Stress Diagnostic Survey）」和「馬斯勒職業倦怠普查表（The Maslach Burnout Inventory）」去探討體育老師的職業壓力和倦怠。結果指出，最大的壓力來源是工作過量、角色模糊和角色衝突。女性受到的壓力來自於性別歧視、工作過量，女性比男性反應出更多的時間壓力。比起其他同事， 39歲以下的教師、單身、教練和無長期聘書的女性較男性更有倦怠感。情緒疲憊是和工作過量、工作範圍和時間壓力顯著相關。組織架構是造成自我認同喪失（depersonalization）的最大因素（Danylchuck, 1993a, 1993b）。

對壓力的反應會來自認知（cognitive）、行爲（behavioral）和生理（physiological）。生理上對壓力的反應可以透過放鬆訓練（relaxation training）、自主訓練（autogenic training）、感受系統失能（systematic desensitization）和生理回饋（biofeedback）做有效管理。爲了要管理知覺反應，可以使用包括認知重建治療（cognitive restructuring therapies）和思考停頓（thought stopping）技巧。行爲反應可以透過使用鼓勵的方式或模仿的方式減緩，而所有的方法都需要有專業的訓練。有些研究者認爲受到壓力的員工較會放棄解決問題、主動合作的策略和逃避技巧。教導瞭解壓力和倦怠的課程，將會讓員工的情緒轉移，使他們選擇與壓力合作的行爲，而不是選擇逃避（Lee and Ashford, 1993）。

一個解決體育老師工作倦怠的方法是安排「暫停機制」（time-outs）——暫時離開學生，這包括運動或遊戲時間、多花點時間與成人相處、準備新教材與新課程、做研究、從事藝術方面的創作、改變教學策略或方法、冥想、參與家庭活動或短暫假期、和減少使用藥物和酒精。

如果教師要處理壓力，那麼他們必須要去除「老師是萬能的」迷思。他們必須瞭解自己不可能永遠只有付出，沒有充電的機會。老師需要有屬於自己的時間，當他們承擔太多責任時能夠說「不」。他們需要休息的時間，這樣才是學生們所需要的老師，我們也需要一個能允許教師接受失敗機會的教育環境。

倦怠和運動教練 Burnout and Athletic Coaches

教練有情緒性的上下起伏，不管是來自外在或內在的求勝壓力都很大，結果許多教練發現，他們自己在生活上很難去平衡心情的高低。研究也指出教練的壓力源來自不同方面。凱利（Kelly, 1994）指出，大專院校的棒球和壘球教練比其他的教練更容易倦怠。

導致教練壓力和倦怠的原因與教師的情況很類似，但仍有其不同之處：

1.除了在較高層級上，運動教練可以辭職，但他們仍可以保有原來的教學工作，所以只對經濟或教學有小部分的不利影響。
2.運動員本身是志願參與運動的，所以他們練習或比賽的態度，會和坐在教室中的學生態度不一樣。
3.為了紀律，教練幾乎是獨斷地權威，且可以輕易地驅逐運動員，但是老師對問題學生並沒有太大的權限去如此做。
4.教練無時無刻受到公眾和學生的鼓勵與支持，大家都表示對該代表隊的需求。
5.當教練有很多機會與其他成人溝通，尤其是教職員中有其他教練的話。
6.當不利的情形發生，而又沒有適合的人事物可以歸咎的話，我們會允許教練對選手、裁判和球迷，甚至對上天吼叫。

7.如果教練做出情緒上的擁抱、輕拍、甚至在公衆場合的哭泣行爲是可以被接受的，但是如果是教師的話，就不會被接受的。

先前已提及在工作上所有的壓力預防或解決方式，爲什麼我們還是常聽到教練因爲壓力太大而生病呢？下列事項或許是一部分的原因：

1.教練爲了追求勝利而把重擔放在自己身上，很少教練可以接受比賽永遠有贏家，也有輸家。
2.教練會預設有許多的工作量，很多教練不僅教整天的課，還得負責一個或多項運動的教練工作。
3.要達到學生和公衆心目中的「全美運動明星（All-Americans）」典範是很困難的。
4.教練常有角色衝突的情況，因爲他們得同時面對不同的被期望角色。
5.角色模糊——有關教練的權利、義務和責任常常是不明確的。

教練必須要協調以下兩項的衝突：一個是根據教育和科學的原則，一個是主張不計一切追求勝利。其它的壓力源包括，低薪資、工作不穩定、家長和媒體賦予的不實際期望、根據他人表現的評估、差勁的選手——教練關係和招募選手。

有些時候，教師和教練的獨特職業特性會製造出不可避免的衝突，因爲教練在受教師教學訓練的過程中，是被要求不得顯露出他們的情感，但他們在從事教練工作又是得表現出不一樣的情緒，所以教練們會很困惑。結果，或許有壓力隱藏著，但教練們不知壓力源是在哪裡。

教練面對壓力的技巧Coping Techniques for Coaches

有關教練工作倦怠的研究發現，教練們比實際上感受到更多被榨乾的感覺。大部分的研究顯示出教練工作倦怠仍是個問題之外，教練的工作比其他輔助他人的職業有較少的倦怠情形。研究也指出女性教練比男性教練有更高的倦怠率，這有可能很多是來自教練工作以外的外在壓力——如在男性的工作環境中工作、在家庭中得負擔「額外」責任或有雙重角色、較少的教練經驗、參與和訓練。我們需要更多這類型的研究（Kelly and Gill, 1993; Pastore and Judd, 1992; Danylchuck, 1993a, 1993b）。

爲了要避免工作倦怠，教練應該要熟悉他們自己和介入轉換的技巧。研究指出，教練可以有建設性地分析和與他人溝通他們的感覺。第一步是知覺（awareness）。教練可以學習壓力管理技巧，運用冥想、漸進放鬆反應、自主訓練、自我假設、瑜珈和生理回饋等。有時，改變生活型態，包括適當的運動、營養和休息將有所幫助。有些專家建議得取消所有的咖啡因攝取，有些則強調團體活動和參加專業工作坊、研討會。

體育室主任也關心倦怠的問題，部分研究建議行政單位本身也是個壓力源，所以可以消除所有與行政有關的倦怠問題應該要去進行。可以開始一個支援教練參與的會議、提供支援團體給教練、提供良好的場館設施和辦公室，以及旅行的安排，常常讚揚鼓勵他們（Pastore and Judd, 1992）。

但是，如果環境的要求和個人能力之間的差異是很小的話，教練會將此視爲挑戰，而不是壓力。如果個人能力是很輕易地超過工作要求的話，那麼教練比較會覺得無趣（Kelly and Gill, 1993）。

倦怠和行政管理者Burnout and Administrators

行政管理者的倦怠可以從四個方面來看：

1.知覺（awareness）　接受壓力可以驅使行政人員邁向成功，但太過的壓力會讓某些人覺得無力。研究壓力，瞭解該如何地適當使用壓力。

2.忍受（tolerance）　行政人員對壓力的忍受，部分是由壓力源決定的，但大部分是由他／她個人對壓力的反應模式所決定。

3.減少（reduction）　因爲瞭解壓力源，便可能減少壓力的影響。

4.管理（management）　雖然教練、老師或行政人員的倦怠症狀很類似，但是原因並不同。學校行政人員的倦怠有可能是來自於團體決策

的壓力，因爲有些行政人員過去是習慣自行下決定的。特別的立法、裁員、學校的社會角色、行政者在個人生活上的改變，以及快速轉變的社會都等均會讓個人壓力增加。

中階管理行政職位有可能承受最大的壓力，因爲他們經常得解決許多的衝突。例如，研究指出教師和科系主任比校長感到更多的壓力（Lee and Ashford, 1993）。有些曾在高等教育單位中工作過的人指出，同樣在公立中小學主任的壓力，也會在大專院校的系主任身上發現。

行政管理者面對壓力的技巧Coping Techniques for Administrators

大部分老師和教練的壓力管理技巧，其實也適用於行政管理者。當然，有關運動、飲食控制、休息和放鬆等總體的生活型態原則都可以運用，另一方面，他們更是可以採取限制藥物不當使用、酒精、煙或咖啡的方式。

專家已建議運動和體育領導者可以透過建立自信心、發展升遷和成長的機會、整合個人、部門和學校系統的目標、爲屬下培養有效的人際關係、練習有效的領導技巧和溝通等等的方式來面對壓力。

部分策略可以直接應用在行政管理上，其中一個是運動。老師、教練、和體適能主管都多少有機會去運動，但是行政人員常久坐在辦公室一整天。有兩個方式可供參考——一個是強迫自己在一天之中到辦公室大樓裡的各地方走一走（尤其是有樓梯的地方），另一個方式是一天兩次鎖上辦公室的門，關燈，做幾分鐘的冥想。

另外兩個減輕行政壓力的方式，是在時間內面對和解決問題，問題不像酒一樣越陳越香。如果有其他即將來臨的問題，你在離開辦公室前就做好處理。這個方法有個好處，那就是如果有非常嚴重的問題，可以寫下有哪些決定，但留在你的桌上一晚。第二天你到辦公室時，沒有前晚的壓力，而你仍有時間去再查看一次，做需要的調整。授權給他人，也是行政管理者一個減輕壓力的方式。

關鍵思維 Critical Thinking

以下爲典型的框內、框外的情形。假設你是某高中的體育組組長和運動代表隊主任，你有管道和1位副校長與2位全職諮商師的秘書聯絡。時間是第一學期中，你每天教3堂各50分鐘的體育課，還有3個空堂時間可以處理行政工作。學校有1,500位學生，從9年級到12年級，高年級的體育課是選修的，你有5年的教學經驗。

職員：

甲老師：女性，教授健康衛生課和部分的體育課，一天6堂課，沒有教練職，在該所學校已工作18年。

乙老師：女性，教授體育課，一天6堂課，排球隊和壘球隊教練，總共有2年的教學經驗。

丙老師：男性，和甲老師一樣的教學工作內容和量，角力隊教練，總共有22年的教學經驗（有15年在現在的學校）。

丁老師：男性，和乙老師一樣的教學工作內容和量，美式足球助理教練和棒球隊教練，第1年教學。

會議：隔週四的下午3點，你和所有的部門主管與副校長有固定會議，其他的週四下午3點，你固定有個體育老師會議。

情況發展：那天是星期三，你已經連續教了3堂體育課，本年度最後一場美式足球和女子排球賽是在下星期五，美式足球是主場比賽，而女排隊是到外地比賽。男子田徑隊和女網隊的比賽季節已結束。你一天的課已在中午結束，在去用午餐前，你發現以下的訊息在信箱中，先把所有的訊息念出。把你處理各訊息的先後順序寫在紙上（附上標號），然後在每一個訊息後寫下你將會處理的方式。

1.來自鄰近大學體育系主任的電話留言，他想知道是否可以使用你們學校的體育館給心臟病人做心臟復健的課程，活動時間是今年的每個星期一、三、五的下午5點到6點，預計從下個月開始。

2.來自地方上的房地產仲介商Jerry Smith的電話留言，他詢問你和校長在明天下午4點參加網球雙打。

3.來自華盛頓太太的電話留言，她兒子的午餐從他的體育老師的儲物櫃中被偷走，她想知道你要如何處理這件事，請你回電。

4.一封來自排球隊員家長的來信，家長抱怨學校提供美式足球隊兩份免費的晚餐，但是女排隊卻沒有。

5.來自副校長的便箋，他說近來有幾位老師與3位美式足球員有紀律上的問題。

6.一封要求確定女子籃球比賽時間的信。

7.啦啦隊要請你出席星期五的美式足球賽前誓師大會。

8.來自美式足球教練的便箋，因爲可能會下雨，所以他詢問是否可以在明天進行美式足球場的割草工作，而不是等到星期五才做。

9.來自"Big-Time Sporting Goods World" 運動用品店老闆Jim Burns的電話留言，他希望和你在週五下午見面，討論冬季體育運動器材的訂單。

10.來自「自我學習協會」理事長的備忘錄，提醒所有的部門主管有關部門報告的草稿要在下星期五交出。

11.收到Rawlings 運動用品公司（註：主要是棒壘球用品）的新目錄。

12.收到州立體總的冬季運動申請表，要求在12月15日前繳回。

13.來自你體育課裡男學生父親的留言，他想知道爲什麼他的兒子的體育課被當掉。留言的最後是：「怎麼會有人被當掉體育課？」

練習題

1.與求職中心聯絡，看他們對準備履歷表有什麼建議，並且請您寫好一份履歷表。

2.找到最符合您的條件和要求的徵人廣告，準備應徵這份工作的文件。

3.擬一份簡單的體育老師或教練職位的工作內容，然後寫出您認為在面試時可以想像得到最困難的4個問題。兩人一組，兩個人相互模擬面試。

4.撰寫一份男女不拘的體育老師或教練職位的工作內容，準備10個問題。其中一半是您的同伴閱讀工作內容。詢問您已經準備的問題，您的同伴指出其中較不公平的問題，然後假想您還是希望得到這份工作的情形下，誠實地回答問題。

5.寫下一段敘述教練或體育老師如何地受到某位行政管理者的不當處置，結果導致受傷和憤怒。例如行政主管派給某個老師6節課，而其他的3位老師只有3節課。把這個假想情況唸給您的同伴聽，讓您的同伴模擬是這位行政主管的角色，並且試著去處理這樣的情形。

6.假設您是負責5所國小的體育主管，級任老師也得教所有的體育課，每星期您得各花一天到每個學校去。校長已同意在第一學期開學前，讓您到每個學校做體育教師教學研討的兩個小時課程。請寫下您將會做的兩個小時報告大綱。

7.敘述您一生中壓力最大的時刻，然後您如何地去處理。從本章提供的資訊，也請您報告出其他有可能採取的方法。

參考文獻

An effective screening process can help you avoid negligent hiring suits. (1997, February 14). *Your School and the Law* 1, p. 4.

Cocchi, R. C. (1998, January). Conflict resolution. *Club Industry* 14, pp. 34-36.

Danylchuk, K. E. (1993a, January). Occupational stressors in physical education faculties. *Journal of Sport Management*, pp. 7-24,

Danylchuk, K. E. (1993b, May). The presence of occupational burnout and its correlates in university physical education personnel. *Journal of Sport Management*, pp. 107-121.

Dickerson, D. (1998, January 5). How to keep elite colleges diverse: An army-style prep school for minorities. *U. S. News and World Report*, pp. 73-77.

Employees: demand the best, then train them well. (1997, August). *Club Industry*, pp. 13, 20.

Fraze, J. (1989, January). The "H" stands for human. *Personnel Administrator* 34, pp. 50-55.

Griffin, P. (1997, August/September). Winning the management game. *Athletic Management* 9, pp. 30-33.

Handley, A. (1997a, August). Employee benefits. *Club Industry*, pp. 27-28.

Handley, A. (1997b, September). Small club management: How to start an internship program. *Club Industry*, pp. 36-37.

High-stakes headhunting. (1993, March). *Club Industry*, pp. 24-31.

Horine, L. (1987, March). Ombudsman: Champion of compromise. *Athletic Business* 11, pp. 44-45.

Howe, R. D. (1997, October 7). *Revised equal opportunity charge*. Unpublished institutional memorandum, Appalachian State University, Boone, NC.

Kelly, B. C. (1994, March). A model of stress and burnout in collegiate coaches: Effects of gender and time of season. *Research Quarterly for Exercise and Sport,* pp. 48-58.

Kelly, B. C., and Gill, D. L. (1993, March). An examination of personal/ situational variables, stress appraisal, and burnout in collegiate teacher-coaches. *Research Quarterly for Exercise and Sport*, pp. 94-101.

Knapp, C. E. (1989, February). Humanizing outdoor education: Exploring the affective domain. *Journal of Physical Education, Recreation and Dance* 60, pp. 40-43.

Lee, C.; Ashford, S. J.; and Jamieson, L. F. (1993). The effects of Type A behavior dimensions and optimism on coping strategy, health, and performance. *Journal of Organizational Behavior* 14, pp. 143-157.

Lee, R. T., and Ashford, B. E. (1993). A further examination of managerial burnout: Toward an integrated model. *Journal of Organizational Behavior* 14, pp. 3-20.

Miller, L. K. (1997), *Sport business management*. Gaithersberg, MD: Aspen.

Olson, J.; Hirsch, E.; Breitenbach, O.; and Saunders, K. (1987). *Administration of high school and collegiate athletic programs*. Philadelphia: Saunders.

Palmer, D. (1997, September). How America's most successful executives accomplish so much in so little time. *Executive Focus*, p. 23.

Pastore, D. L., and Judd, M. R. (1992, May/ June). Burnout in coaches of women's team sports. *Journal of Physical Education, Recreation and Dance* 63, pp. 74-79.

Plummer, T. (1997, September). Staffing for success. *Fitness Management* 13, pp. 31-40.

Renner, M. (1998, January). Innovation: "Operations manual" organized policies, procedures, program samples, suppliers and equipment contacts into one book. *Fitness Management* 14, pp. 38-39.

Sattler, T. P., and King, J. M. (1998, January). Understanding organizational and personal conflicts. *Fitness Management* 14, pp, 20-22.

Somerville, D. (1993, May). Mind, body, and health. *Colorado Alumnus*, pp. 6-7.

Thomas, J. R. (1997, May/June). Vision and leadership for selecting and mentoring new faculty in higher education. *Journal of Physical Education, Recreation and Dance* 68, pp. 38-40, 46.

Zeigler, E. (1987, January). Sport management: Past, present, future. *Journal of Sport Management* 1, pp. 4-24.

Chapter 5
體育運動管理的公共關係

Public Relations, Partnerships, Marketing, and Promotion in Sport Management and Physical Education

管理思維 Management Thought

在你所有的外表裝扮上，舉止表現最爲重要的。

Of all the things you wear, your expression is the most important.

案例討論：

經過公關評估後，大學入學人數增加（Enrollment Increases after a PR Audit）

一座在山區的中型大學聘請了一家顧問公司，進行一份年度公關評估計畫。這家公司將問卷寄給該校的校友、行政人員、學生和社區居民。問卷的問題包括他們的基本資料和現居地址，例如，這些校友目前居住地址和工作狀況。

這個問卷的結果是要用來擬定新的行銷與公關策略，以及新校徽。新校刊將會加強介紹當地美景、大自然和休閒活動，如滑雪、露營和健行。

研究結果發現，體育室是個很重要的指標，公關研究也發現把重點放在户外休閒的行銷創意，可以吸引到更多注重個人休閒和體適能的學生，但是學校本身的確缺乏可以符合學生需求的運動活動和設備。所以這個結果建議該校需建立新的休閒中心，以及增加校園與擴編户外活動的人員和資源。

其中有個發現是和體育系體育課相關的：有幾堂初級滑雪課是在距離校園15分鐘的滑雪場上課，公關研究發現約有60%的新生把滑雪列爲吸引他們到該校的最主要原因。但是校友方面的報告，卻顯示出只有10%的學生曾在在校期間眞正到該地滑雪。因此，很多學生在畢業時對學校的感覺是負面的，甚至他們自己也不知道爲什麼。從這些反應，學校決定要增加學生滑雪的機會。

因爲大部分的學生沒辦法負擔滑雪課的上課費用，而且也沒有必備的滑雪裝備。當體育系決定要將滑雪運動納入體育課程中，但卻面臨到沒有足夠工作人員可以管理新增的滑雪課程問題。所以，解決的方式是提供價錢優惠的套裝行程，時間是在星期一白天至星期四晚上，滑雪場顧客較少的時段。這個套裝行程包括滑雪裝備租借、課程與滑雪場門票。也會有專門巴士接送學生，也有增加進階課程、滑雪巡邏與救援、和滑雪指導。後來，年度參與滑雪課的人次，從30人次增加到約500人次。

本章目標

讀者應能夠

1. 定義公共關係（public relations, PR），以及與公關相關的一般用詞。
2. 敘述體育運動公關的範疇和重要性，以及如何進行公關評估。
3. 可以把公關原則、方針與體育運動管理結合在一起。
4. 區別行銷4P的產品、價格、通路和促銷。
5. 列出募款方針，並列舉可以在體育運動中的應用方式。
6. 敘述體育運動的夥伴關係。
7. 指出可有效改善貴校餐飲經營和增加利潤的方式。
8. 指出體育中的公關活動案例。
9. 指出運動中的公關活動案例。
10. 指出體適能健康產業和休閒中的公關活動案例。

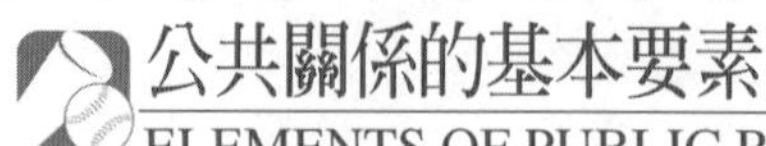

公共關係的基本要素 ELEMENTS OF PUBLIC RELATIONS

公共關係（public relations, PR）是高階管理階層的功能。組織負責人為規劃有效的公關活動方向、目標、政策的「關鍵人物（point person)」。一個優質的公關活動，是依據是否能有系統且有目的地去評估公眾的態度。相關的深度資料，是由一群專家採用合適的評量工具和方式去完成。公關活動應該是主動，且重心是放在公眾的興趣上，如果該組織規模夠大，就需要聘請有經驗的公關專家來擔任。

學校的體育室和體育課並不屬商業組織，其目的並不是要去銷售產品，而是根據政策、規定與法規去建立一個有效率的組織。公眾必須經常被告知該組織是否有達成目標，所有的教師和教練們必須瞭解他們的組織是屬於公眾的。

甚至在運動商業組織中，現在的消費者希望他們可以對自己的健康與體適能的目標，做出聰明的決定。因此，價格折扣、強力推銷和實體行銷廣告不再有效。取而代之的是，「如果你想擴增你的會員人數，那麼你就得將產品行銷到更多元化的市場」(Cioletti, 1997)。可以運用健康與體適能的教育主題，告知公眾「缺乏身體活動對健康有害」的概念。

公關評估 The PR Audit

「除非你知道你已完成哪些項目，不然你不可能達到你想完成的目標。」公關評估（PR audit）是公關活動、公關目的和結果的評量，以瞭解不同的顧客對其公關活動的感覺及認識。一個健全的行銷策略，是根據此一及時的資訊所擬定的（Tadlock, 1993）。

公關評估大致上可以分為四個種類：（1）確認相關的公眾（publics）；（2）瞭解這些公眾對該組織的想法；（3）評估公眾認為重

要的議題或關心的活動；（4）按照重要性和影響力來對公衆做評估。這個過程已經被總結爲找出「我們」（組織）在想什麼、而「他們」（公衆）在想什麼、以及評估兩者間的差異距離，然後採取策略以消弭差異（Baskin and Argonoff, 1988）。

溝通評估（communication audits）包括以下的五個步驟：溝通的氣候環境調查（communication climate surveys）是去瞭解公衆認爲溝通管道的開放程度；網路分析（network analysis）是衡量組織內部的互動頻率和重要性；讀者調查（readership surveys）是分析公衆和組織員工的閱讀模式；內容分析（content analysis）評估的是組織所喜愛及不喜愛的媒體報導量；易讀性研究（readability studies）是瞭解組織對內和對外的用字遣詞是否清楚明白（Baskin and Argonoff, 1988）。

評估一旦完成，則必須把評估結果和策略整合一起。厄文（Irwin）、沙頓（ Sutton）和麥卡錫（McCarthy）（2002）建議了整合公關、傳播和促銷的五個步驟（**圖5.1**）。第一個步驟是完整的情勢分析（assessment of the situation），每一個運動組織會依據不同情況而採取不同的運作方式，所以目前公關、傳播和促銷的活動將會是衡量的準則。

依照厄文（Irwin）等學者的模型，第二個步驟爲整合（alignment）。

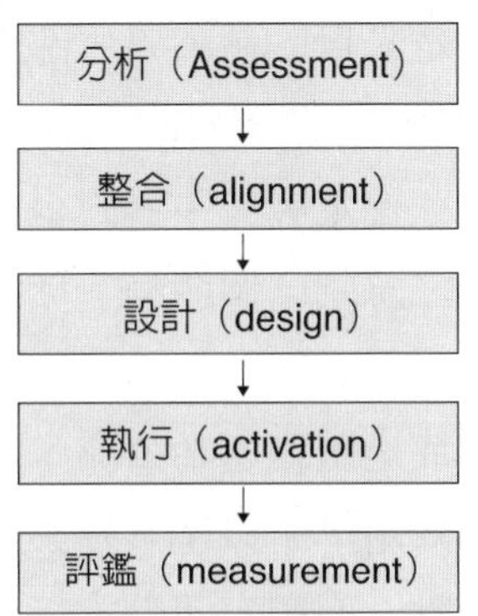

圖5.1

資料來源：改寫自 Irwin, R. L., Sutton, W. A. and McCarthy, L. M. （2002）. *Sport Promotion and Sales Management*, Champaign, IL: Human Kinetics Publishers, p.18.

這是把所有的顧客對象「安排在同一個考量點」的過程，以確定組織內所有的公關、傳播和促銷活動的一致性，此一過程是相當重要的。此外，整合的過程能夠指派特定的任務予組織內不同的單位與人員。

根據先前的兩個步驟，公關活動設計（campaign design）是把所有的元素都組合在一起，尤其是公關、傳播和促銷活動的個別焦點組合都需要相輔相成地進行，也需要確定內容、時間和執行均能完善地協調一致。

執行（activation）包含把活動設計付諸行動，根據厄文等人指出，執行的關鍵是要設定時間表，確認所有的活動皆按照時間表執行。就像所有的活動均要考慮到突發狀況，有經驗的行政管理運作都得要準備替代方案，以應變突如其來的狀況。

最後，需要檢討整個活動是否有效率。評鑑（measurement）通常是不容易且費時的，但這也是活動能否成功的關鍵。評鑑不僅幫助現行活動找出問題外，也提供回饋以修正未來的公關、傳播和促銷活動。

公共關係：範疇和重要性
PUBLIC RELATIONS: SCOPE AND IMPORTANCE

許多公關的專門技術是來自於產業界，部分技術不僅是很好的，而且還可以容易地運用在學校中。產業界的公關（industrial PR）是一門新領域，所以現在還不斷地在穩定發展中。對很多人來說，公關指的是宣傳，也是厚臉皮地請公衆注意到一個產品、球隊或選手上。但是這些僅僅是公關的一小部分。

在產業界的公關，亦或是體育運動公關，常見到的主要問題，是他們會去誇張地渲染產品的效用。所以產業界必須要在利益導向和社會責任中間，尋得最佳的平衡點。而體育運動的行政人員必須確認，只有具專業性的發言才能代表整個公關活動。例如，如果美式足球隊是以建立人格、公民品德和運動家精神來做爲促銷點，那麼，行政人員就需要去

圖：成功的公關活動基礎，是建立在推動終身運動的優質體育活動或運動代表隊組織上。
資料來源：Appalachian State University Sport Information Office, Boone, NC.

確認美式足球隊的公關活動，是名符其實地做到這些目的。

有很多原因可以瞭解爲什麼我們需要公關，體育運動是公衆日常生活的一部分，所以公衆需要被告知活動的更動與新活動的訊息。公關活動可協助獲得財務上的支持，因爲體育運動的資金常會受到限制。在民主的社會中，公衆有權力去瞭解他們的捐款去處及用途，而透過好的公關活動，他們可以知道。近來，雙向溝通的公關活動可以加強員工的士氣，因爲員工的表現受到認同，並且可鼓勵員工們朝向更遠大的目標前進，因爲他們知道努力的結果將會受到重視。

運動中的公關職位日趨增加，除此之外，所有的美國大專院校的體育室（athletic department）均設有運動資訊主任一職（sport information directors）。

公共關係的準則
PRINCIPLES AND GUIDELINES FOR PUBLIC RELATIONS

準則一（Principle 1） 公關活動的成功基礎是在於良好的產品。一個執行失敗的公關活動，又想極力掩飾地完美無缺，那麼這很快就會有漏洞。一個健全的活動之於公共關係，就像是穩健的地基之於一間房子一樣的重要。組織如受到任何事件的打擊、預算縮減、戰績不佳或人事問題，這都是要依賴穩固良好的基礎才能生存下去。

良好的服務是傑出的活動或企業的重要部分，所以不論是企業或非營利組織，員工需要去瞭解、被提醒到他們的第一優先工作要件，就是服務公眾。

準則二（Principle 2）　公關必需根據眞理，公眾有權利被告知有關組織的訊息。無論是有意或無意地公布錯誤消息，最後終究會眞相大白。但是屆時錯誤訊息所造成的負面效果，將會遠超過眞相的報告。或許把球員的能力壓低，可以使得教練看起來比較有能力，但這方法是不誠實而且沒用的，另外，謊報選手的身高與體重也是虛僞的。這樣的欺騙作法，是毫無長遠目標，而且會導致教練和學校失去信譽。公關活動必須透過誠信來贏得公眾的信心，良好聲譽是需要謹愼維護。

有時候公關人員會忽略發生的問題，但規避問題是既不誠實又不專業的作法，這甚至不是好的公關。如果體適能的分數呈現下降，「誠實地呈現」是最好的。如果學校的資金減少，或學生誤入歧途等等負面消息，還是得告知該則消息，但是要隱藏當事人的姓名。

準則三（Principle 3）　公關活動必須是持續不斷的。雖然這點實在很難去完成，行政主管還是要有長期的公關計畫。在工作上，我們很容易會因爲突如其來的工作量而延誤應有的進度，這會使小問題會看起來像是個大問題。如果像預算大縮減的問題出現，這時公關活動就需要出面以拯救大局。有效的公關活動是屬於一整年的計畫，而且常常是好幾年前就規劃好的。公關活動、特別促銷或特殊活動事件，並不是通通丟在一起就可以自行產生火花。活動效果是要有原因且適時出現的，它們是根據先前紮實的計畫和成果，然後按照進度去執行的。行政人員應該要做一個「公關備忘錄（PR tickler）」行事曆，這是一個年度行事曆，上面要註明發布訊息、新聞稿、感謝函等等的提醒。

準則四（Principle 4）　公關的一個主要任務便是代表體育或運動代表隊面對社會公衆，即是要去支持和代言，這代表公關活動也擁有教育的功能。對許多人來說，競技運動代表的是積極主動、力量，及不計成本代價求勝的觀念。公衆應該要被告知有關競技運動所帶來的正面價值，而且需要培養公衆、再教育有關運動的文化及帶來的正面意義和運動之美。是可以促進合作與凝聚力、運動家精神和追求卓越的精神。現今社會上，有多少民衆瞭解什麼是均衡的體育課程？其實均衡的體育課是可以豐富與平衡我們的生活品質，所以公關活動應該要告知公衆，如果他們支持與從事運動的話，將可以豐富他們的生活。

準則五（Principle 5）　公共關係必須是雙向溝通。當新訊息剛被發出後，常見到大量的宣傳曝光。但是隨後一定要去知道公衆對該公關活動的內容瞭解程度，更重要的是，要知道他們對活動內容的想法。行政人員如果可以傾聽意見、建議、創意的話，那麼外在的批評就比較少了。畢竟，每個人都曾經當過學生，很多人都曾有過運動員的經歷。所以他們都知道如何進步的方法。具公關服務精神的行政人員是不會去抗拒或懷疑他人的抱怨，因爲與其單純接受批評，他們會說：「從那個角度看這件事眞有趣」或「我不同意你的批評，但我將考慮這個情況看看，然後和其他人研究」。所有在體育運動領域的專業人員，尤其是行政管理者，必須努力去改進傾聽的技術。因爲以他們強悍果決的教練背景因素影響，所以有太多的行政者在應該要「傾聽」時，反而是在「說話」。

準則六（Principle 6）　公關活動必須探索所有使用的媒體溝通管道。所以，都要多方使用電視、廣播、報紙和網路。而有效的公關活動意指要有創意，可以透過不同的形式表現出，如舞蹈型式、團體會議、專業刊物、開放參觀、公布欄、新聞簡訊、給家長的信，或是動畫及具影音聲光效果的活動。通常，如果鼓勵教師們發揮創意的話，他們將會較願意去協助相關活動，此時學生便是特別的好用。

準則七（Principle 7） 公關活動必須培養正面的人際關係，才能維繫長期的成功。設定專業的高標準；即使你要面對所有的問題與責難，你還是要避免呈報部屬的負面行爲。合作性的規劃須能引入不同背景的人員，也可增進正面的關係。像這樣的計畫，可以鼓勵一對一的關係，且可以製造面對面的機會。當公衆可以更清楚接近、更仔細地看到教練、體育教師和行政者的本尊時，他們的形象就會變得非常的重要，這種個人的能見度是相當重要的公共關係。某位曾受到相當嚴厲報紙評論的大學教練，最近到一個行政管理課演講，告訴上課的學生有關「來自他個人觀點的心靈對話」，然後他以坦白的言詞贏得了全場的支持。

準則八（Principle 8） 找出會影響活動的特定公衆團體，並且擬定公關方案以達成目標。特定的公衆團體，是由與運動活動直接或間接相關的團體所構成（請參照**圖**5.2）。

請注意**圖**5.2，這是社會公衆影響力的階級組織圖，立即式的公衆（immediate public）會直接影響運動代表隊，反之一般公衆由於組織階級較遠，所以影響不大。我們需瞭解學生和學校職員的重要性，大部分的公關目標應該放在會直接與運動活動接觸的公衆。但我們經常看到公關目標反而放在一般公衆身上，而忽略了事實上學生、職員和家長是比一般社會民衆更重要。

每一個層級的影響力是不一樣的，一個學校的組成和另一個學校也不同。學校董事會、鄉鎮理事會或後援會，都有可能包含在高中的立即式公衆中。在大學，有時候會包含校友會、後援會或理事會。公關目標應該放在與運動代表隊直接有關聯的人群。有人把這個情況敘述爲「頻率階梯理論（frequency escalator）」。這個觀念把公衆團體分爲以下四個類型：

- 非直接和非消費者：從未觀賞任何運動賽會者。
- 輕度使用者：有時觀賞運動賽會者。

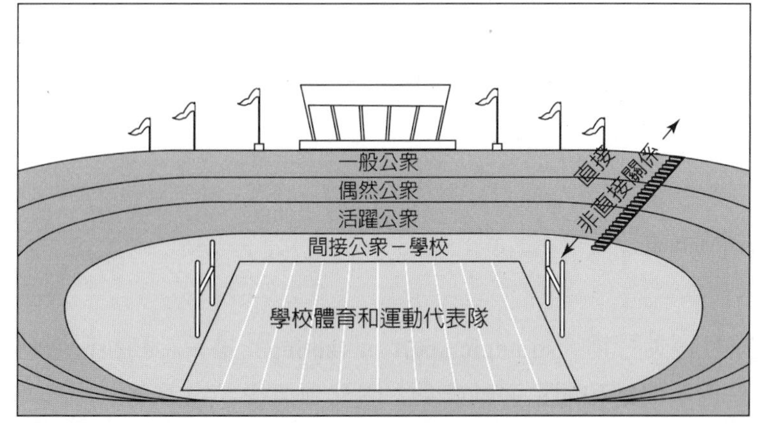

間接公衆（Intermediate public）：學生和教職員。
活躍公衆（Active public）：運動員的父母、學生、固定運動的民衆和會例行看比賽的觀衆。
偶然公衆（Casual public）：曾經參與運動的民衆、或有注意球隊紀錄和會觀賞幾場比賽的球迷。
一般公衆（Public-at-large）：對體育運動完全沒有興趣的一般公衆，也對學校校隊活動完全沒興趣。

圖5.2　體育和競技運動的「公衆」

資料來源：修改自Unruh, A., & Willier, R. A.（1974）. *Public Relations for Schools.* Belmont, CA: Lear Siegler/ Fearon Publishers, p. 65）

- 中度使用者：會購買數次單場比賽門票者。
- 重度使用者：季票持有者，或購買整季一排座位區的企業（Sutton, McDonald, and Milne, 1997）。

爲了要促使所有的「公衆」意識到，所以公關部門可以要求募款捐贈者的支持。在募款的公關活動開始前，需要設定目標和方法。募款招募者需瞭解兩個會影響募款捐贈的因素：捐獻的動機和他們可以得到什麼？「給予」與「收受」的動機有可能來自於慾望的改變、承諾、好奇心、參與、物質利益、力量、結果、認同或社會利益（Robinson, 1997）。

行銷運動和體育
MARKETING SPROT AND PHYSICAL EDUCATION

行銷Marketing

策略性運動行銷（strategic sport marketing）是設計和執行活動的程序，這是為了促銷和配銷運動產品／服務到消費者的手上，其結果將可滿足消費者的慾望和組織的目標。這個結果是為組織目標、資源和不停變動的市場機會間的策略（Stotlar, 2001A）。

要運用行銷觀念在體育運動中，首先需瞭解運動產業的範圍，和你的組織是適合在產業中的哪個分類中。匹茲（Pitts），費爾丁（Fielding）和米勒（Miller）（1994）發展了第一個綜合運動產業分類的模型（**圖5.3**）。這個模型納入種類廣泛的運動商業和活動，其包含競技運動、體育、休閒和體適能。而且，運動行銷的模式和運動產業領域是一樣的多元化。

擬定好組織的行銷企劃是邁向成功的開始，但是很不幸的，許多運動管理者花太少時間去擬好一份企劃書，而且他們的行銷努力是沒有連貫、沒有效率的。所以，以下將列出建議的行銷企劃擬定步驟。

行銷企劃綱要Marketing Plan Outline

執行概要（Executive Summary） 在執行概要部分，說明行銷的產品或勞務，和整個行銷企劃的重點。

說明（Introduction） 在說明部分，告知讀者有關組織的宗旨（mission statement），組織宗旨會清楚說明組織存在的主要目的。其他在介紹部分的要點，通常包括回答以下的問題：你的運動組織的產品為何？你的市

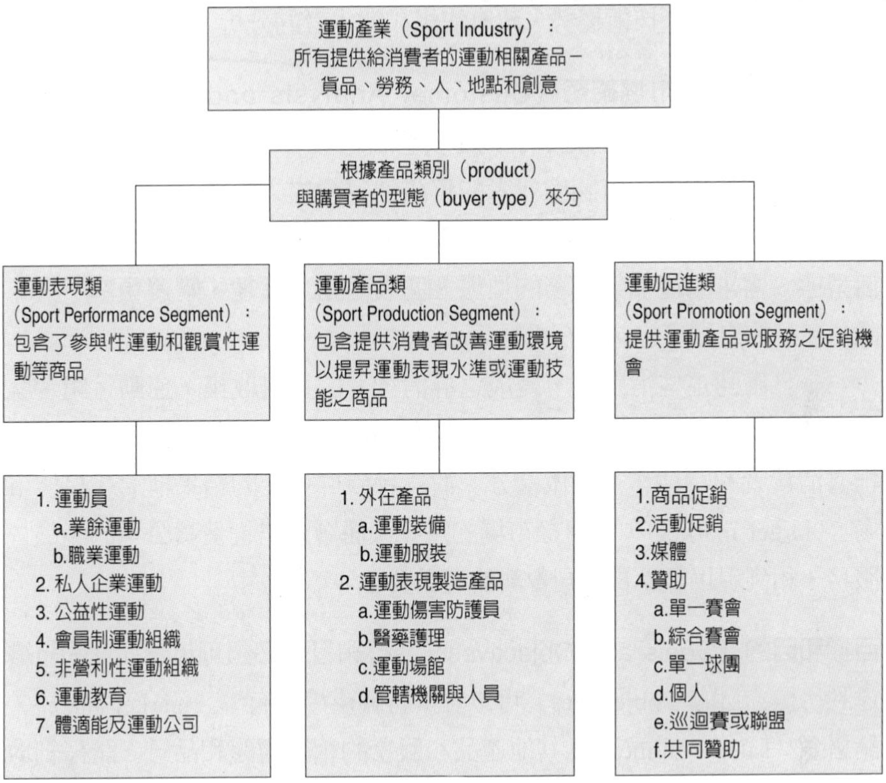

運動產業（Sport Industry）：
所有提供給消費者的運動相關產品－
貨品、勞務、人、地點和創意

根據產品類別（product）
與購買者的型態（buyer type）來分

運動表現類
（Sport Performance Segment）：
包含了參與性運動和觀賞性運動等商品

1. 運動員
   a.業餘運動
   b.職業運動
2. 私人企業運動
3. 公益性運動
4. 會員制運動組織
5. 非營利性運動組織
6. 運動教育
7. 體適能及運動公司

運動產品類
（Sport Production Segment）：
包含提供消費者改善運動環境以提昇運動表現水準或運動技能之商品

1. 外在產品
   a.運動裝備
   b.運動服裝
2. 運動表現製造產品
   a.運動傷害防護員
   b.醫藥護理
   c.運動場館
   d.管轄機關與人員

運動促進類
（Sport Promotion Segment）：
提供運動產品或服務之促銷機會

1.商品促銷
2.活動促銷
3.媒體
4.贊助
   a.單一賽會
   b.綜合賽會
   c.單一球團
   d.個人
   e.巡迴賽或聯盟
   f.共同贊助

圖5.3

資料來源：Pitts, B. G., Fielding, L. W. & Miller, L. K. (1994). Industry segmentation theory and the sport industry: Developing a sprot industry segment model. *Sport Marketing Quarterly*, 3 (1), 15-24.

場在哪裡？誰是該運動組織的顧客？你如何計劃去使用運動組織的資源，以行銷你的產品／服務以符合顧客的需求？

情境分析（Situational Analysis）　運動組織並非是在真空世界中操作而與環境無關，因此你的行銷企畫，必須根據你將切入的行銷活動環境來做分析。你也需確認出貴組織（部門／隊伍／系所）的優劣勢。如同一個好的比賽計畫，行銷企劃將詳述貴組織的產品／服務、員工、預算和財務和顧客的優劣勢。其他的環境因素也應該要包含在你的分析中，這些包括經濟環境、技術趨勢、政府法規和競爭者的分析。

顧客分析和目標市場確認（Customer Analysis and Target Market Identification） 因爲行銷的目的是要符合消費者的需求，因此要盡可能地去瞭解你的顧客。有關消費者的資訊通常會由人口統計變數的方式來呈現，這些變數經常包括年齡、性別、種族、收入和地理位置。諸如生活型態、需求的產品／勞務的型態、個人活動、興趣、購買頻率、對球隊／產品的忠誠度也包含在內。

一旦確認這些消費者，完成這群消費者的資料收集，運動行銷者就會繼續進行到下一個步驟：「市場區隔（market segmentation）」——這是根據消費者的特性和行爲做區分。消費者族群化後的結果稱爲「目標市場」（target market），在目標市場的這些人將會最常消費貴公司的產品／服務，和到現場觀看貴公司舉辦的運動賽會。

目標和目的（Goals and Objectives） 行銷目標必須可以幫助你的組織達到目標。目的（objectives）可以寫下有關市場佔有率（market share）、銷售量（sales volume）和其他產品和服務的相關價錢和品質。請仔細地陳述。

策略和方案（Strategy and Tactics） 行銷策略是很詳細地陳述如何達到行銷目標和目的的步驟。你的策略可以試著去把你的產品和其他競爭者的差異化、把行銷區隔得不同、或定位得不同。在這個部分，須寫下你將如何有策略性地去行銷產品，還有分析產品是在產品生命週期中的哪一個階段。也要考慮你的主要競爭對手將會如何對應你的行銷策略（如果可以應用的話），和你將如何去面對競爭者的反應（避免威脅和開發機會）。行銷方案（marketing tactics）與策略不同，方案是你將如何去執行策略。方案包括須要去執行策略的每一個動作，而方案經常隨著行銷組合建立：產品（或勞務）、地點、價格和通路。

執行和控管（Implementation and Control） 行銷人員和經理需要有行

動方案，以控制行銷企畫的步驟，這需要擬定一個行事曆或時間表，以顯示活動該完成的進度時間。除此之外，有關行銷成本的資料、最後的檢討計畫都必須列出。

總結（Summary） 行銷企劃的總結，需要提供整個企劃的精簡概要，告知整個企劃的特色和顧客將可獲得的好處。這個段落也包含預期的利潤、市場佔有率和銷售量。

行銷組合Marketing Mix

產品（Product） 雖然許多的運動產品是屬於無形的勞務範圍，但是最終的目標仍是「符合消費者的需求」，這包括一些服務，例如：中場娛樂秀、停車、領位員，而實體產品包括餐飲區的座位和比賽。有些人認爲比賽門票是產品，而比賽本身則不是（Stotlar, 2001a）。在健身俱樂部裡，會員們將可「體驗（experience）」產品和服務。

行銷和促銷無門票收入的運動（nonrevenue sports）永遠是個挑戰。在亞特蘭大奧運（Atlanta Olympics）中，某個策略是把這些運動統稱爲「奧運運動項目（Olympic Sports）」。也有少部分是例外，如籃球。華盛頓大學（University of Washington）使用「卓越的教育（Excellence in Education）」的主題，以行銷奧運運動項目到小學裡。學校教師使用門票當做參與活動的獎勵。另外一個例子是杜克（Duke）大學允許家長申請奧運比賽門票，以舉行生日派對（McDonald and Sutton, 1998）。請記住，如果可以吸引青少年成爲運動迷，而你也將很容易地找到更多的家長來參與，就可能培養這名青少年成爲終生的運動迷。

在運動產品和場館建造的行業中，產品比較傳統。在滑雪場、高爾夫球場、游泳池等等，「活動（activity）的體驗」將是吸引商機的要點。但是如高爾夫球車租賃、課程、器材和餐飲等，將是可以增加額外收入的直接產品。

價格（Price） 價格是重要的，但在行銷組合中卻不是最重要的，不然無門票收入的運動將會破壞整個票價行情。價格具有彈性，但也要考慮消費者忍受的極限。例如，如果一場高中球賽的門票比一場電影票還貴的話，那麼，消費者會寧願去看電影。在運動比賽中提供的服務之價格，必須要與許多的因素平衡，有可能會因爲票價的提高而增加收入，但是在運動賽會中，因爲票價提高而導致觀衆人數減少，也會使現場的氣氛扣分，觀衆的支持也較少。

在運動產品的定價中，價格通常會根據製造的成本，再加上需要的利潤。這稱爲「標高定價（markup pricing）」。定價的重點（keystone）是以大盤商價成本然後再乘兩倍（Stotlar, 2001a）。

許多高中與大學，是依據當地或同業的定價來制訂學費和餐飲價格。如果學校在當地是運動焦點的話，或其代表隊是常勝軍，或許門票價格會增加，但是只用臆測的方式是不科學的。

地點（Place） 因爲受限於運動場館的數量有限，所以這個部分是相當的固定。如果運動商業是新開的，如運動用品零售，那麼最重要的三個因素將是地點、地點、地點（location, location, location）（Stotlar, 2001a）。

雖然場館是固定的，許多相關方面是可以控制的，如停車、入口處、觀衆流量、洗手間、餐飲、現場廣播系統、座席配置、計分板等等，是少數幾個地點中的事物可以做調整、重新配置或改進的。

爲了要決定產品、價格和地點之間的正確組合，有三個市場調查（market research）常用的方法：調查（survey）、實驗和開放式探測（open-ended explorations）。問卷是問相關問題，然後把資料收集後分析，依照發現來做判斷。在實驗性的市場研究（experimental market research）中，研究者將受測者分爲兩組：實驗組（the treatment group）和對照組（the control group）。在兩邊測試變數後，兩者之間的差異會被分析。開放式探測（open-ended explorations）是使用深度訪談、焦點團體、觀察法、投影法等等的方式進行研究（Brooks, 1994）。

促銷和廣告Promotion and Advertising

「促銷不然就滯銷（Promote or Perish）」在今日的競技運動世界，可以說是相當合適的標語。促銷的創意是如何形成的？促銷創意應該是要有需求才產生，進而符合目的或解決問題。當在創造促銷點子，這時我們只有被受限於我們的想像力，和組織的宗旨和文化。

促銷是更進一步的整體活動或進階的事業，尤其是要透過人們對產品或服務的需求，而增加其銷售。廣告是組織使用付費的大衆傳播媒體，促銷銷售（sales promotion）是包括許多沒辦法分類的整合詞，例如報紙上的半價門票折價券。學校有權力控制這些促銷方式，但是組織對於第四種促銷活動——公共報導（publicity）沒有太大的控制能力。運動管理者，在欣見正面的公共報導時，同時也不願意看到負面報導的發生。

某些專家認爲任何的公共報導都是好的，不管是正面的或負面的，而許多運動人員也贊同此說法。但是在非營利性組織和服務性組織，宣傳負面曝光並不恰當，也不專業。把促銷（promotion）、廣告（advertising）、個人銷售（personal selling）和公共報導（publicity）的組合稱爲促銷組合（promotional mix）。

因爲受限於聯盟賽程、規定的時間、支配的票價等等，體育或運動代表隊的行政人員，經常沒辦法有效地「行銷」其產品。因此，「促銷」應該要受到最多的注意力。 在下一段中，我們將會提供許多的範例，同時創新的點子也是很重要。

在體適能產業（fitness industry），可以看到數個成功的促銷案例。很多的健身中心設有「親朋好友日（bring a friend days）」，也就是會員們可以帶一位朋友免費入場，希望這位顧客會喜歡健身俱樂部所提供的活動與設備，進而加入會員。健康中心和健身俱樂部，也舉行「健康大會（health fairs）」以促銷他們的產品與活動。在這種促銷，健康中心會邀請健康相關的企業參展，現場可以展示他們的產品和服務。對會員來說，這通常可以視爲是好處，這也吸引新會員的加入。

多年以來，學校的體育活動都會舉行「運動體驗日（field days）」。通常在這些運動體驗日中，學生可以展現他們在體育課中學到的運動技能（如高爾夫球）。另外，例如家長被邀請參與體育活動，並接受體育老師的免費指導，他們可以在課後與他們的子女一同享受該項運動。

在競技運動中的促銷活動是相當的多樣且不同，大部分的運動會設計部分活動目的是促銷，而活動中的獎品將免費送給球迷。這些類似「免費贈送帽子主題日（hat day）」的促銷方式，通常可以成功地提高觀衆人數。另外在競技運動中常使用的促銷是設定主題日（如童軍日），這些團體將會因爲公民貢獻的原因而受邀上場接受表揚。這個方式也可增加觀衆人數。

另外一個跨運動的促銷活動是「演講小組（speaker's bureau）」。演講小組是在運動組織中選派專員，然後把訊息發布到社區中，公衆或其他團體可以自行邀請這些專員到場演講。這樣的作法可以提供給社區活動做參考，而這也爲運動組織帶來正面的公關形象。

圖：跨欄是一個可以運用的廣告空間。
資料來源：Watauga Democrat。

在促銷運動代表隊時，具創造力的廣告是重要的因素。例如在高中，可以透過廣告看板增加收入。在田徑場上，跨欄常是受歡迎的鏡頭焦點，所以可以銷售跨欄上的廣告空間。在棒球、美式足球、籃球場中，合適的廣告空間是可以充分使用。計分板，尤其是個重要的廣告空間。學校可以和贊助購買計分板的贊助商簽下合約，贊助商可以免費使用數年，合約期滿後，校方可收回然後自行使用計分板的廣告空間。如此一來，不僅組織可以免費得到計分板，數年之後也會有計分板廣告收入。計分板廣告的價格差異很大，從地方休閒中心或學校體育館的數百元美金，到大學層級的數萬元美金。而職業球隊的廣告看板價錢，約需要數百萬美金。

以下爲五個運動中常見的行銷錯誤（mistakes）：（1）錯誤判定市場的獨特訊息；（2）未能問出、找出顧客眞正的需求、要求或期望；（3）沒有測試所有有關銷售和觀衆人數的行銷和廣告訊息；（4）無法針對所有的行銷和廣告做出直接回應；（5）無法提供優越的顧客服務（Gerson, 1993）。

基本上在運動商業組織中，廣告運用是很重要的。從企業倫理的角度來看，企業需在創造利潤和社會責任、法規和倫理規範中取得平衡（DeSensi and Rosenberg, 1996）。部分學校的運動代表隊，因爲銷售某些廣告而引起評論。在科羅拉多州（Colorado），某間學校是整個學區中第一個將球場和學校商品授權給某全國知名軟性飲料商。在伊利諾利州（Illinois），賽會播報員會唸出器材廠商名稱，免得觀衆們沒有注意到體育館中懸掛的廠商看板。甚至有一個小學將其體育館的命名權（naming rights）賣出，價格爲10萬美元（Gordillio, 2002）。

電視（television）上的運動節目不斷地增加，運動選手也常常代言（endorse）產品。透納（Turner）等學者（1995）做了一份包含35個小時的電視運動節目，和35個小時的非電視運動節目的研究。廣告產品的種類和廣告中出現的名人，都被記錄在計數單上。資料發現在總共872個廣告中，有運動明星出現的廣告佔了11%，而其中的97%是男性運動員。在職籃比賽中，有36%的廣告由運動明星代言，職業美式足球則有21%。非運動節目中，有運動明星出現的廣告則是占全部的第三高，有19%的廣告使用運動明星當代言。這個研究的最主要結論，是在廣告中，女性運動員的地位是屈居於男性運動員之後（Turner and others, 1995: 27）。

職業和業餘運動經理在運動員參與商業廣告時，都得非常小心。所有的職業運動聯盟對其運動員的形象和肖像權使用，都有不同的規定。通常來說，全隊照片和一群球員的照片是可以用來宣傳未來數場的比賽，但球隊不能使用單一運動員的形象去推銷一個產品，因爲那種權利屬於球員個人。同樣的，球員不能在他們的球衣上賣廣告，因爲這個權利是屬於球隊或聯盟。另外，球員的球鞋一般都不歸類在全隊制服的規定中。

業餘運動對商業化（commercialism）有很嚴格的規定，高中通常由州立運動協會（state athletic association）來控管，在大學層級，是由全國大學運動協會（NCAA）規定。在最近的案例中，NCAA根據其所設立的商業條款（commercial），拒絕大學運動員可以接受某運動服飾名牌的廣告約。而這位運動員後來也決定拒絕該廣告機會，繼續他在大學美式足球生涯（Kiszla, 2002）。

夥伴關係和募款
PARTNERSHIPS AND FUND-RAISING

一般準則General Guidelines

爲了瞭解募款，和如何去做募款計畫，我們需要評估公眾和體育運動的相關性。體育運動對他們是有價值的嗎？過去，每當發生財務金融危機時，藝文和體育運動總是被視爲是多餘的娛樂，預算就很容易被刪減。

爲無門票收入的運動項目（nonrevenue sport）做募款，是相當有挑戰性的。在這領域中，有品質的代表隊是很重要的。對每個運動代表隊來說，都必須要有產品分析以決定這是適合哪種類型的客戶或捐贈者。成本效益要求，會根據最大成本回收來做評估。請記住，要有耐心。

募款可能會比賣票容易，因爲有時候需要勝利戰績來保證票房，但是不論球隊是勝或負，你都可以進行募款。通常門票收入是要與客隊或聯盟分享的，而募款所得可以都留在「主場」。以下為建議的策略：

1.諮詢律師和會計師，尤其是得符合國稅局規定的法規。
2.請勿贈送太多，例如送太多票給捐贈者。
3.與捐贈者保持聯繫，例如每週的會刊。
4.募款過程中儘量多找人來幫忙——因為人們會因互相協助的理由而捐款。

一旦經過評估而有募款需求，資源也有，募款活動也被核准了，那麼就得設定原定可達到目標，再加10%做為預期目標。超額設定募款目標是勸募者和捐贈者的精神，也可以為未來的募款保持衝力。這樣子的話，如果沒辦法達到預期目標，至少也會與原定的目標相近。

如果目標是主要的贈予活動，第一步必須擬定一張主要捐贈者與可能捐贈者名單，也讓志工和職員去發展與執行。主要贈予活動的基礎包括以下要點：

1.贈予委員會（the gift committee）的委員們，應該由有可能捐贈的各行各業代表所組成。
2.所有的會員都必須要瞭解捐贈的目標和方法。
3.應該要為每一個委員會提供主要捐贈者群名單。
4.需要針對目標捐贈者擬定策略性計畫，包括特別活動邀請卡、生日卡、簡訊等等。
5.綜合性紀錄必須保留，保留紀錄聯絡資訊等等。
6.包括各公司執行長（體育室主任、系主任、所長、主任等），也要納入和組織有友好關係並且在核心的重量級人士做為未來的捐贈者（Clontz, 1992）。

因為募款需要花錢，也因為是資金不足才需要募款，專家建議要避免使用電視、廣播和昂貴的宣傳冊。而要用電訪人員、郵寄，避免使用

陳舊老套的方式，要有創意。

最好的勸募方式是去接觸一位商人，或是尋求廣告贊助時，把你的處境想像成和他們一樣。仔細考量你的學校或運動代表隊可以使用的方法，另外，請求募款的時間點是非常重要的。所以，要瞭解你的目標市場的會計年度時間，然後在他們的會計年度前半期提出要求。還有，在你需要那筆募款的數個月前就提出申請。你應該與哪位人員接洽？如果該企業有促銷部門的話，那就是你的目標。如果是較小的組織，請與負責行銷或廣告業務的人員接洽。通常來說，全國性連鎖商店是不太會支持募款要求。銀行與保險業常是募款的好來源。

募款有3個基本策略，1.可以舉行「可快速辦理又不用花太多成本的募款活動（quick fix）」，如路跑賽（jog-a-thons）（譯註：如5K、10K路跑等等簡單又有趣的活動，又可以招攬到許多參賽者）、跳蚤市場；2.僱用專業人員；3.與專業顧問和社區助理的合作，發展年度募款活動。因爲職員們會對不斷重複的第一階段感到厭倦，第二個將會花費一半的成本，所以在此推薦最後一個策略。

爲開始一個年度募款活動，請確認有哪些將會抓住目標市場興趣和承諾的流行議題。在宣布募款活動之前，需要去決定目標募款額、時間表等，研究可能的資金來源、可以期望的額度和款項要多久才會進來。根據經驗指出，將會有1／3的總募款額是來自小部分捐款者，另1／3會來自100人的捐款總額，最後1／3會來自其他的所有來源。幾乎所有會捐贈大筆款項的金主們都會保證捐款；另100人會承諾捐款。如果是這樣的話，那麼大部分的目標金額都已被承諾給予，那麼我們也可確定募款結果將是成功的。可派任有經驗與人脈的諮詢專家，以達成目標，另外，要使社區募款活動的工作人員投入工作，需要協調和安排時間表，且募款人員將會對安排適當的時間表做出良好回應。通常來說，會有幾位募款人員可以傑出地獨立工作，事實上，也將會有幾位人員是不管有任何的激勵，也不會將工作完成。

不聘用專業募款人員的主要原因，是成本太高而且不易控制。但是，如果學校要募集20萬美元，那麼他們會傾向聘用專業人員。只要是美國募款顧問協會（American Association of Fund Raising Council）的會員，就可免費聘請該協會可募集20萬美金或以上的專業人員。以下的爲聘用專員來募集高額款項的原因：

1.募款活動將會更快、更便宜。
2.專業的經驗將會促使整個募款過程更有效率、更節省成本。
3.專業募款人員，將會以他／她對類似募款的經驗和知識去擬定最佳的募款方案。
4.如果募款主任對活動不熟悉，那麼專業募款諮詢者將可以繼續把募款工作完成。
5.有能力經驗的募款志工人員，較喜歡在專業募款者手下工作。
6.知道如何成功的專業人員，將會創造團隊自信，也會去達到預期結果。

募款人員Fund-Raisers

讓公衆在課後使用學校設施，不論有沒有收費，都可以募集資金。例如，免費使用校園可以促進社區關係，爭取市民的支持與票選可確保有持續的資金補助。在另一方面，大學通常會建立使用設備者付費的制度，以爭取額外的收入。

許多運動事業都忘記他們可以從餐飲經營（concessions）得到利潤。所以，第一步驟是要做可行性研究。假設可以找到有潛力的利潤來源，那麼就得做充足的預算編列來使工作能順利完成。（俗話說：「要賺之前得先投資」在此適用）。需要花錢聘請專家諮商，以擬出最簡單、最迅速、最合理價格的餐飲目錄，也得設計出可以達到最大效率的空間使用，並且得促銷餐飲。請確認餐飲經營人員是以顧客爲導向、訓練有素且誠實的（Hilkemeyer, 1993）。

某位餐飲業者提供以下如何增加收入的建議（Bigelow, 1989）：

1.販賣高知名度的品牌，避免較小的品牌。推出最多份量食物的優惠價以吸引消費者，這樣子的話，可以用同樣的人力成本賺取更多的收入。
2.使用高品質的設備，還有謹愼選擇地點，避免為省錢而多了好幾個步驟，或是多幾個轉折點。
3.訓練職員並且指派「師父」給每一位新進員工。
4.謹愼選擇承辦商，並且在擬定標準菜單、菜色比例、設備維護時，請他們儘量發揮其專業。
5.在菜單中，提供一、兩樣高價位、高品質的餐點。
6.聘請可以處理詳細保險、品管、定價、和健康要求等合約的業務承攬者。
7.與假日或和校慶等特別節日的搭配。
8.使用收銀機。
9.請主管透過顧客的角度來找尋改善經營的方式。

募款後援會Booster Clubs for Fund-Raising

當學生入學人數減少和日益增加的成本導致資金不足，透過後援會來做募款的工作變得很重要。但是發展後援會的缺點是容易失去控制，還有這個組織與一般教育基金募集會有衝突。為了避免這些問題，所以要聘請具有公信力、有權威的地方企業人士來擔任主管和組織整個委員會。舉行公正公開的會議，後援會要有完整的組織章程與法規。確定規章強調後援會的活動，需要經由學校行政的認可，其所募集的資金必須捐贈給學校體育室，以做為學校認可的需求準備金。請確定這些都需要法律和會計顧問認可的程序。

後援會在行政管理上最大的潛在問題，就是有可能會失去控制，還有後援會組織與一般教育基金募集會有衝突。後援會成員比任何其他的公民，更不能影響教練和行政事務。另一方面，繳稅的公民，不應該因爲他是後援會的會員就失去他的權利。週一早晨的四分衛早餐會（Monday morning quarterbacking）（譯註：此乃衆人在週一早晨聚集一起，對上週末比賽的四分衛表現之評論會，地點可以任選在咖啡店或會議廳等等），通常相當吸引後援會成員。而解決後援會干預球隊行政的方式就是：在會議中不談論有關教練的議題。如果在比賽中場公開表揚後援會的貢獻，那麼或許可以減少一些批評。另外，教練或學校行政管理人員，可以擔任後援會的會長，以減低這些可能問題的發生。除了這些健全的後援會行政架構外，最關鍵的控制是在於溝通。讓後援會成員都瞭解目前的狀況和訊息。教練和行政人員與後援會定期聚會，以協助籌畫和在問題或危機發生前告知會員。

後援會最重要的功能，是讓公衆知道運動代表隊是需要一般稅收的補助。而且，後援會僅是協助運動代表隊的收入增加，而不是唯一的募款來源。

在某些社區中，後援會的主要募款是透過其會員費。爲了募款，後援會會員們爲美式足球隊賣廣告、提供保留座位和停車位、賣帽子、T-shirts和保險桿廣告貼紙、經營餐飲攤和全年募款。史戴爾（Stier, 1997）提供了「運動休閒事業成功募款的70個方法」。根據他們預期將募款的目標來分爲四個價位：US$3,000以下，US$3,000～$5,000，US$5,000～US$10,000和超過US$10,000。史戴爾在書中的每個案例，都列出其複雜程度、活動方法、訂時間表、需要資源、時間、支出、人員需求、風險管理因素、許可證／執照、創意（註：程紹同教授已於1997年將此書中譯爲《募款高手》出版）。

贊助Sponsorships

在非營利性運動中的企業贊助（corporate sponsorships），產生了一些爭議，但企業贊助的確是不斷的在增加中。報告指出，近來的企業贊助每年都以近15%成長率在增加，雖然成長率不再那麼高，但是每年也有小幅成長。例如，在2001年的北美市場，贊助額爲美金90億5,700萬，較2000年成長2.9%（IEG Projection, 2001）。在2002年的運動贊助支出減緩，是因爲受美國的經濟下滑的影響。

大部分的非營利性運動組織，例如學校等，是不允許香菸廠商擔任贊助商，甚至有的還自動地拒絕酒精類廠商的贊助。贊助美式足球盃賽和籃球教練的運動鞋贊助合約，已經受到衆人的注意。有一個由南加大（University of Southern Califonia）所提供的創新作法，是將捐款（endowments）挪撥給運動員獎學金使用，或是從募款的存款利息來支付教練的薪水（Stotlar, 2001b）。

過去，許多的運動管理經理人都會提供「第一級、第二級和第三級」的贊助方案給贊助商。在地方層級（grassroots level）（高中和地方比賽），這可能是有效的。但是，更成熟的贊助方案會根據賽事規模的提高而增加。「模組（boilerplate）」式的贊助企劃並沒有太大的效用，企業是在找尋有爲他們量身訂做、可以符合他們獨特需求的贊助企劃案。因此，運動管理者必須小心謹慎的檢視潛力贊助商，並且巧心打造可以符合企業需求的贊助機會。

個人經驗分享（Case in Point） 身爲籌備4個郡長青組比賽的總召集人，本人急需一位贊助商。在全州長青組比賽的主要贊助商裡，其中一個是全國最大的銀行，還有其他郡內的數個地方銀行也贊助當地比賽。全州長青比賽的籌備委員，對銀行是否願意贊助地方比賽都顯得信心滿滿。由於贊助金額適中，所以一份簡明的企劃書立即傳送給地方銀行的分行經理手上。在一段時間後，分行經理指示這份贊助企劃應該要送到更高一層的分區辦公室，但是當贊助企劃一送到那裡，就被打回票了。在這個時間點上，某位朋友認爲，較小型的州立銀行的地方分行應該是很渴望成爲贊助商。爲了禮貌和避免與州級的贊助商相衝突，第一家銀行的地方分行表示，如果他們的競爭者不願意贊助的話，那麼他們將會考慮接受。顯然的，在與州立總行（也是全國總行）商議後，他們改變決定且批准贊助企劃。所以，這是因為切入點不正確嗎？你將如何解決此問題？

如果有企業要贊助的話，那麼就不需在該項花錢，讓贊助公司在你的門票上刊登廣告，然後請他們支付印製門票的費用。捐贈的產品可以用來做為給觀眾的贈品或抽獎。雖然教育者總是害怕贊助商會干擾行政，但是企業贊助對高中行政再也沒有引起任何問題。現在全美每年企業贊助數以百萬美元的金額給高中的體育課。

NCAA第一級和第二級運動代表隊比賽，提供許多贊助商可以促銷的機會，包括使用大會廣播系統和贈票。超過3／4的贊助享有球場廣告看板空間、紀念品廣告空間和門票背面廣告空間。有超過一半的贊助商在比賽會場發送產品折扣券、廣播口述廣告和後援會會員資格。而只有20%的贊助商利用贊助機會來做禮遇服務（hospitality）（Irwin, D., 1993）。

企業對贊助到底在尋求什麼？12位NCAA官方贊助商的代表透過訪問，試著回答這個問題。企業指出他們的動機是要與運動做結合（67%）、爭取管道以接觸大學運動（50%）、廣告曝光（58%）、冠軍賽門票（42%）、獨家產品／服務的機會（42%）。12位贊助商代表中的10位表示，他們對該贊助企劃很滿意，也指出該賽事的觀眾群是吸引他們贊助的重要原因（Stotlar and Kadlecek, 1993）。

另外一個贊助的形式，是去說服公司設置高單價的獎項，如提供汽車做為中場投籃遊戲的獎品。小型企業也可以花小錢買保險來提供這種高額獎項，這保險是保萬一觀眾眞的得獎的成本（這保險是保贊助商的「損失」）。所以只要花小錢買保險來贊助大獎項，企業就可以獲得所有的宣傳焦點。您可打電話1-888-860-3700至SCA Promotions洽詢消息。

夥伴關係Partnerships

當責任與義務（accountability）已變得很尋常，社區合作將成為必然的方式。我們可以常看到學校體育課程和運動代表隊，結合休閒科系和產業界做非正式的合作。因爲這是合作計畫，所以，爲了預防因爲人事變動所帶來的更動，還有確定所有合作單位在法律上的保護，所以也應該寫下合作協議書。以下步驟是建議兩個合作單位的公開溝通方式：

1.發表合作協議條款。
2.參與彼此的理事會會議。
3.成立協商會。
4.舉行協商會以評估合作方案。
5.各單位設立一位協調主任。
6.重新審查合作新方案。
7.一同合作出版相關活動刊物。
8.一同贊助在職訓練。

合作方案有許多好處，赫斯德（Hastad）和泰森（Tymeson）（1997: 47）建議下述合夥關係的優點：

- 克服被刪減的預算和人事。
- 重新調整提案重點。
- 透過志工以增加對外關係。
- 與其他組織連結，以達到雙方的目的。

當兩個單位準備合作和共同支出一個計畫時（如表5.1所示），他們應該要列出法規以批准通過該合作計畫；將協議的目的列出；陳述每個單位的角色和責任；提出監督要求；列出責任保險應負的責任；列出設施使用的優先權；列出所有的法條和規則；擬定和列出評估的程序。合作計畫的評估是相當重要的，這個程序應該包括成本（效率和效用）、社區的需求、其他資源的加入、人事（他們的效用，和該計畫在他們身上的效果）與社區服務傳送。

企業聯合一個和多個學校系統的合作計畫，越來越多，這樣的產學

表5.1 獨資與合資運動中心之建造和營運的成本分析預算（美元）

成本	市政府單位成本	學區成本	合資成本
1. 土地	$200,000	$200,000	$200,000
2. 銀髮族廚房與會議區	50,000		50,000
3. 學步幼兒遊樂區	15,000		15,000
4. 四面網球場	35,000	35,000	35,000
5. 田徑場	300,000	300,000	300,000
6. 年度維修與監管	100,000	100,000	100,000
7. 棒球	50,000	50,000	50,000
8. 兩座壘球場	50,000	50,000	50,000
9. 游泳池與更衣室	200,000	200,000	200,000
10. 停車	100,000	100,000	100,000
	1,100,000	1,035,000	1,100,000

總結

A.如各單位自行研擬預算；總投入社區的經費是$2,135,000。

B.如果各單位可以分擔雙方都有提出的設施項目，學區單位只要花費$512,500，而不是$1,035,000；市政府單位只需花$592,500，而不用花到$1,100,000。

C.對社區來說，購買土地費用、建造和營運所省下來的經費是$1,035,000。

合作也包含運動代表隊。例如，在維吉尼亞州（Virginia）的Fairfax市，超過160個當地企業和公立學校正在籌備合作計畫（"Partners in Education," 1997）。除此之外，也有城鎮合作以分享運動設施的使用計畫，如游泳池（Sherman, 1997a and 1997b）。

體育的公關範例
PUBLIC RELATIONS EXAMPLES IN PHYSICAL EDUCATION

全國體育運動總會（National Association of Sport and Physical Education, NASPE）時常會準備一份給媒體的「公共播報服務（Public Service Announcements, PSAs）」。在1997年，NASPE寄30秒的宣傳帶給500個廣播電台，以宣導美國醫學學會的報告，其指出運動可以減少疾病和降低死亡率。此外，NASPE也把同樣內容30秒、60秒的宣導片寄給210個電視台。

在1997年3月，疾病防治中心（Centers for Disease Control and Prevention, CDC）製作了一份6頁的「推廣終生運動（Promoting Lifelong Physical Activity）」手冊，該手冊的內容詳細介紹正確且實用的運動益處概念。這手冊可以不用透過核准，可自行影印（疾病防治中心官網也有該手冊的資訊http:www.cdc.gov）。

全國體育運動週National Sport and Physical Education Week

全國體育運動週從1976年開始舉行，每年5月的第一週爲全國體育運動週。相關活動訊息的公告是由州長，以及州政府的公共指導主任（the state superintendents of public instruction）所發布。

購物中心是一個可以舉行示範表演會或是促銷活動的好地點，由以往辦活動的經驗顯示出，下午時間舉行的示範表演會，搭配上音樂，可以吸引群衆的目光。在辦活動之前，儘早與購物中心促銷主任確認時間，因爲購物中心的行事曆很容易就滿檔了。大量地宣傳活動，這樣子學生的表演就可以吸引到許多觀衆，購物中心促銷主任同時也將視該表演會爲一個好商機。

當舉行全國體育運動週時，請勿忽略失能族群。如果修改一下這些活動方式，那麼失能的學生也可以參與其中。我們要強調的是，盡可能的提供不同種類的活動指導給更多的人，所以，工作坊、訓練營、影片和演講活動的方式都應該要運用。

行銷體育的疏忽之處，便是忽略招募教師和學生。因爲人員招募通常是最強力的，每個師資培育系所都應該利用主修該門科系的學生，和年輕的教授爲招募人員。有一個很有效的方式，是請體育系三年級的學生回去以前就讀的高中去招募學弟妹。通常來說，因爲他們有可能已經有其知名度，所以他們會深受面臨未來計畫的高二、三學生所尊重。

圖：儘量提高商標的曝光。
資料來源：Appalachian State University Sports Information Office, Boone, NC.

每年5月，爲了支持全國體育運動週，NASPE會製作包含該年度活動主題的彩色海報的促銷資料。請打800-321-0789預訂（NASPE, 1998b）。

特別公關活動Special Public Relations Programs

不同形式的舞蹈都很有公關的潛力，在美國的許多地方，踢踏舞（tap dancing）已重獲公衆的喜愛，表演也立刻獲得注目。有氧舞蹈課（aerobic dance）已吸引很多人，也提供表演者很好的機會。許多大學和中學有固定的舞蹈隊（舞蹈類型包括芭蕾、現代和爵士），這可協助把活動訊息轉換成舞蹈的形式以傳達出去。請注意，每年4月底有全國舞蹈週（National Dance Week），這將是展現舞蹈和體育活動的絕佳時間。

爲了積極推廣青少年體適能，美國健康體育休閒舞蹈聯合會（AAH-PERD）已推行兩個備受孩童和公衆歡迎的活動：跳繩護心活動（Jump

Rope for Heart）和呼拉圈健心活動（Hoops for Heart）。最新活動訊息、問題解決方式等等，都可以透過AAHPERD的官網新聞上獲得，請上網頁www.aahperd.org網頁，按"AAHPERD"，點選"program & events"，再點進"Jump for Heart/ Hoops for Heart"（Jump, 1997）。

有氧運動已提供舞蹈馬拉松賽（dance-a-thons）、路跑馬拉松賽（jog-a-thons）、游泳馬拉松賽（swim-a-thons）、自行車馬拉松賽（cycle-a-thons）的活動機會，這些賽事是用來募款的非正式比賽，也提供最佳機會以吸引公衆對體育運動活動的目光。除了加強與公衆的公共關係，這些特別賽事還可在正式比賽前，激勵在漫長訓練期的學生運動員。史奈德（Schneider）（1992）指出：

> 如果體育課的確可以提高生活品質，並得到健康、體適能、心理方面的成長好處，學生和家長必須瞭解，現在的體育教師已改變以往隨便給學生一顆球就可以上課的刻板印象，而且社區公衆要明瞭現在的狀況.（p.70）。

兒童一起運動促進會（All Children Exercise Simultaneously, ACES）的目標是教育孩童有關引領健康生活的重要性。各學校規劃自己的15分鐘活動，每年5月的第一週有來自全美各地上百萬名的學童，以及世界50多國共同參與該活動。

家長參與及社區關係Parents Involvement and Community Relations

親子活動之夜可為體育課添加特別的氣氛。這活動吸引許多家長的參與（parent participation），因為這可降低他們的實際年齡，重溫孩童時期的活動。所以，不僅邀請家長到校去參觀他們的子女在校表現，家長可以在親子之夜一同與子女活動。

其他通知家長參與的方式，可以是在靠近體育館附近的設一個公布欄，家長在接送子女時可以很清楚地看到，還有可以寄活動訊息傳單給

家長以告知最近的活動。

廣告商也在親子比賽（parent/child competition）中看到公關發展的潛力，而且也可很容易找到贊助商。壽險業者參與贊助全國型比賽，如贊助滑雪和網球的親子比賽。

因爲失能（disabilities）學生的特殊身體和心理經驗，家長和家屬都要參與適應體育課程中。

另外加強社區關係，學校體育課可以協助銀髮族活動。可以透過地區或州政府的銀髮族組織，來和這些群體聯絡。社區關係是很有潛力的，也是體育課可找到的志工來源。

另外一個新促銷方法可讓家庭參與體適能活動，是「美國的家庭健康與體適能日（Family Health and Fitness Day, USA）」。這是從1996年發表的美國外科醫生報告衍生出來的，第一次的活動日是1997年秋天。這個賽事，是鼓勵組織舉辦全國性的非競賽型家庭健康和體適能活動。在每年9月的最後一個星期日會舉行該活動（"Family Health and Fitness Day", 1997）。

運動的公關範例
PUBLIC RELATIONS EXAMPLES IN SPORT

在小城市以團體的概念促銷球隊戰績是很容易的，領隊可挑選數個助理參與季票銷售的競爭。在大學層級，球隊可能找教練、票務經理和運動資訊主任來做促銷。尤其是在這個層級，票務銷售的地點和營業時間需要廣爲公告。如果球隊的規模夠大，可以結合當地的企業做爲門票銷售點，如銀行、運動用品店等。最有效的促銷工作，是聯合平面媒體（或郵件）、電視、廣播、公共報導做宣傳。電台廣播節目常使用賽事門票做爲獎品——而且他們很樂意在節目中「談論」該賽事，以這些贈票做爲電台聽衆的獎品。我們無法期待比賽會場場爆滿，那麼就應該要有特別促銷活動。儘量搭配當地的特色和民情風俗習慣來做促銷，所以這樣不僅對當地特色帶來優點，也可增加票房收入。例如，一個完整規劃的長距離路跑，可以將最後的終點安排在運動場上結束。這樣不僅可以把公眾焦點集中在比賽上，也可增加小額收入。

在俄亥俄大學（Ohio University）的報告中指出，學生運動員的學業成績和畢業率有提升的事實。這些努力包括安排讀書空間外，也有幾個配合方案。一個是必修的「負責任的決定」課，另外是10小時的生涯規劃課程。學生運動員被鼓勵和一般學生常互動，也與一般學生使用校園的服務。另外有好方法，可邀請上學期的前15位學業績優運動員參與私人早餐會（Bradley, 1993）。

有一個相當成功的公關活動是「全國女性運動日（National Girls and Women in Sports Day）」，這是由不同的組織贊助的，如美國女孩俱樂部（Girls Clubs of America, GCA）、女性運動國家協會（National Association for Girls and Women in Sport, NAGWS）、婦女公平行動聯盟（Women's Equity Action League, WEAL）、女性運動基金會（Women's Sports Foundation）和基督教女青年會（Young Women's Christian Association, YWCA）。由女性運動國家協會發行的社區活動計畫，正廣爲每州的志工使用，以籌劃活動和管理公告的安排。

爲了要激勵女性參與運動，女性運動國家協會已開始一個永不停止的活動——「成爲贏家（Be A Winner）」，這是一個基金募集計畫，可用來協助地方上的女性運動，還有女性運動國家協會。相關商品包括繡有「成爲贏家」的T-shirts、帽子、水壺、長袖外套等諸如此類的產品（"Promote Your Sports Program," 1997）。

大部分的大專院校已擁有大量的授權商品，這些授權商品帶有學校標準色、有的放上吉祥物照片或商標。通常來說，這些商品包括T-shirts、長袖運動服、帽子、杯子、馬克杯和保險桿貼紙。還有包含牛仔帽或皮製品的流行商品，也有配合特殊節日的雞尾酒杯、聖誕襪、限量圖畫、地毯和時鐘等等。他們常更換這些授權商品，也同時測試新點

子，如圖畫書、拼圖、餐巾紙或運動娃娃等等。

密西根大學（University of Michigan）的財務根基，就是他們相當倚重郵件。因為教育單位可以使用比一般企業大宗郵件便宜一半的郵資，而且比起企業，教育單位的目標市場是很清楚。所以郵寄地址很容易取得又不花成本，不像企業得花錢購買顧客地址。除此之外，球賽座位是不用花錢製作的，還可以一再的重複販賣。確定任何購買門票、要求賽程表或對運動代表隊有興趣的人，在郵寄資料庫中留下通訊地址。在郵件開始發送前，先諮詢當地的郵局有關最新郵件的規定，如果按照規定寄件，可省掉額外的費用。通常，也可以把消息附在水電費帳單或大企業的月報表。這裡有兩種促銷門票銷售策略，一個是盡可能積極地行銷季票，這個技巧可以免除天氣不佳、戰績差或與戰績差的對手對戰等的因素。第二個策略，是鼓勵團體票業務把焦點放在不易滿座的球賽，且把目標市場放在青少年團體、公家組織、教會團體、企業團體等。

許多大學發現需要花時間培養支持校隊的學生族群（尤其是碰上觀眾人數偏低，或戰績不佳的狀況下），下列為成功的範例活動：

- 舉行賽事精神標語比賽。
- 在自助餐廳桌上，放置4×6吋卡片的比賽訊息。
- 與宿舍、運動社團或兄弟會、姐妹會合作，請他們團體觀賞運動比賽。
- 鼓勵活躍的樂隊演奏。
- 找出可以使教練個人參與學生團體的活動。
- 付費臉部彩繪，或該校學生如穿戴學校標準色，將可獲得贈品。

聖母大學（Notre Dame University）有個培養年輕球迷，同時也讓他們表現繪畫天份的特別活動。小學生到球賽中，畫出聖母大學籃球比賽。每位優勝者的肖像可以印製在某場籃球賽門票上，而每個參與繪畫比賽的小學生，他們將在籃球比賽中場時間接受全場表揚（Herzog, 1993）。

組織完善的社區網球協會（Community Tennis Association, CTA）是培養新網球選手的最佳方式之一，相關資訊可以透過地區UCTA辦公室取得，可索取「如何成立社區網球協會之詳細步驟（How to Form a Community Tennis Association: A Step-By-Step Guide）」的資料袋（Blume, 1997）。

休閒、健康和體適能中心的公關
PUBLIC RELATIONS IN RECREATION, WELLNESS, AND FITNESS CENTERS

對休閒、健康和體適能中心來說，最好的公關方式就是「體適能嘉年華會（Fitness Fair）」，這種促銷方法是包括展覽、或與當地健康相關產業舉行商展。體適能嘉年華會經理通常會遊說當地企業承租商展攤位，參展單位包含健康食品、營養品到家庭健身器材零售商等。

對募款者來說，舉行拍賣會將有少許的風險，但這也帶來極大的樂趣。捐贈物品拍賣（auction）是個相當受歡迎且成功的活動。欲競標者，事前會被告知這些拍賣會的捐款者將享有稅賦優惠，職業球員、零售商店、教練和電視明星是主辦單位可以要求捐贈拍賣物品，有球衣、簽名和新運動商品。甚至從現任教練和運動員那邊提供的服務也可以進行拍賣（Hoch, 1993）。

以下的問題可以指出是否體適能中心有達到成人健康／體適能市場：

- 你的成人運動課程是否得到管理階層的支持？
- 是否該課程有專門的預算？這個課程是永久的嗎？
- 這課程是否包含自我實現的價值？
- 這課程是否有做出不同的市場區隔？
- 這課程是否對使用者友善？
- 這課程是否提供不同選擇？
- 這課程是否有說明如果經常運動可以延緩老化？

- 該課程是否提供個人可以自我增加難度的內容？
- 該課程是否提供個人和團體運動者的機會？
- 初學者活動是否強調在基礎課程？
- 課程是否有強調，越常運動的人可以透過運動來促進健康、提高生活品質？
- 該課程是否有可以給予激勵的領導者？
- 是否有評量系統？
- 你是否在販賣感覺、情感和經驗？
- 你是否說到做到？（Rude, 1998）。

你可以透過特別的年度活動來促銷你的科系，可以是運動體驗日、校慶或任何可以吸引媒體目光與公眾參與的活動。在紐約州的Westbury市，休閒系透過舉行「6月是休閒與公園月（June is Recreation and Parks Month）」的活動，達到促銷該科系的目的（Walsh, 1993）。

在曼菲斯市的浸信會紀念醫院（The Baptist Memorial Hospital in Memphis）推出一個相當成功的公關活動——「溶化夏天（Summer Meltdown）」，大約有75個大專院校科系的600人參與，活動方式是以團隊方式來贏得有氧課、健走課和減重磅數的點數（也包括其他健康資訊），最高獎項是——密西西比河輪船之旅（Miller, 1993）。

為了營收，體適能中心必須不斷地招攬新會員。所以為了要達到此目的，體適能中心人員必須瞭解潛力會員使用大眾傳媒的偏好。他們常用熱氣球、新刊物、收銀機收據、折扣券本、CD和多媒體電腦。行銷人員積極找尋互動電視節目，他們重視廣告的頻率而非大小，使用電話簿和直接行銷方法，這包括邀請卡、會訊（newsletter）、小冊子和明信片。大部分的體適能中心都支持可以促銷產品和課程給新舊會員的網路。在這10年來，行銷的新概念是多重促銷且連結的。促銷者聯合各種策略聯盟，以共同促銷產品（LeCompte, 1993）。

以下的行銷訣竅可為健身俱樂部招攬更多的公司客戶。

- 使用統計來顯示，經常運動的人有較低的健身俱樂部缺席率（資料來自於國際健康球拍運動協會波士頓分會發表的〈規律運動對經濟的影響〉）。
- 提及醫學協會對運動健康的報告（Healthy People 2010, www.health.gov/healthy/people/）。這個由美國政府背書的報告，具有權威性。
- 請滿意服務的企業CEO們背書推薦。
- 確認企業需要什麼樣的特別需求，然後幫他們量身訂做課程。
- 首先到公司去提供教育和健康的資訊，然後當學員們瞭解健康的重要性時，再提供他們相關課程。
- 根據公司客戶規模大小，再決定要派哪一位專門的業務人員與該公司洽談。
- 當提供公司客戶與員工課程時，請提供彈性且有創意的付款選擇方式。
- 策劃短期會員加入活動（約30天）以創造緊急搶購熱潮。
- 提供健身測量給參與的公司客戶會員，然後把正面結果回報給公司客戶。
- 在企業健康展中展覽。
- 透過當地的商會或貿易組織，在商展中展出（Lolye, 1997）。

相關的行銷和促銷策略，請參閱體適能管理（*Fitness Management*）雜誌的官網www.fitnessworld.com/

簡訊、運動手冊和秩序冊
NEWSLETTERS, SPORT BROCHURES, AND PROGRAMS

運動簡訊（sport newsletter）是個很好的公關工具，現在因為有電腦文書處理和印表機等，任何的教練都可以自行印製一份運動簡訊。例如，田徑教練可以在每次賽後製作簡訊，並寄給隊上選手的家長、放在學校公布欄上，也在學區中的中小學張貼，並標出該校出身且現在在該隊的選手名字。

高中棒球教練可以透過平常的簡訊消息來促銷球隊，但也可以張貼照片在學校的公布欄和製作棒球雙月刊。教練可以安排一個3至5日的春季旅行，和一個3個週末或3場比賽的友誼賽。促銷的重要部分做一份手冊給比賽隊伍，內容包括球隊目標、進攻、防守、非球季的訓練和要求。這位教練也可以安排一季一場在大學校園的比賽，藉以鼓勵選手和促銷球隊。

不論一本彩色和有內容的秩序冊（program）是否可以帶來任何收入，它總是有促銷的作用。但是，爲了要賺錢，運動項目需要吸引越多的觀衆，這通常會收取門票費。在高中，秩序冊製作和行銷是由後援會負責。在秩序冊中，廣告頁和非廣告頁的比例大約是5：5至3：7；色彩運用上，至少和黑色再搭配一個固定顏色，使用黑白照片下面加上附註。學校可以負責部分或大部分的印刷。如果學校的預算沒辦法這樣做的話，那麼請後援會安排地方上的企業贊助印刷。請謹愼制定廣告價格，以公司可忍受的極限來定價以賺取最多的利潤。小學校通常使用免費的4頁秩序冊，裡面的廣告空間給贊助印刷的軟性飲料公司。而客隊的學校僅能在主場學校的免費秩序冊中間，插入球員名單表。當NCAA的美式足球和籃球的觀衆人數減少時，比賽秩序冊的銷售反而增加18～35%——因爲是較新、較便宜的製作費、有創新的「可收集」秩序冊、可兌換的折扣券、球員卡、和可獲得特殊獎項的「好運」秩序冊（Irwin, R., 1992）。

以下是行銷手冊的製作指南：

1.在標題，確認你提供的資料和其主要的益處。
2.在手冊封面使用大量的照片，以吸引目光。
3.使用編輯者的話等和簡單的美工設計，以增加可信度。
4.使用照片來顯示動態的消費者和產品服務。
5.使用容易閱讀的文字格式。

6.使用照片敘述和文字框以強調主要益處。

7.用推薦語錄和以往的案例歷史，來支持你的廣告。

8.使用可以容易讓顧客回覆的折扣券或回郵。

9.在你和顧客中，培養相互的信任。

10.使用全彩印刷和高品質紙張，以彰顯最高級的形象。

媒體
MEDIA

如果球隊或比賽沒有獲得適度的媒體曝光的話，或是敏感議題被不當報導而造成問題時，我們可以很容易怪罪於媒體。但在責怪之前，請先調查是否事先有與媒體溝通合作過，並提供足夠的專業資訊給媒體（Robinson, 1997）。請記住，在運動和媒體間是有緊張關係存在。媒體人員通常認爲運動組織提供的資訊是很「業餘」的（有時候的確是），希望得到免費宣傳，然後宣稱那是則新聞。

媒體擁有絕大的力量去影響公關活動，學校和各單位應該要培養與各媒體間的友好關係，甚至有的學校還在新聞時間，安排插播30秒的免費公共廣告爲其運動代表隊宣傳。體育室主任應該親自介紹新教練給媒體認識——這個動作會連帶到可能的專訪機會。

某些擁有廣大觀眾群的大學，瞭解多年的電視轉播合約收入可以平衡所有有門票收入的運動（revenue sport）。通常這些合約包括專業服務，如撰寫媒體導覽、製作焦點影片、廣告時段、巨型廣告看板和諮商服務。

第四台頻道和無線電視台提供其他曝光的管道，這些在發展未來媒體的財務收入時是相當重要的。無門票收入運動甚至可以利用電視頻道機會，以觸及廣大的觀眾群。大部分的專家都深信，第四台會變成學校做公關的重要工具。還有「運動專屬」電視頻道漸漸成爲趨勢，你可請地方第四台業者安排電視新聞訪問，這樣子你的學校賽會不用付錢就可以增加曝光率。另外，調查主場和客場比賽的電視法規和轉播時間表，有很多學校提供賽事的網路轉播，因爲這可以讓來自各地的球迷在網路上看到自己喜愛球隊的比賽。當主流錄影科技日新月異時，這個促銷和通路的方法，一定將會加強許多運動組織的促銷能力。

體育室行政人員必須瞭解，媒體曝光是根據在可預測的標準上。例如，報紙會根據比賽的觀眾人數、比賽地點距離和比賽的獨特性來決定報導的版面。電視（television）除了將會根據類似的標準外，他們還會考慮到以往的曝光度，還有無形的因素，如性感的吸引力。媒體對獨特性的要求是不斷的。如果是媒體要報導你的賽事，想想用「不尋常」的方式以搏取曝光。通常要報導的故事已經發生，不需要再設計。例如，是否種族混合的球隊合作可以幫助建立學校的精神？在同一隊中是否有兄弟檔？是否有兄弟檔或姐妹檔同時代表不同的球隊？是否有選美皇后在隊上？選手的父母是否有參加過比賽，代表的隊伍？最重要的是，詳細提供媒體想要的內容。媒體要的是更多詳盡的資訊，而不只有比賽的分數。

赫賽特（Hessert）（1997）指出，與媒體工作的兩個首要策略，第一是瞭解媒體和他們的工作，決定受訪者來自何處，還有媒體想要什麼角度的觀點。第二，準備好去促銷你自己的議程。擬一份「訪問準備清單」，這將協助你可以正確呈現事實，和講到你想要促銷的重點。以下爲一般的準則：

- 當焦點是在負面新聞上，馬上提及而不重複該話題。
- 在電視訪問時，臉上表情、舉止和眼神和言語是一樣的重要。
- 提供符合記者需求的資訊，如對電視新聞來說，平均的訪問時間是大約20秒以內。
- 不要被刻意誘導。

關鍵思維 Critical Thinking

某所擁有1,200位學生的高中裡，有一座新的美式足球／足球場將在春天落成啓用。相較於座位數，新球場有1,000個座位，比原來舊的球場多了300個。在建造的過程中，由於成本超過原來的預算，所以當初預設的項目有的不得不刪除。新球場沒有客隊的洗手間或餐飲空間，也沒有計分板。新拓寬的停車場也只能鋪上碎石子，而不是鋪柏油。在內部營運方面，只有少數的錢可以勉強維持舊設備和舊的消耗品預算，更不用提要買新物品。市政府和「四分衛俱樂部（Quarterback Club）」（譯註：曾經有擔任過該校四分衛的歷屆校友）努力3年籌資來蓋這個新的球場，所以再要求更多的募款機率很小。甚至這些在建造計畫中的工作人員，他們也不太敢再要求募款，因爲這已經進行3年了。

校長、體育組組長、學區督學出席商業會議，美式足球和足球教練們也得腦力激盪地來想辦法解決未來的募款。你是新的足球助理教練，你有一個月的時間去思考解決的策略，然後回報給體育組組長。目前球場沒有任何特定的名稱，場中也沒有廣告看板，也沒有任何的贊助商參與運動代表隊的合作。

在擬定企劃時，請考慮以下數點：

1.你可以提供那些球場的廣告看板，那麼將會收到那些效益？

2.如果你可以使用企業或產品的名字當做球場命名，那麼你可以收到那些益處？

3.如果有人可以免費爲體育組印製秩序冊的話，你將可以提供什麼東西？

4.如果你想讓部分或全部的計分板空間都賣出的話，你將在計分板放上什麼？

5.如果你的承包商將免費興建客隊洗手間，那你將給予對方什麼？

6.如果有人出錢協助建造餐飲區，那麼你將提供對方什麼？

在你的企劃中，請包含任何有關該策略的風險或副作用。

練習題

1.假設您是某國中（4-8年級）的老師兼教練，辦公室中有其他3位體育職員，體育組組長說，校長在進行一個公關計畫，而您是被校長指派要負責該計畫。那麼，請詳述您將如何去完成該項任務。

2.在某一球季，某高中美式足球教練有個堅強的先發陣容，這個先發陣容可以輕鬆獨霸該聯盟。但是為了避免被聯盟中的其他球隊排擠，成為唯一的假想敵，該教練表示，他們會儘量減少輸贏的差距。請問這是好的公關方法嗎？為什麼？

3.您是一所擁有2,000人高中的新任棒球／壘球教練，在過去的幾年中，該隊約輸掉2／3的比賽。而該隊的經費、現有設備器材，可說是低於全聯盟的平均。請列出您預計會進行的3年優質棒壘球隊公關企劃。

4.體育組室的錯誤和問題常被媒體報導，除了比賽勝利以外的正面新聞常常被公關忽略。假設您是一所有2,000人國中的籃球教練，請擬定一份你將執行的促進體育組正面報導的公關策略。請詳細規劃您將「如何」去提升正面報導的具體策略。

5.雖然在過去的30年中有高潮與低潮，一般來說體育組要從州政府或學區得到補助是越來越困難了。請回想您以前就讀的高中，選定三個特定活動和策略，以繼續進行的專業募款活動。

6.請擬定可以促銷體育室的公開媒體發言，也請使用合適的聲光效果、錄影帶或電影。

7.為推廣「全國運動與體育週」，請為不同的族群來擬定適合的活動。

8.在高中籃球中，即使您計算過觀衆人數有可能會下降20%，您還是決定將門票從原來的$2美金提高20%至$2.40以增加收入。所以，這是一個聰明的決定嗎？

參考文獻

Baskin, O. W., and Argonoff, C. E. (1988). *Public relations* (2nd ed.). Dubuque, IA: Wm. C. Brown.

Bigelow, C. (1989, January). Spicing up your concession profits. *Athletic Business* 13, pp. 42-45.

Blume, B. (1997, November/ December). It takes a community. *Tennis Industry* 25, pp. 42-43.

Bradley, M. (1993, March). Blending in. *Athletic Management* 5, p. 16.

Brooks, C. M. (1994). *Sports marketing*. Englewood Cliffs, NJ: Prentice Hall.

Cioletti, J. (1997, August). Checklist for success. *Club Industry* 13, pp. 17-19.

Clontz, L. (1992, June). Maximize your fund-raising campaign. *Athletics Administration* 27, pp. 14-16.

Cohen, A. (1993, January). Research for tomorrow. *Athletic Business* 17, p.16.

DeSensi, J. T., and Rosenberg, D. R. (1996). *Ethics in sport*. Morgantown, WV: Information Technology.

Ellis, M. J. (1988). *The business of physical education, future of the profession*. Champaign, IL: human Kinetics.

Family health and fitness day USA set to debut. (1997, Summer). *USSA Sport Supplement* 5, p. 5.

Gerson, R. F. (1993, March). Five costly marketing mistakes to avoid. *Fitness Management* 10, pp. 53-54.

Gordillio, J. (2002, June 14). Naming rights could be prep gold mine. *Southern Illinoisian*, p. 4D.

Hastad, D. N., and Tymeson, G. (1997, May/ June). Demonstrating visionary leadership through community partnerships. *Journal of Physical Education, Recreation and Dance* 68, pp. 47-50.

Herzog, B. (1993, March). Research for tomorrow. *Athletic Business* 17, p. 13.

Hessert, K. (1997, October/ November). Surviving the spotlight. *Athletic Management* 9, pp. 16-17.

Hilkemeyer, F. (1993, May). Food for thought. *Athletic Business* 17, pp. 40-43.

Hoch, D. (1993, March). Do I hear $100? *Athletic Management*, pp. 15-18.

IEG Projection. (2001). Sponsorship spending will lag predicted economic rebound. IEG Sponsorship Report.

Irwin, D. (1993, May). In search of sponsors. *Athletic Management*, pp. 11-16.

Irwin, R. (1992, May). Reading between the lines. *Athletic Management*, pp. 15-18.

Irwin, R. L.; Sutton, W. A.; and McCarthy, L. M.(2002). *Sport Promotion and Sales Management*. Champaign, IL: Human Kinetics Publishers.

Jump and hoop coordinators can express themselves again. (1997, November/December). *Update*, p. 11.

Kiszla, M. (2002, August 21). Bloom's choice not so crazy. www.denverpost.com/sotries, 8/21/2002.

LeCompte, D. (1993, March). Media mix? *Fitness Management*, pp. 44-46.

Lolye, D. (1997, September). In good companies. *Club Industry*, pp. 19-22.

McDonald, M. A., and Sutton, W. A. (1998, December/ January). A grassroots approach. *Athletic Management* 10, p. 24.

Miller, M. (1993, April). Summer meltdown. *Fitness Management*, pp. 42-43.

National Association for Sport and Physical Education. (1998a, Winter). Join project ACES. *NASPE News*, p. 6.

National Association for Sport and Physical Education. (1998b, Winter). Promote May with NASPE kit. *NASPE News*, p. 7.

Partners in education. (1997, February). *Journal of Physical Education, Recreation and Dance* 68, p. 6.

Pitts, B. G.; Fielding, L. W.; and Miller, L. K. (1994). Industry segmentation theory and the sport industry: Developing a sport industry segment model. *Sport Marketing Quarterly* 3 (1) pp. 15-24.

Promote your sports program-Be a winner. (1997, November/ December). *Update*, p. 12.

Robinson, M. J. (1997, March). The motivation behind the money. *Athletic Management* 9, pp. 45-48.

Rude, J. (1998, January). Making the mature decision. *Athletic Business* 22, pp. 31-37.

Schaaf, P. (1995). *Sports marketing*. Amherst, NY: Prometheus Books.

Schneider, R. E. (1992, May/ June). Don't just promote your profession-market it . *Journal of Physical Education, Recreation and Dance* 63, pp. 70-71.

Sherman, R. M. (1997a, August). Soccer success. *Athletic Business* 21, pp. 28, 30.

Sherman, R. M. (1997b, December). A strategy of sharing. *Athletic Business* 21, pp. 32-33.

Stier, W. F., Jr. (1997). *More fantastic fundraisers for sport and recreation.* Champaign, IL: Human Kinetics.

Stotlar, D. K. (2001a). *Developing successful sport marketing plans.* Morgantown, WV: Fitness Information Technology, Inc.

Stotlar, D. K. (2001b). *Developing successful sport sponsorship plans.* Morgantown, WV: Fitness Information Technology, Inc.

Stotlar, D. K., and Kadlecek, J. C. (1993, April). What's in it for me? *Athletic Business* 17, pp. 32-36.

Sutton, W.; McDonald, M.; and Milne, G. (1997, February/March). Escalating your fan base. *Athletic Management* 9, pp. 4-6.

Tadlock, L. S. (1993, May). Marketing starts with information. *Parks and Recreation*, pp. 46-50, 79.

Turner, E. T.; Bounds, J.; Hauser, D.; Motsinger, S.; Osmore, D.; and Smith, J. (1995). Television consumer advertising and the sports figure. *Sport Marketing Quarterly* 4(1), pp. 27-33.

Walsh, E. R. (1993, June). Promotable events. *Parks and Recreation*, pp. 74-77.

Chapter 6
體育運動的財務管理

管理思維 Management Thought

欲速則不達！

The minute you settle for less than you deserve,
you get even less than you settled for.

～曼玲・陶（Maureen Dowd）～

案例討論：

財務危機衝擊3所高中的運動發展

（Financial Exigency Hits Three High School Athletic Programs）

以往這個郡都是補助3所高中所有運動經費的30%，然而保守人士組成的團體在地方選舉中獲勝也推選出新的首長，並進行表決通過刪除這些高中明年的運動補助經費。這些高中的運動組織已經苟延殘喘有一段時候了，之前每所學校都有足夠的經費奧援，分別來自後援會、募款、贊助及廣告收入等，但如今要期望大幅度的增加則是「不可能的任務」。對此，該郡督導運動及體育的督學集合3所高中校長及體育室主任討論面臨的危機，這次會議的結論包括了保留5%的經費及可能減少開支的策略，這些節源的做法說明如下：

- 大量減少助理教練的人數。
- 僱用義務性質的助理教練以取代專業助理教練。
- 未能創造收益的運動代表隊數減少一半。
- 減少器材開支龐大／高運作經費，又未具創造收益的代表隊。
- 減少最少參與人數且開銷金額大的運動項目。
- 降低代表隊的交通旅行距離。
- 減少代表隊的交通費用，特別是要求不同球隊安排同一天有活動的情況。
- 提高球賽門票、秩序冊、及販賣部商品的價格以增加收入。
- 針對原本不收費的賽事提出收費機制，包含孩童、學生及成人等。
- 減少每隊代表隊的人數。
- 要求所有運動員購買及維修本身的器材。
- 大幅減少教練的開支。
- 大幅減少代表隊的設備及經費。

- 停止男女籃球隊的運作。
- 中止美式足球代表隊。

這些開源節流的提議送到專案小組委員會進行討論其可行性，小組的結論指出排除最後一個的建議，然後採納剩餘的方案就可以達成減少25%的經費。換言之，只要停止美式足球代表隊的運作就可以解省運動部門25%的經費，專案小組決定讓美式足球隊消失。另一方面，高中校長則是極力反彈，並認爲紀律、精神及入場的觀眾人數會遭到嚴重的負面影響，這個決議被送到另一個郡的學校董事會時則遭到擱置及公眾的反彈，從父母親、學生、商業團體一片譁然，同時也要求郡首長儘速廢除這項決議。首長幾乎在未經討論的情況下就撤銷了這個提議，並將補助經額調升爲35%。

本章目標

讀者應能夠

1. 提出運動部門或是體育相關的預算。
2. 定義及運用適合於學校財務管理的名詞。
3. 敘述為何教育預算不僅是單純報告與紀錄數據的理由。
4. 比較及對比目的、功能及專案會計系統。
5. 描述體育及運動的財務管理控制。
6. 解釋擬定預算的目的、原則與步驟。
7. 討論體育或是運動行政者面對財務需求的選擇。

常見財務名詞
COMMON FINANCIAL TERMS

定義 Definitions

會計（Account） 包含支出、收據、資產、資金平衡及負債等交易的財務記錄。

應計會計（Accural accounting） 已賺取但未獲得之收入，已發生但尚未支付的費用，均應於會計期間終了時加以調整入帳。

撥款（Appropriation） 根據預算，針對某一目的並獲得授權設定在特定帳戶的資金在今年間予以運用。

稽核（Auditing） 為一正式的確認與檢視以決定這個單位是否根據預算運用經費。

預算（Budget） 針對特別時間所預估的收入支出的報告。

資本支出（Capital outlay） 一項財產或設備的支出，但具有永恆的使用及價值，例如；土地、建築物、永久設備（非消耗品）、固定設備。

預備金（Contingency fund） 每一個會計年度所備用資金或其他資訊以作為不可預測的問題、緊急情況，或是確定的支出但是不太確定金額數目。

契約服務（Contractual services） 依據與外界組織的合約所提供的服務，需要特定費用，如體育課支付馬術中心騎馬的費用（有時稱為委外outsourcing）。

貸方（Credit） 債款資金的增加或是費用帳戶的減少，記入該帳戶的右

邊。

借方（Debit） 收益或淨值的減少或是費用帳戶的增加，記入帳戶的左邊。

償債成本（Debt service） 償還債務的本金和給付利息費用。

直接成本（Direct costs） 與特定專案或一群活動有關的成本。

可自由運用資金（Discretionary funds） 來自非政府財源可用爲臨時支出的財源，如捐款者的捐贈，可以讓戶頭保管人任意使用。

財務短缺（Exigency, financial） 立即的財務需要可能要採取經費刪除的動作，如教育董事會公告減少20%的預算。

業務費用（Expendable outlays） 使用壽命短暫或單價低的設備或必需品，包括的設備如球類與球衣，必需品則是紙張類與化學肥料。

會計年度（Fiscal year） 任何一年的期間，最後的時間就是學校與體育部門關帳及決定其財務情況，許多學校與大學的期間是由7月1日到隔年的6月底。

固定負擔（Fixed charge） 經由自然產生且固定費率的財務義務，如經常開支的租金、保險、水電費、員工福利費用等。

間接成本（Indirect costs） 不直接與特定活動相關的成功，如經常開支於或一般支用。

管理會計（Managerial accounting） 涵蓋成本會計與利用會計資料作爲決策所產生的資訊。

零用金（Petty cash） 小金額的資金，不超過100美元，通常運用在當採購程序冗長且昂貴而且金額小於25美元的開銷。

請購單（Purchase order） 訂購商品或服務並列出價格的書面申請文

件。

儲備基金（Reserve fund） 通常可以保留到隔年預算並持續增加，這筆基金是作爲主要及不可預期，如天然災害損毀健身房時所使用，有時與資本基金合併。

償債基金（Sinking fund） 作爲清償的義務，通常適用於定期支付情況中在一特定期間完成付款。

策略性管理
STRATEGIC MANAGEMENT

運動商業化已經蔚爲流行，運動產業預估其年產值已經超過2,000億美元，不論是商業化的運動事業體或是小型學校或機構，長期的財務或是策略性規劃都有其必要。策略性規劃對於運動的各部門都有其需要性，如活動或是運動場館，欠缺長期的規劃勢必將是一場空談。領導者必須要提出一個未來方向的願景，策略規劃就像是一個地圖，指出資源要如何分配才能成我們的目標。一般的財務計畫的期間是從3年到10年，資金費用所需要的預算及會計將從這些計畫中提出（Alden, 2000）。

策略性規劃是非常完整而且是長時間的執行，所有的人員都要參與其中，但領導者必須重視這整個程序，一旦化爲書面文字，計畫就要依據組織的規模及複雜程度加以告知。爲了一個5年的計畫，一個大學做了30次遍布全州的公開簡報，也包括媒體。這個機構的重點放在3個領域上面：費用控制、增加收益及場館改建。例如，大學計劃人員期望透過外包行銷工作、創造年度的捐贈專案及增加預備基金的利潤以提升其收入（Alden, 2000）。

一個策略性計畫的內容建議包含下列單元：

- 這個組織的使命宣言及目標。

- 計畫現行的財務狀況分析。
- 預計收入與支出的分析。
- 根據優先順序列出資本預測分析。
- 關於計畫完成階段所期望達成的財務狀況的詳細資訊（Koteen, 1997; Alden, 2000）。

一些報告顯示策略性規劃在一些產業之中，從未達成其預設的目標，究其因在於缺乏完善的管理（Mintzberg, 1994），另外一方面，寇廷（Koteen）（1997）指出國稅局（Internal Revenue Service）及美國紅十字會（American Red Cross）則成功地運用策略性管理，美國國會（The U. S. Congress）則要求聯邦政府必須要採用策略性管理。

策略性管理的關鍵概念在於獨特能力（distinctive competence）及競爭優勢（competitive advantage）。前者指的是你的專長領域，善加利用特殊能力或是天生優勢，假設你的大學長期以來不重視角力，但學校所處的區域位於長期且寒冷的冬季，更重要的是周遭高中的角力風氣盛行而且有不少優異的選手。對此，你可能就不需要太多思考就可以決定成立角力隊是一個不錯的選擇。競爭優勢則是說明你選擇比賽的對手與時間以及賣座的賽事，精采的賽事爲你帶來衆多好處，包括獲得勝利的機會、極佳的能見度、門票收入、可能的電視轉播權利金收入、與知名學校或機構建立關係、客戶數量提升或僅是收入增加。

針對長期的策略性規劃而言，專家建議規劃小組成員必須能夠代表這個機構各部門的聲音。這個小組必須開誠佈公地討論這個計畫所可能面臨的變化，這個計畫所堅持的價值與目標必須討論，這些想法可以凝聚成一個使命宣言。依據這個使命宣言，目標的順序就可訂出進而擬定達成目標可行性的策略與措施，策略性規劃有其持續性及彈性，因此，規劃小組的任命須錯開（Dlugosh, 1993），當因爲缺乏足夠的人力、時間與金錢而抱怨進度落後時，這就代表財務策略規劃出了問題（Pitts, 1993）。

如果策略性管理顯示組織出現新狀況，該如何因應呢？舉例來說，以有氧運動爲主要活動的健身中心進行市場調查發現，重量訓練似乎才是市場消費主流，或是學術單位之前投入大量資源在運動科學領域，但察覺休閒遊憩與觀光比較具有前瞻性，要求組織改變方向總是有其困難性。

俗云「危機就是轉機」，策略性規劃的結論顯示必須是要改變的時候，組織有不同的反應方式，有些是以不變應萬變，一切照舊，稍微被動的則可能翻閱以往的資料然後進行小規模變動。比較強調的立場則是期待變化的來臨、預期問題的出現、試圖透過系統化的因果分析降低錯誤的出現。積極探索的組織投入大量資源以找出問題及新的替代方案，類似主動的探索，有些組織則更進一步地找出新的解決之道，及利用進入未知方向的同時帶動創意的想法。

財政管理
FISCAL MANAGEMENT

財政管理包含3個步驟：（1）高階主管設定目的及目標，然後分配執行計畫所需資源，這個階段通常稱爲財務策略計畫；（2）完成財務責任，即是確認經費使用是合法地，且有效的運用；（3）執行會計的技術及機械協議及財務結構及預算程序的合法安全性。

有效財務計畫的好處是多重層面的，決策是主動且具系統性而非被動的。員工必須不斷聯繫，因此透過組織多重層級建立聯繫網，被激勵的員工能夠跨越面對的挑戰，風險降低而組織的競爭能力增加，最後，組織能夠完成適度的控管。

負責任是這件事情中最強調的，美國公眾總是非常清楚地知道教育經費運用時機，但現狀是必須省吃儉用。學校必須要有完善的財務計畫才得以生存，許多州近年來頒定限制教育的經費，特別是教育經費中的休閒、體育及運動，許多領域也出現籌募資本方案的特別債券遭到否決。所以，以道德觀及專業觀點管理這些財務資源是很重要的，即使資金有任何一點輕微的不當使用，或是計畫的財務管理出現不適宜的情

形，信用的損失可能導致財源減少的後果。

會計 ACCOUNTING

……以財務觀點而言，負責任意指涉及金錢活動的負責人，必須提供妥善處理的證據，就形同保守謹慎人士，聰明的運用所有資源……。這描述當處理金錢時良好商業原則的方法，從廣義的層面來看，負責任意指有智慧地使用學區所購置的資源，這包含會計功能及其中決策過程的經費分配及效益分析（Thopmson and wood, 2001: 106-107）。

學校會計可以分爲兩大類（categories）；統計及財務。統計會計（Statistical accounting）包含學生入學數據，設備與儲藏的項目以及類似的紀錄。這些都是很重要並會在隨後有關設備採購及維修單元討論。在這個章節將以財務會計（financial accounting）爲主，這涵蓋了涉及金錢交易並影響體育、運動及其餘運動組織的層面。

會計是一個廣泛的領域，就以學校及運動而言，涵蓋層面包括財務資料的使用與計算，會計成爲控制財務的工具（收入與支出）。

會計不僅僅是描述與紀錄財務，這不是唯一的目標，事實上，會計協助管理階層在許多層面擴大組織效益。舉例來說，運動部門的預算是根據美式足球比賽的大部分販賣部收入，預算當中的金額是參考過去的歷史資料，以及預估今年主場球賽的進場人數，還有一些相關因素。會計程序也許顯示販賣部收入在前3場比賽之後，遠低於預期收入的數字，同時，所有的開銷都是根據當時預測的收入。很自然地，運動部門主任就會思考販賣部銷售下降的原因，然後想想辦法提升銷售量，這位主任同時也開始減少經費支出以平衡收支，以這個例子而言，會計就成爲主任的管理工具。

幾乎所有的大學、大型休閒事業、休閒經紀公司及職業運動組織，都已經將財務工作電腦化，許多高中在這方面尚未進行調整，繼續使用雙手完成會計工作，此種情況也造成困擾。以徒手進行會計，當成本是採累進系統，通常至少要花45天才能看到整個財務狀況，這主要是因爲收入部分要經過總收集辦公室，這時間差的產生是由於帳簿通常到月底才結清，另外需要兩個星期的時間計算所有帳目。在前一段文章所提及的案例，以徒手計算的方式將會太晚而無法適時解決問題或是減少開支，這個時間差也使得春季運動經常面臨預算刪減的窘境，主要原因是美式足球與籃球球季期間所造成的財務問題，這個問題就需要依靠資料處理電腦化加以解決。所以比賽的營收資料在當天結束後就可以完整提出。

政府及非營利性的會計作業並非依據營利或支出，比較強調其社會福利與政治目標或是限制。會計成爲一種服務功能，達成政府及其餘非營利性組織的需求，就等於是提供公共資訊與資料以顯示財務資源的適當控管及負責任（accountability）的情形。

會計系統的目標 The Objectives of the Accounting System

1.財務資訊系統必須提供資料所以能夠擬定長達數年的計畫，另外，這個資訊必須是計畫導向。

2.財務紀錄必須根據計畫階段呈現其先後順序。

3.支出控管的授權必須要堅持其程序及專業的方法。

4.授權表格必須準備與建立程序系統以協助合約及採購單可以標準化，以減少先斬後奏的情況。

5.先交貨後付款的機制一定要建立。

6.完成的交易必須要留下紀錄，如此一來，獨立的稽核人員可以清楚地知道付款的對象及這個款項的目的。

7.必須要確認足夠的收入要進帳以履行獲得授權的財務責任，這些收據必須保存，列出其來源及專款項目或帳戶。

8.所有其他未進入中央事務室的專款必須加以紀錄，並依據學區及大學運作規定解釋，所以這些紀錄允許督學或是大學校長代表可以監督或是管理這些附屬領域。

9.因爲所有帳戶都會接受稽查，財務會計系統必須提供需要的資訊以協助稽核工作的進行，領導者必須要能夠顯示所有財務報告都是可以解釋清楚，並不會出現帳目不清、濫用或遺失的情況。

10.計畫的規模與複雜性決定會計系統，同時，會計系統有必要提供公衆必要的資訊。

11.由於財務報告必須呈現給其他財稅組織或是協會、會計系統及程序必須符合這些單位的原則與要點。

12.會計系統必須提供研考單位必要的資訊以評估事業政策，將在隨後討論的成本分析對於評估政策是非常有幫助的。

總而言之，適當的學校會計系統具備：

- 建立一個學校與學區的完整財務交易紀錄。
- 綜合學校所有事務的財務報告並要求適當地、有效率地及有效益地管理。
- 提供資訊以協助預算編列準備、調整與執行。
- 提供金錢及財產使用的安全保護，包括防止浪費、不具效率、欺騙及不在乎等。
- 製作一份長時間的報表以協助行政人員、教師、董事會成員及外行人進行計畫決策過程（Thompson and Wood, 2001: 113）。

管理會計Managerial Accounting

管理者運用會計資料做決定，管理會計系統試圖利用可以衡量的單位評估獲得服務的效益。有時候，成本會計（cost accounting）稱爲成本效益（cost effectiveness）或是成本效益分析（cost-benefit analysis），其目的是爲協助管理者能夠精準地維持其經費使用的最大效益，這種被形容爲分析工具的方法，可以允許管理者判斷其專案成本與組織效益的關係，其最終目的就是幫助管理者減少開銷及增進效益（Horngren, Sundem, and Elliot, 1999: 193）。

以體育活動來說，將所有體育經費除以參與學生人數，就可以得到每位學生的成本，然後分析比較類似活動的成本。但在下結論之前，必須要思考一些變數，包括專案或活動的性質、學校的規模與歷史、學校人口的社會經濟背景、教師年齡、經驗及教育水準、活動或計畫的目標達成程度。然而最重要的底線則是在於表現的情況，以及每位學生在特定成本計算下所能夠獲得的情感領域（社會情緒），這領域是很難加以量化的。

運動的成本會計例子，是比較兩個美式足球隊占運動總經費或是每個隊員所獲得的經費。當然，球場上的勝負經常被用爲相較的依據，即使這是一個不正確的項目，而且也沒有計算每位參與隊員的成本。最後，這樣的比較需要經過數年，數據必須反應上一段所提及的因素及設備器材的質與量。值得一提的是，社區的社會經濟結構是不可忽略的因素，這會影響社區對於活動支持的程度，換言之，採用源自於產業的財務模式，如成本分析，運用於教育方面是必須相當小心。

會計紀錄及程序 Accounting Records and Procedures

雖然每個高等教育機構都有其會計系統，目前的趨勢則是要求州立高等教育使用一套標準系統，美國的教育廳（U. S. Office of Education）印刷一系列關於學校財務管理的說明手冊，已經影響了大部分初等與中等教育的描述及紀錄系統，逐項預算制度是系統根據功能、項目、品名的概念。

而功能、項目、品名等詞又代表何種涵義呢？這就像是美式足球比賽進攻戰術的代號，功能指的是某特定領域的表現，或者是其存在的目的，舉例來說：

1000 教學

1100 一般專案

1200 特別專案

就項目而言，進行功能的第三及第四位數編碼，如下說明：

1106 外國與古典言語

1108 健康與體育教育

1130 學生活動

等等，在一般專案中經由21種額外的分類，這些項目的指定細分之前的功能分類。項目預算在使用者移動組織的細節是非常有用的。

第三種紀錄區稱爲品名，就是經由交易獲得的服務或物品，舉例如下：

100 薪水

200 員工福利

300 採購服務

400 供應品及原料

這就如同美式足球球員瞭解戰術27是指2號的球員要穿越7號洞，行政人員知道「1108-400」指的是體育與健康領域的供應品及原料費用。

資產負債表The Balance Sheet

會計系統的另一大部分是資產負債表，這個表就像是一個組織在特定時間內的財務狀況縮影。近來，財務位置報表或是財務情況報表（statement of financial position/condition）已經取代資產負債表，「資產負債表有兩種相反的區域，左半邊列出資產，指的是公司的資源（公司所控制的所有資源，從現金到建築物等），右半邊列出負債及所有者權益，這就是獲得資產所需要運用的資源，負債及所有者權益已被視爲與資源視爲相對性的」（Horngren, Snudem, and Elliot, 1999: 8）。

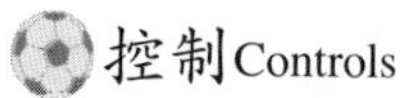

控制Controls

財務管理中所談到控制指的是經費使用符合效率、安全及正確方式等的政策與管制。控制對於預算而言，就如同火爐的自動調溫器，控制也可以視爲一股正面的力量在創造信任、團隊精神、高效率工作環境的氣氛。管理實務的控制設備採購光說不練是無效的，就好像允許員工可以任意購買他們所想要的物品，而且這些物品可能與組織目標是不相干的。「這個議題在於如何選擇性地決定強調控制以達成百分百目標，或是花費合理的資源然後比較所獲得的收益」（Koteen, 1997: 306）。

財務控制就強調平衡，其目標在於使用最少的資源然後維持最專業且具道德標準，控制必須允許一個教練根據事先預定的步驟獲得設備及供應品，但教練不應該購買未列入預算或是未經核准通過的設備或原料，購買之後，教練必須維護這些器材的完整性。

控制的單元說明如下：

1.有意義的財務管理的標準及要點不僅完整而且可以衡量。
2.有效且精確的控制系統肩負平衡管制與流暢功能，因此，不被允許的行爲可以在早期發現並適時更正。
3.控制系統經過更正後須再度立刻應用到原有環境。

控制的品質在該如何判定呢？重點必須強調其節省原則——越少越好，在控制之前，事件與交易都必須有其意義。控制必須針對事件很詳細而且適當的，特別是在運動因爲不尋常的交易出現在不尋常的時刻，控制本身講求成本效率須配合事件開始進行就要控制，因爲控制越多，其系統越昂貴。控制必須應用在交易期間最適當的時候——太早或太晚就形同失控。簡單是最有效的控制工具，高品質的控管必須幫助行政人

員以有效率的方式作出適當的決定。

運動財務管理需要謹慎的控制，因爲大多數的收入並非來自州政府或市府補助，因此，並不需要採用同一套作業進行管理。通常有些收入是來自捐贈，這也可能帶來外在干預的危險，教練經常是有話直說、態度積極，在有些但不多的情況下，出現過度要求的情況。有些教練或許是缺乏經驗及訓練而不瞭解財務管理的重要性，因爲許多運動競賽大都不在正常的工作時間中進行，比賽安排在奇特的時段中（週五夜晚、週六或週日下午或是假日），運動用品與場館市場屬於高加成且競爭激烈的事業，業務員也許試著走捷徑以提升業績，或是只要教練向他們下訂單就提供教練免費器材。

一般在運動界常見的控制包含：要求每個交易中都要有兩個簽名；所有的收入都經過學區或機構的財務人員或事業經理，這就如同其他學校的收入一樣；所有的帳單由同一個單位及個人支付，但是要在已簽收收據已經交給負責的教師人員（非教師的助理或是義務性質的助理教練，不可簽收剛到的設備及供應品）。要求教練列出分項大量採購清單及在簽下收據之前清查所有訂單，要求在每個季節結束時進行精確的盤點；製作報告並轉交體育室主任及商業經理；堅持所有財產須清楚地標明並適當的保存；處理現金的同仁必須設定年度可擁有最大金額的限制；現金控管的計畫必須設想周到；教練必須及時的收到現今他們控制預算現況的會計報告，精確（或是調整後）的會計系統必須運用，定期化不定期的內部或外部稽核必須啓動，這一部分在接下來的章節會加以討論。

應計會計（Accrual accounting）　應計會計是一種簡易的控制工具，可以推薦給體育或運動部門，這個系統中要求營收確定時就要找出產生這筆收入的相應支出，並不需要等到這筆金額實際收到。相對地，只要完成請購單就等於產生一筆費用，須記入帳目中，一種改良的方式是將營收確定收到時才要找出產生這筆收入的相應支出（Engstrom and Hay, 1994）。

就學校體育而言，會計年度的第三季或第四季幾乎都沒有收入，除非撥款的動作是在每個季節進行，因此有些可以從3月到6月進行調整，除非出現透支的情形。應計會計也可以預防一些問題的產生，如幾位教練同時採購，部門也會出現一些問題，這是因爲帳單不會在7月1日以前結清；如果教練突然中止合約，球隊就無法繼續運作，預算是否就刪除？

應計會計的本質就是要在特定期間內核對收入與支出，美國最大的健身連鎖店：倍力全適能健身俱樂部（Bally Total Fitness），被要求調整其原有零售業的會計系統，採用類似應計會計的服務業使用營收認定系統（Cioletti, 1997）

同時稽核（Concurrent accounting） 有時候控制被視爲同步性稽核的一種，使用這種分法時，檢核點及核准是在經費獲得授權之前。這種方式與交易是同步進行，只要列出預算名目及經費允許，並有適當的簽名及同意，明顯地，這種事前稽核控制的好處在於錯誤在事先發生時就可以更正，而並非事後再來處理，事後稽核將在隨後的章節說明。

稽核 Audits

「稽核指的是一般整體會計系統的獨立檢查，特別針對一些特定帳號，確保這個區域的會計紀錄的精確性及完整性」（Thompson and Wood, 2001: 130）。稽核爲依據影響活動運作的政策及法律爲標準，作要求清查所有交易及保存在財務管理的紀錄（請參閱本章前述之定義）。爲完成清查確認，機構本身的會計師（內部稽核人員internal auditors）或是外部（外部稽核人員external auditors）檢視這些帳目或是追查這些原始檔案及款項，以證明系統完整性及運作正常。

稽核從未是一個受歡迎的經驗，但也不代表要畏懼這項工作的進行。稽核只是行政人員一部分的工作，下列有些建議可以降低恐懼：牢記稽核工作只是在確認財務紀錄，並非在挑毛病找錯誤，要求所有的行政職員維持確實的紀錄及遵守規定的程序。假如這只是一個標準作業程序，稽核不過猶如一陣微風而不會產生不良影響。與稽核查帳時間結合本身的工作流程，假如這個流程相當複雜，安排一個熟悉此系統的會計人員在這個稽核期間一起工作，保持冷靜及清楚地溝通，不需要擔心你會重複地要求同樣的解釋。在擔任行政工作的同時，盡量授權，也不要假設稽核人員的答案都是對的－稽核人員也會犯錯（Sattler and Mullens, 1993b）

稽核報告差異很大，如果發現一個相異點，這會形成一個法律事件必須馬上報告及更正。許多的報告會提出需要改變程序或推薦深入瞭解議題的建議，報告可能只是詢問爲何備用基金是如此低的利率，或是指出某一部分的計算用徒手進行會比電子資料處理要好。一些報告的第三部分擴展前面兩個資料領域，結合或比較會計與稽核紀錄以建立成本效益分析（cost-benefit analysis），之前是在成本會計底下處理。

零用金、週轉金及可自由運用資金

Petty cash, revolving funds, and discretionary funds

零用金、週轉金及可自由運用基金在本質與金額上都很接近（請參閱本章開頭的定義）。零用金與週轉金等於是同義詞，這兩者與可自由運用資金之主要差異在於可自由運用資金的來源並未指定（捐贈、學校募款活動的收入、職員捐款或其他等），零用金與週轉金則是一般經費明定。「周轉」的意思是在於經費的使用由一般戶頭支出，當費用支出一旦確認後，現金又回到週轉金帳戶，因爲處理每張請購單需要10美元，週轉金通常支付少於10美元的款項，但是最終要說明那個帳戶支出這筆經營，而零用金的總額通常少於100美元（Thmopson and Wood, 2000: 248）。

另一方面，可自由運用基金由帳戶保管人（體育室主任、主席、校長）任意使用，但是需要非正式或自行提出的收據。例如，支付貧窮學生接受入選運動代表隊的身體健康檢查費用，這位學生也不會自覺難堪，諮商師或體育室主任簽下一張收據，並由校長的名義支出。稽查時只要交付這些款項的運用情況並以學校立場作出發，爲活動、教職員或是學生，這樣就不需要作更正。可自由運用基金通常運用於送花、慰問卡、小額的收貨付現及支付學校所需便宜但要現金交易的物品。

業權基金Proprietary Funds

資金從非政府提供的就屬於業權基金，需要另一個會計系統，這些資金主要是來自於服務或活動所產生的收入，類似營利性質組織的收費，業權基金可以分爲兩個領域：營業基金（enterprise funds）的產生與運動相關的活動如學校報紙與學校書局的業務；內部服務基金（internal service funds）是從中央印刷或是維修部門而來 （Thompson and Wood, 2001: 115）。

編列預算 BUDGETING

編列預算是一種需要獲得通過的計畫，說明收入會如何使用，結果是收入等於支出。不同的組織很少採用同樣的預算編列過程，預算系統必須反應組織獨特的環境因素及處境。學生所需要記住的是編列預算過程是提供行政主管資料做決定，或是反應決策是如何完成的。米勒（Miller）（1997: 206）作出了會計與預算的差異的結論，指出「會計報告顯示已經完成的事項，然而預算指的是準備要發生的事情。」

優質的編列預算可以帶來許多好處，浪費或是不必要的支出將會減少。組織不會偏離策略規劃的路線，員工瞭解資源有限的概念以及接受此種知識的授與權限，最後，產品定價將會變得容易（Miller, 1997: 206）。

現金流量Cash Flow

預算過程很重要的一部分工作，是安排時間要給付這些支出以及收取這些收入，這即是現金流量。何時要匯出支出款項及收到應收款項，是很重要的一件事情。如此，你才會有足夠的資金及時支付款項，而不需要借款或是支付利息或是動用備用基金的款項。在規劃現金流量時，需要依照下列要點：

- 繪製一個表格可以說明收入與支出及其進出日期。

表6.1　接受贊助且有電視轉播的錦標賽現金流量表樣本

	四月	五月	六月	七月	八月	九月	十月	十一月	十二月
收入									
冠名贊助商				√			√	√	
指定贊助商						√		√	
其他贊助商		√	√		√	√	√	√	
門票銷售				√	√	√	√		
電視廣告銷售								√	√
商品							√		
支出									
人事	√	√	√	√	√	√	√	√	√
場館				√			√		
印刷		√	√			√			
旅行	√	√	√	√	√	√	√	√	
獎金							√		
電視製作					√		√	√	
勞務（全體工作人員）						√	√		
飯店	√	√	√	√	√	√	√	√	√
廣告				√	√	√	√	√	
公共關係		√			√			√	
宴會							√		
促銷					√		√		
商品						√			

當規劃你的賽會時，要瞭解支出要比獲得的收入先處理，要依此規劃。

資料來源：Solomon, J. (2002). *An insider's guide to managing sporting events*. Champaign, IL: Human Kinetics.

- 決定所需要的最少金額或是剛開始的基金。
- 試著安排將支出的日期延後到不至於遭到惡意處罰的時間。
- 瞭解較大型的公司通常是最晚付款的（Solomon, 2002: 35）。

編列預算的好處與機會Opportunities and Advantages of Budgeting

欠缺經驗的行政者也許用負面的角度看預算，事實上，這個程序有其必要而且有潛在的正面利益。預算正是代表公正地檢視計畫的系統性方法，同時，也扮演職員表達他們關心及需要額外支援的橋樑。預算編列過程提供有秩序的方法以改變計畫，或是減少缺點或是虧損的區域，這也允許提出發展長期策略計畫的機會與向公眾或審查的董事會表達需求。另外，預算過程提供良好的時機以評估活動，特別是自從上個預算循環之後，以確保所有的計畫都有足夠的支援或是從不同的地方調整資源。

預算的目的及原則Purpose and Principles of Budgets

預算編列必須依據計畫的需求，剛開始時，很忌諱的一個問題就是我們有多少錢或是我們該如何消化預算，這個工作必須要務實一些，不論這個計畫的立場多麼堅定或是計畫的說明如何完善，專案可能無法獲得足夠資金加以執行——這可能有些不負責任。過去獲得資源的多少、時間點的經濟情況及當地的政治環境都必須加以考量。

一般非營利性組織在編列預算的定律就是要保守；你是納稅人血汗錢的看守者，根據至少過去3年的收支，然後考慮一些不尋常的情況或事件（下雨天、新教練、勝利的球季）會影響收支情況，計畫中必須要額外增列10%的緊急費用，並要求被直接影響的人參與計畫過程。計畫獲得高層授權是很重要的，接著則是確信這個計畫向其他的使用者解釋清楚，必須要注意的是預算系統是自行編列，也就是說，這個計畫包含了數個本身的特殊情況，一個預算可能涵蓋下列的系統。

預算的種類
TYPE OF BUDGETS

如之前會計單元所討論的，學校與大學通常使用兩種預算編列的方式，逐項（分爲功能性functional預算與物品object預算兩種子項）與活動專案（績效performance）預算。活動預算編列是一種比較新的方法，愈大型的機構，愈有其必要性，這也是個很好的方式向審查的董事會說明預算項目，尤其是當董事會不熟悉公司的一些細節。

多層次標準預算Multilevel Standards Budget

這個編列新預算的簡單程序需依據下列其中之一：

- 支出的金額比照去年。
- 支出的金額比照去年，但要考慮通貨膨脹。
- 支出的金額比照去年，但要考慮通貨膨脹及新加入的活動或服務。

索引預算Index budgeting

這種編列預算的形式出現在一些州及學校系統，要求列出成本上限，通常這種系統將會從某特定年限開始然後依據通貨膨脹或是人口及客戶增加作有限度的增加。

公式預算Formula budgeting

這種系統一般是由上而下的方式，並非是由基層員工往上呈報，這種預算所能夠提供的金額由頂頭上司經由一定的公式換算而加以決定資源分配。

計畫方案評估預算制度 PPBES

活動或是績效預算編列的一個例子就是規劃專案預算系統（PPBES）〔規劃（planning）、方案（programming）、預算編列制度（budgeting system）〕，然後當評估的功能加入之後就變成計畫方案評估預算制度，這個制度正式地要求將策略規劃，將活動與預算合成一個系統。

計畫方案評估預算制度的第一個步驟是擬定長期計畫，這個動作要求行政主管及其同仁分析數年的活動與目標並加以書面化；第二個步驟將這個計畫轉換成實際的活動，並反應出這個長期計畫中最重要及最不重要的部分；第三個步驟則是編列這些活動的預算，這必須考量每個活動在規劃中的重要性而提供對等的財務資源，第四個步驟則是要求組織評估使用這些資源的效益，特別是針對步驟一的計畫說明。

許多主事者似乎同意這種系統不實際，主要是因爲在每一個單元的涵義很難達成共識，規劃、活動與預算也並未結合過。這僅是一個很有趣的理論，可以進行研討，但從未適合學校或運動組織（Mintzberg, 1994）。

零基預算Zero-Base Budgeting

零基預算是在1969年由德州儀器（Texas Instruments, Inc）提出，這個方法在1973年公諸於世，當時的喬治亞州（Georgia）州長吉米・卡特（Jimmy Carter）在該州採取了這種方法，零基預算的基本概念在於要求組織或活動必須提出財務總需求，並不只是要求增加而已，在標準化編列預算中，組織只是簡單地拿出去年的預算然後要求新增的項目或是通貨膨脹的數字，很少組織會要求撤銷活動或服務，然後刪減預算。

零基預算的步驟說明如下：

1.確認決策單位（Inentifying decision-making units）　這些單位可

以是存在組織內的任一個實體單元，只要這個單位擁有獨立的規劃及控管實質權力及責任。

2.分析所有通盤決策中的各項決定（Analyzing decision making in a decision making package）　這個步驟主要是進行各項決策的順序及重要程度，各個實體單位必須詳加研究其目的與目標，然後決定所有的直屬單位將如何評估完成預期目標的過程。換言之，找出標準化的衡量方式就很重要，並要求這些檢視人員比較這些直屬單位，這些衡量方式可能是每位運動員所需花費成本、解釋設備差異的權重、門票收入、勝負記錄、參與的人數、或者是其中的好幾項。由這些衡量方式可以瞭解投入的資源與完成的績效、或是輸出的成本差異，同時，這個預算報告書也必須說明要完成目標的替代方案。

3.評估及排名包裹決策中替代選項（Evaluating and ranking all alternatives within decision-making packages）　行政人員與審查成員必須比較不同作業方案並依據組織的利益進行排序，這可以使或是說強迫主管及審核人員依據標準進行有系統性的分析每個單位的預算需求，這正是零基預算的關鍵概念。

4.準備一個詳細地的運作預算（Preparing a detailed operational budget）　一旦所有的作業方案已經完成先後順序排名，就依照之前的報告內容著手規劃詳細的預算，可以預見的是，屬於長期規劃的零基預算要求籌備完善的工作人員能夠跟著時間進行調整想法與習慣，實權領導者對於整個過程是否能夠堅持下去也是非常重要（Farmer, Mulrooney, and Ammon, 1996）。

收支並列預算 Fund Budgeting

收支並列是一個獨立的帳戶，編列時需平衡營收的金額與支出費用，收支並列預算不但扮演了一個重要的內部預算功能，而且對高階主管如學校董事會或運動委員會進行財務報告時也非常有用（如表6.2）。

表6.2　活動基金帳戶的現金平衡報告樣本

帳戶號碼／名稱		現金平衡初始	現今月份交易	現金平衡結束
109 xxxxx xxx xx xxx x	球季門票	$ 1,362.03	$ —	$ 1,362.03
110 xxxxx xxx xx xxx x	活動門票	$ 11,235.09	$ —	$ 11,235.09
111 xxxxx xxx xx xxx x	販賣部	$ —	$ —	$ —
112 xxxxx xxx xx xxx x	停車通行證	$ 8,739.84	$ 565.00	$ 9,304.84
114 xxxxx xxx xx xxx x	美式足球	$ 4,114.05	$ 1,871.20 –	$ 2,242.85
116 xxxxx xxx xx xxx x	男生籃球	$ 10,131.35	$ 3,182.17 –	$ 6.949.18
117 xxxxx xxx xx xxx x	棒球	$ 161.84	$ 187.10	$ 348.94
118 xxxxx xxx xx xxx x	男生田徑	$ 140.00	$ 490.00	$ 630.00
119 xxxxx xxx xx xxx x	足球	$ —	$ —	$ —
120 xxxxx xxx xx xxx x	角力	$ 8.42	$ —	$ 8.42
122 xxxxx xxx xx xxx x	越野賽跑	$ —	$ —	$ —
124 xxxxx xxx xx xxx x	男生網球	$ 308.86	$ 120.00	$ 428.86
126 xxxxx xxx xx xxx x	高爾夫球	$ 17.50	$ —	$ 17.50
128 xxxxx xxx xx xxx x	男生游泳	$ 2,788.38	$ 109.03	$ 2,897.41
130 xxxxx xxx xx xxx x	女生網球	$ 469.02	$ —	$ 469.02
131 xxxxx xxx xx xxx x	女生足球	$ 33.68	$ 426.10	$ 459.78
132 xxxxx xxx xx xxx x	女生排球	$ —	$ —	$ —
134 xxxxx xxx xx xxx x	女生籃球	$ 6,745.51	$ 1,282.03 –	$ 5,463.48
135 xxxxx xxx xx xxx x	壘球	$ 32.97	$ 111.32	$ 144.29
136 xxxxx xxx xx xxx x	女生游泳	$ 1,603.06	$ 129.45	$ 1,732.51
138 xxxxx xxx xx xxx x	女生體操	$ —	$ —	$ —
140 xxxxx xxx xx xxx x	女生高爾夫	$ —	$ —	$ —
141 xxxxx xxx xx xxx x	重量訓練	$ 7.035.23	$ 4.076.40 –	$ 2,958.83
142 xxxxx xxx xx xxx x	巡迴賽帳戶	$ 925.26	$ 1,008.58	$ 1,933.84
143 xxxxx xxx xx xxx x	寫作者社團	$ 1.64	$ —	$ 1.64
144 xxxxx xxx xx xxx x	學生後援會	$ 16,602.31	$ 11,040.44 –	$ 5,561.87
145 xxxxx xxx xx xxx x	市籃球活動	$ 3,551.84	$ 110.00 –	$ 3,441.84
146 xxxxx xxx xx xxx x	業餘戲劇	$ 1,834.92	$ 41.00	$ 1,875.92
147 xxxxx xxx xx xxx x	戲劇旅行	$ 19,998.54	$ 14,780.01 –	$ 5,218.53
148 xxxxx xxx xx xxx x	悲劇	$ 656.88	$ 16,008.06 –	$ (15,351.18)
150 xxxxx xxx xx xxx x	辯論	$ 920.35	$ —	$ 920.35
151 xxxxx xxx xx xxx x	獎學金盃	$ 825.00	$ —	$ 825.00
152 xxxxx xxx xx xxx x	禮服及禮帽	$ —	$ —	$ —
154 xxxxx xxx xx xxx x	清寒學生	$ 355.42	$ 5.00	$ 360.42
156 xxxxx xxx xx xxx x	報紙	$ 1,400.00	$ 848.00	$ 552.00
158 xxxxx xxx xx xxx x	音樂競賽帳戶	$ 216.12	$ 195.19 –	$ 20.93
160 xxxxx xxx xx xxx x	音樂後援會	$ 1,517.89	$ —	$ 1,517.89
161 xxxxx xxx xx xxx x	各種表演活動	$ —	$ 1,347.05	$ 1,347.05
162 xxxxx xxx xx xxx x	特別音樂	$ 1,916.19	$ 100.00	$ 2,016.19
164 xxxxx xxx xx xxx x	讚美詩活動	$ 4,817.36	$ 4,817.36 –	$ —
166 xxxxx xxx xx xxx x	績優學生選拔	$ 134.92	$ —	$ 134.92
168 xxxxx xxx xx xxx x	爵士團體	$ —	$ —	$ —
170 xxxxx xxx xx xxx x	管絃樂團	$ 263.00	$ 50.00	$ 313.00
172 xxxxx xxx xx xxx x	合唱團募款	$ 9,679.28	$ 10,530.00 –	$ (850.72)
173 xxxxx xxx xx xxx x	活力俱樂部	$ 1,924.66	$ 192.24	$ 2,116.90
174 xxxxx xxx xx xxx x	啦啦隊	$ 598.73	$ —	$ 598.73
178 xxxxx xxx xx xxx x	學生議會	$ 12,338.69	$ 2,104.76 –	$ 10,233.93
			Fund balance =	$ 69,442.08

資料來源：Thompson and Wood (2001), p. 250.

收支並列預算不要求額外的紀錄或是表格，但需要整理現有資料並與其他收支並列預算比較，假如有太多的收支並列或是收支並列預算的規模與服務範圍差異甚大，將限制其效用。

收支並列預算的案例請參閱**表6.3**，值得一提的是這種預算方式可以協助內部控管，此外，即使不熟悉預算內容細節的審核預算成員也可看出端倪及差異性，最有效的比較方式就是利用百分比。以案例內容來看，足球項目的25%收入是來自販賣部、秩序冊及停車場，然而籃球收入只有9%來自上述領域，其他運動只有7%。董事會看完這些數據後可以反應「大部分的非營收運動項目在這些收入的比例相當的低，但籃球似乎也出現類似的情況？」，這項觀察引起進一步針對籃球項目販賣部、秩序冊及停車場的銷售、價格及行銷的研究，這個研究也許發現販賣部的營收是正常，但發現停車與秩序冊是免費索閱時，或許可改爲收費制度。

表6.3　高中運動專案運作基金概述說明樣本

	美式足球		籃球		所有其他		總計	
	$	%	$	%	$	%	$	%
收入								
門票收入	$20	33%	$10	46%	$ 5	17%	$ 35	32%
販賣部 秩序冊 停車場	15	25	2	09	2	07	19	17
廣播電台	5	08	2	09	1	04	8	07
捐贈	10	17	4	18	5	17	19	17
學區補助	10	17	4	18	16	55	30	27
	$60	100%	$22	100%	$29	100%	$111	100%
支出								
行政／旅行	$10	17%	$6	27%	$ 7	24%	$ 23	21%
維修	13	22	2	09	2	07	17	15
供應品／器材	15	25	5	22	7	24	27	24
執法人員	2	03	1	05	2	07	5	05
販賣部/印刷	5	08	1	05	1	03	7	06
廣告	2	03	1	05	1	03	4	04
研究津貼	10	17	4	18	6	21	20	18
雜項	3	05	2	09	3	10	8	07
	$60	100%	$22	100%	$29	99%	$111	100%

在全面性比較維修與供應品的成本後，發現其平均比例約爲15%，當籃球從數目金額與百分比如預期的都比美式足球少，非營收運動項目在這些領域的費用只有7%。當反應棒球／壘球及田徑的成本時，體育室主任也許決定這些領域需要研究，以決定維修與供應品的預算是否需要增加。收支並列預算也可以協助審查委員會決定該如何分配財務資源，注意最右方的總計欄可以大概瞭解營收的來源與這些資源是如何運用。

傳統預算編列程序 TRADITIONAL BUDGETING PROCESS

雖說預算的規模與程序的形態，將會決定每個階段編列預算所需要的時間與努力，但任一種的預算編列仍有些特定要進行的步驟。

步驟一：蒐集資料Gather Data

以最小的單位爲例，這個步驟在前一次的預算執行時就開始了，對於休閒運動活動專案而言，這可能包括參與者數目及器材借用情況。若以諸多運動代表隊而言，這裡指的是確認勝負紀錄與球隊人數；場館評估、個人運動員獲得之獎項、入場觀衆人數、門票收入、清點庫存器材、提出下個球季的展望。就以體育活動而言，這個階段的工作包括事先及事後測試各種技巧與體適能、確認上課的平均人數、研讀課程編排、檢視教師評量及要求學生評估各項學程，比較聰明的作法是集合參與預算的人員，共同探討這些資料如何連結組織的目標。較大行政單位人員只需要與這些小單位的代表碰面，以大學體育室爲例，體育室主任只需與女子運動隊、商業經理、美式足球、男女籃球隊、非營收性運動代表隊等的代表碰面即可，在高中部分，這些代表包括各季節的運動隊。另外一種方式則是邀請預算相關的人員共同參與及表達意見，這個

過程將持續整個預算循環。

步驟二：分析以往的預算、場館設備及器材庫存並比較新的需求 Analyze Past Budgets, Facilities, and Equipment Inventories and Compare to New Requests

以3至5年為研究期間，通常而言，3年的研究足夠分析設備與耗材的物品，但是資本部門與人員需求則需要比較長時間進行研究。行政人員或是審核成員，必須研讀未來趨勢並與過去的預算進行比較，瞭解過去增加的幅度很大嗎？步驟一的資料是否反應製造數量適當的增加？社會經濟情況的變化是否需要考慮？ 例如，有多少高中的體育室因為沒有正確的預估網球運動、高爾夫及足球運動興趣的提升而適時地反應在相關場地及器材的預算增加？針對女子運動代表隊過去的預算與參與數字的增加是否符合法定命令與履行專業的義務？是否預期未來通貨膨脹的情況？

步驟三：建構預算Construct the Budget

編列預算時必須遵循系統、金額呈現、決策的型態或格式。假設系統並沒有說明相關細節，預算編列相當有用的分類就是提出3個不同但是相關的項目，包括人事、作業及資本帳戶。對於公共行政人員而言，瞭解聯邦會計是相當重要的，聯邦部門建立一份預算時，資金來源通常可以分為4類：

1.一般資金：大部分的基本服務或不包括下面3項的事物。
2.特別營收資金：針對特定目的且有法律規定運用方式（例如，學校系統為運動員開設一個購買交通巴士的帳戶）。
3.資本專案資金：只要不屬於自有及信託基金的主要專案都屬於此類。

4.貸款基金：主要是支付長期負債的利息與本金的付款。

運動與學校行政者通常只思考平時運作的預算，而將其餘的留給高層作決定，誠實是唯一專業的政策，不要任意將預算灌水！打造絕對信任的知名度，必須能夠解釋所花費的每一塊錢，提供實際的金額勝過可能的估價金額。例如你在2月的時候草擬須在4月繳交的預算，洽詢供應商適合下個球季的報價，瞭解裁判費用已經確定而非猜測調漲，體育通常不要求編列營收數據，但是運動部門就不一樣，參照過去3年的數據，若不太確定，則提出比較保守的金額。

步驟四：判斷數字金額是否合理與提出預算

Justify the Figures and Present the Budget

許多行政人員在這個階段最容易出狀況，經費永遠都是不夠的。學校運動經費通常與體育及班際活動有些衝突，通常督學與審查委員會判斷通過與否。在某些情況下，只要審核金額就足夠給予書面通過，如果是如此，要準備合理的數據與事實，而非憑印象說明。運用圖片及視覺輔助工具說明需求並闡述過去的成果，如果是有關於特別資本部門的需求，以棒球場的照明設備爲例，請照明設備專家到場協助，採取比較溫和並且提出組織完整的說詞。不會有太多督學或是董事會欣賞激進且急躁的行政人員，預算的主要依據是以學生利益爲考量，並非教練、老師、學校或是球隊的戰績。向主管提出預算之前，確認相關的成員都接受並支持，確信沒有包括隱藏的議案，教練或老師經常有機會與對預算有影響的成員分享對於預算的看法，他們越瞭解，他們更清楚該如何表達。

步驟五：解釋與評估預算Interpret and Evaluate the Budget

如果預算不是很複雜或是單位職員少於25人，每位成員應該收到一份預算，並建議是在會議上傳發。對於預算的問題或是指教，也歡迎在這個時候提出，如果不方便公開討論，他們可能會用比較負面的方式進行表達，藉由公開會議的說明可以減少摩擦。只要預算一開始執行，評估的工作就開始進行並持續整個循環。經由之前所討論的控制，整年的預算是在完善的管理制度下監督。此外，決定預算的標準也是用來評估每個運動及部門是否達到目的的標準，評估的結果將被用來成爲規劃下次預算的資料庫（請參閱**圖6.1**）。

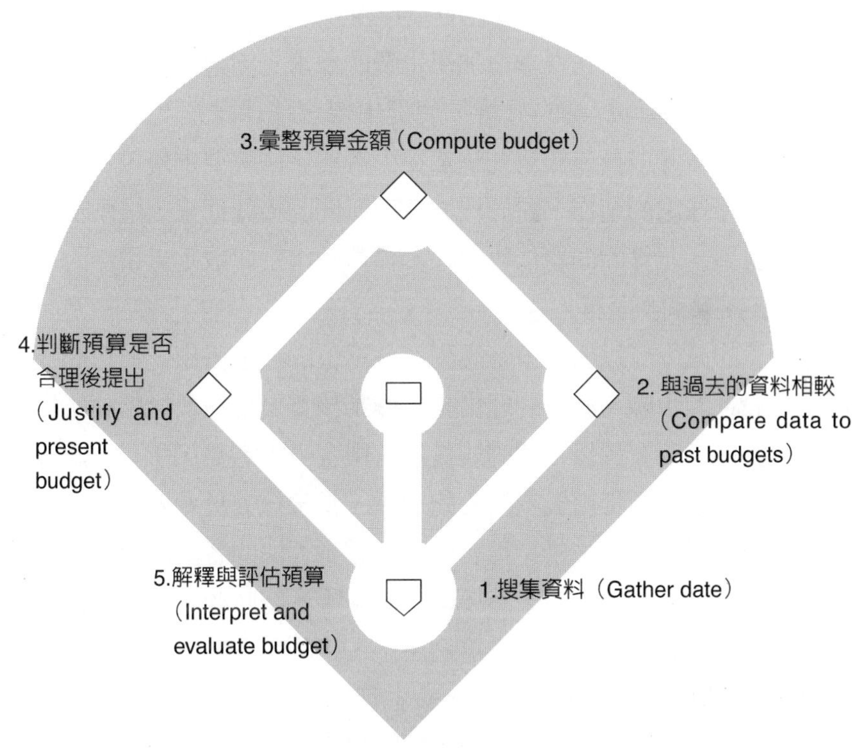

圖6.1　持續性預算循環

預算刪減
FINANCIAL EXIGENCIES

預算刪減屬於迫切的財務狀況，並要求即時採取行動，不幸的是在納稅人看緊稅收之際，經費突然遭到刪除是常見的事，行政人員多半不會提防此種情況。在此種壓力及情勢下，非理智或非法的決定時常出現。

案例（Case in Point） 大學體育室連續3年都呈現赤字情況，備用資金也已宣告用罄。請求在春季增加學生費的要求立刻遭到董事會否決，缺乏時間與精力進行詳細的分析，便提出停止棒球隊及女子壘球隊的決議，女子壘球隊成員依據第九法案提出訴訟，法院要求學校在下個春天恢復女子壘球隊的運作，對於校方負面新聞的接踵而來，這兩支代表隊也感到沮喪，預算的問題依舊存在，棒球隊確定解散，更糟糕的是女子壘球隊的經費尚無著落。

預算的減少可以依據策略規劃與各單位的存在價值，與目的進行次序且建設性的步驟。減少的理由是根據審核委員會在最後結論所提出的理由與要點，所有預算相關的成員都有機會表達意見，所有公聽會結束後，審核委員會須提出幾項明確的選項，當審核委員會做出決定時，執行長（體育室主任、主任）應該與預算遭到否決的各附屬單位（如美式足球教練）進行私下會談，然後再宣布結果。有時候也要看情況，假如這樣的作法是對的或是不支持這個決定，也許宣布結果是聰明的作法，很自然地，單位主管同意該決定，該主管就會支持結果。

在體育的部分，有些情況的改變（也許很多是未察覺的）可能被認爲是預算的減少：

- 增加課堂人數。
- 增加教師授課時數。
- 聘用代課教師或助理上課。

- 減少課堂設備。
- 增加選修課修習標準使部分學生無法選修該項課程。
- 人數少的活動改爲人數多的活動。
- 以不需花太多經費的活動取代需要昂貴經費的活動。
- 改變授課時間並集中在某一時段。
- 減少需要外出交通經費的課程。
- 增加需要額外收費給兼任教師的課程，如潛水課程。
- 減少非必要性的維修。
- 採購比較便宜的設備或是遺棄的器材。

預算刪減的過程充滿陷阱，最令人擔憂的情形就是刪減之後所引起的混亂與危機。如果無法順利進行，就乾脆不要處理，針對此，許多大學院校選擇寧可停止整個運動項目的運作，而不是採取小動作的減少前述項目。

預算實務
BUDUGETING IN PRACTICE

案例：大學校園休閒與校內活動
University Campus Recreation and Intramural Program: An Example

活動經費來自學生活動費，向學生事務委員會提出申請，委員會是依據類似零基預算系統進行預算分配。所有其他的組織如學生報紙也必須遵守這個程序，經過精挑細選，預算委員會由專業人員與學生的平衡分配組成，學生事務副財務長有最後的決策權，學生事務委員會扮演建議角色。

負責班際活動的主任在秋天就開始蒐集資料，然後建立整年的資料庫。這些資料將與過去數年的資料進行比對，然後找出那些成長的活動需要更多資源或是走下坡的活動，瞭解這些資料之後，逐項與物件預算就宣告完成，預算申請摘要與前一年所通過的預算就可以一起送出（**圖6.2**）。每個主要項目的理由也都加以說明，並附上每個職位的職務說明。主任在委員會前報告並回答相關問題，在學校年度結束前會獲得所

學生活動預算議會工作表樣本

組織名稱 休閒與校內

支出物件碼	帳戶名稱	去年通過之預算	明年要求的預算
	非學生臨時工		
	學生臨時工		
	FICA		
	合約人員服務		
	衣物		
	供應品修理		
	辦公室供應品		
	汽油及媒氣		
	資料處理供應品		
	其他供應品		
	旅行		
	電話		
	郵費		
	印刷		
	設備修理		
	運費		
	廣告（營利） 廣告（非營利）		
	會議費用		
	其他服務		
	維修合約		
	校園卡		
	其他固定支出		
	辦公室設備		
	其他設備		
	工作／研究津貼		
	轉移到招待基金		
	設備出租		
	總支出（A）		
	總收入（B）		
	剩餘（A-B）		

圖6.2　明年預算規劃的案例

通過的預算，緊接著就是進行為秋季學期準備的採購及招募。

案例：中型高中學校運動預算

A medium-Size High School Athletic Budget: An Example

在球季結束之際，每位教練都要清點器材數量及評估明年的需求，所需器材的清單必須加以準備。教練與體育室主任開會討論這些器材設備的需求，體育室主任也許會要求調整重要次序或是購買數量，目的不外乎是為了節流，同時也要確認每位獲得適當且安全的保障。例如，男女田徑代表隊要求時髦高價位的熱身服裝，但純棉材質比較溫暖而且比較便宜與耐用，體育室主任或許建議教練調整這個項目，體育室主任也會與校長面談並作出最後決定，逐項預算的案例請參閱**表6.4**。

由於體育室主任負責時間的安排，交通預算就可由主任逕行決定，主任與教練填寫適合的請購單後，再請校長在支票上簽名，學區將會負責一半的教練補助，剩下所須的作業預算就由門票收入，包括各項季票收入，預算的草擬是根據需求，備用資金至少要有5,000美元以應付臨時狀況。此外，需要維持5年計畫並修改每年的資本門費用，如活動所需交通車的成本，募款人員需要提早數年規劃所需事項，如果這筆金額龐大，如更換全氣候跑道，學校可能需要郡的相對補助，低調但專業運作的後援會可以協助募款活動及小型維修與建設專案。

高中運動預算的源頭在那？根據一項涵蓋45個州187個學校的調查顯示，37個學校表示學校董事會提供的經費少於總預算的20%，這是個警訊，因為學校董事會認為運動部門的價值不高或缺乏教育價值，學校仰賴門票收入（約70%）、後援會（11.5%）、其他雜項收入如募款活動、飲料自動販賣機、活動卡片（約8%）（Cohen, 1993）。

表6.4　高中美式足球逐項預算項目

支出	收入
供應品	後援會捐贈
辦公室供應品	學校董事貢獻
訓練室	比賽秩序冊銷售
球賽門票及秩序冊印刷	比賽販賣部銷售
運動競技場燈光更換	比賽門票銷售
運動競技場盥洗室及更衣室供應品	學生協會捐贈
運動競技場地維修、肥料、除草及劃線	
露天看台座位清洗及維修	
刊物與書籍	
辦公室設備租金（影印機等）	
錄影帶	
設備	
比賽球衣	
護盔與墊肩	
練習球衣、毛巾等	
比賽熱身帽	
球類	
練習器材補充（擋雪設備等）	
重量訓練補充器材	
水電	
水費	
電費	
電話	
人事	
教練薪資	
辦公室員工薪水	
維修人員薪水	
公車司機薪水	
播報人員薪水	
比賽裁判	
其他	
洗衣費用	
保險	
保留預備基金 （緊急使用）	
保留未來資本建設（如新聞中心或活動巴士）	

案例：公立學校學區體育活動預算

A Public School District Physical Education Program Budget: An Example

影響體育預算的兩大因素爲：（1）參與年級的層級（小學、初等、中等）與（2）參加學生人數，這些因素對於預算分配並決定活動的變化，但這並不是個正確的規劃活動方式。最典型的例子就是討論體育預算的方式，校長寫給主任一張有關明年預算金額的字條，如果金額是依據體育課的數目，就可以接受。在許多情況下，學校總預算將會依據該校平均每日校內學生數（average daily membership, ADM），此時，校長會與部門主任討論需求及考慮去年預算及改變的因素，然後提出新預算。在任何一種情況下，一旦部門預算確定，主任通常會與全體職員或是個別成員討論未來設備與器材需求，或是接受書面的設備需求。

金額確實的分配則是參照數年前的預算、現有器材數量及考慮需要增加的地方，採購程序通常由主任準備請購單，然後交由校長簽名並由學區承辦經理負責後續事項。

案例：大學體育系預算

A University Physical Education Budget: An Example

以往體育系的預算報告大都是由主任提交給上一層的主管，通常是學院院長，經過高層審查與討論之後，通過的預算就會發送至體育系。

近來的趨勢則是利用公式計算，過程中公式計算的主要因素是授課時數（credit hour generated）的增加——吸引學生就讀是每個領域的難題，其背後理論是由自由市場（學生）決定系所獲得的支援，這個問題在於活力夠、要求比較多的系可能比較吃力，然而被視爲有趣或是輕鬆的系所容易得到資源。爲抑制這個現象出現，許多公式都會加入指數以解釋特別器材或是其他主觀因素。

系主任在春季時通常會與重要成員（經常是召集人），比較以往預算與計算新年度預算的需求，找出可能影響預算項目的變化因素。例如，剛增加幾個新的課程科目，所以紙類與視聽教具或許需要增加訂購數量，或許一個新課程的增加新設備需求的成本也要予以反應，進入最後階段時，系主任就在檢討過去、考量未來及聽取建言中擺盪，最終，他（她）提出未來的預算。

案例：大學體育室預算

A University Athletic Department Budget: An Example

大學體育室主任通常請助理協助預算編列，所有教練準備預算需求，體育室主任與助理預估營收。

學生活動費的收入容易評估，後援會的收入預估就相對性困難。今年代表隊（男子美式足球與籃球）的成績會如何影響捐款是不容易預測，這州的經濟發展會是什麼樣的情況及影響捐款的情況又是如何？熟悉這些數據並研讀這3年來眞實的數字，假設募款成效超乎預期，這些金額則進入備用金，只有利息可以作爲支出。停車費用、販賣部及秩序冊的銷售則是參照以往的資料，由於氣候及球隊戰績，門票營收預估有其困難性，電視轉播權利金的預估也不可忽視，規模較小的學校，電視部分的差異很大，最後，數目加總就是收入金額。

在春季進入一半的時候，所有教練將會繳交其預算需求並與預算審核委員會的成員交換意見。常見的情況是體育室主任與美式足球教練、男子籃球教練及負責男子運動代表隊的副主任與所有其他教練進行商討；同時，室主任也會與負責女子運動代表隊的副主任討論相關事宜。大學行事曆的規定管制某方面的需求，每位教練要求經費時必須按照事先列出的項目如電話費、招募運動員費用、器材、裁判、差旅及獎學金，在大型的機構之中，女子籃球可以稱得上是營收運動項目，但依然由女子運動代表隊的副主任處理預算控管。

審查小組將會翻閱每項運動的預算資料，比較現在與數年前的資料、球隊戰績、逐年每項花費的紀錄、未來成績展望與特別的考量，當要求不符合政策或是滿足需要時，進行前後調整是可以接受的，要求的金額加總後，如果總數不超過預估收入，這個步驟就可告一段落，但有時候會出現例外，若是如此，所有預算就需要重新審查，並進行可能的刪減，面對此，也會詢問教練那一部分可以取捨。如果無法減少預算的金額而且可以維持相當的成績，這就得由運動委員會及主計單位主管處理。假設備用金不足以處理，也沒有學校其他的資源協助時，政策改變就成爲另一個解決之道，如減少非營收性運動代表隊的比賽數量或是中止一個或更多運動代表隊的運作。

運動商業預算程序A Sport Business Budget Procedure

就如同各項預算的準備，蒐集資料與書面檔案是第一步，但與非營利性不太相同的是一些資訊是相當重要的，如失業率、市場趨勢、薪資結構、會員資料等，當然之前所提的一些資訊如設備與耗財的經費也是必要的。

第二步是計算所有的收入並編爲預算部分的營收，找出事業體內部控制的因素，如風險目標、經營型態；一些事業體無法控制的外部因素如通貨膨脹、經濟狀況、利率也必須加以考量。

接下來則列出所需要的費用，涵蓋固定費用如場館及租金，還有變動成本與不可預期成本如薪資。

最後就是計算預估的收入及支出，除了盈餘之外，資本預算如場館改善、設備增添或是服務等也都必須考慮。與所有的作業一樣，新預算開始實施後，評估活動就要自動的展開（Sattler and Mullens, 1993a）。

財務 FINANCING

非營利性運動組織如學校、大學、或休閒部門的經費來自不同領域，作業財務的來源來自當地政府、學區或是州的徵稅，少部分是貨物稅。債券有時候是浮動的，特別是大型資本建設的財源，經過授權後的專案評估以說服學生團體是常見的。高等教育運動部門的財源包含學生活動費、捐款、媒體收益、贊助及門票收入等，本書第10章有更多關於資本專案財務的說明。

就民營企業而言，財務計畫是另外一回事，有些組織如倍力全適能健身俱樂部（Bally Total Fitness），美國最大的健身俱樂部，可以如同公共商品般交易，發行上市股票是挺複雜的策略，只適合大型企業，一些中等規模的俱樂部，籌措新館財源、改建及作業資金又是不同的情況。

選項之一是與銀行打交道，但須記住銀行認爲健身產業爲流行產業，貸款的風險相對性較高。此外，健身設施空間不容易轉爲其他商業用途，銀行經常要求業者提出所需額度的40%，稱爲股權資本（equity capital），也要準備下列問題的資料：

- 俱樂部現金流量的30%至60%盈餘超過貸款金額？
- 這個事業體是否有資產供債權人購置？
- 一旦事業失敗，誰會蒙受損失？
- 是否權益投資足夠涵蓋銀行業者的風險？

另一個資金（funding）的來源是私人性質的投資者，這些團體或成員有多餘資金也有創業精神，被稱爲「天使」投資人（angel investors），有時候可以在網路找到創投基金，小型事業投資公司（SBI）也是一個財源，成立連鎖店有時也具備吸引力，畢竟其風險要比獨立事業小得多，還有一個選項就是以租賃器材而非購買（Morris, 1997; Loyle, 1997; Miller, 1997）。

關鍵思維 Critical Thinking

從不同角度思考大聯盟球團是很有趣的，許多球團老闆一再宣稱他們已經虧損很多年，但球團出售的價格卻是屢創新高，有些作者就視這種現象爲避稅作用（tax write-offs），任何購買球團的人必定擁有大筆財富，這種人總是在尋找減輕稅賦的方法。一種可能的方法就是找到一種表面上虧本的事業，但事後又以比原購買價格更高的金額出售以賺取差額。有些針對損失費用與處理後續銷售以增加資金的複雜稅法，可以消除其他收入的活動，大聯盟似乎正是採取這種手法。

假設你家財萬貫並希望能夠參與運動事業，找了一些身價不同的朋友並共同出資1億5,000萬美元買下一支球團，一兩年之後宣告有些賠本（你並不會眞的打開帳簿讓別人確認），你告訴地方或州機構你需要一個新場館，包含豪華包廂、更多的停車空間及販賣部，不然就要把球團移往別處，聰明的政治人物表示他們要保護人民只願意支付一半興建費用，經過討論後，獲得多數的停車空間、販賣部及豪華包廂，你勉爲其難答應了。政治人物獲得面子並競選連任成功，民眾也很感激你很慷慨地支付部分費用並把球隊留在這個城市。

經營數年之後，總是公開說明賠錢或是收支平衡，當出現赤字時，你可以善加利用事業稅扣抵，同時間，門票的價格年年攀升，停車場及販賣部也是同樣，自然地，每幾年就可以收到一筆價值連城的電視轉播權利金，經過這些財務「窘境」之後，你決定出售球團，很驚訝地，一個賠錢的球團以2億美元出售。

1. 由於反托拉斯法案的協議，棒球是唯一一項職業運動允許球團老闆決定搬遷的時間，過去一二十年來已經很少球團搬家，這對棒球是好的嗎？納稅人呢？球員呢？老闆呢？老闆爲何不投票同意更多的搬遷所以可以威脅城市或民眾如果不能滿足球團的需求？
2. 其他職業運動聯盟球團的搬遷相當頻繁，使得「死忠」的球迷也很難搞清楚這些球團的動向。這對納稅人是好的嗎？球員呢？老闆呢？
3. 你可以提出那些行業也是接受納稅人直接補助的嗎？

練習題

1.在圖6.2的校內預算表中，幾個常見的項目並未出現，請指出哪一些是沒有出現的。（通常由體育系或一般學校資金所提供的項目）。

2.請討論「是先有雞還是先有蛋」與活動及預算的關係。

3.在某些情況下，第九法案的研究是依照決定每位運動員的成本，這種作法可能引起那些問題？

4.假設您服務的國中舉辦一個體適能競賽之夜，預期將會引進大批人潮，因此要採取收費制度，請說明您會如何實施這個系統以確保管制措施有效。

5.請說明零用金與可自由運用基金的缺點。

6.您是一位高中體育室的主任，學區會支付所有教練的供應器材，這部分大概是總預算的25%，學區在暑假期間碰到一連串問題，董事會決定不提供教練器材，假設您已經沒有多餘的預算並且努力的募款希望能夠收支平衡，請問你會怎麼做？

7.假設您是一個大型高中的壘球或棒球教練，將準備提出預算的需求，您的場館（內野與圍牆）狀況不錯，去年剩餘的器材（球、球棒等）也足夠使用，球隊制服已經使用3年，預計要到第5年結束後才會淘汰，除非您獲得所有價格資訊，請預估所有物品的成本。

參考文獻

Alden, E. (2000, June/July). Forecasting finances. *Athletic Management* XII, pp. 33-38.

Cioletti, Jeff. (1997, September). Bally changes accounting methods. *Club Industry* 13, p. 6.

Cohen, A. (1993, May). School daze. Athletic Business 17, pp. 24-32.

Dlugosh, L. L. (1993, February). Planning makes perfect. *Executive Educator*, pp. 63-64.

Engstrom, J. H., and Hay, L. E. (1994). *Essentials of governmental accounting for public administrators*. Burr Ridge, IL: Richard D. Irwin.

Farmer, P. J.; Mulrooney, A. L.; and Ammon, R. (1996). *Sport facility planning and management*. Morgantown, WV: Fitness Information Technologies.

Horngren, C. T.; Sundem, G. l.; and Elliot, J. A. (1999). *Introduction to financial accounting* (7th ed). Upper Saddle River, NJ: Prentice Hall.

Koteen, J. (1997). *Strategic management in public and nonprofit organizations* (2nd ed.). Westport, CT: Praeger.

Loyle, D. (1997, July). Bally's new "numbers guy." *Club Industry* 13, pp. 31-37.

Miller, L. K. (1997). *Sport business management*. Gaithersburg, MD: Aspen.

Mintzberg, H. (1994). *The rise and fall of strategic planning*. New York, NY: Free Press.

Morris, B. A. (1997, December). Dealing dollars. *Club Industry* 13, pp. 27-31.

Pitts, E. H. (1993, April). Stretching to strategic aspirations. *Fitness Management* 9, p. 6.

Sattler, T. P., and Mullens, J. R. (1993a, February). How to budget simply, effectively. *Fitness Management*, p. 9.

Sattler, T. P., and Mullens, J. R. (1993b, April). How to limit the aggravation of audits. *Fitness Management*, p. 9.

Solomon, J. (2002). *An insider's guide to managing sporting events*. Champaign, IL: Human Kinetics.

Thompson, D. C., and Wood, R. C. (2001). *Money and schools* (2nd ed.), Larchmont, NY: Eye on Education.

Chapter 7

體育運動的採購、保養維護與安全管理

Purchasing, Maintenance, and Security Management in Sport and Physical Education

管理思維Management Thought

羅津法則：你總是得到不少你不需要的東西

Rogin's Rule: You can always get more of what you don't need.

～彼得．L. J. (Peter, L. J.)(1985). *Why thinkgs go wrong*.

New York: Wm. Morrow and Co.～

案例討論：

採購設備：要清楚（Purchasing Equipment: Be Specific）

購買運動或休閒設備、耗材與服裝是運動行政職位上的一大責任。在本章你將會學到正確的採購策略，在很容易出問題的情況下，你的任務就是藉由詳細的詢問將錯誤降至最低。

此處將舉一個出問題的案例。一個城市的主管購買了一批美式足球，並期望能夠符合該學區所有高中的需求。當這批貨到的時候，他發現所有的球都是小號的；另外一位主管希望採購一批高價位的棒球，他很驚喜地發現有一個供應商願意接受他所提出的價錢。當球運送到的時候，看起來都沒有問題，進行打擊練習的時候才發現，所有的球都不堪使用，原來這些球已經在倉庫擺了好幾年。這些問題演變成在作業標準程序中增加於採購單上的下列免責聲明：這些設備必須是在特定期間製造。

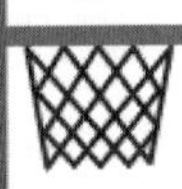

本章目標

讀者應能夠

1.顯示適當地確認體育與運動員的設備需求。

2.說明採購程序，包括中央與個別採購、直接與招標採購的優缺點。

3.撰寫設備的採購規格。

4.建立簽收、張貼財產單、建立財產清單、儲存及發放設備的系統。

5.提出主要設備項目如球衣與球類的採購與維護上的特別事項。

6.規劃體育與運動設施的安全系統。

在採購管理上，價值（value）是最重要的考量，一件設備的價值是定位於物品的價格與其製造的成本。所謂價值的衡量，在體育運動中要比其他設備更為複雜，例如，球或球棒的感覺也許是極度重要，頭盔的安全性又比價格與耐用性更重要；相反地，對小學而言，價格與籃球的使用期限的相較是最重要的。行政者必須仰賴經驗與判斷以獲得最高價值，經驗顯示採購過程中節省一元就等於獲得百分百的淨利。

運動設備與供應採購已經是發展成熟且細膩的作業，而且經常受到機構的政策與規定的控制，在公立學校，採購程序是由中央事業部門擬定。本章將會討論採購的各層面——從決定需求、書面作業的訣竅及物品的儲存與使用。

採購
PURCHASING

雖說學校規模與是否涉及中央採購組織的任何相關規定或各自獨立的方式決定採購系統需求與其複雜性，一些共同的原則與要點（principles and guidelines）還是可以採用。

1.標準化（standardize） 謹慎地選擇比較保守的設備項目，目的就是建立標準化，所以遇到教練更替時這些設備依然可以使用。

2.品質（quality） 就長遠的角度來看，透過適當的儲存、採購與維護與細心的安全管理，高品質的物品還是最具經濟效益。

3.及時付款（prompt payment） 下訂單的最主要考量在於能否負擔成本以及立刻付款，這可以建立正面且專業形象以及享有預付款的優惠。

4.預購（early-bird ordering） 這個動作可以獲得優惠與提早收到物品，這也可以使財產清單的建立、編碼及適用都可以依序完成。

5.與供應商建立專業與個人關係（professional and personal rela-

圖：運動行政者必須要是美式足球設備與足球／美式足球場維護專家

資料來源：Chrleston (SC) Swamp Foxes Media Relations Office.

tionships with vendors） 與所有強調在地的供應商建立正面且專業的關係。

6.商業導向方法（Businesslike approach） 友善地協商價格議題，儘量爭取所有優惠的措施及小心地避免個人利益的涉入。

器材需求依據活動專案 Equipment Needs Based on Program

活動專案本身就決定了器材設備與耗材品的需要，品質、成本與服務是採購設備的3大要點，除了種類之外，水準的要求也會決定需求。例如，高中體育課程包括短期高爾夫基礎班，每個時段的學生平均需要3支廉價的鐵桿與木桿，如果這個課程是進階的，毫無疑問地，採購優質的球桿且數量加倍是必要的。如之前所提的，當考慮層面涉及身體活動與設備安全時，行政者是不需要加以思索的，設備的品質必須要符合標準或是這個活動根本不能夠進行。當安全議題無慮時，行政者就可以依據其他狀況作判斷。

優質的設備就長期使用的觀點是有其價值，當所需要給付成本不低且當兩個其他物品看起來類似時（如兩顆籃球），這個決定就顯得困難，但假使情況符合下列時，優質的設備就可以購買：

1. 經驗或合格檢定能夠證明品質差異。
2. 物品是標準化而且製造不容易因為法律或其他因素而改變。
3. 使用者信任其品質（quality）而且會持續使用這項商品。
4. 這項物品不致遭到濫用。
5. 這項商品有足夠的安全管理。

在一種情況下，如課堂上所使用優良高爾夫球使用的期限可以比便宜的球更超過一倍，但是價格不會是便宜的兩倍，特別是任課教師與學生喜歡優質的球，這就很清楚地會繼續購買品質好的商品。不論如何，紀錄開始發現雖說學生人數相當固定，球的需求量持續增加，這問題就出現在安全部分。不論試著用何種方法，球的數量總是會減少，這個問題直到開始購買便宜的球之後才會消失。

器材需求依據庫存 Equipment Needs Based on Inventories

在決定購買何種器材之前，行政者必須清點器材，庫存盤點對於確認物品儲藏位置、預估物品價值、瞭解產品目前使用情況是非常重要。一般常用的清點可分為永久清點（perpetual inventory）與定期清點（periodic inventory），就如同字面上的解釋，永久清點是經常性以及反應每次物品增加或減少的情況；而定期方式就是一種特定期間的現況報告，通常是按月處理，季節或是年度（Strauf, 1989）。

以年度（定期）美式足球器材清點為例，最先則是在球季結束後訪問這些留下來的球員，內容在於其服裝尺寸的改變，每件器材都要與運動員討論以確定能夠適合並使用正常，或是需要替換任何物件，有哪些又可以繼續留下來在一個球季使用。清點可以分為3部分：（1）庫存清點，特別是尚未借出的部分，如球或是運動鞋；（2）使用中清點，針對目前運動員使用的器材以及（3）預估需求清點。在這個系統之中，尚未完成的運動員將保存其現有的設備。

運動設備磁條感應（bar-coding）對於控制及清點是非常快速且正確，在許多大學、學生、教職員都有磁條辨識卡，只要在物品貼上磁條就可以很方便地掃描，一旦實施這個系統，也可以很方便地建立連結系統。例如，學生若是將器材遺失，學校可以藉由學生會計系統將帳單寄給學生，所有的資料都可以應用在器材追蹤與採購的決策。這個運動用品磁條系統提供4大好處；從下貨到窗口出租的時間到購買期間可以節省時間、減少器材損失的數量、節省經費、要求運動員確實負起使用器材的責任（Cohen, 1997）。

運動器材在每個球季後要進行清點，在體育課程部分的器材則因為整年必須要使用，所以需要永久清點，實際的情形則是依據單位的大小與複雜性，下面的案例將會進行介紹。

案例一（Case I）　1,000位學生與2位體育老師的中學是依據學生數目決定器材需求與預算，每一年要結束的時候，教師則根據清點的庫存與活動提出購買要求，而訂單金額則受限於預算的數目，這種就是屬於定期清點。

案例二（Case II）　一個學校有1,500位學生與4位體育老師，加上互補的教練，體育課程與運動員的預算是分開處理，體育課的活動是針對氣候設計，所以教師會在每9週進行輪替教學平台。例如，籃球運動開設於4個9週的班次，所有的球網、球與其他必要的設備在該期間都必須經過調整的永久清點，教師在9週課程結束前的20天就會進行清點並購買需要的物品，以確保下個梯次所需要的器材數量。在運動員方面，教練則是在球季結束後立刻提出器材的需求然後向體育室主任說明。

案例三（Case III）　城市的系統包括3個高中、5個國中及20個國小，所有的設備與消耗品都是中央辦公室採購。體育課程及運動代表隊都同時

清單格式樣本

運動 ______________________ 日期 ______________
清單完成簽單 ______________________

物品	目前現況				遺失	需要的數目	需要的日期
	新	優良	適合	丟棄			

使用這個複雜的系統，同時也包含學校的倉庫系統，主要使用於體育課程的物品，但偶而也用於一些體育室的物品需要標準化，這些標準項目包括美式足球比賽用球與教學的合成用球，但不會快速改變與個人化商品如頭盔與球衣。對於標準化物品而言，教練或是體育室主任只要輕易地要求倉庫供應物品即可，而隨後將帳目記在他的名下並將物品送出。每一個標準化物品都有最少或最多的庫存量，儘可能將數量保存於在這兩者之間以便利購買。此外，許多標準化物品有完整庫存期間，因此在球季開始前大筆特定型態的器材設備很可能領取使用，此時就會自動地供應。明顯地，這種電腦化系統會將定期的資產負債表寄給每位負責的人，至於非標準化物品，教練在球季結束前就要提出購買需求。

在大學校的系統，當體育課程或體育室人員提出訂單後就交由採購組長處理，這位採購組長會檢視每張採購單以確認是標準化器材或是特

殊器材。

這基本目標等於是增加購買能力及減少成本，爲完成這個目標，經理不僅購買正確與數量無誤的設備，還要在最適宜的時間找出最有利的價格及最佳的供應來源。採購組長的最主要功能就是支援教育活動的需求、在競爭的基礎下採購、減少因爲過時、偷竊或是損毀的損失、研擬物品的替代資源、與供應商維繫正面與公開關係、持續評估經銷商與商品。

採購程序
THE PURCHASING PROCESS

採購程序的步驟Steps in the Purchasing Process

如前所說明的，每個學校的運作情況有其特殊的購買計畫，本章節將要討論大多數情況下所發現的一些要點及共同議題。首先要瞭解的是老師或教練如何開始找尋理想的設備以及有哪些步驟？

1.如同前面章節所說明的，需求必須加以確認。

2.與直屬上司（體育室主任或是系主任）商討，這個階段要討論的是租賃（lease）器材或購買器材哪個比較划算。例如，許多運動組織發現租借運動器材符合最佳利益，例如購買個一兩年就會過時的洗地機，另外一種機器學校經常會租借的設備就是影印機（Mintz, 1997）。

3.完成申請表後交由指定的負責單位，通常是體育室主任或是系主任，但有時候也可能是校長。在比較小型的學校，體育室主任通常會備有校長簽名的支票，特別是當金額不大的情況時，就比較不需要繳交採購單，請參閱**圖7.1**。

4.應當負責的單位對於申請表的處理情況包括拒絕、調整或照案通過。

採購需求

事業辦公室經理被認定是唯一獲得授權訂購材料與簽訂服務合約的單位，學校只有適時授權訂購買，並不涵蓋其他的義務。請依據不同材料使用不同的請購要求——文具、修理、家具、電器用品等。正本由事業辦公室保留；副本則由請購單位保留。

事業經理：請採購下列 □供應品 □設備 □服務

用途 ________ 需要日期 ________

日期 號碼

辦公室專用	建議來源（如果有的話） ________ ________ 傳送至 ________

號碼 | $ ______

預算
資訊
預算
姓名

申請人 ________
授權人

目錄號碼		數量	物品（詳細說明），如果有的話請附帶報價	公司價格

填寫者	簽收者	日期	填寫者	簽收人員	日期

事業辦公室專用

北方工業信託銀行	□檢視要求金額 ________	$ ________
系統	□工作訂單號碼 ________	信箱號碼 ________
預算通過	□填寫會員資格 ________	檢視人員 ________
	副總裁 ________	
	副事業經理 ________	

圖7.1 採購申請單樣本

5.根據系統的政策與訂購單的金額，訂購送出後可能向合適經銷商直接採購或進入投標程序（其他系統的詳細討論將隨後發展）。

6.提出所需要訂購單的份數。

7.在許多系統之中，組織本身稱爲會員憑證的表格與訂購單送給經銷商，當經銷商將憑證送回之後，接著就付款。其他的系統則是器材收到後才會付款，隨著器材附送的還有稱爲發票（invoice）的表格。

8.當器材收到時，需要進行點收與檢查，在某些情況下，所有器材點收清點後會集中在倉庫，有些情況則是直接給需求單位。

9.金額要在另外兩個步驟完成後才會給付。承辦人員在小學校可能是體育室主任或是校長，在收到書面通知後告知該器材已收到而且可以接受，通常這個步驟還需附有教師與教練簽名與日期的收據。第二，經銷商會提出帳單與收據的影印本以確認器材已經送出。

10.如果原來是送給中央倉庫就要將器材運送給最終的使用者，器材需要正確地編碼與清點。

中央或個人採購 Central or Individual Purchasing

在中央採購之中，並非體育室主任、教師與教練完成購買程序，而是由採購承辦單位。公立學校學區與大學通常購買所有教育單位的大量需求則是採用這種系統。以數量進行採購的優點就是價格比較便宜，畢竟大量的訂購單可能會吸引更多的投標者與更激烈的競爭；中央採購辦公室是專爲處理採購而成立的單位，其處理事情方式傾向商業方式如表格、聯繫方式、儲存、付款方式及允許器材的商品化。

當學校是由教練或老師處理採購工作，這就稱爲個人（individual）或是分散採購（distributive purchasing），個人採購的優點在於極短時間內或是特別的銷售，可以訂購特別型號的物品，可以直接與熟識購買者的經銷商進行採購以發展快速與信賴的服務，投標通知可以依據個人選擇送給經銷商；採購可以根據需求進行而不需要太長的前置時間。

直接與招標採購
DIRECT AND BID PURCHASING

直接採購Direct Purchasing

爲看緊公衆的荷包，許多政府單位，包括學校系統，盡量避免直接採購。直接採購就是直接向認爲是最好的供應商購買需要的器材，許多學校對於直接採購的上限爲500美元，這是反常的情況。因爲直接採購就是推動資本主義與創造世界最大產業的系統，而學校與產業的差異就是其民營商業的營利動機使其能夠受約束不當採購。

直接採購有幾個缺點，第一，很可能花費比較多的金額，很容易有個人偏好或是依據個人主觀因素而非產品的價值，很可能將生意機會給親友。如果購買者並非欲購買產品方面的技術專家，很可能獲得較劣值的商品而不自覺。

直接購買也可以有很多優勢。採購動作如果是由地方的經銷商提供可以節省時間，藉由與經銷商直接討論欲購物品的格式可以符合購買者需求，而並非浪費時間書寫表格，另外，當採購者本身就是技術專家時，就比較容易獲得優質商品。當地的採購所帶動的商業活動通常爲專案會有所貢獻，可以向知名且值得信賴的經銷商採購，而且通常會比較快付錢給經銷商，並建立正面的商業關係。

開放投標與否To Bid or Not to Bid?

對於許多行政者而言，是否接受投標的問題是根據法律或規定明文指出超過一定金額就須進行投標程序。投標程序由購買設備的廣告公告時開始，說明特定的規格，經銷商計算他們能夠出售的最低價格然後提出這個投標金額。

投標的缺點不少，品質不太穩定。〔太空人謝波德・艾倫（Alan Shepard）曾說，如果他不知道所有在發射台的硬體都是由最低價的得標廠商所提供的，或許他在發射台會有比較正面的感受。〕如果購買的器材不貴，但是採購系統複雜到需要大量書面作業的話，投標系統有時候也會增加器材購買成本。投標系統需要比較長的作業時間，從擬定器材規則、廣告、審核投標到最後決定等。小型的在地廠商也比較不願意參與投標，因爲他們比較沒有能力處理書面作業，或是提供多元化商品以滿足特定規格。同時在符合技術要求的情況下，這個系統鼓勵經銷商降價競爭，經常出現的是當這個商品不符合規格時也不會退還經銷商，因爲馬上就要使用這個設備，畢竟較差的品質要勝過沒有設備的情況，而經銷商針對此也允許提供其餘的附件以彌補之前不合乎規定的地方。無論如何，任何一種情況都破壞這個系統。

儘管如此，投標系統也有其優點，如提升具備商譽的經銷商進行誠實的競爭，進而降低價格，同時也會確保買到滿足需求的商品並準時交貨，也可要求提供保證及可信賴的服務。投標系統引起衆多經銷商的參與，這也可以確信採購的理由不是依據友情或是關係，這也可降低在設備技術品質判斷錯誤的可能性。

招標系統的型態Types of Bid Systems

開放式競標（Competitive Sealed Bidding）　開放式競標是最常用的方式也是值得推薦，許多投標系統最重視的要求，就是在投標前一段特定時間的公開廣告，通常是7到21天的開放投標時間。最佳的投標過程要求公開地宣布得標的廠商，有時候也要求說明廠商得標的理由。

競爭式議價（Competitive Negotiation）　這與開放式競標類似，但不會如此詳細，特別是對於各項商品的細節規格，只說明這項設備需要完成的工作。

開放式競標後進行競爭式議價（Competitive Negotiation after Competitive sealed Bidding） 若是欲採購的商品預期會超出本身所擁有的資金，這個方法將可以運用以避免重新進行再次費時費力的競標工作。若是所有投標金額皆超過預算金額，採購承辦人員就可以與所有投標者協商。

非競爭性談判（Noncompetitive Negotiation） 這個方法適用於當時間無法進行投標時，例如，當需要特定的替代物品時、或設備需要符合其他元件時、或是已經知道不會有人參與投標的情況，許多採購守則已經明定哪一些的設備或服務是允許如此進行的。

規格 SPECIFICATIONS

標單通常指的是通知經銷商前來投標的文件，提出需求設備的確實細節就是規格。有時候，規格並不會寫得很完整以保證收到完全相同的產品，這可能過於狹隘，在這種情況下，這個物品可能無法招標然後需要特別訂購，這將會拉高不少成本。折衷的辦法就是只需要明確限制所需要採購的商品，例如，即使射箭所使用的箭是一般中等的價位，但損壞率相當高，體育系主任決定平價的箭可能可以使用更久，這個規格只要說明其箭的長度及預期的低價，由於包裝不當使這些箭遭到扭曲更無法在秋天開學之後使用，只好把它丟棄。

精準的提出規格是一大挑戰，每個字都有其目的，如儘可能列出精準的顏色，光是藍色與紅色是不夠的，必須要像加羅林藍色或是深紅色才可以，提出尺寸、重量、材質、或是設計要素，如果物品有全國統一的標準，如美式足球的頭盔，這就要確保這個設備符合標準，試著擬定教練爲何喜愛特別的規格並列出這些理由，並非只是提出型號。經驗顯示，要獲得優質標單的一個訣竅就是說明該項目必須符合或是超越Y品牌

中X型號的品質，如此可以給經銷商與教練簡單且快速的標準。

規格的案例Examples of Specifications

1.球類——適用於遊戲區——直徑13吋——特殊防氧化處理——重度規格、點尾橡皮——每個球應該要有自動回復閥——每個球都要有個別的塑膠袋加以包裝——所有球都要經過新鮮空氣的測試——放氣（接著是3種合格球類的名單）。

2.網、籃球、球門、鏈條型、網子本身包括不少於14熱浸鍍鏈……400磅——與12 #40鉤長11/16吋長。

3.網球的球——正式、強力適用於瀝青場地、新進商品、3個球裝在眞空包裝的桶子，品質要第一，經由美國網球協會（U. S. Tennis Association）核准，黃色（接著是5個核准製造商的名單）。

測試、簽（驗）收與儲存 TESTING, RECEIVING, AND STORING

需求Need

進行測試與評估設備的理由包括：（1）必須測試有那些因素會列入產品規格及符合標準的項目。（2）當收到產品之後，必須經過驗收以確保產品符合規格以及檢視規格標準與實際需求是否有差異。（3）評估（evaluation）的工作可以決定之前未被列爲替代品的商品是否適當。

方法Approaches

測試與評估的選擇有好幾種，一種是與數家生產合乎需求之公司討論其生產的規格，只需要去除其企業名稱，這些討論的內容就可寫成規格的內容。另外一種方式是分析全國聯邦中學協會（National Federation of State High School Associations）列出的標準，如果這個系統很龐大，而且有採購部門及運動專家與人員的情況下，應該主動參與產品測試工作。如果是在中型的學區，將試著針對採購量龐大或是耐久性的產品進行測試。

測試的方式可以請學校的專業人士，或是學校熟悉的友人分析產品項目並擬定關鍵規格，例如，家政老師可以經常評估毛巾與球員衣物，為決定那些短褲、繃帶、毛巾、T恤、球衣應該列入合格名單，可以向知名廠商要求提供同等品質的樣品。

對未來訂單進行測試產品，一種很好的方式就是將分別小量購買同等的產品，或是要求廠商提供測試品，再將所有的商品使用一個球季，然後在球季末的時候進行評估。同時，邀請使用者如教練或老師參與這些評估結果及執行測試的工作。另外一個簡單但是主觀的方法，就是將為兩個具有類似需求的學校訂購同等的商品，然後在年度或是球季結束後比較使用情況。

可選擇的替代品 Alternatives or substitutes

標案的廣告內容中必須涵蓋可以接受的替代品，並指出是否只接受指定品牌與型號，或是可替代的型號也可以參加投標。要求參與投標的廠商提供產品目錄，包括任何替代標案中可選擇的產品照片及規格，在許多情況下，可以要求經銷商提供替代品的樣品，學校機構也許可以說明這些樣品必須免費提供，並且不論是否獲得標案，都不會退還這些樣品。很自然地，如果這產品是非常昂貴，提出的要求又超乎常理，這就會減少投標廠商參與的興趣及降低競爭性。

產品背書Product Endorsements

全國聯邦中學協會（NFSHA）將產品的使用授權分爲兩部分：（1）核准：這是指產品符合聯邦協會手冊上規定之產品實體形狀、重量、與設計的規格，這個核准的標籤也代表產品經過持久性、表現情況及其他因素的實際測試。（2）官方使用：這表示這個產品符合協會的標準並允許製造商在產品上加註「官方使用」字樣，每個項目中只有一個產品會被指定（如棒球的球），獲得授權的製造公司必須給付協會一筆費用。

簽（驗）收貨品Receiving Goods

當貨品簽（驗）收時就容易出現因爲沒有按照既定程序所引起的嚴重問題。第一個工作是儘快拆箱，可能的話，儘量請使用者如老師或教練進行拆封的動作，州際貿易委員會（Interstate Commerce Commission）規定如果出現物品在包裝內出現損毀情況，這個要求必須在14天內提出。

在檢查產品並且滿意之後，如之前所提的，這些商品就必須小心地列入庫存清單，同時，這些產品儘量貼上財產標籤，可以作爲永久辨識之用。通常建議在球類產品進行標記前先充氣一個星期，如發生充氣閥的功能失常時容易取代。經常地，很多學校、少年運動代表隊會使用同樣的產品或是零售商販售一樣的商品。當產品遭到偷竊或是遺失時，學校必須要在商品上貼入永久的標籤，以作爲宣稱該物品之擁有權。此外，在標籤上加註日期是唯一可以評估產品使用年限的方法，所以，這個標籤不可以遺失或撕毀，反而要想辦法印至器材上，如果這個無法達成，可以在不會褪色的明顯處用永久性的墨水以加大字體作註記。這個標誌必須還要有學校名稱的字首與購買的年份。

經銷商付款Vendor payment

從體育、遊憩，或是運動用品的供應商到草皮管理、洗衣及球隊膳食服務等都可算是經銷商，每一個都必須簽合約。請謹記經銷商的律師都準備有文字的合約以保護經銷商，對於合約的修訂不要猶豫，經銷商會視其重要性加以堅持，假使想與學校進一步合作，他們會作調整，除了如前面所提的要以專業手法完成事務之外，合約的調整可以讓學校將責任轉移至經銷商（Parkhouse, 2001: 206-207）。

一般而言，學校與學院在給付款項部分仍不盡理想，行政者必須瞭解延遲付款可能造成預期之外的後果。第一，經銷商可能需要借錢以支付寄送出去的商品，這個成本將會轉嫁至未來的銷售價格，經銷商會避免與這些付款緩慢的學校做生意，甚至無法生存。產品寄送後30天或60天才付款，將會引起現金流量的問題，「一手交錢、一手交貨」爲何可以提更多優惠的原因，是可以減低現金流量的問題，經銷商比較傾向零售商的交易就是因爲消費者付款迅速。

設備儲存Equipment Storage

大部分而言，設備與代表隊服裝的使用期限與預防維護、清潔與儲存的方式有直接關係。你有多少次看到球季開幕戰時，比賽計分板無法正常工作及半數的照明設備無法啓用？你有沒有聽說棒球教練都是將所有的手套丟置在箱子，然後一直放到下個球季？如果將美式足球球員的頭盔丟棄在箱子，其情況又會變得如何？接下來則是提出設備儲存的一般要領：

- 良好的安全維護。
- 在每個球季後要定期的處理相關設備。
- 根據中央概念規劃儲存。

・維護一個適當的儲存空間。
・維護通往儲存室的合適通道。

體育教師在每一個學期結束後也需要遵守同樣的步驟。

直到所有設備都經過盤點且適當地儲存完畢後，才給付教練的薪資。一旦球季或學期結束後，設備與紀錄保持的工作都容易鬆懈。一個環境適當的維護對於設備的永久保存是很基本的工作，溼度與溫度必須加以控制。特別是溼度的控制，在這個國家的許多區域的一種聰明做法，是使用除濕機以減少空氣中水份。在不可控制的環境中，橡皮、羽毛、電子產品特別容易受到影響而損毀。

監視通往儲存室的通道是個敏感的議題，每位教練、老師、經理與維修人員都認爲他們可以自由進出，行政者必須經常提出嚴厲的命令，以控制這些進出以確保需要器材的人員可以迅速獲得服務。

器材經理與特殊設備儲存考量（The Equipment Manager and Special Equipment Storage Considerions）　最理想的狀況就是僱用一位全職的器材經理，如果行不通，兼任的經理也是一個選項，在一些小型的學校，結合體育運動器材經理是一個不錯的構想。有時候也需要包含維護的工作以判斷該職位合理性，在一些情況下，老師或是教練需要執行這些工作，在此種情形下，建議在一個儲存室中將一個運動項目及體育器材都分配櫥櫃，強化學生擔任設備經理的職能，同時不可忽略其訓練與監督。

儲藏室的架構、組織與燈光也是非常重要，防火牆是少不了的，大型的物品必須置放在儲藏室的中央，入口的門必須要有兩層，燈光足夠及適當配置，置物櫃系統在使用時切記將最常的設備優先放置，如果物品的採購沒有電腦協助數量的統計，也許可以在置放器材的櫥櫃前方張貼卡片以說明目前現有的數量，這可以作爲訂購的提示。

送交器材需要明確計畫，確保兩方面的控制，一方面是以避免如雪花般的紙本作業或是運動員大排長龍，或是另一方面只依據運動員的身分或是成績就可直接取走器材，最少，每位運動員在借運動器材時要簽名，妥善地放置，告知該如何保護這些器材，瞭解損毀或無法正常工作時該如何處理，以及教導在損壞後要盡快送還以儘速取得替代品。

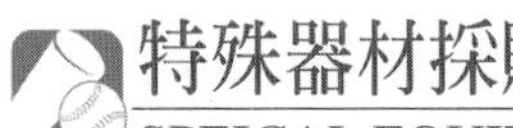

特殊器材採購
SPEICAL EQUIPMENT PURCHASING

制服 Uniforms

成功的大學與職業運動員穿戴的用品（如，萊卡添加物、彩色blocking的鬆弛型籃球褲）會刺激制服市場，在美式足球球衣部分，功能決定某種程度的外型，就如同球衣變得貼身與光滑以減低擒抱的機會。增加一少部分萊卡的材質可以允許在不會有限制的情況下有更自由的移動。熱織布就是將一個印刷圖形進行染色，也變得越來越受歡迎，特別是排球、籃球與足球服裝（Catalano, 1996）。

運動代表隊服裝在成衣市場佔有一定地位，因爲他們看起來接近時尙、具有功能性以及擁有纖維布的持久性。當有些企業退出球衣服裝市場，如何確保符合市場口味以招攬訂單就要更花心思了（Mendel, 1994）。

在偶然的情況下，體育老師與設計人員依據生物力學與動作學習的觀點共同合作設計運動服，當這個機會呈現時，動作移動限制的程度、散熱速度與感覺都是重要的考量層面。當然，教練與行政者對於服裝的外觀也會有興趣，對於一套式的棒球服裝，如傳統球襪、球褲與上衣等，這些設計試著防止球襪鬆脫及上衣尾角露出。

對於流行的追求逐漸要求，當國家職業籃球聯盟（National Basketball Association）的紐奧良黃蜂隊（New Orleans Hornets）需要新球衣時，他們求助於紐約流行設計家，運動用品製造商也追隨潮流推出更

流行的顏色，搶眼與流線型圖案。

制服原始材料 Uniform Raw Materials

瞭解原始材質的特性可以讓教師、教練或是行政者更聰明的找到符合需求的材料。在選擇服裝的過程中，許多校方人員似乎一再地重複下列的一些階段，首先問自己「哪些看起來最好看？」然後，「哪些比較耐用？」最後則是「哪些價位最合理的看起來又可接受以及具備耐用的條件」。

尼龍絲（Nylon Filament）　一種經由石油提煉的產品，大約12磅的原油可以做出1磅的尼龍，這個過程的能源消耗量大。尼龍是以最強壯的纖維著稱，用於運動服裝的絲狀與加工絲形狀。尼龍長絲被使用最多並經常與棉供同使用。尼龍的優點在於其強度、明亮顏色，而其缺點在於不太吸水（天然纖維的導濕性）、缺乏伸縮、因爲燈光導致退化，容易泛黃與皺摺。

彈性尼龍（Stretch Nylon）　這種絲看起來對於運動服裝的製作是非常完美，其加工過程是將其加熱接近至熔點、破壞其纖維然後冷卻。這使其成品耐磨，吸收濕氣、保持明亮的顏色以及伸縮的特性，但是其價格昂貴。

聚酯纖維（Polyester）　石油的衍生物，但是只需要7磅的原油就可提煉出1磅的聚酯纖維，此種材質不需要燙，新設計的聚酯纖維已經強化其吸收水分的能力，最大的優勢就是其便宜的價格。在缺點方面，聚酯纖維並沒有伸縮的特性，因爲其不耐熱性使得有時候很困難將號碼印製到球衣上，不適合在高溫下清洗，一般較不如尼龍耐用。

壓克力纖維（Acrylic）　是一種經由旋轉而製造的合成線，接近羊毛，可以保持鮮豔的色彩及不容易鬆垮，也比羊毛強韌，通常比彈性尼龍軟且比較重，無法承受高溫。

棉（Cotton） 棉質的運動服依舊是最受歡迎的，特別是因爲觸摸的感覺及其吸水功效佳，棉質的主要缺點在於其強度不如其他纖維。再者，清洗淺色系時必須要用漂白水，卻容易傷害纖維，針對此，建議儘量不要採購白色的棉質衣物。

經常用於運動服的纖維有三種，毛梭織物在織布機中交叉穿梭而成，這使其纖維堅固但是缺乏彈性，圓筒針織是由橫向織法而成，這使纖維在受損時會「移位」但是有良好的彈性，雙面纖維的製造過程與前述類似，只是用兩個針頭以十字交叉型態強化絲的織成以減少「移位」問題。

購買制服Buying Uniforms

購買球衣最好的方法是採取整年度的系統，負責採購的人員在比賽期間要求經銷商或公司提供下一季的樣品與相關資訊。

除了選擇原始物料、顏色、設計之外，有兩個行政問題必須詢問清楚：一次要購買的數量以及要購買的數量？

針對第1個問題，簡單地回答就是每個球季所需要的數量，但這種方法的問題在於預算的執行無法配合。例如，這個球季一次要購買10件，下個球季要30件，同時，由於材質與樣式的變化，加上心理因素，教練定期就要更換一整套的服裝。

替代方案就是規劃7年的循環採購方案，假設每一個美式足球運動的代表隊都需要36套運動服，包括校隊代表隊、校隊二軍、一年級新生，在第1年的做法是購買品質可接受的運動服，然後在第4年的時候交由校隊二軍，在第7年的時候在交給一年級新生，這可顯示足夠的使用，要記得每年的通貨膨脹將使成本增加。

在這循環的7年計畫中，每次都只要購買36套的服裝，允許同樣的通貨膨脹幅度，每年購買12件，記住這個計畫要求在7年計畫實施之前必須購買同樣色系與樣式的服裝。當在傳統模式之中，也許有一個新樣式出現，在這7年之中可以節省一批可觀的費用。

另外一個在採購球衣需要考量的是時間因素，球隊服裝通常屬於特別的訂購需要更長的前置作業時間，而這也是教練與經驗不足的行政者所無法想像的，由於無法在開幕前收到球衣，造成採購經驗不愉快，同時，經銷商或工廠則因爲學校延遲付款而導致現金流量的問題。鑒於此，現在的趨勢是提早付款就可享有優惠，例如，若是學校能夠在春季就預先付款，將獲得15%的折扣。

提出訂單的通常說明如下；秋季的運動，在之前春季的4月1日採購，冬季運動則是在之前的7月1日訂購，春天的運動則要在12月1日提出採購。

教練完成整個下個球季的採購時間爲球季結束的那一週，屆時，體育室主任就會決定是否有足夠的預算購買，對於昂貴的美式足球球衣，如果採購的時間是在籃球球季的中間，這個情況就顯示預備基金的重要性。所以，體育室主任可以早點下訂單並享有折扣優惠，同時也不會因爲有緊急事件出現或是籃球隊連敗而失去信心，這個訂單還是有辦法給付。經常與學校有生意往來的製造商可以接受尙未通過預算審核的訂單，可以繼續處理而且並不會因爲撤銷訂單而受罰，有時候也稱這種採購爲「隨時登記然後準備離開」。

當處理球衣訂單時教練容易出現許多細節上的問題，體育室主任或是採購人員，如果有這個編制的話，必須針對教練們進行教育以避免一些常見的錯誤。例如，訂購12件球衣只有填寫11個號碼及尺寸，另外一個常見的錯誤就是漏掉修改的說明或是修改的尺寸。一位製造商指出若是任何一個部分的採購有問題，整個採購將會回到學校，另外也提出15%的採購會退回因爲說明不夠清楚。花時間詳讀訂單並將這筆費用視爲自己的金錢，請有經驗的人幫忙審核。

購買充氣式球具 Buying Inflated Balls

行政者最棘手的問題之一就是要購買哪種充氣的球具，瞭解球本身的構造是很重要的，然後行政者必須要評估哪一種球是合作哪些特別的用途，評估工作涵蓋兩個重要議題：球的使用情況，如校隊使用或是遊戲用途？以及球本身所接觸的地板——長草皮、光亮的硬木地板、水泥地或是碎石？

籃球構造（Basketball Construction） 現今的籃球構造大都是以丁基橡膠合成的氣囊爲核心，尼龍製成的氣囊內則包含著空氣，有些公司則是採用程式化單一繞組系統（winding system）如專利的20面體繞組系統，其他比較便宜的就算是自由纏繞。此外，專家指出高品質的球必須是針對籃球製作的尼龍線所纏繞，而不是一般製作成衣所使用的尼龍線。一些比較便宜的球正是用這種材質，也有些平價的球則是由多元酯或是嫘縈及棉質混合製成，這些都是比較不可靠的。除了品質與繞組型態之外，第三個影響球品質的因素就是繞組的數量，國家運動用品協會（National Sporting Goods Association）建議中等品質的球至少要有2,000碼的尼龍線圍繞，高品質的球則需要2,500碼的尼龍線。

繞組工作完成後，將表皮覆蓋在球體上，表皮的製成材料說明如下：

1. **皮革（Leather）**。這些球適用於室內平滑的合成或是硬木地板。

2. **合成皮革（Synthetic leather）**。由乙烯基聚乙烯製成的合成品從外觀上及觸覺上都像是皮革，據說材質比皮革更耐用但磨損則不同於橡膠或是乙烯基，合成皮革的成品適用於室內或室外任何平滑的地板。

3. **乙烯基（Vinyl）**。適合於室內或室外的各種場地，包括瀝青地表，但在氣候寒冷的情況下會失去一些彈性。

4. **橡皮（Rubber）**。橡皮製成的球可用於各種地面，並不會過於光滑要比乙烯基的彈性更持久。

許多人認爲最適用各種目的的球就是由乙烯基與橡皮製作的球。

不僅表皮很重要，其核心也是適用這個原則，常見的有3種方法：手縫格、模具橡膠及尼龍纏繞，許多專家同意手縫皮革的球是最好的，不論是美式足球、籃球與足球；模具橡膠製成的球適用於練習但不合適比賽；尼龍製成的表皮是最新的樣式，成本低廉，隨著科技進步使用情況也增加。

美式足球製作（Football Construction）　因爲美式足球的外部規格與重量都相當明確，製造商試圖要提升其觸感與內部結構，許多氣囊的材質是丁基橡膠，現在則有些是聚胺基甲酸酯作成，據指出在寒冷的時候要更強壯及一致性。其他對於外部的作法則是更強調防水，一家廠商則利用棉作爲襯裡，其他則是用動物的內皮作爲皮革以提升觸感。

計分板Scoreboards

由於電子科技進步與計時系統，計分板的型態變化很快，如果要購買新的計時器或是計分板時，行政者必須閱讀雜誌上最新的資訊。

在新的計時器方面有一些長期以來的趨勢，首先，一種計時器可以用於多種用運動，無線電遙控器可以在不同地點從一個中央元件控制計分板，固定化模組的元件是可以讓學校從最基本的計分板開始，然後依據財務允許之情況下而增加功能。計分板的廣告功能已經提升到可以負擔計分板本身的成本，在某種情況下，公司可以提供免費的廣告空間然後享有第一年的廣告收入，固態電子工程提供極大彈性的電路設計與更長的保固，如計分板越來越輕及加上更多晶片的使用。

運動鞋Shoes

採購運動鞋的關鍵在於是否適合該項運動及場地表面，行政者必須

細心傾聽運動員、教練、與運動鞋專家的想法。許多教練發現高品質的運動鞋是並不便宜但有其價值，在低價位部分，當運動員必須購買自用運動鞋時，教練經常會安排運動員向地方的經銷商購買品質不錯的球鞋同時也享有優惠，這也可以鼓勵運動員買好的球鞋。對於運動員表現及安全有一些正面的效應，不合適的球鞋對於成績有負面影響，也容易引起受傷。經驗不足的教練應該尋求運動鞋業務代表的諮詢，以及閱讀公司製造球鞋的說明。

運動鞋的歡迎程度就像是流行來來去去，健康俱樂部會員經常尋找交叉訓練（cross-training）功能的運動鞋，亮色系流行樣式的銷售狀況不差，運動鞋公司則是將廣告主軸鎖定在回憶美好時光的復古味，從銷售成績來看似乎效果不錯。

美式足球器材Football Equipment

由於參與球員數量眾多，成本考量及所涉及的危險程度，每位體育室主任都必須是美式足球專家，許多專家同意美式足球器材最重要的考量就是合身，找到適合的尺寸從採購開始，千萬不要將校隊成員的服裝直接就轉交給年輕的高一或高二代表隊成員，之間其實有一段差距。如果無法採購到合適的器材，就結束這個活動的運作。

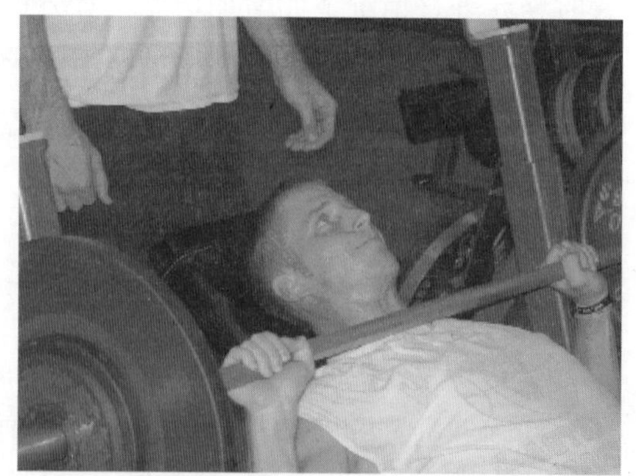

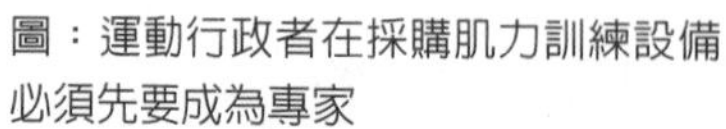

圖：運動行政者在採購肌力訓練設備必須先要成為專家

資料來源：Appalachian State University Sports Information Office, Boone, NC.

找到合身的關鍵有2點；（1）依據位置來購買護墊，如線衛所需要的護墊就不同於阻衛（2）每位運動員都要量身。頭盔的品質、合適性及重新檢驗需要更加注意。

全國運動設備標準委員會（National Operating Committee on Standards for Athletic Equipment）將頭盔的嚴重度指標由1,500降至1,200，根據全國運動設備標準委員會（NOCSAE）最近的紀錄，頭盔每年重新檢驗的比例範圍爲84%到96%，新的標準實施之後也不預期會有太大的改變（Plass, 1996），通常所有頭盔送到修復員首中進行外觀檢查及穿戴或是敲擊，大約有15%不會通過檢驗（Strauf, 1996; Plass, 1996）。

採購其他特殊設備Purchasing Other Specific Equipment

行政者、教練或是老師如何買到最物超所值的游泳設備或是足球及重量訓練設備？下列提供一些策略：閱讀與主題有關刊物；與製造商溝通；向教練討論；向其他學校的教練或老師請教其使用經驗；與器材經理以及球員討論。

肌力訓練設備（Strength-Training Equipment）提供所有運動器材購買的細節或許已經超越本文的內容，下列則提供一個案例，以重量訓練爲例，第一個步驟就是評估器材以及決定有哪些肌肉群的訓練是現有機器無法提供的（參閱**表7.1**），然後聯繫公司看是否可提供場館使用極大化的平面圖，是否提供他們本身的每一種商品、包括哪些保固服務、產品是否比別家企業要好，可以提供最優惠的價格爲何？

在重量訓練器材使用者衆多的情況下，現在的趨勢是增加動態式阻力設備讓消費者使用起來更方便，新的設計包括「小幅度重量調整的增加、動作範圍限制器…；科學化工程攝影機可以拍攝人類的移動、可調式座位可以適合各種高度與型態的使用者、設計減少噪音的重量片」（Connor, 1997）。

表7.1　4種肌力訓練型態之比較

		阻力			
	價格範圍	速度	型態	大小	工作／力量評估
傳統	低	由運動員控制：通常加速是動態的	向心與離心肌肉收縮	剛開始的時候最困難與逐漸容易直到能量完全發揮	評估：重量×距離與時間組
速度控制	中等	運動員選擇速度：常態在50%到75%的範圍	可能是向心與離心模式	運動員決定付出的力量對抗機器	評估：負荷量×距離負荷×速度
阻力控制	中等	加速受到程度限制	可能是向心與離心模式	調整以創造出最大阻力	前提是完成最大工作量
電腦化	昂貴	可調整的——靜態或動態	可能是向心與離心模式	多重調整	計算與呈現（螢幕或列出）

資料來源：Adrian, 1989a

請參閱附錄A所提供的一些肌力訓練設備廠商的名單與地址。

減少購買成本 Reducing Purchasing Costs

除了要爭取最優惠的價格（之前已經討論）及維護與安全（接下來會討論），是否有其他的方法可以考量？當大量購買時，要在設備上用彩色加印學校的標誌以防止失竊，購買廠商生產過剩的庫存或是清倉的商品，若只是上課教學使用，一點小瑕疵的商品是可以接受的，若是要購買急救箱（first-aid kits），可以買個輕型的容器，然後購買一般性的藥品並組合成急救箱，採用家庭製或是學校本身製作的設備將可帶節省不少經費，例如，體育的推車製作可以從丟棄的桌上型電腦在配上小輪軸即可。另外可以節省一筆費用的是製作獎品，如利用不要的頭盔作為獎項（請參閱**表7.2**的設備清單樣本）。

表7.2　在設備與供應品的購買及維護中選項清單的考量

	是	否
1.設備與供應品的選擇與體育運動活動的目標及目的有關。	____	____
2.設備與供應品的選擇與參與者需求及能力是一致，包括年齡、性別、技巧及障礙與興趣的考量。	____	____
3.關於所有設備與供應品採購、維護與控管的程序有手冊或是書面的政策。	____	____
4.所使用採購的機制如下列：申請表、規格、投標與數量、合約與採購單、運送資料、商品收據、物品稽核與檢查、經銷商發票與付款。	____	____
5.功能的關係隨著採購後考量，例如是：組織目標、活動專案、預算與財務、稽核與會計、維護、法律規範與規定；倫理及組織哲學。	____	____
6.下列列出採購須遵守的原則：品質、安全、數量、儲存、庫存、控制及交易或滯銷價值。	____	____
7.系主任與學校或是商業經理密切，或是體育或活動主任與設備經理的密切工作關係。	____	____
8.在適當的時機由參與者自行採樣並維護自身的設備與供應品。	____	____
9.商品是向知名的製造商與經銷商購買，替換以及提供的服務也納入考量。	____	____
10.每一分錢的花費將達成最大的價值。	____	____
11.經營管理階層擁有以及瞭解設備與供應品最新的知識。	____	____
12.經營管理階層可以接受熟悉設備或是使用器材的同僚所提出的建議與公告。	____	____
13.購買某項運動器材時有告知教練，規格與其他事項都有檢查。	____	____
14.當需要購買供應品與設備時，體育及運動或活動主任向商業經理尋求諮詢。	____	____
15.競爭性採購規定必須要遵守。	____	____
16.為使替換採購產品工作容易，購買供應品與設備要盡量標準化。	____	____
17.管理階層要警覺不同種類供應品與設備的改進及優缺點。	____	____
18.在提出訂購單時，需要明確地標出品牌、標誌及型錄規格。	____	____
19.訂購單的使用必須是學校或是機構的標準格式。	____	____
20.產品本身的功能品質及所提供的安全保障是採購時的主要考量因素。	____	____
21.庫存清單必須加以電腦化並可用於產品替換或是增加時。	____	____
22.所有採購都必須保有完整且正確的紀錄。	____	____
23.新物料及供應品的需求（最好在事先就擬定）。	____	____
24.在採購新物料及供應品之前最好都經過測試與評估。	____	____
25.新器材要符合最基本的安全要求。	____	____
26.銷售的說明過程都期待廠商保持誠實的態度。	____	____
27.當州合約有機會採用時就要使用。	____	____

（續）表7.2　在設備與供應品的購買及維護中選項清單的考量

	是	否
28.管理階層面對合法業務與商業人士時，必須要迅速以及保持禮貌。	____	____
29.銷售商品的所有經銷商以及競爭對手，都要有公正與公平的機會進行銷售。	____	____
30.業務人員或是製造商提供的好處或是禮物要加以拒絕。	____	____
31.收到採購產品後要檢查品質、數量及安全以及是否符合請購單所填寫之規格。	____	____
32.合約上註明的款項要儘速給付。	____	____
33.在正式簽收以前，對於損毀之商品、貨品短少或是錯誤的訂購都必要小心檢查。	____	____
34.當出現偷竊、遺失或是器材破壞時，必須執行既有特定程序的政策。	____	____
35.出借供應品與設備的人士需要負責。	____	____
36.固定的盤點與稽核可以確保所有物品。	____	____
37.供應品與設備的貼標籤工作要有單一計畫。	____	____
38.供應品與設備的借還或是提出與減少需求都需要建立書面程序。	____	____
39.對於使用者無法歸還器材的情形也需要有明確的處理程序。	____	____
40.所有採購的物品都需要適當的儲存空間。	____	____
41.在更換器材訂購之前，要清理與修理設備。	____	____

資料來源：Bucher and Krotee (2002), pp. 376-377.

保養維護
MAINTENACE

當詢問行政者「最困難的工作爲何？」時，最常經到的答案是「保養維護與清潔」，維護人員經常出現人手不足的情形，而且無法獲得主管適當的尊重再加上薪資低廉，所面臨的工作情況可能是儲存空間不足或是缺乏供應品，新的運動場館必須要涵蓋一個中央維修／保管園區，如果可以的話，必須位於中心地帶、具備最先進的電訊通訊與電腦設備、適合的儲存空間與器材維修區域。維修與管理人員可享有與其他工作人員同樣的休息區域或是開闢一個他們專屬的休息區（Sawyer, 1999: 97-101）。負責維護的職員應該被稱爲「管理員（custodians）」或是「維修人員（maintenance persons）」，而非「警衛（janitors）」，「維修工程師」（Maintenance engineer）或「維修主任」（Maintenance director）是大型場館中比較經常使用的職銜，預防重於治療的道理也同樣適用於此，防止機械問題出現要比事後的維修要更有效果。

在美國許多地方，進行及完成重要預防維護工作的最好時間是在夏末或是秋天，修理屋頂裂縫或是失靈的暖氣系統在冬天是萬萬不能，確保檢查或是替換所有的皮帶以及清潔過濾器，在所有注意力轉移至內部空間前，儘早處理燈光更新及眞空樑（vacuuming girders）（Martin, 1997）。

就像是所有其他運動設施及器材，遊戲區的設備也須定期維護。全國兒童遊樂場安全研究所（National Playground Safety Institute）針對此也規劃一個課程，相關訊息可以在NRPA網站上查詢，www.nrpa.org（Christiansen, 2002），爲減少受傷與預防室外合成或是自然草皮以及室內合成或是硬木地板，愈來愈多場館主任注意場地表面，室外的表皮越來越輕，價格也逐漸下降，室內地面表皮的趨勢則是重量逐漸增加，寬度也逐漸縮小讓更換地面的滾動愈來愈容易（"Surfaces and Covers", 2000）。

維護與清潔的趨勢是外包（outsourcing）；與外界一家公司簽訂合約並提供一筆費用以獲得相關服務，從行政的角度而言，各有利弊。從近年來看，外包對於學校或是大專院校似乎是不可避免。

爲要更有效率地維護場館，需要有一個維護系統（system），每一座場館都由一個團隊檢視，幾位職員必須經常使用這座場館，至少有一位維修人員在決定清潔與預防性維修的目標。這個團隊必須寫下需要完成的事務、頻率、需要哪些特殊物品或是方法及參與這些工作的人員，一旦獲得主管核准並確保提供完成目標的資源後，這個系統將輸入電腦並列印然後張貼在場館之中。這個主要大綱維護系統計畫須要每週在主管進行視察之前交給他（她）閱覽，維護團隊的長達數年的輪值表也要呈閱並且每年都檢討。

一旦建立高效能維修團隊，遵照以下的原則將可確保有效的成果：

- 保持與清潔人員及與行政者的溝通以及定期評核其工作表現。
- 重複計畫目標——工作安全與提升效率。
- 檢討計畫目標之重要次序：顧客服務與滿意度、提供學生、教職員、行政者與工作人員一個清潔、健康與安全的環境。
- 請顧問研擬一個評估程序，以每兩週進行建築物清潔的評量（Pellerin, 1997）。

運動行政者必須要瞭解清潔工具已經是逐漸講求環保，在這個維護產業中，這類的產品被歸類爲「環保」產品（green products）。許多人認爲如果這個產品不包含毒性，可能也無法清潔，所以主管必須要準備克服這可能的阻力（Cummings, 1997）。

現有場館維護 Maintaining Existing Facilities

在一個全國性對於世界級公園與其他公園之間些維護工作差異的研究，研究人員發現3個主要的因素（請參閱**圖7.2**），這些工作也同樣可以應用於任何運動場館的維護，第一個重要的課程就是「不僅整天要保持清潔，還要每天」：

- 注意細節。
- 量化工作者的貢獻。
- 視抱怨爲顧客提供的服務。
- 立即修復損毀之處。
- 培養「友善」的族群。

第二個重要的課程是減少可避免的維修：

- 在夏天後半段的時候進行選擇區域的除草，避免在春天除草。
- 在球隊座位區與其他類似的區域進行舖設。
- 鼓勵所有員工針對每個例行性工作及每個主要的方案提出意見。

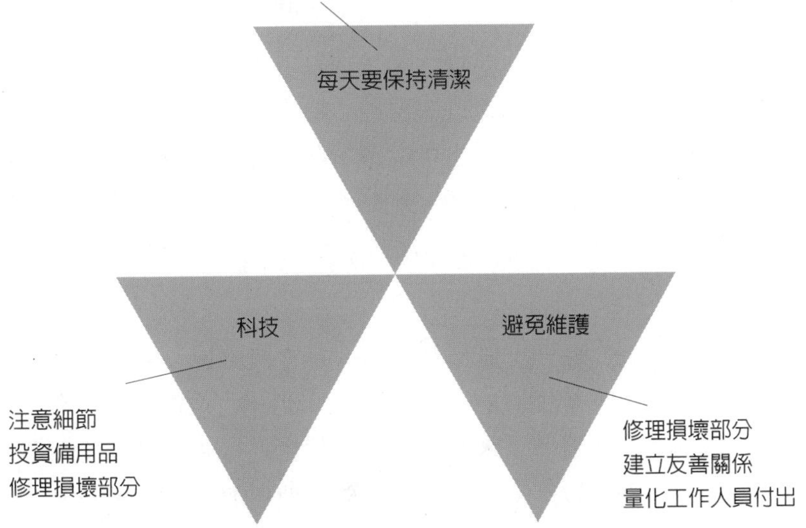

圖7.2　世界級保養維護模式

資料來源：Plantera, M. J.（2002, January） p.55.

- 持續電腦化維護時間表與比較工作人員的表現。
- 使用無味的水（dry water）以減少人工在新植樹木的成本。

第三個課程是利用進步的電子與電腦工具：

- 利用掌上型電腦如Palm（個人數位助理器的品牌）注意各個細節。
- 投資備用系統如游泳池馬達。
- 保持準確的紀錄（Pantera, 2002）。

維修時間表 Maintenance Schedules

維修時間表的種類有不少種，每一種類型都有其缺點。一種概念就在場館沒有課程使用或是球隊練習時，就儘量完成所需執行的工作，這個方法的問題就是在逾期要求工作人員在特殊的時段進行維護，這使得原本薪水較不高的工作更難招募優質工人；另外一種方式就是要求工人定時維護，在活動之間進行打掃，授課老師與教練通常比較喜歡這種安排而維護工作人員也比較能夠接受這種方式，但問題在於效率不彰。老師與教練傾向於不作事先安排與準備，他們干擾了維修人員安排座椅或是設定爲排球場的標準。這也可能帶一些方便，如要求維修人員在值班的時間內可以隨時放置障礙物。有一些小學校試著想出一些方法解決這個問題，那就是付一筆高薪給警衛並錯開工作時間，早上工作4個小時，放學後又工作4個小時。

在比較大型的機構中發現就長期而言，將兩種方法綜合在一起的成效最好，一位工作者8個小時的早班開始得很早，這位工作者處理特別的問題，特別是隔夜遺留下來的問題，同時也進行一些例行性工作，如用拖把擦拭摔角墊、場地澆水，特別是要在使用前就要乾燥的場地，另外一個人則是在大部分維修人員下班前開始上夜班，這個人可以負責上課結束後教室、校內活動以及球隊練球後的清潔工作。

清潔與維護體育課程與運動場館的人力需求與數量是不容易判斷，許多情形下，行政主管必須綜合主觀判斷、員工的建議以及過去的經驗。一個合理的數字就是一個工作人員可以適當地維護15,000平方呎的室內空間，或是2英畝的學校運動場地。主管必須堅持適當與有效率的工作表現，同時也合理地保障員工權益，記住一件事，體育與運動維修人員的需求與其他教育單位非常不一樣，一定要溝通。

洗燙Laundering

球衣與毛巾洗燙的方式嚴重影響他們的是使用期限及外觀，不論洗燙的工作是在本地或是其他地方也會影響這些購買材料的品質與數量，在學校室內體育館進行洗燙可能是對學校最有利的方式，理由列如後：

- 毛巾、體育課運動服及練習物品的一小部分庫存是需要的。
- 一些物品如運動繃帶、比賽運動服需要特別注意的地方，如熱水的溫度及乾衣所需要的時間。
- 當球隊連續兩天有比賽而僅有一套運動服時，依然可以進行清洗的工作。
- 洗燙的工作可以在週末或是假期間進行。
- 在許多情況下，遺失的機率也會減少。
- 搬卸及清點衣物的時間也會縮短。

在校內進行也有一些缺點及潛在的問題：

- 在有些情況下，如大學或是醫院，洗燙可以在任一機構完成，這可能造成稅收支援的機構彼此競爭。
- 規劃者通常會忽略提供洗燙所需要的額外空間及後續的費用。
- 水電造成支出，特別是熱水與電力。
- 不僅要購買清洗機器，還要有清潔劑與漂白水。
- 機器的維護、修理與替換成本必須要編列預算。
- 運作的時候也需要人工成本。
- 下水道的負荷將逐漸增加。

在評估其優缺點之後，經常所作出的決定就是安裝清洗機器在自己的機構內會節省一筆可觀的經費。行政者必須特別注意，不可以設想因爲教練或老師會動手處理燙洗衣物而會節省人事成本，這絕不可作爲決策的考量因素之一。同時，這也會成爲誤用專業人力時間的錯誤決定，而最大的一個錯誤就是購買適合家庭用的機器。供大量使用的設備是一定要購買的，工業用洗衣機的容量可以從50到250磅，乾衣機則是從30磅到150磅。作者建議購買這些設備的時候，其乾衣機的容量要比洗衣機大一些，至於是需要電力供應還是瓦斯供應也必須要作出決定，瓦斯供應的機器顯然在價格上要比較便宜，運作成本也比較低廉，而保固的條款可能要小心的比較。

能源節約Energy Conservation

運動場館通常需要消耗許多能源，任何可能減少這些珍貴資源消耗的動作都必須落實。這個概念必須從場館開始建造、整建甚至是行政上的創意都要加以貫徹，定期進行預防性保養鎔爐及加熱冷卻系統工作不僅可以節省能源，還可以提升效率，破掉的窗戶需要立刻用耐摔材質加以更換，防暴雨的門窗要加裝，在人潮流量大的區域，如場館入口處，增加入口走廊氣閘。

即使有些能源節省措施對於活動有負面影響，也應該要加以考慮，這些可能包括白天運動比賽時間的密集安排，蓮蓬頭的使用也會消耗許多能源，可以考慮減少節水設備蓮蓬頭的水流速度及溫度，考慮彈簧式淋浴控制以及儘速修理漏水處。

考慮減少夜間、假期及週末的練習，或是要求運動代表隊若是要在這些前述時段練習的話，請在家中進行換裝及淋浴的動作，對於體育課程而言，儘可能考慮不需要沖澡的課程活動，或是安排每週特定的天數是不需要淋浴的，在天氣較熱的時候，考慮關掉熱水。

研究可以取得能源的一些新科技如耐風雨、太陽能系統裝置、使用熱馬達或是其他系統，以及從燃燒廢棄物及學校公車加熱冷卻系統找到新能源。

特別區域的維修Maintenance for Special Areas

草皮（Turf） 學校所有階層都非常關心的就是草皮的維護，由於經常性的濫踩或不當使用，草皮特別的維護有其必要。行政者儘量與高爾夫球場維護工程師、職棒球團球場部門主管及草皮保養人員多請教。每個學校土質的成分及自然環境都有其特殊性，如果保養工作是聽從幾百里以外的指示是不智之舉。維護草皮的普遍性趨勢是減少對於肥料的依賴，透過更多的重新播種、打洞以讓空氣與根接觸及使用細耙掘扒平紅土區

（一個拖曳的結合就好像一個長滿鋼叉牙的毛毯或一整耙），播種的最好時間爲夏天末期，次佳的時段爲春天初期。如果棒球及壘球一定要在春天使用，足球與美式足球在秋天使用的話，可以在感恩節與聖誕節期間進行休眠播種。

農藝學家也提出草皮管理的建議，說明如后：

- 在季節的開始與末期施肥。
- 使用鋤草機鋤草的時候不要一次就超過草長的1／3，這個長度可能與草的種類與活動的型態與數量有關，在天氣熱的季節，這個長度可以增加。
- 健康的草皮只要灌溉少量的水份就可以。
- 垂直地栽培與打洞。
- 超播與重新播種。
- 當草皮乾燥的時候要覆蓋帆布。
- 測試壓密比——使用穿透試驗衡量，建議的土質混合是75%的沙、15%的淤泥及10%的黏土。
- 草皮種類必須是一般草坪的藍草與百慕達草。

游泳池（Swimming Pools） 沒有一個區域的維護要比游泳池困難，不僅要求一般性的清潔維護游泳池工作，如游泳池地板、圍牆、燈光及淋浴室，同時水質化學成分的維護也必須具備一定技巧。到處都充滿了水質適度平衡的迷思，例如，眼睛感染與氯氣味道的散發通常是因爲氯氣不足，並非過多；在游泳過程中一個游泳選手所留的汗中含阿摩尼亞的量比一位小孩排的尿更多。在室內游泳池來說，游泳者的清潔程度與身體活動的程度影響水的化學含量最嚴重。就室外場地而言，太陽的日照影響最重，在泳池水質化學的運作中經常忽略的一個因素就是氯過多情況下，可能造成對於機械設備及線可能造成的傷害，因爲水化學的變化是每分鐘都在進行，水質檢試劑只不過是一個指標而已。

被廣泛使用的氯氣消毒系統（gas chlorination system）而且可以防止

危險的發生，氯氣外洩也會使人受傷；若是由儲存槽漏出氯氣的話會引起嚴重的傷害，這算是比較不常見的情形，一些權威建議使用電解漂白水系統取代氯氣，這個新系統可以帶來雙重效益，一方面提供泳游者一個比較健康的環境，在操作上也比較簡單、安全及成本低廉。

從維護的角度而言，利用春天清潔泳池可說是預防維護的最佳時間，同時也可能是更新維修設備的最佳時機。

室內木質地板（Wood Gymnasium Floors） 室內木質地板的維護也是避免不了的行政工作，如果希望室內木質地板定期執行維護的工作是非常簡單而且不須花太多經費，要注意兩個重要因素：（1）透過教育手段（標示、公告及處罰措施）要求穿著合適的鞋子及門窗開關的控制以減少沙土與小石礫的量，（2）每天或是量多的時候，利用專門處理灰塵的拖把清潔地板。當遇到水溶性的物質時如打翻的碳酸飲料，不要用臘處理，只要用水就可以了（Brickman, 1997）。

室內木質地板的維護的年度維修計畫與預算更是少不了，行政者在進行長期規劃的時候經常忽略所需的費用，而且因爲經費短缺使得修繕計畫遲遲無法如期下來。接下來將介紹一個學區的成功維修計畫，這個學區擁有8個場館，這計畫首先要求各場館依據使用頻率分爲高中低三級，評爲低使用率的場館每9年重新在表層磨砂，在第3年及第6年的時候則是進行刮除髒東西及乾洗地板（第二種方法），在其他年度的時候則是需要擦拭與乾洗（第三或第四種方法），評爲中等使用量的場館則是每6年重新粉刷地表每隔1年就要磨砂一次，每年也要擦拭與乾洗。高頻率使用得場館則是每3年就要進行表面磨砂，第2年則是刮除表面髒東西然後再上漆，第1年則是要擦拭與乾洗，編列這些預算的矩陣可以放入長期規劃的計畫。如果室內場館地板因爲維護得宜或使用率不高而需要太高的維修經費時，這個時間表可以延後1年實施，節省的經費可以運用在其他方案上，有些地表具備防濕裝置的話，可以每20年才重新舖設地板之表面。

合成運動場地（Synthetic Playing Courts）　由聚氯乙烯或是氨基鉀酸脂製成的平滑或是粗紋表面的合成運動場地是逐漸受到歡迎，毫無疑問地，這些地表也需要定期維護，否則他們容易破裂或是剝落使得磨損化合物侵蝕表面。之前，預防這些損害的物品是用壓克力共重合體進行表面覆蓋與封閉劑處理，比較新的覆蓋表面方式是藉由兩種複合物的運用使其回復力變得更好，這個程序要求投入比較長時間的準備，合成地板的定期維護要求一天清理灰塵兩次或一星期擦拭一次，表面覆蓋則是每年例行性工作。

合成草皮（Synthetic Turf）　如果一個人工草皮場地的清潔工作做得好的話，可以延長30%的使用壽命，處理殘留物的時儘量用掃把或是電動吸塵器處理，1年1次或2次用沖洗的方式清理砂土、石礫及灰塵，如果遇到積雪的情況，要移除但只留下薄薄1公分的表層即可，同時也要考慮覆蓋整個場地，淺色系列尼龍材質是最好的帆布，就像覆蓋一般自然草皮，不要等到濕了，才覆蓋。

盥洗室（Rest Rooms）　在1997年的一個研究中顯示高等教育機構所收到的（關於盥洗室清潔及供應品的抱怨分別爲60%及35%），對於一般學校抱怨盥洗室清潔的百分比是43.9%，清潔用品的抱怨則是37.9%，如果要取悅這些使用者，要確實遵照下列這些步驟：

- 清掃地板、淨空垃圾桶及塡滿香皀塡充器。
- 在便斗內外噴灑表面活性劑的消毒劑。
- 擦拭便斗內側及加以沖洗，也同時進行擦拭。
- 噴灑馬桶蓋的蓋子及背面、設備、馬桶後面的牆壁，然後擦乾。
- 沖洗尿斗外部及內側並同時進行擦拭，用乾淨的抹布擦拭尿斗外部。
- 在牆壁、水管、臉盆背部、香皀塡充器及附著於牆壁設備噴灑消毒芳香劑。
- 每天噴撒一層薄薄的清潔劑或是磨光設備及擦拭，可以防止塗鴉與尿酸。

- 為控制令人厭惡的氣味，特別是尿液與霉味，在便斗與尿斗週遭噴灑防臭劑。
- 拖地板時在拖把加入一些消毒劑（D'lorio, 1997）。

安全 SECURITY

與其他管理概念類似，規劃安全計畫的最佳起點就是分析現況及擬定解決問題的策略性計畫。如果安全議題相當嚴重，就必須僱用一位安全顧問協助整個過程。

每個場館所需要的安全計畫都是量身打造，一個為於鄉村小型學校會與郊區大型學校的情況完全不一樣。從小學學童到成人學生的年齡層級也會影響安全的型態與數量，行政者在面對日益增多的恐怖事件與槍擊意外時，必須擬定一套行動方案（每一年皆需要檢視及實地演練）以及處理各種情況的標準作為程序。在許多社區裡面，地區警察單位除了安排全天候警員在校園中執勤站崗之外，還可以指標學校的交通情況，如果沒有辦法做到上述的話，必須考量外包的方式，學生必須遵照第9章風險管理中的更多訊息。

從設計場館之初就考量安全議題及工作執行是最省錢也是最有效的方式，一般常識就可理解的建築型態及材料不能忽略安全的工作，如陡峭、屋頂斜度、加蓋金屬或是加裝窗簾的窗戶、無法從外面開啓但遇到警鈴響就會自動開啓的電子磁性鎖，自由地運用重型磚瓦材料如強化水泥磚，即使是浴廁搗擺隔間的部分，內牆也可以加上一層耐久物質，如熱力液體瓦（thermal liquid tile）（"Security by Design," 1993; Alvord, 1993）。

安全處置Security Solutions

經過許多年以來，軍隊深刻的體認不論使用多少技術與機械器具，最終安全的程度都是依賴參與人員的想法及教育，如果全體學生及教職員以學校爲榮耀並尊重它，這就不很需要複雜的安全設備，只要要求非學生進入機房空間。

你很難會有一個既安全又開放的場地設施，但是可以有一個的「開放式觀察」的場館（Cohen, 1993），假如將我們進入校園的情況與其他國家的情況作一比較，我們爲自己享有的自由感到驕傲。但可惜的是在有些地區，主要是都市內部區域，嚴格的安全措施不可或缺，有些學校，特別是私立學校，轉而請求專業保安單位的協助，有些則安裝精密的安全設備，如在保有價值物品房間及一樓臨近街道的窗戶安設聲波振動感測器。電視偵測器通常用爲監控停車場、大廳走廊及出入口。

行政者必須要研擬各種強化安全策略的可行性，在個人權益的保護與成本之間作平衡，針對此，可以請教保險公司就哪個較好的系統可以降低成本是一個不錯的開始，每個人都有不同的安全需要。

> 當採購一套系統時，你必須要考慮幾個環境因素，這可能包括窗户與門的設計、通風管位置、週遭附近的犯罪統計及型態，安全系統的設計可以進行3個層級的保護——周邊、內部及指定區域，周邊安全的維護這幾十年來都是用科技協助，第二層的保護包括內部偵測系統用以偵測在非營業時段竊賊闖入的舉動，在內部防盜偵測科技之中，最經常使用的是靜態紅外線與微波，前者只要偵測人體移動在冷氣房中身體的熱氣，就會啓動警報，相對地，微波偵測竊賊的移動，玻璃防破偵測器通常是裝置在天花板是感測聲音的情況（Perry, 2002）。
>
> 自從911攻擊事件發生之後，高度精密的電子監測已經普通運用於大型運動賽會，「令運動場館管理單位在裝置新保全系

統時苦惱的是因為牽涉美國憲法增修條文第4條關於個人有免於不合理搜索的自由」（Miller, et. Al, 2002）。

體育運動行政者所面臨最大的安全挑戰是鎖與更衣室，一個開放式的淋浴空間可以藉由使用者的注意而降低風險（Horine and Turner, 1979），安裝鏡子可以看清楚各個角落，電視監視器也相當有效。關切安全問題的行政者需要知道不同型態的鎖，一般而言，鎖的型態有三種，最便宜且保全效果較不好的就是最簡單的空心殼掛鎖，在中等價位及提供一般保全的是薄片凸塊鎖，由兩邊完全相同方型齒狀的一片鋼鐵組成，最好的就要算是由鑰匙辨識的精準銷簧鎖，鑰匙的一邊是平滑的，另一邊則是不規則鋸齒狀，雙重、淬火鎖定增加防鎖以及鎖緊了鎖卸扣，直到鑰匙正確的使用才可以開鎖。

運動場館外部需要安全照片設備，俄亥俄州（Ohio）的哥倫布斯（Columbus）學區決定他們的照明設備需要注意，因此，這個學區將照片設備更換成防破的低壓鈉裝置（low pressure sodium fixtures）與矽膠鏡片，這些燈又被歸為省電裝置，較低的瓦數減少消耗及增加其使用年限，這些燈光必須瞭解他們照射的燈光將轉為灰色或是黃色。在另外一個學校，原先的水銀蒸汽燈被更換為高壓鈉（high pressure sodium fixtures）裝置，在這個過程中，瓦數由40,800降為9,000。

不論運作的本質是營利、休閒或是校園為主，保全都是必要的，如果未經核准就進入然後又遇到受傷，組織可能要負責任。一些不受歡迎的客人也會增加偷竊的可能性，利用電腦辨識會員卡是相當常見，但要阻止這些會員卡流通借用是相當困難且耗費時間。新的電腦系統會將持卡者的數位相片顯示在螢幕上，條碼卡也可以很小而放置在鑰匙圈，俄亥俄州的艾席蘭（Ashland）裝置手勢辨識系統只需要花不到兩秒的時間（Cioletti, 1997; Patton, 1997）。

在規劃管制站時，最要的是注意視線可能注意的範圍，設置管制站是相當有用的。同時，在一些特別區域增設號碼讀卡機與觸摸板是非常有效，門的警鈴與加裝攝影機的協助可以改善整個保全工作。「簡易式觸摸開關、配合登記／控制軟體可以讓員工監視活動空間、更衣室及其他地區的使用情形」。此外，在一天結束之於經由校園中央及建築物進行自動時間控制而關閉整棟大樓（Patton, 1997: 67）。

遊戲場安全Playground Security

美國失能者法案無障礙設施準則（Accessibility Guidelines）第15.6節提及運動場所在空間設施上的守則，這提供建築物的新建或是遊戲場的整建一些要點，關於遊戲場的幾個安全議題逐漸受到重視，一個是高度確實是重要的事項，從越高的地方向下摔，受傷的程度就越嚴重，第二則是長期需要寬大的場地表面（Malkusak et al., 2002; Forst et al., 2002; Hendy, 2002; Peterson, 2002），第10章將提供更多詳細的資料。

一本由加州司法部門的學校安全中心（The School Safety Center of the California Department）印製的手冊提供下列措施：

1.遊戲場設備不僅需求耐用而且儘量是採取固定安裝，僅有極少部分是可移動的，以及抗外力的鍊條與螺絲釘。
2.附近的居民、校方人員及警衛清楚地加以觀察遊戲場的設備。
3.飲水器要裝置於牆壁的凹處。
4.學生、家長及學校人員皆要參與遊戲場設備的規劃。
5.遊戲場要用架構圍牆方式與學校建築物隔起。
6.自行車步道必須要規劃在安全與監視的區域。
7.遊戲區應該加以隔離使得天然障礙物或是圍牆使交通工具無法進入。
8.要特別留意禁止機車與轎車衝進跑道、草皮區與網路場。
9.在圍牆間設置缺口一方面可以阻止翻閱圍牆，同時也方便進入。
10.設計者要避免設計徘徊流連的區域以減少亂丟垃圾、塗鴉及其他問題。

11.要供應充分的垃圾回收容器並固定在牆柱。

12.指標要加鑄或鑲入在水泥或其他堅固材質中並且置放到無法觸及的高度。

大學校區安全控管的加強

College Complexes Increase Control for Security

大型的學校通常都有裝設一些自動進入安檢系統可以很方便地控制校園的進入權力，這系統可能包括附有條碼的識別證、掃瞄器、磁條、整合型晶片、無線電傳遞、雷射光束。滑雪產業可以稱得上是在這方面科技應用的領先群，這些器材不僅控制出入還可以有能力辨識經常使用的持卡人以建立行銷人員所需要的夢幻資料庫（"Ticketing and Access Contorl," 1993）。

設備櫃Equipment Cages

許多學校與大學發現僱用一位器材經理在出借系統上經由設備櫃的協助可以幫忙清點系統、加強安全、減少維修費用，這些節省的經費通常超過所給付的薪水。

關鍵思維 Critical Thinking

在學期末結束的時候，一個高中體育室投票決定在下個年度購買兩台跑步機，他們相信這些器材可以一部分作爲殘障學生使用、爲其他學生提供個人化運動處方的計畫以及運動代表隊的復健使用。身爲體育室的主任，你審核這項預算，看起來可以同意這項採購，學校對於招標或是直接採購並未有明確的政策，所以是由校長作決定，你遇到了校長，她也同意你的想法，但這個稱得上是重要的採購，她要求你提出供3家全國性廠商的投標以及3個地區性廠商的估價單，然後併同你的建議一起交給她。

在訪價過程中，你發現可以滿足學生需求的跑步機價值約爲3,000美元，地方廠商提出同樣品質的型號，其價格是2,800美元、2,900美元、3,000美元，第一個供應商提出90天保固期及回饋200美元給後援會，第二家則提出6個月的保固及贊助美式足球隊的1次晚餐活動，第三家廠商則是提出1年保固期，其他的相關服務與知名度是相同的，當地以外的三家投標廠商的報價分別爲2,600美元及90天的保證、2,700美元外加6個月的保證，2,800美元及一年的保證。

1.分析地方廠商的投標。

2.分析全國性廠商的投標。

3.列出您的第一個及第二個選擇給校長並說明理由。

練習題

1.針對設備訂單，有許多次您會收到一個可以支用的總金額然後依據此金額採購買，這種是屬於何種情況？

2.請依據重要性列出招標採購的好處；同樣地，依據重要性列出招標採購可能出現的問題。

3.兩個常見的理由解釋教練為何要求特定品牌及型號的器材而不接受替代品。假如您是行政人員的話，試著思考您會接受的其他理由。

4.本章列出數個規格說明的例子，請選出一個您熟悉的產品並寫下其規格。

5.假設您要為一所國中（7～9年級）組織一支新的足球隊，不清楚到秋天的時候會有那些人來參加這個足球隊，但是在5月1日前就要提出球衣的訂單。請寫出25套足球球衣的採購單，列出衣服尺寸、號碼、顏色、裝飾、原料產品、纖維材質、型號及設計。

6.當要購買充氣式球類時，哪三個關於氣囊繞組的因素影響球的最終品質？

7.假設您是一位管理場館的行政者，在秋季的時候因為曲棍球、足球及體育課使用量很大，在接近春季末期及剩下的學期只有下一天數小時的體育課程使用，請規劃出一年的場館維護計劃。

8.檢查您學校的室內運動場，然後寫出兩個報告：依據重要性寫出需要留意的維護清單，以及安全評估與建議改善之處。

參考文獻

Adrian, M. (1989a, January). Weighty decisions. *College Athletic Management* 1, pp. 21-22.

Alvord, M. (1993, February). Burbank's wilderness-style restroom is vandalism resistant. *Park/ Grounds Management 8*, pp. 4-5.

Brickman, H. (1997, November). Helping hardwood perform. *Athletic Business* 21, pp. 67-72.

Bucher, C, and Krotee, M. (2002). *Management of physical education and sport* (12th ed.) New York: The McGraw-Hill company.

Catalano, J. (1996, February/ March). Following the fashions. *Athletic Management* 8, pp. 38-44.

Christiansen, M. (2002, April). Playground maintenance. *Parks and Recreation* 37, pp. 84-91.

Cioletti, J. (1997, July). Your front line. *Club Industry* 13, pp. 39-45.

Cohen, A. (1993, March). Security check. *Athletic Business* 17, pp. 41-44.

Cohen, A. (1997, August). Keeping track of everything. *Athletic Business* 21, pp. 43-48.

Connor, D. (1997, July). Selectorized strength-training equipment. *Club Industry* 13, p. 50.

Cummings, S. (1997, September). Changing times. *Cleaning and Maintenance Management* 34, p. 64.

D'lorio, K. (1997, November). The rest (room) of the story. *Cleaning and Maintenance Management* 34, pp. 46-50.

Frost, J.; Sutterby, J.; Therrell, J.; Brown, P.; and Thornton, C. (2002, April). Does height matter? *Parks and Recreation* 37, pp. 74-83.

Hendy, T. (2002, June). Playgrounds for the mind, body and spirit. *Parks and Recreation* 37, pp. 64-71.

Horine, L., and Turner, E. (1979, December). Appalachian State's locker room renovations provides open atmosphere. *Athletic Purchasing and Facilities* 3, pp. 20-23.

Malkusak, T.; Schappet, J.; and Bruya, L. (2002, April). Turning accessible playgrounds into fully integrated playgrounds. *Park and Recreation* 37, pp. 66-69.

Martin, J. (1997, September/ October). Preparing your club for the indoor season. *Ennis Industry* 25, pp. 30-31.

Mendel, B. (1994, February/ March). The team uniform industry. *Athletic Management* 6, pp. 36-39.

Miller, L. K.; Stoldt, G. C.; and Ayers, T. D. (2002, January). Search me. *Athletic Business* 26, pp. 18-21.

Mintz, J. (1997, December). To buy or not to buy? *Cleaning and Maintenance Management* 34, pp. 50-52.

Pantera, M. J. (2002, January). 25 keys to world-class maintenance. *Parks and recreation* 37, pp. 46-59.

Parkhouse, B., ed. (2001). *The management of sport* (3rd ed.). New York: The McGraw-Hill Company.

Patton, J. D. (1997, August). Mission: Control. *Athletic Business* 21, pp. 63-68.

Pellerin, T. J. (1997, November). Higher education saves a cleaning staff. *Cleaning and Maintenance Management* 34, pp. 40-43.

Perry, P. M. (2002, April). Security first. *Athletic Business* 26, pp. 40-44.

Peterson, J. A. (2002, April). Eliminate playgrounds? You must be nuts. *Parks and Recreation* 37, pp. 92-95.

Plass, T. (1996, June/ July). New NOCSAE standards. *Athletic Management* 8, p. 37.

Sawyer, T., ed. (1999). *Facilities planning for physical activity and sport.* Dubuque, Iowa: Kendall/Hunt Publishing Company.

Security by design. (1993, January). *American School Board Journal* 180, pp. 37-39.

Strauf, D. L. (1989, January). Anatomy of an efficient equipment purchasing system. *Athletic Business* 13, pp. 48-54.

Strauf, D. L. (1996, June/ July). Helmet check. *Athletic Management* 8, pp. 36-41.

Surfaces and covers. (2000, Aug./ Sept.). *Athletic Management* XII, pp. 58-63.

Ticketing and access control. (1993, May). *Ski Area Management* 16, pp. 78-81.

Chapter 8
體育運動與法律

管理思維Management Thought

假如一個人擁有常識，他便可擁有所有見識的基礎。

If a man has common sense, he has all the sense there is.

～山姆．雷博恩（Sam Rayburn）～

案例討論：

運動員過失（Player Negligence）

絶格對上都柏齊訴訟案（*Bourque v. Duplechin*）（1976）在針對運動員過失、球員對球員責任，甚至在高中棒球及壘球規則改變中經常被提出討論的案子，在這個國家中，其他重要共同法律的重要案例有紐巴施尼對上糧倉丘陵訴訟案（*Nabozny v. Barnhill*）（1975）與哈克巴特對上辛辛那提紅人隊訴訟案（*Hackbart v. Cincinnati Bengals, Inc.*）（1977）。

原告絶格（Bourque）提出法律訴訟要求他在參與成人壘球比賽所造成受傷的賠償，造成絶格傷害的則是都柏齊（Duplechin）在對手的球隊，地方法庭的判決認定原告勝訴，而被告則不服提出上訴。

絶格在這場比賽擔任二壘手，都柏齊靠著一壘安打順利進佔一壘，接下來的打者擊出一個滾地球，都柏齊全速衝向二壘，游擊手接到球之後就趕緊將球傳給進入二壘壘包的絶格，絶格想造成雙殺，同時，也遠離了跑壘的跑道，都柏齊也改變跑壘方向朝站在距5呎之遠的絶格衝撞，當他要撞上絶格的時候，舉起手臂並打中絶格的下巴，不僅造成絶格傷害，裁判也將都柏齊驅逐出場。這事件發生的時候，當時的絶格身高5呎7吋，22歲。出庭的一位專家證人認爲壘球是一種非接觸運動，以及破壞雙殺的一種合理方式就是滑向二壘。

都柏齊承認他是全速衝向絶格，但強調意外發生的原因是絶格未能有效讓出跑道（絶格如果站在跑壘跑道上就應承擔被撞擊的風險，但是也不該在離壘包5呎遠之處被衝撞。），地方法庭的結論是絶格不應承擔都柏齊過失行爲的風險。

絶格的下巴受傷，掉了7顆牙齒，需要整形手術，並獲得因爲受傷的12,000美元的賠償以及特別傷害的補償1,496美元，路易斯安那高等法院支持地方法院的判決（Yasser, McCurdy, and Goplerud, 2000）。

本章目標

讀者應能夠

1.解釋美國法律的緣起以及如何應用在體育運動的各領域上。

2.熟悉經常出現在體育運動的法律概念及名詞的能力。

3.說明老師、教練、行政者及可能被告的法律訴訟基礎。

4.在產品責任險、場館、器材、監督及罰則中找出法律與體育運動的關聯。

5.解釋法律與運動特殊領域的利益如業餘定位（amateur standing）、規則與規定、協會、合約、暴力、人事、媒體、藥物檢查、性騷擾及男女平權法案的關係。

一個已經擔任教職兩年的研究生說：「我想起第一年的所作所爲仍然讓我嚇起一身冷汗——我沒有遭到法律的指控純粹只是運氣好罷了！」

許多讀者這個時候正在思索，「問題到底出在哪裡？教師與教練不會被控告的。」其實不然！每位教師、教練、運動領導者及行政者都可能被控告，事實上，他們比其他科目的教師更容易受到訴訟的影響。在現今社會中一個可怕的觀點就是，任何一件傷害或是不如意的結果都必須有人爲此負責與付出代價。正因如此，體育教師、教練以及運動領導者有時候較獲得合理的責任險。

此外，值得關心的是法院的判決影響了與體育教師、教練及休閒領導者與協會相關的規則及政策，這些判決有時候並不完全是考量運動員或學生的最佳利益，也經常造成組織得負擔責任以外的財務壓力。

定義
DEFINITIONS

吸引兒童的冒險活動（Attractive nuisance） 一種狀況的維持以吸引孩童在危險的情況下遊戲。

政府豁免權（Governmental immunity） 不屬於政府單位的公共利益，除非是法律的允許或是規避之外的普通法原則。

父權主義意識形態（In loco parentis） 雙親的職責。

責任險（Liability） 承擔由受傷動作所引起的損害或履行責任與清還債務責任的情況。

誹謗（Libel） 文字書面的中傷（不一定是出版品）。

訴訟（Litigation） 訟案、法庭動作。

瀆職（Malfeasance） 非法動作的犯罪行爲。

過失（Misfeasance） 一個合法動作的不得當或不符合法律的表現。

疏忽（Negligence） 在一個動作中缺乏適當的照顧；無法執行合理的

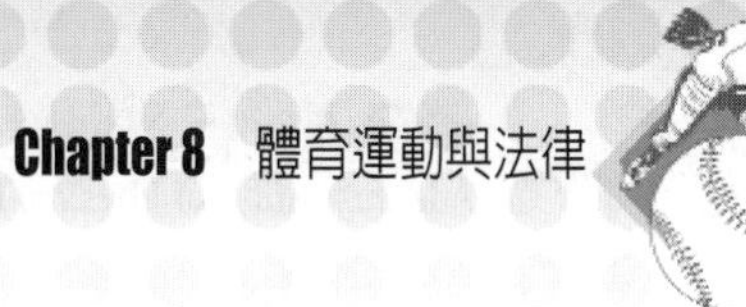

照顧。

未履行（Nonfeasance） 沒有遵照法律要求所須執行的動作。

原告（Plaintiff） 提出法律動作的起始者。

近因（Proximate cause） 在法律之下造成受傷的原因。

僱用人責任（Respondeat superior） 普通法原則中的雇主必須所兼負起員工的責任。

維持無傷害（Save harmless） 讓公務人員在受到與其職務有關的民事控訴時所提供僱用人責任的法律或是保證。

侵權行為（Tort） 民法錯誤（相對於刑法），不是來自契約的違反（Clements, 1988）。

體育運動的法律趨勢
LEGAL TRENDS IN PHYSICAL EDUCATION AND SPORT

法律與運動的領域已經改變，其涉及範圍之廣泛超出所有運動管理研究的子題，在一些法學院中已設有運動法律中心或機構，在10年前只有一些體育教師或體育室主任發表運動法律的論文；現今則每年皆出版相當完整的書籍。

由於運動反應社會一般的現狀，社會喜好訴訟的習慣也出現在運動領域中，在參與運動與身體活動過程受傷者經常認爲運動組織應該保證完全的安全，情況並非如此——意外與受傷當然會出現在運動場合，但是這個事實並無法阻止受傷者提出告訴，「體育運動的訴訟案件在近年來有逐漸增多的情況，而性騷擾則是學校部分最多抱怨的案件」（Bucher and Krotee, 2002）。

爲何體育運動界中有如此多的訴訟？

Why Are There More Lawsuits in Physical Education and Sports?

今日運動所受到的歡迎程度可說是前所未有，少年運動的組織從足球場到攀岩；從老到少、男性與女性的各種運動聯盟、在學校或休閒環境或是俱樂部皆在蓬勃發展，因此，一些參與者受傷之後就會尋求法律途徑解決。

除與前述幾項有關之外，另一方面造成越來越多法律案件的原因是在於運動設備器材的產品責任認知有極大的改變，近來還有一些免費提供法律服務或是預付的服務情況，也都是使法律案件增加的因素之一。同時，律師們以打贏才收錢的計費方式，也讓消費者更願意走上法庭。一些獲得天價的賠償金額也提升了人們興訴的意願。此外，人們也逐漸重視個人的權利，保險公司積極地尋求庭外和解也使消費者更瞭解上法院對於保險公司的壓力。

過失Negligence

造成過失的因素？（What Constitutes Negligence？） 「過失」指的是一個通情達理的人，在當時的情況下，沒有做到或是未達到應有的合理標準，沒有符合正常且合理的照顧。

一般而言，你必須確保學生的安全，包括提供安全的運動設施與器材設備；教授及執行合適的規則；指導適當與必要的技能；在合情合理的情形下，提供適當督導。值得一提的是，參與者不注意所導致的意外，也可能使你要肩負起這意外的責任。注意這些過失因素適用於學校、休閒及收費的運動活動。

決定過失（Determining Negligence） 決定是否爲過失發生的因素有3個：風險的本質與程度、社會的價值與預期利益的有效性以及可允許動作的選擇替換性。「要被認定有過失的存在，原告必須要證明4個要素的存在：（1）欠缺適當照顧、（2）未履行責任、（3）過失的實際原因或可能原因、（4）「損害的情況」（Cotton and Wilde, 1997: 26-32）。所有的要素都要向運動管理者或教師證明，才稱得上是過失的情形。

第一個要素（責任）是有關是否在不合理的情形下，必須要履行或是無法履行責任，例如，在1995年愛迪生對上勞工谷自由學區的案例（*Edison v. Uniondale Free School Distrit*）中，法庭判決學校並沒有違反對於一位角力選手應有的責任，當這位選手與更高一級的選手進行比賽，這個決定的關鍵因素在於：（1）這位選手是自願參加、（2）他事先就知道對手屬於不同量級的情形、（3）揮擊造成下巴受傷的原因與體重並沒有關連、（4）角力比賽中的「醫療暫停時間評估」，對於所造成的傷害並沒有影響（"School Liability," 1996）。

第二個要素（違反責任）的證明方式，包括直接證據、違反條款或事實說話（resipsa loquitur）（允許原告根據當時情境可能發生的原因為基礎做為申訴之用）。例如，第一種情況是，當防護員規定選手不應下場的情況下，教練執意她參與比賽。第二種案例則是一位教師採用未經審核的課程活動。違反責任（breach of duty）通常用專業照護的標準（standard of care）來加以衡量。專業照護的標準衡量動作（教導與督導）、場館及提供的器材設備與其餘運動專業可接受的行為進行比較。在許多情況下，專業組織如美國運動醫學會（American College of Sports Medicine, ACSM）、國家體能訓練協會（National Strength and Conditioning Association, NSCA）、美國運動顧問委員會（American Council on Exercise, ACE）對於特定活動提供了專業行為或規約的準則，美國運動醫學會也出版運動與健身場館的準則。另外一種可以比較專業行為的方式，就是在同行專家發表的內容，假設無法確認詳細的參考文獻，律師通常會請求「專家證人」檢視你的行為及證實這行為是否符合專業照護的標準或是不符合標準。

卡頓（Cotton）與威爾德（Wilde）將與有過失（或共同過失）定義

爲「原告部分的行爲導致傷害，並可歸納於法律原因，受傷的情況在於缺乏原告無法遵守自我保護的合理標準」（Cotton and Wilde, 1997: 45）。少數的州允許與有過失（或共同過失），原告若造成自身傷害將被禁止提出辯護。

第三個要素（實際原因或可能原因）要求確認原告所遭受法律上的傷害是來自於被告的過失行爲。

> 即使過失行為沒有發生，同樣的傷害依然會造成，這個行為就不是造成傷害的原因，這有時候被稱為「如果沒有」這問題中特定的傷害不會產生被告的過失行為（Wong, 1994）。

例如，一位維修人員使用生石灰畫休閒場地，以及一名參與者因爲眼睛接觸到石灰而灼傷使其眼睛失明，使用不安全的材料就是導致這個傷害的近因。

最後，原告必須要證明實際傷害的發生直接來自於被告的過失，原告也許急欲從不同的失落中，尋求補償如過去、現在及未來所造成的痛苦與傷害、醫療費用、失去的收入、失去的親情（配偶的關係）。例如，一名女士因爲滑雪使膝蓋受傷，必須接受關節手術、請假幾天的工作及宣布將無法進行滑雪運動。

過失的抗辯（Defenses against Negligence） 進行抗辯最好的兩種方法就是：第一，妥善規劃，使受傷不致發生，第二，證實4個要素中至少有一個不存在。此外，其他抗辯的方式如下：與有過失（或共同過失）、比較過失、危險承擔、不可抗力及免除行爲人之責任。

與有過失（或共同過失）（Contributory Negligence） 考慮下列的情況：你擔任遊戲場地的督導人員，卻暫時離開場地使其無人看管。有名學生在圍牆的上方行走，10分鐘之後，一個學生滑倒並弄斷手臂。一個6、7歲小孩的行爲稱不上是與有過失（或共同過失），但若是一位12歲的學生，你也許會有責任要承擔。但你可以試著突顯那個年紀的學生是導致這個意外的原因，及你將不負責這個意外的發生，你也要說明這個孩童應瞭解這個危險的存在，如果這個學生年級更高，就更容易突顯與有過失（或共同過失），在運動場上，與有過失（或共同過失）的出現通常是因爲受傷者有意或不合理的將自身致於危險之處。

根據卡頓（Cotton）與威爾德（Wilde），「比較過失並不是眞正對抗過失責任的方式，比較適合的說法是將受傷的相對程度或責難情況予以分攤」（1997: 47）。舉例來說，一個籃球教練要求其球隊中的兩位球員在早上6點半的時候在公路上進行跑步訓練，球隊同意這個訓練在星期五的早上進行，然後下午就放假。這條道路的交通流量大，而且沒有人行道，有些球員要求教練更換另一條道路，但遭到教練拒絕。兩位球員在一個早上跑到錯誤的方向並被一輛卡車撞倒，一位球員死亡，另一位球員則是嚴重受傷，在調查的結果中，法庭判決卡車的司機要承擔46.6%的責任，學校要負責其中的24.8%，球員本身則要承擔28.6%的過失（*Howell v. Kansas Newman College*, 1 P. 3d. 310）。

比較過失（Comparative Negligence）　大多數的州已經通過立法允許比較過失的立法，比較過失是一種原則用來評定各方的過失比例，然後根據兩邊過失的數量，將損傷予以比例分配。

危險承擔（Assumption of Risk）　危險承擔指的對於一個已知及瞭解風險的自願承受，一個參與者或是觀賞者接受他人行爲所造成的危險，在受傷的情況下，將無法提出告訴。危險承擔在美國一直是標準的辯護行爲（在世界許多的國家也是如此）直到近年來才有所改變，例如在滑雪運動中，大約20年前，任何人都必須穿上長滑雪板然後在冰雪堆積的山上滑雪，遲早會出現一個引起受傷的衝撞，此時也只有自認倒楣，如今情況已經有所改變。

另一方面，當場館老闆不是安全承保人時，顧客就不承擔不安全或隱藏危險的風險。參與者不應承擔不屬於比賽規則或是第三者的動作，觀賞者不應承受不合理動作的危險如一位棒球員故意朝觀眾席上的人丟擲。

一個案例檢討有關加利福尼亞大學董事會對上羅特根訴訟案（*The Regents of the University of California v. Roettgen*, 41 Cal. App. 4th 1040）也許可以更清楚地解釋這個原則，一位學生在攀岩課中因摔落而導致死亡，他的配偶提出告訴，宣稱上課老師與校方皆有過失，並要爲她先生的死亡負起責任。她指控諾曼．羅特根（Norman Roettgen）的掉落是因爲上課教師將所有4個扣環置入單一自動扣環系統所導致的過失，法院指出「就一般通用的規定而言，人們有責任採取專業標售的照顧，以避免造成他人的受傷，以及假使缺乏注意的行爲，產生傷害時將可能肩負責任」（p. 1045）。但是，法院認爲承擔責任的範疇也根據被告在這個意外傷害中所扮演的角色，法官發現羅特根是一位很有經驗的攀岩者，瞭解攀岩本身所存在的風險，與活動並未超越其能力範圍——以及在沒有改變攀岩運動的本質時，其本身的風險並無法消除，因此，危險承擔原則是保護學校免受責任承擔。

不可抗力（An Act of God）　相當明顯地，這個辯護的主體建立於超越任何人所能控制而發生的概念，一個例子可能是，假使突如其來的一陣疾風迫使一輛活動巴士停靠在路邊。有些人相信這「天外一陣閃電」的辯護足以構成抗辯成功的理由。無論如何，你必須要瞭解這個抗辯只適用於自然無法預期及不可控制的動作，因此，如果有一位教練在暴風雨來臨之際，卻要求球隊繼續在運動場上練習，這個辯護就不成立。

免除行為人之責任、消滅時效及見義勇為條款（Immunity, Statute of Limitations, and Good Samaritan Statutes）　我們今日所看到政府的豁免權進入到法律系統是依據來自英國的「普通法（common law）」，豁免權的由來是自國王就是政府的年代，因爲國王都是對的，要控告政府是不被允許的。在許多州依舊採用這項原則，學校不可能被告，因爲學校是政府的一部分，但是取消或調整豁免權是一股潮流，因爲一般認定一個人不應該承受過失所導致的傷害與處理所需要的成本付出，即使這單位在傳統以來就接受政府的豁免權保護。

假如原告沒有在規定的時間內提出告訴，就會被禁止提出，但是要注意不同的侵權有時效上的差異，所以原告也許會在一個不同時間提出另一個侵權，在一些案例之中，指控必須在6個月內完成書面內容。

見義勇為條款保護提供急救受傷者的人們，每州的這個條款不盡相同，假使這個處理方式過於鹵莽或是荒唐地造成傷害，這個條款將不成立。有一些州，如北卡羅萊納（North Carolina）的條款只適用於高速公路；還有很奇怪地，紐約（New York）的條款只有牙醫師適用，在麻塞諸賽州（Massachusetts）的條款，全國滑雪巡邏（National Ski Patrol）人員享有這個條款的保護（Wong, 1994）。

兩個皆出現於鉛球活動，卻有不同判決的案例，1992年的海芝對上天鵝湖與鮭魚大草原學區訴訟案（*Hedges v. Swan lake and Salmon Prairie School District*）中，一名教師要求一位學生在她所擲鉛球的落點之處畫上記號，這個學生卻遭到鉛球投擊而受傷，因而指控教師與該學區。地方法院依據免除責任的依據，作出同意被告提出簡易判斷的論點，但是蒙坦納（Montana）最高法院則認定被告的過失，並不是來自於因為善盡與在豁免權條款中的立法法案有關的正式工作內容，因此，推翻地方法院的決定，並駁回地方法院重新審理。

1992年的藍基對上阿靈頓教育委員會訴訟案（*Rankey v. Arlington Board of Education*）中，原告參加兒子被告學校的田徑比賽，在前往觀眾席的途中，被一位正在練習鉛球的選手丟到臉部，她一口氣控告學區、督學、體育室主任、田徑教練，並表示警告說明必須要清楚呈現，另一方面，被告則尋求豁免權，並獲得地方法院認同，這個決定也獲得上訴法院支持。

保持無傷害（Save Harmless）　複習本章一開始所說明的定義，在許多州，不論學校學區是否享有豁免權，老師與教練是要負擔本身的侵權責任以及應該要準備支付法律費用。但是，有一些州允許學校學區從經費中提出「拯救老師」以及支付老師「無傷害」判決。

很少有清楚的案例說明是否教師或教練是「無傷害」，這是因為無數

圖：安全的遊戲場設施是重要的，強調堅固強化的建造，平滑的表面、在設備下的沙土，美國消費產品安全協調會出版了遊戲場安全的原則綱要。
資料來源：Hardin Park Elementary School, Boone, North Carolina.

的可能狀況，這可能依據特定州的法律，包括下列因素：學區是否允許責任險的購買？侵權與保險涵蓋的特定範圍有沒有關係？受傷與自身（商業導向）功能有無關係？（這有時候是指包括運動），以及，不管各州訂定的法律，有無涉入「鹵莽（reckless）」過失？員工必須要清楚地確認他們的「主雇（master-servant）」關係爲何。

產品責任險Product Liability

> 產品責任險要求製造商、經銷商、零售商與供應商承擔上市產品瑕疵所造成傷害的責任，責任的理論是根據製造商或是銷售人員比消費者佔到一個有利位置而更瞭解情況以減少這個缺點及吸收所有造成損失的概念（Clemens, 1988: 77）。

製造商在製造及設計器材時必須採用合理的照護，所以假使在既定功能使用的情況下，它會是安全的。假設器材是危險的，即使是適當的使用，這就是製造商的責任要警告這個危險的存在，製造商通常不會被要求製造百分之百完美的安全商品，在法庭上，相似的產品通常被拿來比較以決定「合理」安全產品爲何。

卡頓（Cotton）與威爾德（Wilde）（1997）指出在產品責任險中要檢視3個最重要元素：不當設計、不當製造及缺乏警告語。在一個特別的案例中，阿諾對上雷戴爾公司訴訟案（*Arnold v. Riddell*）中，法院作出一個1,200萬美元給美式足球球員的賠償判決，法院認為製造商有責任警告球員關於PAC-3型號頭盔的危險，地方法院發現雷戴爾公司要承擔阿諾63%的傷害。（*Arnold v. Riddell*, 882 F. Supp. 979）。

場館與設備Facilities and Equipment

籌募運動經費愈來愈困難之際，許多機構開始朝向對於特殊族群採取場館出租的方式，這種行為的法律性遭到質疑，在亞歷桑納（Arizona）與紐澤西（New Jersey），宗教團體使用這些場館就受到挑戰，在這兩者的情形下，這僅是一種單純的商業交易而且是被允許的，在威斯康辛（Wisconsin），法院認定高中體育館可以租借給宗教或政治團體，但活動性質必須是無黨派的與無宗教派系的。商業性團體經常租借運動場館或是與場館單位均分門票收入，私立學校租用公立設施是合法的嗎？發生在阿拉巴馬（Alabama）的蒙哥馬利（Montgomery）的案子，4個都是白人私立學校使用一個市立運動館成為法院討論的問題，法院在這個案子中發現市立運動館不能被如此使用，但這不限定於私立學校學生個別使用市立休閒設施。

一個特殊的情況顯示，運動管理者應該知道可能引起言論自由的議題，在1997年，密西西比大學（University of Mississippi）的球迷被要求將其南部邦聯旗（密西西比大學的暱稱是「背叛者（Rebels）」）收起來，但這位球迷拒絕，場館經理說明他們的政策是禁止大於12呎乘上14呎的標語或旗幟，當這位球迷相信他在憲法第一修正案中的表達自由遭到拒絕，這位場館經理注意他們擬定這項規定是為了球迷的安全，球迷可以透過其他方式呈現球隊標誌（*Barrett v. University of Mississippi*, 531 U. S. 1052）。

運動比賽中的禱告（prayer）也成為法庭討論的案例，聖大非獨立學校學區對上珍・竇訴訟案（*Santa Fe Independent School District v. Jane Doe*）（530 U.S. 290）是具有指標象徵的案例，結論是類似的活動即使是自願的行為，也不合乎憲法。

為避免場館使用而衍生出的法律問題，提供的建議為：

- 擬定書面標準作業程序。
- 規劃書面緊急作業程序或危機反應計畫，包括任何與外界使用者的合約，內部人員要經常檢視這些文件內容。
- 確保所有的使用情況均受到嚴謹的監督。
- 將不合理的要求都轉達給法律顧問以尋求建議。
- 確認所有賽會的督導人員都熟悉一般使用及緊急照顧程序及政策。
- 要求適當保險。

雖然遊戲與運動場館相關的受傷經常引起訴訟，驚訝的是，並沒有更多的案例。假如你是負責視察最近的遊戲場或是運動競技場，你可能會發現幾處潛在危險的情況。思考你最近所使用的一些場館，要保持百分之百的安全幾乎是不可能的事情，但對於這些潛在的危機及在傷害發生前減少這些意外是專業教師、教練及行政者的責任。

吸引兒童的冒險活動（Attractive Nuisance） 另外經常在疏於注意的遊戲區，遇到的特定法律議題就是「吸引兒童的冒險活動」。法院經常認為小孩子就是會受到一些遊戲區的吸引，但孩童不夠成熟判斷這個區域是否危險，如果一個遊戲區有很大的溜滑梯及很高的訓練攀爬架，這只要在一位人員看管就算是安全的情況，這個遊戲區的四周也許有圍牆使得孩童在無人看管的情況下無法自行進入玩耍。危險性越高，所需要的圍牆安全就越重要。

在與場館有關的案例中，法庭表示一個重要的因素，就是學校行政者、包括教練及教師是否知道一個已經長期存在的危機，而並未採取任何改善動作（確實告知）。在這些案例之中，經常發現學區肩負過失的責任，即使無法顯示學校行政者知道這些危險，事實是只要這些危機情況存在，假以時日就會造成學區有過失的嫌疑（具法定性）。

場館與法律問題（Facilities and Legal Problems） 網球場（tennis courts）必須要有良好的設計與維護，一個與網球場建築有關的案例中發生一位球員跑向邊線的圍牆，這個圍牆是與石牆面對所以沒有提供任何緩衝空間及吸收撞擊的力道；另外一個案件是一位職業球員在移動身體前進時，卻發現他的腳卡在一個「死角」，進而造成其腿部軟骨扭傷。一個營隊的小伙子在掉進窪地的時候，造成大腿受傷，雖然場館條件不良是相當明顯，還是要提出法律訴訟。

游泳池是造成大量法律事件的場館，在一個游泳池中，一位救生員因為要開起水底燈光而攀爬金屬樓梯時，發生電線短路而遭受電擊；一個學生試圖要從重量很重的木質更衣板凳拿衣物，因為該板凳並沒有固定就壓到學生並導致死亡；一位救生員濕著腳在泳池辦公室，欲開起廣播系統要進行公告時而觸電。

救生員避免法律訴訟的最好方式說明如下：

1.確保書面緊急處理程序而且要熟練。
2.要合格、持有證照與責任的瞭解。
3.確保維持救生員適當的數量。
4.確保場館是合適的設計與維護。
5.保持精確的紀錄。
6.維繫易於瞭解的溝通系統。
7.擬定並公布使用及安全規定。

救生員最容易引起訴訟的情況，是來自尖銳物體造成的受傷、缺乏執行及時急救、不當督導、不適當急救設備、救生員不合格的訓練、場館維護不善（Osinski, 1988）。

有可能因為體育館的設計與維護問題，導致許多的傷害與糾紛。大多數的紛爭與地板濕滑、玻璃及接近球場週邊的玻璃與其他危險、或是場地之間過於擁擠有關。一名籃球員進行基本訓練時跑往底線，不小心撞破玻璃門而導致受傷，並提出告訴，學校因爲購買責任險而被取消其豁免權，但是法院發現學校並未有過失，學生則有共同過失，主要是因爲他已經在此室內體育館（gymnasiums）打3年球，法院判定他並未採取合理的照顧措施，以避免自己受傷。

籃球場地過於狹小將導致嚴重的問題，在紐約的一個受傷案例是發生在48位學生擠在僅有43呎乘上48呎的8個籃球場空間打籃球。

許多傷害是出現在戶外場館，一位球員在紐約市的水泥壘球場上，被球場邊緣石塊絆倒，法院認同該城市提出球員應承擔危險的訴求；在一個類似水泥球場，一位球員被碎玻璃刺到而受傷；另外一個案件中教練將標準撐竿跳的竿子放在兩個箱子之上，原告撐竿跳的時候落在其中之一。有許多的案子的起源是因爲板凳的破裂、尖銳的邊緣、不穩的底座、缺乏合適的周邊安全護欄。

行政者需要定期巡視戶外活動區域，一位高中美式足球球員在一個人工合成草皮球場進行比賽，這座球場的擁有權屬於芝加哥教育委員會（Chicago Board of Education），這位選手宣稱他被要求在一個不當建造、不當裝置與維護不良的場館表面比賽，伊利諾學校準則（Illinois School Code）保護教練免承擔責任，但是原告指稱教練不應該涵蓋在保護範圍內，主要是因爲運動不屬於正常的教育活動，而法庭對這些事件看法也出現分歧，地區法院支持教練的論點，高等法院則改判並認定原告的論點是對的，教練則繼續上訴並且打贏這場官司，法院認爲在伊利諾法律體系之下，教練不會因爲損壞的器材，而被認爲有所過失責任。

器材設備與法律問題（Equipment and Legal Problems）　根據瓦羅漢（Wolohan）（2002a）「一位體育運動行政者對於運動員最需要且最基本的照護就是提供每一個活動最適當的設備器材」（p. 24），當器材設計因不當使用或不當維護時，非常容易引起傷害與法律訴訟，與損壞器材相關的固有原理是「疏於告知」，這要求製造商警告商品可能的效應及使用的危險，警告責任的程度是根據使用者的經驗與年齡（Cotton and Wilde,

1997）。

器材是否需要警語當然需要一些判斷，如果危險是很明顯的，這就沒有責任警告。因此，假如在沿著滑雪坡道的邊緣可以清楚的看到有一個4呎高的製雪機，但是如果是在斜坡上一個坑洞，且無法從遠距離判斷的情況時，就有必要警告。當沒有預期一個危險的情況時，這就有必要警告。

1996年的杜尼對上沃瑪特生鮮超商訴訟案（*Dunne v. Wal-Mart*）中，路易絲安那（Louisiana）上訴法庭推翻地方法院關於警告的決定，沃瑪特（Wal-Mart）（或是製造商）疏忽說明所販售的運動自行車不適合給超過250磅的消費者使用，並判定沃瑪特要負擔造成受傷的責任，一個體重400磅的消費者從自行車摔下來並造成受傷（Abbott and Wong, 1997）。

教練通常在購買與維護適合與安全的器材及中扮演一個關鍵的角色，一個曲棍球教練因爲購買危險的缺陷頭盔，而被認爲有過失（*Evertt v. Bucky Warren*, 1978）。

> 這不代表說當學校與雙親不願意購買時，教練就得親自採買設備，但是教練的責任不僅只是購買特定的器材，如果無法提供合適的器材，教練在有必要的情況下可以禁止學生的參與或是取消比賽（Schubert, Smith and Trentadue, 1986: 223）。

提供有缺陷的器材或是不提供適宜的器材是有過失的情形，一個奧瑞崗（Oregon）高中美式足球球員宣稱他的受傷是因爲使用有問題的器材，這個男孩從一堆可選擇的頭盔中挑出他想要的頭盔，他的頭盔隨後出現裂痕，他又選了另外一個，這個則有一些鬆。法院認爲學校沒有過失，因爲球員並沒有抱怨這個器材，在挑選第二頂頭盔時，他也顯示他要再次選擇其他器材，如果球員提出頭盔不緊的情況，或提出問題但是沒有機會更換頭盔，你認爲法院的裁定爲何？

在另一個美式足球頭盔的案例，理查・奧斯崔 （Richard Austria）（*Austria v. Bike*, 810 P. 2d.1312）指控他所使用的頭盔在設計上有問題，所以才導致受傷，法院裁決奧斯崔獲勝，並指出有問題的安全帽無法安全地在其預定目的下使用。

在1996年的尼爾對上法葉郡教育委員會訴訟案（*Neal v. Fayette County Board of Education*），一位5年級的學生在體育課的時候企圖進行灌籃，結果導致要切除部分手指，尼爾依據之前也有兩位學生在籃球場受傷的理由提出告訴，宣稱這是有缺點且危險的，體育課程也沒有適當的督導，法庭認爲之前的受傷不能證明這個籃框是有問題的，當時也有兩位老師在場並警告學生不得灌籃，所以學校沒有過失，法庭更說明學校並不是安全的保險人（"Student Injured," 1996）。

在另外一個案例中，一個商店租一雙直排輪給一位新手而且允許在無人指導的情況在外面使用（Brink, 2002），雖然法庭認爲使用者要爲自身的受傷負大部分責任，並且不等待指導員的到來，這個商家也被認定有過失。

監督Supervision

從法律的觀點來看，活動所有層面監督的人數與品質都是最重視的要求，即使是一個經費極度短缺的活動，適當的管理也可以讓活動變得更安全，雖然沒有辦法符合所期望的學術標準，另一方面，經費充裕的活動更需要適當的安全督導，活動經費許可的情況下，經常會有些先進複雜的設備，如重量訓練器材、體操設備與多元化課程活動，包商探索課程如游泳、體操及野外技能。

當明確的標售與守則被全國性組織採用，無法達成標準將使這些單位或組織面臨危險的局面，美國運動醫學會（ACSM）在1997年公布了健康／體適能場館標準與指導要點（Heatlh/Fitness Facilities Standards and Guidelines），還有許多其它議題中，它指出運動俱樂部應該要安排俱樂部導覽活動及器材使用的指導課程，這標準更進一步的要求體適能區域需要有長時間的監看與提供「安全及令人想運動的環境」。在1997年的瑞德對上倍利全適能公司訴訟案（*Reeder v. Bally's Total Fitness Corporation*），一位女性在使用腹肌訓練機時受傷，當她加入會員時，她上過兩次的使用入門課程，但器材的實際操作則不涵蓋在內，對俱樂部很幸運的是這位原告並無法提出專家證人，也沒有不當管理的明確證據，所以法庭判定倍利獲勝（Herbert, 1997）。

在1997年的渥奴郡對上摩里斯中央學校訴訟案（*Vonungern v. Morris Central School*），一位6歲的學童在休息時間，從單槓上摔下將手肘摔斷，她指控其他的學生扳開她的手指，造成她的摔傷，單槓地區的地板不夠安全，雖然在休息時間有指定兩位老師監督，但他們大部分時間都在忙園藝的種植工作，他們沒有看見學生胡鬧的行爲。法院裁定學校並沒有責任確保學生的安全，但有責任適當地監督學生，因爲受傷是可預期的，而老師並沒有善盡監督孩童的責任。因此，學校有過失，同時，地板的安全也受到質疑（" Student Falls from Monkey Bars on School Playground," 1997）

監督的原則（Guidelines for Supervision）　行政者必須要決定各項活動與情況所要求監督的品質與數量，對於一個接近專業人員而言，在一個沒有複雜設備的遊戲區管理25位孩童也許是合理數字，但在有攀爬設備的遊戲區就不太適合，或是有些活動進行如足球。

隨著活動的危險增加，監督的需求也要提升，明顯地，需要越多技巧的活動或是含肢體接觸的活動需要更多的監督管理。此外，如果活動需要或是成績是依據比賽表現，監督也需要增加，監督數量的依據是由團體中孩童的個別差異與特性預估，必須要確保在進度中有完成適當的技巧指導，監督中必須包括教學與老師的品質控制的技術與技巧。他們是採取適當的熱身、訓練、進度控制與教學或教練領導方法嗎？

不合適或缺乏能力的監督（Inadequate of Imcompetent Supervision）
一個班級或運動代表隊應該隨時需要有專業證照的人在旁監督，除了非常重大的理由之外，儘可能不要離開學生的活動，一個人必須要具有防禦性思考，特別是當一個問題出現的時候「一位陪審團成員是否會思考離開課堂是一個合理謹慎的動作嗎？」在法庭的許多案例中有不少是因爲教師或教練離開活動現場之前，要求學生坐著或是不做任何事情，或是繼續進行被認爲是安全的活動如練習投籃。曾經接受孩童發展與心理教育學的專業人員，都必須要知道當老師離開之後，學生團體並不會一直在安全的範圍內練習，或單純只是坐著或不做任何事情。事實上，若他們眞正是如此安靜或是聽話，這才令人驚訝。

有兩個屬於庭外和解的案例，其中一位擔任專家證人說明主要的議題，其中一個案例，3位高中角力教練觀察一所國中學生角力的練習，總共有12位男學生參與，在其中的一場比賽出現非法擒抱（illegal hold），最後終於引起其中一位男孩的手肘脫臼。在瞭解過程中，發現一個問題「到底是誰在監督這些男同學」？雖說有足夠數量的監督人員，但可能會引起爭議的是沒有人被指定這個負責區域的監督工作。在另外一個案例，一位高中排球教練要求他的球員架設排球網以進行練習，球員移動球柱到既定位置以架起球網，球柱的底部鬆落並壓斷其中一位正在架設球網同學的腳趾，教練當時並不在體育館之內，也沒有告知該名球員要注意球柱的底部。

其他的案例還包括了不當監督如（1）一名高中美式足球球員參加夏天重量訓練時遭到嚴重受傷，原告控訴學校的體育室主任及校長並且獲勝訴（*Vargo v. Svitchan*, 1980），（2）一名國中學生指控學校在一場「實力相差懸殊」的美式足球比賽中，沒有善盡督促責任，法院判定學校有過失（*Lynch v. Board of Education of Collingswell Community School District*, 1979），（3）一名智障學生在參與特殊奧林匹克籃球練習過程中死亡，法庭認爲對於照顧這些智障學生的教師數量不夠，因此，認定教師有過失（*Foster v. Houston General Insurance Co.*, 1981; Wong, 1994），（4）一名原告指控健身俱樂部老闆在許多事情中沒有適當監督重量訓練器材的使用，原告宣稱他被一個啞鈴擊中，並且需要切除一部分的手指（Herbert, 1993），學生可以參閱本書第2章關於監督的更多資料。

襲擊與毆打Assault and Battery

不論是球場外或是球場內都有不少關於運動員與球迷受到傷害的襲擊與毆打案例。從美國職籃（NBA）球員在練習中勒住教練脖子到奧運花式滑冰選手企圖攻擊對手，襲擊與毆打的問題到處存在。在每一個層級的運動項目中，都可以從衆多報紙上讀到球迷攻擊裁判、教練或其他球迷的報導。2002年一對雙親被起訴並判6到10年的有期徒刑，因爲他們在孩子的曲棍球練習後與教練發生衝突，且導致教練死亡（Wolohan, 2002a），運動管理者必須要肩負起預防及減少這些意外發生的工作。

雖然襲擊與毆打經常被視爲一樣的的情況，其實是有所差異，襲擊指的是傷害的威脅，而毆打則是指傷害的直接原因，根據卡頓（Cotton）與威爾德（Wilde）（1997）的論點，襲擊的構成必須要包括3個因素：（1）被告企圖要造成傷害、（2）原告感受到可能的立即傷害、（3）未獲得原告的同意下。

身爲運動管理者，你大概不太有可能時常直接涉及襲擊與毆打；但是，你要必須要有準備處理相關事件，因爲缺乏適當的準備可能讓你吃上官司。在一個指標性案件貝爾曼對上聖母大學訴訟案（*Bearman v. Notre Dame*）（453 N. E.2d 1196）中，如果一位觀衆在停車場的聚會中發生衝突，場館經理需要付起責任，卡頓與威爾德提出「場館經理需要知道這些事件發生而且是可預期的話，他們也許要肩負責任」（p. 153）。

體罰Corporal Punishment

雖然所有教師都相當瞭解體罰，看起來體育運動的動態、情緒與身體層面需要更認清體罰的法律規範。

但是剝奪「正當程序（due process）」的條件仍然無法有最後的確定，越來越多的州禁止體罰，對於教師法律地位最嚴重的傷害，是發生在於如果有學生因爲體罰而導致到永久的受傷，如果學生變成殘障或毀容，這個處罰就不會太輕微。

體育教師與教練必須要記住體罰包括許多肢體動作——不僅是「拍打」，當你生氣的時候，千萬不要碰觸學生或球員，如果這個接觸造成傷害，法院將會考慮這個生氣情緒是否存在，要採取個別處罰。不要視所有同學都是一樣，法院通常都會考慮學生是否有任何殘障的情形，更不用說當有出現虐待性懲罰衍生爲毆打時，教師與教練就會有嚴重的問題。

運動與法律
SPORT AND THE LAW

在業餘運動爭論的判定基礎是衍生自公法（public）與民法（private law）。就過去而言，許多糾紛都被認爲是私法領域，如介於運動員與協會對於一些規定與規則，但是趨勢顯示越來越多的判決是根據超越民法的公法憲法條文。糾紛被視爲是應履行規定或規則的意見不合，由於法庭通常不會質疑規定或規則，所以原告經常不會有好的結果。因此，目前有越來越多的案件的趨勢走向是以憲法爲判斷依據，以及對於運動管轄單位（協會、聯盟）將是接受法院及立法單位的監督。

過去而言，都認定參加課外活動是一種特權，並不是權利，近年來這個傳統已多次在法庭出現爭論並有不同的解讀，第十高等法院指出在沒有正當程序的護送下，不能拒絕出席一般學校的活動，這個不適用於教育的每一部分，如運動活動。

羅斯對上克雷頓大學訴訟案（*Ross v. Creighton University*）是一個關鍵判決，這個案例的主要爭論在於羅絲（Ross）是否接受他宣稱所承諾的籃球教育，地方法院依據確認原因的困難度、所需付出的責任、教育合作的本質以及教育不法行爲訴訟氾濫的可能性，判定校方獲勝。1992

年，上訴法庭拒絕羅絲所提法律不法行爲及承認過失的看法，但也駁斥地方法院並允許他可以回到地方法院提出違反合約的控訴，這個判決等同是開放運動員挑戰學校，就如同在招募過程中是否所提及特定的允諾就是一種尊重（Yasser, McCurdy, an Goplerud, 2000）。

業餘運動員是如何定義？How Is Amateur Athlete Defined?

每個業餘組織都有擬訂他們對於「業餘運動員」的定義，許多運動組織在過去不允許運動員接受金錢，如今大多數的運動員可以賺取生活費用以及許多運動員也可以參與任何職業與業餘的競賽。

全國大學運動協會（NCAA）的改變不如其他許多運動組織，當許多爭論集中於大學運動員賺取收入的權利時，全國大學運動協會（NCAA）與法院仍在猶豫中。一個案例是有關於科羅拉多大學（Colorado University）運動員傑瑞米・布隆（Jeremy Bloom），他是2002年美國奧運花式滑雪隊（U. S. Olympic freestyle ski team）的成員，同時也是科羅拉多大學（CU）美式足球隊的隊員，雖然美國滑雪協會（U. S. Skiing Association）允許布隆接受器材供應商的贊助與代言，全國大學運動協會（NCAA）（與科羅拉多法院）卻不允許布隆接受這些贊助，除非放棄全國大學運動協會（NCAA）的資格（Sanchez, 2002）。

高等教育機構組織在勞工補償議題上由於運動員獎學金受到震撼，德州基督教大學（Texas Christian University）的一位前任運動員在17年前受到嚴重傷害，他在1991年被允許提出勞工補償，這是因爲德州的消滅時效要雇主提出受傷報告才開始計算。當然，德州基督教大學（TCU）不曾提出。德州的勞工補償委員會（Texas Workers' Compensation Commission）爲了肯特・沃爵普（Kent Waldrep）的利益判定補償他50萬美元在過去及未來的醫療費用及每週的薪水，追溯到1974年每週115美元直到終生，這是根據當時他的獎學金金額所訂定。如果這個挑戰成立，將會有一連串效應，不僅是所得收入稅款的助學金與補助款以及獎學金是否符合最低薪資（Wolohan and Wong, 1993）。

一個在高中運動員資格的有趣法律問題是在何種基礎下「在家教育」學生可以參加，在一些州如奧瑞崗（Oregon）、新墨西哥（New Mexico）、賓夕凡尼亞（Pennsylvania），符合不同基本標準的主場學校學生允許參與競賽，一個人必須要代表學校的傳統前提已經不存在了，因爲大多數的主場學校是根據宗教的基礎，有些人假定一些父母親爲其具天賦的運動員經過宗教轉換以逃避許多資格控制，這假設這個議題從雙親、學校及活動協會會有檢驗（Cohen, 1993）。

合法要求適當教育Legal Requirements to Properly Educate

與懲罰及監督密切相關的就是適當教育的責任，這與技巧與技術、方法（規劃、課程、規則與規定、場館與設備）、訓練，以及假如合適的警告責任。亞當斯（Adams）（1993）指出必須要傳授正確及適當的技巧，不正確的技巧要適時更正，漸進式技巧發展及訓練必須要執行，要示範適當的技術，活動的危險必須要搭配技巧所需要的程度及指導人員的訓練；詳細的課程計劃必須要以書面呈現並存檔以及所有職員都必須要跟得上最新的發展，所有這些的元素都適用於運動、健康／體適能活動及體育。

運動的規則與規定Rules and Regulations in Athletics

幾個案例支持參與運動是學生整體教育的一部分論點，而且授與享有其他教育經驗的相同保護，此外，參與運動有關聯到經濟層面的獎學金及未來職業的追求也是相當重要，參與的權利牽連到關於正當程序與程序問題之重要問題，這對教練及行政者都要加以思考。當一位運動員退出代表隊的時候，也許需求提供要遵守的正當程序與步驟，運動教練瞭解董事會的權力凌駕運動員之上，包括建立行爲、訓練規則、違反規定的罰則，但是教練並沒有權利規定非直接相關運動表現的層面。

技巧及技術的規則以及運動規則的擬定必須要與球員溝通及瞭解，教練必須證明3個元素都出現，如果沒有進行溝通及讓運動員瞭解的話，就如同是不存在的。要求球員（有合理年齡）在閱讀後且瞭解的情況下進行簽署是非常有效的，能夠要求任何隊員確認技巧、技術與規則是清楚的地解釋，不只一次，而是非常多次是很重要的。例如，一位高中棒球員與捕手發生衝撞，造成捕手嚴重傷害，證詞顯示進攻的球隊隊員並不知道那是不被規則所允許的，從未有人教導他們這一方面的知識，意外後的一週，他們第一次接受這方面的指導，當然，被告的保險公司達成庭外和解，「不僅要教授規則，還要討論與檢視，規則一定要重複教導與練習」（Gaskin, 1993: 27）。

一位教練可以擬定穿著或個人打扮的標準嗎？除非這個打扮會直接影響場上的表現，類似的規定大概不會被法院所接受。在朗對上薩普訴訟案（*Long v. Zapp*）中，一位教練擬訂球季中及結束後的髮禁規定，一位運動員在球季後因頭髮太長而被取消書面獎勵，他隨後提出告訴。法庭判定這違反第一法案所賦與的權力，這位運動員獲得勝訴。

案例的法律看起來支持大學運動員有程度的「資產權」以參與運動的論點，因此可能獲得比高中運動員更多「正當程序」的授與，但是，當從正選球隊到後備球隊或參與季後賽或電視轉播比賽，一般認定大學運動員並不受憲法權力保護。

1996年的寶樂對上林肯巴瑞許市學校委員會訴訟案（*Bonner v. Lincoln Parish School Board*）中，參與校外參訪的旅途中，在一位籃球隊隊員的夾克中發現兩瓶尚未開封的啤酒，經過多次的聽證，包括籃球教練、遭到禁賽的學生與籃球隊，法庭發現成為籃球隊的一員並不是憲法保障的權利（"Student Is Suspended and Thrown off the Basketball Team for Having Alcohol on a School Trip, " 1997）

合約 Contracts

教練能夠拒絕被分派的工作嗎？老師能夠拒絕一個課外活動的任務嗎？幾個發生的案例支持學區高層對於老師及教練的要求，只要這是一個合理的工作，一個案例爭論的議題在於額外的任務並沒有加班津貼，法院認定這並不影響其決定，在猶他州（Utah）的最高法院支持學區開除一名教師與教練，因爲他們不想擔任運動訓練與指導方面的工作，但卻希望保有教職。一般而言，法院在課外的工作議題如運動競賽的收取門票會支持學區，只要這個工作是在法令範圍之內，以及在性質及時間上均屬於合理。加州（California）的麥克葛瑞絲對上布哈德訴訟案（*McGrath v. Burhard*）中，一名教師因爲在一年之內要監督6個賽會而提出告訴，他宣稱他不是專業人員，即使類似的工作並不涵蓋在合約之內，法庭依然支持學區。

以往大學教練經常會在合約到期前就被開除，這個情況在經過喬治亞州立大學（Georgia State）的派博・羅傑斯（Pepper Rodgers）在遭到開除後，控訴因失去工作所損失的薪水與外面媒體訴訟案而有所改觀及其他合約的損失（*Rodgers v. Georgia State Athletic Association*），他得到一份可觀的和解協議，法院之前曾認定教師－教練可以因爲有問題的個人失言而被開除，這行爲對於工作表現直接負面的影響必須要很清楚，認定偷竊可以將教練的教職開除。

造成專任教練與運動行政者被解聘的概念，稱爲「自由聘用（employment at will）」，這個概念允許任何一方不需要理由就結束合約－可以爲任何理由或是不需要理由。1996年的全蒙特西對上聖法蘭西斯學院訴訟案（*Tramontozzi v. St. Francis College*）中，原告與主管爭論後遭到解聘，他宣稱他的合約是沒有期限的，並提出告訴，地方法院與州法院皆判定被告勝訴，可能採用法律期待（每州是不一樣）的保護是指出終止合約是違反公共政策、默示契約以及公平與誠信原則，爲避免如此的合約中斷，員工必須要堅持合約必須要有明確的一般期間，或是明定雇主在解約時要有明確的理由（Wong and Duncan, 1997）。

在另一個合約糾紛案中，卡塔林·戴利（Katalin Deli）、一位明尼蘇達大學（University of Minnesota）的體操教練因為她擁有的性愛錄影帶在球員間流傳而遭到解聘，在她的合約中有一條款註明，其職責包括在私底下或是公開的正式場合要能夠正面地代表學校與體育室，根據合約的條文，法院認定她的解聘是合理的（*Deli v. University of Minnesota*, 511 N.W. 2d 46）。

當學校無法為所有運動代表隊找到教練人選時，許多就朝向一個合約適用兩種職位或是兩個互相關聯的合約，在1990年的南達柯達最高法院規定老師必須要接受這種雙重責任的合約（"School Board Requires Teachers to Accept Extracurricular Duties," 1992）。

一名高中足球教練的話被地方報紙上引用，指出球隊失利是因為球員「沒有盡全力」。他描述球員相當「懦弱」，他教練的職位遭到停權的處分，但保有教職，他控告並宣稱憲法賦予他的自由言論遭到侵害，法庭認為第一修正案所保護公家單位雇員的權力只限定於表達內容是與公共事務有關。因此，判定學校獲勝，這個貶低球員的言論並不屬於公眾關心的範圍，類似屬於公眾關心的議題會協助公民「作出關於他們政府適當的決定、揭露不法行為或在一些關於重要公共利率上提出公共的爭議」）（"School Gives Soccer Coach the Boot After Calls Team Cowards," 1997）。

在馬克紹爾學區對上希爾訴訟案（*Marschall School District v. Hill*）（1997）中，一名高中教練的合約沒有獲得續約，他指控學區沒有遵守州立的教師公平解散法案（Teacher Fair Dismissal Act），他宣稱學區沒有通知他可能引起無法續約的問題，以及沒有提供任何協助以改正其不足之處，法院不僅支持教練還補償其追溯的津貼及未來沒有續約的數年薪資（"Fired Football Coach Says Court's Award Falls Short of the Goal Line," 1997）。

正當程序Due Process

美國憲法（U.S. Constitution）的第5與第14修正案保障正當程序。

正當程序的兩個最低要求分別是要求聽證及聽證時間、日期與內容的通知，雖然一個人也許享有正當程序的保障，確實的程序卻很少詳細的說明。正當程序的型態所提供的保護在一特定情形下是由幾個因素加以考量如涉及權利的重要性、侵犯的程度、違反的潛在傷害等。如同一般的規定，個人所擁有的賭注越大，正當程序的要求就更詳盡與正式（Wong, 1994: 58）。

兩個案例說明正當程序在運動的應用，在柯諾得及胡德益對上華盛頓大學訴訟案（*Conard and Fudzie v. University of Washington*）（814 p. 2d, 1242）中，兩位美式足球球員爭論他們的獎學金沒有經過正當程序就遭到取消。在另一個案例中，法院發現紐澤西高中運動協會在等待兩年判定一位高中四分衛資格的上訴中沒有提供正當程序，你可以發現遵守適當的規則程序對運動管理者是非常關鍵的（Booth, 2002）。

運動協會Athletic Associations

高中活動協會、聯盟或國家組織如全國大學運動協會（NCAA）是否屬於「政府的行爲」──因此屬於第14法案的平等保護條款，這個條款提供「沒有州應該強迫任何法律應該…拒絕任何人…平等保護的法律」？這個議題仍在爭吵不休。

在1988年，美國最高法院在全國大學運動協會對上塔坎尼恩訴訟案（*NCAA v. Tarkanian*）中，判定全國大學運動協會（NCAA）在指導一個州立機構以採取反對員工的動作時，沒有擔任政府的角色（488 U.S.

圖：強調男女平權的第九法案要求機構組織提供兩性同樣的運動機會。

179），同年，在安得生對上印地安那州高校活動協會訴訟案（*Anderson v. Indiana High School Activity Association*）中，聯邦法院發現印地安那州高校活動協會（IHAA）並沒有擔任政府的行爲，但在印地安那高校活動協會對上史哈弗訴訟案（*IHAA v. Schaffer*）中，一位高二學生因爲鼻竇炎無法繼續比賽，而在籃球季結束後退學。印地安那州上訴法庭在1992年判定「因爲協會的存在是根據公立學校系統的支持，以及規則的執行對於學生權利有重大影響」。因此，印地安那州高校活動協會（IHAA）是一個政府行爲者（Wong and Craig, 1993）。法院認定印地安那州高校活動協會（IHAA）的規定過去廣泛、隨意及反覆無常，以及薛佛（Schaffer）曾在本身行爲沒有錯的情況下參與而遭到拒絕，隨後印地安那最高法院拒絕這個案子的聽證，所以這個判決成立。

政府行爲議題的法律案例中是沒有定論的，最高法院在2001年布南特伍德學院對上田納西州中學運動協會訴訟案（*Brentwood Academy v. Tennessee Secondary School Athletic Association*）（553 U.S. 1, 295）判定田納西州中學運動協會（TSAA）涉及政府的行爲，這主要是根據目標的交錯以及田納西州中學運動協會委員會成員在工作時間內聚會，然後增加他們運作所需的州立基金。

「協會法律」的一個特殊考量就是法院經常追隨法律的主體，即使這個糾紛是介於運動員與協會，事實上，從來就不是協會成員的運動員看起來不應該被列入考慮。

協會對於運動員可以採用「優質行爲規範（good conduct rules）」嗎？一個運動協會採取一個規定要求擁有、飲用或運送酒類飲料或危險藥物的任何運動員將失去資格，這個規定涵蓋在車上的運動員接受高層檢查被發現擁有這些物品者，在球季結束「後」，一位運動員在車上被要求檢查，發現有攜帶啤酒的情事，雖說稍後對於學生的指控遭到取消，但仍失去運動員資格，這位學生不服也提出告訴，法院認爲這條規則不合情理及涵蓋範圍過於廣泛，同時也成功地挑戰與襲擊的行爲與不當裝扮的相關規定。

個別學校或是運動員經過挑戰協會管制選手參與一些賽會的權限，爲經得起這些質疑，類似的制裁必須要能夠突顯對於運動員的發展及好處；不會造成濫用；均衡競爭實力。通常只有在協會違反運動員所被賦予的憲法權力時，或是協會違反本身的規定，還有爲確保公平，法庭才會介入。

在高中運動員另一個出現的法律議題就是資格（eligibility）與戶籍（residence），以往大多數戶籍遷移的爭議都經由協會的規定所判定，但是，隨著開放的註冊以及學校學區的情況，法庭的判決也很難一致。

根據測驗的分數與年級來控制資格是運動法律另一個有趣的議題，如果這些規定合理，通常在法院都站得住腳，當這些規則從之前的階層（高中）轉移到一個新的領域（大學），結果可能出現不一致的情形。

法庭支持使用學業成績以決定運動員的資格，此外，法院也支持年齡限制及運動員可以競爭的時間等規定，一般而言，法院支持限制高中運動員競賽的資格至多連續八個學期或是從入學日起到九年級的四年。

自從全國大學運動協會（NCAA）在1980年代試圖從高中課程來管制大學新鮮人的資格，當這個法規對於少數民族的全面性影響受到質疑的時候，再一次的，法院的結論也不完全一樣，早期的案例支持這個要求，然而最近的判例則是要求全國大學運動協會（NCAA）減少管制。

一個協會要擬訂一條款來處罰主場球隊，如果觀衆無法控制的時候是合法的嗎？爲要確認在屬於協會的權限，類似的規則要求與管制運動賽會的暴動直接相關，這個規則只能影響行爲需要受到管制的群衆，在納許維爾（Nashville）的凱利對上大都會郡教育委員會訴訟案（*Kelly v. Metropolitan County Board of Education*）中，法院並不支持學校委員會，在籃球季後賽結束時，失利球隊的球迷不當離開球場並對球迷與工作人員口頭及肢體施虐，委員會對於這所學校採取禁賽一年的措施，法院的決定是根據沒有任何規定指出這些觀衆的行爲要求學校加以管理。

根據業餘運動員競爭的日益複雜，以及法院案例的激增，學校、聯盟與協會需要小心分析法令與規定執行的法律基礎，正當程序的主要部分是允許受影響的運動員一個公平的聽證。在一個案例中，一位教練因爲一位球員練習遲到而禁賽一年的處分，正當程序也許就是口頭告知這位球員，除非他或她有足夠的理由導致遲到，否則就會執行這個處罰。另外一個嚴重的案例要求，正當程序是以書面通知的方式給予一個正式的聽證，所以學生有時間準備抗辯的理由以及由議會代表。

美國身心失能者法案與運動

Americans with Disabilities Act (ADA) and Sport

於1973年通過的「復健法案（Rehabilitation Act）」列入3504號條款，它保障殘障人士不因爲只是殘障就遭到排除的命運，美國失能者法案（ADA）則於1990年通過並將更有力的措施放入504項條款，它涵蓋所有的範圍「除了最小的雇主、職業運動球團以及大概大學運動球隊…這個法案禁止歧視僱用眞實或形似身心障礙人士」（Champion, 1993: 232），一個可能案例就是學校拒絕僱用完全合格的教練，但其配偶患有愛滋病（AIDS）或是他或她的愛滋病病毒狀況（HIV）導致失去教職（Kelly, 1994）。

1992年及1993年分別適用於小型事業與大企業體，美國失能者法案中加入了第三法案，「以公共設施調整爲基礎，禁止歧視並要求公共措施及商業設施的地點在設計、建造及改變需配合這部分所擬定無障礙的標準」（"Nondiscrimination on the Basis of Disability, " 1994: 468）。（學生可以參閱本書第10章更多有關場館設計的資料） 美國失能者法案禁止的差別待遇包括障礙者就業、公共服務如大眾交通及政府建築設施、公共措施（建築）、民間團體的服務及電信（Farmer, Mulrooney, and Ammon, 1996）。

美國失能者法案實施這些年來，有些與殘障學生在就讀期間多讀一至二年然後面臨參與中學運動年齡限制的案例逐年增加。在審閱這些案例時，史科爾斯基（Sikorski）與吉布森（Gibbons）（1998）指出陪審團依然在這個議題上也不夠深入瞭解，一般而言，法院發現這個案子改變－當這個案例準備討論的時候學生已經畢業離開學校－或是法院發現年齡是關鍵因素、並非殘障，然後判定協會獲勝。

1996年匹堤對上賓州校際運動協會訴訟案（*Beatty v. Pennsylvania Interscholastic Athletic Association*）中，一位同時是排球隊與籃球隊的學生準備進入高三那一年剛好是19歲，結果因超齡而失去資格。另外，他也加入個別教育計畫，法院認爲其失去資格的因素在於年齡並非殘障，所以判定協會獲勝，法院在報告中註明要求學校針對每個案件分析棄權證書對於某一特定運動員是否有效力，如此將會對於學校當局造成不可承受的負擔（"Federal Court Upholds Age Eligibility Rule, " 1997）

同年在羅德對上俄亥俄高中運動協會訴訟案（*Rhodes v. Ohio High School Athletic Association*）中，法院拒絕了美國失能者法案504號條款中，宣稱學生不會只是因爲殘障就受到不平等待遇的基礎，此外，協會並不屬於第三法案的公共設施，也認爲殘障與執行的規定並非有偶然的關聯，因此拒絕美國失能者法案的訴求（"Sports Eligibility rule Could Be Applied," 1996）。

1996年的M・哈對上蒙塔那高中協會訴訟（*M. Ha v. Montana High*

School Association）案中，法庭駁斥一位殘障學生的控訴，主要是類似的參與並沒有在他的個別教育計畫中（"Student with Disability," 1997）。

一個有趣的問題就是少年聯盟在第三法案下是否也是「公共設施的地點」，假如是的話，殘障的青少年在參與聯盟活動時就可以要求有特別的調整，在舒爾茨對上海密特青少年小馬聯盟訴訟案（*Schultz v. Hemet Youth Pony League*）中，一個患有腦性痲痺的11歲學生要求在年級更輕的一級打籃球，但是遭到聯盟的拒絕。法院認爲這位青少年確實符合美國失能者法案第三法案資格因爲「公共設施的地點」不限制於實際結構，以及聯盟沒有調查是否可以做出適當調整讓他可以參賽就排除其參與機會，法院的提議獲得同意，在一個類似的案件中，一個孩童的拐杖只要適當的包裹，就可以參加比賽。

1996年艾立特對上美國曲棍球協會訴訟案（*Elitt v. USA Hockey*）中，一對家庭雙親希望他們患有注意力不足症的孩子，能夠以自動降級的方式參加年紀較輕的級數比賽，法院認定社團與組織在第三修正案裡不屬於「公共設施的地點」，所以超越其審查管轄範圍權。這個雙親也指出若能夠與年紀較小的朋友一起參與，在安全上比較不會有問題，這位孩童的參與將會對於有爭議的活動有本質上的改變以及造成無限的負擔，因此，法院將提議駁回（"Court Split on Athletes with Disabilities and Age Rules "）。

失能者法案在運動中最有名的的訴訟就是職業高爾夫球巡迴賽對上馬丁訴訟案（*PGA Tour v. Martin*）（532 U.S. 661），凱西・馬丁（Casey Martin）是一位合格高爾夫球球員，由於肢體殘障造成其在高球場上的行走不便，職業高爾夫球協會（Professional Golfer Association）認爲協會本身的規則就是要求球員要走完全程，如果允許馬丁使用高爾夫球球車，那他將比其他球員更有競爭優勢，聯邦法院裁定職業高爾夫球協會（PGA）必須要安排馬丁使用球車作爲合理「安排」。

公法94-142於1975年實施的是全體身心障礙兒童教育法案，這個法案確定所有殘障的孩童（從3歲到21歲）將接受免費適合的公共教育，特

別是強調特殊教育及滿足其特殊要求的服務（Kennedy, French, and Henderson, 1989）。

當殘障學生越來越多融入一般體育課程的學習，許多學生會想要參與校內或校際間活動，這種融合情形在過去是靜悄悄的增加，參與學生的人數逐日增加，但也越來越多的案例出現在法庭上，紐約的一個巡迴法院支持學校禁止部分視障同學參與接觸運動的政策，上訴法院推翻這個判定，但是註明護目鏡的使用可以降低受傷的機率。

在全國大學運動協會（NCAA）也有出現幾個殘障學生挑戰其規定的案例，其範圍包括由於診斷出學習障礙使運動員不符合合格最低標準到學分修習時數的減少以確保邁向學位的獲取，法庭要求全國大學運動協會（NCAA）針對殘障學生做到合理的調整。

暴力在運動的法律層面Legal Aspects of Violence in Sport

當勝利至上的觀念成為教練教導球員的中心思想時，教練就自己承擔負責的角色，特別是高中運動員會看教練臉色來判斷用暴力打球是對的還是錯的，對於暴力行為，教練有必要採取堅硬的立場。

有許多案例顯示教練鼓勵或是至少允許球員運用過度暴力的動作，來自同儕的壓力增加威嚇與暴力行為，所有各階層的教練必須要減少這些行為或是法院將成為最後的一道防線。

根據對於運動裁判的施暴報告書指出，新的法律在1997年的北卡羅萊納州（North Carolina）正式實施以保護所有執法人員，從少棒聯盟（Little League）到職業，任何人犯上侵襲裁判的不當行為將面臨至多兩年的牢獄之災。

當運動場上發生暴力衝突時，教練與球員都可能有責任，當球員顯現出激烈動作與不可控制的脾氣時，教練也沒有採取任何懲罰措施，這就等於教練並沒有採取合理謹慎或專業行為，假使教練指使球員採取暴力行為（例如，「滑進二壘時將釘鞋舉高及踢擊二壘手」），這位球員可

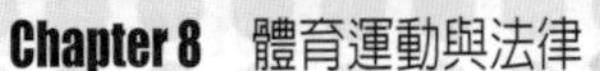

能懇求說明他的動作是來自教練的命令。

球員之間的法律訴訟Player-versus-Player Lawsuits

兩個關鍵性球員間的案例分別是紐巴施尼對上糧倉丘陵訴訟案（*Nabozny v. Barnhill*）（1975）與約翰威奇對上加州運動訴訟案（*Janovich v. California Sports*）（1979），這些案例明確指出球員不需要承受球賽規則以外鹵莽及荒唐攻擊之風險概念。以紐巴施尼（Nabozny）的案例來說，他是一位足球守門員，被踢中頭部，後者則是一位職業籃球員，臉部被擊一拳之後就結束其職業運動員生涯，在初期聽證會後，這個原告獲得300萬美元的賠償（Van Der Smissen, 1990）。

最近也有兩個關於球員之間的案例，1997年的喬瓦斯基對上基納南訴訟案中（*Jaworski v. Kiernam*），一個混合休閒性質的足球比賽之中，一個受傷的女球員控訴另一位男性參加者，主要是因爲其傷害來自男球員的違規，喬瓦斯基（Jaworski）在保護腳下的球，同時等待守門員來將球搶走，她卻遭到在後面的一位名爲基納南（Kiernam）男球員以犯規的動作撞擊，這一撞造成喬瓦斯基的前膝十字韌帶裂傷，喬瓦斯基宣稱這個犯規是鹵莽且荒唐，法院認定基納南的動作是可以事先預見的，也稱不上鹵莽或荒唐。此外，還特別說明如果運動比賽中的每一個犯規都被認爲有過當或是過失，運動參與的情況將受到影響而遭到傷害。

在1997年的狄爾格對上梅利斯訴訟案（*Dilger v. Mayles*），被告在打高爾夫球時所擊出的球打中原告的嘴巴，由於這個球道是由一排的樹加以區隔，梅利斯（Mayles）宣稱其視野遭到擋住，使其無法看到其他球道。狄爾格（Dilger）認爲梅利斯並沒有對於這個失誤球發出警告聲，法院認爲失誤球是高爾夫球運動原本就存在的風險，沒有對於失誤球作出警告並不構成鹵莽或是荒唐的情況（Gibbsons and Wong, 1997）。在席克對上佛羅林特訴訟案（*Schick v. Ferolito*）中，更強化了這個概念（327 N. J. Super. 530），法院認爲高爾夫球運動中過失的標準是指不顧危險的輕率行為，不是一般的過失。因此，原告必須要證明另位高爾夫球選手出現輕率或是故意的行為（Peach, 2001）。

實力相當與懸殊Match and Mismatch

卡頓（Cotton）與威爾德（Wilde）（1997）檢視了與參與者對戰的過失案例，這交手組合的特性涵蓋年齡、技巧、體型或是經驗。一般常識指出法院對於不當組合所造成的傷害會支持原告的說法，但案例的結論卻是另一個方向，他們指出與交手組合的案例有13個，其中有9個是被告獲勝，看起來大部分的案件並沒有充分準備，或是不當對手組合的證據非常薄弱，例如，一個案件是一位15歲的青少年被4位10到12歲的男孩絆倒。

李爾（Lehr）（1993）研究了不當配對並說明「當呈現沒有過失的證據時，法院作出結論認定教師採用合適的照顧標準與適當地交手分組程序，學生的交手分組是依據智力的等級或是身體結構與能力」（p. 25），在法院判決原告獲勝的案例中所做出的結論則是「學生分組情況不恰當及並不瞭解危險的本質」（Lehr, 1993: 25）。

1991年拉蒙騰對上南柯隆尼中央學區訴訟案（*La Mountain v. South Colonie Central School District*）的足球案例中，在上訴的過程法院判定兩個學區獲勝，一個青少年代表隊成員在比賽過程受傷，她接受身體檢查，之前有4年的經驗，她母親也簽署參與的文件，她停住左腳然後用右腳踢球，她宣稱被4個對手球隊的球員撞倒，但是，兩隊教練的意見與他不同，在支持學區的同時，法院也要求學校採取合理照顧的標準以保護自願參與的學生免於不可抗拒、隱藏潛在及不合理的風險。

誹謗Defamation

根據卡頓（Cotton）與威爾德（Wilde）（1997），誹謗指的是意圖傷害他人之聲望、自尊或好名聲，似乎有越來越多誹謗的案例產生；通常出現的情況是教練控告行政單位與媒體，誹謗法的目的是爲了澄清一個好名聲與紀錄、獲得賠償與警告他人。如果一位校長向一個報紙的記者說「這個教練並沒有爲球員作出適當的準備以及對部分球員過度友善」。誹謗的型態分爲兩種，一種用書面文字的，稱爲以文字損害的誹謗；另一種用口語表達的，稱爲中傷（slander）。誹謗是一種故意侵權行爲，與出於無意的過失是相反的。可出現動作的書面內容是虛假的、誹謗的（公衆的侮辱及誇張）、及「公布」（法律上簡單的只是指出是口語或是文字），以及造成財務損失，但是，如果內容牽涉道德的墮落、不守貞節、另人厭惡的疾病或是專業的不當行爲，一般而言，這些被考慮爲是一種傷害，不需要證明財務之損失。此外，注意公衆人物（知名教練與運動員）更要注意誹謗，因爲需提出另外一個要素，那就是誹謗者必須顯示惡意或至少輕忽不重視事實（Cotton and Wilde, 1997）。

由於這些令人討厭法律案件的次數增加，最近的一個趨勢要求「讓原告瞭解」。一些在西部的州已經採用這個概念，當提出微不足道的小案件時，原告將要給付被告的法律費用。

藥檢Drug Testing

從開始實施運動員的藥檢以來就經常遭遇到法律的挑戰，甚至還有幾次成功的經驗，但每個案例都是在很特殊的情況下。因此不太可能應用到一般的案例，運動行政者在實施藥檢計劃必須要商請法律專家檢視計劃以確保不會違反第四修正案（Fourth Amendment）中的不合理搜索與獲得、破壞隱私權、或是違反第四修正案的正當程序。

此處將說明兩個不同判例的情況，法院在亞克頓對上佛隆尼亞學區訴訟案（*Acton v. Vernonia School District*）中支持奧瑞岡（Oregon）公立學校系統，許多藥物相關問題以及處理上的困擾促使在球季之初就要開始對所有運動員進行藥檢。此外，每週將針對10%的隊員進行隨機藥檢，這個系統不僅保護個人隱私、還嚴謹地控制取樣過程、維繫、編碼

及尿液測試，第一次的測試如果是正的，將要進行第二次的檢查，若第二次的結果相同，學校將私下與學生及其家長碰面解釋學生可能接受諮商或是遭到禁賽，整個球季及下一個，一個重要因素就是這個結果並沒有報告法律執行單位人員（Sendor, 1993）。

科羅拉多大學（University of Colorado）所採用的系統則不被地方及上訴法庭認同（*Derdeyn v. University of Colorado*），這個系統在1984年首度引進，隨著時間而改變，但取得運動員的同意是必要的，這個訴訟的基礎是源於權利的侵犯，如免於不合理的搜索、隱私權、法律的正當程序、法律的平等保護，地方法案由於運動員是被「強迫」，因此，認爲同意是不合法的，上訴法院指出學校可以依據「合理懷疑」而非「可能原因」的高標準執行測試計劃（Ross, 1993b）。

在佛洛那（Vernonia）學區案例的原則，被提出並應用於在2002年教育委員會對上玻塔瓦德米訴訟案例（*Board of Education v. Pottawatomie*）（122 S. Ct. 2559），在這個案例中，藥檢的範圍從學校運動員擴張至所有課外活動，最高法院裁定即使沒有懷疑的藥物測試仍在學校範圍及深遠的教育目標（Sharp, 2002）。

依據盛行的訴訟案例，這邊提出三個原則協助運動行政者檢閱藥物檢查程序，第一個原則與隱私權的期待有關，在亞克頓的案例之中，法院發現學生運動員降低隱私權的標準，一部分是因爲休息室的本質與其他運動的環境，第二個原則是與侵擾的本質有關聯。在說明的案例中，侵擾的程序不盡相同，在希爾與全國大學運動協會訴訟案（*Hill v. NCAA*）中，雖然加州法院支持全國大學運動協會（NCAA）檢查的權利，同時也指出在取得尿液的同時，有位觀察證人在旁是干擾的行爲。

在2000年雪梨奧運（Olympic Games in Sydney）之後，美國奧會（USOC）爲其奧運運動員設立一個獨立的藥檢單位，這個名爲「美國反禁藥機構（United States Anti-Doping Agency）」於2000年10月正式營運。在其主旨中就明確指出這個單位的目的「是爲了減少運動中使用藥物的行爲，包括美國奧運及泛美運動會的運動員」（www.usantidoping.org），在職業運動中，藥物檢查程序有很大的差異，當提出一些案例的時候，法院一般都會支持聯盟的藥檢動作，因爲運動員工會同意測試規範。

觀眾 Spectators

運動行政者必須關心觀眾受傷的不同情況，這些與觀眾有關的案例可能包括被棒球及壘球的球或球棒擊中，從座位區摔倒或是打架與被東西擊中所引起的傷害。對於觀眾的受傷，教練或是體育室主任的責任爲何？一般而言，如果能夠顯示已經實施合理的警告以確保觀眾的安全，原告的指控就不會成立。一個接下來要說明的案例是一位13歲的女孩，在觀賞棒球比賽中被球擊中而造成嚴重的傷害，她坐在距離一壘35呎遠的圍牆上面，該州的最高法院最後瞭解到這整個過程並判定學校獲勝，如果這個女孩坐在本壘板正後方且沒有鐵絲網的保護，你認爲這可能的情況是如何？在加州（California），一個學生在一個運動比賽中遭到瓶子擊中而受傷，法院認爲學校人員無法預期這種行爲，也無法承受別人不當行爲的後果，因此，最後判定這個案件不成立，如果這個原告證明學校沒有採取任何方式減少入場球迷的瓶罐，及時現場有前面比賽所留下的破碎瓶罐，這個結果又會變得如何？

許多受傷的案件是起源於球場不適當的保護網，對於本壘後方或邊線的保護網適當的高度與寬度仍有許多不同意見，一般常識是行政者最好的依據原則，例如，假設在一、三壘後方會出現穿越的投擲球，避免在球經常飛行的落點裝置座位，除非有架設一座保護網。接下來的案例說明這些考量，（1）一位原告在觀賞芝加哥小熊隊（Chicago Cubs）的比賽被從牛棚投出的暴投擊中頭部，因爲在球賽進行期間不可能同意注意牛棚與場上的情況，因此他的指控就獲得法院的支持，但是擲出暴投的投手並沒有遭到起訴。（2）坐在一壘後方的女球迷被一個界外球擊中，並對費城棒球隊（Philadelphia Baseball Club）提出告訴，法院認爲她應該接受她所座區域的危險，所以，她的控訴被法院否決。

美式足球球場的邊線與露天看台座位（bleachers）是潛在法律訴訟的特殊區域，拉魯（La Rue）（2002）指出每年約有20,000個露天看台座位受傷的案件，在兩位孩童受傷之後，美國消費者產品安全議會（U. S. Consumer Product Safety Council）擬定了露天看台座位安全的規定（www. Cpcs.gov）。

三個案例描述的可能的訴訟，（1）一位在阿拉巴馬（Alabama）的學生於觀賞美式足球賽時因爲座位垮下來而受傷，這位女學生提出告訴，州的最高法院認爲雖然學校董事會免於侵權，但是如果情況不安全，他們仍然要對於購票人的受傷負責。（2）一位高中球員的祖母在場邊觀賞觀賞球員的分組練習，遭到球員的衝撞而嚴重受傷，地方法院與上訴法院都已與有過失（或共同過失）的理由判定此案不成立，（3）在路易斯安那（Louisiana）發生一位祖母從場邊觀賞國中美式足球比賽，也是因爲球員的撞擊而受傷，地方法院判定學區獲勝，但在上訴法院的時候則駁回地方法院的判定，主要是因爲學校並沒有要求這位女士離開，最高法院在審理這個案例的時候認爲在國中的美式足球場中設立圍牆以防止觀賞群衆進入是非常地昂貴，因此，支持地方法院的決定。

運動的性別議題
GENDER ISSUES IN SPORT

性別平等Gender Equity

近年來的文件顯示女性參與運動的比例愈來愈高，而在女性教練、執法人員與行政者的數目卻在減少當中，資料指出自從通過第九修正案後，高中女生參與的比例就從30萬增加到280萬人（1比27到1比2.5），在大學女性參與的情況從1972年起到33,000人到163,000人（Berger, 2002; Gutner, 2002; Casey, Ballard and Deitsch, 2000），但是很少學校相對性符合法律詳載對於平等的要求，每個全國大學運動協會機構必須提出詳細說明資金來源、參與機會、在遵守運動員公平法案下所可能利益的報告，從這些報告之中，300所一級隸屬於全國大學運動協會的學校中，只有18所符合要求（Solomon, 2002）。

平權法案（Title IX） 近來許多關於女教師、教練及參與者的法律案件是依據1972年教育修正案的男女平權法案，這個法案指出「沒有人…，因為性別的緣故，在任何接受聯邦經費補助的教育專案或活動參與機會的拒絕、無法獲得任何之利益，或遭到歧視」（Yasser, McCurdy, and Doplerud, 2000: 154）。

在葛洛夫市學院對上貝爾訴訟案（*Grove City College v. Bell*）中限制男女平權法案適用的活動要明確，也就是這些特定的專案（如男子運動代表隊）必須要在接受聯邦經費補助的情況才要遵守男女平權法案的標準，國會（Congress）在1988年推翻這個決定，利用民權復原法案（Civil Rights Restoration Acts）反駁雷根總統的否決權。

在1997年高等法院支持在地方法院延宕一段時間的柯漢對上布朗大學訴訟案（*Cohen v. Brown University*），這個案子發生於1992年，當時的「柯漢（Cohen）及其他也是布朗大學的女子體操隊及排球隊員，她們因為隊伍經費被刪除的緣故，就提出一個集體訴訟案，指控學校對於性別有歧視，每一個階層的法院都判定運動員勝訴，最高法院結束了對於這個法本意的猜測，現在對於法院針對男女平權法案及其男女平等的三種標準是合法的」（"Gender Equity Debate Heats Up," 1997）。

男女平權法案也應用於體育課程，特別是男女合班的情況－除了在不影響另一性別情況下所進行的能力分組，此外，學生在從事肢體接觸運動時或宗教信仰原因必須要分開。

此外，曾經提起一個值得認真思考的問題：「平等的參與機會與男女混合體育課程對於女孩是有益的」？一般而言，對於參與的層面而言，這個問題是「肯定 」的，在共同上體育課的答案則是「可能」。例如，李爾格（Lirgg）（1992: 9）的研究指出「男生在混合體育課很活躍，女生則比較喜歡同性的環境。」

在1981年的就提出的海弗對上天普大學訴訟案（*Haffer v. Temple University*）直到審視民權復原法案並在1988年法院決定重新思考原告的提議後雙方達成協議，這個決定並不會影響其他學校，只是註明天普大學（Temple University）要增加運動代表隊的獎學金名額、運動參與機會及女性運動預算，男子美式足球與籃球的成本也要涵蓋在整體運動預算考量（Wong, 1994）。

在另一個議題層面而言，1992年時，美國最高法院在法蘭克林對上葛溫奈特公立學校訴訟案（*Franklin v. Gwinnett Public Schools*）中判定一位之前的學生在性騷擾案中尋求金錢賠償，這個案例重要的議題是男女平權法案可以透過金錢補償（Cotton and Wilde, 1997）。

為減輕法律訴訟的憂慮，有必要擬定一個規範，記住下列的一些建議有助於擬定這個規範。身為一位行政者，千萬不要等到事情浮現出來才處理，必須要積極主動，必須非常仔細地遵守計畫以及要求學校負起責任。運動代表隊的後援會也許會無意中造成一些違反規範的問題，但是男女平權法案要求體育室控制後援會的財務捐獻，這也就是為什麼所有運動種類都獲得同樣的捐獻。針對學生進行調查及找出她們對於運動的興趣，動員大會及印刷運動簡介都要用為招募男子與女子運動員的促銷手法，假設學校的預算緊縮，你的體育室也面臨同樣的問題，這時候要小心不要在性別上出現歧視的做法，記住男女平權法案是評估整個活動然後考慮運動的特殊性，因此，即使出現有些差異的情況也是會符合規定（Paling, 1996）。

「教育部門的公民權法是強調男女平權法案的執行，發現僅有2%的抱怨是與運動有關」（Solomon, 2002: A1），美國公民權辦公室（U.S. office of Civil Rights）對於性別平等的操作性定義包含如下：

1.是否大學層級對於男性與女性學生參與機會的數量，要與其註冊學生的比例相等。

2.在這一方面的一個性別曾經或現在的代表性明顯不足，這個學校是

否能夠證明這從以往就是如此。

3.是否在大學運動員中有一性別在比例上為少數，然後這個學校並無法突顯其在活動擴充方面持續地努力，是否現有的活動能夠充分地滿足少數性別人員的興趣與能力（Yasser, McCurdy, and Goplerud, 2000; Cotton and Wilde, 1997; Berger, 2002）。

上述三方面涵蓋了對於男性與女性運動員在下列領域的利益（Berger, 2002）:

1.器材與耗材供應物品。
2.比賽與練習時間的安排。
3.旅行與零用金。
4.家教。
5.教練。
6.更衣室、練習與比賽場地。
7.醫療與防護設施及服務。
8.膳宿設施。
9.公共宣傳。
10.支援服務。
11.招募。

這三個主要概念所強調的平等是由參與機會、獎學金及上述其他福利加以檢驗。

女性運動代表隊預算的增加是否對於現成男生代表隊造成怎樣的影響？這個問題引起一些議題考量，如招募新生與教練的紅利等，舉例來說，一個成功女籃隊的數名教練領取比男子代表隊教練更高的薪水。

許多的爭議圍繞著自男女平權法案實施30年造成男子運動數量的減少，過去20年來，170個摔角隊遭到解散的命運，這應該註明「男女平權法案沒有告訴大學該如何分配其預算，只是要求兩性必須要有公平的待遇」（Casey, Ballard, and Deitsch, 2002: 21）。古特納（Gutner）（2002: 144）

指出「一些比較冷門的大學男子運動遭到刪減是事實，如寶林格林州立大學（Bowling Green State University）田徑隊就是一例，這絕對不是男女平權法案的錯誤，而是每個學校選擇其分配在運動的資源。」資料顯示儘管宣稱男子運動代表隊的數量減少，過去20年來男學生參與運動的機會卻是增加的（Slezak, 2002）。

法院傾向這個思考方式，國家角力教練協會（National Wrestling Coaches Association）〔之後又有學院體操協會（College Gymnastics Association）及美國田徑教練協會（U.S. Track Coaches Association）〕在1992年控訴男女平權法案歧視男性運動員，但是司法部駁斥這個案例（Curtis, 2002）。在相關的訴訟案件中，第八上訴巡迴法庭裁定北達柯達大學（University of North Dakota）的協會刪除男子角力是爲了符合男女平權法案的要求而認定其勝訴（"Proportionally Okayed for Title IX Compliance," 2002），一個紐約法庭受理一位男子因爲其學校在符合男女平權法案要求時刪除其運動而提出告訴，不過法院裁定駁回原告的要求（Applin, 1997），一般而言，採用男女平權法案以扭轉歧視的案例並沒有太多成功的案例。

在更低一個的層次，性別平等的議題大都集中在特定學校不公平的作法，如欠缺合格的教練、與男性同樣的運動、或是賽程安排（Frankel, 1992），一件高中草地曲棍球女生代表隊教練提出控訴的案例，後來雙方達成和解，校方同意在女學生活動的時候提供一個樂隊、啦啦隊、販賣部擺設，以及確保男女生的教練都有相同的待遇（"Settlement Has Been Reached in a Title IX Compliant," 1996）。

性騷擾Sexual Harassment

性騷擾被定義爲一個不受歡迎的性暗示、性要求以及性本質的其他口語、非口語或肢體行爲，當（1）對於該種行爲的接受是有明示或暗示的一種個人工作或是學術決定的條件；（2）類似行爲的拒絕或接受可能

鹽湖城奧林匹克運動會籌備委員會

反歧視及騷擾政策（2002）

鹽湖城奧運籌委會（SLOC）要提供其職員一個免於緊張的工作環境，這些緊張絕對不是我們所提供服務所造成的，鹽湖城奧運籌委會（SLOC）不會容忍因為種族、膚色、性別、懷孕、生產或懷孕相關情況、年齡、宗教、國籍、殘疾或工作環境殘障的歧視或騷擾，類似的行為將會遭到處罰，甚至開除。此外，任何歧視或騷擾是違反州及聯邦法律，假使任何一位職員認為為他遭到任何形式的歧視及騷擾，他（她）必須通知其上司主管、經理、鹽湖城奧運籌委會人力資源部經理、或是這位受害人覺得可以信賴的任何人。任何官員、監督人員、經理對於本政策嚴禁的歧視與騷擾事件有所瞭解的話，必須要將相關資訊提供給鹽湖城奧運籌委會人力資源部經理，一位職員在真誠下所作的歧視與騷擾事件不會對其有負面影響，這份報告會經過適當的調查，任何所需要矯正的動作會作適當的處置。

鹽湖城奧運籌委會（SLOC）不會容忍因為種族、膚色、性別、懷孕、生產或懷孕相關情況、年齡、宗教、國籍、殘疾或工作環境殘障的歧視或騷擾，類似的行為將會遭到處罰，甚至開除，此外，任何歧視或騷擾是違反州及聯邦法律。

騷擾的定義 工作環境中的騷擾也許包含（但不僅侷限於此）藉由文字、姿勢或動作惹惱、警告或是虐待他人或基於種族、膚色、性別、懷孕、生產或懷孕相關情況、年齡、宗教、國籍、殘疾或工作環境殘障種族、膚色、性別、懷孕、生產或懷孕相關情況、年齡、宗教、國籍、殘疾或工作環境殘障製造威脅、敵意或攻擊性工作環境，騷擾包括輕蔑或侮辱的評論、不適當的笑話、誣蔑或意見。它包含性涵義的騷擾。

性騷擾的定義 在民權復原法案（Civil Rights Restoration Acts）的第七法案修訂案及猶他州的法律明訂性騷擾違反州及聯邦法律，性騷擾包括不受歡迎的性要求、要求性的示好以及任何其他與性有關的口頭與肢體行為或語言，涵蓋如下，但不僅於此

顯現出冒犯的調情
不懷好意或其他有冒犯的視覺動作
作出性暗示的手勢
提供關於個人或個人身體圖像的文字評語
展示性挑逗的圖片或物體
口語上對於個人性別的侮辱
散發性挑逗或下流的書信或字條
威脅或暗示（明確地或模糊地）員工若拒絕性的要求將會對於工作環境或僱用狀況有負面影響

報告歧視或騷擾行為 要求員工馬上向主管或經理、報告歧視或騷擾、鹽湖城奧運籌委會人力資源部經理、或是這位受害人覺得可以信賴的任何人，湖城奧運籌委會人力資源部經理、或是這位受害人覺得可以信賴的任何人。任何官員、監督人員、經理對於本政策嚴禁的歧視與騷擾事件有所瞭解的話，必須要將相關資訊提供給鹽湖城奧運籌委會人力資源部經理。

歧視或騷擾報告的調查 鹽湖城奧運籌委會人力資源部負責審核及調查歧視或騷擾報告，進行調查可能包括與提出歧視或騷擾報告的員工訪談，被指控歧視或騷擾的加害人、目擊證人及其他適合的人，進課能不要交提出報告員工的身分曝光，整告案件的調查要求絕對的信任，調查的情況只讓有需要相關的人物瞭解，提出歧視或騷擾報告的員工只要是在誠心誠意的情況下部會對其工作有負面影響，類似報告的調查結束後，將採取適當的與及時地糾正動作。

被當事人合理地想像出接受與否將成爲個人工作或學術決定的基礎；（3）類似的行爲可能有不合理干擾他人工作表現的目的或效果或製造恐嚇、惡意或攻擊性工作環境；或是類似的行爲有強調學生或職員的性行爲或性認同以致於侵犯其所有歡樂、教育及職業的利益、環境或機會（Colorado Civil Rights Commission, 2002）

性騷擾防治政策是很難用文字將說清楚，介於自由表達及被侵犯人員的緊張關係是存在的，例如，美國民權聯盟（ACLU）的部分派系宣稱支持女性員工反對含有性暗示的裸照與攻擊性語言，該團體的部分成員則強調員工的言論及表達自由，對於管理階層最重要的策略就是確保部會容忍及忽視騷擾行爲（MacDonald, 1993）。

性騷擾防治政策必須要清楚及簡要、名詞定義要清楚，懲處規定言明在先，然後進行傳達政策與確實實施，相關的證據要加以蒐集、整理並保存；發生時間、地點及事件都要載明，並且都要加以證實，必須反應這些不受歡迎的行爲（O'Brien and Overby, 1993）。

一位運動行政者在許多情況下必須要尋找性侵害的證據，不受歡迎的性暗示可能構成性騷擾，包括性的邀請、屈辱人格的語言、諷刺性言語、侮辱的笑話或聲音、不適當的觸摸、潛意識關係，這些導致偏心或負面影響他人的行爲，以及在工作區域或練習區放置與性相關的物件，像是照片、錄影帶、或書籍文件（Miller, 1997）。

在法洛格對上巴加瑞頓市訴訟案中（*Faragher v. City of Boca Raton*）（118 S. Ct. 2275），法洛格與其他女救生員控訴他們的監督人員作出不受歡迎的觸摸及說出淫蕩的字眼造成色情地且有敵意的工作環境，最後經過許多次的抱怨，這位監督管理人員受到懲罰，市府也在法律明定下承擔這位員工不當行爲的責任（Sawyer, 1999）。

本意良善的運動行政者發現一塊很大的灰色區域在討論什麼是性騷擾及何種不是性騷擾。學校律師梅琳達．馬洛妮（Melinda Maloney）建議行政者必須考慮許多層面，例如受害人的年齡、抱怨的性質、是否有目擊證人、個人是否提出個案抱怨紀錄、涉案當事人的聲譽，如要構成性騷擾的要件，這個騷擾行爲必須要相當嚴重、持續性或廣泛的，他必須製造出有敵意的工作或教育環境，要提出兩個問題作爲判斷依據（Maloney, 1997）：（1）這個騷擾有無負面地影響學生成績、工作表現或運動進步情形？（2）這個騷擾有無造成當事人退出專案計畫、運動或是課外活動？

性騷擾中的孩童虐待與再犯的違法行爲已經移向中小學休閒活動之中。這種事件的風險很大，「如教練、體育老師的角色…經常需要在肢體上與學生碰觸，特別是隱密的環境以及經常在成人與學生間建立信任及親密感的能力」(Stein, 1993b: 7)。

認眞且嚴肅地處理令人不快的行爲是一個重要的行政概念（Stein, 1993a)，一位行政者建議須協助學生撰寫給加害人一封信，信中要涵蓋3個基本重點，第一，說明發生了什麼事，包括何事、何時及發生的頻率；第二，受害者的感覺爲何；第三，要求騷擾行爲立刻停止，如果不停止的話，將被視爲性騷擾並接受處罰的命令（Lydiard, 1993; Stein, 1993a; Penfield, 1993)。

一些保護教師的策略包括：與一位學生進行討論的時候不要關門、不要與一位學生進行放學後會議，除非有其他成人在場，公平對待所有學生，不要觸摸學生，不要邀請學生到你的住宿空間或是安排過夜旅行，除非其他成人有伴行，在行爲及衣著上要突顯專業（Anderson, 1993)。

減少性騷擾的關鍵步驟就是在組織內部訓練一批適當人數的人員，單位或學校內部只有一位調查人員是不明智的做法，行政者需要有一批幹部在需要的時候可以隨時召喚，經驗顯示這些幹部的存在有助於行政者及早展開調查，同時，也可以參考一些有趣的策略，如稱爲「環境檢視（enviromental scan)」的策略，就是派人在可能受害人的周遭觀察並製作檔案，另外一個策略就是不要讓加害的嫌疑犯與受害者碰在一起－這可以視爲原來性騷擾的擴大，「學校行政者的『假如你沒有看見它，就不算』的心態必須要改變，這不是律師所說的」(McGrath, 1997)。

索耶（Sawyer）（1999: 8）提出一些建議給運動管理者：

1.經理需要一個正式的機制處理性騷擾的抱怨。
2.經理及他們的運動組織對於性騷擾應該擬定毫不容忍的政策及讓所有的員工都瞭解。
3.經理與其員工應該每一年或視情況而定接受性騷擾防治相關的訓練。
4.提出性騷擾抱怨的程序必須清楚地的說明，管理階層對於每一件抱怨都要謹慎以對，此外，不可以對提出的員工採取任何報復的動作。

法律議題在運動的環境中可說是到處可見，只要瞭解本章所討論的一些原則及綱要，你就可以提供一個安全的環境、依據法律來執行活動，在過程中避免法律訴訟。

關鍵思維 Critical Thinking

對於運動員進行藥物檢驗在最近成爲法律觀點所注重的一個議題，特別是在國高中運動員階段，根據法律案例的判決，接受與否的標準仍有在待探索。亞瑟（Yasser）、麥考帝（McCurdy）、高波勒路德（Goplerud）（2000, p. 923）指出「爲了評估任何藥物檢查的合法性，考慮誰是檢驗人員、爲何要做這個檢驗、檢驗的對象爲誰、檢驗工作是如何執行、要檢驗那些藥物、若沒有通過檢驗，將採取那些措施等都是很重要的。」有些問題的答案可以在美國最高法院裁決一個來自奧勒崗州（Oregon）1995年的佛洛那學區對上艾肯頓訴訟案例（*Vernonia School Distrrt v. Acton*）中找到。

這個案例點出了越來越多學生運動員使用藥物，並且造成難以控制及嚴重缺課的情況，也設立一些特殊課程，同時還邀請專家說明不正確使用藥物的危險性。最後，一個藥物檢驗的計畫建議在檢驗中採取隨機抽樣方式，就如同國高中的尿液常規檢驗，並於公開場合說明這個計畫，當場就獲得了家長無異議的通過。

這個測試計畫包括了給每位運動員一份書面的家長同意藥檢的文件以及在球季初期就檢驗每位運動員，此外，將隨機選擇10%的球隊進行檢驗，每位運動員在採取尿液樣本的時候將有一位相同性別的成人伴隨，每一個樣本將貼上一個編碼，護送的流程非常明確並送到合格的研究室，然後將結果送回督導手中，只有校長、副校長及助理主任可以看這個檢驗結果，如果呈現陽性的話，這位運動員將立刻進行第二次的檢驗，如果還是陽性的話，將會與運動員及其家長碰面及提供一些選擇：（1）參加一個六週的治療課程及每週檢查、（2）禁賽兩個球季。當恢復資格之後再進行一次檢驗，陽性的結果將導致直接的懲罰。

7年級的艾肯頓（Acton）簽了名要打美式足球，他的雙親拒絕提供藥檢同意書，也使其無法參與打球，艾肯頓（Acton）向法院指控此舉違反了美國憲法的第四及第十四修正案，第四修正案禁止不合理的搜索，第十四修正案則是說明這些搜查必須要包括州的官員，地方法院駁回這個指控，但上訴法院則駁回地方法院的決定，美國最高法院發現佛洛那學區（Vernonia）的政策不但合理也是合乎憲法。這個政策如何在法院上獲得青睞？這個政策的缺點爲何？如果你回到母校擔任教練，你會支持這個政策嗎？當你就讀高中時，你會同意這個政策嗎？

練習題

1.假如您規定在體育課的田徑單元中，在未經允許下任何人不可以碰觸鉛球，從一個過失的觀點之下，一旦有學生因沒有遵守規定而受傷，在此情況下，為何決定是否有執行這條規定會如此重要？

2.選擇一個熟悉的遊戲區或運動設施：列出特定危險的情況在受傷出現時會引起責任訴訟。

3.描述曾經在您的體育課中曾經發生最嚴重的受傷，假設這個受傷可能導致終生殘障（例如，如果這個意外造成手臂斷掉或切除，並且造成終身殘廢），請列出這位受傷學生所可能採取指控學校或學區的理由。同時，列出教練可能可以採用的抗辯理由。

4.重複上述之練習，選擇您在運動場曾經觀察到最嚴重的受傷情況。

5.假設您是肩負責任險的教師、教練或行政者，在被告的情況下會有何差異？

6.檢視您機構的藥物檢查計畫，以及評估在法律上站得住腳的機率。假設服務單位沒有藥物檢查計畫，請撰寫一份。

參考文獻

Abbott, S. W., and Wong, G. M. (1997). Storm warnings. *Athletic Business* 21, pp. 22-24.

Adams, S. (1993, February). Duty to protect. *Journal of Physical Education, Recreation and Dance*, pp. 22-23.

Anderson, P. L. (1993, June). Sexual harassment. *School Business Affairs*, pp. 14-17.

Applin, A. G. (1997, Summer). The Title IX battlefield. *USSA Sport Supplement* 5, p.2.

Berger, J. (2002, June 15). Is Title IX equal to task? *Rocky Mountain News*, www.rocky-mountainnews.com/drmm/college.

Berry, R. C., & Wong, G. M. (1986). *Law and business of the sports industries: Vol. 2. Common issues in amateur and professional sports*. Dover, MA: Auburn.

Booth, M. (2002, August 9). Sports officials ran stall play in disqualifying gridder. *New Jersey Law Journal*, pp. 23-28.

Brink, N. (2002, Sept. 27). Sport shop held negligent in renting in-line skates to novice. *The Lawyers Weekly*, v22, No. 20, pp. 1-2.

Bucher, C. A., and Krotee, M. L. (2002). *Management of physical education and sport*(12th ed.). St. Louis: McGraw-Hill.

Casey, S.; Ballard, C.; and Deitsch, R. (2002). Scorecard. Sports Illustrated, v96, i26, p.21.

Champion, W. T., Jr. (1993). *Sports law*. St. Paul: West.

Clements, A. (1988). *Law in sport and physical activity*. Indianapolis: Benchmark Press.

Cohen, A. (1993, March). And the home schoolers take the field. *Athletic Business*, pp. 20-22.

Colorado Civil Rights Commission (2002). *Guidelines on Sexual Harassment*. Denver: Colorado Civil Rights Commission.

Cotton, D. J. (1992, September). Matching participants—Is it a real issue? *Sports, Parks and Recreation Law Reporter*, p. 23.

Cotton, D. J., and Wilde, T. J. (1997). *Sport law for sport managers*. Dubuque, IA: Kendal Hunt Publishing.

Court split on athletes with disabilities and age rules. (1996, December). *Your School and the Law* 26, pp. 6-7.

Curtis(2002).

Farmer, P. J., Mulrooney, A. L., and Ammon, R. (1996). *Understanding sport organizations*. Morgantown, WV: Fitness Information Technologies.

Federal court upholds age eligibility rule governing sports. (1997, January). *Your School*

and the Law 27, p. 11.

Fired football coach says court's award falls short of the goal line. *School Law Bulletin* (1997, September), pp. 3-4.

Frankel, E. (1992, November). Charging ahead--Putting gender equity into play. *Athletic Management* 4, pp. 15-19.

Gaskin, L. P. (1993, February). Establishing, communicating, and enforcing rules and regulations. *Journal of Physical Education, Recreation and Dance* 64, pp. 26-27.

Gender equity debate heats up (1997, August/ September). *Athletic Management* 9, pp. 11-13.

Gibbons, M. G., and Wong, G. M. (1997, December). Player versus player. *Athletic Business* 21, pp. 22-24.

Gutner, T. (2002, Oct. 7). Women's sports could take a hit. *Business Week*, i3802, p. 144.

Herbert, D. L. (1993, March). Overcrowding and poor supervision litigated. *Fitness Management* 9, p. 24.

Herbert, D. L. (1997, November). Club case fails due to lack of evidence. *Fitness Management* 13, p. 44.

Hochberg, P. R. (1988a, January 25). The sports-bar scramble. *Sports Inc.* 1, pp. 42-43.

Hochberg, P. R. (1988b, February 22). Whose right is it anyway? *Sports Inc.* 1, pp. 44-45.

Kelly, P. (1994, May 16). EEOC sues Campbell for firing instructor with AIDS. *Charlotte Observer*, p. 2C.

Kennedy, S. O.; French, R.; and Henderson, H. L. (1989, October). The due-able process could happen to you! *Journal of Physical Education, Recreation and Dance* 60, pp. 86-93.

LaRue, R. (2002, Aug./ Sept.). Safe in their seats. *Athletic Management*, pp. 61-63.

Lehr, C. (1993, February). Proper classification. *Journal of Physical Education, Recreation and Dance* 64, pp. 24-25.

Lirgg, C. D. (1992, August). Has coed physical education been a positive step forward for girls? *Journal of Physical Education, Recreation and Dance* 63, p. 9.

Lydiard, B. W.(1993, January). A decade of dealing with sexual harassment. *School Administrator*, pp. 20-21.

MacDonald, R. (1993, January). Sexual harassment is imprecise. *Ski Area Management* 61, p. 77.

Maloney, M. (1997, February). Sexual harassment. *Your School and the Law* 27, p. 3.

McGrath, M. J. (1997, February). Sexual harassment: Use training to limit your district's

liability. *Your School and the Law* 27, p. 3.

Miller, L. (1997). *Sports business management*. Gaithersburg, MD: Aspen.

Nondiscrimination the basis of disability by public accommodations and in commercial facilities. (1994, July). *Department of Justice*, 28 CFR, part 36.

O'Brien, D. B., and Overby, J. O. (1993, March). Legal aspects of sexual harassment in higher education with special reference to physical education and athletics. *Research Quarterly for Exercise Science* (Suppl.), A-110.

Osinski, A. (1988, May/ June). Legal responsibilities of lifeguards. *Journal of Physical Education, Recreation and Dance* 59, pp. 73-75.

Paling, D. (1996, June/ July). High school's Title IX story. *Athletic Management* 8, pp. 22-28.

Peach, R. J. (2001, March 19). Crawn's heightened-care standard is extended to non-contact sports. *New Jersey Law Journal*, v63, i12, pp. 7-9.

Penfield, C. (1993, March). Sexual harassment at school. *Executive Educator*, pp. 41-42.

Proportionality okayed for Title IX compliance. (2002). *Journal of Health, Physical Education and Dance*, v73, i7, p. 13.

Ross, T. C. (1993a). Unhappy basketball player takes university to court. *Sports and the Courts* 14, p. 10.

Ross, T. C. (1993b). University's drug-testing program fails constitutional challenge. *Sports and the Courts* 14, p. 7.

Salt Lake Olympic Committee (2002). Anti-Discrimination and Harassment Policy. *Team 2002 Training Manual*.

Sanchez, J. (2002, August 16). Judge rules against bloom. *www.denverpost.com/stories.html*.

Sawyer, T. (1999). Sexual harassment. *Journal of Health, Physical Education and Dance*, v70, i9, p. 7.

School board requires teachers to accept extracurricular duties. (1992, June). *Your School and the Law* p. 8.

School gives soccer coach the boot after calls team cowards. *School Law Bulletin*. (1997, June), pp. 2-3.

School liability. (1996, January). *Your School and the Law* 27, p. 6.

Schubert, G. W.; Smith, R. K.; and Trentadue, J. C. (1986). *Sports law*. St. Paul: West.

Sendor, B. (1993, March). Passing the test on drug testing. *American School Board Journal* 180, pp. 23-24.

Settlement has been reached in a Title IX complaint (1996, October). *Your School and the Law*, p. 16.

Sharp, L. A. (2002, October). Vial decision. *Athletic Business*, pp. 30-33.

Shepherd, R., Jr. (1993, February). Liability. *Parks/ Grounds Management*, pp. 14-17.

Sikorski, E. J., and Gibbons, M. (1998, January). Old school. *Athletic Business* 22, pp. 20-22.

Slezak, C. (2002, Sept. 24). No easy answers. *Chicago Sun-Times*, p. 111.

Solomon, J. (2002, June 23). Title IX: 30 years later. *The Houston Chronicle*, p. A1.

Sports eligibility rule could be applied, according to court (1996, December). *Your School and the Law* 26, p. 7.

Stein, N. D. (1993a, January). Sexual harassment in schools. *School Administrator*, pp. 14-19.

Stein, N. D. (1993b, May). Breaking through casual attitudes on sexual harassment. *Education Digest*, pp. 7-10.

Student falls from monkey bars on school playground. *School Law Bulletin* (1997, September), pp. 7-8.

Student injured in gym class; school board not liable (1996, June). *Your School and the Law* 26, p. 10.

Student is suspended and thrown off the basketball team for having alcohol on a school trip. *School Law Bulletin* (1997, May), pp. 4-5.

Student with disability had no right to participate in sports (1997, February). *Your School and the Law* 27, pp. 8-9.

Van Der Smissen, B. (1990). *Legal liability and risk management for public and private entities*. Cincinnati: Anderson.

Wolohan, J. T., and Wong, G. M. (1993, June). Ruling may have a Texas-size impact. *Athletic Business* 17, pp. 22-23.

Wolohan, J. (2002, August). Happy landings. *Athletic Business*, pp. 24-28.

Wong, G. M. *Essentials of amateur sports law*. (2nd. ed.). 1994. Westport, Conn. Praiger Publishing.

Wong, G.. M., and Craig, J. T. (1993, April). Start making sense. *Athletic Business* 17, p. 14.

Wong, G. M., and Duncan, K. L. (1997, November). All fired up. *Athletic Business* 21, pp. 20-24.

Yasser, R.; McCurdy, J. R.; and Goplerud, C. P. (2000). *Sports laws, cases and materials* (4th ed.). Cincinnati: Anderson.

Chapter 9
體育運動的風險管理

Risk Management in Sport and Physical Education

管理思維Management Thought

沒有遠見比眼盲還糟糕。

Worse than being blind, is to be able to see and have no vision.

～海倫・凱勒（Helen Keller）～

案例討論：

運動的侵權行為（Torts in Sports）

布昂尼可提·馬克（Marc Buoniconti）是一個大學二年級的學生，並且在堡壘學院（The Citadel）的美式足球隊擔任後衛。他的頸部在1985年10月5日的比賽中受了傷，當天的比賽是對抗維吉尼亞軍校（VMI）。即使受傷後導致其頸部一碰就痛、很酸並且感覺很脆弱，但是隔一週他還是上場參加了對抗大衛森學院（Davidson College）的比賽。後來他對受傷而不靈活的頸部做了一些治療，又繼續在對抗田納西州查塔加諾大學（University of Tennessee-Chattanooga）時出賽，然後他的頸部又再度受傷。再隔一週之後，他必須在頸部上戴著一個軟頸圈，並且不能參與平日的練習。拍了X光片後，隊醫找不出可以把他排除出場比賽之外的原因；所以，隊上的防護員爲他製作了一個防止他頸部向後彎曲的護具，隊醫也准許他帶著這個護具參加下一場的比賽。

在對抗東田納西州大學（East Tennessee State University）的那場比賽之中，他撲向對方一名已經起跑的球員欲完成一個阻截；沒有犯規的哨音響起，結果馬克的脊椎遭到撞斷，接著，他頭部以下的肢體都無法移動了。

馬克的家人控告堡壘學院（The Citadel）、隊上的防護員以及隊醫。在這期間，馬克的家人與堡壘學院的保險公司以及防護員都達成和解，而隊醫則成了唯一的被告。隨著冗長的審判進行著，法庭找到一項對被告有利的證據：南卡羅來納州（South Carolina）是少數幾個沒有比較過失的立法，這就代表說任何屬於原告的與有過失成爲一種完全的障礙需要克服，這很顯然與布昂尼可提·馬克（Marc Buoniconti）的期望相反。

布昂尼可提·馬克（Marc Buoniconti）的家人要求再重新審理，但是遭到拒絕；接下來他們向州內的最高法庭請求審判，在1988年的

10月，大約在意外發生後的3年，布昂尼可提．馬克（Marc Buoniconti）的家人放棄繼續訴訟，而馬克在邁阿密大學（Miami University）的研究所攻讀心理學，馬克的家人也在邁阿密開始鼓吹癱瘓治療計畫。計畫的資金募集到超過2,000萬美元，此外馬克家人還極力倡導「沒有熱身練習，就不上場比賽（no practice, no play）」的觀念，以增加運動場上的安全（Yasser, McCurdy, and Goplerud, 1997）。

本章目標

讀者應能夠

1.當在應徵運動或體育職缺時，說明風險管理與危機管理。
2.以法律觀點說明運動與體育的交通運輸問題，並且提出建議以避免相關的法律問題。
3.陳述保險三角關係的三個構面以及符合保險所承受責任範圍的建議事項。
4.敘述運動與體育行政人員在緊急事件發生時的責任歸屬。
5.指出運動與體育範圍中安全規劃的主要元素。
6.解釋如何向運動行政單位申請同意書免責證明。

風險管理
RISK MANAGEMENT

沒有被保險的災害…因爲疏忽而被告上法庭…因爲職員的誤判造成負面的宣傳——以上三項事件的發生都是運動行政主管所戒慎恐懼的事；對於上述最好的解釋就是因爲大部分的體育室都沒有計劃去處理潛在的災難（Buisman, 1992: 10）。

風險管理的程序是沒有間斷且包括4個階段（stages）：確認風險、評估風險、面對風險（例如：撤換危險的規劃、購買保險或簽署免責的文件）以及撰寫標準作業程序（Farmer, Mulrooney, and Ammon, 1996; Herbert, 1997a; Sawyer 2001c）。

風險管理包括安全、預防意外、完善的保險措施，還包括其他更多內容，就如同現代對於健康的解釋不僅只是要求沒有疾病，風險管理也不只是要求避免意外的發生。整體的風險管理計畫要包括分析風險、辨認風險，以及傷害或意外可能發生的情況以及該如何應對風險。這包括了辨認可被排除或控制的危險、指出可要求賠償的部分（包括保險或其他可保護個人或組織負擔財務賠償的部分）；或改變計畫以減少可能造成太多賠償的規劃。管理風險包括檢查場地設施以避免可能發生的危險，這包括災害發生之後的善後以及調查。同時，只要保持運動與體育活動裡的刺激性與挑戰性，就必須繼續控制（control）危險與面對程度上的風險。

風險的臨界點How Much Risk is Too Much?

由於原因多樣化，因此造成運動或體育裡有許多的受傷情況，在出現重大的意外之後，人們才總是大聲疾呼必須取消某些活動以降低風險的程度；但是研究指出，儘管某些活動造成重大傷亡（例如：體操與游

圖：合格的運動傷害防護員在運動的風險管理中扮演著攸關性命的角色
資料來源：University of Colorado Athletic Department Public Relations.

泳)，但是只要適當的處理就可以安全的進行。舉例來說，在彈簧床上蹦跳是有危險性的，但是如果配合安全繩索使用的話就不那麼危險了。

該如何調整控制呢？誰決定哪些控制是可以接受的呢？以下是幾項控制的例子：要求參與迴力球的球員戴上護目鏡、養成美式足球比賽中禁止頭盔衝撞擒抱的行為、在籃板下方墊緩衝物、採用縮短比賽時間的規則以保護經驗較少或是年輕的選手。

增加「照護」的比例也是風險管理的一部分，如果活動本身的需求或是教練指示必須完美達成任務；照護工作就必須成比例的增加。如果學生本身有受過傷的歷史、發生傷害的傾向或是殘疾，特別的照護有其必要。參與者的心理狀態、年齡、經驗以及技巧等，都是評斷監督與提供照護的標準。

風險管理計畫The Risk Management Plan

危機管理規劃通常有好幾個步驟與階段。首先，運動組織必須有危機意識，主管應該成立一個風險管理小組。這個小組的主要目的是要參考其他相似組織擬定的風險計畫，然後爲自己的組織草擬一個合適的計畫；然後由合適的行政人員重新檢視一次並再次提出最後的定案，最重要的是計畫裡需要人員操作的部分必須經過組織內部的演練（Kramer, 1997/1998; Appenzeller, 1998: 159-162）。

健康體適能組織在風險管理上有兩個很重要的層面：分別是緊急事件的完整反應配套措施，以及預先登記心血管的檢查。有一份針對麻薩諸塞（Massachusetts）地區俱樂部的研究，將問卷分別發給102個協會俱樂部與非協會俱樂部作調查。結果顯示有35%協會俱樂部與46%的非協會俱樂部沒有固定地檢查新加入俱樂部的會員。而有81%的俱樂部將緊急事件處裡放在員工訓練裡，但是40%以上的俱樂部卻從未演練過緊急事件的完整配套措施（Herbert, 1998）。

報導指出接觸性運動如美式足球每一季發生傷害的機率是參與人數的3／4，而以非接觸性運動而言發生傷害的機率才10%左右。雖然數量不同，但是大致而言，美式足球的死亡率以及災害發生機率已經逐年的降低。「由全國大學運動協會（NCAA）的傷害監控系統（ISS）所收集的資料指出，春季的受傷機率比秋季的受傷機率高出了2到3倍」（"New Proposal Aims to Reduce Spring Football Practice Injuries," 1997）。因爲這個緣故，建議降低春季練習的次數，特別是當允許擒抱及全面分組練習的進行。

風險管理綱要是美式足球運動的必備工作之一，教練應該告知球員沒有經過身體檢查不可參與練習與比賽。爲了避免受傷，教練有法律上的責任給予球員適當地訓練。並且每位球員都應該證明自己已經有適當的保險，以避免傷害的發生。而緊急事件的處理程序應該在球季開打前就充分的演練，並且運動傷害防護員必須在每一場比賽到場；必須確保球員不論在場上、更衣間或是體重室都在適當的督導之下。此外，在球季開打前，教練必須檢查所有的設備確認一切而安全無虞（Brokowski, 1996）。

我們必須向其他暴露在更高風險之下的相關產業學習風險管理，滑雪業是運動與遊憩產業中做出改變的先驅者；桑代對上史垂頓訴訟案（Sunday v. Stratton）在1980年代出現在滑雪業中帶動了立法與風險管理上重大的改變。滑雪業者在行銷自己時也不避諱的告知消費者，滑雪運動參雜著傷害風險，因此在從事滑雪運動時，消費者必須確認身體的狀況、提高警覺以及小心行事。誠實的去行銷自己的商品和過去的做法不一樣，以前的廣告多是正面的，但卻不眞實；而錯誤的部分總會法庭上暴露出來。

誠實曾經出現在運動中嗎？試想一下在陪審團的面前，當你在帶以小朋友爲主，並且需要專業謹愼的營隊時，會不會老實地說明你的教學方法稱做「死亡之組合（death squad）」？

冒險的權利The Right to Risk

値得冒這個險嗎？這通常取決於該項活動發生傷害的機率統計。就像之前講到的，災害在風險管理方程式的平衡是「合理地（reasonably）」降低安全冒險的權力。如果游泳池的設計無法避免傷害，那唯一的解決方法就是把它們塡起來吧！（Appenzeller, 1998: 51-52）

有了完善的規劃與專業的安排，高風險的活動就不容易發生，理由是因爲那些活動是由專業訓練以及認證的人去從事，他們要求最高級的設備與場館；並且活動參與者通常都保持警覺並且隨時注意指示。但是公立政府單位如學校或是休閒部門，以前卻很猶豫是否要提供冒險性質的活動，但是隨著安全紀錄的成長，這樣的情形已經在改變；例如鳳凰城（Phoneix）的冒險青年部（At-Risk Youth Division）（Colley, 1998）。

如果說風險管理是平衡意外與控制風險的一門學問的話，我們必須知道的是冒險性活動之外的眞實危險（actual danger）相對於明確的危險（apparent danger）的對比。舉例來說，一位主管要是看到兒童遊戲架下方有水泥塊會很擔心，因爲那塊區域經過長期的使用之後是最常有坑洞與凹凸不平的地方，也最容易發生危險。爲什麼不直接在上面塗上柏油表面呢？

「運動受傷」的社會化領域是運動傷害風險裡甚少被研究的範圍，因此造成許多受傷以及訴訟。尼克森（Nixon）（1993: 190）曾經指出「當運動員被社會影響、被鼓勵、受到壓力或是被影響對於疼痛以及運動傷害的看法，他們會將疼痛與傷害當作是精彩比賽所需要的一部分，教練甚至不需要認眞要求球員。事實上，因此，通常運動員可能是阻礙提升運動安全的最大阻力。」

風險管理決策Risk Management Decisions

到最後，行政主管必須權衡所有的資料，然後根據下列兩個問題做出決定：（1）考量活動中有多少危險是可以被控制的？又有多少是在可承受的範圍之內？（2）根據以往的發現，所獲得的效益超過看得到的風險嗎？

控制風險管理的策略和解決其他管理問題是相似的。首先，必須辨認以及評估潛在風險；第二是選擇可對付風險的方法，接下來，啓動操作程序以控制風險；然後評估結果。風險可以歸類的方式如財產的曝光度、活動服務裡的公共責任、是否粗心大意，以及事業營運裡的風險（Cotton, 1993）。

爲了細心地準備一個的風險管理計畫，排除以及調整風險高的活動是有必要的；透過保險或賠償協議來轉移風險。學校應該考慮自我保險，但是必須涵蓋到災難型的風險。國家級的運動組織例如全國大學運動協會（National Collegiate Athletic Association, NCAA）及其他等都有適當的相關比例（Appenzeller, 1998: 39-47）。

在每年的年初，選定一種可能發生的緊急狀況作應變的演練，並且測試危機處裡的方案是否可行（Neal, 1996; Diles, 1996; Hessert, 1997）；這有可能是露天看台座位倒塌，並且造成許多嚴重的傷害。誰在負責指揮？地方醫院的急診室一下子可以容納多少傷患？最近的充氣逃生墊在哪？誰該對外發布新聞給媒體？

危機管理Crisis Management

所謂的危機是：「一個重大的混亂造成媒體大量的報導、吸引大衆的注意，並且干擾組織正常的商業活動」(Irvine, 1997: 37)。危機事件有兩種基本型態：突發性以及積壓已久。

運動組織的危機管理計畫必須是更爲精緻完善的，「重點不在於是否可以承受這些花費與支出，而是在於不作的話會毀了整個組織」(Frank, 1997: 34)。

「危機管理可以處理許多事情——運動員或參與者的傷亡、交通車車禍、炸彈威脅或是財務危機，危機管理只是『防患於未然』一個老觀念的新名詞」(Horine, 1987: 98)。在處理危機事件的時候，要注意發放給媒體的訊息是經過證實的，而不是任何臆測或是推論。除了最高醫療單位與法律單位之外，不可將受害者的姓名透漏給任何人；必須尊重受害者雙方以及家屬的隱私；並且讓經過專業訓練的發言人回答任何問題(Call, 1993)。

在過去，媒體對於運動傷害的敏感度是很低的，而當他們觸及這類新聞的時候，多是些「友善地」報導。現在的情況已經不同了，這樣的消息都是「大新聞」，並且媒體的角色處於反對派。「危機發生之後幾個小時內所作的決定，可能是短暫的損失與長期災害的差異」(Horine, 1986: 72)。減緩危機的原則的第一步就是要先成立一個工作小組，這個團隊裡必須要包括可以分配所需資源的高層管理決策人員，處理最糟糕狀況的危機處理書面計畫必須是非常獨立且完整的。

危機發生時有3個特性：突然的、緊急的以及可見的。危機處理專家認爲危機發生時應該儘快以最簡單的語言告知大衆，不然的話謠言（通常比實際狀況糟很多）就會滿天飛。沉默只會被認爲是心虛！提供證據給大衆以判斷結論，由於新聞有截稿時間，因此應該提供記者及時及正確的資訊（Horine, 1986）。

標準與風險管理Standards and Risk Management

> 標準是指：有相同教育與訓練背景的人所期待的表現程度，它反映出被社會共識以及相似領域專家們所認定的反應。在法律上稱之為「合理地且謹慎的人之準則（reasonably prudent person standard)」，訴訟要證明的就是人在某一種行為沒有符合該有的標準（Borkowski, 2000: 23）。

行政管理者必須遵循下列的標準：

- 規劃合適地活動。
- 提供適當的指導。
- 提供安全的環境。
- 提供安全的設備。
- 合適地分組。
- 監控整個活動。
- 警告存在的風險。
- 提供急難以及事後照顧的協助（Borkowski, 2000）。

運動組織的工作人員必須警覺到表現的標準是隨著時間變化的。有一點很重要的是，過去在所有的運動或遊憩場館備有自動體外電擊器（AED）；直到最近心臟電擊器的使用已經受到限制，並且不再是必備的標準之一。但是現在要是在運動休閒的場所（體育館、游泳池、健身房、滑雪場或高爾夫球場）中，經過專業訓練的人員需要緊急操作這樣的器材時卻又沒有東西可用，該場所還是會陷入危險的法律狀態。要是無法遵循標準，倒還不如不要規劃該項活動（Bynum, 2002）。

運輸
TRANSPORTATION

在1992年瓊斯對上愛荷華中央社區學院訴訟案（*Jones v. Iowa Central Community College*）中，原告是一位籃球隊員於搭上由教練駕駛的學校用休旅車時；在車禍中受了傷，並且對學校以及教練提出告訴，陪審團判定校方因疏忽理由必須賠償原告27萬美元（Appenzeller, 1998: 108）。

以管理的觀點來看，有4個依照優先順序排定的選擇。第一個，最佳的選擇是僱用簽有合約的外包交通客運公司來負責接送；第二種，使用學校原有的車子以及司機。第三種選擇帶有一些風險，就是僱用檢查過的員工車輛以及有駕照的司機；第四種也是最不建議的選擇，使用不是租來的車子但是有合格的司機（Borkowski, 2002）。在1991年佛斯特對上巴特勒郡社區學院董事會成員的訴訟案（*Foster v. Board of Trustees of Bulter County Community College*）中，法庭判定被告要賠償原告200萬美金，因爲他是被一個沒有適當保險的學生雇員開著私人的車子接送而受傷（Pittman, 1993）。

以下是幾點使用巴士的建議：

- 檢閱承包公司的紀錄，包括駕駛的經驗、車輛維護規劃以及意外報告。
- 確認承包公司有適當的保險。
- 確認承包公司是有合格執照的。
- 讓法律顧問確認過合約。
- 確認該公司的司機有完整的訓練並且通過州的考試。

- 選擇有載送過運動隊伍的公司。
- 該公司應該要求教練或是一位隨行人員跟在巴士上（Borkowski, 2000）。

駕駛Drivers

選擇適當的司機來載運未成年學生是一件很重要的事，這種工作通常是以最低工資計酬，因此通常找不到很優良的駕駛。但是儘管比賽需要或是行程取消，也不該任用不合格的駕駛來載運學生。

通常教練自己擔任駕駛運送學生，這經常發生在沒有營收或是人數較少的隊伍。因此，當學校教練必須自己開著車，在冬天或是夜晚的比賽之後開上百里路，送15個隊員以及用具回到學校，如此的情況就變得非常奇怪。在結冰的路面上，這樣的行爲安全嗎？在這樣的情況下，只有願意奉獻、有毅力以及少數擁有好技術的教練可以避免意外的發生。

交通運輸政策Transportation Policies

撰寫一份嚴謹的運送企畫書是謹愼規劃運輸工作的重點；如果計算出來的風險是不可避免，例如運送學生到校外的網球場地去練習或上課，這些旅程不可能在毫無事先的計畫就實施。

爲了管理風險，必須考慮以下幾點。若可以話，僅用有合約車輛或校車接送；州的法律也可適用在當學生被以私人的車子接送；不該讓學生擔任駕駛，除非他們被授權擔任校車駕駛。避免學生駕駛私人交通工具載送隊友或同學，必須規範與監控學生的行爲，教職員必須隨車運送學生。如果說無法避免使用私人車輛進行運送，必須堅持以成年人擔任駕駛，檢視車輛以確保安全，遵守速度的限制，並且允許乘客選擇要搭的車以及座位。當教練收到學生繳來的交通費，務必用來購買足以承受風險的保險。

鹽湖城冬運會組織委員會駕駛同意表

全名 **出生年月日**
社會保險號碼
駕駛執照號碼 **管理單位**
有效日期

這些資訊可能使用在取得您的駕駛報告MVR，這可以決定您駕駛鹽湖城冬運籌委會車輛的合適性。

駕駛人品性的要求

我已經成年並且是美國奧會、鹽湖城冬運籌委會、國家單項運動組織或者是美國奧運智慧財產等組織的相關人員，並且瞭解鹽湖城冬運籌委會出租的車子必須符合以下各點，而我的責任在於：

1.必須持有有效的駕駛執照，主動提供執照受檢，並且服從所有的駕駛規定。
2.不在被下列狀況影響之下開車，包括：酒精、藥物、生病、疲勞或是受傷。
3.確保安全帶的使用以及孩童的安全。
4.遵守所有適用的駕駛規定。
5.以保守的態度駕駛車子，預測可能伴隨發生的狀況，隨時作準備。
6.任何時候都不使用雷達／雷射的偵測器。
7.規劃路程時挑選最安全的路線，注意天氣預報，並且提早出發而不趕時間。
8.向鹽湖城冬運籌委會車輛統籌中心-212-2101回報任何車子的損傷。（表格在車位的袋子裡）
9.禁止用車子載運其他的團體，包括家庭成員。
10.對於所有移動或停車的標示的裁定都要加以負責

再者，在簽署這份同意書時我確定在過去的三年內（36個月）並沒有觸犯以下任何交通法規：

a.在駕駛執照被吊銷、中止以及無效時駕駛車子。
b.因駕駛而過失殺人，駕駛車輛犯重罪。
c.在健康受損情況下或是在服過酒精、非法藥物之後開車，或是拒絕接受清醒度與替代物濫用的檢查。
d.肇事逃逸。（包含事件發生後提供錯誤訊息給檢調單位）
e.躲避或企圖躲避可執行公權力的員警。
f.觸犯交通法規並且造成嚴重的傷亡。
g.任何可暫停駕照的犯罪事由。

如果您不是鹽湖城冬運籌委會的雇員／志工，但是駕駛鹽湖城冬運籌委會車子並且在車禍中受傷，鹽湖城冬運籌委會的保險可支付您3,000美元的醫療支出。如果您是外地人或單獨的合約人，希望能夠獲得必前述更多的賠償，請您必須自己個人加保額外的保險。

駕駛人簽名： 日期：

資料來源：SLOC。

給行政者關於交通運輸方面的建議

Transportation Recommendations for the Administrator

1.瞭解州政府管理運輸的法律裡提到關於「乘客」身分與政府免責的部分（這有可能和適用於學校的不一樣）以及是否適用於運動。

2.在向請益合適的人士之後，撰寫一份目前交通運輸運作程序風險分析。

3.向主管的長官報告風險的現況，並且擬定即時的反應與長期的計畫。這或許需要幾年的時間籌募資金才能有實質的改變，例如增購一台賽會活動專用的巴士。

4.如果風險分析顯示出不合理的危險，如同第三點的狀況但是有所改變，變得在管理上不可行。那就必須呈報這樣的危險給上級，並且副本存檔。

5.成立一個處理小組，處理臨時改變的行程。例如取消校外的高爾夫球課，或變更到很遠的地方比賽的賽程；在比賽前就要處理好，例如減少參與學生的數量、取消某些運動，或是爲了進步提供一些行政上的支持。

6.維持足夠承受責任的個人保險。

轉移風險與保險

TRANSFERRING RISKS TO INSURANCE

在以快速移動爲主的運動世界中很難避免意外的發生，不管是運動員或是觀衆的受傷，或是設施引起的，還有一些沒有預期到的行爲發生如犯罪行爲；這些都會造成法律的訴訟或是賠償支出。風險管理有一個重要的目標是要維持運動組織的完整性，以及避免負責人的心理壓力。通常，爲了很多的原因使得運動、體適能或是遊憩單位的保險費用比一般來的高，曾經爲大學院校活動的保險費用建議3個降低的策略；積極的減少校園裡的風險；提高保險的扣除額，最後是告知運動員或是家長機構的保險是其次的（Polanshek, 2002a and 2002b）。

不管是哪種組織，保險的費用都是很重要；但是最不明智的做法是讓以最低價格標到保險的承包商作爲自己的保險理賠公司。

> 對於強調低廉的「團體」保費必須採取質疑的態度及詢問對方學校在未來幾年內要怎麼樣才會進行順利。在有完善控管損失的學校裡，到頭來會不會還是因為缺乏經驗而必須增加許多支出？利益會不會因賠償損失的緣故而減少？在不考慮人數多寡的情況下，任何值得信賴的承保單位都必須考慮到保險的稅金、聲明費用、證照的費用、行政費用、再保險以及利潤；早期所提供的折扣會快速的消失（Polanshek, 2002c）。

各州對於學校的保險有不同的法律規定。在某些州裡，學區被允許購買責任險，要是沒有購買的話，政府豁免權仍然是存在的。其他州是規定學區須購買某些與交通或是活動的保險，如運動相關的活動。在大多數的例子裡面，索賠的總數剛好在可承受範圍或是之下；如果學區提供保險，這就表示理賠的對象就會是學區，學校和教練就會減少被控告的機會，此外，一些規定經常限制或排除保險特定的範圍。

保險的三個構面The Three Legs of the Insurance Triangle

風險管理一個重要的構面，也是保險三構面的第一個構面，就是學校或保險代理機構，這必須小心選擇，自我保險（暫列理賠基金以供賠償時使用），或者是兩者的綜合；購買便宜但可高度扣除的保險以及保留一部分金錢，以作爲支付扣除額之用（Herbert, 1997a）。

在德州（Texas）接近艾爾帕索（El Paso）市的卡努提諾獨立學區（Canutillo Independent School District） 購買了一種「學校領導者失誤疏

忽（School Leader Errors and Omissions）」的保險以受理觸犯聯邦或是州憲法公民權益的類似事件，但是這項保險摒除了犯罪行爲、攻擊、毆打或是任何其他人爲致使肢體受傷的行爲。有5名二年級女童的家長指控一位名爲伯拉思（Perales）的體育老師對他們的小孩性虐待，這位老師被判定性騷擾，同時，家長也提出指控學校違反聯邦和州的公法侵權，保險公司基於保險合約內的摒除條款而拒絕處理這個案件，學區與保險公司的訴訟敗訴，因此必須自己負責這些賠償（Zirkel, 1997）。另一個例子是西村（Westville）牛仔俱樂部爲觀衆買了保險，但是卻將牛仔競技會的參加者摒除在保險之外。但是在正規的牛仔比賽之外有一項與觀衆互動的小遊戲，就是邀請觀衆取下牛角上的絲帶以贏得50元美金的酬勞；有一位名爲瑞梅利（Remaley）的觀衆參加了活動卻遭到嚴重的受傷，俱樂部以爲保險有涵蓋到這個部分，但是保險公司卻以觀衆進比賽場地之後就變成了參與者，因此不予賠償。與其花錢買保險，俱樂部應該把這樣的「挑戰」活動取消，因爲所冒的風險太大了；或是應該讓參與者簽切結書，這部分會在本章後面討論（Sawyer, 2001c）。

保險三構面的第二個構面是老師、教練與行政人員的保險需求。在某些州之中，州政府負擔老師部分或所有的醫療保險；如果沒有的話，教練或體育教師必須加保一種團體的醫療保險。由於這些領域心理和生理需求與構面，因此建議加保失能（disability）持續支付薪資的保險，如果遇到造成殘障的受傷或疾病，其正常的薪水將會繼續給付。美國健康體育休閒舞蹈聯合會（American Alliance for Health, Physical Education, Recreation and Dance）從1960年開始對其會員提供一個殘疾薪水保障制度。最後才是加保個人責任保險，在某些情況下也包含屋主的保險。當然學區也可以負擔所有行政人員的保險，如果沒有的話，這可以商請教育委員會處理。許多教練或職業的協會將保險作爲會員的福利或是提供會員額外的合理購買價格。就像美國健康體育休閒舞蹈聯合會（AAH-PERD）向會員徵收些許的費用以加保更完整的保險；最後的手段就是花一點小錢購買商業的範圍。

第三個構面是學生與運動員的保險覆蓋範圍。沒有一個運動員可以在沒有醫療保險的狀況下場比賽，有時候學校會全額給付或是部分給付；再不然就是學生必須自己全部自理。如果學校無法支付運動員的醫療保險，就必須提供一個比較低額的保險計畫給學生，以防他們沒有被包含在父母的保險裡。很重要的一點是，這樣的保險計畫必須明確的設計給那些無法自行承受保險花費的學生運動員們（Polanshek, 2002a）。

最後，對於不管是學生、教練、行政人員或是學區而言，最好且最適當的保險是確保一項適當的規劃、安全的環境與合理且專業的指導與監督。絕不要將金錢的賠償花費在因疏忽造成的個人焦慮與職業傷害、痛苦以及失去隊友所導致球隊的損失。

庭外和解與對保險的影響

Out-of-Court Settlements and the Effect on Insurance

保險公司的主管會藉由庭外和解來提升雙方的善意，並且藉此建立公司的好形象以增加銷售量。律師以及保險公司主管或許低估了場外和解的缺點，因爲場外和解缺乏教練、校方的信任；學校的形象可影響捐助款的多寡以及招收新運動員的成果。因爲商業利益的考量總是勝過一切，因此許多製造商要求在他們的合約裡必須配有隨身保鑣，因此有更多的案件會被送上法庭審判。

免責協議與家長同意書

EXCULPATORY AGREEMENTS AND PARENTAL CONSENT FORMS

免責的協議就是俗稱的棄權書（disclaimers）、切結書（waivers）或是同意書（approval forms）。棄權書通常用在製造商告警告使用者，若是器材沒有被正確的使用，公司將不會做任何的賠償。當傷害發生時，如果組織收到和解書；接下來就是要簽切結書了。而家長同意書是在運動員參與比賽前必須得到家長認同而所簽署的，但是這不會影響到要是傷害發生時的法律權力（Borkowski, 2000）。

另一方面，免責的協議或公報（exculpatory agreement or release）指的是當意外發生時要放棄法律訴訟的同意書。雖然簽署了，但是不能保證不會引起訴訟。有些將免罪的公報認定爲「風險文件的承擔」。赫伯特（Herbert）（1997a: 46a）指出「愈來愈多的法庭認定這樣的文件具有法律效力，並且允許預先的指出設施或個人的免罪聲明，儘管是與主動或是被動的疏忽有關；但是與故意的、過度的行爲相關的聲明就不在保護之內。」

如果一份由成年人所簽署的保護自己的免責協議是白紙黑字、清楚地、字體並沒有縮小以逃避，說明避免的是正常情況下的疏忽而不是故意的，這樣的免責協議容易獲得法庭的支持。由家長代簽或是由未成年人簽署的免責協議是沒有效的，就算內容是符合上述的各種狀況（Wolohan, 2002; Appenzeller, 1998: 63-65）。請參照**表9.1**。

然而到底免責協議是否可以在法庭上站的住腳？這得依據協議的內容是怎麼訂定以及在那一州處理，每一州的法律都不一樣，就某種程度而言，切結書在45州是有效的（Cotton, 2000）。亞瑟（Yasser）與其他人整合了切結書的爭議如下：

> 維持免責協議效果的案例：寇特瑞對上史賓塞賽車場公司訴訟案（*Kotary v. Sepncer Speedway, Inc.,*），341 N.Y.S. 2d 45（1973, 觀眾在內野）；李對上聯合運動協會公司訴訟案（*Lee v. Allied Sports Assocs., Inc.*），209 N.E.2d 329（麻省，觀眾在大眾席）；溫特斯丹對上威爾森訴訟案（*Winterstein v. Wilson*），293 A2d 821（1972, 賽車撞上車道上的障礙時車手受了傷）。免罪協議效果無法獲得支持的案例：韋德對上華森訴訟案（*Wade v. Watson*），527 F. Supp. 1049（N.D. Ga. 1981, 所免罪的部分無法在法律上涵蓋忽略的部分）；聖坦吉羅對上紐約市訴訟案

表9.1 免責協議的撰寫指南

- 委託律師發言，不要使用千篇一律的新聞稿。
- 每個活動都要有專屬特定的格式。
- 棄權書以及免罪聲明的內容必須要明顯；包括必須使用粗體、大寫以及加註底線來強調。
- 協議最後的簽名處必須在同一頁，並且要留填寫日期的位置。若是簽署人為未成年，就必須多留監護人或是家長的簽名欄；另外也別忘了要留位置給證人簽名。
- 協議的內容必須是簡單、清楚、明瞭易懂的，並且是一份合適的獨立文件。
- 明確的指出協議所保護的對象。
- 確認棄權書的標題可清楚解釋責任的規避以及免償的協議。
- 使用可以增加所含括的傷害範圍的解釋。
- 確認棄權書裡卻聲明因「疏失」所造成的責任歸屬。
- 說明所有權的喪失、損害以及個人受傷的責任歸屬。
- 對簽署者說明活動原本就存在的風險，但是必須明確區別出與因疏忽所造成的風險之間的差異，包括自願性的參與者也是。
- 加註分割條款（條款說明要是棄權書被判定無效，那麼棄權書裡附註的部分仍然有效）在棄權書裡。
- 加註簽署者已經確認閱讀過協議的內容。
- 聲明棄權書的有效期限。
- 內容需包含賠償條款（簽署者必須同意免罪與賠償）（Sawyer, 2002; Cotton, 2000）。

（*Santangelo v. City of New York*），66 A.D. 2d 880, 411 N.Y.2d 666（1978, 未成年者並未被包含在由父親簽署的免罪協議裡）；雪夫對上直線跑道公司訴訟案（*Scheff v. Homestretch, Inc.,*），60 Ill. App. 3d 424, 377N.E.2d 305（1978, 協議書無法包含排除潛在的酒肆責任）。切結書或聲明上應該註明參與者及觀眾的責任要加以區隔。在這裡，相同地，結果是很複雜的。（Yasser, et al., 2000, p.728）

最近的報導都說明了切結書造成無法預期的結果。在1994年史寇塔克對上維克．坦尼國際公司訴訟案（*Skotak v. Vic Tanny International*）中，513 N.W. 2d 428, 1994，一家俱樂部因爲切結書的關係獲得保障，儘管切結書裡沒有包含到設施本身「疏忽」的部分。因爲法庭認定切結書裡包含「任何聲明」，並且認爲這樣的字眼是「沒有遺留其他例外空間」

（Herbert, 2000a）。同年，在環球體育設備對上維克．坦尼國際公司（*Universal Gym Equipment v. Vic Tanny International*）的案例中，526 N.W. 2d 5, 207, 1994，法庭宣稱就算忽視由會員所簽署的切結書來論斷，俱樂部還是要爲器材供應商已經先聲明過，但是卻是由器材引起的傷害負責（Herbert, 2000b）。

在菲妮對上曼哈頓運動俱樂部公司訴訟案（*Feeney v. Manhattan sports Club, Inc.,*），642 N.Y.S. 2d 674的案例中，紐約最高法庭（Supreme Court of New York）的第一上訴部門（Appellate Division, First Department）在1996年說明了會員同意書的重要性。有一個案例是這樣的：「當原告在使用器材運動時，有一位運動指導員在原告詢問使用啞鈴是否會造成肩部的第二次受傷，而指導員的回答是不會；但後來在做重量訓練時卻傷到肩膀」（Herbert, 2000d: 60）。但是因爲在會員同意書裡已經有提到，俱樂部裡的員工不適合給予專業的診斷指示、檢測，或是任何醫療行爲；並且提醒會員在使用任何器材以前必須諮詢專業的醫師。上訴之後，法院判定俱樂部勝訴（Herbert, 2000d）。

在桑契士對上倍力全適能健身俱樂部訴訟案（*Sanchez v. Bally's Total Fitness Corporation*），79Cal. Rptr. 2d 902，1998年11月的案例裡，加州的第二上訴部的第四區（Second Appellate District Division Four）；法庭認爲原告所簽署的切結書與風險條款是清楚明確且易懂的，因此判定俱樂部勝訴。原告是在走過有氧止滑墊時滑倒，並且傷到了手腕（Sawyer, 2001a）。

家長同意書Parental Consent Forms

一個單純地描述活動或戶外教學以及蒐集所需資料同樣就能夠達到作用的表格，勝過複雜法律名詞的文件，對於高中運動代表隊隊員及校外活動可能需要至少兩種的表格，這個文件應該說明對於活動所提供的照顧及安全性，也要提及危險的存在。

在亞潘士勒·赫博（Herb Appenzeller）所編著《運動的風險管理（*Risk Management in sport*）》中，它提到了「警告危險對於降低受傷風險是很重要的，運動員在預防過程中是主要的參與者，但必須要瞭解相關的知識，受傷的風險警告，特別是最嚴重的型態，是教導運動員如何預防不必要傷害的基礎」（1998: 50）。

必須要蒐集下列資訊的項目：（1）參與的許可，還要附上對於風險與危險簡單誠實的聲明；（2）醫療保險公司與會員號碼；（3）監護人及家長的聯絡電話，含工作地點與家中，或是提出其他熟悉如何聯繫這個家庭的號碼，以作為上述號碼皆無法聯絡時使用；（4）家庭醫生的姓名及其診所與家中電話；（5）特別情況與醫護的清單；（6）授權學生受傷時接受緊急醫療的允許。隊員的監護人及家長應該在每個季節的開始會面完成這些文件的填寫，並聆聽老師或教練的解說及回到相關的問題，公立的公證人員必須確認簽署的合法性。如果一位球員在客場途中需要接受緊急醫療時，這個公證的簽署可以立即的讓運動員接受治療，不需要擔心醫療行為的適法性。

一位醫師是否可以提供運動員醫療服務的問題稱為告知後同意（informed consent），在沒有監護人及家長的同意下逕自提供醫療行為，可能被控告人身傷害的威脅（企圖）及毆打。舉例來說，一位17歲的女生被門夾住手指，若沒有進行手術的話，她的手指可能就不保了，此時，也無法聯絡到她的雙親以取得手術的同意，雖然有女孩的同意，她依然提出控訴，堪薩斯最高法院（Kansas State Supreme Court）根據這位女孩已經接近法定年齡及同意手術而駁斥她的指控。另一個類似的案例，一個未成年的運動員在練習排球時摔斷了手臂，這位受傷女孩的家長正好在外旅行，醫生在沒有聯繫到家長的情況下拒絕處理傷勢，醫生的說明指出骨折並不屬於非常緊急的程度，需要在沒有同意的情況下進行醫療行為。

在校外旅程中，同意書中必須清楚地載明旅行的目的、旅行的路線、旅行的時間及回程的地點。許多校外旅遊大都在深夜結束，所以下車的地點也很重要，許多時候家長必須獨自地等待學生的歸來，這可能造成許多危險。在學生沒有完全離開下車解散地點時也千萬不要離開，要小心地規劃回程的時間，太早結束可能有秩序問題，因為學生都在學生聯誼室等待，太晚回來會讓家長擔心。因為一個緊急意外事件可能會拖一段很長的時間，如在途中停留，要記得打電話給相關的人士報告狀況。

運動醫學
SPORTS MEDICINE

運動醫學領域的進步已經對於傷害預防、受傷處理及提昇訓練的過程，大多數的醫生在運動醫學方面培訓特殊的專業能力並藉由國家運動防護員協會（National Athletic Trainers Association）的認證，也提升了運動防護員質與量。雖然不少高中球隊在行政人員中列有運動防護員的名額，但數量依然不夠，許多主管認定應該要求國高中學校要僱用國家運動防護員協會認可的運動防護員，即使兼職的身分也無所謂。曾經有報告指出，有運動防護員的球隊運動員受傷的機率是教練擔任防護員球隊的一半。

運動防護員與教師及教練的教育
Athletic Trainers and Education of Teachers and Coaches

全國大學運動協會（NCAA）在提升運動員所接受的緊急醫療服務努力中，在其1997~1998年的運動醫學手冊中說明：

> 每一場由學校機構所認可或核准的比賽或練習及球季後的練習與技巧課程都必須包含下列：(a) 合格且專門提供緊急醫療服務服務給受傷的參與人員、(b) 提供即時醫療服務的管

道；…與（f）心肺復甦術、急救及疾病預防（"NCAA Ups Coverage Requirements of Sport Practice," 1997; Rochman, 1997）。

每個體育活動內容包含急救、心肺復甦術以及運動傷害的預防與照顧，在更詳細的運動醫學領域，紐約的特別手術醫院（Hospital for Special Surgery in New York）及杜克大學（Duke University）現在有設立女性醫學部門（"Duke Lanuches," 2002），由於多數高中教練未曾接受專業的體育領域訓練，所以對於急救工作並不在行，針對此，行政者必須爲他們安排在職訓練，當進行危險活動時，行政者都必須要遵守「如果活動不安全，寧可不參與」的原則。

身體檢查Physical Examinations

體育與運動中正確的醫療工作的第一步就是建立合適的健康資料與檢查，資料必須是要有加以運用，而不是放在一邊。即使體育老師所負責教授的學生人數衆多，需要花一點時間瞭解每位同學的健康紀錄，注意那些受傷的需要特別的活動內容。在球季開始的前夕，每位運動員都要接受適當的身體檢查，教練都要瀏覽這些資料，可能的話，防護員也都必須要瞭解。

美國運動醫學會（American College of Sports Medicine）及美國心臟協會（American Heart Association）要求在體能活動進行前瞭解參與人員的情況，儘管如此，健身俱樂部並沒有在一個網球比賽前進行參與人員身體狀況的瞭解。以1998年的魯特尼克對上克朗尼中心俱樂部訴訟案（*Rutnik v. Colonie Center Club*）爲例，一位參與者在一個比賽中突然摔倒，雖然採取了心肺復甦術的急救，但是依舊無法挽回他的性命，幸運的是，這個俱樂部贏了這個訴訟案（Herbert, 2000c）。

運動代表隊隊醫的責任與工作必須由體育室主任與防護員、事業經理及法律顧問共同商討之，合約中必須載明醫生的合約是獨立的，考慮

要求醫生安排比賽及練習的緊急醫療、提供緊急處理程序的書面計畫；不僅要具體實施這個計劃，還要安排身體檢查、評估及治療運動員的傷害，要提供藥方給受傷的運動員及監督其復原情況，與防護員共同討論運動員何時可以進行比賽，對於惡劣氣候下比賽及練習的注意事項以及提供教練與運動員完善的營養觀念與方法及身體狀況的資訊。

「賽前的健檢可以檢查學生運動員的近來健康狀況，他們也可以包括完整的評估報告」（Bonci, 1992: 22）。在史汀曼對上馮邦學院訴訟案（Stineman v. Fontbonne College）中，一位聽障壘球選手的眼睛遭到擊中，即使學校的健康服務中心就在對面，她只是回到房間休息並採用冰敷，幾天之後，她的視線開始模糊，經過檢查之後被診斷出有創傷性眼壓失調症，通常及時治療的話並不會有太大的問題，但因爲時間的延誤，而失去了雙眼的視力，法院判定她可獲得80萬元的賠償（Gray, 1993）。

其他良好的醫療行爲包括：

- 採用良好的設備、體能訓練及特殊的教學及教練方法。
- 進行適當的急救，不要與治療混爲一談。
- 堅持受傷運動員與學生在回到運動場上或參與課程前要有驗傷的動作。
- 當運動員因傷而被列入傷兵名單時，醫生必須要清楚地判斷學生是否能夠回到場上繼續比賽。
- 要求醫生或接受訓練的急救人員如救難隊要有交通工具在旁，作爲每個運動競賽場合救護車之使用或是群衆聚集之場合。
- 確保在練習場地與比賽場地之間有緊急聯繫的方法。
- 如果僱用學生防護員，確定他們接受過相關訓練及握有證照，但要接受合格的指導員的監督。

在運動醫學中的氣喘是近來運動風險管理的新興議題，從患有氣喘人數升高的情形就可看出。由於氣喘不難控制，許多氣喘患者依然持續運動及參與比賽，最近一位大學美式足球球員因爲氣喘而死亡，突顯了行政者對於氣喘（asthma）所要採取因應措施的需求（Metz, 2002）。

克蘭克奈特對上蓋茲堡學院訴訟案（*Kleinknect v. Gettysburg College*）對於決定大學運動中緊急醫療的合理性預期需求是很重要的。一位沒有嚴重病史的20歲學生在號召之下加入了長柄曲棍球隊，卻在一個非傳統的練習中因爲心臟衰竭而死亡，控告這個不公平的死亡，他的雙親指控學校沒有提供適當的醫療服務，沒有防護員、教練或合格的心肺復甦術人員在現場，球場也沒有緊急通訊系統。地方法院駁回原告的指控，認爲學校很難預期這種意外的發生，但是上訴法院卻做出不同的結論，並認爲這位學生是在號召的情況下才加入球隊，在參與活動時遭到傷害，因此，陪審團應確認這個問題（Wrong and Barr, 1993）。

意外事故報告Accident Reporting

老師與教練應該把意外報告視爲一種保護工具，也是一種很簡易且快速的事實搜集及見證事情發生的方法，要記住許多訴訟案件是跟隨意外事件而來。

運動與體育的受傷及意外事件的統計管理，應該要納入學區計畫的一部分，既然是整體風險管理的一部分，學區對於意外報告應有標準作業程序，包括報告意外的定義、報告的系統、指定一位負責收集與分析學區資料的人員、專人或委員會審查這些資料。若有需要的話，將進行調查以及事後追蹤與，同時，還會有行政程序的處理，如處罰、規定或政策的改變、設備或場館的修護。

我們可以從全國滑雪巡邏系統（National Ski Patrol System）的意外報告程序中學到非常具有價值的觀念。每個受傷都被認爲是一個潛在的過失訴訟案件，報告就會反應這種情況，如果滑雪器材是向滑雪場租的，要在租借時要填寫一張滑雪器材狀況的表格並且在商店中試用（在頭部受傷之後，爲何不由專家測試美式足球的頭盔？），受傷者要在這個報告上簽名，若有目擊者的話，也要加以紀錄，如果傷勢相當嚴重，要拍攝現場的照片。

除了一些明顯的要求如意外發生的日期、時間、確實地點及受傷者的全名外，意外報告表格還要包括下列資料：

- 傷害的性質與程度。
- 教練與老師對於意外的說明。
- 受傷者對於意外的陳述。
- 受傷者的簽名以確認其說明無誤。
- 意外發生環境的說明（如地板、場地、設備及燈光照明）。
- 目擊者與其住址，若是重大的意外，也請其說明過程。
- 老師與教練的全名與住址。

這個表格要加以複製並轉換成可用電腦軟體處理，並建議要報告的受傷定義爲需要醫生處理的意外，經驗顯示如果所有的意外都認定是要加以報告的，一些老師與教練會將一些微不足道的意外進行繁瑣的報告。

愛滋病與風險管理 AIDS and Risk Management

球隊醫生應該大力地協助愛滋病病毒呈現陽性反應的運動員決定是否要參與運動，這必須依據個人的健康情況。如果一位患者並沒有明顯症狀及免疫缺乏的情形，這就沒有理由禁止他（她）繼續參與這些運動，經過相關文獻的整理與回顧，發現在運動環境中沒有明確的愛滋病病毒傳染。

> 「沒有確切的證據顯示適量的強度的運動與訓練對於患愛滋病病毒的運動員有害，也沒有任何研究進行關於高強度訓練及激烈競賽對於感染愛滋病病毒的優秀運動員之影響。行政事務是相當重要，若有發現血液媒介致病原者必須要保持秘密，只有感染學生認為有權力知道的學生才要向其說明」(Appenzeller,

1998: 156）。

血液媒介致病源 Bloodborne pathogens

在社會變動過程中，保護運動員、教師／教練、或防護員免於血液輸送感染（germs）已經有其必要，透過輸血容易傳染的主要疾病是愛滋病病毒（HIV）及B型、C型肝炎（hepatitis），單純疱疹病毒（herpes simplex virus）的感染也是需要注意，暴露或接觸帶原者的員工必須要接受預防B型肝炎的疫苗注射，所以接觸或暴露這些疾病的人員要使用隔離物質是第一道的防線（正式是稱爲普世保護universal protection），最常見的就是穿戴保護手套，另外，患者的血液及在衣物及地板血漬的處理也都相當重要，在練習或比賽場地都要準備消毒袋（biohazard bags）（Appenzeller, 1998: 153-158）。

史爾佛對上李維鎭自由聯合學區訴訟案（*Silver v. Levittown Union Free School district*）說明了透過運動的接觸而導致的疾病感染是有可能的，但是非常少數。史爾佛（Silver）宣稱被要求與一位摔角選手克萊佛（Clover）進行摔角，據說這位前來訪問並進行練習的選手在頭部與臉部有水泡及疹子，被感染皰疹的史爾佛提出控告，這個案子最後送到了紐約最高法院（New York Supreme Court），並支持上訴法院判定原告獲勝的決定（Sawyer, 2001e）。

在1992年職業安全與健康管理委員會（Occupational Safety and Health Administration）實施了職業場所暴露血液媒介致病源（Occupational Exposure to Bloodborne Pathogens）的標準，這個規定影響了急救室、訓練房、現場急救空間如滑雪山坡、游泳池、遊戲場所及場館的責任。你認爲這個會影響訓練室嗎？職業安全與健康管理委員會（OSHA）對於設備暴露於血液媒介導致病源也有很多相關規定，如果預期任何單位可以提供緊急照顧，對於體育運動行政者而言，最重要的一個工作就是要求採用並運用危險管理計畫。

安全
SAFETY

有一句俗諺說：「如果意外會提供警訊，就不會有任何意外的發生了。」一個完整的安全計畫是依據涵蓋所有本書所提及的部分、從良好的教導與活動到設備與場館的採購，雖然許多理由解釋法律訴訟爲何極有傷害性，其中最重要的理由當學生受傷時才出現後果，在全部風險管理機器中安全計畫是重要的齒輪。

運動與安全Sport and Safety

在運動的歷史中，有一段時間是運動場上的暴力及所造成的傷害讓運動員遭到禁賽及嚴格的禁止參與，由於死亡的數量，美式足球運動幾乎一度瀕臨解散，最後由總統下令才挽回該項運動。如果運動想要維持像在今日的高度社會文化地位，行政者必須要控制受傷的情況。（請參照表9.2）。

兩個案例說明需要注意的是警覺性不足之嚴重性，在頸部受傷的情況下，布昂尼可提・馬克（Marc Buoniconti）還是參與了幾場美式足球比賽，受傷的頸部導致其身體癱瘓。另外一個案例是在接受醫療的杰瑞絲・漢克（Hank Gathers）因爲心臟問題在籃球比賽中出現意外而死亡並引起一些法律訴訟（Yasser, McCurdy, and Gopleurd, 1997）。

事實顯示運動是一個高危險的活動，一般而言，約有半數的運動員遲早會受傷，10%屬於嚴重受傷，過去的經驗指出每一季約造成18位運動員失去生命，一個長達8年的研究指出在5至14歲間孩童的運動員死亡人數是105位，結果也指出2／3的死亡來自於次級物體所造成的傷害如棒球及曲棍球的球。

運動傷害代價昂貴，不論是直接與間接的，直接的代價包括受傷的

表9.2 美式足球的標準健康作業程序

1.必須要強調賽前訓練，特別是那些都在空調系統空間裡活動或工作的球員。
2.在還沒有通過健康檢查之前，不准許學生參加練習。
3.在隊上5天的訓練之後方可與外人聯繫。
4.在前5天的訓練內，練習時需著短褲、T恤以及頭盔。
5.要是1天之內有兩個練習時段，第一次必須在早上10點以前結束，第二次必須在下午4點半以後再開始。在練習的前兩週之內，鼓勵夜間練習。
6.要是球員有抽筋、疲勞或是暈眩，必須被中止比賽或練習直到獲得醫生的許可。
7.教練必須知道心臟疾病的徵兆以及急救的處理程序。
8.練習不可多於1小時，其中不包含茶水休息時間。
9.練習的時間不可持續超過2小時。
10.在第二週練習結束以前不可舉行練習賽。
11.球員因為身體不適而請假不因該因為比賽的緣故而強迫出賽。
12.因受傷而中止比賽的球員在得到醫生許可之前不可在上場比賽。
13.在比賽期間，主場教練必須確認醫生是否在場？救護車是否已經待命？防護員是否在場？主場隊伍的校長可以依照上述的準備狀況延遲比賽。
14.醫生必須和兩隊教練於賽後在更衣室作確認。
15.在確認最後一個球員離開前教練不可離開。

運動員及其家庭、或是承擔相關服務如醫院及醫師或牙醫帳單等的第三者，其他的直接成本還包括運動傷害診斷、治療、預防及相關設備與場館的研究與訓練。間接的代價是因爲受傷而出現但不是直接相關，在大學活動中，受傷可能會影響門票收入、校友捐贈、未來招募，甚至是電視合約。

4月份被訂爲全國青少年預防運動傷害月（National Youth Sports Injury Prevention Month），根據全國青少年預防運動傷害基金會（National Youth Sports Foundation for the Prevention of Athletic Injuries）的資料，運動傷害發生的理由包括不適當的運動測驗準備、器材與場館的不符合、由年齡進行分組，而非體型大小、不適當的訓練、缺乏安全設備、以及疲勞。下列則是運動傷害預防的建議策略；第一，建立中央系統，統籌所有來自保險公司、醫院、運動組織及法律訴訟等的資料，找出各種運動的共同傷害特性，分析這些資料以瞭解他們是與外界因素相關如器材與規則，然後擬定有效的機制，若要更多的資料，請接洽全國

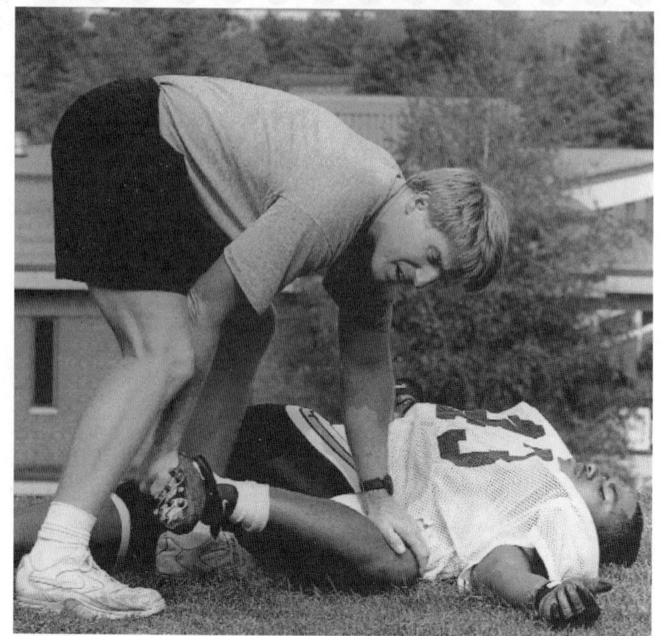

圖：伸展是預防受傷的準備動作
資料來源：Watauga Democrat。

青少年預防運動傷害基金會（National Youth Sports Injury Prevention Month, NYSFPAI）、馬瑞德斯圓10號（10 Meredith Circle）、李德漢（Needham）、麻賽諸塞州：郵遞區域爲02191以及NIAM資訊中心、AMS信箱，洛克威爾派克斯（Rockville Pike）9000號、貝若思達（Bethesda）、馬里蘭州：郵遞區域爲20892。

控制意外的策略性計畫應該要強調幾個領域，爲控制實體環境，要有安全設計與維護的設備與場館，包括安全的運動地板表面及照明，確保活動內容符合參加者的年齡與技術層級，確保適當的教練技巧及督導所需要的領導能力有加以控制（請參閱**表9.3**），最後，要掌握參與者的情況，包括事前活動（核准單、保險、身體檢查、訓練過程）及在活動期間持續觀察訓練情況、受傷處理及訓練守則。

運動與體育行政者應該思考意外最容易在何時發生，然後擬定處理的計畫。例如，一種我們都知道的情況是當天候不佳的情況時，所有的課程都必須在室內進行所造成的混亂與危險，針對此規劃出解決之道，

表9.3 水域活動的戶外教學標準作業程序

1.這樣的戶外教學必須得到校長的首肯。
2.事先必須知會當地相關單位關於活動學生的人數以及年齡範圍，單位必須安排合適數量以及合格的救生員跟隨。
3.家長的同意書必須繳交，並且參加學生必須具有基礎的游泳能力。
4.體育老師或是運動觀察員必須陪同活動，每個人都有負責的責任範圍。
5.學生應該被分成兩兩一組，並且被告知從事水上活動時必須在一起，離開水面時也一樣，並且要互相對對方負責。
6.在離開巴士以前必須向學生們說明游泳區域的地理情況以及潛在的風險，並且告知第一次點名的時間以及集合的手勢。

所以，每位教師與教練會事先就知道可用的空間及使用的時間長短，確定所有安全的考量都涵蓋在計劃中（Borkowski, 1997）。

藉由美式足球的研究，提出下列的建議：

1.允許運動員參與美式足球運動之前，要先進行醫療檢查及醫療背景的搜集。
2.所有的參與者都要適當的訓練，特別是頸部的訓練要特別小心。
3.在所有練習或正式比賽的現場都要有醫生待命（如果練習時候無法安排醫生的話，安排緊急照護）。
4.所有美式足球的人員必須要瞭解熱相關的疾病及緊急處理方式。
5.每個學校都要有運動防護員。
6.教練、防護員、製造商及行政者的合作與溝通要維持。
7.確認執行行政規定、比賽規則及比賽執法人員的行爲規定。
8.在決定僱用時須強調專業教育背景的運動人員及採用優良設備與場館。
9.美式足球的安全研究要繼續進行。
10.強調阻擋與擒抱的基礎動作。
11.確實執行比賽的規則。

體育與安全Physical Education and Safety

在某一方面，體育比運動更需要主動的規劃安全事宜，主要的理由是因爲學生都必須參與課程活動，第二個原因是他們要爭取好的成績，第三，上體育課的學生在能力上有很大的差異，第四，學生一般的運動能力、耐力及力量都比運動員要差，這些都增加了受傷的機率。

爲提供安全的體育課程活動，要從高層人士的注重開始著手，督學與校長（大專院校的最高主管）必須要把安全的重要性放在第一位，最重要的是部門主管要認定完善的安全計畫有其重要性，強調安全的重要性必須要貫徹到部門的每個層面，包括課程規劃、員工評估、場館設計與維護、設備採購與維護。每週都要進行視察；要立刻解決問題。同樣的意外報告系統必須要使用在後續的部分。

體操需要很多的控制及評估，修課人數、適當及進步的教學，維護

圖：安全建造的以及被良善監控的遊戲場是必須的。
資料來源：Gary Hemsoth, Watauga Democrat。

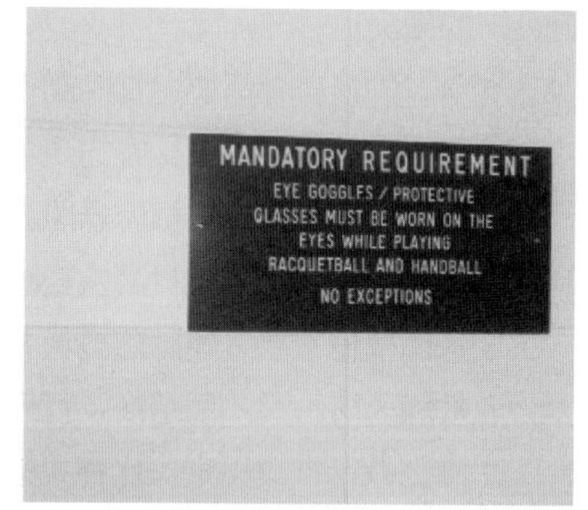

圖：指標必須清楚確實。
資料來源：L. E. Horine。

得當的設備及「準備妥當」的緊急照顧計劃都是有必要的。在瞭解這些需求的時候，美國體操安全協會（U. S. Gymnastics Safety Association）訂定了體操安全手冊（Gymnastics Safety Manual），這個協會最重要的目的之一就是要對所有體操教師採取認證。孩童在學體操之前一定要先瞭解安全程序，充滿活力與試試看是這些孩童對於體操設備的自然反應，因此必須要小心控制。

彈簧床要特別小心注意，美國體操安全協會（USGSA）或美國健康體育休閒舞蹈聯合會（AAHPERD）的標準程序必須要遵守，一般而言，使用彈簧床要求下列注意事項：

1.不能強制要求參加活動，由學生自由選擇。
2.有接受彈簧床運動的專業老師一定要在旁邊指導。
3.觀察員必須接受訓練及就準備位置。
4.一般課程中不可允許翻筋斗，在進階課程中准許垂直跳躍的進行以及使用安全帶作爲保護。
5.彈簧床（trampolines）不使用的時候要鎖起來。
6.要定期檢查及維護。
7.要熟悉緊急照護計畫。
8.使用以及發生意外的數字要保存。

另外一個經常要求風險管理注意的場館就是游泳池，以往有許多成功的訴訟來自於不同情況，如不當建築架構、救生員配置與數量、深度不夠與其他警告標語、跳水池不恰當的深度及斜坡構造、跳水台高度與水池深度的相關。最近的改變要求18吋的跳水台要至少有4尺的水深（Popke, 2002）。最近有兩個案例與監督與保全有關，兩位闖入老道明大學（Old Dominion University）游泳池的青少年在一個陌生的情境下遭到溺斃，對於學校不利的是校方知道這兩位青少年進入泳池（Cohen, 2002）。1996年的巴勒特對上施昂公園行政區訴訟案（*Barnett v. The Zion Park District*），665 N.E. 2d 808中，一位少年人滑進了跳水池時撞擊到跳水板，並掉入水中，救生員立刻就注意到這個意外，但沒有做出任何反應，一位泳客將這位男孩從水中救出但仍不幸溺斃。伊利諾最高法院（Illinois Supreme Court）支持上訴法院的決定，認爲行政區享有政府獲免權，若是這個事件發生在民間經營的游泳池，結果可能就不一樣（Sawyer, 2001d）。

在俄亥俄州（Ohio），一個城市企圖宣稱其有豁免權，但最高法院推翻上訴法院的決定並發回給地方法院重新審查，在1998年的科特對上克里夫蘭市訴訟案（*Cater v. City of Cleveland*）中，697 N. E. 2d 610，在8月18日那天，一位12歲的男孩在市立游泳池因爲溺水的併發症而死亡，4位中的兩位救生員外出午餐，員工無法打911報警因爲他們不知道撥外線要先撥一個9（Sawyer, 2001b）。

運動設備的安全標準Safety Standards for Sport Equipment

美國材料檢驗學會（American Society for Testing and Materials, ASTM）是建立運動設備標準的主要機構，這個非營利性機構是由製造商、消費者與技術專家所組成，在學會130個的委員會之中，全國運動設備標準委員會（National Operating Committee on Standards for Athletic Equipment, NOCSAE）是最關注運動的。

美式足球、棒球與曲棍球的頭盔與臉部護具（face guards）是全國運動設備標準委員會（NOCSAE）的重點方向之一，其中，又以美式足球的頭盔最受關心。在1977年的頭盔指導大綱進行修訂以確認頭盔的標準，結果是組成了27位委員的國家運動器材修復員協會（National Athletic Equipment Reconditioners Association），測試軟體的出現增加了測試程序的準確性與一致性，「修復過程包括每一個頭盔元件與外殼的仔細檢查，損壞的元件可以輕鬆的更換，但是出現可看的出來裂痕的外殼（特別是接近頭盔的硬體，或是底部經過球員坐著在上面造成過度的壓力或彎曲，通常是線衛lineman）就要淘汰」（Steinbach, 2002: 14）。自從大多數製造商給予的保存期限是兩年，如果沒有在兩年時進行修復，一個較好的方案是每年將一半的舊頭盔進行整修，雖說修復公司有數百萬元的保險，但這不會替學校排除責任。

頭盔的風險管理不僅只於修復，最近在滑雪及撐竿跳高運動項目出現的意外死亡引起了頭盔應該適用於更多範圍的討論，這是一個複雜的問題（Kahl, 2002）。

1981年時，擴增一些標準並建議認證的章應該要蓋在頭盔的外面與下巴的扣環要調整並印有「請參閱內部警告」的字樣。自從1981年就使用的頭盔技術測試似乎很少對於頭盔架構有實質幫助，受傷的主要原因是頭盔頂端所承受的壓力與彎曲程度，特別是結合在一起的時候，不同頭盔的設計對於這個問題並沒有太多影響，委員會曾經研究轉移承受的壓力由頭盔到護肩，或是彎曲的程度由面罩到護胸的可能性。

安全檢查Safety Inspections

定期檢查是有必要的，爲要進行每週的場館視察，行政者必須要授權給下屬執行相關工作，建議製作書面的簡易型檢視表，在一所大型的國中，非常活躍的學生安全議會在校長的監督下進行視察，標準的檢視表要針對不同領域加以設計如重量訓練室及場館。

在1997年的克理夫羅克斯對上市中心壁球俱樂部協會訴訟案（*Claveloux v. Downtown Racquet Club Association*）中突顯定期維護與明確規定的需要，一位非常具有經驗的57歲網球選手因爲在球場上滑倒而變成癱瘓，他與另外一位球員在前一天也在另一個球場滑倒，地方法院不認同前一天的滑倒如同一個證據，但上訴法院卻有不同意見，即使場地滑的原因不太一樣（Herbert, 1997b）。

建議的原則說明如下：

• 參與者的安全與權益放在第一位，在刺激的競賽中，很容易就會激起勝利的欲望，要強調長期的目標、價值與理念。

- 警告參與者活動所具有的危險與風險，依據運動員的經驗與年齡、重大災害及威脅生命的情況，這些警告必須要重複，不是在第一次練習時說明而已。
- 教導適當的技術與正確的技巧，北卡羅萊納（North Carolina）的教練贏得法庭的勝利，他鼓勵球員在跑進本壘時要衝撞捕手，一位球員照這樣做因此而嚴重受傷。
- 解釋及示範安全規則，強調示範動作：青少年透過觀察與實作來學習，並不是聆聽冗長的說明。
- 定期檢查場館與設備，不要期待運動員會主動提出問題或缺點——他們只是要比賽，這是領導者的工作。
- 運用適當的警告與行爲標語，參閱本書第10章有更多的資訊。
- 規劃適當的督導，越年輕的參與者，其活動的複雜與危險程度就越高，所需要的監督管理就越多，如果參與者本身有爲殘障，所需要的監督就要增加。在1995年的邁阿密對上辛司奈羅斯訴訟案（*Miami v. Cisneros*），一位10歲心智遲緩的運動員在與其他10位運動員前往練習途中遇到交通意外而身亡，法院認爲只有一位教練是不夠處理督導的工作，因此要求賠償65,000美元給這個家庭（Appenseller, 1998: 133）。
- 規劃與演練緊急應變計畫，規劃這個計畫有趣的一個方法是要求員工討論「如果」的情況，例如，一個突然的閃電擊中美式足球的練習場，由於場地濕滑造成練習的球員有5位失去知覺。我們該如何處理以及誰要負責那個工作？
- 若是對象是小孩的話，要有不可預期的準備，期待可能的問題及提出減輕問題的方法（Appenzeller, 1998: 133-135）。

關鍵思維 Critical Thinking

媒體危機（A Crisis in the Media）

一所中型大學的美式足球球員大都住在同一宿舍，他們開始舉辦吵鬧的聚會，一位19歲的女生指出她和她那美式足球的男友參加一個派對並喝下6種不同的飲料，女生也說明她不太記得那晚的全部情形，但是隔天之後她向校園警察報案，說在派對上遭到6位學生輪暴。她沒有向警方提出刑事訴訟，學校在其學生司法程序過程中召開聽證會並發現6位球員犯下淫蕩、低級的行爲，但是不算強暴。除了男友之外，校方將其餘所有球員都處以不同的緩刑或禁賽。

球員僱用了一位律師並且對於那位女生提出民事控訴，並指控她的毀謗使他們成爲嘲弄、公眾厭惡的對象，還有遭到鄙視、羞辱及尊嚴掃地。這位女學生反指控，透過獨立的調解人員，雙方達成庭外和解，這些球員還對學校將他們的名字在媒體上曝光提出民事訴訟，此舉被這些學生認爲有違反公民權力的嫌疑，學校認爲這個案件的運動員曾經提出包含學生司法聽證會的紀錄，由於這些是機密的資訊，因此是不合法的，地區法院認定學校獲勝，球員則是繼續上訴。

6位球員中的5位與女學生離開了學校，地方媒體對這件事情報導的鉅細靡遺，許多教授及學生團體公開地表達對於校方處理這件事情的不滿。學生與行政者的生命都由彩色變成黑白的負面情況（"Woman Settles out of Court," 1998）。

1. 就依據事後之見，您認爲體育室該如何以不同的方式處理這件事？
2. 控制學生行爲的責任是在體育室還是宿舍管理單位的人員？
3. 假如有危機處理計劃的話，處理事情的方式會不一樣嗎？
4. 一個審核委員會建議教練合約的續約是根據學生的不犯罪行爲，您對於這樣的建議有何看法？危險的地方在那裡？

練習題

1.與活動相關的風險管理中，一個重要的觀念就是感受的危機與實際的危險，選擇一個常見的身體活動說明這兩種型態的危險。

2.假設您是一位中等學校足球教練，草擬一份針對足球運動的風險管理。

3.假如您擔任一所大型高中的體育室主任，一位女性運動員因為壘球的傷害在她的臉上留下疤痕，您相信這個疤痕應該不會構成學校與教練過失的充分證據，但是保險公司傾向庭外和解，雖然這個和解將不會對於學校、教練及您自己造成直接的損失，請列出庭外和解可能帶來的負面效應或間接成本。

4.一些法律權威指出同意書並不見得可以讓法院接受，如果這個論點是正確的話，依然推薦同意書嗎？

5.針對國中體育課程活動設計一份意外報告表。

6.中等學校階層的安全委員會若都由學生組成的話可說是相當有用，請列出這個團體可能的任務。

7.假設您是一位高中的美式足球教練，隊上一位優秀球員堅持頭盔衝撞擒抱法，請問您要改善這種情況的策略為何？您會採用那種論點，特別是當這位球員認為不會有致命的傷害發生在他的身上？

參考文獻

Appenzeller, H. ed. (1998). Risk management in sport, issues and strategies. Durham, NC: Carolina Academic Press.

Bonci, C. (1992, July). Anatomy of a physical. *Athletic Business* 16, pp. 22-30.

Borkowski, R. P. (1996, October/ November). Focusing on football. *Athletic Management* 8, p. 18.

Borkowski, R. P. (1997, August/ September). Insiders advice. *Athletic Management* 9, pp. 16-17.

Borkowski, R. P. (2000, June/ July). Fair warning. *Athletic Management* XII, pp. 20-21.

Borkowski, R. P. (2002, Feb./ Mar.). Who needs wiper blades? *Athletic Management* XIV, pp. 20-23.

Buisman, K. (1992, July). Risk management. *Athletic Management* 4, pp. 10-16.

Bynum, M. (2002, March). Shock wave. *Athletic Business* 26, pp. 55-59.

Call , M. D. (1993, March). How to keep cool in a news crisis. *Cleaning Management Institute* N-1.

Cohen, A. (2002, April). The deep end of the pool. *Athletic Business* 26, p. 9.

Colley, J. A. (1998, January), Risky business: Innovative at-risk youth programming. *Journal of Physical Education, Recreation and Dance* 69, pp. 39-43.

Cotton, D. J. (1993, February). Risk management: A tool for reducing exposure to legal liability. *Journal of Physical Education, Recreation and Dance* 64, pp. 58-61.

Cotton, D. J. (2000, March). Liability waivers. *Fitness Management* 16, pp. 50-54.

Diles, D. L. (1996, August/ September). Expecting the unexpected. *Athletic Management* 8, pp. 36-38.

Duke launches. (2002, April, May). *Athletic Management* 14, p.10.

Farmer, P. J.; Mulrooney, A. L.; and Ammon, R. (1996). *Sport facility planning and management*. Morgantown, WV: Fitness Information Technologies.

Frank, W. (1997, July). Key to crisis management. *Communication World* 14, pp. 34-35.

Gray, G. R. (1993, February). Providing adequate medical care to program participants. *Journal of Physical Education, Recreation and Dance* 64, pp. 56-57, 65.

Herbert, D. L. (1997a, September). Managing risk. *Fitness Management* 13, pp. 45-47.

Herbert, D. L. (1997b, December). Slippery floors leads to trails. *Fitness Management* 13,

p. 42.

Herbert, D. L. (1998, January). Survey finds neglect of standards. *Fitness Management* 14, p. 44.

Herbert, D. L. (2000a, January). Clubs protected from wrongful death suit. *Fitness Management* 16, p. 28.

Herbert, D. L. (2000b, February). Clubs may be liable despite release. *Fitness Management* 16, p. 56.

Herbert, D. L. (2000c, April). Club wins case despite failure to screen tournament participant. *Fitness Management* 16, p. 63.

Herbert, D. L. (2000d, May). Personal trainer's advice leads to lawsuit. *Fitness Management* 16, p. 60.

Hessert, K. (1997, April/ May). Vigilant thinking. *Athletic Management* 9, pp. 10-11.

Horine, L. (1986, August). Are you prepared for a real-life crisis? *Athletic Business* 10, pp. 72-74.

Horine, L. (1987). Crisis management. In Bronzon, R. T., and Stotlar, D. K. (eds.), *Public relations and promotions in sport*. Daphne, AL: U. S. Sports Academy.

Irvine, R. B. (1997, July). What is a crisis, anyway? *Communicating world* 14, pp. 36-42.

Kahl, R. (2002, May). The helmet issue. *Ski Patrol Magazine* 41, pp. 48-50.

Kramer, L. (1997/ 1998, December/January). Crisis planning's most important element: The drill. *Communicating World* 15, pp. 27-30.

Metz, G. (2002, June/ July). Breathing easy. *Athletic Management* 14, pp. 43-46.

NCAA ups coverage requirements of sports practices (1997, October/ November). *Athletic Management* 9, p. 9.

Neal, T. (1996, February/ March). This is only a test! *Athletic Management* 8, pp. 50-53.

New proposal aims to reduce spring football practice injuries. (1997, October/ November). *Athletic Management* 9, p. 10.

Nixon, H. L. (1993). Accepting the risks of pain and injury in sport: Mediated cultural influences on playing hurt. *Sociology of Sport Journal* 10, pp. 183-191.

Pittman, A. T. (1993, February). Safe transportation- a driving concern. *Journal of Physical Education, Recreation and Dance* 64, pp. 53-55.

Polanshek, K. (2002a, February). Insurance climate. *Athletics Administration* 37, p. 32.

Polanshek, K. (2002b, April). Insurance will survive. *Athletics Administration* 37, p. 48.

Polanshek, K. (2002c, June). Buyer beware. *Athletics Administration* 37, p. 59.

Popke, M. (2002, July). Deep trouble. *Athletic Business* 26, pp. 30-33.

Rochman, S. (1997, February/ March). Coach on call. *Athletic Management* 9, pp. 49-53.

Sawyer, T. H. (2001a, January). Release of liability. *Journal of Physical Education, Recreation and Dance*, 72, pp. 11-13.

Sawyer, T. H. (2001b, March). Planning for emergencies in aquatics. *Journal of Physical Education, Recreation and Dance*, 72, pp. 12-13.

Sawyer, T. H. (2001c, April). Specator insurance and contest participants. *Journal of Physical Education, Recreation and Dance*, 72, pp. 9-10.

Sawyer, T. H. (2001d, September). Supervision: willful and wanton misconduct. *Journal of Physical Education, Recreation and Dance*, 72, pp. 9-11.

Sawyer, T. H. (2001e, Nov./ Dec.). Negligent transmission of communicable disease. *Journal of Physical Education, Recreation and Dance*, 72, p. 8.

Sawyer, T. H. (2002, August). Release from liability. *Journal of Physical Education, Recreation and Dance*, 73, pp. 16, 17, 27.

Steinbach, P. (2002, January). Headgear overhaul. *Athletic Business* 26, p. 14.

U. S. Department of Labor. (1991). *All about OSHA(OSHA 2056)*. Washington, D.C.: U.S. Government Printing Office.

Wolohan, J. T. (2002, May). The parent trap. *Athletic Business* 26, pp. 16-19.

Woman settles out of court. (1998, February 4). *Watauga Democrat*, 1-2.

Wong, G. M., and Barr, C. A. (1993, July). Practice and malpractice. *Athletic Business* 17, p. 16.

Yasser, R.; McCurdy, J. R.; and Goplerud, C. P. (1997). *Sports law*. Cincinnati: Anderson.

Yasser, R.; McCurdy, J. R.; Goplerud, C. P.; and Weston, M. A. (2000). *Sport Law, Cases and Materials* (4th ed.). Cincinnati, Ohio-Anderson.

Zirkel, P. A. (1997, April). Insurance liability: Don't make an error about omission. *Phi Delta Kappan* 78, pp. 658-659.

Chapter 10
體育運動場館的設施設備規劃、設計與管理

Facility and Equipment Planning, Designing, and Management in Physical Education and Sport

管理思維Management Thought

明顯易見的未必就是真理。

Never assure the obvious is true.

～薩費爾・威廉（William Safire）～

案例討論：

運動場館烏龍的設計（Sport Facility Design Bloopers）

一個造價1,900萬美元的大學體育館設計了4個更衣室，所以內部會有乾的走廊以及通往泳池濕的走廊。但是因爲不當設計，更衣室沒有足夠的出口，因此要求使用者在出入這些更衣室時，必須將泳池區的門打開。很明顯地，這些更衣室是日夜不計時數的開放，泳池的開放則是相對性的減少，當泳池不開放的時候如何禁止人們進入泳池？

在另外一個大學的體育館，要求在女生更衣室中設計一個女性運動代表隊的專屬更衣空間，當女籃隊教練與其他球隊在更衣室碰面時，都得經過女性更衣室，這個設計出現了問題，女排及女足也都有男教練。此外，男生的更衣室也是同樣的設計，所以，當有女性教練帶領男子代表隊，她也必須穿越過男更衣室。

在一個新大學泳池的設計中，固定的出發跳台設置在比較淺的一端，水深只有4呎，這是美國大學運動協會（National Collegiate Athletic Association）的最低標準。如果承包商在深度部分犯了一點錯誤，或是水的深度少了一吋，這個泳池就無法作爲競賽之用。在同一個泳池，照明的亮度是設計爲每平方呎爲60燭光，也是美國大學運動協會的最低標準。若是一個燈泡壞掉，比賽就無法進行。此外，池邊平台沒有裝設水龍頭，而這卻是要求清洗平台的標準配備（LaRue, 1997）。

本章目標

讀者應能夠

1.說明找出場館問題、評估活動內容與場館需求及計畫解決方案等所需要之步驟。

2.找出場館規劃從設立委員會到籌募資金的主要考慮層面。

3.確認運動場館專案規劃三種方法的優點與缺點。

4.解釋與體育運動場館有關的特別能源問題與機會。

5.說明室內、戶外及水中運動場館座落點的選擇與主要規劃需求。

6.熟悉運動場館地面、牆壁、照明設備、建築物之迴音、座位與氣候控制。

7.列舉提升更衣室所具備之功能、美觀及有效率維護的重要因素。

8.比較天然與人工草皮。

9.比較包裝構造及傳統場館。

對於一位教師、教練及行政者而言，參與新場館的建造是值得尊敬也是一個非常正面的經驗，對於其中所涉及的龐大金額是體育教育者很難想像其實際的情況，還要擁有多年負責判斷公共大衆需求與欲望的工作。這就像是要決定要多少鋼筋與水泥不是一件容易的事。如果沒有確認到建築的決定，都可說是不到最後努力的成果可以從灰泥與磚牆的建設逐步出現，這些完成的場館有可能要比建築者存在更久。沒有一位專業運動經理人能夠在其職業生涯中解決場館的建造所需要的規劃、研究、思考及諮詢。

雖說在古代文明國家中所建的場館不多，希臘是第一個建築運動及娛樂專用大型場館的國家。第一屆奧林匹克運動會（Olympic Games）在西元前776年舉辦，同時還有選美及精彩活動，足以與現在大型運動會媲美。希臘人（Greeks）史無前例地打造一個U型運動場，他們在西元前331年在雅典建了奧林匹克運動場（Olympic Stadium），並在西元160年重新改建成爲一座容納5萬人的運動場。羅馬人（Roman）則是第一個使用水泥及拱弧技術興建運動場館，最大的場館就是羅馬大競技場（Circus Maximus），興建於西元前46年，可以容納20萬名觀衆（Farmer, Mulrooney, and Ammon, 1996）。

需求 NEEDS

一個問題 A Problem

許多場館的需求都是因爲問題的出現後才開始瞭解，一些足以警惕行政者的問題包括：

- 沒有足夠教學平台應付學生。
- 現有運動代表隊練習空間不足。

- 不適當區域引起傷害。
- 不足以舉辦主場賽會、競技比賽。
- 即使有需求與支援，由於缺乏合適的空間也無法增添新的運動項目或是活動內容。
- 學生、家長、會員及教職員針對不合適場館的抱怨。
- 維修費用的大幅增加。
- 長期以來無法滿足觀賞球賽的球迷。

評估Assessment

當實際找出場館的問題時，光是簡單的調整練習時間是無法解決問題的。整個情形需要深入的需求評估，基本科學的解決方式可以派得上用場。

藉由策略性評估，規劃委員會應該要研擬出一套規劃方針，美國健康體育休閒舞蹈聯合會場館設備委員會（The Council on Facilities and Equipment of the American Alliance for Health, Physical Education, Recreation, and Dance）建議參照下列步驟。遵守美國身心障礙保障法（Americans with Disabilities Act），研擬一套全面性計畫，通常也被稱爲計畫大綱、完整計畫或是個案研究。運用參與式規劃，讓所有使用這個場館的群體參與其中，日益需要討論的議題是研究所有資金來源的機會及可能性，針對建築設計者提出活動說明，也可稱爲建築計畫書或是教育規格，有必要借重規劃專家，如諮詢顧問（Sawyer: 13-21）。

伯特山．可杉雷德明股份有限公司（Burt Hill Kosar Rittelmeann Associates）採用高度參與及互動式系統，以完成全盤性計畫，這個方法被稱爲「透過觀點與圖解的發現」（discovery through viewpoint and diagram），或是用其英文字母開頭的縮寫成爲DVD。他們透過舉辦公聽會及公開的討論搜集各個團體的意見，他們首先提出草案作爲後續討論，然後更完整計畫的解釋可以說明空間的交通型態關係、方案的效率及建築物外觀的草稿，這可獲得更多的回應進而處理精確的調整。接著舉辦正式的說明，讓有關係的人士瞭解進展情形，包括進度、建築物尺寸與材質。階段性工作暫告一段落，直到財務計畫確認後才又開始（Kosar, 2002）。這個過程相當花費時間，一家設計公司指出多功能運動場館的設計工作從2年到15年都有可能（Bynum, 2002b），「每一家設計公司會採用不同之策略蒐集社區團體的想法，開放性圓桌會議與互動式工作坊是最經常使用的方式」（Bynum, 2002b: 72）。

規劃工作必須包含宏觀（macro）與微觀（micro），宏觀計畫與整體性有關，包括人口統計變數與行銷預測、教育專案的未來以及對於運動的影響、社區內所有運動設施的檢核、社區對於教育與運動的影響以及社區未來經濟社會背景的變化。微觀計畫包括直接相關的運動專業人士，如設計、專案建造方法、預算、環境影響、美學、安全、水電、維護、安檢、設備與情境（場館如何融入與其他的建設），以及顧問（Horine, 1987）。

解決方案Solution

從需求評估的過程中，許多解決方案所需要的資訊會逐漸浮現，也許是經濟狀況、成長型態或是課程與運動表演未來的變化等因素顯示建造是不合乎效益的。假設這些資料建議增加一些額外設施是有其必要，接著則是獲得高層的授權，以正式調查及規劃此一增加的部分。不過，這項新增設施也可能會因爲學校校長與學區督學的意見而間接地胎死腹中。

場館規劃
PLANNING FACILITIES

規劃委員會Planning Committee

規劃運動設施，必要創意與創新——寧可站在潮流的前面也不要成爲末代的產物。運動場館潮流的創新會不斷的演進，這些範圍可能從電子商品的輕薄短小、尙未出現的運動場館需求到先進建築材料的持續演化。但是，規劃者必須瞭解使用最新的材料可能有負面影響，如果這個材料使用的時間並非很長且有一定的紀錄，這代表其品質可能較差。同時，如果這個材質在這個領域也是問市不久的情況下，承包商在未有足夠經驗的情況下，可能造成使用不當。此外，在運動建築材料製造業競爭激烈的情況下，如合成地板，企業很可能只是因爲行銷，而非材質進步的緣故，就改變材料的選擇（Dilullo, 2002）。

一項在召開早期會議極度有效的協助利器，就是針對不同場館使用檢查表，鼓勵所有與建築專案相關人員在使用之前增加這些檢視項目。

規劃委員會的架構——對於專案的成功非常重要——必須要個別化以符合特殊情形。假設這個專案方法是設計／建造，或是建築師對於運動場館是非常有經驗的，小型的委員會會有比較好的成效，這要求來自三方的代表都必須要非常有經驗：（1） 擁有者或使用者，（2）設計者或建造者，（3）中央事務室或是負責專案資金的老闆（Gimple, 1992）。

舉例而言，一個高中室內運動館的規劃委員會可能包含：體育課程部門主任及或是體育室主任、建築師、財務會計部門代表，如學校校長或是事業經理、維修部門代表如學校警衛組長、學生運動員代表以及至少兩位老師或教練，包括男性與女性，其所從事的運動將大量使用場館並且是該項運動的專長。此外，在過程的幾個步驟需要三個方面的專家審核這些計畫——包括特殊教育、安全及教育設施法律等專家（Horine, 1987: 25）。

圖：即使人工合成場地無法永久性使用，移除而不傷害地墊是很困難的。
資料來源：Watauga Democrat。

規劃者與顧問 Planners and Consultants

因為每個建案都是獨一無二的，對於是否要僱用規劃者與顧問，並沒有快速且統一的答案。在某一個角度而言，這個決定取決於專案的規模、複雜程度、活動專案與機構事業人員的經驗以及合約系統的型式。設計專業團隊可能包括建築師、一般或是專門顧問、設計師或是建造公司。成功的經驗案例顯示，投入在選擇過程的時間，絕對是一個很好的投資——只朝自己方向執行，而非委員會需要的顧問或是設計師或是能力不夠、經驗不足者都會有造成難堪的後果。

兩個組織提供有效的資源，座落於維吉尼亞州（Virginia）瑞斯頓（Reston）聯合路1900號的美國健康體育休閒舞蹈聯合會場館設備委員會（The Facilities and Equipment Council of the American Alliance for Health, Physical Education, Recreation, and Dance）出版了運動設施建築師、建造商、顧問的名錄，這可以從美國健康體育休閒舞蹈聯合會出版與業務部門索取，信箱號碼為385，歐森丘陵（Oxon Hill）的郵遞區號為MD20750-0385、免費電話為800-322-0789（LaRue, 1997）。你也可以洽詢位於英國密德塞克斯（Middlesex）的提根漢（Twickenham）的運動暨休閒設施發展與管理協會（Association for Sports and Leisure Facility Development and

Management）、郵遞區號爲TW1 2EX，地址爲李奇蒙路（Richmond Road）橋屋（Bridge House）417-421號（"Getting Organized," 1993）。

對於每一個運動場館而言，聘請這方面的顧問專家是有必要的，通常其費用不高並請其在初期階段與規劃委員會碰面、審核藍圖、工程進度表及建造檔案（LaRue, 1997）。

> 專家數量的需求仰賴委員會委員的經驗、專案的規模與複雜程度、專案施工方法、領導者的哲學等，有些人認為沒有建築主任或是顧問的參與，是不可能完成一個大型場館的興建。其他人則是認為聘用這些則只是浪費金錢，如果專案方法是設計／建造系統，建築師與等同建築主任的角色，就會涵蓋在最基本的合約（Horine, 1987: 25）。

設計／建造公司、建築師、顧問的選取要求一系列的步驟，類似選一個新的執行長：

1.確認需求——地理位置、建築型態、預算、時間及特別要求。
2.找出5至6位專業人選。
3.準備比稿的提案並寄出給這些公司，並且要求提供3個類似專案的經驗作爲參考之用。
4.從這些應徵者中選出3家最好的廠商然後通知他們就類似的專案經驗進口分享、掌握專案的能力、企業以往的紀錄、人員、成本與時間、企業內部資源及收費方式。
5.設計一套標準評分工具，採用統一的評估系統。
6.團隊每位成員在各項目中進行評分然後加總。

廠商的選擇不一定是要根據其營業的規模，業務量多的廠商可能會造成一些問題，一些規模小的專業公司也許可以投入更多時間在你的專業，主要的考量則是在於企業的聲譽。

商業用途的運動商務線上購物指南（*Business's Athletic Business's*

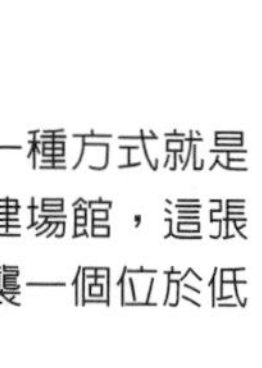

圖：避免意外的一種方式就是不要在河川區興建場館，這張照片顯示水災侵襲一個位於低窪地的網球場。
資料來源：L. E. Horine。

online buyers' guide）列出了319家的建築師事務所及129家專門的運動建築顧問／專家，在數量上的大幅增加之外，同時提供服務的品質也進步不少，特別是針對運動場館擁有者及消費者需求的瞭解，這些建築物要比25年前的看起來更漂亮、更重要的是功能更齊全（Cohen, 2002b）。

意外的預防Avoid Surprises

在購買土地（land purchasing）之前，要確保在未來不會有造成問題的噪音或是建築限制，在水電、下水道處理能力及其他基本服務要足夠，停車空間的規模是否足夠？在小心仔細地選出調查員完成這項工作後要低調的安排土地的購買。

在規劃建造之前要堅持取得適當的土壤樣本（soil sampling），當招標工作進行時，也要確認總包商與其他合作包商是有足夠有效的結合，對於延誤完工的可能性要在合約上加列罰則，但也要注意到這可能會因爲廠商要保護自己而增加招標金額。

不論是否有法律上的要求，要規劃完成環境影響評估（environmental impact study）的研究，教育機構更應該建立這個榜樣，如場館的變化是否會改變交通流量型態、視野範圍的影響？是否有美學或是節約能源的效益？

專案方法Project Approaches

掌控整個建造的財務過程主要有三種方法：統包招標（lump sum bidding）、建造管理系統、設計／建築方法（請參照圖10.1），傳統上來說，政府機關大都採用統包招標方式。這個方式中，當機構核准一個計畫之後，一個建築師或設計者場館大綱式草圖並等待使用者或老闆的裁示，一旦通過之後，繪製施工圖及競爭投標件也收到。如果投標件是在核准的限制之內，這個專案將由投標金額最低者獲得，如果投標金額太高，接下來將進行複雜的程序，老闆的選擇就是包括延遲專案以等待籌募更多的資金，這也會有連帶影響因升值而引起的成本，或是與低標者討論降低多餘的部分以減少成本；要求建築師重新設計，此舉也可能增加成本甚至導致專案的胎死腹中。

建築管理（construction management, CM）系統是從一開始就聘請總包商爲規劃團隊之成員，這位爲營造商工作的經理擔任全面領導的工作及整個專業的督導。這位營造經理會發包所有工作並協調之間的工作，成爲團隊中的一員，營造商的目標與利益都會說明在每一階段，但是，這種服務會增加專案成本的5%，以及營造經理並無法掌控所有下包的廠商，有些學區的報告指出這種方法會節約3%的經費（DuBray, 1993）。

第三種建築新場館的方法稱爲設計／建築合而爲一（design/ build package）方法，這個系統要求一家廠商負責設計與建造的所有流程，這種方法的風險高但是其潛在效益也很可觀。因爲一家廠商背負所有專業的責任，除了專業操守之外，保護擁有者的機制相對性較少；明顯地，對於公司的瞭解及之前客戶的推薦是絕對地需要，除專業能力外，這家公司還必須具備財務條件以因應不可預期的問題，如天災或是勞資糾紛。就其好處而言，設計／建築方法具有高度效率，因爲線上主管也許會針對各層面提出質疑，設計／建築方法的改良稱爲快速追蹤，這是運用在大型專案緊縮逐漸增加且有順序所以可以減少建造時間。

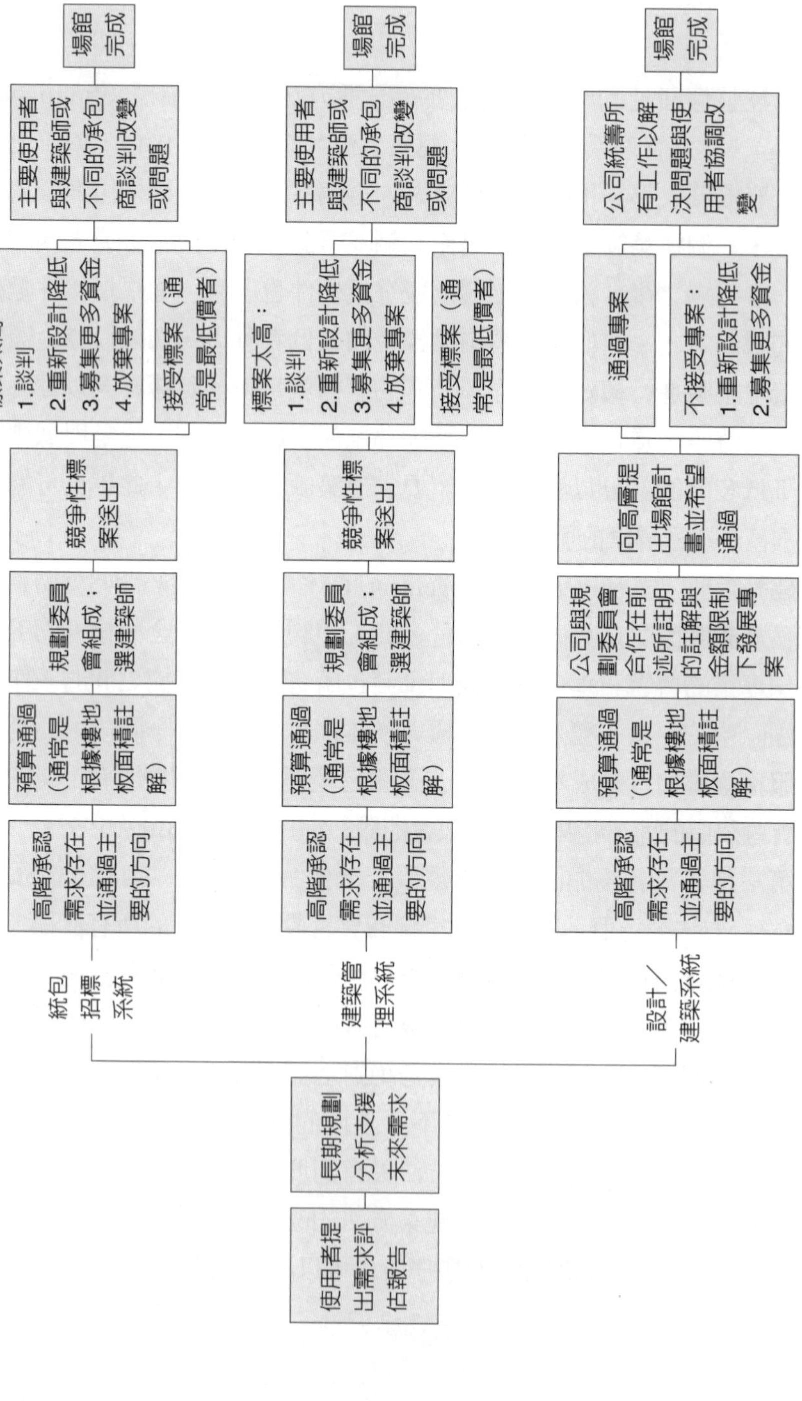

使用者提出需求評估報告 → 長期規劃分析支援未來需求

統包招標系統
高階承認需求存在並通過主要的方向 → 預算通過（通常是根據樓地板面積註解） → 規劃委員會組成：選建築師 → 競爭性標案送出 → 標案太高：1.談判 2.重新設計降低 3.募集更多資金 4.放棄專案／接受標案（通常是最低價者） → 主要使用者與建築師或不同的承包商談判改變或問題 → 場館完成

建築管理系統
高階承認需求存在並通過主要的方向 → 預算通過（通常是根據樓地板面積註解） → 規劃委員會組成：選建築師 → 競爭性標案送出 → 標案太高：1.談判 2.重新設計降低 3.募集更多資金 4.放棄專案／接受標案（通常是最低價者） → 主要使用者與建築師或不同的承包商談判改變或問題 → 場館完成

設計／建築系統
高階承認需求存在並通過主要的方向 → 預算通過（通常是根據樓地板面積註解） → 公司與規劃委員會合作在前述所註明的註解與金額限制下發展專案 → 向高層提出場館計畫並希望通過 → 通過專案／不接受專案：1.重新設計降低 2.募集更多資金 → 公司統籌所有工作以解決問題與使用者協調改變 → 場館完成

圖10.1　建造運動場館的流程

規劃階段的決策Decision Making in the Planning Process

場館建設的決策階段可以分爲5個階段：（1）確定有必要興建、（2）瞭解活動需求、（3）決定空間需求、（4）瞭解別人的作法、（5）規劃主要計畫。

在這一章的開始，就建議藉由自我需求評估的研讀以決定興建場館的需要。假設這個需求是存在的，正式的計畫需要獲得高層的同意，而且必須成立規劃委員會。這個委員會將處理決策過程的第二個步驟——瞭解活動需求，「活動決定場館」正是場館規劃的至理名言。

第三階段非常重要的是決定空間需求，以及能夠包括參考有說明特定區域的空間大小比例圖表的場館資料，透過專家顧問的詢問瞭解並遵守政府的規定，徵詢使用這些空間的專家建議。

完成空間需求的預估之後，接著就是預估專案的經費，一個有關22個學校新建休閒中心的研究顯示其造價爲每平方呎從68美元到158美元，根據這些數據，Bernard（1997: 34）估計大學的參考建造費用是每平方呎105美元，社區休閒中心的參考造價則是每平方呎110美元，室內運動館的造價則是每個座位900美元，一座有6,000個或更多的室內運動場館的造價則是每個座位爲2,250美元，大學或是市立且有包廂的費用則是每個座位爲3,400美元，3,000至6,000個座位的運動場造價是每個座位爲950美元，6,000個座位以上的大學或是市立運動場則是每個座位需要1,800美元。影響標準參考費用的特性爲材料與附屬設施、建材所用的品質及完工的標準、現場工地的狀況，包括停車空間、水電設施改善及擋土牆，規劃委員會必須依據成本消耗特性找出參考建造成本（Bernard, 1997）。

第四階段是參考別人是如何進行的，通常，專案專家應該肩負安排參訪其他場館的責任，確認建築師與設計者是團隊中的成員，參訪中的筆記與拍照是不可或缺，如果可能的話，在參訪之前拿到場館的平面圖與照片，尋找參訪學校時須注意要規模相當、地理因素、人口統計變數之背景及經濟因素。另外可能的話，也將幾個具備趨勢及創意的場館列爲參訪對象以延伸團隊的想像能力。參訪過程中須與負責場館清潔及分配器材的人員對話，場館的設計必須符合有效率的維護與清潔。

最後，提出主要計畫，當然要集合所有的資料，將之前所提及討論的事項及決定如專案方法（統包招標、建築管理系統、設計／建築方法）、是否僱用規劃人員或顧問以及是否需要成立委員會——及需要大或小型場館等納入考量。需要放入計畫大綱的其他考量因素如下：

建築師The Architect

雖說場館設計費用昂貴（大約是6%），建築師的選擇應該以事務所過去的記錄爲重點，並非建築師費用。可惜的是，建築師很少是因爲設計室內運動館、運動場或是游泳池著名而被選中。通常是建築師對於市府建築物與一般教育建築物比較有經驗，如果是此種情況之下，專案專家與建築師需要投入更多時間注意並討論類似的場館。如果專案專家對於建築物營造非常熟悉的話會有很大的助益，選擇建築師的過程必須要完整而且與選擇一個組織內部重要行政者的情形非常類似（Graves, 1993）。

選擇一位有能力且具備經驗建築師相當重要，除了設計的場館要符合所有功能之外，你還要求這個專案有美觀的視覺享受。建築師使用：

> (1) 形式…建築物與週遭空地立體幾何的處理立體幾何；(2) 尺度；熟悉的型態會吸引人們然後排斥所禁止的型態；(3) 顏色…一個主要顏色及兩個具有互補作用的中性顏色；以及 (4) 燈光（Hughes, 1997: 70-71）。

如果建築師對運動場館設計並不熟悉的話，專案專家必須要提升其對於這個案子的興趣及熱情。建築師本身就是藝術家，他們要創造有魅力及創意的建築物。他們要關心型態、規模、比例及節奏，同時也建造出一個滿足需求的場館。爲了要達成理想目標，專案專家必須要想辦法

鼓舞建築師對於專業的熱愛及情感的投入，特別強調其功能的需求。

專門設計大型場館的公司相信使用者選擇設計公司時，是依據過去紀錄以及影視呈現的報告，並非是價格（Raber, 1998）。選擇最好的設計公司是重要的嗎？ 從一家剛完成工作的設計公司接手一個大型專案，這個新公司根據「空間與計畫的不足引起延遲、經常設計改變、專案團隊的協調不當提出求償400萬美元的告訴…發現支撐上層的48根水泥柱出現問題…在每個樑柱中的強化桿及黏在密封板的強化椿都被砍斷及施工不當」（Rosner, 1987）。

表10.1 工作進度表

接下來的建造時間表是根據一個建築在南伊利諾（Southern Illinois）——卡本代爾（Carbondale）的場館進度表，明確的工作說明在最左邊的一欄，其每個月的進度說明在右方的方格並以百分比進行說明，在動土之前，營造商瞭解每個月底時必須完成各工作的百分比，放入圖表內的這個百分比在之前加入短劃符號（--），在每個月結束之時，就決定每個工作完成的比例並用長劃符號（——）放在其之前，例如，在12月底之時，67%的工作需完成，但到12月31日來的時後，只有16%的建築鋼筋確實完成，所有建築鋼筋的工作預計在2月底的時候完成，但直到4月才確實完成這個工作。

這個進度表只是整個圖表的一部分，一個完全的工作進度時程包括每一個合約項目及每個月進行專案建設的部分，在這個案例上，我們只有討論兩件合約項目及14個月中正在進行的5個月。

	A	B	C	D	E	F
1	項目	12月	1月	2月	3月	4月
2	金屬					
3	建築用網筋	-- 67—1	-- 96—3	-- 100—74	—90	—100
4	不鏽鋼托樑	-- 40—1	-- 80—1	-- 100—1	—100	
5	金屬甲板	-- 35—25	-- 80—25	-- 100—25	—77	—100
6	各類鋼鐵	—10	--50—16	--75—43	--100—57	—100
7	暖氣					
8	一般材料	--29—29	--42—42	--55—55	--70—70	--86—86
9	溫度控制			--0—29	--0—29	--50—50
10	絕緣材料				--50—0	--100—50
11	器材	--25—0	--50—0	--75—0	--100—25	
12	冷水	--25—0	--50—0	--75—10	--100—24	—50
13	熱水	--25—0	--50—0	--75—10	--100—29	—55

-- 預定的工作進度（Percentage of scheduled progress ）

—實際的工作進度（Percentage of actual progress）

資料來源：Dunn, McMinn, and Meyer (1989, May).

專案時間估計與進度追蹤Timing and Tracking the Project

運動場館建造要求深思熟慮地及小心地繪製時間表。每個月都需要更換新的時間表顯示工作的不同階段並預估何時完成（請參閱表10.1的案例）。這個時間表須要在專案開始30天前由建築師、總承包商、營造經理完成。建造的階段經常分爲工地作業；混凝土工程；砌磚（牆）；木板與塑膠；隔熱與防潮工程；門、窗、玻璃及五金；特殊專業如摺疊隔間、浴廁設備、機械（水管、暖氣與空調）與電氣（Dunn, McMinn, and Meyer, 1989）。

經常出現的情況是運動或體育專業者會向承包商提出不合乎實際的時間表，然後會因爲無法完成而大表沮喪，建造在「趕工」階段，「重做」通常佔領專案時間的大多數，如果要專案時間表被認爲是合乎實際的話，就要將這些時間放入工作時間表（Cooper, 1993）。

氣候因素、勞資糾紛、或是設備運送延誤（經常發生在偏遠地區，即使是海外地區）都會造成工程延誤，運動專業人士可以藉由下列工作以協助追蹤及提出對於使用者有效的建議；如透過勤奮地研究規格手冊、控管出入工地現場的人數、釐清需要討論的對象、適合討論與該用書面文字提出問題與改變的時間。這是建議重要專家需要與總程包商討論檢核表，以便於在每個階段工作完成時進行檢查。一旦工作進度超越檢核點，進行檢查與改變任何項目，都需要花大筆的成本或是延誤整個專案進度（Gordon, 1989）。

法律考量與特殊族群

Legal Considerations and Special Populations

在規劃與設計階段的時候可以減少潛在的訴訟機會，規劃階段的時間就是要思考架構、空間與設計需要符合建築法規與平權法案的要求。

此外，避免造成殘障人士的障礙，通常而言，校內運動館比校園其他地區有更多的障礙，要特別留意殘障人士在更衣及淋浴的需求（Seidler, Turner, and Horine, 1993）。就如同邀請地質學家在規劃團隊中處理建築物在地層不穩定的地區，興建之運動場館也應該向律師諮詢，熟悉法律問題的運動專業人士將可以提供極大的用處。

設計場館的時候需要銀髮族與殘障人士需要特別的關心，美國失能者法案（ADA）及101-363公法要求全面地滿足殘障人士的需求，這是全面性、強烈、清楚且必須要執行的（Seidler, Turner, and Horine, 1993）。欠缺適當的設備使得預估有50萬的殘障人士不是失業就是準備就業中，場館設計中沒有符合殘障人士需求是一種歧視動作將造成擁有者及相關人士面臨民事法律責任（Farmer, Mulrooney, and Ammon, 1996）。所有公共設施「應該移除現有場館的建築障礙，包括建築天生所造成的溝通障礙，這些移除是很容易就做到的，如不會太困難或是需要太多經費就可完成」（Nondiscrimination on the Basis of Disability, 1994: 476）。新的場館必須設備使這些殘障人士「容易進出與使用」（p.480）。

現有場館的重建Restoring Existing Facilities

「新」要比「舊」的好，是典型美國人的反應，但近年來的傾向是進行場館整建，如果整修的費用比建造新場館的費用要多出50%或更多，建設新的場館可能是較好的選擇，這個選擇是根據許多變數，如歷史的重要性、原本建築的型態與品質、新場館的特殊用途（Viklund, 1993）。現在場館的分析應該涵蓋場館的架構情形、新型節約能源設備與防潮設備功能、場館落點限制，包括停車空間及車輛與行人交通流量的改進或擴建；以及合適地水電系統的服務多寡（Gimple, 1992）。

大學更是修建現有場館，阿帕拉契州立大學（Appalachain State University）重新建造地下室男生的化妝間時，推平所有內部的牆及水泥地板然後往上重建，結果是一個新的更衣室，擁有開放的空間，一般反應也是相當良好（Horine and Turner, 1979）。哈佛大學的布里格斯球場也是類似的翻修模式。

運動場館的水泥地會剝落然後變得不安全；特別是在游泳池的平台、更衣室、走廊及重量訓練室，更新整個地板或是一種環氧樹脂（epoxy）的新科技就可以解決這些問題。首先要檢查地板是架構完整，接著的步驟是去除現有塗料及修補裂縫，確認已經沒有灰塵與垃圾存留之後，將地整平，在這個時候，先鋪一層黏著劑在舊有地面，接著是環氧樹脂的使用，平滑劑物質的使用在於耐撞、耐衝、耐磨及抗壓性。覆蓋兩種表層並外加百分之百堅固的自動整平環氧樹脂，這是抗化學品及具有衛生，不需要打蠟，整個流程只需要4個星期（Hart, 1997）。

場館的財務規劃
FINANCING FACILITY DEVELOPMENT

經過初步規劃之後，新專案若沒有經費支援的情況下將出現「巧婦難爲無米之炊」的窘境，而在找尋財源之際經常忽視了5個領域：（1）向前預測通貨膨脹到實際要付帳的時候；（2）涵蓋行銷的營運成本；（3）緊急預備金以應付成本超支；（4）設備與供應品；（5）維修成本。所有場館的財源可分來自民間、政府或是民間／政府（Sawyer, 1999: 43）。

公立場館的財源Public Facility Financing

政府提供學校與休閒運動場館的財源通常可以有兩種管道：稅收（taxes）與債券（bonds）。稅收的種類有多種方式，飯店與租車稅是最受青睞的，因爲地方民衆繳交的機率最少，這個場館的使用對象如果是針對地方民衆的話，增加財產稅與消費稅是最公平的。對於職業運動的場館而言，提供組織減稅方案（某段特定期間內免繳財產稅）是一種間接的課稅，市政府債券是提供地區學校運動與遊憩設施的主要來源。以過去的情況而言，最常見的債券是一般債務及完全與信用債務，這表示在未來除可以拿回本金外，還有一筆由特定期間內由財產稅所衍生的利息，缺點是市政府債券需要經過投票，這在現今的財政狀況不易達成；債券通常也會增加地方政府的負擔，最近這些年來，非保證債券變得愈來愈受歡迎，一般而言，他們不需要經過投票同意，付款是與資源有關並非財產稅，此外，可以透過免稅基金會或是政府部門安排經費來源，許多州有政府部分提供綠道與其他遊憩設施一些資金（許多必須與地方資金配合）（Sawyer, 1999, pp.43-44. Bynum, 2002b and 2002d; Dudziak, 2002）.

民間場館的財源Private Facility Financing

這種型態的財源可用作公立或商業性質場館，民間的集資方式是多元化（請參閱本書第5章的特別專案），對於學校與大學運動場館而言，現金捐獻、物品提供及廣告權利金等是常見的方式。大型機構或是昂貴的遊憩設施則經常是推出整套的贊助方案，如提供美式足球隊的球鞋、食品及飲料權利或是獨占性權利、豪華座位或是包廂、遺贈、託管財產、房地產贈送、人生壽險方案、基金捐贈、不動產贈與。在配合許多策略的運用，職業組織開發其他的財源如餐廳承租權、出租合約、停車費、攤位／承包商均等股權及資產基礎證券，採用命名權（naming right）增加收入是引起爭議的作法，許多人感覺球場的名字中含有產品或公司名稱有降低格調的味道（特別是當場館屬於公立的情況時），但是因爲數家贊助命名權的大企業破產，他們所贊助的金額也大幅減少（Sawyer, 1999: 44-45）。

民間／政府財源Public/ Private Financing

結合前面討論兩種集資的方式，可以完成許多專案，例如，當一個

社區試著要瞭解興建一個游泳池的資金足夠與否時，一個過去曾經是高中游泳代表隊的校友捐出100萬元，假使這個郡及市政府負責剩餘的部分。此外，職業運動球團也提供新球場的一部分基金，而市政府承擔其餘的部分。

加州社區就提供一個多種資金來源的案例，場館的興建與重整就是透過候援會、學校基金、基督教青年會（YMCA）、建設公司、即使是手機通訊設備的供應商也提供了新照明燈桿也加倍訊號基地台（Popke, 2002a）。

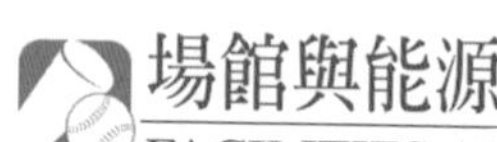

場館與能源
FACILITIES AND ENERGY

你知道社區遊憩中心每平方呎所需要的能源超過都市的醫院？這是事實（Flynn and Schneider, 1997: 51），行政者在每一個場館的決策中必須堅持能源節省是一個重要的考量，不良的運動建築設計會消耗過度的能源。在能源成本低的時代，社會輿論比較不注意及關心這個議題，也不需工程師發現熱水跑到下水道系統，或是熱及冷空氣跑到外面環境是不合理的現象。在何任一個地方都要節省能源，如燈光照明設備；不僅節省經費，也爲環境保存設立一個示範。

能源的浪費其實是可以避免的，善加運用陽光照射與高效能琉璃（窗戶）以吸取被動式熱氣。外牆建議應該要裝設隔熱效果極大化的設備（Flynn and Schneider, 1997）。考慮運用熱輪、能源節約器、或是熱交換「環繞」線圈，新場館之中，堅持照明節省能源設備及調光控制以及瞭解間接照明所要求的能源增加。

冰上場館（ice rinks）設計最大的問題就是遇到能源的高成本，其大部分的能量使用是來自冷凍系統，經由天花板的雷射造成冰上場館1／4的熱氣流失，其次是維持場館溫度所需要的能源。

維持冰上場館適當的溼度是精密的公式，一種方式是利用除濕系統以降低空氣水份，這是將空氣送進乾燥劑（吸收水份的物質）使水份由空氣中移開但不會降低溫度，如此濕的空氣就會變成乾的然後回到場館中（Vivian, 1997）（同時參照冰上場館章節）。

太陽能Solar

在運動與遊憩場館中應該多加使用太陽能源科技，案例包括太陽能電池在室內體育館及運動館屋頂的使用、游泳池可以加溫建築與水。在寒冷的氣候中，太陽能電池可以爲游泳池的水加熱，這扮演大量能源的一個儲藏庫。

圓頂屋及能源The Geodesic Dome and Energy

圓頂屋成功地運用在運動場館的能源節約，由於它的造型設計不要求內部牆壁或是樑柱，活動空間的尺寸可以在很少能源消費之情況下進行，要勝過傳統結構，分隔室內場館地下室及引進熱回收元件以維持低調可以更加節省能源開銷。此外，經驗顯示在屋頂的內面噴灑一吋的聚氨酯在半吋的纖維絲之下可以增加防火功能、吸收聲音與節約能源。

照明與能源Lighting and Energy

專家預估學校用電量的一半來自於照明設備（Lewis, 1993），此外，高水準運動賽會要求更高的照明亮度，假設有電視轉播的話，亮度的要求亦將提高。設計者發現屋頂的內面如果有反射功能，透過燈光向上以利用間接照明的方式，並在同時保留一些熱氣供溫度控制使用可以節約不少能源。

照明系統節約的方法還包括維持緊密與密封墊圈泛光燈及照明設備

在運動空間的最佳落點，可以節省最多的就是轉爲使用高壓鈉、石英及金屬鹵素系統。在一個學校之中，水銀燈被高壓鈉裝置所取代（HPS），原先所需要的41,000瓦特數降爲9,000瓦特，外部的照明更換爲鹵素鎢

表10.2　照明設備型態的優缺點

型態	說明	優點	缺點
白熾熱燈泡	普通的燈泡	初期成本低、色澤顯示良好、無聲、不受開關次數多寡影響、燈光是瞬間	燈泡生命不耐、無效率、高度點照明、釋放太多熱能、無法達到強度照明
	石英燈管	比白熾熱燈泡稍為節省	顏色為銅色
日光燈	在工作空間相當常見、通常是長型燈管	壽命較高亮度的白熾熱燈泡為長、一點顏色改革、在同樣瓦數下，比白熾熱燈泡要亮上二又二分之一倍	經常出現擾人的嗡嗡聲、如果裝置不良、也許會閃曳
高強度	水銀燈	壽命最長、比白熾熱燈泡的費用低	起始緩慢、高度啓動費用、改變顏色、淺藍色
	金屬鹵素	亮度品質好及運作效率佳	壽命不如水銀燈
	高壓鈉	壽命長、高效率	黃褐色調
	Metalarc（明亮）	最像白天的燈光	

資料來源：Sawyer, T. H., ed.（1999）. *Facilities planning for physical activity and sport: guidelines for development*（9th ed.）, pp. 110-112. Dubuque, Iowa: Kendall/ Hunt Publishing Co.

表10.3　不同型態照明的能源使用

	每瓦特之平均流明	能源節省比較
白熾熱燈泡	23	0%*
石英	31	16
水銀燈	61	66
日光燈	70	71
金屬鹵素	110	80
高壓鈉	140	85

*根據同樣亮度所需能源

資料來源：Sawyer, T. H., ed.（1999）. *Facility planning for physical activity and sport: Guidleines for development*（9th ed.）, P. 113. Dubuque, Iowa: Kendall/ Hunt Publishing Company.

絲，產生的結果是更多燈光但是較省電及費用。（參閱**表**10.2與**表**10.3）

由於巔峰時段電費的緣故，機構應該好好研究各時段的使用量控管，報導指出路易絲安那州立大學（Louisiana State University）裝設一個200美元的照明裝置後節省了8,500元，這個裝置出現不同顏色或是閃到紅色以提醒特別的動作用來避免巔峰時段費用。

能源系統Energy Systems

接下來將介紹一些在運動場館的有趣能源系統，位於賓夕維尼亞州（Pennsylvania）京士頓（Kingston）的新休閒活動中心就裝置一個節約元件，稱為地熱能系統（geothermal system），利用地下水作為加熱、內部熱水及空調之用。同樣的原理也運用在紐約（New York）布魯克林（Brooklyn）的普列特藝術學院（Pratt Institute）活動／資源中心的加熱及空調，地熱能的費用需要3.5年分攤給付，但可以讓整個場館使用20年。麻薩諸塞州（Massachusetts）北漢普敦（Northampton）的史密斯學院（Smith College）在其安渥斯室內體育館（Ainsworth Gymnasium）就裝了一個熱交換系統，由於游泳池、室內體育館及更衣室會有大量的排氣，史密斯學院行政人員就決定回收這些能量並加以使用。整個設備裝置的成本為4萬美元預計只要使用6到7年就可以超越這所付出的成本，在麻薩諸塞州的安赫絲特學院（Amherst College）利用擷取冰上場館熱排放器的能量就可以溫暖整個運動園區，另外一個是位於羅德島（Rhodes Island）普羅維頓斯（Providence）布朗大學（Brown University）的5萬平方呎運動中心增建了一個10萬平方呎的空間，使用這個熱回收系統後，讓這整個新場館所需花費的熱空調成本與之前舊有的情況相同。

如果一個運動園區不在熱能方面與現存的中央發電廠連結，幾種新的及再生電力系統將可做為選項，回到燃燒煤礦是一個選擇，燃燒木屑有其潛在性，賓夕凡尼亞州的東史卓思堡州立大學（East Stroudsburg State University）建造了一個實驗性系統，他們啓用了一個先進流體化床媒鍋爐可以將無煙煤轉換爲有效的能源，透過熱回收輪的使用可以將熱廢氣從高散熱區回收然後加以利用。

室內場館
INDOOR FACILITIES

場址選擇Site Selection

當使用詳細的檢視表可以避免一個規劃特性的疏忽，本章節提供找尋室內場館的通盤性綱要，機構的規模是第一個因素，在高等教育機構，規劃人員必須要思考學生居住的區域、車流及行人交通型態。另一方面，往更低年級教育機構方向著想，噪音是最重要的考量因素，除了教育的層級之外，場址選擇需根據這個場館是否要作爲觀賞球賽使用，明顯地，停車與假設預期有大批群衆出現時的移動路線是非常重要的。想像一個新場館是多元用途的規劃是相當聰明的作法，如果是學校場館的話，就要規劃爲下午及傍晚休閒活動的使用；假設是屬於社區及高等教育的場館，就要規劃適用於多種娛樂及公共活動如溜冰秀、音樂會及

圖：西卡羅萊納大學仁塞中心（WCU Ramsey Center）的內部設計。
資料來源：Western Carolina University Media Relations Office.

商展等（Bynum, 2002a, Popke, 2002c）。

假設這個室內建築物的型態尚未確認，現址的地型也許會影響這個決定，一個沼澤區就不適合興建地下場館，一個山丘地區也許就自然形成緊密運動空間，值得一提的是場館位置的選擇通常不允許將來的擴張，記得要替未來規劃！

教學平台及活動空間Teaching Stations and Activity Space

一個教學平台指的是一個空間可以讓體育課程安全地進行，活動空間指的是校隊代表隊的練習、校內競賽的區域、或是個人從事休閒活動的空間。室內及室外教學平台也是用同樣的方式計算。

在決定教學平台時有許多空間可能思考，部分由於下列因素影響決定：

- 天氣——在天氣不好的時候，每個時段會有多少的課程與活動要求室內空間。
- 活動單元是否足以提供勉強的練習空間（壘球隊練習傳球的空間）或是室內練習空間（壘球隊進行內野練習的空間）。
- 課程與活動的規模大小（空間也許決定規模，這是不對的）。
- 課程與活動型態的相關空間。
- 課程與活動的相關設備。

地板表面Floor Surfaces

再次強調室內場館的地面必須預期可能期待的活動及參與者的能力階層（請參閱**表10.4**）。如同之前的說明，許多籃球與排球教練較喜愛硬木地板。

在過去，地板的鋪設可以用浮動地板或是用固定地板方式，每一種

表10.4　地板表面材質建議表

房間	地板							低層的牆								高層的牆						天花板			
	地毯	人工合成	瓦、瀝青、橡膠、油布	水泥、磨損或非磨損	楓木、硬	土陶、磨損	瓦、陶瓷	磚	磚、上釉	煤磚	水泥	石膏	瓦、陶瓷	木牌	防水	磚	磚、上釉煤	磚	石膏	隔音板	防潮	水泥或	結構瓦	石膏	防潮
儀器儲藏室				1	2			1		2	1	C													
教室			2		1					2		1		2				2	1			C	C	1	
俱樂部空間			2		1					2		1		2				2	1			C	C	1	
醫療室		1			2			2	1					2		2	2	1	2					1	
保管供應室				1			2																		
舞蹈室			2		1																	C	C	1	
乾衣間（設備）				1		2	2	1	2	1	1					1		1							
體操房		1			1			2	1					2		2	2	1	2	"		C	C	1	
健康服務單位			1		1					2		1		2				2	1					1	
洗衣房				2			1	2	1	2	2		1	C	"						"			"	"
更衣室		3		3		2	1		1	2	2	3	1		"	1		1	2				C	1	
游泳館		2					1	2	1	3	2				"	2	2	1		"	"	C	C	1	"
辦公室	1		3		2					2		1		1				2	1					1	
休閒室			2		1			2		2		1		1		2		1	2	"			C	1	
淋浴間				3		2	1		1	3	3	2	1	3	"	2	1	2	2		"	3	3	1	"
特別活動室			2		1				2			1		1		1		1	1				C	1	
球隊室	1			3		2	1	2	1	2	2	3	1		"	1		1	2				C	1	
廁所				3		2	1		1	2	2	2	1		"	1		1	1					1	
乾毛巾室				3		2	1		1			2	1		"	2	1	2	2		"			1	"

說明：表中數字代表第1,2,3順位的選擇。「C」代表不適合採用做爲活動的材質，「A」則代表最理想的品質。

資料來源：Sawyer, T. H., ed. (1999). *Facilities planning for physical activity and sport: Guidelines for development*. (9th ed., p. 91). Dubuque, Iowa: Kendall/ Hunt Publishing Company.

方式都有其缺點，「如今將兩種方式結合了彼此的優點，這稱爲約束的浮式地板 ，這種方式使用金屬針、槽、皮帶或其他機械在地表層面下方用不要太牢固的方式束縛地層系統。每一種系統提供地表足夠穩定性以減少在濕度導致膨脹與縮小的情況變形，同時也可以控制地板對於運動員垂直偏向的程度」（Steinbach, 2002c: 82）。

合成地板（ synthetic floor）表面的演變進化已有數十年了，一個創新的使用就是預製墊的出現，由回收輪胎顆粒與一層聚氨酯（即PU）混合以製造出一個耐用且無縫的運動表面。聚氨酯地板並不耐用，所以近來有些新的變化，將細膩的橡膠混凝土加入下層以增加震動吸收性。之前僅侷限於室外使用的射出成型聚丙烯磚瓦也應用在室內。一體成型模組可以有多種功能的運用而且可以避免因潮濕而引起的毀損，另外一個選項是依據軟塑膠板，有一些包括硬化橡膠用不同顏色呈現或看似木材紋理。比較先進的熱焊接技術已經明顯減少縫的出現（Steinbach, 2002a; "Surface and Covers," 2002）。

不要忽略地面顏色的重要性，顏色會影響參與者的態度及動力以及協助動線移動（McDonnell, 2000; Steinbach, 2002a）。

一個重要的因素是多少的吸振力對於使用者而言是適合的，美國材料檢驗學會（American Society for Testing and Materials）已經發展出測試運動地板的吸振特性，但尚未建立標準。另一方面，歐洲已有領先的研究，提出硬木及合成地板的標準，稱爲德國機構（Deutsches Institute Fur Nomals）標準，這可以測量「特殊表現的品質如吸震力、變形程度、偏斜區域、球彈跳、層內平行方向及分裂等」（Ellison, 1993: 55）。

在國內針對有氧運動地板表面的流行語包括漂浮（flotation）、懸浮（suspension）以及彈簧系統（spring system）。較不受歡迎的則是橡膠，如果很平滑的話，將容易滑倒，如果橡膠上面有顆粒，可以吸汗，從正面的角度思考，橡膠地板的價格近年來是大幅減少到每平方呎3至5美元。價格較昂貴的橡膠地板可以放在重量訓練區（Cioletti, 1998），很少俱樂部依照用地毯覆蓋在水泥板（Hauss, 1993）。在心肺功能訓練區，許多行政者偏好高品質尼龍地毯，目的在於其耐用程度與隔音的效果，由於其吸汗的情形，應該要加入抗微生物的處理。

在另一方面的走廊及玄關部分，環氧樹脂地板是一種受歡迎的硬地材質，它是一種用乙烯物鑲入樹脂的多層塗料澆灌並在上層加入聚氨酯或在環氧樹脂鑲入清楚的石英砂（Williams, 1993），新上市的產品如樓板暖氣或浸膠機，稱爲熱接觸催化劑（Ames, 1993），以及高速率拋光機可以從每分鐘1,000轉至3,000轉使地面光滑，這大大地改進壽命、外表及時間與地板表面一條條之間（Weeks, 1993）。

對於一些多功能場館而言，塑膠地磚提供費用低廉及耐用的選擇，鑲嵌永久跑道線條的塑膠地板（vinyl tile flooring）顯示在圖10.2，目前已經在數個小學使用，其功能也受到肯定。

牆面、門及窗户 Walls, Doors and Windows

室內體育館的牆面要注重的是維護容易，要保持平滑讓反彈功能正常（網球與排球），同時吸收聲音。通常要達到這些要求只須在建造牆面

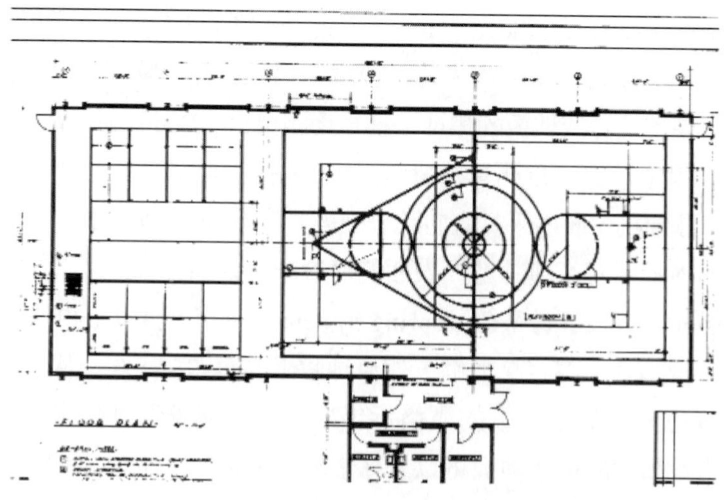

圖10.2 基本地板劃線樣式

時在不同的高度上使用不同的材料。

考慮運用牆壁的顏色與圖案，採用鑲入牆壁或是上漆在牆壁的標語會減少日後的破壞行爲，使用不會出現手印及腳踏印子的顏色。凹槽的電器插座應該配置圍繞在肢體活動空間的定點。凹處飲水機要置放於接近活動區域的走廊，須永久定位及具份量的墊子要適當的安排，而不是物品放齊之後的「臨時」增加物。所有的出口必須是向外推開，遵守規定、有合適安全的欄杆以及安全或是含有金屬線之玻璃的建造，在寒冷氣候的地區，裝設雙層門入口及爲所有室外的門設計突出的屋頂，在非活動區域儘量使用玻璃，但在透明區域中如游泳持時要特別選擇。（有多少學生能夠想像室內體育館的玻璃窗戶中被漆上黑色？）在一些外部環境是高格調的情形下，考慮裝設在固定窗戶下裝設遮雨篷型的窗戶。

天花板Ceilings

天花板的主要作用是爲要吸收聲音及光線反射，達成這些目標之後，應該要裝設最使人賞心悅目與容易維持的天花板。要小心思考有那些活動可能會破壞天花板。以進行高技術的排球與籃球比賽爲例，這較低的柱子的應該要有24呎高，天花板的顏色不要漆成白色，這是因爲在進行白色球具如羽毛球時會有困難。天花板應該要設計能夠防治凝結及隔音。確定有安排由狹小的通路或其他的方式以處理高掛於天花板的燈光設備（Saywer, 1999: 89-92）。

音響Acoustics

室內音響的最大問題就是太多的噪音。爲減少噪音，要儘可能選擇粗糙表面，有必要請教音響工程師，金屬管可能會將不需要的聲音傳送到教學平台，可能降低噪音的方法包括雙牆架構、在牆壁空間處置放吸收聲音的材料，覆蓋導管、在管中設置障礙板，在高架樓板的隔間中覆

圖：一個開放式更衣室、「樹狀」淋浴及殘障用淋浴的案例
資料來源：L. E. Horine。

蓋毛毯，在橡膠墊上裝設馬達。在運動或遊憩設施的設計中要詳細的考慮很多噪音活動及要求安靜的活動的空間安排，例如，重量訓練器材要遠離辦公室及教室，聲音以球體形狀傳遞（Sawyer, 1999: 117）。

教學區域的音量建議在40到50分貝之間，但在運動區域的平均音量可能超過70分貝，殘響時間（聲音回響的能量減少到60分貝所要求秒數）在運動空間的範圍從2秒到超過8秒，對教學空間的建議範圍是0.5至1.5秒之間，許多現代的材質與方法已經可以減少運動場館的噪音，包括裝置隔音雲；使用厚重的毛毯及隔音置物櫃；以及散氣磚，牆壁的隔音元件（vercoustic panels），或是天花板收音元件。

許多設計爲籃球使用的場館是使用單位盡力規劃的其他用途，如演唱會，這個長方形的設計對於高品質的聲音與音響造成極大的困擾，一個公司設計座位爲一萬人的室內場館，形狀如同會議空間以符合高品質聲音與音響的需求，名爲阿爾發運動中心（Alpha Center）的場館共有28個專利申請中（Thompson and Riley, 2002）。

環境的圖示（標識）Environmental Graphics (Signage)

標誌可以在多方面有相當正面的影響，如表面、功能、娛樂價值、及場館的收入，當一個場館完工之際，將要掛上許多的標誌，如場館內外的方向標示、住址、緊急救生或是殘障人士的通道、列出活動的公告欄及場館開放時間，出口、房間、座位及門的標示（Pearce, 1998）

服務區與更衣室Service Areas and Changing Rooms

服務區需要改進或更新的速度要比其他地區更快，這是因爲平權法案的影響，使得體育館可以開放給之前無法使用的族群使用，其他的因素還包括健康與衛生標準的改變與更有效能源運用的需求。例如，過去的訓練區一般都僅供頂尖的男性運動員使用，然而現今的法律要求對於女性及所有運動員包括殘障運動員都要有同等的待遇。

計畫的第二個步驟是小心地研究改造或增加現有更衣室（locker rooms）的可行性（Horine and Turner, 1979），記住辦公室與儲藏室是兩個地方最容易出現空間不夠的情況，只要增加辦公室幾呎的空間就可以在老師與教練的專業能力有重要的影響，而且成本並不昂貴。更衣室是最重要的一個空間，這是因爲更衣與沐浴是人類天性，更重要的是學校內幾乎每個學生都會經常進出更衣室，這就顯示其必要性，這個區域適合乾淨與創新（McDonnell, 2000）。

傳統的更衣室已經不存在，現今的趨勢則是在更衣室內設有置物櫃，對於運動員而言，現在的更衣室更像起居室，更爲開放與通風，也提供球隊會員的附屬設施（齊全媒體設備與大螢幕）與閱讀室，有些地方還裝設有電腦，鄰近的健身空間、訓練區、設備器材室，更衣室變得更大。由於某些運動的衣物與護墊會吸收汗水，設計人員爲一般的衣物提供了一個隔離的小置物櫃，有時候在另一個不同的區域。許多提供運動員的置物櫃內設一個分離的保險櫃供昂貴的球鞋與貴重物品放置。專爲媒體設備提供的空間是極具價值的資產，照明與通風系統進步不少，在有些情況下，裝設散氣管可以經過置物櫃以流動空氣並吹乾球衣（Dillon, 1996; Viklund and Coons, 1997; Cohen, 1998）。

規劃更衣室的一些特別綱要：

1.考慮將置物櫃裝設在6吋高金屬底座，所以置物櫃可以藉由一些螺絲釘的移除而移動，或是在水泥座上架設置物櫃。
2.考慮將部分置物櫃裝設輪子以維持靈活運用。
3.設計置物櫃所以他們一方面低到可以讓器材經理督察，或是一排的長軸開放讓督察人員觀察。
4.避免採用淋浴窗簾或是隔間，反而是用地板的角度要傾斜一度以協助排水。
5.考慮可以固定的板凳。
6.計劃置物櫃15吋深，而非12吋，這在許多參考用書都提及。
7.增設擴充鐵金屬或護網置物櫃以增加空氣流通，同時，遮蓋上方或是將頂部傾斜以減少灰塵的累積。
8.在每個置物裝櫃的底端板置高度重量的鋼鐵（16或是更重）。
9.置物櫃的手把應採用凹陷式避免被踢。
10.在溼度高的地區，調查不銹鋼未上漆置物櫃。
11.考慮至少在某些區域覆蓋室外或室內地毯。
12.要求尼龍網或音栓以減少噪音。
13.用乙烯或是壓克力油漆粉刷牆壁或是或是塗上。
14.避免低空懸吊式天花板，這些容易成爲棒球棒或網球拍揮動的目標，裝置防潮及音響處理磚。
15.在所有的樓層中，加裝「中等高度」的淋浴設備。
16.應該考慮一些模組化的淋浴設備所以可以讓一些球隊、男生或女性因爲需要改變而單獨使用。

17.扶手或是桿式蓮蓬頭是有可能，但是許多規劃人員比較偏好這種被稱爲「樹狀」的淋浴設備。
18.考慮裝置模組化的更衣室與並安裝可以鎖的門，所以這個更衣室可以讓任何性別、特殊隊伍或是來訪隊伍使用之（Cohen, 1993a; Dillon, 1996）。

體適能中心（fitness center）或是俱樂部的更衣室有或多或少不同的要求，提供的建議包括確認提供足夠的空間及置物櫃，供長期使用及每日使用的置物櫃比例要合適。鑑於俱樂部會員要求「勉強合格」的乾淨設施，因此，當規劃這個區域時要愼重考量維護與清潔工作，將潮濕與乾的區域分開有助於例行性清潔工作、設計的空調設備要能夠處理顚峰時期之人潮，特別是既溼又熱的夏季，同時也要搭配節約能源的器材與設備。提供會員方向標誌、適當的隱私空間是有其必要並創造出一種可以寄託的養生殿堂環境，如此，會員們一定會喜歡並期待這樣的淋浴與更衣環境，如果這個場館設計與維護得當，這是一個正面社會趨勢。

照明 Lighting

照明曾在之前能源的章節討論過，如果有疑問的話，準備更多的照明及中央開關所以一般教學及休閒性遊戲會有低度照明、特定教學活動（如羽毛球）或是代表隊練習需要額外照明的會有中度的燈光；最亮的照明將提供給特殊活動及比賽之用（參閱**圖10.2**及**圖10.3**）。

高水準的運動比賽，金屬鹵素燈的照明符合標準，它提供電視台優良的強度，也更爲經濟，比白熱燈持續5到10倍（參閱**圖10.3**）。從**圖10.2**可以看出高效率的高壓鈉裝置及金屬鹵素燈在電源中斷或是關閉電源候需要一點時間啓動或重新啓用。因此，備用白熱燈作爲緊急照明燈是需要的。如果必須要經常開關的情形下（如半場表演），考慮安裝即時金屬鹵素燈泡系統，即使這個費用有點昂貴。如果場館的使用是在較少群衆的情況下，考慮將沒有觀衆的座位區燈光調暗，把燈光調整給坐滿觀衆的區域。裝置自動的系統可以節省一些成本。間接燈光目前使用率很高，這是因爲看起來令人賞心悅目，但是必須瞭解這可能散發出許多熱能，一些三度空間的物體則變得比較難辨識（Cohen, 2002a; DiLullo, 2002），阿爾發體育館的照明設備（Alpha Arena lighting）「從微弱高效率燈的底座用電子控制以HID照明避免噪音」——（Thompson and Riley, 2002,：102）。

因爲學校與市政府的運動場所使用長達數十年，許多照明設備的型態已老早過時，「因爲它們要比新設備便宜許多，反射器可能是理想的方式增這些螢光設備而不需要重新設線或是拆卸天花板，他們從現有的燈中增加可用的照明，讓你選擇減少燈罩的數量——及電力」（Dorr, 1997: 82）。此外，螢光燈可更換爲白熱燈而不需要更新線路，這些燈管可以減少75%的電力並可以持續10到13倍長的使用壽命。

空調系統Mechanical（HVAC）

針對明確的原因；暖氣、通風及空調對於更衣室、游泳池、冰上場館及其他活動進行的室內場館而言是非常重要的。

擬定最適合的溫暖環境的策略是要達成：（1）輻射的溫度當地板及空氣溫度保持平衡、（2）空氣溫度保持於華式64與72度之間、（3）溼度介於40%與60%之間，以及（4）空氣常態性每分鐘20至40呎線性移動（Sawyer, 1999: 120）。

爲了規劃「智慧型」的場館，空調應該將防火系統、通道系統、安全、電梯及溝通系統與中央電腦連結，因爲這個領域的科技不斷更新，建築物看起來會比最新的空調系統使用更久。一個典型的例子就是過去這個熱馬達在寒冷氣候中使用時無法在冬天提供足夠的暖氣，但先進的科技，這些熱馬達能夠充分地發揮其效率，克服這個容易過時空調的方法，就是提供足夠的空間以允許新系統容易裝置（Sawyer, 1999: 119-122）。

恆溫控制（climate control）涵蓋在園區中讓每一個角落的人都感受環

圖：位於北卡羅萊納大學教堂山校區迪恩．史密斯運動中心內部設計
資料來源：L. E. Horine。

境舒服的設計，爲達成這個目標，必須要設計一個包含空調、暖氣、通風及溼度控制的自動化系統，不論每個區域的人數。通常我們在人數不多的公共區域中感覺很舒服，但人多的時候就變得不舒服，這在一個設計完善的系統之下不應該發生，這個建築應該遵守美國暖氣暨通風工程學會（American Society of Heating and Ventilating Engineers）的標準。

之前曾經討論過，這裡再度強調恆溫控制是能源消耗的主要因素，記住提供空調需要能源，熱也是能源。因此，熱氣在任何時候可以保留，能源可以爲暖氣、通風及空調節省，過去爲了控制溼度與氣味，必須將空氣排放出去，然後吸進新鮮空氣。如果在更衣室或室內體育館的溫度過度暖和時，就必須降溫。反之，若是太冷，就必須增加暖氣。同時，向外排出空氣的能源也自然跑到窗外，這些限制在今天都不存在了，在前面所討論的，這些能源可以從向外排出的空氣中回收，或是如果需要的話，空氣循環還可以除濕。

經驗顯示恆溫控制系統經常發出噪音，這個問題必須要正視，要裝置在遠離辦公室及教室的地方，以及使用阻礙物、音毯及浮動馬達墊，在適當區域裝設防損防竊自動調溫器。一方面可能裝設密閉窗戶，另一方面可能使自動調溫器遠離窗戶區域，避免在屋頂安裝空調機器。要注意溼度控制是非常敏感——當訓練結束進入一個正在除濕的更衣室可能感覺很舒適，但是當從淋浴出來時可能覺得頭暈。

座位區Seating

觀衆席座位的型態與數量將依據運動項目與活動，針對高水準比賽的大型場館需要安裝戲院型態的摺疊座椅，雖然有些機構在靠近比賽區域的座位區安排板凳形式的座椅，可以容納更多學生並給他們製造更多噪音，感覺更有一個主場的味道，室內場館的趨勢是裝置可移動與電動移動座位，這可以提供不同型態活動更具彈性的座位安排。

過去主要的努力是投入在露天看台區的安全，明尼蘇達州立大學（Minnesota State University）在這方面曾經成爲一時的領導先驅（主要的壓力是來自於一個學生穿越露天看台區空間所造成的死亡），他們在1999年的時候通過了明尼蘇達露天看台座位法案（Minnesota Bleacher Safety Act）。美國消費者產品安全委員會（the United States Consumer Product Safety Commission）在1998年預估，需要急救醫療的露天看台座位相關受傷件數有19,200件，行政者必須特別注意5個區域：

1. 限制空隙少於4英吋。
2. 欄杆必須要在一個固定位置，就是最高一排的座位要距離地面30英吋以上；最高一層欄杆的表面從板凳的最高點開始不可少於42英吋，欄杆之間的空隙不得少4英吋，欄杆的設計主要是防止攀爬。
3. 所有露天看台區必須要有的架構完整性，如果是移動式的機制就必須要能夠順利處理，板凳必須要適當的定位。
4. 顧客在進出露天看台區時必須要有安全的通道，走道寬度必須要足夠、止滑的表面、標識及關於走道封鎖的強制法令。
5. 一種是關閉露天看台座位區座位，二是安排足夠的監視（LaRue, 2002; Popke, 2002b）。

座位的最低寬度是18英吋，但對於成人是建議22英吋，標準的露天

圖：完整設立重訓室案例
資料來源：L. E. Horine。

看台座位是最多到23排；但是，超過16排就會增加安全及群衆管理的困難度。在陽台，縮短座位區的前後空間所以他們會形成一道牆以創造出一個教學平台。

強度與心肺功能訓練區域

Strength and Cardiovascular Training Areas

這些中心會變成體適能及休閒中心的重心所在，同樣的情形也出現學校及校園遊憩及運動設施，規劃者也同樣要執行之前所討論的場館需求評估調查。但是，這個評估調查必須要明確及強調下列事項：訓練的目標爲何？每個團體所要求的設備與空間型態？研究年齡、訓練經驗及時間或季節會引起顚峰需求的因素，設備如何的放置會最有效率、安全及督導？注意下列的參考中提供了一個良好的不同心肺功能型態的優缺點結論（Sawyer, 1999: 251-252; Bynum, 2002c）。

重量訓練設施（wight-training facilities）必須包含在新設立的中等、社區及大學的運動場館中，確認重量訓練的提供包含男女兩性，自由重量訓練設施的選擇或是機器的系統仰賴成立哲學、空間、使用者性別、運動使用的時間、最後預期目標。大多數偏好重訓會碰觸的是橡膠地板

（rubber flooring），橡膠地板容易維持，看起來美觀（可以選擇黑色或是彩色），對於重量訓練或是使用者而言，壽命也較長。它可以裝置在連續性的一整塊或是中間交錯的方形空間，在不直接屬於重量訓練的部分要鋪設符合工業標準的地毯（Sherman, 1997a; Steinbach, 2002a and 2002c; Popke, 2002d）。

體適能重量訓練空間應該要遵守器材強度的範圍，以允許更安全的流動及不容易「塞車」的運用：

- 重量訓練區：每個單位是55至65平方呎。
- 機械式重量訓練區：每個單位是70至80平方呎。
- 心肺功能區：每個單位是30至35平方呎。

由於大部分的活動會在一個斜躺的姿勢，光線會造成問題，所以要裝設間接照明設備（Lavoie, 1989; Sherman, 1997a）。

重量訓練及體適能空間必須要明亮及空氣流通，儘可能要有很多的視野，因爲當場館使用者運動、注意吸引人的牆壁及天花板細節時會被使用者的水平視線與垂直線掃瞄，爲減緩一個重量訓練室的氣味，確信空氣保持流通的速度很快（Sherman, 1997）。

特別區域Special Areas

依據學校、休閒園區、或是水療設施的規模與等級，針對這些特別區域的規劃必須要細心，這些可能是舞蹈教室、武術／摔角教室、攀岩的牆壁、體操教室、水池／蒸氣浴室／桑拿、手球場、迴力球場、網球場、販賣部、辦公室、訓練室、儲藏室／維護區或是實驗室。

健康俱樂部及社區休閒中心有時候包括果汁吧台與運動用品販售區，現今的消費者已可以接受爲新科技的器材如以缺氧箱模擬高地訓練而付出更高的費用，另外一個全人測試艙（Bod pod）已精確地測量身體成份的組成（Steinbach, 2002d）。

冰上場館 Ice Rinks

在許多冰上場館都是屬於民營的情況下，學校及休閒部門向這些場館承租相當數量的使用時段，鑒於花式溜冰及冰上曲棍球的逐漸流行，學校及大學開始成立曲棍球校隊，這也帶動更多的夥伴關係（Sherman, 1997b）。

爲要精準地估計一個冰上場館的建造費用，必須要蒐集下列資訊：預計要建造的場館在何處？場館是作爲大衆溜冰使用還是要作爲劇場型態有觀衆席之用？假設是移動式的話，溫度的範圍是多少？場館是在室內、室外或是兩者都有？建築體處理絕緣的方式爲何？規劃的建築架構爲何（磚造、金屬或是氣體結構）？夏天及冬天的平均溫度爲何？海拔爲多少？電力的來源爲何？如果是要在現成場館中增建的話，其建築存在的地板型態爲何？觀衆席次最大的要求爲多少？（Ice Rink Engineering and Manufacturing Co., 1997; Steinbach, 2002c; Bynum, 2002e）。

興建室內場館的案例 Examples of Constructed Indoor Facilities

第一個室內場館的興建被稱爲如同金字塔的建造是世界另一奇景，孟菲斯州立大學（Memphis State University）籃球隊的場館在最高點有32層樓高，比其他類似座位型態的場館要高出3倍，有2萬個座位及26個包廂。最初的問題是音響，後來增加了30呎乘上4呎的軟吸音墊就解決這個問題（Cohen, 1993b）。

托雷多大學（Toledo University）的學生休閒中心完工費用爲1,725萬美元，一個令人驚豔的使用計畫允許學生在這個中心放輕鬆或是讀書以及在14萬9,000平方呎的場館欣賞比賽。這個中心涵蓋「5個全場籃球場及一個獨立多功能人造表面球場，1個游泳池、6個網球場、1個大型機械式重量訓練室、自由重訓區、更衣室、有氧舞蹈教室、上層的跑步步道」

（Schmid, 1993: 44）。另外，這個場館也有桌上遊戲區、電視交誼聽、多功能房及簡餐部。

在華盛頓特區（Washington, D. C.）室內體育館的建築者決定要一個與眾不同的場館就是要高出地面、重量要輕與光線明亮。這一個25,000平方呎的得獎建築允許場館的每一個區域都接收到自然照明，這在空間與會員比例上而言是非常特殊的一點，提供每位會員平均12.5平方呎的空間，這是比賽使用空間的2倍，一些創新的設計如揮擊與主軸鏡子都吸引會員（Renner, 1998）。

安全Security

一定要預先規劃場館安全！保護場館的投資以避免遭到破壞或是不當使用，不僅是一種資金的良好管理，也會讓學校避免上法庭。一些常識的策略包括避免窗戶對於地板的接觸，在儲藏室不要裝設窗戶，在適合的位置裝設安全照明燈，戶外的照明需要加裝防竊防損燈罩，避免凹入式走廊。確保整體場地規劃不會造成隱藏之處或是多種方式進入建築物。

在設計階段的時候，分析場館使用情況滿載的交通型態以及試著找出專區讓他們可以容易地獲得保護。裝設鎖、監視器材及電子進入系統。如果可能的話，減少使用鎖的情況與儘可能讓屋頂區域無法從地板進入（Pappalrdo, 2002），細節部份請參閱第7章。

戶外場館
OUTDOOR FACILITIES

如同在其他場館，活動需求引導戶外場館品質與數量的需求，若要使用不常用專用場館的情況下，可以租用其他單位的場館或是簽訂租借合約的方式獲得使用空間，建議加強學校、社區公園及休閒單位的合作計畫（Zawadski, 1993）。

戶外場館選擇及發展Outdoor Site Selection and Development

選擇場址的因素包括參與者及觀眾的數量、空間與交通型態的相互關係、不同活動的空間及環境排行、特別設備需求、各個區域未來需要及擴張潛力。

戶外場館的一個通病就是排水不足，經常是因爲場址選擇不當所造成的問題，另外，風向與陽光照射球場方向等兩個因素需要好好花時間加以研究（特別是對於棒球場館）（Bynum, 2002）。

若從本壘到一壘與到三壘的跑道區域種植草皮，而非傳統的紅土的話，被證實可以認爲是降低維護工作及每天劃線的工作。另一方面，在投手丘與本壘板之間劃出一條路徑也可以減少維護所需時間，特別是必須移動投手板前進或後退的情況下，這是很重要的考量。

整平與排水（drainage）計畫要求額外的考量，在硬地表面區域，建議的斜率是每8呎就要1吋，內野排水的系統取決於使用的型態及數量、土壤組成成份及草皮種類，低於表面的排水系統是一個標準的科學，建議一定要請教工程師。

圍牆的材料（fencing）也必須要加以小心考量，它的特性要求是穩

圖：暫時停工的新跑道工程。當設計運動場館時，要將天候造成延後計算到工期中。
資料來源：Watauga Democrat。

定性、持久性、經濟性、容易維持、吸引力及效果。經常使用的是糾纏的線路，通常稱為聯鎖結，推薦H形狀或圓形柱 而且推薦標準在11口徑或以上。圍牆的上端必須要平滑除非要求裝設線路，如果可能有出現運動員的腳滑入圍牆底下，這個底部也必須是平滑。注意圍牆的材料可以是由塑膠製作並在外層塗上不同顏色，這看起來不僅吸引人，觸摸起來也比較平滑。

天然草Natural Grass

雖然天然草皮場地通常不能如同人工合成草皮的使用率高或不當運用，許多教練及選手比較偏好天然草。研究改進草皮場地是相當昂貴，特別是美式足球。普渡大學（Purdue University）的丹尼爾．威廉（William Daniel）是一位農藝家，他研發出藥方運動草皮（Prescription Athletic Turf），這是一種砂土為主的場地系統，增加一個三向空間的尼龍網可以強化泥土，強化根部的向下伸長力量並保持良好的排水系統。另外一種刺激根部生長的是華倫草皮系統（Warren Turf Nursery），在種植到砂土前將從草的前方清洗草皮。

對於棒球與其他類似的場地，百慕達草（Hall, 1993）與韓國草在溫帶地區溫度介於華式80與95度的情形下長得最好，在比較冷的地區，在華式60度75種植藍草或高羊茅是最理想的（Folk, undated），有1／5的戶外運動傷害是因為劣質的比賽場地表面，所以有必要投入更多的力氣在種植與維護方面（Dorsch, 1993）。因為大多數的國家在天然情況下比較多紅土球場，更適合排水、成長與未壓縮，通常要在表皮次層加入更多砂土（Berg, 1993）。當然，整年品質的維持需要適當的翻土、施肥及溼度、除草，依據使用及環境因素，其他的方法還有清除、增加空氣、疾病及蟲害控制，增加補充物使用如鐵與磷（Hall, 1993b; Ashman, 1993），在過度使用的場地，應該要提供損害維護時間表（Hall, 1993b; Outdoor Facilities , 2000）。

圖：在興建一個人工草皮足球／草地曲棍球／美式足球場的最後一個工作
資料來源：Watauga Democrat。

天然草皮場地的排水是最重要的一環，爲避免昂貴的建築費用，行政者必須要堅持適當的初期裝設工程，「一個典型的砂土場地包含3到4吋的小卵石在次一層上，在上面則有一層10～12吋的土壤供草種生長」（Watson, 1998: 60）。改進排水的方式可以裝設地下透水管線，通常是鋪設從中間到邊線的魚骨形狀，皇冠形狀的排列也可以幫助排水，棒球場的從投手丘到壘包則是利用4英吋的落差排水。

混生草皮Hybrid Turf

混生草皮的鋪設對學校而言也過於昂貴，但是對於大學或是職業隊看來是使用相當廣泛，巴爾的摩烏鴉美式足球隊（Baltimore Ravens）的紀念球場（Memorial Stadium）就是一個案例，「這個場館結合天然與人供合成的草種、複雜的排水系統、在冬天的時候有暖氣系統」（Schmid, 1997a）。這個以砂土爲主要的場館有一個淺層的6吋根植區，較一般採用的12吋要淺。在人工合成草皮的部分，有一層纖維纏聚乙烯纖維繞成爲一層，這形成了支援系統，3吋的聚乙烯纖維被壓縮成一個1.5吋長的人工草葉的支撐系統，這些合成纖維的周遭佈滿了沙子提供了自然草皮生長的空間，這樣的情形使草皮經常保持好的牽引，而且也不會遭到冰凍（Schmid, 1997a）。

一個得獎的戶外場館規劃是位於蒙坦那（Montana）布堤（Butte）的布羅克紀念足球運動園區（Bullock Memorial Soccer Field Complex），由於一位年輕人的悲劇過世，這個社區募集款項興建20英畝的運動園區，正好位於學校旁邊捐贈的土地上，這個園區有7個足球場，有2個可以轉爲棒球場使用及一個天然步道（Bradley, 1997）。

戶外人工合成草皮Outdoor Synthetic Surfaces

戶外人工合成草皮自1964年開始使用，雖然繼續在棒球、美式足球、草地曲棍球及足球地區，看起來未來的調整是將戶外人工合成草皮用在特定區域，如果嶺。

自然草皮能夠進行的比賽數目是相當有限，受制於壓縮的情況及草皮損壞情況，而人工草皮唯一受到限制就是賽程安排，預估人工草地能夠安排的比賽場數要比天然草皮多出15倍，維護費用只需要1／3。

人工草皮經常被提出的問題就是吸收熱氣的能力，這對於可能造成熱疾病是個重要的因素，研究顯示人工草皮的溫度較天然草皮稍高（華氏1度到4度），但地表上的溼度要稍微低一點，這也指出人工草皮與天然草皮對於導致熱疾病的傾向並沒有明顯的差異。

關於兩種草皮安全的爭論依舊持續，到目前爲止，沒有明確的研究已經被接受，雖然數個研究顯示大部分在人工草皮的受傷是出現在水準比賽高的美式足球比賽，球員則是比較喜愛天然草皮。一個重要的關鍵因素在於人工草皮下的震動墊，這個物品近年已經進步不少，這或許足以推翻之前所有的研究。

> 吸引維護人員的因素包括這表皮可以修護、美觀、可移動、持久、穩定性高、可以上漆及排水迅速。但是，人工草皮最大的缺點就是其使用壽命大約只有15年（Sawyer, 1999: 315）

人工草皮系統可以提供最持久的特性及以及使用上的最大彈性，但其硬度被許多反對者認爲是運動傷害率高居不下的原因，公司也專注在於製造如同天然草皮且不會增加傷害機會的人工表面，名爲場地草皮公

司（Fieldturf Inc.）宣稱已經達成這個目標（Patterozzi, 1997）。

照明或是沒有照明To Light or Not to Light?

身爲一個計畫者的兩難在於是否要建造兩個沒有燈光的場地、或是一個有燈光、或是一區兩個網球場、或是一個有燈光的網球場，從教學的目的而言，場地數目是愈多愈好，若是要作爲校際活動與社區使用，有燈光的場地更適合下午或晚上使用，特別是一些大專學校，有燈光的休閒設施爲有效的運用而經常使用到夜晚（請參閱**表10.2**及**10.3**）。

燈光設備在許多學校及休閒的環境下有多重目的，或是在同一地點中有多個場地——例如，一系列的美式足球／棒球場或是一連串的足球／美式足球／草地曲棍球。照明層級與燈柱位置在規劃過程時就是一個重要因素，限制燈光污染及控制光線擴線與投射也是同等重要，曾有報告提出幾個運動項目共同分享燈柱與設備可以減少40%的初期成本。一些技術層面的議題包含燈柱的型態與高度、燈光的數量與品質、流明組裝的數量，以及開關控制的型態及數量，這個系統必須遵照國家電氣規章（National Electric Code）及州規定，通過火災保險試驗所（Underwriters Laboratory）的核可。若需要進一步資訊，請聯絡北美照明工程協會（Illuminating Engineering Society of North America），其網址爲www.iesna, org（Sawyer, 1999: 115）。若想要知道更多的照明設備物質，請寫信至位於華盛頓特特區的國家照明局（National Lighting Bureau），2101 L街、N.W辦公室，郵遞區號爲20037 （Moon, 1987）。

跑道Tracks

天然與人工合成是常見的兩種跑道，天然材質的跑道可能包括泥土、紅土、煤炭或是草皮。草皮跑道在一些其他國家是很普通，一些專家也建議草皮練習跑道（通常只有圍繞在一般跑道外的一個跑道）。

人工合成跑道有兩種：（1） 瀝青與橡膠組成，也涵蓋沙——瀝青；（2） 彈性橡膠墊含有聚胺甲酸酯、聚氯乙烯與橡膠組成跑道，所有跑道必須從外到內傾斜一度，雖然跑道表面是非常重要，規劃田賽場地區域也是有其必要。一般而言，跳部及擲部場地不在觀眾座位視線之內，也因為距離比較遙遠使得教練監督不易，除非這個運動園區在一個雨量很少的地區，不然要確保在田徑場內供應有足夠的排水溝，在投擲區部分，在投擲板外圍裝設排水設備，在中間地區要有凹排水溝，採用合成產品的最大好處就是顏色的多樣化（Steinbach, 2002a）。

對於田徑場規劃委員會而言，將專案分為4階段也許是不錯的：需求與空間評估、組織架構、跑道設計與建造。跑道表面的選擇看起來大概是花最多時間與金錢的工作，研擬一套「不同項目如價格、時間、材質、合約完成歷史等特殊權重比例」也許會有幫助（Tollison, 1996: 40）。針對規格而言，參考美國跑道與網球場建建築人員協會（U. S. Track and Tennis Court Builders Association）的跑道建築手冊（Track Construction manual），住址在巴特摩爾市（Baltimore）萊特街（Light）720號，郵遞區號為MO 21230。

當興建多功能室內競技場的時候，許多會包含室內跑道，這種場館的最大限制就是在短跑區終點部分容易出現過短的危險現象，以及缺乏觀眾座位，除非跑道是位於場館內的地板區，賓州大學（Penn State）的200公尺就是一個優良設計的案例，6個42吋的外跑道以及在中間8個48吋的短跑跑道（Wilson, 2000）。

戶外座位Outdoor Seating

戶外座位的落點仰賴運動種類、場館的地理配置、比賽所提供的觀賞時間，如網球比賽的觀賞，最佳的座位是在底線後面，對於美式足球而言，比賽時間是在白天或是晚上是相當重要，在寒冷氣候所進行午後的比賽，球迷比較喜歡在陽光底下，而在炎熱氣候下的情況，球迷則喜歡陰涼的地方，同樣的概念也適用在棒球比賽；但是由於棒球通常是在比較炎熱的球季進行，主要的考量則是在於如何讓球迷在下午的比賽避免直接看到太陽。

有座位的場館都要進行小心的安全檢查，若要移動球迷將會造成其分心，群眾的噪音將會掩蓋一般走路的聲音，以及垃圾很快就會滿溢出來並形成障礙，特別要注意階梯以及其他落點顏色的運用，在後方及邊線要大量使用欄杆，如果加設露天看台座位（bleachers），建議要確保其裝設的高度，所以在第一排的觀眾可以很清楚的檢視在他們前面走動的人們，所有座位的視線都必須要經過小心的計算，規劃的排與排之間的垂直空間是足夠的（Sawyer, 1999 p. 251; Popke 2002c）。

網球場Tennis Courts

網球場的規劃與建造是一個相當的挑戰，規劃者需要考慮場地使用者與將進行的活動內容，以及地理及氣候情況下所需要採用的場地表面，使用專家要詢問表面的細節，包括刺眼的強光、球的紋路、旋轉方向、褪色及足部滑行情況。

大部分的美國人都是在硬地場地打球，這種球場大約是所有球場的80%，這種球場的表面大概是由一層瀝青爲基礎加上平滑沙質的壓克力所形成。當沙的密度增加時，這個球場的速度就越慢，也可以提升全面打法，對於初學者及銀髮族也都比較好，許多球場現今都是兩種綠色搭配（Steinbach, 2002a）。

建議在建造前要採取核心樣本，若是提供學校的使用，建議一區8面球場以提供足夠的教學空間及比賽的辦理，在設計球場配置時，要注意風向與陽光的問題，需要高抗壓的10呎高圍牆，底部則需要鐵線，在內部則使用圍牆與H型或是圓形的柱子，無氣孔球場的排水要從旁邊到旁邊並搭配0.5百分點到最大1.5個百分點的斜率，這還要參考其表面的種類，兩面球場的最小面積，包括地基空間，則要122呎及66呎。兩個球場之間最少距離爲12呎（Sawyer, 1999: 274），細節可以由美國網球協會（U. S. Tennis Association）獲得，其住址在紐澤西州（New Jersey）普林斯頓市（Princeton）的亞歷山大路729號，郵遞區號爲08540；美國跑道與網球場建建築人員協會（U. S. Track and Tennis Court Builders Association）的跑道建築手冊（Track Construction manual），住址在巴特摩爾市（Baltimore）萊特街（Light）720號，郵遞區號爲MO 21230。

運動競技場Stadiums

近十年來在運動競技場設計的趨勢，已經從新觀念到採用新科技及建造技術與材質的改良與結合現有設計。運動競技場的設計已經朝向更友善及於娛樂爲主的中心，爲達成此，每一層都有加寬的球場走道，增加盥洗室的數目，有些盥洗室可以用於兩性雙重性別，並根據群衆的性別差異而進行調整，只要更改指示標誌即可。如何符合美國身心障礙者法案（American with Disabilities Act）的要求及提供更多豪華座位與包廂是近來受到重視的議題（Sawyer, 1999: 395-396）。

在現有場館的重建或是新場館的興建，將運動競技場向下挖已經有成功的經驗，科羅拉多大學（Colorado University）、華盛頓州立大學（Washington State）及新墨西哥州立大學拉庫路斯分校（New Mexico State at LasCruces）都跟隨這股趨勢，俄亥俄州立大學（Ohio State）最近在改建運動場時都將表面向下挖了13呎（Wilson, 2000）。

許多報導的焦點在放在許多動輒數百萬美元的超級巨蛋（super-domes），但是，幾所大學則花了不算太多的經費興建供美式足球與大部分活動進行的巨蛋，雖然初始都遇到許多屋頂困難的問題，東田納西州立大學（East Tennessee State University）則證明是一個優良的增建案例，愛達荷大學（University of Idaho）的吉比巨蛋（Kibbie Dome）進行美式足球的時候可以提供21,000個的臨時座位，籃球場的臨時增加座位則高達10,000個，當架設400呎屋頂的時候，瀝青爲基礎的表面則鋪上一層人工合成表面，以供田徑、網球、排球及體育課使用，8座網球場、11個球場及16座羽球場、300公尺的5線跑道場地都是永久的畫線。

充氣式結構Air Structures

充氣式結構的場館大都被稱爲「氣泡」，事實上，根據壓力結構，他們是空氣的架構，充氣式結構的運作是依據氣球的原理，這布織物是固定在地上，打進空氣使其膨脹，門的設計就像是一道空氣鎖以保存壓力，人們是沒有注意到這個壓力的存在。

充氣式結構的優點如下：低初期成本、升起速度快、充放氣及維修容易、可移動、暫時功能的調整、大跨距及挑高屋頂特性、整合暖氣、通風系統、白天燈光照明的極大化使用、可能的低能源消耗、維護工作量較少、充分使用空間；充氣式結構的缺點則包括：有些應用不容易移動、使用壽命較短、熱隔絕較差、隔音問題、壓力問題、長時間的工作將出現不太穩定的情況、風容易造成限制、由於不少報導指出其大型室內競技場的漏氣問題導致昂貴的責任險費用（Sawyer, 1999: 399-400）。

圖：位於麥迪遜休閒中心的水中運動中心開起屋頂並讓陽光進入。
資料來源：Openaire, Inc.。

由於熱氣增加要比熱氣流失更是一個問題，充氣式結構在寒帶氣候更見其效果，當這個跨距超過300呎，這種結構要比一般屋頂更具經濟效益，除了之前所說明的充氣式結構外，有一個類似型態的稱爲充氣式支撐結構，這些設計是用來充滿空氣的布織柱支撐外膜。

張力式結構Tensile Structures

雖然充氣式結構經常是由纜線架構而成，由於張力式結構不屬於氣體成形，因此，不需要充氣。但是，纜線從支撐物穿越，一層布或是布膜就覆蓋在纜線上，通常，鋼纜綁在鋼筋或是水泥塔、或土製的峽路以圍繞在場館四周並固定網纜、水泥塔張力設計的主要優點主要是在旁邊開起通道，使這個場館不需他人看管、最大的跨度（spans）可以包含但沒有中央支撐物（Sawyer, 1999: 405）。

纜線結構的巨蛋（Cable domes）
透過纜線與鐵架組成的複雜系統，非常大的跨度在不需要柱子或風扇的支持而是由布織物屋頂覆蓋以保持其完整性。工程師預估鋼纜巨蛋概念適合至少1,000呎以上的跨度（Sawyer, 1999: 405）

水上活動中心
AQUATIC CENTERS

充其量，水上活動中心是不具有彈性空間，因此需要有智慧的規劃，不幸的是，許多游泳池設計是針對高競技競賽之用，即使這種競賽只佔泳池一小部分的使用目的。

以下則列出一些其他活動需要在規劃初期加以考慮：教學、休閒、體適能、治療、水中排球與籃球；水球、跳水、水中芭蕾、深水潛水、獨木舟、帆船、風浪板；救生、輕艇、水中體操、拋擲比賽；與水中攝影。此外，具前瞻性的設計人員應該規劃重量訓練空間、水池、及水中觀賞窗。

水上活動中心會消耗大量的能源，科羅拉多的能源節約辦公室（The Colorado Office of Energy Conservation）採取下列的建議（Steinbach, 2002b）：

- 當不需要特殊水功能的時候或能源需求高的情況就要關閉。
- 減少水道游泳池的水溫。
- 關閉循環系統30分鐘後才反浪過濾器。
- 當需要反浪過濾器才使用——也就是說已經到達製造商所建議的壓力。
- 覆蓋泳池以減少蒸發、保持溫度以及減少空間通風需要。
- 採購吸塵器將水送回泳池，並非送到排水管（Flynn and Schnedier, 1997）。

「每年在美國有700個脊髓受傷的案例是來自於業餘潛水活動（DeMers, 1994: 17）」。杜茲雅克．安琪拉 （Angela Duziak）指出「每年平均有4,000人溺水，近來的科技更新如監視器的發明已經提昇游泳池的安全，這些高科技的偵測系統在預防泳池重大傷害的措施上已經讓許多泳池管理階級大開眼界」（Dudziak, 2002, p. 18）。

「水中運動設施的設計在過去10～20年間已經歷經完全的演變，回應人口結構的變化與游泳大眾的興趣，曾經被定義為長方型的游泳池、搭配分離的跳水池及孩童池，產業現今則接受強調大型淺底自由新一代家庭式水中運動設施，還包括滑水道、流動河、互動遊戲區」（Hunsaker, 2002, pp. 68-69）。游泳池的細部設計超越本書內容，特別單元設計的快速變化如活動式艙壁、漩渦或波浪游泳池、油壓升降臺、活動式底部、自動水與空調設備，這些還有一些是技術的更新。對於細部設計有興趣的人可以參閱國家游泳池機構（National Swimming Pool Institute）及現今的期刊文獻（Hughes, 1993）。

水處理 Water Treatment

當談及游泳池水中的化學處理時，最重要的變數就是使用這個游泳池的人數，社區型泳池、學校／機構泳池、營利性質泳池的運作有不同的需要，在維護游泳池水中的化學平衡出現許多迷思，例如，砂坡池不需要24小時運轉，有砂坡池的泳池不需要每天「反洗」，採用泳池覆蓋物有助於室內泳池，不需要用大量的酸清洗泳池以及維持一定的酸鹼值（Schmid, 1997b; Ward and Hunsaker, 1997）。

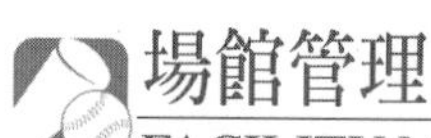

場館管理 FACILITY MANAGEMENT

在場館建造審核的階段，確認運動場或是室內競技場的員工薪水有編列足夠的預算，一個沒有智慧的作法就是當興建一個全新的場館或是增建某些部分時仍然期待原班人馬負責所有工作，不論這組工作人員是由創意主任與專家、或是體育室主任及一般職員與教練，這些人都已經被現有工作佔滿其時間，根據場館的複雜與大小，行政、門票銷售、維修、安全、及最重要的行銷與公關部門的人員招募必須要規劃，場館管理就像是一個娛樂事業，具專業素養的人員要能夠有效的提供預約、各項活動的運作如馬戲團、演講、音樂會、展示、展覽活動、工作博覽會及循環賽以及內部競賽與特別活動（Popke, 2002c）。

場館管理提供了非常多的就業機會，這些職位大都由實習工作產生，這也建議將實習制度納入運動管理學程的一部分。一位學生跟隨一各職業球團經過一學期無給職的實習，畢業之後，她就被聘用爲場館的全職導覽主任，隔年，她被升任爲導覽及招待部門主任的位置，請參閱本書第2章與第4章更多關於人事、訓練及招募的資料。

遊戲區
PLAYGROUNDS

由於美國身心障礙者法案（Americans with Disabilities Act）安全的考量，因此完善遊戲區設計與建造的安全議題越來越受到重視，美國身心障礙者法案的無障礙委員會（Access Board for ADA）針對遊戲區研擬出一套綱要，並刊登在美國身心障礙者法案無障礙設施準則（ADA Accessibility Guidelines）的第15.6節（Malkuska, Schappet, and Bruya, 2002），「遊戲區要有更生動活潑的設計就是讓人有一種歸屬感，它必須透過視覺、聲音、觸感與嗅覺歡迎探索，一個遊戲區的眞實本質就是『遊戲的藝術（art of play）』，與『遊戲的功能（function of play）』是相反」（Hendy, 2002, p. 65），有些人士認爲解決的方案就是消滅遊戲區，但是，孩童「需求透過遊戲以獲得肢體、社會及多種感覺經驗，他們所不需要的就是有隱藏危機的遊戲區」（Peterson, 2002）。

提昇遊戲區安全的主要動力來自於受傷的統計數據，美國消費產品安全委員會（U. S. Consumer Product Safety Commission）的報告指出每年有將近20萬4,000名學齡前及國小孩童接受因爲遊戲區設備所造成傷害的緊急醫療服務，有3／4的受傷是來自於公共設備，現在州政府已經根據美國消費產品安全委員會出版的公共遊戲區安全手冊（A Handbook for Public Playground Safety）的安全守則採取新的法律並且已成爲全國的要求。

在設計遊戲區所考量的兩個主要因素分別爲場地表面及設備高度，橡膠表面所造成的傷害比率是木製材料的一半與水泥的1／5，通常的建議是在耐用的場地表面上，攀爬設備及溜滑梯的高度對於學齡孩童不應該高於6呎，對於學齡前孩童的高度極限則是4呎（Frost et at., 2002）。遊戲區的安全也會與維護工作是否良好有關，未滾壓的表面材料會及時壓緊與需要整地或取代。即使是最好的遊戲區也應該定期維護與檢查（Christiansen, 2002）。

專業組織設定的標準（standards）適用於所有設施與器材，建築與規劃委員會委員應該選擇列在**表10-5**的適合協會。

表10.5　提出建議標準的組織一覽表

美國國家標準局，American National Standards Institute （ANSI）
全國防禦火災協會，National Fire Protection Association （NFPA） www.nfpa.org/Home/index.asp
美國材料檢驗學會，American society of Testing and Materials （ASTM） www.astm.org
歐洲標準委員會，European Committee for Standardization （CEN） www.cenorm.be/
國際環境健康與安全，International Environmental Health and Safety www.lbl.gov/ehs/
國際標準組織，International Standards organization （ISO） www.iso.ch/
美國運動醫學會，American College of Sports Medicine （ACSM）
國際認證優質俱樂部協會，International Recognized Association of Quality Clubs （IRSA）
全國水療與泳池機構，National Spa and Pool Institute （NSPI） www.nspi.org
美國網球協會，United States Tennis Association （USTA） www.usta.com
世界水上主題樂園協會，World Waterpark Association （WWA） www.waterparks.com

資料來源：Sawyer, T. H., ed. （1999）. *Facility planning for physical activity and sport: Guidelines for development* （9th ed., pp. 48-63）. Dubuque, Iowa: Kendall/ Hunt Publishing company.

關鍵思維 Critical Thinking

在之前與本章的內文中，你已經瞭解美國身心障礙者法案以及一些與運動管理相關案例，在1996年發生的半身不遂美國退役官兵等對上艾樂博·貝奇建築事務所等訴訟案（*Paralyzed Vterans of America, et al v. Ellerbe Becket Architects, P. C., et al.,*）涉及在華盛頓首都特區（Washington, D. C.）新的MCI場館在特定區域安置輪椅殘障者，美國身心障礙者法案要求新的公共場館設施要「提供輪椅區以讓肢體殘障人士有一個門票價格的選擇以及與一般大眾享有同樣視線的座位區」，在1994年第三法案的附件，它詳細地說明這個條文：「在公眾區域中當觀賞者被認爲是可以在賽事或是表演進行期間以站立方式欣賞，輪椅區的落點必須要能夠提供超越站立者的視線。」新的大綱要求新的場館必須堅持「百分之一加一」的公式，因此，MCI場館應該在籃球比賽時提供181個無障礙空間、冰上曲棍球時爲173個無障礙空間、在舉辦一般活動時則爲186個，地方法院判定大部份的這些座位必須要「提升視線」。

原告爭論指出MCI場館不僅在超越站立的觀察視野之座位數量上少於這些標準，其門票價格分布也不公平，沒有爭議的是在前排區域的升級座位有64個，豪華座位區也有6或7個，被告宣稱視線佳的輪椅區座位是足夠的，但是原告駁斥有110個這些視線好的座位屬於包廂，一般大眾並無法購買門票，法院裁決豪華包廂並不包含在一般座位區，被告建議他們應該覆蓋這些區域或是不要販售輪椅區前的座位，或是在這個區域設立與執行「沒有站票」的規定，法院拒絕其提議，法院另外命令72個上層的座位要重新設計以符合視野清楚的要求，法院雖沒有定義「多數」視野升級座位空間，但同意78％到88%的座位符合這項規定。

雙方對於法院的決定都採取上訴動作，原告要求所有的座位必須

要有升級的視野，被告則認爲法院誤解視野要求的條文，高等法院駁回兩者的上訴，確認地方法院的論點，對於美國身心障礙者法案的資訊，請到美國司法部（U. S. Department of Justice）美國身心障礙者法案網站（其網址爲www.usdoj.gov/crt/ada/adahoml.htm）或是洽詢800-514-0301（Wong and Goering, 1997）

1.您同意地方法院的判決嗎?

2.爲何地方法院不接受覆蓋所有座位的建議或是在這個區域中執行「沒有站票」的規定以達成視線良好的目標？

3.原告反對大部分上層座位都在底線區的事實，根據美國身心障礙者法案的要求，這個爭論點的基礎爲何？

4.假如您是被告，會採取何種動作以符合法院要求？

練習題

1.巡視您的場館：列出問題與不妥之處。

2.您是一位有2,000位學生的高中體育室主任及體育部門主任，一個火災摧殘了老舊的體育館，校長安排您向學校董事提出這個場館的替代方案簡報，您可以採取書面或是在課堂上呈現這份報告。

3.比較三種控制專案財務過程方法的差異——統包招標、建築管理系統、設計/建築方法。

4.列出您現在所處的運動設施中可以節約能源的方法？

5.假設您現在所就讀學校的體育館需要更換或是改建，運用適當的因素分析你會興建一個新場館或是進行整修就可。

6.針對問題5寫出一份您會如何選擇專案建築師的報告？

7.說明在何種情況下一座新運動場館可以安全的建造，但是這個機構可能會輸掉法律訴訟。

8.列出您所在機構之任一室內體育館，針對其美觀及功能使用以不同之方法改善牆壁、天花板、窗戶、門及底地板。

9.列出可以改進你房間噪音的方式。

10.選擇一個熟悉的運動場館，找出可以提升安全與維修效率的方法。

11.為您的大專及大學運動設施重新設計所有的照明設備（室內及室外）。

12.採用1吋對25呎的比例，剪下工程紙的不同顏色以等比例代表一個有1500人、4-9年級的中等學校：（a）含一個正常籃球場與兩個小型羽毛球的多功能室內體育館、（b）一個多功能體操房／舞蹈／角力房、（c）小型壘球場、（d）足夠進行足球的場地。

參考文獻

Ames, A. (1993, April). Cleaning problem. *Cleaning and Maintenance Management* 9, p. 10.

Ashman, D. (1993, May). Greener pastures. *Athletic Management* 5, pp. 23-29.

Berg, R. (1993, May). High tech turf. *Athletic Business* 17, pp. 47-50.

Bernard, A. W. (1997, August). What recreation facilities cost. *Athletic Business* 21, pp. 32-41.

Bradley, M. (1997, February/ March). A safe place, Butte high School. *Athletic Management* 9, pp. 22, 38.

Bynum, M. (2002a, Jan.). After school special. *Athletic Business* 26, pp. 30-33.

Bynum, M. (2002b, Jan.). Space odyssey. *Athletic Business* 26, pp. 67-73.

Bynum, M (2002c, April). Custom fit. *Athletic Business* 26, pp. 60-71.

Bynum, M. (2002d, April). Wishes granted. *Athletic Business* 26, pp. 34-38.

Bynum, M. (2002e, May). Warming up to ice. *Athletic Business* 26, pp. 36-46.

Christiansen, M. (2002, April). Playground needs assessment: initial steps. *Parks and Recreation* 37, pp. 84-91.

Cioletti, J. (1998, January). From the ground up. *Club Industry* 14, pp. 23-30.

Cohen, A. (1993a, March). Locker rooms: What works, what doesn't. *Athletic Business* 17, pp. 61-66.

Cohen, A. (1993b, April). Another wonder of the world. *Athletic Business* 17, pp. 49-51.

Cohen, A. (1998, January). Team needs. *Athletic Business* 22, pp. 47-52.

Cohen, A. (2002a, May). Reflections. *Athletic Business* 26, pp. 48-55.

Cohen, A. (2002b, July). A crowded field. *Athletic Business* 26, pp. 48-56.

Cooper, K. G. (1993, March). The rework cycle: Benchmarks for the project manager. *Facilities and Strategic Planning* pp. 17-21.

Demers, G. (1994, April). To dive or not to dive: What depth is safe? *Journal of Physical Education, Recreation and Dance* 65, pp. 17-22.

Dillon, J. (1996, August/ September). Changes in the changing room. *Athletic Management* 8, pp. 45-49.

DiLullo, D. (2002, Feb.). The new sports architecture design and technology. Coach and *Athletic Director* 71, pp. 100-105.

Dirty. (2002, March). *Athletic Business* 26, pp. 72-73.

Dorr, M. (1997, October). Show your facility in a better light. *Cleaning and Maintenance Management* 34, pp. 82-83.

Dorsch, G. (1993, January). Safe sports turf is well-maintained. *Parks/Grounds Management* 8, p.20.

DuBray, B. (1993, April). Master builder. *American School Board Journal* 180, pp. 37-38.

Dudziak, A. (2002a, Feb.). The building blocks of athletic facilities: Fund raising. *Athletic Business* 26, pp. 26-29.

Dudziak, A. (2002b, April). Pool safety and technologies. *Athletic Business* 26, p. 18.

Dunn, M.; McMinn, W.; and Meyer, W. (1989, May). It's all in the timing. *College Athletic Management* 1, pp. 59-60.

Ellison, T. (1993, April). Sport floors. *Athletic Business* 17, pp. 54-60.

Farmer, P. J.; Mulrooney, A. L.; and Ammon, R. (1996). *Sport Facility planning and management*. Morgantown, WV: Fitness Information technologies.

Flynn, B., & Schneider, R. (1997, August). Energy audit. *Athletic business* 21, 51-58.

Frier, J. P. (1988, March). Keeping users out of the dark. *Athletic Business* 12, pp. 38-43.

Frost, J.; Sutterby, J.; Brown, P.; and Thornton, C. (2002, April). Does height matter?, *Parks and Recreation* 37, pp. 73-83.

Getting organized. (1993, September). *Athletic Business* 16, p. 12.

Gimple, J. (1992, September). Laying the foundation. *Athletic Management* 4, pp. 32-38.

Gordon, C. (1989, March). Constructive help. College *Athletic Management* 1, pp. 35-38.

Graves, B. E. (1993, April). Choosing the right architect. *American School Board Journal* 180, p.22.

Hall, J., III. (1993a, February). Bermudagrass athletic fields. *Parks/Grounds Management* 46, pp. 8, 23.

Hall, J., III. (1993b, July). Expanding the "window of opportunity" for turf applications will help. *Parks/Grounds Management* 46, pp. 8, 11-19.

Hart, T. (1997, September). Level the playing field, save money. *Cleaning and Maintenance Management* 34, p. 65.

Hauss, D. S. (1993, February). Flooring. *Club Industry* 9, pp. 39-45.

Hendy, T. (2002, June). Playgrounds for the mind, body, and spirit. *Parks and Recreation* 37, pp. 64-71.

Horine, L. E. (1987, January). Planning sport facilities. *Journal of Physical Education,*

Recreation and Dance 58, pp. 22-26.

Horine, L. E., and Turner, E. T. (1979, December). Appalachian State's locker room renovation provides open atmosphere. *Athletic Purchasing and Facilities* 3, pp. 20-23.

Horman, W. (1993, January). A turf timetable. *Athletic Business* 17, pp. 51-54.

Hughes, W. L. (1993, February). Maintaining your balance on the facility design tightrope. *Parks and Recreation*, pp. 44-47.

Hughes, W. L. (1997, August). The aesthetic effect. *Athletic Business* 21, pp. 69-72.

Hunsaker, D. S. (2002, Mar.). Accidents will happen. *Athletic Business* 26, pp. 61-71.

Kosar, J. E. (2002, June). Cultivating dialogue before building. *The School Administrator* 59, pp. 28-30.

Ice Rink Engineering and Manufacturing Co. (1997). [Personal correspondence with the author.] 1727 E. Salufa Lake Rd., Greenville, SC 29611.

LaRue, R. J. (1997, October). That's a job for a consultant a facility specialist! *Focus on Facilities* 3, pp. 1-4.

LaRue, R. (2002, Aug.). Safe in their seats? *Athletic Management* XIV, pp. 61-63.

Lavoie, H. R. (1989, January). Weight rooms that work. *Athletic Business* 13, pp. 28-32.

Legislation proposed to make playgrounds safe. (2002, summer). *Focus on Facilities* V, p. 1.

Lewis, E. J. (1993, May). Energy efficiency yields savings. *School Administrator*, p. 43.

Malkusak, T.; Schappet, J.; and Bruya, L. (2002, April). Turning accessible playgrounds into fully integrated playgrounds: Just add a little essence. *Parks and Recreation* 37, pp. 66-69,

McDonnell, A. (2000, Aug.) Flooring color and design. *Fitness Management* 16, pp. 54-56.

Moon, D. V. (1987, May). 1 lighted field = 2 unlighted fields v. cost savings. *Athletic Business* 11, pp. 40-46.

Nondiscrimination on the basis of disability by public accommodations and in commercial facilities (1994, July 1). Department of Justice, 28 CFR Part 36.

Outdoor facilities. (2000, April/ May). *Athletic Management* XII, pp. 52-57.

Pappalardo, W. (2002, June). Proofing schools against vandalism. *The School Administrator* 37, p.32.

Patterozzi, V. (1997, September). Turf tech. *Athletic Business* 21, pp, 39-44.

Pearce, B. (1998, January). Sign sense. *Athletic Business* 22, pp. 39-44.

Peterson, J. A. (2002, April). Eliminate playgrounds? *Parks and Recreation* 37, pp. 92-95.

Polk, R. (undated). *Baseball playbook.* P. O. Drawer5327, Mississippi State University, Miss. 39762.

Popke, M. (2002a, Jan). California dreaming. *Athletic Business* 26, pp. 26-29.

Popke, M. (2002b, May) After the fall. *Athletic Business* 26, pp. 56-62.

Popke, M. (2002c, May) Versatile venues. *Athletic Business* 26, pp. 72-80.

Popke, M. (2002d, July) Evolution. *Athletic Business* 16, pp. 69-76.

Raber, T. R. (1998, March 14). America's architects. *Sports Ins.* 1, pp. 18-19.

Renner, M. (1998, January). Results: The gym. *Fitness Management* 14, p.30.

Rosner, D. (1987, November 16). Trouble in the building. *Sports Ins.*, pp. 71-72.

Sawyer, T. H., ed. (1999). *Facilities planning for physical activity and sport* (9th ed.) Dubuque,, Iowa: Kendall/Hunt Publishing Company.

Schmid, S. (1993, April). Student attraction. *Athletic Business* 17, pp. 44-48.

Schmid, S. (1997a, September). Year-around turf. *Athletic Business* 21, p.42.

Schmid, S. (1997b, October). Pool maintenance. *Athletic Business* 21, pp. 47-56.

Seidler, T. L.; Turner, e. T.; and Horine, L. E. (1993, January). Promoting active lifestyles throught facilities and equipment. *Journal of Physical Education, Recreation and Dance* 64, pp. 39-42.

Sherman, R. M. (1997a, October). Strengthening weight rooms. *Athletic Business* 21, pp. 73-80.

Sherman, R. M. (1997b, November). Ice age. *Athletic Business* 21, pp. 32-34.

Steinbach, P. (2002a, Jan.) Beauty and brawn. *Athletic Business* 26, pp. 58-65.

Steinbach, P. (2002b, May). Water utility. *Athletic Business* 26, pp. 63-68.

Steinbach, P. (2002c, July). Great planes. *Athletic Business* 26, pp. 79-86.

Steinbach, P. (2002d, July). Money machines. *Athletic Business* 26, pp. 40-44.

Surfaces and Covers, (2000, Aug./ Sept.). *Athletic Management* XII, pp. 58-65.

Sutterby, J.; Therrell, J.; Brown, P.; and Thornton, C. (2002, April). Does height matter? *Parks and Recreation* 37, pp. 73-83.

Thompson, g. and Riley, K. (2002, April). *Athletic Business* 26, pp. 97-106.

Tollison, S. (1996, April/May). Tracking an installation. *Athletic Management* 8, pp. 36-41.

Viklund, R. (1993, July). This old gym. *Athletic Business* 17, pp. 29-34.

Viklund, R., and Coons, J. (1997, September). Locker rooms. *Athletic Business* 21, pp. 63-71.

Vivian, J. (1997, December). Reining in rink costs. *Athletic Business* 21, pp. 79-88.

Ward, K., and Hunsaker, S. (1997, December). Filtration fundamentals. *Athletic Business* 21, pp. 91-98.

Watson, J. R. (1998, January). Waterworks. *Athletic Business* 22, pp. 59-64.

Weeks, A. B. (1993, April). Smart stripping. *Cleaning and Maintenance Management* 30, pp. 34-36.

Williams, T. (1993, April). How to care for Torginol floors. *Cleaning and maintenance management* 30, pp. 49-50.

Wilson, S. (2000, Oct./Nov.). Crowd pleasers. *Athletic Management* XII, pp. 47-54.

Wong, G. M., and Goering, J. R. (1997, September). Sitting targets. *Athletic Business* 21, pp. 20-23.

Zawadski, M. (1993, January). Saving through sharing. *School Business Affairs* 59, pp. 8-11.

Chapter 11
體育運動管理的評量／評鑑

管理思維 Management Thought

好的領導者就像是棒球裁判一樣，在眾人未察覺的情況下，
就能克盡職責地將工作完成。

Good leaders are like baseball umpires:
they go practically unnoticed when doing their jobs right.

案例討論：

器材評量的必要性（It Is Necessary to Evaluate Equipment）

運動中，許多的資源是用於器材。包括充足的器材份量與適合的器材品質將會影響體育教學、運動代表隊、休閒運動或體適能中心的成功經營。一個行政管理人員必須確定他們所購買的器材是事先經過評估的。

在美國的一個學區系統中，包括4所高中、6所國中、10所小學。從小學1-9年級，學生們每天都需要上體育課，從10-12年級體育課則是選修。因爲體育課上課頻繁，所以這20所學校每年的運動器材購買量都相當龐大，而且每個學校在每年度都會自行購買運動器材。學區中的助理事業管理督察（assistant superintendent for business）、體育組組長（coordinator of physical education and athletics）會審查器材購買表格，然後綜合所有訂單後，大量訂購以節省經費。學校的主管將他們的需求呈報給學區採購委員會，之後採購委員會會在每個年級上訂出兩款籃球的型號。學區的委員會將會從全國的競標者中選出後大量訂購，然後每個學校都會收到數量一樣的兩款型號籃球。

學區採購委員會要求每個學校的主管在每學年結束前，徵求所有的體育老師、學生、器材主管的意見。根據經驗，高中學校大概都會較特別喜歡某一種款, 國中學校大多會很平均地喜歡這兩款型號的籃球，小學則對這兩款的籃球都不喜歡。每年他們會試用不同的器材，而且他們也會繼續評估之前購買的器材，這是每年持續進行的程序。

本章目標

讀者應能夠

1. 討論在體育教學和運動中有多少的課程、計畫是可能需要進行評鑑的。
2. 敘述從行政管理者的角度，學生在體育課的表現中，哪一個是最需要被評鑑的。
3. 敘述教師、教練的評量系統。
4. 敘述在體育課或運動當中，有哪些設施器材可以被評鑑的。
5. 討論專業工作人員（職員）的工作表現評鑑。
6. 敘述在教育和運動中評量行政人員的系統。

評量／評鑑 EVALUATION

從一個行政人員的角度，評鑑可以有很多方面。以下爲需要評鑑的目標領域：

- 人事－體育教學者、職員（辦事員、維修人員等等）、教練、休閒指導主任、體適能主任。
- 課程－體育課程、校際運動活動、校內運動活動、體適能活動、休閒活動。
- 器材與設備。
- 行政人員與管理人員。

爲未來做計畫，首先需要先瞭解組織的過去經驗、歷史與現況。而且，適當的人力資源評估將使計畫達到預期的結果。

> 評量是在合適的監督下且資料是可以取得的情況下進行的，如果評量的方法是屬於量化的（quantitative），其結果將是數字。如果評量的方法是屬於質化的（qualitative），其資料結果將是一段話或語句，像是「很好」；或者它有可能是由數字代表的一段話或語句。評量的過程包括解釋一個分數所代表的意思…鑑於評量的功用是要協助判斷結果與作抉擇，評量是要很客觀、不具批判性的（Safrit and Wood, 1995: 5）。

對健身俱樂部的經理來說，他可以使用顧客調查表的建議去購買新的器材，而體育室主任（athletic director）可以運用教練評量表來給予教練加薪。

評量的可信度Accountability through Evaluation

幾年前，管理者、被選出的官員，還有社會大衆都要求可信度，因爲他們想瞭解經費是如何地被妥善使用、還有美式足球隊是否需要新的制服。因爲有這樣的需求，所以評量制度又再度受重視。下列爲大致的評量方式：用有制度的順序去搜集有關教師、學生、教練、行政人員、運動設施、運動器材、活動的表現與結果；可以從評量結果得知他們是如何地被家長、參與者與會員們所評鑑；做財務的成本效益分析，看單位或活動的經費是否被適當地使用；還要從中階管理人員那裡獲得評量，以確定是否達到預期目標。

> 除非專案計畫可以證實本身對於國家、州和地方政府目標達成有做出貢獻，否則不難發現，所有的計畫都在為自己爭取資源的合理性上傷腦筋。（Doolittle and Fay, 2002: 24）。

藍德（Lund）與科克（Kirk）（2002）建議可以透過標準－參考（criterion-referenced）的測驗與問卷的方式來做微觀評量（evaluation on a micro basis）（詳細的評量）；表現與自我評量測驗；客觀的筆試；軼事紀錄（anecdotal records）；個人檔案輯（portfolios）（尤其是對教師、教練、管理主任）；興趣評量；已完成工作的資料、受獎事績、殊榮與成就等。

評量計畫的發展Develop an Evaluation Plan

運動經理人必須謹愼地對員工進行評量，而不是企圖要一意孤行地在他們身上做評鑑。員工們需要被完整的告知，屆時組織將如何使用評量結果。如果評量結果是將被用來做人事異動的依據，那麼此項訊息更是需要告知員工。評量計畫的施行準則需包括下列事項：

1.確定要對那方面進行評量（教練、老師、課程、經理等）。

2.確認評量人員。

3.指派資料分析人員。

4.確認誰將有權利看到結果。

5.建立評量系統，包括分配、資料收集與完成評量程序的日期。

6.選擇與複製評量工具。

7.使用最方便的表格去做資料處理與分析。

8.請適合領域的專家學者評論評量結果。

9.運用評量結果去改進人事管理與組織活動，如果在第一步驟有告知將依評量結果加減薪水的話，請按計畫執行。

器材、設施與安全的評量Evaluating Equipment, Facilities, and Security

檢查評量到貨的器材品質是否與要求的標準相符，收到的貨品需要書面的確認過程。有關現有或新的運動設施檢查，以確認是否符合標準、符合安全檢查或符合所需求的修正已在本書第10章中介紹過了。

學生評量Student Evaluation

體育課和體育室的運動代表隊活動（athletic program）的「產品」是學生，老師與教練需要運用測驗與評量以完成一個完整的課程。從行政管理的角度來說，學生們應該有察覺到近幾年來有一些如何評量學生的爭議。形式測驗（formative assessment）、眞實的測驗（authentic assessment）、表現評量（performance assessment）、檔案輯評量（portfolio assessment）、以結果爲基準的評量等等都已經被討論過（Zhu, 1997; Hensley, 1997; Lund, 1997; Lund and Kirk, 2002; Doolittle and Fay, 2002; Kirk, 1997; Melograno, 1997; Joyner and McManis, 1997; Gréhaigne and Godbout, 1998）。當這個議題對行政管理人員是很重要時，有關詳細的學

生評量部分卻會被省略了。

對有效率的學校體育與運動代表隊做評量，當然還是有其阻力，這些阻力來自大型班級、不良的運動設施、同事們的不支持、來自上級的壓力、班級過多、缺乏評量前的教師訓練。這些問題需要行政管理人員去適當的解決或者至少做些調整，以減輕其嚴重性。

體適能測驗是屬於學生評量的領域，不管有沒有預定時間做測驗，這個決定是來自行政管理的決策。數十年來，很多學生的體適能測驗是根據表現為基準，其強調的是運動適能（motor fitness）。在1990年代，健康適能變成主流。但是，這種測驗的效度已引起爭議。在最近幾年的評量潮流是環繞著學生的成就與標準—參考（criterion-referenced）的方式、還有相對的內容為基準的課程。在這個情況下，其重點是在把學生的表現與一個常模做比較，而不是把學生與其他學生直接做比較。這個過程的最後結果是要有一個「反向課程規劃過程」（reverse curriculum mapping planning process），透過5個步驟課程所完成的。藍德與科克（2002：142）指出這幾個步驟為：

1.建立一個主要的主題（established of major unit themes）。
2.使產品與標題突顯出來（culminating product and rubric）。
3.基本的知識、技術與能力（essential knowledge, skills, and abilities）。
4.學習活動與以表現為基準的評量方式（learning activities and performance-based assessments）。
5.重要的資源（critical resources）。

總而言之，「當學校展現出透過學校活動的協助，學生們可以通過由州政府與學校當局所訂定的標準，那麼學校更是可以在社會上與行政管理上得到支持，進而能提供更好的活動課程」（Doolittle and Fay, 2002: 24）。

另一個在學生評量方面的有趣管理問題是在高等教育中，畢業生必須通過體能與技術測驗，或一個綜合筆試才能畢業。如果不是的話，那爲什麼不這樣做？碩士學位或博士學位候選人，在取得學位前不是都需要先通過資格考試嗎（comprehensive examination）？在一個有關碩士學位的研究中，25%的碩士課程僅要求口試，45%的僅要求筆試，而30%的則是兩種測驗都要求。平均口試時間是1.6個小時，筆試時間則平均得花上4.6小時。平均的口試委員人數是3.2人，而平均的筆試主考官人數爲3.9人（Horine, 1992）。對於想要取得體育教師資格的學生，很多州都備有以內容爲主的測驗（content-based exams）。

從行政管理的職位，與教職員去設計一個有效的學生評量是不夠的，大家需要瞭解並且有一定的共識去支持這樣的概念，以學校單位來說，這包括父母、學生、所有的老師與高階的管理階層。很多人對測驗有普遍性的恐懼，而且當這個評量測驗還有個新的怪名稱，像是「表現評量」（performance assessment），這種名稱可能會馬上引起大家的反感。「成功或失敗，通常是看你如何地告知家長，還有社區大眾你要做那些迫切的改變」（Alvestand, 1997: 16）。

活動課程評量Evaluation of Programs

評量體育課或體育室的運動代表隊的主要目的，是要協助他們去做改善並提供應盡的責任。無論是用那種方法或測量工具，最基本的評量應該去探討該活動課程的目標是否有達成。活動課程評量的第一步是先去審查現有的組織單位目標，如果目前沒有這樣的目標敘述，那麼請先寫一個吧！

評量活動課程的方法Methods of Evaluation Programs

有一個評量活動課程的方法叫做「制度分析（system analysis）」，在這個方法中，有不同的子單位或部門受到評量，要看他們是否有達成自己單位的目標。例如，在一個體育系中，可以比較其健康、體育、休閒和舞蹈

課程各開了多少學分的課，還有學分數與分組的師資比例。

「成本效益分析（cost-benefit analysis）」，這在本書第6章的財務管理中已詳述過了。

當活動課程是正在執行或者是以週期性間歇的方式進行，這時進行中的評量是最有效率的。這種評量方式稱做「形成性（formative）」。這種在活動進行中所做的評量回饋，是讓管理者可以做立即的調整以改進其結果。在活動課程結束時所做的評量稱爲「總合性（summative）」。在一個管理完善的運動組織中，他們都有使用形成性與總合性的測量方式。

活動課程的評量終究得根據在組織中的策略性計畫活動。就像學生評量，活動課程評量必須一開始就要記住所要達到的結果。唯有如此，活動課程評量才能與組織計畫緊密結合。布里奇斯（Bridges）和羅魁墨（Roquemore）（2000: 146）將策略性計畫定義爲「決定一個組織長期目標的過程，按照其組織使命來制定適合的計畫（策略）、政策與活動，以確定有關內部資源與外部環境因素的完善決定，是可以幫助組織在長遠的未來達成最終目標」。

跟隨這個形式，經理人員必須使用規定的計畫與方針去評量現況。「目標管理（Management by Objectives，MBO）」在1950年末開始發展，之後在陸續的數十年中，其對商業管理界有深遠的影響。根據布里奇斯（Bridges）和羅魁墨（Roquemore）（2000）提到，使用目標管理可以讓經理人直接地從組織計畫移至評量。這種評量可以應用到整個組織、組織的小單位，甚至組織中的個人。特別地，他們引用到目標管理的基本要素爲：

1.主要的目標（爲什麼組織會存在）。
2.操作目標（年度的或是12個月份的目標）。
3.單位目標（部門、分公司等等的年度目標）。
4.個人管理目標。
5.個人非管理職員的目標（p.125）。

目標管理的本質，是去設定一個可以衡量組織成功的標準（standards）和效標（criteria）。計畫的評價，通常是跟隨著這些標準和效標的評量。它會直接地比較：「評量表現，然後再與標準作比較」（Bridges and Roquemore, 2000: 334）。

我們可以從美國冰上芭蕾協會（U.S. Figure Skating Association, USFSA）的2002～2006策略計劃（Strategic Plan for 2002-2006）中，看到一個很好的計畫與評量的例子（2002a）。在2002年冬季奧運成功的結束後，冰上芭蕾協會就立即設定下個4年的目標。首先，他們先調查有哪些2002年冬季奧運的選手承諾要繼續參加2006年的都林（Tulin）冬季奧運。冰上芭蕾協會調查了所有2002年的得牌選手與名次前15名的選手的未來計畫，下一步是冰上芭蕾協會管理人員把一些最優秀、最具潛力的青少年選手，依據他們的運動潛能預測與發展計畫，與是否有機會在奧運層級奪牌的檔案做整理挑選。科學化調查還有發展、生物力學、受傷紀錄、優秀教練的訓練、及組織政治的影響等系統都收集好，並且還訂定特別的策略與任務。最後，進軍2006年都林冬季奧運目標明確地制訂完成，他們的目標是奪得1面金牌與3面其他獎牌（U.S. Figure Skating Association, 2002b）。

績效評量
PERFORMANCE EVALUATION

雖然委員會與管理階層，通常都很支持教師、教練、體適能人員的表現評量制度，但是這種評量方式還是經常引起爭議，因爲有太多不良的構想與反覆無常的評量方案，是根據不完善的制度與工具所發展出來的。

為了確保員工與運動組織兩方都可以經由評量而受惠，挑選適當的評量方式是第一步驟，也是最重要的。所以，在工作上有那些被期待的表現行為與評量員工工作的標準之間要有關聯。

績效評量也應該像在挑選設備一樣的可靠。信度在這裡是指無論使用那種方式，即使用不同的評量來測驗一個人也應該得到相似的結果。最後，如果組織的所有成員都支持評量制度的話，那麼將可以改進績效評量制度的有效性（Slack, 1997: 243）。

有關每一年對所有老師強制執行的綜合型評量，杜克（Duke）（1993: 703）描述到：

> 如果對所有經驗豐富的老師們做一個毫無意義的評量，那麼做出來的結果也發現不到什麼。每年根據一般制定的表現標準來評鑑所有勝任教職的老師們，充其量是表現出對老師工作上的侮辱。而且老師們與行政管理人員都知道，這些評量只是浪費時間與精力的東西罷了。

多年以來，績效評量是根據人格特性（trait）與人格屬性（attributes）來構成的。特性包括好的修飾與外表、優秀的談吐或是親切的人格，這些特點都曾被視爲是可勝任教學、教練、與監督工作有密切的關係。這些在稍後被擴展成人格特性的列表，其包括熱誠、靈活性、幽默感、判斷性、創意、創始性、堅持、自我控制、正直、合作、道德等等。但是某些研究卻不支持該系統的效度。在1980年前，績效評量的研究主要是在發展有信度、效度的評量表，訓練評量人員減少錯誤、還有改善觀察技巧。自從那時開始，研究重點幾乎都放在瞭解評量過程上。

如果教學、教練及體適能教練已經達到要求的專業標準而被稱爲該領域的專業人員的話，他們其實已在其專長領域受過評鑑了。績效評量是個必要的管理過程，我們要盡量地把評量處理好，因爲唯有經過評量，缺點才會被發現並且修正，而成就與優秀的結果才會受到肯定並得到獎賞。

> 績效評量可決定員工個人或部門對整體運動組織的貢獻狀況，更明確地來說，評量可以引導有關在升遷、補償、安排獎

賞方面的管理決策，以協助增進運動組織的效率與有效性。表現評量也可以指認出有哪些員工的表現沒有達到標準，做出開除的決定、懲罰或提供訓練以調整他們的不足。表現評量，簡短的來說，是組織獎懲制度的關鍵（Slack, 1997: 242-243）。

在近幾年來，成果評量（product evaluation），或是學生成就（student achievement）已普遍成為教師評量的方式。但是「學生成就」會有外來與無法控制的因素，所以這對教師評量並不是一個有效的方法。在某些學區，還有一些高等教育機構，教師評量項目還包括對社區、專業組織、研究、領導、服務的貢獻。

教職員評量Evaluation of Faculty and Professional Staff

傑克生（Jackson）和蘇勒（Schuller）（1999）定義「績效評量」為：「正式、有架構的系統，用來衡量、評量與影響員工的工作屬性、行為和結果。表現評量的焦點是在探討員工的工作生產力、他／她是否在未來可以表現得更好更有效率，使組織與員工雙方都受益」（p.453）。如果記住這點，執行適當的員工評量對運動經理人來說是個很重要的技巧。在我們的社會中，薪資、加薪、升遷經常都是依據員工評量。所以，評量對組織與員工的未來都是息息相關的。

不幸的，很多運動經理人在員工評量方面並沒有受到很完善的訓練，直到今天，沒有一個評量方式是受到普遍的認同。對運動經理人來說，他們的挑戰是去發展與執行一個客觀且正確的員工評量。從以前到現在，很多評量方式已經被使用過。有的是使用排名（ranking）的方式，也就是把員工從最好的排名到最差的。可惜的是，這種系統並沒辦法分辨出最好的員工是表現多麼地好，最差的員工到底表現多差。等級量表（rating scales）也是個很普遍的評量法。在這個系統當中，評量者指定數值以代表不同的員工表現，這些形容員工表現的詞包括：極好

（excellent）、良好（good）、或在平均以下（below average）等等。但是這個方式有個問題，那就是大家對「好」有不同的見解，而且「好」與「極好」之間的差別有多少。還有，這種評量方式也較沒辦法告知員工要如何從「好」提升到「極好」。

麥歐佳（Maiorca）（1997）建議經理階層開發一個表現評量工具，並且附上各評量部分的解釋，以代表從最差勁到最優秀的工作行爲。以下的這些步驟將協助發展這個表現基準評分量表（Behaviorally Anchored Rating Scales, BARS）：

1.熟悉工作內容的經理與職員，應該列出一張表格詳述有哪些活動對有效率的工作表現是最必要的。這些表格中的內容將轉換成表現評量。

2.再來，熟悉工作內容的經理與職員，也要正確地敘述在不同範圍中從最差勁到最優秀的工作表現行爲。

3.需要一組員工爲參考組（也同樣熟悉該工作），他們將複查工作表現量表的草稿，以確定合適的用詞。

4.由經理人員再次審核在步驟3所得到的資訊，再依次修改量表。

5.表現量表通常是以數字排序（numerical rating），每個表現行爲會有一個數字代表。在這裡的範例，「2」可以代表一種表現行爲的敘述。

6.最後定稿的量表將會是表現基準評分量表，呈現出工作表現標準的排序與等比的敘述。（請參照**圖11.1**）

另一個使用BARS的好處是，如果人事評量出現有訴訟的狀況，BARS可以提供完整的文件證據。在前面的第8章中有提到，我們是處在一個喜好訴訟的社會中。如果有人遭到革職，他們通常會對運動組織與主事者提出訴訟。BARS的使用對終止訴訟很有用，因爲這個量表是基於客觀的評量標準，還有與工作內容相符的評量要素（"Minimize Performance Evaluation Legal Risks," 1998）。

適用對象：體適能中心、健身俱樂部的職員		
表現範圍	差勁的表現	傑出表現
對產品的認知	對產品、活動、服務的認知不足，無法對會員提供應有的服務。	對產品、活動、服務的認知非常充分。
可靠性	非常不可靠，如果再不改進就會被開除。	永遠有制度、有秩序、迅速地提供服務。如果需要，可以自動加班。

適用對象：體育室的運動代表隊教練		
表現範圍	差勁的表現	傑出表現
技術指導	僅有一些或完全沒有適當的教學技巧。	教練可以展現出多樣且有效的教學技巧。
與同事的關係	與體育室管理階層或其他同事沒辦法良好地溝通。	與體育室管理階層或其他同事的溝通都展現出有效率的方式。

適用對象：運動賽會經理		
表現範圍	差勁的表現	傑出表現
企劃	對賽事企劃的研擬常常不嚴謹。	企劃的研擬、有效率的執行，使賽會可以圓滿結束。
公共關係	不常參與公關活動，在公眾場合中表現出無效率的表現行為。	展現出優秀的公眾演說技巧，時常可以在公眾場合中處理敏感狀況。

圖11.1　表現基準評分量表（Behaviorally Anchored Rating Scales）的範例

目標管理（MBO）的組成包括4個步驟：（1）表現標準是為每一個人所設的；（2）標準都已受過審核；（3）不符合標準的人可以有修正的機會；（4）確認欲完成的目標（使用量化或質性的方式），注意結果而不是把焦點放在人格特徵上或個人技術上。

同儕評量（Peer Evaluation）　同儕評量有正面的因素，有些權威認為同事間的評量需要達到眞正專業的境界。在評量表現品質時，同儕是站在最好的觀點去做評量，行政管理階層通常會贊成同儕評量以增加評量的基礎，還有減少來自行政管理階層評量的影響。當同儕評量是由組織認可來執行以協助員工改進，而不是製造敵對的機會時，其通常可得到好的結果。

但是，同儕評量也有負面的因素。同儕評量沒有辦法在上課中進行，人事的因素有可能影響評量，對優良教學也沒有一定的標準，而且教師們通常不喜歡去評量同事。同儕評量通常需要時間與紙上作業。如果評量是在誠實公正的狀況下進行，有時會危害到同儕間的友誼。

學生對教師的評量（Student Evaluation of Faculty）　學生對教師做評鑑的可能目的，包括提供有效資料給管理階層、委員會；協助改善教師的教學能力；提供資訊給學生，讓他們在選課時可以做參考；在教師的升遷獎懲方面做爲參考的依據。

在高等教育中，學生對教師做評量是相當常見的。在一個研究200所大專院校的研究中，發現其中有86%的學校使用學生對教師做評鑑的方式；大部分的學校會告知行政管理單位有關評量的結果。另一篇有關調查100個師資培訓的研究中，發現有84%的學校使用學生對教師做評量的方法。但是，並沒有研究或專家意見同意學生對教師做評鑑是個有用的方式。

不支持學生評量教師的原因，有缺乏處理評量的經驗與學生的成熟度，還有一些其他的因素，包括班級大小、課程的難易程度、學生與教師的性別、教師的等級、課程的層級、必修或選修課、過去該科給予的成績、上課的時間與在星期幾上的課、教師的個性。還有學生對教師所做的評鑑，需要事先做準備、收集資料與做電腦統計，這些都需要花費時間與金錢。最後，並沒有很多的研究結果支持因爲學生對教師所做的評鑑，所以老師的教學技巧提升了。而且，學生對教師做評量有可能會限制教學自由，甚至會變相地鼓勵「上課自由快樂」而不是嚴格的教學內容。

所以，學生評量教師的好處到底是在哪裡？這並沒有證據指出。諸如班級大小、教師的性別或是平均成績有可能會使評量出現偏差。學生就是消費者，他／她是做教學品質評量的最佳人選。爲了提供可靠性（accountability），就需要有學生對教師的評量—有不完美的數據總比沒有數據好。而且，沒有研究結果指出學生對教師做評量會降低教學表現，以及還有可能可以激勵一些教師去加強改進。

以下爲做教師評鑑的建議步驟：

1. 除非教師評量的工具還有方法是從上層的主管交待下來的，不然在設計評鑑工具時還是需要衆教職員的投入。
2. 儘量強調教師評量的主要目的是幫助改善教學。
3. 如果教師評量是要做爲人事異動的依據（例如：加薪、升遷、終生教職合約等），那麼在調查工具中，就得先要註明一個或兩個與該教授有關的概括性敘述，例如：「這位教授的總表現是…」，而且僅能使用這些敘述結果來做人事異動。
4. 與研究小組討論詳細的計畫內容，包括預計執行日期、要涵蓋多少班級、如何對學生做評量方式的口頭說明，以及評鑑時該教師是否需要離開教室。

隨意地採用他人使用過的評量工具並不是明智之舉，但可以試用看看受推薦過的評量工具。很多已發行的評量工具可以被當做使用標準，請參考**圖11.2**的範例。第一次評量應該是在課程進行到1／3時進行，在課程結束時再進行第二次評量以瞭解教學品質是否有改進。

行政評量（Administrative Evaluation）　教師必須定期接受評量。墨菲（Murphy）和皮門特爾（Pimentel）（1996）指出：「公衆教育是種無視工作能力好壞的事業，最過份的例子是他們付給最佳員工的薪水是和最差的員工是一樣的」（p.74）。有些方法可以去評量教師或是專業職員，例如：檔案紀錄（portfolio records）、工作表現評量（outcomes performance assessments）、專業的同儕評量（professional peer evaluation）、行政主管評量（administrator evaluations）、以及學生評量（student evaluations）。

學生對教師的評量表Student Evaluation Form

評分等級：	很差		差		普通		良好		很好	
	0	1	2	3	4	5	6	7	8	9
請在每一個敘述後選擇一個評分等級										

1. 該教師可激勵並增加學生對該科目的學習興趣的能力是……
2. 該教師對該課程的準備是……
3. 該教師對使用外來的教學資源是……
4. 該教師每日使用重點提示、複習與做總結的能力是……
5. 該教師對鼓勵學生思考的能力是……
6. 該教師對學生親切的程度是……
7. 該教師可以有效的使用教學時間的能力是……
8. 該教師對該科目教學的熱忱是……
9. 該教師對以上課涵蓋的教學內容為基準，來評量學生的能力是……
10. 該教師能使學生在上課中參與討論的能力是……
11. 該教師能呈現不同觀點的評論能力是…….
12. 該教師能提供評量回饋的能力是……
13. 該教師在討論與陳述該科目現在發展狀況的能力是……
14. 該教師能使用不同教學方式的能力是……
15. 該教師在課堂中使用新的、有創意點子的能力是……
16. 該教師可以真誠地對待學生的能力是……
17. 該教師可以提供一個知性學習環境的能力是……
18. 該教師可以就學生的程度去傳達教學內容的能力是……
19. 該教師可以有系統地呈現教學內容的能力是……
20. 該教師對該科目的專業知識是……
21. 該教師能即時交還已評閱過作業的能力是……
22. 該教師在評量時的公平性是……
23. 該教師對接受學生意見的能力……
24. 該教師對該科目的綜合教學範圍是……
25. 本人對該教師的總評量是……

（Copyright 1989 Appalachian State University Department of Health, Leisure, and Exercise Science）

圖11.2　在高等教育中使用過的學生對教師的評量表

在每一個評量方法中，有無數的表格、工具、系統。最近有個「眞實性評量法」（authentic assessment）很受矚目（Safrit and Wood, 1995; Darling-Harmmond, 1998），而組織的層級（小學、中學、大學、研究所）將會決定哪一種評量方式對他們自己最有效。最後，行政主管必須根據評量結果提出專業的判斷。

先前已討論過的目標管理，是針對教職員特別設計的行政表現評量工具的理想化。研擬這個工具的關鍵所在，是給教師與行政主管可以一起把所有教職員的專業表現特點列出來。對體育老師來說，這個評量工具將包括可以衡量的教學成果，還有很多其他因素。對教練來說，這個評量工具將包括學生運動員的畢業率、與同事間的關係、遵循運動協會的規則等，除了勝敗成績之外的目標。同樣的，在體適能中心，可衡量的員工工作表現要點可以當做是評量的基準。下一步，這些評量活動必須對達到組織目標有加分的效應。評量的結果應該是，在該領域最重要的人將會得到最高分。透過使用評量工具來激勵員工，組織可以瞭解哪一個員工的生產力不足，修正之後以達到組織的目標。自然地，這樣的過程需要花幾年的時間才能變成有效果。

圖11.3爲評量表之一，這個評量表原先是設計給大學的系所使用，但是其觀念可以很輕易地在修正後，在體育室或是其他不同層級單位使用。使用者可以設想最傑出的表現將是如何，而調整加權分數，以便讓滿分爲100分（當然，一個完美追求者將會試著去超越滿分）。根據**圖11.3**的範例來計算，如果某位教師在不合適上課時間被安排了2門課，那麼就圈選在第2選項下的「2～3門課」，然後這個「2」將乘上加權指數「10」，那這項的總分就是「20」。這裡有個每項最高75分的得分限制，以避免鼓勵教師太專注在某項目。例如，在**圖11.3**的第五評量項目—出版刊物，如果該教師在全國級專業期刊發表兩篇研究，那麼他的出版項目表現將是兩次的3分，乘以加權的10分，那麼出版項目總分將是60分。如果他是發表3篇的話，那麼總分將是90分，但因爲有75分的最高分得分限制，所以這項目僅算75分。這種表格僅需15分鐘就可塡寫完成。

運動教練對每個學校的貢獻都相當的大，但是他們的表現評量常常僅以比賽輸贏的成績來計算。勝負固然重要，但這並不是教練工作最重要的因素。雖然我們知道勝負成績使得高中教練面臨更大的壓力去訓練

評量範圍	加權分	表現評分（圈出適合的項目並計算分數）			支援資料	得分（加權×表現）
		3	2	1		
1.碩士論文	10	論文委員會主席		論文委員會委員		
2.課程排在不適當的時間（早上8點、星期六、下午3點以後）	10	4門課或更多	2-3門課	1門課	無支援資料	
3.碩士綜合測驗	10	5或更多	3-4	1-2	不需要姓名	
4.研究	10	研究計畫通過	提出研究計畫，但未通過或完成自我支援的研究	研究計畫草稿		
5.出版刊物	10	每篇文章都被刊登在全國專業期刊上	每篇文章都被刊登在州／地區期刊	每個文章系列被刊登在一般雜誌等印刷刊物或通訊刊物參加會議		
6.國際／全國	6	研究發表或演講	專家座談（discussant, panelist），或參與會議議程（program involvement at meeting）			
7. 區／州	5	研究發表或演講	專家座談，或參與會議議程	參加會議		
8.國際或全國協會或編輯委員	6	主要委員會主任或主席	主要委員會委員或次要委員會主席	次要委員會委員或次要委員處室主任		
9.州或區域委員會與協會的委員或主任，或出版編輯	5	主要委員會主任或主席	主要委員會委員或次要委員會主席	次要委員會委員或次要委員處室主任		

圖11.3　教師績效評量表

評量範圍	加權分	表現評分（圈出適合的項目並計算分數）			支援資料	得分（加權×表現）
		3	2	1		
10.部門座談、工作會報或類似的會議	5	發表一篇研究並參與另一個會議，或擔任主席	參與兩個會議或發表一篇研究	參與一個會議	無支援資料	
11.大學大專院校委員會	10	教師委員會主席（Faculty Senate committee chairperson）	教師委員會參事（Faculty senator）	大學各委員會或處事委員（Member of university task force, council, or committee）		
12.各系委員會	5	委員會主席		委員會委員		
13.各系人事委員會	5	被選出的委員			無支援資料	
14.各領域負責人	5	游泳池		其他領域		
15.學生活動	5	主要學生社團正式指導老師，並且實際的參與	其他學生社團的指導老師，如全體運動代表隊總會(Letterman Club)、滑雪社、健行社等等，或稍微參與主要學生社團	參與學生活動		
16.國際／全國／區域／州專業組織	10	4個或多個已付費會員	3個已付費會員	一至兩個已付費會員		
17.提供專業服務給民眾中心	5	一次對州或區域團體，或兩次或多次對地方團體演講，或擔任類似團體的主席	對地方團體演講一次，或擔任類似團體的委員會主席。主持一次短期的工作坊	類似團體的現任會員，或是協助工作坊的組織業務		

（續）圖11.3　教師績效評量表

評量範圍	加權分	表現評分（圈出適合的項目並計算分數）			支援資料	得分（加權×表現）
		3	2	1		
18.學生課業諮商	2	每次正式的課業諮商			無支援資料	
主觀的（主任或主席將會評量下列要項。教師應該把相關訊息列出，但把評量分數處留白）						
19.指導發現（instructional innovation）	10	主要參與		參與不多		
20.系務行政支援（報告、截止日期等等）	10	總是很迅速	普通	合理，但其中慢了幾次	無支援資料	
21.會議出席（研究所、校、院、系委員會）（任務有可能會重疊）	10	全勤	普通出席率	合理的出席，但其中缺席了幾次	無支援資料	
22.以上沒有提及的其他貢獻…如與社區團體合作、圖書出版、大學的教師委員會主席、製作教學影片等等。						

總分：

教師簽名：

（續）圖11.3　教師績效評量表

更多的優秀運動員，大多數的壓力從教練本身而來。如果壓力來自於該組織的運動經理人（體育室主任AD、總經理GM等等），他們必須確保評量的基準是來自健全的組織目標，勝負不是唯一的目標。

那麼教練收到一個「解聘」通知的標準在哪裡？在所有的行政評量領域中，這個領域代表著最大的需求與最好的機會。一位小型大學的體育室主任建議需要建立一個有一致性的期待、目標設定、任務分析、以及年度的評量（Bey, 1993）。史迪爾（Steir）（1993）建議這個教練評量步驟的第一步，應該要指出爲什麼教練該接受評量、他們將如何受到評量、標準應設在哪、評量過程應該包括有那些人參與、教練應該在哪理以及該如何接受評量、評量結果應該如何去應用（請參考**圖11.4**）。

研究結果指出幾乎所有職業美式足球球員來自於大學球員，而大約只有1／3擁有學士學位，所以提升畢業率也變成一種壓力。一篇研究曾經評估NCAA第1-A級的美式足球總教練、體育室主任、學校校長，是否會支持使用學生運動員的畢業率以當做總教練的評量標準之一。每個單位都覺得此方法是可行的，但他們認爲畢業率應該只能佔總教練評量標準的40%以下（Waggoner, Ammon, and Veltri, 1993）。

以下在評量教練過程的步驟中，將可提供溝通的方式：

- 在球季前，寫下工作內容。
- 在球季開始前，與教練一同訂定表現評量標準。
- 在球季開始前，設定目標。
- 直接在球季中觀察球隊。
- 球季後，提供詳細的質性書寫評量。
- 在公開討論之前，先給教練一份副本，如果需要的話教練可以稍後以書面方式回應（Leland, 1988）。

自我評量（Self-Evaluation）　或許自我評量是最有效與最有力的方法去改善效率。第一步是請教練完成一份表格，請督察人員塡寫同樣的表格，之後在會議上再做比較。教練應該要在每個球季結束時寫下個人評量，檢討問題所在與找出解決之道以在下個球季改進。在球季結束後，請球員（尤其是畢業生）塡寫一份半開放式的問卷。通常來說，教師會自行設計他們自己授課的評量表。其中一個最簡單且最有效的方式就是把問題放在期末考卷上，該題分數與其他題一樣，題目是：「為了改善日後的教學，請建議該如何把這門課變得更有效率」。

很不幸的，最優秀的教師、教練，還有職員們對自己都很嚴格，當他們的表現不好時，對自己的表現會有很大的罪惡感。而那些可以誠實作答的職員在做評量時，自我評量將會有很好的效果。

評量行政人員（Evaluating Administrators） 就像教練或老師會想要去學習如何可以改進自己，行政人員其實也是一樣。但是這裡會有個很大的差異，一個是組織通常會讓行政人員自己決定是否要接受評量，而且有的行政人員將會對某些職員、教師、或教練採取敵對的動作，所以這些人對該行政人員的評量將會是相當的負面。大部分的行政人員相信最公平的評量是他們被其直屬上司評量，部分的原因是在他們之下的人員對其所做的行政決定會不清楚狀況，也不了解。但如果只有領導者自己可以看到結果的話，很多的領導者歡迎他們的下屬對他們做評量。而且，如果改進建議是客觀的話，這可能是最佳的方法。

一份使用創意領導中心（the Center for Creative Leadership）的評量工具叫做「領導基準（Benchmark）」，這份研究評鑑了2,000位經理人的表現。「一個經理人如果參與了這個領導基準，他／她將會收到很多人對其工作表現的意見，更重要的是，這份評量可以看出他／她對自己的評量是否和其他人相同。這個過程稱作是360度回饋」（Brutus, McCaulley, and Fleenor, 1996）。

任何評量行政人員評量系統應該要根據以下的假設：評量的結果應該是要用來改進表現、檢討與修正角色；這些參與評量者必須對該職位所應該擔待的責任有全盤的瞭解，瞭解有關任務成就的實際資料；評量工具應該越簡單越好，但要有效度。

高中教練評量表（High School Coach's Evaluation Form）
評量分數（Rating Scale）：

1=不可接受（unacceptable）2=不好（poor）3=平均（average）4=好（good）5=很好（excellent）

姓名（name）：＿＿＿＿＿＿＿＿ 運動項目（Sport）：＿＿＿＿＿＿

I.人際關係（human relations）
A.自己
1.熱忱
2.模範
3.談吐
4.運動家精神
5.與父母的互動
B.自我操守
1.倫理操守
2.情緒控制
3.把運動員的福利置於勝負之上

評語：＿＿＿＿＿＿＿＿

II.行政（administrative）
A.執行組織practice organization
1.規劃完善的會議
2.提供及時資訊給選手與行政
B.財務
1.預算政策與程序
2.保持在預算之內

評語：＿＿＿＿＿＿＿＿

III.醫療／法律方面（medical/ legal aspects）
1.防治與處理受傷
2.根據醫師的建議處理受傷球員的參與
3.教授與執行學校有關運動法規
4.加強學校的禁用毒品規則

評語：＿＿＿＿＿＿＿＿

IV.教練（coaching）
A.方法
1.應用技術、技巧與規則
2.教授基本動作
3.建立球隊精神與士氣
4.建立紀律
5.使學生瞭解所期待的行為表現
B.策略
1.客觀地評估選手
2.行為結果都已被解釋，並且一致執行
C.規則與法規
1.遵守上述的規則
2.示範對規則的認知

評語：＿＿＿＿＿＿＿＿

V.人員管理（personnel management）
1.監督學生的學業表現
2.在選手群體間，發展與維持正面的態度

評語：＿＿＿＿＿＿＿＿

VI.公共關係（public relations）
1.與助理教練溝通
2.與體育室主任合作
3.與媒體合作
4.感激選手的家長與大家的關心與支持
5.與選手的家長溝通
6.與體育室主任溝通
7.與交通調配主任溝通

評語：＿＿＿＿＿＿＿＿

圖11.4　教練評量的詳細內容

資料來源：改編自Steir, W. F. Jr., (1993, May). *Athletic Management*, 35.

關鍵思維 Critical Thinking

研究與經驗皆明確地指出，當有公正公平、適時的、有意義的評量時，專業職員會有高水準的表現。本案例是：一位體健休舞蹈科系的系主任決定執行一個長期的教師評鑑計畫（事實上，這個教師評鑑已在該系上執行超過25年了）。

第一階段（Stage I）：尋求學校高階管理單位的認可，然後成立教師委員會去調查相關的研究與案例且與全體教授們分享。第一步驟，教授們建議使用簡短的學生評量，然後逐年再增加題目。不過當這個部分完成後，改善了結果，時間與經費的問題卻增加了。解決之道是減少評量題目，並且只問一題有關整體教學效能的問題即可以提供給行政上排名的參考。

第二階段（Stage II）：加上校友的評量。在校時，有些課程和給分標準有可能對某些教師有負面的影響，畢業生畢業後「踏入現實社會」，回過頭來看教師評量時會較有善意、較實際。將評量表寄給前3年的畢業生，請他們對有上過課的教師寫下評鑑。這些資料會加入行政評量。

第三階段（Stage III）：加上同儕評量，因爲許多教師認爲評量系統太偏重於學生的意見部分。這個部分是個很大的課題，由於許多的教師都是自己領域的專家，有些並不清楚其他人的領域，即使他們知道，但也不一定全然瞭解其成就。爲了要克服這個問題，每個教師可以選擇其他4位且瞭解自己工作領域的同事來擔任評量委員。然後在這4位之中，系主任秘密地指派2位去執行評量的工作。所以被評鑑的教師自己不會知道到底是誰做了評量。

第四階段（Stage IV）：根據客觀資料所做的嚴格行政評量，例如包括學校會議的出席率、上課出席率、系務與校務會議的出席次數、出版、參與州、區域、全國級等專業的學術會議、被選爲專業領域的職位、授課數目等。

1.兩年以後，前三階段的其中兩個將會變得幾乎相當，以致於其中一個被迫中止，請您想想是哪兩個階段在本質上是一樣的？

2.您認爲每個評量方式的最大問題在哪裡呢?

3.您認爲哪個評量方式是最不受教師們支持，而且一旦換新系主任就會中止執行呢？

4.如果您是教師，請按照您的喜好將這四個評量方式做出排名。

練習題

1.假設您是一個有2,000位學生的高中體育組組長，您試著與所有的教練去建立一個目標管理方案，選擇一個您熟悉的運動項目，準備一個可衡量的目標給那個項目的教練，然後試著去修正成為正式可行的目標。

2.學生對教師的評量是個爭論的議題。假設您是位中學的體育老師（7～9年級），您也沒有終生教職的合約，校長建議學生對教師所做的評量結果將會被當做終生教職合約的參考依據。校長已指示所有非終生教職的教師，為這議題準備自我陳述的報告（position paper）。請寫出該報告。

3.假設在您上課時，所工作的高中並沒有督察或行政主管有時間去訪視您的課，且學校的政策與學生的評量是相互抵觸的，請討論校長將會如何給予您一個公正的評量。

4.評量最近工作不是很有效率的教練，並設計一個可在大型高中執行的教練評量系統。

5.您剛得到一份在國中擔任體育老師的工作，有好幾個家長已向體育組組長反應體育課的課程需要改進。組長指派你去建議該如何評量體育課課程，那麼您將會如何去做？

6.您接手了一家中型的健身俱樂部，紀錄上顯示在過去4年這家健身俱樂部的帳務全是赤字，您將如何去找出他們虧損的原因？

參考文獻

Alvestad, K. (1997, December). Communicating new initiatives. *School Administrator* 54, pp. 16-18.

Bey, L. W. (1993, March). The fairness doctrine. *Athletic Business* 17. pp. 55-59.

Bridges, F. J., and Roquemore, L. L. (2000) *Management of athletic/sport administration: Theory and practice* (3d ed.). Decatur, GA: ESM Books.

Brutus, S.; McCaulley, C. D.; and Fleenor, J. W. (1996). Age and managerial effectiveness. *Issues and Observations, Center for Creative Leadership* 16, p. 5.

Darling-Hammond, L. (1998, February). Standards for assessing teaching effectiveness are key. *Phi Delta Kappan* 79, pp. 471-472.

Doolittle, S., and Fay, T. (2002). *Authentic assessment of physical education activity*. Reston, VA: National Association for Sport and Physical Education.

Duke, D. L. (1993, May). Removing barriers to professional growth. *Phi Delta Kappan* 74, pp. 702-711.

Gréhaigne, J. F., and Godbout, P. (1998, January). Formative assessment in team sports in a tactical approach context. *Journal of Physical Education, Recreation and Dance* 69, pp. 46-51.

Hensley, L. D. (1997, September). Alternative assessment for physical education. *Journal of Physical Education , Recreation and Dance* 68, pp. 19-24.

Horine, L. (1992). *Survey of master's degree comprehensive examinations in physical education and human movement studies in North America*. Unpublished manuscript. Department of Health, Leisure, and Exercise Science, Appalachian State University, Boone, NC28608.

Joyner, A. B., and McManis, B. G. (1997, September). Quality control in alternative assessment. *Journal of Physical Education, Recreation and Dance* 68, pp. 38-40.

Kirk, M. F. (1997, September). Using portfolios to enhance student learning and assessment. *Journal of Physical Education, Recreation and Dance* 68, pp. 29-33.

Leland, T. (1988, November/ December). Evaluating coaches-formalizing the process. *Journal of Physical Education, Recreation and Dance* 68, pp. 25-28.

Lund, J. (1997, September). Authentic assessment: Its development and applications. *Journal of Physical Education, Recreation and Dance* 68, pp. 25-28.

Lund, J. L., and Kirk, M. F. (2002). *Performance-based assessment for middle and high school physical education*. Champaign, IL: Human Kinetics Publishers.

Maiorca, J. (1997, August). How to construct behaviorally anchored rating scales (BARS) for employee evaluations. *Supervision* 58, pp. 15-18.

Melograno, V. J. (1997, September). Integrating assessment into physical education teaching. *Journal of Physical Education, Recreation and Dance* 68, pp. 34-37.

Minimize performance evaluation legal risks (1998, February). *Journal of Accountancy* 185, pp. 85-96.

Murphy, J. A., and Pimentel, S. (1996, September). Grading principals. *Phi Delta Kappan* 78, pp. 74-81.

Safrit, M. J., and Wood, T. M. (1995). *Introduction to measurement in physical education and exercise science* (3rd ed.). St. Louis: Mosby.

Slack, T. (1997). *Understanding sport organizations*. Champaign, IL: Human Kinetics.

Steir, W. F. (1993, May). The ins and outs of evaluation coaches. *Athletic Management* 5, pp. 34-38.

U. S. Figure Skating Association Strategic Plan (2002a). Colorado Springs, CO: U. S. Figure Skating Association.

U. S. Figure Skating Association Winter Games Assessment (2002b). Colorado Springs, CO: U. S. Figure Skating Association.

Waggoner, R. G.; Ammon, R., Jr.; and Veltri, F. R. (1993, March). Perceptions of student-athlete graduation rates as an evaluation criterion for head football coaches. *Sport Marketing Quarterly* 2, pp. 27-34.

Zhu, W. (1997, September). Alternative assessment for physical education. *Journal of Physical Education, Recreation and Dance* 68, pp. 17-18.

Chapter 12
體育運動管理的資訊處理與辦公室管理

Data Processing and Office Management in Sport and Physical Education Administration

管理思維 Management Thought

放棄偏見永不嫌太晚，所有的思維模式或者做事的方式都需要有證據才能被相信，即使是傳統的做法也是一樣。前輩告訴你什麼不能做，你有可能試過並發現你可以用自己的方式做到。舊的方式是先前的人使用的，新一代的人要使用新的方法。

It is never too late to give up our prejudices. No way of thinking or doing, however ancient, can be trusted without proof...
What old people say you cannot do , you try and find that you can.
Old deeds for old people, and new deeds for new.

～亨利・大衛・梭羅（Henry David Thoreau）Everhart, 1997, p. 36～

案例討論：

永遠做不完的學校工作（Overrun with Students）

荷西・福茲（Jose Fuentes）第一次擔任國中的體育老師，他的教學課表包括每天5堂體育課，每一堂課約有40名學生。他每一天都要花上50分鐘去做課程規劃與文書工作，他永遠有表格需要去填寫、訂貨、回答學生與家長問題、及學校委員會派下來的工作。剛開始時，他利用他規劃的時段去完成這些教學以外的工作，然後在下課後去做文書工作與教學計畫。時間慢慢過去，他發現他每晚都需要帶這些工作回家。在第二學期時，學區要求要給學生做體育測驗與體適能評量，他覺得工作實在太多了。因爲他在體育教師訓練時有接受完整的體育評量與測驗的課程，所以做這些測驗對他來說是沒問題的。但是問題是出在他需要做很多的統計紀錄與資料分析。

他的7年級班一週上3次體育課、8年級的一週上2次，所以他實際上總共有240位學生。每個測驗包含6個項目，他在每個班級都指派了記錄員，也找到下課後可以協助他計算並記錄結果的志願學生。雖然這些協助的學生都很優秀，但他們畢竟是青少年而且還會出錯。所以在幾次的測驗之後，他發現他沒辦法維持他原來既定的工作表，事情變得一團糟。每晚他都得帶工作回家加班，在一年後，他已精疲力盡甚至想辭職。

他與部門主任會談，並且告知他目前面臨的挫折與需要協助的狀況。主任承認像荷西這樣的工作量，不光是像他這樣的新手會覺得承受不了，就連那些有經驗的教師們都會覺得負擔很重且需要協助，主任認爲她有個方法或許可以解決這個問題。他們在隔天去見校長，並且告訴他這些測量中的其中兩項可以使用電腦程式來處理。校長相當地支持並且安排他們與學區的電算中心主任討論，在討論數個小時後，他們已想出一個計畫，便是將現存在荷西電腦中的資料做光學掃描建檔。電腦專家也同意在暑假期間處理每個班級的資料分析，並將結果印出來給每一位教師。荷西在暑假期間與這位電腦專家討論幾次，以便將整個資料處理完畢，並寫下使用指南給每位體育教師。荷西的第二年工作變得很順利，他還得到校方給他的加薪。

本章目標

讀者應能夠

1.瞭解與電腦和辦公室管理相關的一般名詞。

2.敘述電腦的特性、電腦中心處理器、電腦輸入與輸出和媒體設備。

3.辨識迷你、微電腦和大型電腦。

4.講出任何一種在體育教學、運動研究、運動教練、體育與運動行政管理中使用到的實用電腦處理。

5.討論辦公室管理的概念。

6.指出在體育、休閒與運動管理中實際使用的文書處理、電子訊息及其他最新辦公室科技。

一般辦公室管理、電腦與資料處理詞彙
COMMON OFFICE MANAGEMENT, COMPUTER, AND DATA PROCESSING TERMS

定義Definitions

運算法則（Algorithm）：按部就班的步驟，確保有正確的結果。

人工智慧（Artificial intelligence）：這不是一種產品，而是學術領域中的一門，研究如何改進電腦可以爲我們做什麼。

人工語音（Audiotex）：一種透過電話的系統或服務來傳達訊息。

泡沫記憶（Bubble memory）：一種記憶裝置，使用磁性充電的透明晶片以存放資料。

電腦輔助設計CAD（Computer-assisted design）：電腦輔助設計。

中央主電腦系統（Central mainframe computers）：大型的中央資訊處理系統，可以控制學校的主要資訊處理需求。

排序（Collate）：將各個紙張依序處理（To arrange separate sheets of paper into a specific order）。

電腦繪圖（Computer graphics）：以電腦方式呈現繪圖。

中央處理器（CPU-The central processing unit）：由多工資料端（指的是可以同時處理不同資料）分享的資訊儲存區域。

電子存檔（Electronic filing）：用非紙之磁性媒介儲存資訊。

電子郵件Electronic mail or messages（e-mail）：一種通訊系統以電子

的方式傳給收件人，他們會收到一份實體文件或是在螢幕上看到訊息。

傳真Facsimile（fax）：一種透過通訊線來傳送一模一樣的複製過程。

光纖（Fiber optics）：使用超細的玻璃纖維，導引並發射光束以做爲通訊的媒介。

磁碟片（Floppy disk）：存取資料的媒介，以磁性方式將資料記錄在磁碟之軟質表面上。

硬體（Hardware）：設備的基本部分，如機械、磁性、電的或電子的元件。

雷射印表（Laser printing）：就如同影像印製，但是由雷射控制而不是用直接的影像。

微縮膠片（Microfiche）：一卷影像上包含許多經過縮小影像處理的資料，上面是格狀的。

線上處理（Online processing）：經由遠端控制資料進出電腦的方法。

電腦程式設計師（Programmer）：爲電腦寫出特定指令的人。

電腦程式（Programs）：依序列出電腦資料到達、運算、執行、並輸出結果的指令集。

機器人科學（Robotics）：讓電腦可以「看」且操縱在其週遭的物體。

軟體（Software）：一種可以指示電腦進行作業系統所不能達到程式組的程式。

試算表（Spreadsheets）：由縱列與橫行所組成的格狀文件，像電子會計工作表一樣。

系統分析（Systems analyst）：一種研究設計能最有效達到要求之資料

處理過程。

文書處理（Word process）：使用文書的自動處理系統，轉換創意或想法到最後無錯誤的文件。

電腦 COMPUTERS

以下的特性讓多功能且有效率的電腦可以在許多方面被使用：

1.靈活性（Flexibility） 電腦可以用來解決很多不同的問題，提供很多的直接服務。

2.速度（Speed） 在電腦出現之前不可能解決的問題或服務，現在可以在極短的時間內完成。

3.正確性（Accuracy） 雖然僅電腦會發生電腦錯誤，但是現代的電腦內部有自行建立的指示以更正錯誤或指認出他們。

4.可信度（Reliability） 在有規劃的系統中，如果部分系統停止，資訊處理將會繼續進行。

5.容量（Capacity） 衡量資料儲存的速度與可以被儲存的資料數量。

6.可擴充性（Expandability） 多種單元被模組化，讓額外的單元也可以輕易的加入。

7.成本效率（Cost efficiency） 當人工處理資訊成本因數量的增加而上漲時，電腦資訊處理成本因更大的數量而減低。

電腦的基本組成Basic Components of Computers

輸入裝置（Input Devices） 輸入裝置包括鍵盤（通常還有滑鼠）、磁碟機（disk drives）與數據機（modem）。磁碟機同時是輸入與輸出的裝置。以磁性儲存在磁片上的電腦程式，可以透過磁碟機來轉換到電腦記憶體。不同的磁碟機可以放置在電腦中，例如磁片（floppy disk）或壓縮磁碟（Zip drive）。大部分的電腦都有硬碟（hard drive），硬碟有更大的存取空間，執行的速度也比磁碟機快。數據機（modem）也同時是輸入與輸出的裝置，這個裝置可以讓電腦透過電話線或電纜對外通訊。電腦通常有光學磁碟機去讀取與存取的CD或DVD裝置。

記憶體（Memory）　「電腦記憶體可以被區分為主記憶體（primary memory）與次記憶體（secondary memory）。主記憶是以迴路或晶片的方式放在電腦裡的迴路板上，主記憶體也可以延伸區別為隨機存取記憶體（random access memory, RAM）與唯讀記憶體（read-only memory, ROM）」（Safrit and Wood, 1995: 108）。ROM是靜態不可改變的，而且是在出廠前就設定好了。而RAM晶片提供使用者資料和軟體轉換的記憶空間。

中央處理器Central Processing Unit（CPU）　電腦系統的核心即是中央處理器（CPU），這個核心包括三個主要的部分：

1.控制單元（Control unit）　將程式的指令轉換並且發送訊號給其他單元。

2.儲存單元（Storage unit）　這是在系統中不同部分之間的連結，保存任何單元所使用的資料與指令。

3.算數邏輯單元（Arithmetic-logic unit）　很顯然的，這個單元提供電腦操作所需以達到想要的輸出結果。

輸出裝置（Output Devices）　這個裝置包括顯示器（monitor）（或螢幕display screen）、印表機和驅動器（drives）。以前的顯示器是黑白的，現在的顯示器都是彩色的。顯示器的解析度與大小都不斷地在增加與改進，遮光的顯示器已加上。解析度是依據像素（pixels）（點數，dots）的數目。像素的數量越多的話，解析度就會越好。

印表機主要有三種形式：雷射（laser）、點陣式（dot-matrix）與噴墨式（inkjet）印表機。雷射印表機與影印機類似，可提供高品質的效果，成本也較貴。點陣式印表機是使用撞針撞擊色帶，而噴墨式印表機是以噴墨的方式將墨水透過噴頭噴在紙上。後面兩者是目前使用者較多的產品（Safrit and Wood, 1995）。

微電腦和迷你電腦Microcomputers and Minicomputers

在好幾十年前，大型的電腦處理器和微電腦、迷你電腦有很大的不同。科技不斷的演進，如今最小的微電腦已經有大型電腦處理器的功能。在體育運動行政管理中，一般使用的是迷你電腦，通常是桌上型電腦（desktop computer）或筆記型電腦（laptop computer）（Picciano, 1994）。

安全性Security

電腦的安全性現在已變得越來越重要，通常安全性的第一道防線是密碼。大部分的人都選擇熟悉的名字、詞句或重要的日子，這些都是很容易猜測得到的。專家指出密碼最好應該要包括字母與數字，或選擇兩個或多個不相連的字，再以標點符號分開，或故意拼錯。還有穿插使用大寫與小寫的字，拼顛倒的字將有助於防止有人企圖要強行進入你的電腦（kenworthy, 1997）。

在購買電腦或軟體前，行政人員將應該做什麼事？
What Should the Administrator Do before Buying a Computer or Software?

很多的體育運動行政人員會面臨到該採購哪種電腦或微電腦的問題，就像其他的專業領域一樣，他們得先儘量去瞭解該項產品，還有這些產品是不是會符合組織的需求。在決定購買的目的之後，再去諮詢專

家的意見。

在採購微電腦前，先確認該機種是否允許擴充輸入與輸出的零件。因爲電腦科技日新月異，使用靈活性與適應性是最重要的考慮因素。請確實考慮以下因素：記憶體容量、磁碟容量、速度、軟體執行的數量與品質、可靠性與維修、新增物件之可容性、可擴充新軟體的能力以及成本。每年的電腦雜誌會評估市面上各種的電腦與配件。行政人員要購買電腦設備前，需要先去參考最新的電腦評比（"Desktops," 2002; "Monitors," 2002; "Printers," 2002; "Laptops," 2002）。

在資訊處理中，軟體已變得比硬體佔有更高比例的購買成本，選擇軟體時應要謹慎。以下是在購買前注意的幾點:

- 成本？
- 這軟體可以在現有的硬體上執行？
- 它處理資料可以有多快？
- 軟體技術支援的品質？
- 這是便於使用者使用（user-friendly）的軟體嗎？
- 可以做一份備份嗎？
- 僅用很少的成本就可以升級嗎？
- 它會完成你所需要的結果嗎？
- 它可以先試用嗎？
- 可以在合理的時間得到合適的技術支援嗎？
- 需要多少的軟體使用訓練時間呢？
- 它可以儲存在硬碟裡嗎？（Safrit and Wood, 1995）

當學校設立電腦中心給教師或學生時，很多行政人員面臨到需要採買哪些電腦設備的問題。此時則應該需要去考慮兩方面，第一是有教育性（educational），這包含教師和學生的偏好、可配合電腦的作業、操作的能力、教育性軟體的可取得性、是否符合未來計算的需求。第二個考量是功能性（functional），這包含購買與維修的成本、空間限制、職員的技術、是否有週邊設備、與區域網路和軟體的相容性、方便升級、與賣貨廠商的關係、市場的地位（Djang, 1993）。貝（Bay）（1993）提出4Cs的建議：建立起所有使用單位及行政間的承諾（committment）；與使用者、使用單位、行政間建立溝通（communication）的關連；使用控制（control）去確保個人或團體可以持續地把焦點放在資訊處理系統的目標上；建立合理的成本（costs）。

體育與休閒的行政系統電腦應用

ADMINISTRATIVE COMPUTER APPLICATIONS IN PHYSICAL EDUCATION AND RECREATION

在體育管理中的電腦使用

Computer Uses in Physical Education Management

許多專家權威都同意在選擇電腦時，要確認該電腦可否在各方面都能直接地協助教師教學。經過電腦處理過的可存取資訊對教師與研究人員來說，都是相當有價值的。一般的資料庫系統，例如有ERIC（譯註: Educational Resources Information Center，美國教育資料庫），還有專門領域的資料庫如MEDLINE（譯註：醫學資料庫）、SIRLS、SPORT DISCUS（譯註：運動論壇）和SPORTDOKUMENTATION（譯註：運動文件）。

對學務相關的職員來說，最重要與最直接的電腦服務就是出考題與電腦閱卷。電腦化系統可以從題庫中挑選考試問題並列印出來，而大部分的電算中心擁有標準程式，可以在特殊的「可開放掃描（op-scan）」電腦用答案紙上進行電腦閱卷。任何型式的問題，只要回答不超過5個選項的單選題都可以使用電腦閱卷。題目型式包括是非題、單選題、圖表指認（diagram identification）、及配對題。根據電腦的工作時間表，試題可以在短時間內改完，並且附上一份簡單的報告與原始成績表、成績百分比、Z分數（Z-score）、T分數（T-score），還有標準差。另外，大部分的電腦程式可以列出每題答對的比例表，還有點二分系列相關（point biserial coefficient）會依據每個問題做紀錄，而且它是個決定問題效度的完美方法。每題被正確回答出來的比例也同時稱爲困難指數（difficulty index）。有些程式也會列出鑑別分數（Discriminant score, D score），這個程式會自動提供判別成績高的分數（前75%百分比），還有那些成績不理想者的分數（後25%）。

很多的軟體廠商寫出不同型式的測驗題。有些可以簡單的用文書處理軟體就可建立一個普通的題庫，大部分的電腦都有自動編號的功能，所以使得這個工作變得很輕鬆。如果有圖表功能的話，那麼可以使用圖表與繪圖讓試題較活潑生動。另外有題庫的功能是使用軟體，將文字檔輸入資料庫（database），依內容編碼，經過排序後可在日後使用。

因爲體適能測驗包含大量的學生測驗數據與資料，幾個組織已經準備好將結果匯整成圖表，並提供個人檔案的軟體。這些體適能測驗課程包括FITNESSGRAM（Institute for Aerobics Research有氧研究學院）、「最適身體」體適能課程（Physical Best）（AAHPERD美國健康體育休閒協會），還有克萊斯勒基金（Chrysler Fund）的美國業餘運動協會－體適能活動（AAU Physical Fitness Program）。

體育評分系統是主要的行政問題，因爲每班級的學生僅一週上課2～3次。有簡易但很有效率的成績卡可以使用文書處理軟體製作。學生的成績可以儲存在資料庫並做彙整，之後做出個人的成績表。現在有很多的軟體廠商都會在軟體上增加這個功能。

在體育中，有很多不同的電腦功能可以使用在許多的活動領域、實驗室、理論課程。電腦輔助教學（computer-assisted instruction, CAI）將會因爲電腦的普遍使用而加速的升級。特殊的使用功用將包括個人化的生活體適能課程、健康、營養、運動裁判法與體育的專業基礎課程建立。體育課中自我控制進度的課如壁球課（racquetball）等，已透過PLATO系統建立程式。同樣的系統，也可以在肌動學（kinesiology）中，在電腦上呈現出特殊的生物力學拋物線動作或教學。還有更多在教學上結合電腦應用的實例，例如動作詮釋（movement notation）、舞蹈老師的四度空間檔案，還有模擬的教學用課程計畫等。

對保齡球課來說，電腦可以減輕老師冗長的成績紀錄工作量，還可以提供學生立即的教學指導。電視遊戲（video games）可以在動作學習的研究中使用。很顯然的，大部分可以運用到電腦的課程是測驗與測量的課。如果使用這些已寫好的程式，學生僅需要學會簡單的指令去「登錄」到電腦上。在未來，教練與體育老師們則需要多去應用這些電腦輔助的教學方式。

在存有許多學生大量資料的情況下，例如體育課的出席率、身高、體重、體脂肪指數、心跳率、柔軟度等，這些測量都可以輕易地用電腦來處理並分析。在大學的行政、測量、適應體育等課程，都會與電腦相關。

> 運動生理學已經演化成需要依賴電腦去監視和記錄壓力測量、水中的體重測量與生物電阻（bioelectric impedance）的技術計算身體組成比例，及決定骨質密度（bone mineral density）。生物力學則仰賴電腦去預測身體運動的動力與運動的參數。而運動心理學也開始使用電腦去運算複雜的統計方式，以找出人們參與身體活動的堅持與動機的因素模型。運動防護員與體適能專業人員，也使用電腦以加快計錄的效率，以及提供客戶有關體能健康的資料－這些都是電腦可以勝任的功能（Safrit and Wood, 1995: 104）。

在生物力學的研究中，電腦資訊處理常常運用在高爾夫球的揮桿動作，以頻閃觀測器（stroboscopic）的照相技術來取得揮桿速度的數據。電腦也可以做心肺功能的體適能測量（cardiovascular fitness testing）。例如，跑步機上的電腦可以根據任何的課程要求來設定速度和強度。

從1970年代早期開始，電腦程式就可從攝氧量測量（oxygen consumption testing）中所得到的原始數據，分析能量的消耗。電腦當然增加了準確度與資料處理的速度。現在使用攜帶型計算器與小型印表機，就可以輕易地做攝氧量檢測並分析，且價格也不昂貴。一旦程式儲存在計算器記憶體中，就可以轉換到磁卡上，而當磁卡插入電腦裡就可以執行該程式。

以體脂測量（skinfold measurements）來計算體脂肪比例來說，電腦比一般傳統使用手計算還正確且迅速多了，所以在電腦的輔助下，成立一個電腦化的心肺體適能中心可說是相當的容易。

學生在任何活動中的表現可以用電腦來評量，學生可以寫程式，或者參與電腦提供的回饋與選擇，以做策略的規劃。當使用電腦時，由於學生可以定期地收到學校活動表現的進度報告表，所以輟學率也會較低。

當使用電腦時，大量的學生報告表可以在短時間內完成，而學生績效評量管理系統也可以告知是否有達到課程的目標，看看教學是否有助於學生的表現。有個叫做「dBase III Plus」的程式擁有這些功能。

電腦的行政應用 Administrative Applicants for the Computer

安那尼西（Annesi）（2002: 43）提到：「很多的行政功能，可以很方便地靠電腦的軟體把大量文件資料、筆記、期刊資料等縮到最小的儲存空間。例如，體適能和運動課程中所完成的目標是由電腦從許多的個人、心理與行為的因素資料中得到的。電腦軟體不僅可以很即時地將資料儲存起來，還可以印出一份體適能人員方便使用的清單呢！」

課程設計是電腦可以很有效率地協助的管理領域，例如有堂體育課從必修改為選修或者有提供新的活動，行政人員在之前就先需要知道這對器材、人員與設備上大概會受到多少的影響，然後決定是否這樣的改變是恰當的。諸如這種的問題可以使用電腦先估計看看大概的結果，為了計算體育課程設計的長期效應，研究者已經研發出一種電腦程式模仿長期的狀況，以分析變化不定的政經社會情勢與教育理念所帶來的影響。電腦科技也可協助在管理運動場館設備方面，這包括置物箱紀錄、器材管理、學生補助和薪資紀錄、招募資料、水電使用費等等。在密西根州立大學球場的最新燈光系統，就是用電腦來控制，以設計好的電腦程式來做不同的燈光效果（Rabin, 1993）。

電腦程式對安排學生、球隊或場館的時間表也是相當有效率的，這樣對一個大型的系所或部門來說，可以節省很多時間。在需要彈性規劃時間表的學校系統，電腦的使用是不可或缺的。電腦在其他的行政管理職務上也是相當有價值的，例如在電腦化的註冊系統中，每個科系可以馬上知道有哪些課已被哪些學生選了，而且還可以做「需求分析」——告知行政人員有多少學生要求開這門課。在開新課程與做未來的課程規劃上，電腦資料的價值是無法衡量的。而電腦化的系所畢業生資料，也提供重要的資訊。當所有大學的體育課選課都已電腦化後，中學的選課系統在電腦化方面的進度較緩慢。

透過資訊處理來維持器材紀錄是很有效的，尤其是當有好幾個學校一同做採購的時候。透過電腦，所需要的器材與預算分析資料隨時都可獲得。而學生的器材分配追蹤，或短期的租借，也可運用電腦來簡化。另外，所有和使用設備器材的可存取資料，可以在稍後用來建立與修正預算。

電腦可以設定程式來做開關的控制，如安全用燈和熱水等，在體育館、游泳池和器材室的門未上鎖時，也可以發出警告通知行政人員。教科書存放與圖書館新書等，可以透過電腦控制來做定期的維持。電腦也可以協助許多課程的進行與校外作業（out-of class assignment），而電腦教室（computer laboratories）可以當作電腦營，以用來做如企業經營管理等課程的教學。

學生對教師的評鑑，或者是在任何的運動環境下對隊長或領隊的評鑑都需要電腦資訊處理。現在已有相當多有關這方面的研究，這些研究工具是使用許多私人公司發行的評量系統軟體。其中有個頗受好評的系統叫做「個人發展與教育評量中心的學生評鑑教學系統（the Individual

Development and Educational Assessment Center's (IDEA) student rating of instruction program)」。這間公司提供簡短且實用的表格給行政評量方面使用，也提供較詳細且具有診斷功能的多題目表格，這可以有效地協助教學發展方面。如需詳細資料，在美國請打（800）255-2757，或至www.idea.ksu.edu查詢。

電子郵件Electronic Mail

電子郵件（e-mail）的使用，讓不同地點之間的通訊變得更便捷，距離也變得更近。維吉尼亞大學（University of Virginia）利用龐大的經費建立了一個這樣的系統，整個學校的師生職員都可以透過中央電腦使用e-mail。早期費時的事情，如安排參訪、教學計畫和會議等都可以透過這個系統處理。而師生職員間可以互相透過e-mail溝通以解決問題。東卡萊納大學（East Carolina University）和阿帕拉契州立大學（Appalachian State University）都已建立這樣的系統，讓教授們、實習學生教師（student teacher）與學校管理階層都接受使用前訓練課程，並實地進入系統使用。

一篇調查26個師資培訓科系的研究（包括體育系主修）中，發現僅有8個（30.8%）科系在他們的學生教學課程中使用e-mail。大部分受訪者都同意在未來課程中增加e-mail的使用。對於那些已使用e-mail者，艾威哈特（Everhart）（1997: 37）指出：「在外面實習的教師，每週都會利用e-mail把教學進度與日誌傳回實習指導教授。實習教師也可以透過e-mail與同學和合作的教師溝通，這樣的溝通是相當有幫助的，因為在需要時，實習教師的教學計畫可以收到合作的教師和實習指導教授的評論。」

在電腦輔助設計與場館管理中的電腦使用 Computer Uses in CAD and Facilities Management

電腦輔助設計CAD（Computer-assisted design）在先前計劃場館時提

到過，CAD 軟體創造出3度空間立體樓層圖、家具的擺設、牆和房間的形狀。這些都可以在短時間完成，且這種軟體也變得較便宜。正當撰寫這本書的同時，一個方便的 CAD 軟體加上一本教學手冊的售價不到美金20元。當然，困難的複製工作也可以輕易地被解決。（Parkhouse, 2001: 81）。

這種程式的主要特色是固定的工具、方便使用的定位工具、擁有許多標誌符號的資料庫、多種列印規格、公製與英製度量衡、多種可容忍誤差等級、可調整的填充物、顏色和型式。這些可以用在機械／建築設計、電子和鉛管製造圖表、流程圖／圖表／網路圖、土木工程和電路板上（Key CAD Complete, 1997）。

研發這樣的管理與維護資料庫（database），可以讓經理人員在短時間內就可獲取需要的資訊，而且還能夠知道有哪些部分已受到完善的管理。例如場館經理必須保管很多業務機密地區的鑰匙、文件資料管理、危險垃圾的處理、場地控制或建築維護與清潔時間表。電腦公司有很多這樣的軟體，有一個受過推薦而且是容易操作並與IBM相容的軟體叫做「Alph4」資料庫。像這個軟體可以追蹤電費消耗，電費在各區的成本消耗、長期的成本效益分析和預測使用的趨勢（Jonigan, 1993）。

休閒與體適能中心管理使用的軟體

Software in Recreation and Fitness Center Management

電腦可以用來控制音樂、維持工作進度、存貨表、帳單、研究和收藏。

> 隨著電腦化，如運動及體適能資料、體適能器材等，可以重新找出運動處方，這可鼓勵人們在運動時要維持心跳率在建議的區間，以及記下預估的熱量消耗－基本上是要總結並查看他們是否有達到預定的個人運動目標。這把電腦支援運動的程

> 度更升一層，現在電腦科技已變成核心的角色。研發和簡化電腦應用的過程，這是要特別設計去支持新的和原來的運動人口，把電腦科技可以帶給我們的益處延伸至更廣泛的健康體適能產業上…電腦化的運動支援程式（Exercise Support Program, ESP）是注重在運動課程上，而不是把焦點放在結果上，這可以強化會員與體適能教練間的合作關係，而且這可較為符合個人的需求（Annesi, 2002: 38）。

評估會員退出的風險是個很重要的管理工作，使用ESP可以從15題的自我問卷中獲得資訊。從一個可觸動式的螢幕，資料可以預測會員退出的可能，造成會員退出的因素，然後他們會決定要採用那些方式來防止（Annesi, 2002）。從會員的使用登記資料可以搜集到線索，例如利用高度使用率的會員去介紹新會員加入，還有和那些已有一陣子沒來的會員和低度使用率的會員聯絡，恢復他們的使用情況（Cherry, 2002）。

以下列出可以有效地協助運動的支援軟體準則：

- 必須要直接明確、簡明，但不帶威脅。
- 必須有高度的靈活性。
- 必須根據研究結果提出最佳的建議。
- 必須增進遞送與服務的效率。
- 必須加強人際接觸的品質。
- 必須清楚地把結果建檔（Annesi, 2002）。

現在有很多廠商提供很好的軟體去配合需求，羅斯（Ross） 和瓦爾特（Wolter）（1997: 63）建議以下應該要考慮的價格因素：

1.瞭解你想要哪種軟體及註冊系統，並安排那些項目安排的先後順序。

2.建立一個執行電腦化的休閒註冊系統時間表。

3.瞭解休閒註冊系統軟體所特別需要用的軟硬體要求。

4.決定技術支援的層級、文件和所要求的維修支援。

下列的廠商提供有註冊的軟體（Ross and Wolter, 1997）：

- A.E.K. Computers, (800) 666-4AEK。
- Aspen Information Systems, (281)320-0343。
- THE-Programmed for Success Inc., (800) 488-7374。
- Overtime Software Inc., (800) 467-0493。
- Sierra Digital Inc., (888) REC-WARE。
- Vermont Systems Inc., (800) 377-7427。

軟體不斷地更新，有很多軟體可以協助運動的管理。通常他們會提供一個前測的體適能評量，還有隨後的定期檢測。這些系統可以測量和追蹤心肺耐力、肌力、柔軟度和身體組成（"Business and Fitness", 1997）。

有種可以參考的服務創意是在大型體適能與休閒中心內所提供電腦的中心，大專院校已在校園、宿舍中提供電腦教室，甚至在體適能中心也會有電腦教室。尤其是連鎖式健身俱樂部可以採用這個概念，因為許多的會員會在出差或私人旅行時至當地的連鎖店健身運動，如果連鎖式健身俱樂部可以提供電腦服務，相信可以大大地吸引會員。

一旦網站開始經營，我們該如何知道電腦服務是否值得成本？有種方式是在網頁上加上計數器，這可以算出每天瀏覽的人次。這種統計很有趣，但是除非這些人用其他方式與該運動組織聯絡，否則這沒辦法估計其價值。除了經常保持更新，還有使用簡單易懂的圖表，另一種方式可用來做追蹤聯絡是用「推展」（push）的科技。推展軟體可以在網頁上更新資料，並且可以自動的寄到網頁上的訂戶信箱中…這個科技很強大而且最近已變成免費的工具（Tucker, 1998, p.44; Sherman, 1997）。

決定要使用哪種軟體以監管顧客登記並不是件容易事，因為現在市面上有許多不同種的軟體可以選擇。有人建議可以請員工們做腦力激盪，列出他們希望的軟體功能。岡都弗（Gondolfo）（1997: 33）建議：「例如像使用的紀錄、會員確認、顧客追縱、客戶服務功能、服務支援、帳務與募集、報告能力。」這些細節包括相片指認的功能，會員的電話將會在會員刷卡進入時出現在螢幕上；與其他人做確認，避免跟其他人犯同樣的錯誤；以及找尋產業的期刊。當組織決定要採用某個廠牌的軟體時，先查看附近是否有同行也是採用這種軟體系統，並提出一些問題，例如：軟體廠商提供那種軟體使用訓練？軟體廠商是否提供24小時的技術支援服務？軟體廠商是否可以讓你們在自己的電腦系統中先測試過？確認你現有的硬體設備可以符合新的軟體需求（Gondolfo, 1997）。

健身俱樂部的管理軟體已被設計成可以透過電腦來做所有的營運控制，除了會員追蹤紀錄和會員登記外，管理軟體還可以提供存貨控制、一般分類帳功能、顧客報告等。軟體還可以提供帳目與特定點銷售的資料（"Business and Fitness," 1997）。

繳費制度在過去10年已有革命性的改變，通常有數種繳費方式，但組織首先要考量是否要自己收款還是委外的繳費方式。如果是全新經營，那麼先與其他同行討論，看他們建議哪種方式。現在的趨勢是使用電子匯款方式（electronic funds transfer, EFT），這是從會員的銀行戶頭直接轉帳至組織的戶頭裡，雙方不需寄發帳單或繳交通知。如果有手續費的話，通常也是很少的，但帳戶收款的費用大體上是會比較高。另外一種方式是使用信用卡繳費。第三種方式是事先販賣每個月的折價券（coupons），這通常需要多一點的費用，它會以電子郵件來通知已收到付款。很多新的健身俱樂部僅允許會員使用電子匯款的方式繳費（Cioletti, 1998）。

電腦在運動與運動代表隊中的行政應用
ADMINISTRATIVE COMPUTER APPLICATIONS IN SPORT AND ATHLETICS

在運動中的資料處理（data processing）使用有可能遠比在學術上使用的次數還多，因為運動本質的關係——運動是非常競爭且有較多的經費。電腦在運動中已被使用在：

- 行事曆、備忘錄、行程表、信件與電子郵件。
- 財務報告與出差旅行的安排。
- 新聞稿、出版刊物、秩序冊（programs）與媒體導覽手冊（media guides）。
- 懇請募款與感謝函。
- 受傷人員報告與報告的格式。
- 器材存量、器材購買記錄、維修管理的時間表。
- 新生球員加入的意願信（letter of intent）、圖表與戰術。
- 門票印製，票務中的直接郵購。
- 行銷或贊助上大量的信件郵寄。
- 球隊名單、運動法規的報告、合格球員名單與學生球員的成績報告。
- 運動資訊統計報告與新聞稿。
- 有許多參賽者的運動賽會分數計算，如越野比賽。

請參照**表12.1**。

在學術上，如果行政主管想要在體育室的各運動代表隊中執行資訊處理，那麼首先得評估這樣的方案將會如何地協助教練。電腦可以幫助高中教練儲存大量的資訊、在很短時間內完成許多功能、在維持多功能的同時提供相同的正確性。電腦軟體已經提供給所有教練許多功能，也足夠滿足其特殊的需求。電腦軟體已提供5種功能：模擬、安排時間表、計分、統計與情報搜集（scouting）。

諸如選手出賽後得馬上計算分數的運動項目，如體操、跳水或十項比賽等，都是使用電腦來做分數計算。像棒球或壘球有多種數據的運動項目，那根本就像爲電腦而存在。

有高中球隊的電腦化情報搜集，那表示教練在數學課時使用學校的個人電腦來計算球隊的統計數據。這個系統包括鍵盤、資料存取的磁帶錄音機、螢幕與印表機。資料是從每一個進攻比賽取得的，包括進攻碼數、在第幾碼、第幾次傳球成功、距離、戰術、球員、結果等等。每一個進攻都有圖表，也有對方的防守圖表，尤其有特別的後方球員戰術與

表12.1　電腦可以執行的功能

部門領域（Departmental Area）	功能（Functional Operations） 聯絡溝通（Communications）	 資料庫（Database）	 數學（Math）
體育室主任的辦公室（Athletic diretor's office）	行事曆、備忘錄、行程表、信件與電子郵件	捐款者資料庫、體育室名錄	預算、特殊的財務報告
體育室業務辦公室（Athletic business office）	財務報告與出差旅行的安排	廠商資料庫、訂單資料庫	工作表、會計、損益平衡、預算、收入趨勢分析
運動資訊辦公室（Sports Information office）	新聞稿、出版刊物（如秩序冊programs、媒體導覽手冊media guides等等）	媒體資料庫	比賽數據統計
發展促進辦公室（Development office）	懇請募款與感謝函	捐款者資料庫	資金招募之趨勢分析、可收到之捐款
訓練室（Training room）	受傷人員報告與報告的格式	保險紀錄、學生運動員的體檢報告、補給品紀錄	預算控制、預算之準備、保險索賠的行政管理工作
器材室（Equipment room）	行事曆、備忘錄	器材管理	預算控制、預算之準備
教練辦公室（Coach's office）	新生球員加入的意願信、備忘錄、圖表與戰術	球員招募資料庫、現役球員資料庫	比賽分析、該項運動的預算控制
運動票務辦公室（Athletic ticket office）	門票印製，票務郵購、票務相關的大量郵件	季票購買者資料庫、票務清單	業務報告、比賽票務的結算報告
行銷與推廣辦公室（Marketing and promotions office）	信件、大量郵件、贊助商名單印製	企業贊助資料庫	運動賽會的到場人數統計
運動法規辦公室（Compliance office）	球隊名單、運動法規的報告、合格球員名單與學生球員的成績報告	學生運動員資料庫、即將加入的學生運動員合約	學生球員的財務補助計算、房租與膳食零用金計算

資源來源：Sharon Andrus, The Andrus Group.

傳球路徑。在不到一個小時的時間就可以把所有資料輸入完畢，而所有進攻中所需的戰術與統計全在短短的幾分鐘內就可完成。準備一場比賽計畫，這僅花費一位教練一個小時的時間，但如果按照傳統的手寫方式，是得花上數位教練好幾個小時的功夫才能完成。

另外一個使用資訊處理的案例，是全國大學運動協會（NCAA）在遴選參加大專籃球季後賽的球隊時。電腦是根據每個第一級球隊的勝敗成績、對手的勝敗成績、對手的賽程強弱、在客場的勝敗成績來做決定。在新的規則中，很少球隊可以獲得自動晉級的機會——所以這顯示出藉由電腦得到的資料是愈顯重要。

在大學的行政管理系統中，許多不同的場合都會使用到電腦。電腦可以控制場館中的燈光，還可控制音效。例如工程師可以事前設定不同的聲音從不同的音響發出，控制音效的人僅需輕鬆地使用電腦鍵盤就可播放國歌或學校運動比賽歌曲。

票務管理也需要定期使用電腦，以減少人事成本與難處理的票務程序。法莫（Farmer）、穆魯尼（Mulrooney）與阿蒙（Ammon）（1996: 188）建議電腦可以提供以下的資訊：

- 銷售點顧客的郵遞區號資訊。
- 電腦化郵遞清單。
- 每日財務資訊的更新。
- 對特別的賽會或事件，篩選顧客做回應。
- 監視票務與行銷活動的對比。
- 比較需求波動與廣告類型或行銷活動之間的狀況。

校內運動比賽（intramurals）也在很多方面使用到電腦，學生會在休閒運動比賽裡使用電腦，還有維持他們球隊的統計數據。教師使用電腦問卷來調查不同課外活動的興趣程度。基本上來說，在舉辦校內運動比賽時，尤其是大型學校或有較多參賽隊伍時，在安排賽程與統計排名方面電腦更是可以派上用場。在美國的大專院校，同一時間內舉行數種比賽，並有上百支隊伍參賽的狀況是很司空見慣的。已有被設計好的電腦程式，主辦單位僅需輸入隊伍名稱還有幾個簡單的指令，然後整個比賽賽程表馬上就可列印公布。例如有種子隊伍等狀況都可輕易處理，甚至比賽的時間與場地也都已經設定好了。滑雪產業也很廣泛地使用電腦，在許多成長的運動商業中，電腦常被用在行政與財務經營上。電腦也在其他的領域上被廣泛地運用，例如電腦化的票務可以減少人爲的疏失，還可立即回報資料給管理階層。在手寫的會計方式中，經理大概會得到有相距45天的落差報告，而不是上週的會計報告。透過電腦化，經理可以即時做會計分析。

例如運動育樂營、校內運動比賽與休閒活動等報名，常常是一小群的工作人員得在同一時間回應數不清的電話，這狀況可以使用電腦處理系統來解決。但就像所有的資訊處理系統一樣，這必須是處理正確並且要有很好的理由。科尼（Courtney）（1993）建議在電腦化之前，先做以下評估：現在的數量多少？如果使用手寫的話，成本多少？預算是否足夠來做自動化的更新？損益分析如何？需要那些其他資源去執行這個電腦化？電腦化是否在組織的長程策略中？

網際網路World Wide Web and the Internet

> 雖然僅在數年之前才被發明，網際網路以不可思議的速度提供企業內部的資訊連結還有使用管道。藉由開拓廣泛的使用潛力與網際網路的配置，公司可以建立供內部使用的客户與主機應用（Intranets），或是供公司外部使用（公共Internets）以多種方式接觸顧客並與顧客、商業客户與供應商互動（Kalakota and Whinston, 1997: 93）。

網路受到大衆的歡迎是因爲網路由廣泛的概念與科技所組成，這些概念包括全球性的超連結、全球的閱讀者與客戶——伺服器間的互動。

這樣的互動使得網路成長倍增，而且沒有任何的中央控制。

當經濟不景氣時，許多原本負責提供服務給大學與高中網站的網路公司也都取消服務或倒閉，其他的公司也受到這股風暴的波及。而一些網路公司，如官方大學運動網路（Official College Sports Network）（原名Fansonly）、iHigh、eteamz 與 HighWired 都在尋找擴張版圖。iHigh 公司負責5,500所高中的網站，它希望可以進軍高等教育的市場。Eteamz.com提供免費的網路服務，包括許多休閒系、少年運動聯盟與12萬支高中球隊。HiredWire.com 提供更廣的直接服務給整所學校，他們的服務包含時間表安排與通訊規劃（"What's new," 2002）。

大部分的高等教育學校都設有網站，包括體育室的網頁。漸漸地，體育室也設立屬於他們自己的網站，有些還設立女子運動的網頁或各單項運動的網頁。這些網站或網頁，剛開始大部分都僅有文字檔，後來音效與圖都慢慢地加入。這些網站已在擴展市場、行銷、廣告、球員招募，以及居住在其他城市的校友之間的通訊聯絡方面都相當地成功。還有如休閒系、研討會、會議、協會（如NCAA）與高中的活動協會等都已設有網站（Catalano, 1996; Sherman, 1997; What's New, 2002）。

決定是否要建立一個網站，得依據你的理想，還得考量成本、器材設備與人員。有些組織認為網路將會大幅成長，而現在如不趕上這股熱潮的話，所消耗掉的成本以後將會難以估計。網路最主要的目的是資訊的交換、業務和廣告。例如有些健身俱樂部已建立一些網站，他們也知道網站不大會幫助他們招募到許多的新會員，但是這對於與會員間的溝通是很重要的。網站可以幫助健身俱樂部保留住舊會員，還可激勵會員更積極地去健身。如果已考慮要設立網站，第一步應該先與也有設立網站的類似組織先詢問一番（Tucker, 1997; Sherman, 1997）。

在使用電腦方面有個管理問題，那就是員工在上班時間使用電腦做休閒娛樂的消遣。「經理與員工應該要一同努力把使用網路上的休閒娛樂導向正面的結果，而不是一味的責備、處罰或者完全的禁止。網路休閒娛樂在組織內其實也有許多正面的幫助，例如網路遊戲可以用來幫助降低電腦焦慮、鼓勵電腦的試用…有建設性的休閒娛樂是保持法律與技術上的限制…允許網路休閒娛樂，但是同時也要限制內容與時間。」（Oravec, 2002: 61）。

辦公室組織與管理
OFFICE ORGANIZATION AND MANAGEMENT

自從桌上型電腦的速度變快、使辦公成本降低後，辦公室管理的型態已有重大的改變。辦公室的基本電腦配備支援了包括更快更有效率的文字處理系統、電腦出版、雷射印表機、智慧性影印機、傳眞機、網路與電子郵件等科技，這些都已改變了原來的辦公室管理。

各辦公室間的直接電子連結，或營運中不同部分的連結所組成的聯合網路系統，已經擴張得很廣。例如行政人員或是有權限的職員，可以很容易地爲學生查詢學業成績。而如採購單等的紙本式文件應該要廢除，而改採用電子的通訊方式。繳交原稿或是申請補助應該也是使用電子的方式完成。

在昔日組織中，那種按照職位高低來安排辦公室大小的方式，如老闆使用最大的辦公室和擁有私人洗手間，其他職員則按照職位高低擠在辦公室隔間裡的安排，也改成依據哪些是對組織最有生產力與最有效率的安排方式。

員工正向的身體、心理和情緒狀況是根據辦公室的人體工學（ergonomics）。許多研究已指出，在爲員工改善人體工學後，可以得到更多的工作生產力、減少請假次數、增加員工的工作滿意度。當員工花更多的時間在電腦上時，椅子的高度、背部的支撐還有適合的燈光都是需要注意的。在維持辦公室營運的經常性支出成本已逐年提高的情況下，這個領域需要更多注意的焦點。

組織工作場所Organizing the Workplace

組織生態學（organization ecology），是有關組織的領導者如何地在空間與時間上將員工聚集在一起，去追求一個長期的競爭優勢（Becker and Steele, 1995: 11-12）。

下列爲組織生態學的主要概念部分：

- 工作完成時，有關硬體設施擺設的決定。
- 有關規劃和設計工作場所系統程序的決定。
- 空間、設備和辦公設備該如何分配的決定。

這些決定是根據以下的因素（Becker and Steele, 1995）：

- 他們本身的工作與業務處理的特色。
- 獨特的組織文化和價值。
- 外在因素，如空氣品質和交通運輸系統，這些會影響員工如何前來工作以及他們在哪邊工作。
- 房地產提供與需求。
- 安全、可靠以及其他的生活品質議題。
- 工作場所的人口變數，如年齡、性別和生活方式。

研究和經驗都指出，替辦公室增加自動操作或是電子配件，將不能完全保證使工作更有效率或生產力。我們有多少人曾經購買掃描器（scanner）或數位照相機後，僅用過那麼一次？替現代的辦公室做設計必需先評估需求，選擇將可以達到需求的科技產品，並且提供合適的使用前訓練來確認使用：

- 決定在整個組織中的內部連結與關係。
- 強調科技是要提供給員工更有效率的方式以達成他們的目標。
- 辦公室科技不能以獨立的應用來看待，或是僅影響到部分的工作場所

而已。

使用這些上述建議的例子，是學術單位中的體育、休閒、運動生理學、健康促進等科系中，學生透過他們房間或電腦教室中的網路註冊，而秘書和行政人員可以找出有多少位以及哪些學生選這門課的資料，進入學生的紀錄中去審核他們是否有達到要求的過程。授課者可以透過為每門課所設立的網頁，公布上課大綱（syllabus）、作業、考試時間和其他資訊來和上這門課的學生溝通。實習老師的監督者可以與在各地（甚至在海外）實習的學生們去溝通、做要求。而且授課者可以列印出選修這門課的學生的電子檔照片。

在體育室，高階人員僅需輕敲鍵盤，就可查看學生運動員的學業狀況和可登錄的資格。運動防護員可以追蹤運動員的受傷情況與治療進度，器材管理可以追蹤哪些器材被誰借走，還有例如使用年數、尺寸大小等各式各樣有關器材的資訊。

辦公室結構和人事Office Structure and Personnel

現代的辦公室是個提供資訊的系統，它是個由不同部門所組成的網路系統，以提供川流不息的資訊給決策者。辦公室的功能由以下的5個活動實行：

- 接收資料與訊息。
- 紀錄資料與訊息。
- 準備資料與訊息。
- 溝通資料與訊息。
- 保護訊息。

運動經理人必須瞭解，將科技帶入辦公室將會帶給員工在使用設備上有極大的影響。自動化的工作站，經常會把員工放置在更獨立工作的環境中，並不是說這比傳統的工作方式更好或更不好，但是這是很不同的工作方式，現代化的工作方式給予個人要有獨立思考與做決策的壓力。而且，科技日新月異，器材總是在做更新與改進，這也需要不斷地做使用前的訓練。爲了在這樣的工作環境下，能更有工作生產力與保持愉快的心情，員工必須要明白在他們退休之前，他們將必須不斷地去學習。

文書處理
WORD PROCESSING

文書處理是最常被運用到的電腦功能（Picciano, 1994）。在本章開頭曾提到，文書處理是把創意或想法轉換成一個最終的且無錯誤的文件，因爲它使用自動快速的設備、有經驗的操作人員和修改過的流程，所以它是一個系統。文書處理軟體的市場是競爭很激烈的，隨時都有新的系統出現在市面上，並想主導市場。

文書處理是種很簡單且很容易的打字方式，因爲它有兩種主要的特性：第一，在列印到紙上之前你就可以先看到已輸入的字，你可以在螢幕上看到輸入的資料並且很容易去修改、刪除、儲存在另一個地方、改變邊線、文件置中，還可呈現出以前得相當耗時的工作。第二，文書處理是有「記憶性」的，他們會記得你輸入的資料，文件可以檔案方式儲存，然後可以一次次的被使用。在大部分的文書處理系統中，實際的列印是以另外的印表機來做列印。

對體育室來說，最主要的文書處理要求是集合／合併，這允許原先已輸入的資料可以不斷地複製，還可更改檔名、地址或特定的段落或句子。這有時會被歸類於「模板（boilerplate）」式文件製造。

以下爲在學校或體育室中常用到的文書處理：

1.更快、更專業地製作打字（印製）的資料（Producing typed

(printed) material faster and more professionally） 據估計，電腦的文書處理系統比傳統印刷快上3～4倍，因為電腦可以很容易地做更正，還有自動的功能，包括連字、邊線、置中、資料重整等。

2. **考題的編輯與文件的整合**（Test editing and document assembly）文書處理免除了重新打字，例如像按照字母來排列姓名等瑣事，就可以自動地使用電腦來完成。或者，姓名已按照字母來排列，但你又需要根據社會安全號碼來排列，電腦也可以很迅速地遵照你的指令做出更改。許多的考題都可以儲存在記憶體中，教師可以隨時找出任何特定的考題，而且試題還可以很快地列印完畢呢！
3. **紀錄管理**（Records management） 文書處理可以很有效率地管理成績單、球隊名單、合格登錄名單、賽程、身體適能分數、器材庫存與教科書收藏等資料。
4. **統計／科學的應用**（Statistical/science applications） 可以購買有數學功能並可設定程式的文書處理軟體，而且文書處理軟體在力學與運動生理學方面的實驗室研究中還是會被使用到。文書處理的統計功能，已為運動資訊帶來革命性的改變，例如在大學的校內運動與校內休閒活動中的文書處理使用，那可以儲存上百支隊伍的紀錄與做成績總整理。

其他一般的辦公室科技
OTHER COMMON OFFICE TECHNOLOGY

每天在辦公室科技方面都有新的產品出現，但是在考量規劃一個現代的運動管理辦公室時，有三個要點需考慮：微縮底片讀片機（micro-fiche reader） 是個很方便的器材，且在未來的運動管理也日顯普遍。就在那些紙本式的資料氾濫時，將會有越來越多的運動管理資料會儲存在微縮底片中。微縮底片讀片機的價格不貴，也沒有操作費用，而且幾乎不需維修。微縮底片使用的特殊影印機是比較貴些，但可以與微縮底片讀片機一同購買。

幾乎每一個辦公室都會備有影印機（copy machine），其實它正確的名稱應是靜電照相機（xerograph）。普通紙的靜電影印處理主導現在的市場，在購買影印機之前，首先要看一個月有多少的影印量。還有其他功能的需求也會影響要購買的影印機機種，如要縮小或放大、排序功能、校對、裝訂、自動雙面影印、大尺寸紙張的影印、控制板面的操作、可允許不同尺寸的送紙匣、電腦表格送紙匣、彩色影印、內建自動偵測錯誤系統等等。

傳眞機在運動管理中也很重要，傳眞機透過普通的電話線傳送印刷物（包括圖片），傳眞機可以傳送一模一樣的文件過來。傳眞機也是幾乎不太需要維修，而且由於大量的生產，傳眞機的價格也大幅下降。除了法律文件外，幾乎所有在運動中的文件，都可以透過傳眞機輸送，例如訂單、賽程、合格登錄的名單等等。傳眞機有分等級，第一級是最舊最慢，且已滅絕了；第二級是最舊且大量生產的傳眞機，市場上大概只剩下2%這種類型的機種；第三級是現在普遍使用的機種；第四級是新機種，傳輸很快但價格也很高。最便宜的機種是輕巧且可攜帶式的，也可在小型辦公室使用，一週大概傳送不到10次的文件。擁有多功能的傳眞機是屬商業用，還有多種附加的功能，每多加一個功能，價格就會增加。有延後撥號的功能可以在電話深夜減價的時段把文件傳出，以節省長途電話費。自動撥號的功能可以速撥常用的電話，尤其那些常需要傳眞到國外的號碼或那些常有撥號問題的號碼，可以藉由速撥及自動重撥的功能節省時間。

已習慣使用電子郵件的，其實也有較無效率的時候，有些時候新加電子郵件帳號，卻沒有將舊的刪除。有個方法是使用一種叫做「大腳（Big Foot）」的服務，這可以複製與轉送你的電子郵件。另一個問題是將送出的檔案限制住大小，導致平常的電子郵件傳送失敗。還有，如果你有一個禮拜以上沒辦法收信，你可以找人幫你定期查看信箱，或是讓伺服器自動幫你回信給那些寄信來的人，告知他們你什麼時候會回來（Grinzo, 1997）。

對運動資訊主任來說，掃描器（scanner）是很重要的。掃描器可以掃描來自報紙、雜誌、書籍等的圖片檔或文字等，然後以電子檔儲存起來。像所有的硬體設備，掃描器的價格也是當更新更好的機種推出時，以前的機種就會降價（"Scanner Gives SOHO a Personal Touch, " 1997）。

關鍵思維 Critical Thinking

方珍（Jane Fong）很高興知道她可以在下個學期到一所高中去擔任實習老師（student teacher），她的雙主修科目都需要實習：體育教學與電腦教學。方珍與她的大學實習指導老師（university student teaching supervisor）見面，她得知實習期間最少會有6次的實習指導老師到場觀察，但她被分配到的學校實在太遠了，實習指導老師告訴方珍他將會到那所高中去觀察她3趟，然後每一趟會有2次觀察，一次在早上，一次在下午。

方珍瞭解在實習期間，需要把每週的實習日誌傳回給實習指導老師，並把活動、問題與成果做統整。而且，她也需要把每一次觀察期間的教學計畫書先郵寄給實習指導老師。實習指導老師會把每次的實習觀察紀錄寄給方珍和她在那所高中搭配的體育老師（cooperating teacher）。方珍也被告知說那位高中的體育指導老師每週會去看她的教學一次，或者用電話做會談（chat）。但是，方珍慢慢地失去她的熱誠，因爲她很煩惱要花很多的成本與時間去準備與郵寄這些教學資料。

她告知一位她的電腦教學教授－強生博士（Dr. Johnson）有關她對這些事情的焦慮。強生博士建議她：「你怎麼不和實習教師主任去談談？你可以提供你的專長去設計一個溝通的平台，讓實習教師中心、實習指導老師、實習單位的體育老師和實習老師之間可以透過電子郵件和網路的方式互相溝通？」實習教師主任認爲這是個很好的構想，但他要求方珍去和強生博士先討論，然後把下列問題的討論結果帶回來。你的教授們對解決這些問題的應變計畫……

1.你的大學實習指導老師與實習單位的體育老師都沒有電腦，他們要如何上網？

2.你沒有自己的電腦，那麼你將如何做網路通訊？

3.如何將教學計畫與教學日誌簡化後用電子郵件傳送呢？

4.如何將每週的電話會談轉換爲電子郵件的方式呢？

5.如果你的實習指導老師、實習單位的體育老師和你都還沒學會使用電子郵件，那麼這整件事情將要如何去解決？

6.如果要所有的實習老師去透過網路傳送實習文件與溝通實習概況，那麼要該如何地去開始這項任務？

練習題

1.列出目前在運動中有在使用電腦的案例，然後再列出該程式軟體還有可能在哪方面被應用到。

2.目前很少有關籃球方面的情報搜集軟體（basketball scouting），假如您是位籃球教練，而您與軟體工程師正在溝通要去做一個這樣的軟體，請列出5個你最想要電腦去分析對手的數據或資料。

3.請敘述在本門課中，可能會使用到的資訊處理方式。

4.假設您是在一所大型高中擔任體育組組長（athletic director）的工作，學校計劃要在體育組中設置中央電腦，校長請您和教練們去列出一張使用調查表，看看在體育組的業務中需要使用到哪些功能。請列出這張表。

5.敘述大學運動資訊部將會如何地去使用文書處理功能。

6.您是一所約有2,000位學生的國中體育組組長，體育組裡共有4位體育老師，而體育組的業務包括有體育教學、班際體育活動與校外體育活動，請列出體育室人員有可能會使用到的個人電腦功能。

7.請畫出您所工作的學校體育室／組的職位圖，再畫出你心目中較理想的職位圖。

8. 請敘述在大型高中的體育組中，網路系統可以如何地協助體育室的工作。

參考文獻

Annesi, J. (2002, January). Using computers to solve the exerciser dropout problem. *Fitness Management* 18, pp. 38-43.

Bay, R. (1993, May). The four Cs for computer success. *School Business Affairs* 59, pp. 10-13.

Becker, F., & Steele, F. (1995). *Workplace by design*. San Francisco: Jossey-Bass.

Becker, F., & Steele, F. (1995). *Workplace by design*. San Francisco: Jossey-Bass.

Business and fitness. (1997, August). *Club Industry* 13, pp. 32-33.

Catalano, J. (1996, June/ July). The Web. *Athletic Management* 8, pp. 42-47.

Cherry, D. (2002, January). Handling your atrocious attrition. *Fitness Management* 18, pp. 44-48.

Cioletti, J. (1998, January). Top billing. *Club Industry* 14, pp. 17-22.

Courtney, R. (1993, June). Automating your recreation department. *Parks and Recreation* 33, pp. 66-70.

Desktops. (2002, September). *Consumer Reports* 68, pp. 20-22.

Djang, P. A. (1993, Spring). Selecting personal computers. *Journal of Research on computing Education* 32, pp. 327-338.

Everhart, B. (1997, August). Using e-mail in student teaching. *Journal of Physical Education, Recreation and Dance* 68, pp. 36-38.

Farmer, P. J.; Mulrooney, A. L.; and Ammon, R. (1996). *Sport facility planning and management*. Morgantown, WV: Fitness Information Technologies.

Gondolfo, C. (1997, November). Check out the check-in. *Fitness Management* 13, pp. 33-34.

Grinzo, L. (1997, October). E-mail heaven. *Windows* 8, p. 45.

Handley, A. (1993, February). Management notebook. *Club Industry* 9, pp. 51-54.

Jonigan, M. L. (1993, April). Get instant answers with a database. *Cleaning and Maintenance Management* 30, pp. 29-33.

Kalakota, R., and Whinston, A. B. (1997). *Electronic commerce*. Reading, MA: Addison-Wesley.

Kenworthy, K. (1997, October). Keep out! Private. *Windows* 8, pp. 218-226.

Key CAD complete. (1997). TLC Properties, Inc., a subsidiary of The learning Company,

Inc.

Laptops. (2002, March). *Consumer Reports* 68, pp. 28-31.

Monitors. (2002, September). *Consumer Reports* 68, pp. 23-25.

Oravec, J. A. (2002, January). Constructive approaches to Internet recreation in the workplace. *Communications of the ADCM* 45, pp. 60-63.

Parkhouse, B. L., ed. (2001). *The management of sport.* Dubuque, Iowa: The McGraw-Hill Company.

Picciano, A. G. (1994). *Computers in schools: A guide to planning and administration.* New York: Macmillan.

Printers. (2002, September). *Consumer Reports* 68, pp. 26-28.

Rabin, J. (1993, July). Light years ahead. *Athletic Management* 5, p. 6.

Ross, c., and Wolter, S. (1997, October). Registration information. *Athletic Business* 21, pp. 59-65.

Safrit, M. J., and Wood, T. M. (1995). *Introduction to measurement in physical education and exercise science*. St. Louis: Mosby/Yearbook.

Scanner gives SOHO a personal touch. (1997, March). *Windows* 8, p. 176.

Sherman, R. M. (1997, November). World wide worth. *Athletic Business* 21, pp. 45-53.

Tucker, R. (1997, November). Clubs on the Web. *Fitness Management* 13, pp. 29-32.

Tucker, R. (1998, February). Pushing your message. *Fitness Management* 14, p. 44.

What's new in Web services? (2002, June/ July). *Athletic Management* XIV, pp. 6-8.

Wittenberg, D. K., and McBride, R. E. (1998, March). Enhancing the student-teaching experience through the Internet. *Journal of Physical Education, Recreation and Dance* 69, pp. 17-20.

Chapter 13
體育與校園休閒活動常見的行政問題

管理思維Management Thought

活力法則：孩童在精疲力盡的玩樂後，

比他們在一夜飽眠後更有活力。

Law of Energy: Children have more energy after a hard day of play than they do after a good night's sleep.

～史蒂芬・傑羅（Steve Jarrell）～

案例討論：

教師是體育課不會淪為一種觀賞性運動的關鍵

（Teacher Determined That Physical Education Will Not Be a Spectator Sport）

比爾·史密斯（Bill Smith）已擔任國中體育老師5年了，他也曾獲得年度教師獎的殊榮。他的工作表現良好，但他仍然想要精益求精。他回想到自從實習後，自己的教學情況都還沒被錄影過。於是，他覺得如果現在來錄自己的教學狀況，應該是頗有趣的。所以，他在體育館的一角架設了一台錄影機拍攝自己的上課情形。在看完自己的上課錄影後，史密斯發現自己常固定站在體育館的某個地方，他也發現幾位學生佔了他大部分的教學時間——其中有幾位是表現優良的，其他是上課時行爲不良的問題學生。

爲了使這個自我教學評量更有趣，史密斯把整個體育館格狀區分，然後記下他在不同的區域花上多少時間。他列出學生名單，上課時，每一次與學生在技術教學上互動，他就在該學生的名字上記下「S」，如果是上課時因爲學生行爲偏差的緣故，導致他與該名學生產生互動的話，那史密斯就會在該學生的名字上記下一個「B」。當他比較這兩個表格時，他發現佔用大部分教學時間的好學生，相對的也被吸引到他大部分站立的地點，而行爲偏差的學生則是儘量遠離他站的地方。他也發現到有幾個較害羞、較不主動的學生也是離他遠遠的。他同時也發現那些上課時很積極回答問題的學生，其實他們佔了課堂上大部分的言語互動。史密斯決定得發展一些策略來調整這個狀況。

第一，史密斯決定的解決方法是他在教學時所站的區域需要隨著時段而不時的更換。第二，經過評估自己制定的上課秩序守則，他決定要把第一次的口頭警告改爲該名學生暫停活動五分鐘。第三，他給那些上課過於積極回答問題的學生兩個代幣，每次他們回答問題時，他們得繳回一個代幣，當兩個代幣都用完時，表示該位學生在該段時間的發表機會結束。史密斯自己注意到他詢問太多只能回答「是」或

「不是」的問題，所以他決定要修飾問問題的方式，讓學生需要動腦筋去想、或需要有深度的回答或討論。他發現，如果他可以在問完問題後再多等那些較慢回答學生幾秒，他可以讓多幾位害羞的學生回答問題。另外一個他常用的方法就是，在問問題時，讓班上同學們兩人一組討論，然後他再點幾組出來與全班分享他們的想法。

後來，他的班級比以前更進步，他知道他的學生不再將體育課當做一觀賞的運動，他們是快樂地參與在其中（Colvin, 1998）。

本章目標

讀者應能夠

1.把體育課程計畫大綱列出。

2.指出體育領域裡，一些特別議題的主要行政策略。

3.指出在1996年制定的美國失能者法案（Disabilities Act, IDEA）中對體育課與校內運動（intramurals）的主要要求，各寫一份個人化教育計畫（IEP）給參與體育課與校內運動的失能學生，然後報告對該學生的能力要求。

4.指出國中、高中與大專院校校內運動的主要方向。

5.瞭解校內運動的目的與結構。

6.寫出不同運動競賽（團隊與個人賽）的適合賽程。

7.比較與對照校內運動（intramurals）、校際社團運動（extramurals）與運動性社團（club sport）。

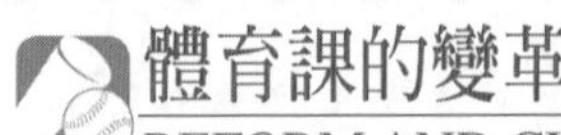

體育課的變革
REFORM AND CHANGE IN PHYSICAL EDUCATION

> 創造一個新系統要比「規劃」更為困難，比「不確定的成功」更令人擔憂，當然風險也更高。許多人都害怕改變，他們也因此反對發起人創造任何的新系統。即使有些人會因為這個新系統的改變而受益，他們也不太會表現出他們的支持(Machiavelli)。

當聽到一個好創意的同時，我們也瞭解要去改變怠惰是很困難的，我們有可能會想到：「如果繼續做我們一直在做的事，那麼就會一直得到我們總是得到的東西——品質低落的體育課學習，還有隨之而來低落的學習成效。」（Lambert, 1998: 13）。

在熟讀現有的文獻後，我們可能會被日漸增多的標準基礎課程改革所困擾。大部分的專家均同意，如果標準是用來引導教學到更有價值的目標的話，促進教學是可以對學生學習、評量學校教學、告知學生與家長學習進展以及是否需要特別協助有好處的話，那麼我們會支持以標準爲基礎的課程。如果以標準爲基礎的課程改革，只是製造出更困難的障礙的話，那麼我們就不該支持這項改革。但例如，因循守舊的課程、增加考試（尤其是在小學層級）、能力分班、根據單一考試結果而做的維持和升級的決定，這樣的改變我們也不應支持它，因爲這些都對學生的學習不會有任何幫助（Falk, 2002）。在1940年，一位偉大的體育領導者查爾斯・麥可羅依（Charles McCloy）批評到：「學校課程和老師們太過於年復一年教授一樣的內容、參與體育活動的時間太少、學生對參與體育活動的動機低落、主觀的評分系統而沒有顧慮到學生個人的差異」（Lee, 2002: 118）。

從回顧有關教學、學習與指引體育的文獻中，安米利爾・李（Amelia Lee）彙整文獻並列出這些結果：

- 高程度的參與促使更高程度的目標達成，練習的品質遠比練習的次數更重要。
- 不論活動的有趣與否，當學生決定要更用心投入在其中時，會使他們在學習中所扮演的角色更強而有力。
- 對自己的技巧能力有自信與正面感受的學生，比較喜歡去學習活動。
- 自我能力肯定的信念是根據不同的年齡、性別、活動的類型而不同。較小的孩童擁有較高的自我肯定信念，但這不一定是實際的。
- 教師的工作，和學生對體育活動的價值觀是相連結的。
- 男生比女生更好動，隨著年紀的增長，孩童的活動程度隨之降低，而一個人對自己的能力自信可以增加其活動程度。
- 有很多的研究文獻可以幫助體育教師，但先要感謝這些文獻都是過去的學者經過長期的努力所傳承下來的知識與經驗。
- 在體育教師培訓階段的學生們，他們擁有強烈的經驗信念，瞭解體育課程的現況，這些內容會因不同的培訓過程而不同。這些學生必須要學到因性別不同而做調整的教學與測驗，以克服在體育活動中與行為的性別差異（Lee, 2002）。

目前的難題是包括美國總統、國家疾病控制中心（National Centers for Disease Control, CDC）以及大部分的健康與醫學協會等，都已簽署要求鼓勵更多運動與活動的強烈聲明。而票選結果也顯示出父母期望子女可以有更多的運動機會，但是相較之下，投入體育的時間卻相對的越來越少，花費在場館與設備上的經費也日異減少；一般體育課的班級人數都太多，教育單位和學校當局的支援均為不足。我們為什麼要這樣自相矛盾？這有辦法解決嗎？

席登塔普（Siedentop）（1992） 建議，這不是因為體育課沒有做好行銷的關係，而是因為體育課與活動並沒有受到學生的重視。席登塔普也同意改變傳統體育課的形式，與其漸漸地改善體育活動、體育評量與體育教學，他認為這還倒不如改變系統以邁向未來。例如，他建議嘗試著在一天當中不同的時段上體育課、或者不同時間長度的體育課，還有一年中提供長期與短期不同的體育課。

值得注意的是，在1960年代有很多學校設有標準的體育課時間表，但是到了1970年代就改變了。自從1970年代開始，許多高等教育學府的體育課時間都已做相當彈性的安排。這樣的改變對部分課程與部分學生有幫助，但是這樣的改變是不會使體育課有所變化的。實驗性的體育課也可以帶來改變，例如從提出廣泛的活動到從做好細微的工作開始，還有增加深度；使學生對他們自己的體育活動和結果更負責；實驗性的體育課也建立在因為全球的觀念，學生意識到可以透過體育課獲得更多運動與體適能益處。

美國運動與體育協會（NASPE）在1995年發展了一套「初級體育教師的國家標準（National Standards for Beginning Physical Education Teachers），這個標準規範了新任體育教師應該具備的知識與表現（參照**表13.1**），過程是把焦點從教師應該要知道的（內容）到他們應該要會做什麼（以表現為根據）。這些標準是在1995年的邁向未來：體育的國家標準（Moving into the Future: National Standards for Physical Education）發表的，這提供從幼稚園到高中（K-12）體育教育應該要達到的重點目標或基準（Senne and Housner, 2002）。新的NASPE／NCATE體育課標準已在2003年2月訂定（NASPE News, 2002）。此外，NASPE已發布了前所未有的嬰兒與學步年齡幼兒的身體活動指南：

- 嬰兒（infants）需與父母／保母在每天身體活動時做互動，這樣可以促進親子探索他們的環境。
- 嬰兒應該安置在安全的體能活動環境中，且不要限制他們延長的活動時間。
- 嬰兒的身體活動應該促進身體活動技巧的發展。
- 在做大肌肉活動時，嬰兒應該擁有一個符合或超過安全標準建議的環境。

表13.1 運動教育如何符合NASPE的標準？

NASPE標準	運動教育
1.可以示範許多正確動作，並且精通數種動作。	透過下列方法以建立可以勝任的資格： • 較長的教學週數。 • 小組競賽。 • 在各單項運動比賽季前有練習的時間。 • 評量形式－注重學生的練習。 • 在學習期間中有更多練習次數與機會。 • 團隊合作與學習合作。 • 學習可以增進熟練的技巧。
2.應用動作概念與準則到動作技術的學習與發展上。	由下列方法去協助應用概念與準則： • 重點放在基本技術元素的評量。 • 幫助學生去瞭解為什麼練習可以改善技術。 • 在運動比賽季前有機會提供技術準備。 • 提供機會給技術層級較高的學生們去協助技術較不佳的學生。 • 運用運動生物力學的準則（協助力量的運用）。 • 技巧與技術的教導。 • 讓學生可以擔任統計人員與裁判的工作。
3.展現出活躍的身體生活型態。	透過以下方法以幫助學生展現活躍的生活型態： • 鼓勵每個人都參與運動並成為一員。 • 幫助學生獲得成就感，進而促使他們會更喜歡身體的活動。 • 鼓勵學生成為有能力並且感到「我可以做到的」。
4.達到與維持已改進的身體適能水準。	透過以下方法以促進體適能的成就： • 體適能測驗。 • 使用心跳監視器以得知個人的體適能結果。 • 保留紀錄與目標設定。 • 鼓勵全隊熱身還有比賽前的準備。 • 增加小組競賽的參與機會。
5.展現出在體育活動中，負責任的個人與社交行為。	透過以下方法以鼓勵負責任的個人與社會行為： • 計算隊伍公平比賽的分數。 • 注重全隊的比賽而不是把焦點放在個人上。 • 提供裁判的機會。 • 提供機會給多元角色和責任。 • 強調成為可依賴隊員的價值。
6.瞭解並尊重身體活動表現是會因人而異。	透過由下列方法以促進個人在身體活動的不同： • 發展人格與社會責任感。 • 多元的學生角色與責任。 • 不同的隊伍與平均的選擇。
7.瞭解體育活動提供了享樂、挑戰、自我表達與社交互動的機會。	透過下列方法去瞭解： • 在最終的階段去整合藝術與其他學科領域。 • 可以使用多元的學生角色以協助比賽的進行。 • 隸屬於代表隊。 • 尤其提供給那些技術較不佳的學生可以全程參加的機會。

資料來源：Veale, M. L.; Johnson, D. J., Campbell, M.; and McKethan, R. (2002, April). The North Carolina PEPSE Project. *JOPERD* 73, p.21.

- 照顧嬰兒的成人應該要瞭解體能活動的重要性，並協助孩童的身體活動技巧。
- 學步年齡幼兒（toddlers）每日應該至少要進行30分鐘有計劃性的體能活動課程，而學齡前的兒童（preschoolers）則是每日至少60分鐘。
- 學步年齡幼兒與學齡前兒童應該每日至少參與60分鐘至數個小時非計劃性的體能活動，除了睡覺之外，他們不應該超過一小時坐著都不動。
- 學步年齡幼兒應該發展可以做爲往後更複雜活動的技巧，學齡前兒童應該發展體能活動技巧的能力，這也是做爲往後發展更複雜活動技巧的基礎。
- 學步年齡幼兒與學齡前兒童應該擁有可以做大肌肉活動的室內與室外環境，而且這個環境需要符合或超過建議安全標準。
- 負責照顧學步年齡幼兒與學齡前兒童的人，應該要瞭解體能活動的重要性，並協助孩童的身體活動技巧（NASPE News, 2002）。

傳統中學體育活動指導已轉變成爲多元活動的課程，傳統課程的主要限制是假設中學生在參與比賽時不需要有太好的技術。通常來說，在參與比賽前，學生接受不多的技術指導。這種方式的結果導致許多學生成爲旁觀者，因爲他們在參與比賽活動時缺乏技術，或者技術較佳者與其他技術較好者在一起活動，而將技巧較不佳的學生留在一旁（McKethan, 2002）。有些人把這個狀況，形容爲「經過管理的休閒活動（managed recreation）」，如果我們的目的是要幫助學生參與終生的身體活動，那麼這些活動是沒有效益的，而且是不成功的體育教學（Veal et al., 2002）。

中學體育課的運動教育模型（Siedentop, 1994）已在北卡羅萊納州（North Carolina）進行課程的改革，該州之所以被選爲實驗地點的原因，是這裡可以符合NASPE的標準與該州的中學體育課程的目的和標準是相符合的 （請參照表13.1）。他們也舉行工作坊以提供運動教育的概念與

NASPE準則的訊息。在2000～2001學年度，共有10個代表該州不同區域的學校參與該實驗性的課程。每個學校都需要去比較新舊課程的優缺點與有效程度。雖然說是否要推廣這種課程就得看這次實驗性的結果，但是結果每個學校的回報結果都非常正面（Veal et al., 2002）。

具有權威的專家們通常都同意，體育課程的品質有極優到差勁的，但是很不幸的，有很多的課程都屬於差勁的那邊。但由於本書的主要目標是討論行政管理的議題，而體育課程理論與設計是超出本書的範圍，所以在此不再多做著墨，但我們還是會介紹與課程有關的行政管理議題。

很多其他的國家對每項科目都擁有一套自己的國家課程，甚至有些國家設置國家課程標準的考試。「國家專業教學標準委員會（The National Board for Professional Teaching Standars）已召集標準委員會以制訂體育教師應該知道與應該可以做什麼的標準。現在是2～3年程序的開始，這將可使體育教學者的教學得到最高的認同」（"National Teaching Board Calls for Physical Education Standards," 1998）。

數個美國全國的提案已開始執行以協助促進每日體能活動與體育課的需求，其中一個爲體育促進國家聯盟（National Coalition for Promoting Physical Activity, NCPPA），這個聯盟是由6個組織在1995年聯合創立，目的是要鼓勵美國人朝向更活躍的生活方式發展（Hudgins and O'Connor, 1997）。在1996年，美國外科醫生學會發表了一份報告「體能活動與健康（Physical Activity and Health）」，這份報告企圖要刺激美國人參與更多的體能活動（U.S. Department of Health and Human Services, 1996）。美國疾病防治中心（The Center for Disease Control and Prevention, CDC）在1997年發表了類似的報告（Promoting Lifelong Physical Activity, 1997）。NASPE近來公布僅有數州符合每日體育活動的規定：伊利諾州（Illinois）爲唯一符合標準的州，而科羅拉多（Colorado）、密西西比州（Mississippi）、南達科達州（South Dakota）是沒有任何要求的少數幾州（"Shape of the National Report," 1998）。

活動規劃
PROGRAM PLANNING

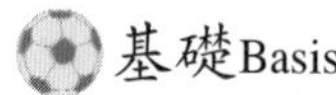

基礎Basis

體育課並不是存在於一種眞空狀態中，因此，它需要反映社區與學區的理念。爲了要規劃一個有長遠目標的課程，我們在一開始就必須要研究這個理念，以及準備未來課程的基礎報告。

下一步，規劃者需要去建立社區的未來體育課程將會如何地和該學區的主要教育目標結合，這個階段之後，可以制定一般的體育課目標。在這個階段，必須討論要特別強調的目的，以及到哪種程度，以使體育課對一般教育目標有所貢獻，並反應該社區的理念。**圖13.1**爲課程規劃的金字塔。

課程金字塔（The Curriculum Pyramid）

各單位的詳細計畫

各年級的年度活動計畫，並附上時間配置

全校所有年級的活動計畫，並附上時段配置

NASPE標準與受過體育教育個人的特徵

各年級的特定目標

體育的一般目標

體育室的目標

體育的理念

學區的教育理念

社區或大眾的教育理念

圖13.1　課程金字塔（The Curriculum Pyramid）

課程規劃Curriculum Planning

多年以來，美國體育課程規劃是根據發展力量、體力、身體活動能力、韻律技巧、運動家精神、健康與運動技術等的廣泛目標。教育家相信有既定的活動可以幫助達成此目標，這也變成特定的目標。這些目標是列在各年級中並且安排時間表，進度從基礎依序排到進階。在此制度內就學的學生，被期待可在課程結束後達到最終的目標。

但是有很多目標被設定得無法進行評量，大家也詮釋得不一，因此有重新規定行為目標的必要。敘述這些詞彙需要特定的字來評量，並且還可以全球通用，他們涉及的範圍包括情意的（affective）、認知（cognitive）的與技能（motor）目標。這個應該是一個在國小的動作教育（movement education）上強調的重點。到目前為止，在國小到中學的動作教育上，或者是在課程需要強調是運動技術導向亦或是體適能為重點核心都還沒有個共識。因為在大型的班級中，學生們並不是每個都可以立刻學習或者有興趣去學，不良的設備與器材、還有教師們並不是完全準備好與給予動機學習，所以導致結果都不大成功。就如同先前所敘述的，有些專家相信我們可以日漸改善某些領域的問題，而其他人則認為目前的系統是有嚴重缺陷且需要廢除。

科克（Kirk）（1993）建議課程應該是重視技巧（craft），而不是一系列的行為目標，根據行為目標而設計的課程反而使教育過程更瑣碎，而且還強調分歧的學習結果。相反地，他建議課程應該要包括：「系統與反射的過程，並且促進個人在教學和學習的參與。這個過程也可能創造了分歧的學習結果」（Kirk, 1993: 244）。

另一個方法是根據學習目標（learning goals）去研擬體育課程，學習目標是對學生學習期望的一個簡單描述或是一個評效。準備學習目標時的指導方針包括：確定實際目標、寫下大約3／4的學生可以達成的目標、準備每個教學單元與各年級的目標，然後把重點放更進一步的充分學習上。

可靠的眞實評估已經促使建立一個更整合的課程（integrated curriculum），兩者的整合動作都在體育（內在整合）與在體育和其他的科目之間（外在整合）。在體育裡，已有長時間教導如何解決困難和做評論性思考（critical thinking）。困難處是在體育教學中，已有很多偶發性的學習（因爲學生在參與某種活動而開始學習某種課程）。一個整合性的課程必須是積極的計劃、教導與評估（Placek and O'Sullivan, 1997）。

因爲對於差異性需求的重視，和目前爲止並沒有最佳的教學風格，由苗斯卡．摩斯登（Myuska Mosston）（1992）創立的「光譜（spectrum）」教學風格系統已經在一些學校施行。光譜是種整合型的教學風格，每個風格都處於連續的決策上，這讓學生與教師在有做決策的責任在一個或多個的教學三步驟上：計劃（planning）、活動（activation）和檢討（evaluation）。光譜系統的概念也來自於一些非常傳統的觀念—例如教師必需通盤地瞭解教學科目、學習者的發展階段、能力的範圍、學習風格、需求與興趣（Mueller and Mueller, 1992）。

健康體適能的課程規劃Health-Fitness in Program Planning

體育課程應該把重點放在體適能（physical fitness），亦或是健康適能（heath-fitness），或兩者兼顧？這個問題已經爭議十多年了，每當有新研究和新的公衆意見投票結果時，意見總是會反反覆覆。

例如，以往建議學生要執行在個人心跳目標區以上20分鐘／一週3次的心肺活動，但是在1990年時，美國運動醫學學會（ACSM）指出低強度運動對健康有益，對體適能卻並沒有太大的幫助。「現在ACSM推動健康導向較長時間且較低強度的運動，強調每天要有中等程度的活動，每日至少持續活動30分鐘」（Ward et al., 1998: 33）。在1997年3月，疾病防制控制中心（Centers for Disease Control and Prevention, CDC）公布了學校與社區促進終生運動的實施準則，這個準則引證了規律性運動的好處，並且列出缺乏運動的結果。該份準則中有三項統計資料，給了體育

一個警訊：

1.有72%的國三學生有規律性的參與激烈體能活動，而僅有55%的高三學生有如此的活動量。
2.高中生每日參與體育課的人數，從1991年的42%掉到1995年25%。
3.學生在體育課的活動時間減少了，在有上體育課的高中生中，平均在一堂課內有至少20分鐘活動時間的比例從1991年的81%下降到1995年的70%（Promoting Lifelong Physical Activity, 1997: 1-2）。

華德（Ward）等人（1998）質疑，因爲有部分的限制（時間長度、學生人數、有限的器材），還有許多中學體育課是運動活動導向的，那麼學生的目標心跳率是否可以在一般體育課活動中達到呢？他們建議：「如果透過有創造力的教學計畫的改變，體適能的目標可與其他目標相結合。」

有媒體報導指出，因爲學校並不提供學生與家長想要的體適能課程，所以使得商業健身俱樂部有機會切入青少年體適能的市場。還有諸如體適能有可能影響哪部分等的困難問題，目前爲止，基本上的不同意點是在要如何地去做測量。在最近幾年，測量已從身體適能轉移到健康適能。除了確實的測量困難外，必須要有更明顯的證據以證實在健康適能測驗高分者，他們眞的也能在日後的生活上享受到更好的健康。

運動／比賽的課程規劃 Sport / Games in Program Planning

在高等教育單位的體育課也是困難重重，很多這種「活動」或「服務」課程是由研究所學生來教學，很多這些研究生並不是主修體育或完全沒有教學經驗的。聽到很多這種課只要出席、努力，就容易拿高分。一個連續好幾年的問題是，這些課常常會吸引兩種類型的學生：學生本身已參與該運動許多年，並有高程度的技巧（他們以前曾經是選手或是現役的選手）；還有一種學生是他們從來沒接觸過該項運動，但他們想

圖：永遠不會太早開始（It's never too early to start）
資料來源：Watauga Democrat。

圖：佛羅里達州Hialeah市的佛朗明哥小學（Flamingo Elementary School）的體適能測驗。
資料來源：Bill Reeves。

從頭開始學習。這個情形所產生的異質結果是相當大的。有個建議是把這些課程根據「運動教育模型」去做區分，這將提供更「眞實」的方式且更能激勵學生（請參照本書第11章對「眞實」評量的討論）。基本上，這些課程是如一個球隊在做準備，之後會參與實際比賽與平常練習，而規則、計分、教練、策略、技巧與技術都包括在內（Bennett and Hastie, 1997; Mohr, Townsend, and Bulger, 2001 and 2002）。在前面章節提到的席登塔普（Siedentop）運動教育模型，目前在許多的中學體育課程中極受歡迎（Veal et al., 2002）。

對其他人來說，問題不是出自於課程規劃應該要根據體適能或運動技能，而是運動／比賽活動應該要在競爭（competition）或合作（cooperation）的基準點上。對大部分的美國人來說，強調合作大於勝負的話是很困難的。舉例來說，與其玩「four square」來看誰贏（譯註：Four Square是一種美國小學盛行的遊戲，四人站田字型場地的四邊，讓球彈跳一次後到其他三邊，遊戲繼續進行到有人失敗爲止），還不如改變規則，看球可以被連續打到多少次。研究結果發現對較幼小的學童來說，體育課裡的合作遊戲（cooperative games）的效果大於比賽（competitive games）（Henkel, 1997）。學生的需求必須要驅策體育課程的決定。

課程提供計畫Curriculum Delivery Schemes

彈性時間表（flexible scheduling）在體育課中使課程時段有三種變化：時間長度、每週上課時數、每學期總上課時數。彈性時間表的極限是標準時間表（modular scheduling），也就是將一天分成小時段稱爲「模組（modules）」，通常是15分鐘長，爲了達到彈性時間表的目的，學生們每天的時間表都會被安排得不一。而彈性時間表的另外一面就是將所有的時間模組合成一大塊，以供持續性的課程使用。例如像野外的滑雪或露營課程，可以在週末或放假時段進行。在高等教育中，有些課是被安排在8個星期的兩堂不一樣時段上課，有些則是整學期被安排在星期五下午連續兩堂上課，有些被安排只在週末上課。與其如傳統般地將體育課安排在每日7堂課中上課，有些美國中學已經把上課時段彈性化，使每個活動都有充足的時間上課。

熟練度測驗（proficiency testing）與經過測驗而得到學分的認可（credit by examination）是課程創新的其中一項，主要的目標是讓學生去「通過」他們已經熟練的活動項目，熟練度測驗的主要問題是在測驗的信度與效度、測驗的時間點和讓學生免上體育課的迷思。

成人體育教育（continuing physical education）的議題，以每10年做爲劃分來看，平均年齡均有提升，而且更多的科學證實終生的有氧運動對人體有益，足見成人體育教育的重要性。成人教育的範圍從成人的終生學習、到推廣教育、到銀髮族宿舍（elder hostel）。有氧舞蹈、武術課、瑜伽課，還有不斷成長的商業型健康水療（health spas），都顯示出這個成長的市場與消費者的需求。特殊的成人人口也需要受過訓練的領導能力，例如心臟復甦課程。

能力或表現爲基礎（competency or performance-based）的課程從美國的幾個州推廣出來，這教學證照是依據勝任的成就感，而不是成功地完成課程。很多學區仍然在施行依據能力或表現爲基礎的課程。這個以能力爲基礎的課程，已在先前談過的行爲名詞討論過。一個表現爲基礎的體育課程範例是—給田徑跳高評分是以學童本身跳躍的高度來評量。

相關單位已對契約班制（contract courses）與其他獨立的研究形式做出規劃。雖然高等教育中的契約班制通常是限於在非活動性的課程爲主，但以個別輔導的適應體育課程通常是以契約班制爲基礎。學生在這樣子較小的教學環境中，可以有較多個別輔導的機會可進行個別練習。

流行議題（fads or capturing current interest）總是個很有趣的問題，如果新活動是流行、有趣、刺激，這還可以達到課程的目標而不用花額外的費用，那麼如果不將這樣的活動納入課程的話，就太說不過去了。這類的活動包括如極限飛盤（Ultimate Frisbee）和有氧舞蹈等。

在體育中的人格發展Character Development in Physical Education

大部分的人同意我們不再決定人格教育是在體育教育的一部分，但是當我們在某些學校看到一些駭人的慘劇到恐怖攻擊、到NASPE標準的要求，由此可知人格教育一定要包括在體育課中。在NASPE標準中，這是從第6條準則出來的，要培養對個人的相似或相異之處的尊重（Doolittle and Demas, 2001; Issues, 2001）。

什麼是人格發展？有些人把它視爲「道德的推理（moral reasoning)」，相較於道德訓練（僅包含遵守法則而不瞭解原理），他們強調道德教育（思考，然後做道德上的決定）（Stoll and Beller, 1998）。對人格的定義包含3種構面:（1）道德瞭解（moral knowing），或瞭解什麼是好的；（2）道德感情（moral feeling），或想要變好的；（3）道德行爲（moral behavior），或做對的事。有些人認爲前兩個構面可以在現行的體育課程中加強和執行。

在實際的執行中，教師可以提供許多機會去討論與練習，例如：「做對的事」：守規則和有禮貌。如果教師可以在體育課中加強這些良好行爲，那麼這些良好行爲自然而然會變成天性之一，而且學童會自動自發地去做。這或許是屬於德行教育或道德訓練的一部分，但是這並不是道德教育。這是體育教育的部分宗旨與目標嗎？這應該納入嗎？（Gough, 1998; Fisher, 1998; Docheff, 1998; Stoll and Beller, 1998）。

爲了要完成人格教育的教學，國中體育建議討論以下師生所表現出來的特殊行爲概念：

- 利他主義（altruism）。
- 憐憫與同情（compassion and sympathy）。
- 尊重、關心、尊敬或重視某件人事物（respect, regard, esteem, or valuing something）。
- 容忍（tolerance）。

教師應建立可以直接把重點放在情感面的課程，以下爲專家建議的步驟:

- 定義概念與相關學生的行爲。
- 動作與觀察——設計活動，情感的學習可以在正面與負面的行爲中觀察到。
- 聽取報告——討論活動和觀察。
- 評量——提供學生行爲評量的機會。
- 應用——提供額外的活動，學生可藉此應用新的瞭解與見識（Doolittle and Demas, 2001）。

如果「人格發展」被視爲是一個目標，那麼它將被衡量是否可以達到該目標。很多人懷疑這是可以被衡量的，而其他人認爲全球性道德價值是存在的，那麼以全球性價值爲依據的道德論證是可以被學習的。如果這是可以學習的話，那麼這也可以做衡量，他們也相信：「學習過程是被3個因素影響：環境、模型與特定的正式教育過程」（Stoll and Beller, 1998: 22）。

體育行政者的相關特別議題

UNIQUE AREAS OF CONCERN FOR PHYSICAL EDUCATION ADMINISTRATORS

紀律Discipline

在體育中有那些紀律的特殊問題呢？因爲我們談論到的主題是體育，有可能會發生師生兩方會將身體方面的問題轉移到沒辦法控制的危險。這沒有簡單的答案，當兩個9年級的男生在打架而旁邊的同學不站出來調解時，那麼老師該如何處理？如果學生參與則極可能導致危險的行爲，但他們不聽從命令停止，那麼老師該如何去處理這樣的情形？有些教科書建議教師們，如果被盛怒的學生用壘球棒攻擊時，應有的正確反應方式。

雖然討論紀律問題有些超出這本書的範圍，但是下列的行政方針提供了一些初步的考量：

1.建立建全的課程。
2.努力去維持一個合理的師生比例。
3.提供合適的場地與設備。
4.建立清楚的紀律規範並文字化，然後看師生是否瞭解這些條文。
5.堅持所有的老師強制執行一致且公平的法則。

6.當政策在施行時，不管有任何的輿論壓力都公開地支持老師。

7.堅定的和一致的私底下告知沒辦法執行該政策的老師。建立「文件追蹤」以確認紀律的行動。

8.在紀律政策中，僅包括可以執行的並可遵守的紀律。

9.使所有帶頭的老師與學生都參與在建立的紀律守則中。

10.確認高層瞭解並且會支持紀律法則。

11.透過工作人員培育課程，告知大家在體育課中不恰當的負面懲罰方式（需要跑操場或運動爲方式，不准許學生參與活動，或口頭上侮辱學生），另外建立符合實際的方式和正面鼓勵的技巧。

12.建議所有的老師使用短暫的暫停方式（time-outs）。

體育課的服裝與課後的沖澡

Dressing for Physical Education and Showering

不論是否所有的學生都規定要穿著制服，或者他們被允許穿著便服，總是會有學生穿著不適合上體育課的服裝。爲什麼？我們應該要如何處理這樣的狀況？

大概會有很多不一樣的原因，但是一個共同的原因，是因爲這些學生不喜歡或不重視體育課。有些可能是自覺到尙未發育完全的身體，或是想遮掩身體的殘缺。有些是因爲宗教原因，但更多是因爲想要挑釁權威。

有那些解決的方法？發展一個健全且完善的課程，並且確認老師本身爲穿著的典範。建立一個有彈性的體育課穿著規定，可以根據課程的要求包含健康衛生、動作和安全等要素。如果要建立一個嚴格的服裝規定（或許可以加入學校的代表顏色），只有與學校行政高層共同執行時才這樣做，因爲這需要花費很多的人力、物力去計劃與執行，還有萬一有人不遵守規則時的懲處。這時有個問題出現了：爲什麼我們要這樣做？確定有足夠的理由。但是還是有些疑問，若學生穿著其他的運動服裝也可以有效率、安全地活動，那麼他們的成績還要因爲未按照規定穿著而被扣分嗎？除非運動制服是免費提供的，那麼先確定可以提供一些解決方式給家境清寒的學生。對未能按照規定穿著上課的學生，在處罰前得先決定處罰的原因。安排顧問給指導人員，以去協助這些對按照規定穿著上課有嚴重問題的學生。如果問題是因爲運動技術不佳而覺得不好意思上課，他們可以安排加強課程（Mitchell and Hewitt, 2002）。

在上完體育課後的沖澡是常見的問題，如果有適當的設備、時間、數量，那麼沖澡應該是很舒服的。但是通常學生會發現缺少上述的一兩個因素，所以沖澡變成是常見的問題。一個需要討論的基本點是（尤其如果是大型班級而淋浴設備不足的情況）：是否應該要求沖澡爲評分要點之一。當然，沖澡並不是體育課；還有，體育課的活動也得考慮到。學校必須去對沖澡的基本設備或相關規定做改善以符合需求，沖澡不應該放在評分的標準內，體育課後沖澡是應該要鼓勵的行爲。

教學計畫Lesson Plans

教學計畫是給教師參考什麼是商業界常用的策略性管理計畫——這是一份有關要如何完成工作的方針。有很多方式可以使用，但根據經驗指出如果計畫的方式太複雜的話，那麼計畫也不會被採用。

有一種教學計畫方式是傳統的「六點計畫（six-point plan）」：（1）專注與複習；（2）目標的陳述；（3）教師的投入；（4）引導的練習；（5）獨立練習；和（6）結論。一份由哈里森（Harrison）等人（1996）所建議的教學計畫方式包括下列大綱：（1）時間；（2）教學與學習經驗；（3）教師與學生的組織；（4）技巧分析－敘述技巧和活動；（5）教學提示；和（6）安全、動機以及個人的差異性。潘葛雷茲（Pangrazi）（1998）也建議了一份教學計畫大綱給小學體育教師：（1）活動經驗和內容；（2）組織和教學提示；（3）期待的學生目標和結果。

上課服裝規定同意書範例

1.所有的學生必須參與每次的體育課並穿著體育課服裝。學生如未帶運動服裝者，可以向老師租借上衣、短褲、運動鞋（費用為美元$.50）。如果學生未能依規定服裝上課，老師可立即依規定驅逐該名學生，並且直接加上不服從老師指令的原由。

2.每位學生的評分如下：知覺性（cognitive）30%、技巧（skills）30%、體適能（fitness）30%、情感（affective）10%。每次學生如未能依照規定穿著運動服上課，或是未能完全參與上課，他／她將會被從9週的總平均成績中扣除7%的分數。

3.每個學生需要穿著運動服上課，並且在鐘響上課時準時集合坐在體育館內的指定區域。如果未能準時上課，將算遲到一次。學生每次遲到，將會被從9週的總平均成績中扣除2%的分數。

4.學生將會被提醒不要帶任何貴重物品到體育館，如果學生執意而行，那麼學生自己得負起保管責任。

5.除非身體上有殘缺，持有醫生證明的學生仍必須穿著運動服上課。為了學分，短期未能參與正常體育課的學生將會被指定其他的功課替代。

6.上課的運動服裝包括：體育課用衣服、紅上衣、球鞋（網球、籃球、慢跑或有氧舞蹈用鞋）。如天氣寒冷，學生可以穿著紅色、黑色或灰色外套。

7.學生必須時時尊重其他同學與教職員。

8.學生將參與的體適能測驗（Fitnessgram），該測驗每年舉行3次（8月、10月、12月），學生必須符合最低的年齡限制與性別規定。

9.學生必須遵守上述的規則、校規、一般的法令。

第一次違規......................警告
第二次違規......................午餐拘留
第三次違規......................打電話告知家長
第四次違規或更多 ....交由學校當局處置

學生如被直接加上不服從老師指令的原由，該名學生將會立即被驅離，並且交由學校當局處以校內處罰。如果學生要重回該班上課，依規定必需召開家長一老師的會議。

家長簽名________________________ 日期________________________
學生簽名________________________ 日期________________________

資料來源：Mitchell, M. & Hewit, P. (2002, August). Not Dressing is Disobedience, Not Just a Huisance. *JOPERD*, 73, 28-31.

圖：自我防身術已變得很受歡迎，但是因安全考量所以以小班制教學較佳。
資料來源：L.E. Horine。

班級規模Class Size

適當的班級規模是依據學生的同質性、活動、場館與設施來做決定的。有些專家強烈建議體育課班級不應該比其他科目的人數更多，團體的同質性（班級由相同能力的學生組成）是在決定適當的班級大小時是很重要的因素。因爲安全、教學主流上成功的指導，還有高危險性的活動，使得這個因素益顯重要。在慢跑與運動訓練的課程大約可以安排50位學生，而在重量訓練與防身術的課程大約最多容納15～20名學生。

評分Grading

從行政的角度看來，評分是個很有力量、複雜的工具（Kleinman, 1997）。（請參照本書第11章）。沙福瑞特（Safrit）和伍德（Wood）

（1995: 214）敘述：「所有教育都在進步，到目前爲止尚未有人發展一套完善的評分系統，現在的每個系統都有其優缺點。」不論運用那種系統或方式，結果應該要遵循課程目標。行政管理者必須確認所有的人都瞭解且同意評分所代表的意義，重要是要去考量評分是否代表進步、態度、成就、出席、認知的技巧、努力、情感的技巧或運動家精神（Safrit and Wood, 1995）。無論那種評分系統，事先得確定得到上司認可，學生知道且瞭解這個系統。還有注意那些除了等級評分（A、B、C、D等）系統的評分方式，例如在高等教育中常用的「通過一不通過（pass-fail）」或「滿意一不滿意（satisfactory-unsatisfactory）」等方式。在小學的評分系統中，他們常使用目標清單，看學生的表現是否符合「傑出（outstanding）」、「滿意（satisfactory）」、「需要改進（needs improvement）」的要求。

班級組織和出席率Class Organization and Attendance

班級組織也和老師要如何登記成績、出席率和團體活動來安排學生分組有關，下列爲使用過的方式：（1）指派學生的號碼然後請他們報數；（2）站在場外標示好的指定號碼上；（3）把學生分成幾個小隊，各小隊派一個紀錄出席率；（4）請一位同學在器材區登記使用籃子的數目；（5）指派學生的座位號碼（看台座位上已漆有號碼）；和（6）在桌上置放學生的名牌或是座號牌，當學生進來上課時將名牌翻過來。

把班級分組可以加快團體活動，有一個很方便的方式是把6個學生分爲一組，每週輪流一位組長。每個活動單元是每6週更換一次（除了低年級以外），所以每個學生都有一週的時間在每個活動中擔任領導的角色，而且所有的練習與運動都可以按照6的倍數分組。如果像是壘球活動，那麼各小組可以編制成兩個一組。教師也會被要求去視情況修正運動規則以期待創造更好的學習環境，對指導來說，8、10、12人爲一組的壘球活動只需花費一點心思去做改變。但是如果只是要單純地要符合比賽規則而未能讓兩名學生加入活動的話，那將導致不良的後果。

班級可以經由多種方法分成小組，例如出生的月份或最喜歡的顏色，另外一個創新的方式是用一副撲克牌的方式，小心的指派紙牌給學生，這將會可以產生平均的組別。還有其他可以馬上分組的方式，例如單雙數、顏色或衣服等。

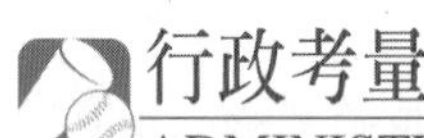

行政考量
ADMINISTRATIVE CONCERNS

在高等教育的體育課中有哪些主要的行政問題？美國健康體育休閒舞蹈聯合會（AAHPERD）的大專院校行政事務委員會（College and University Administrative Council, CUAC）曾經對其系主任級會員做過問卷，結果顯示目前最嚴重的問題是健康體育休閒舞蹈（HPERD）在校園與社區宗旨上不受重視，尤其會和體育室的角色混淆。

另一個問題，就是如果把高中體育課列爲選修，那麼就不會有很多學生會選修體育課。在對內布拉司加（Nebraska）、愛達荷（Idaho）和猶他州（Utah）的高三學生做過的問卷中，有73%的學生選擇不上體育課，有31%的學生認爲體育課太強調勝負，有35%的學生覺得他們在體育課中一直做重複的活動，42%認爲學生運動員得到優先禮遇，31%認爲男生想要主導控制，32%的人認爲上完體育課後的沖澡狀況很混亂，有30%說他們不喜歡穿著活動的服裝（Scantling et al., 1995）。

名稱重要嗎？What's in a Title?

除非爲了行銷，科系名稱的重要性並不是很高，現在有些系名包含體育（physical education），而不包含人類表現（human performance）、運動科學（sport science）、或人類動作（human movement）時，這便失去其識別性。克蘭曼（Kleinman）（1992）相信這個名稱的問題是個「冒充的議題（pseudo issue）」，對體育來說，其分支出去的科目諸如運動社會學、體育史或運動心理學是個問題。即使像有些領域接受新名稱，如運動學（kinesiology）等，但克蘭曼並不認爲這個「運動學」的名稱將可以統一代表這整領域。

根據報導指出，在1980年代大約使用過上百個名稱，這些更正的原因包括因爲要獲得學術上的注意、更容易獲得學校的接受、更容易行銷給學生、獲得補助金獎勵，有幾個州還引起一些立法行動。柯賓（Corbin）（1993）爭論體育被視爲一個代表所有綜合運動相關專業的「領域（field）」，這是需要專業的訓練，每個雖代表不同的角色，但都朝著同樣的目標前進。

學生領導者Student Leaders

在所有的層級中，培養學生領導的系統是相當受歡迎的。這個不僅可以加惠於老師、學生領導者以及一般學生。學生領導者將獲得領導能力的訓練，這將對他們在從事未來任何行業都有莫大的幫助，如果該名學生以後從事體育教學，那麼這個訓練將是一個長期的正面影響。透過鼓勵與訓練高中學生成爲實習領導者，老師們的報告也指出這將使這些學生重生，並且會慢慢地促進他們自我成長並朝向專業前進（Havens, 1993）。

學生在領導訓練的課程中可以被稱爲學生助理（student assistants）、學生助手（student aides）、小老師（peer teachers）或學生幹部（cadet corps），不管名稱爲何，教師必須要密切的監督。這系統能獲得學校的行政許可是很重要的，並以書寫方式列出相關實施辦法。爲了專業的理由，這個職責的程度須要謹慎的規劃。當然，這並不代表體育課可由外行人、學生或成人來指導，這項職責又因爲會涉及法律層面所以需要謹慎撰寫。

專家建議這項課程是有選擇性的，在遴選人員上有主客觀的標準，而且並沒有特別偏好運動員或男性。根據經驗，如果這樣的團體課程活動可以保持高標準的入學要求，或是更高的標準，學生們會更趨之若鶩地想加入。

建議提供以下的特色：

1.在系統內建立幾個層級或排名（對排名較高者增加其任務）。
2.設計特別的服裝。
3.與學校的其他系統或組織相連結，讓學生可以在年度紀念冊上與校內刊物上受到重視。
4.舉行特別的訓練課程，使這群學生可以培養可示範的高度運動能力。
5.建立清楚的評量標準，這樣可以很快地篩選不適合的學生。
6.保持團體的高度曝光率，張貼活動照片在學校和體育館的公布欄，也寄照片給學校和報社。
7.建立高標準和指派額外的工作量，不斷地詮釋這些團體成員的價值性。
8.年度中間找幾個可以合作的單位，包括特殊奧運、小學田徑賽或少棒訓練營等。

平日的工作可以包括示範技巧、登記成績、監督更衣室、發送器材或衣服給學生、準備上課用器材、維修器材、維護公布欄、協助個人學生、護送受到輕傷或生病的學生到校內急診室、旁聽課程計劃會議、擔任班級活動裁判甚至擔任班際活動的裁判。

體育行政的社會議題

Social Concerns for the Physical Education Administrator

長久以來，體育行政人員承受著領導相關的社會因素，例如領導行爲發展與抑止刻板的性別角色印象。孩童時期的過胖問題也是另外一個重要的問題，行政管理人員必須還得與孩童受虐問題和疏忽的問題奮戰。他們需要去研究爲什麼學生會中輟選修的體育課，以及注意體育課如何幫助減緩同學們一同輟學的情形。

差異性是體育課的一個潮流，這個議題包括學生、老師與行政人員。就像先前提過的，灌能（empowerment）也變成主要需求和潮流。教育的灌能需要謹慎地考量力量、經驗和壓抑少數的目標。而多元文化（Multiculturism）可以視爲一種灌能的方式，促進自我幫助和社會責任（McDonald and Fairfax, 1993: 78; Scott, 1993）。

特殊族群的體育課

PHYSICAL EDUCATION FOR SPECIAL POPULATIONS

學齡前孩童Preschool Children

學齡前孩童的體育課通常會被疏忽而這是一個很嚴重的錯誤。當單親家庭與雙薪家庭增加時，托兒所的數目也會增加。當這種情況發生時，有越來越多的孩童將會在這類的學校待上好幾年。

有研究指出，其實在學齡前的動作學習就會決定顯著的後天心理與身體能力。嬰兒的學習能力比複雜的動作技巧更早顯現出來，嬰兒的攀爬能力很早就可以觀察得到。例如像嬰兒的知覺動作訓練和嬰兒的神經學組織等領域，已經有做相當多的研究。但是我們需要更多的實際動作教育訓練課程給托兒所等，例如像是「主要的早期教育課程（the Main Street Early Education program）」（McCal, 1994）。

在先前有提過，NASPE曾發行給嬰兒與學步年齡幼兒的身體活動指南，許多的體育教師訓練機構已經開始有類似的活動方案，這可以當做是給這些幼兒的示範中心，另外一方面他們也提供現成的經驗給他們的練習人員、提供大眾服務，並且提供基本研究的機會。有個例子是「幼兒活動健身中心（Kindergym）」，這是由北愛荷華大學（University of Northern Iowa）所經營的幼兒動作實驗模型（Marston, 2002: 35-39）。

銀髮族與終生運動Older Adults and Lifelong Activity

美國的平均人口年齡年年增加，在同時，有更多的成人擁有更多的資源與時間參與身體活動。設計與監督這些活動課程需要專業且專精於訓練的體育指導者。當戰後嬰兒潮的人口也達退休年齡時，這些專家人數將在這個產業有明顯的成長數目。目前可以看到有些大專院校以主動的行銷提供這些課程給銀髮族公寓（elder hostel）、州政府許可的銀髮族免費課程、北卡羅萊那大學艾許維爾分校（University of North Carolina at Asheville）和阿帕拉契州立大學（Appalachian State University）設立的長青大學課程（Macneil, 1998）。

美國衛生與公眾服務部（The U.S. Department of Health and Human Services）最近指出：「有25%的成人完全不參與任何的運動，60%的成人不定期參與運動」（Parr and Oslin, 1998: 72）。一般都認爲如果學生可以接觸多種類的運動，那麼他們將發現他們將會喜歡參與一生的運動。但是只有少部分的研究支持這個論點。在許多國家，青少年僅被鼓勵去參與少部分的運動項目，但是他們被鼓勵去終生都參與這些運動。

雖然現在看到60多歲或者是70多歲的銀髮族選手參與長跑和游泳的比賽，我們仍然把注意力放在已有大量研究文章的40多歲和50多歲的成人。研究必須要專注在有哪些運動是推薦給不同類型的銀髮族，還有去建立和推薦對運動的頻率（frequency）、時間長短（duration）和強度（intensity）。體育行政人員應該要察覺到這個趨勢並且支持銀髮族和長青組的比賽。

行為偏差學生At-Risk Students

與其他科目相比，或許這些行為偏差學生可以透過體育課得到更多的幫助。這些學生不喜歡學校、滿懷敵意、低自尊心，還有可能有不佳的動作技巧。記得先前提到的「匹邁利安效應（the Pygmalion effect）」—學生將會變成你期望的那樣，這個概念對行為偏差學生來說很重要。我們可以儘量提供越多的成功案例，如武術和重量訓練可以幫助建立自尊的活動。

失能學生的適應體育
Adapted Physical Education for the Disabled

> 如果你按照一個人原來的樣子對待他，他將保持原樣。如果你對待他是按照他應該要變成什麼樣和可以變成什麼樣子，那他將變成他應該是什麼樣和可以變成什麼樣的人（Goethe, 1749-1832）。

這個目標是要提供所有失能者一個機會，去透過個人教育課程以達到他們的潛力極限。這個要求是從數個聯邦法規得來的，1973年的復建法案（The Rehabilitation Act of 1973）是一般的公民權力立法，這可以應用到社工服務和學校。雖然有幾個州對這個定義不一樣，但這可以涉及所有的失能法案。「復建法案的504節（PL 93-112）」把「失能（disability）」定義為：「任何人有生理或心理方面的損傷，而導致限制了一部分或大部分的活動，如照顧自己、做人為的工作、走路、視覺、聽覺、說話、呼吸、學習、或工作等。」（Auxter, Pyfer, and Huetting, 1997: 7）。

個人失能者教育法案（The Individuals Disabilities Education Act, IDEA）於1996年擴編了原來的1975年殘障教育法案（Education of the Handicapped Act of 1975）（PL 94-142），IDEA的重點放在教育編制與提

供公平的教育機會給失能者。而在1983年的修正案（PL 98-199）、1986年的修正案（PL99-457）、還有1990年版的IDEA（PL101-476）都增加並重新定義原來的法案。多年以來，激勵適應體育課程的法規是PL94-142，這些定義都適合IDEA。而適合立法的難題的是美國失能者法案（Americans with Disabilities Act, ADA），這個法案包括我們先前討論的禁止在公眾場合歧視（Schilling and Coles, 1997）。

IDEA把殘障（handicapped）一詞更換爲失能（disability）。它也把需要的服務項目擴編到包括交通轉換服務以促進失能者從學校到課後活動、失能者專用評量的科技與供應設備、休閒治療、以及社工服務。IDEA也把服務擴編至自閉症兒童與受到腦部傷害的兒童。

適應體育教師（Adapted Physical Educator, APE）的角色是：「培養學生的身體與動作體適能、基本動作技術和型式、團隊運動技術、參與身體活動的規則常識和戰術。」（Auxter, Pyfer, and Huettig, 1997）。

法律規定學校提供最少限制的環境給體育，這句話描述了包含統合失能學生有可能參與一般班級到主流（mainstreaming）的課程過程。較先進的學校從1960年代起就有主流的特殊教育學生。

據報告指出，協助招募IDEA的APE的專家從未打算讓所有的失能孩童接受到一般的體育課程，從家長與行政單位的「包含」壓力，已導致大部分的失能孩童變得更主流。「適應體育顧問－就像是一般的體育老師－已被每日的超額需求工作量操壞了」（Huetting and Roth, 2002）。從行政的角度來看，必須正視問題並且改善。行政人員必須瞭解，並不能把一個或多個失能學生輕易地編入一個已經負擔過多的體育課。如果是這樣的話，那麼人數一定要減少，或者必須增加助理。在淋浴區的設備需要修改，還有從更衣區到上課地方的方式也要提供。在失能學生前來之前，必須告知有關失能的訊息和教育給原來的班級同學，以減少抗拒。體育老師在做調整時必須充滿創意和主動，以確保失能學生可以成功地融入一般的班級。行政人員必須瞭解該執行的困難，並且在整個過程中提供支援與鼓勵。

結果在「融合的動作（inclusion movement）」中，APE專家的角色從提供直接服務給失能學生，轉移到一般體育老師的顧問（Block, Brodeur, and Brady, 2001），這已演變成爲一位顧問負責300位學生的超額案例數了（Huettig and Roth, 2002）。APE顧問可以提供以下多方面的協助：

- 特殊失能。
- 醫藥與安全議題。
- 特定活動的修改。
- 行爲與指導的策略。
- 個人化教育計畫（The Individualized Education Plan, IEP）過程。
- 如何評量失能學生。
- 如何去支持這些學生。（Block, Brodeur, and Brady, 2001）。

在體育中，應該要有一致的努力去慢慢灌輸老師與學生有關失能（disabilities）不是殘障（handicaps）的觀念。行政人員一定要使體育教師讓師生們不能有「殘障主義（handicapism）」的觀念——這是對失能者的傳統刻版印象、偏見和歧視。當需要對一些學生貼標籤且是根據法律規定時，這時要對此有敏感度而且不強調這些名詞。體育行政管理人員必須瞭解：「失能學生面對的最大障礙並不是他們的身體和心理的失能，而是來自其他人的態度」（Shapiro and Barton, 199: 54）。

既然大部分的失能學生在一般體育課中都有做一些調整措施，但是在評分方面可能會有一些問題。因爲這些學生必須收到進度報告以提供進度的回饋，以符合IEP的目標或基準，所以已有愈來愈多的學校使用「合約評量（contract grading）」。體育教師、學生和APE顧問共同制定合約，把學生可以達到的目標（與IEP相關）列出。學生隨後會被此合約評量，以看是否有達到目標（Henderson, French, and Kinnison, 2001）。請參照**表**13.2。如果要進一步的融合，失能學生可被編入類似更特殊的運動領域，如體操和水中運動等，這對風險管理來說是更大的挑戰。但是如果有適當的人員訓練、與APE顧問合作、修改課程與環境等，這些都可

表13.2 IEP評量標準範例

年度目標	特定教育服務需求	目前技巧表現程度	服務指導員
目標一：Trevor將改進腹部肌力。	特殊體育顧問服務	在協助下，他可以做屈膝仰臥起坐8下	特殊體育的Morgan Stewart老師
目標二： Trevor將改進投擲技巧。	特殊體育顧問服務	使用網球，面對5英呎外的2英吋x2英吋投擲目標區，10次中可以擊中2次	特殊體育的Morgan Stewart老師

短程目標	完成日期	特別指導方式和／或器材	成績
目標一：			
1.在體育館中，在協助下，Trevor將可以做屈膝仰臥起坐10下	10-12-01	軟墊、讚美、一份表現表格	C
2.在體育館中，在無協助下，Trevor將可以做屈膝仰臥起坐8下	11-7-01	同上	B
3.在體育館中，在無協助下，Trevor 將可以做屈膝仰臥起坐25下10-12-01	進步中；可以做21下	同上	A
目標二：			
1.使用網球，面對5英呎外的2英吋x2英吋投擲目標區，10次中可以擊中6次	11-14-01	網球與投擲目標	C
2.使用網球，面對10英呎外的2英吋x2英吋投擲目標區，10次中可以擊中6次	11-21-01	同上	B
3.使用網球，面對20英呎外的2英吋x2英吋投擲目標區，10次中可以擊中8次	12-10-01	同上	A

團隊成員的簽名與職稱（簽名以示受IEP許可）

（家長）	（老師）	（行政人員／監督者）

資料來源：Henderson, H. L.; French, Ron; and Kinnison, L. （2001, August）. Reporting grades for students with disabilities in general physical education. *JOPERD* 72, pp.50-55.

以達到成功的目標（Block and Conatser, 2002）。國家失能體育中心（National Center on Physical Activity and Disability, NCPAD）提供許多相關的資訊，他們的電話爲（800）900-8086，網址爲http://www.ncpad.org/mediassets/; 電子郵件信箱爲 ncpad/news@listserv.edu。

失能學生的基礎教育課程爲個人化教育計畫（Individualized Education Plan, IEP），這是殘障教育法案（Education for the Handicapped Act）所規定的。這份文件要求老師與行政人員對失能的孩童教育負起責任。（請參照**表13.3**的IEP範例）。

校內和休閒運動 INTRAMURALS AND RECREATION SPORTS

發展Development

校內和休閒運動在高等教育或是其他層級的學校，都因爲學生想要參與和比賽的需求而成長快速。在剛開始時，比賽是由各團隊或班級，最主要是根據隊與隊的比賽。對於該活動，學校給予少數的支援或是僅給予發展方向。在有些學校，校內運動（在校門之內的）提供管道到校外運動（extramurals）（在校門以外或是兩校間的比賽），然後慢慢發展到競技運動層級。在1913年，第一個有行政管理監督下成立的校內運動活動（intramurals），是在密西根大學和俄亥俄州立大學。到了1916年，已經有140所學校跟進。在1917年，校內運動部門（Intramural Sports Section）正式成立在現在的AAHPERD組織之下。在1923年，女性的校內運動首先在高等教育學府開始成立。到了1925年，中等學校也開始成立校內運動活動部門。在1950年，全國校內休閒運動協會（National Intramural Recreational Sports Association, NIRSA）〔原先稱爲全國校內運動協會（National Intramural Association）〕由位在紐奧爾良（New Orleans）迪樂

表13.3 個人化教育計畫（Individualized Education Plan, IEP）

主要例外　　有肢體傷殘的四年級學生　　活動中（Active）

學生姓名	年級	學校	生日	IEP起始日	IEP停止日	活動中
	4					☒

例外／Rel.服務	老師／提供者	#每節	每節分鐘數	每週時數
O1	Williams	每週一次	60	1.00

目前表現程度 （包括特定的強度與需求可以用在學業表現上、行為、社會/情感培養、學習型態、身體限制還有其他相關資訊）。
學生一週參與一般體育課3天，適應體育課一週1次。學生將與學校中的同儕和成人互動良好，因為他是屬於肢體傷殘，所以需要輪椅或步行輔助架。大肌肉的動作技巧如投擲與打擊是基本的，他需要去改進操作物體的技巧，還需維持目前的體適能程度以完全參與體育課活動和社區休閒運動。

領域：動作　　技巧領域：　　物體操作能力／接
年度目標#：1 學生將改進接物體的技巧。將由輪椅上做所有的動作。

短程指導目標	純熟的標準	評量目標（如何）程序	評量日期	檢討日（參照進度報告）
睜開眼睛，學生將可以自己丟自己接塑膠球，10次中可以成功10次	100%的準確	老師的清單	10/97 1/98 3/98 5/98	
睜開眼睛並且有準備動作，學生將有一個籃子，他會接到另外一個夥伴丟過來的地板球，10次中他將會成功接到8次	10次中可以成功8次	老師的清單	10/98 1/98 3/98 5/98	
睜開眼睛，學生將可以接到10英呎外傳過來的6吋大球	10次中可以成功10次	老師的清單	10/97 1/98 3/98 5/98	
在Four Square遊戲中，學生將接到並把球傳給其他球員，告知要把球丟到對手那邊所需要用的力量大小，在比賽間有連續3次	10次中可以成功8次	老師的清單	3/98 5/98 10/98 11/98	

領域：動作　　技巧領域：　　身體適能
年度目標#：2 學生將改進目前的身體適能狀況，包括肌力、敏捷性、肌耐力和心肺耐力。

短程指導目標	純熟的標準	評量目標程序	評量日期	檢討日（參照進度報告）
腿部有體操球的支撐，學生的軀體伸展，他將在協助下完成10-13次俯地挺身。	100%的準確	標準－參考測驗	5/98 10/98 1/99 5/99	
使用走路輔助架，學生將可以完成一趟的折返跑，把橡皮擦放在容器或袋子中，整個過程在18秒內完成。	100%的準確	標準－參考測驗	5/98 10/98 1/99 5/99	
在直立的姿勢（如果需要的話可以有旁人協助），學生將在1分30秒內完成屈膝仰臥起坐28-35下。	100%的準確	標準－參考測驗	5/98 10/98 1/99 5/99	
學生將在10分鐘內完成一英哩（400公尺操場四圈）的三輪自行車騎乘。	100%的準確	標準－參考測驗	5/98 10/98 1/99 5/99	

報告目標達成的進度報告書，一年會寄出4次給家長。

資料來源：Mary Powell Williams, Appalachian State University.

大學（Dillar University）的威廉・威森（William Wesson）創立。該協會每年出版3次全國校內休閒運動協會期刊（*NIRSA Journal*）（Bucher and Krotee, 2002）。

與學校和校園休閒活動的相關詞彙

Terminology Related to School and Campus Recreation Programs

校內運動（Intramurals）包括不同種類的活動和比賽，項目從西洋棋比賽到團體運動季節的比賽。可參與活動的人包括該校的學生，通常該校的教職員也會參加。

校際運動（Extramurals）包括不同學校的運動團隊之間的比賽或來自不同學校的人。通常這些參與校外運動的隊伍會比校內運動團隊有較優的運動技術，這些校外運動的成員，一般是校內運動的冠軍、或是全明星代表隊、或是由全校公開徵選的運動社團隊伍（club team）。

休閒運動日（Play Day）是指參與者來自不同的學校參加一個或數個運動活動，而且彼此不分來自哪個單位。

運動日（Sports Day）與休閒運動日的意思一樣，但這時參與者依學校單位的分別。

運動社團（Club Sport）的成員參加是因爲有共同的活動或運動興趣。「自我管理和自我約束是這些運動社團的特性…這些運動社團是比非正式、校內運動、校外運動活動更有相互凝聚性，成員也經常參與活動」（Mull and others, 1997, p.148）。通常這些運動社團的教練是免費且沒有獎學金補助的，社團成員還要自費購買制服及自付到外地比賽的旅費、報名費與裁判費。

校內運動的目標、組織和結構
Objectives, Organization, and Structure of Intramural Programs

一般的校內運動活動目標是需要提供不同種類的活動，強調這些活動必需是要歡樂、友情、挑戰性和身體活動。

在高等教育單位以下的校內運動通常被編制在體育部門，然而在高等教育，現在的趨勢是把控制權移向學生服務處（student services）或學務處（student affairs），甚至轉移到體育室（athletic departments）。

這項轉移是因爲財務的關係，通常校內運動的經費是來自要交給共同基金的學生雜費。在小學和中學層級，經費來自於學區或是學生政府（student government）。

學生的參與在所有層級的校內運動中有著很重要的角色，一個受過專業訓練的校內運動行政管理人員（主任，the director），必須給予該活動有長期規劃與適當的領導力。在所有的層級，有給薪的召集人（coordinator）或是活動監察員（老師或研究助裡）監督實際的活動。除此之外，大多由學生組成的委員會必須建立起政策與制度，以受理上訴和抗議案例。在中小學，建議由數位教師成爲委員會一員，或是由一個教師顧問團去審查由學生校內運動委員會提出的工作與政策。

比賽與可參賽單位Units of Competition and Eligibility

參與的單位大多是看當地的狀況與傳統，還有職員編制及場地來做決定。選擇的單位應該要根據「一般結合」和「公平競爭」。前者是指把該團隊組織起來——一種團隊的精神或忠誠。在中小學，這可能是以班級、學生固定上課的教室、社團或住家地域來組隊。在大專院校，可能以宿舍樓層、兄弟會、姐妹會、社團、或上課班級爲單位來組隊。公平競爭是比較困難去達成，在一些如高爾夫球或保齡球的活動中，可能需要使用差點（handicapping）的制度。在中小學，比賽單位可以透過技術測驗來分別。

在中學，依據身高、體重、年齡把學生編入A、B、C組是頗有效的方法。

財務與場館設備器材Finances, Equipment and Facilities

校內運動如果有雄厚經費的支援，那是件可喜的事，但能夠延續該項財務上的支持也很重要。很多優良的校內運動活動長久以來都是沒有經費的支援，但是它可以從企業上得到資金的提供，例如可以找地方上的贊助企業成爲校內運動的一部分，提供無學分的課程、或提供收費的特別活動課程；或者，最好的是可以給學校行政管理階層看到經營的現況和數字，以增加更多的資金。

設備和器材對校內運動來說常常是個議題，合作和協調是關鍵。校內運動主任必須與體育室和體育教師合作密切，以分享共用的器材和設備。

大部分的器材設備使用是以上課教學爲優先，體育室運動代表隊次之，再來是校內運動與自由活動爲最後。當有強力領導時，中等學校的政策是在課後活動時間，將校內運動的優先使用權排第一。在許多的高等教育單位，場館設備是爲校內休閒運動建造的，當然，校內運動活動有優先使用權，或者甚至獨家使用這些設備。然而當這些設備器材是有限時，校內運動主任就得要有變通的創意。有些學校使用走道或大廳當做保齡球、推圓盤遊戲（shuffleboard）、寶謝球（譯註：bocce，源自義大利，類似保齡球，使用木製球在碎石球道上滾動）或是彈珠遊戲。大型的壁櫥或是儲藏室，都可以有效地拿來當做射飛鏢或類似西洋棋的靜態比賽場地。在其他時候，停車場或餐廳可以用來直排輪、舞蹈以及其他相似的活動場地。在大專院校，學生常常喜歡在所有其他活動都結束後才使用場地設備，在許多學校，晚上9點到12點之間是出席率最高的時段。

活動與預定時間表Program of Activities and Scheduling

在體育課所教的活動可以成爲校內運動的基礎，也可包括許多更有創意的運動和活動。校內運動最重要的概念，是要提供不同種類的活動以吸引廣大的參與。這是與傳統的較高技術層級的運動項目的一種平衡，如田徑賽或籃球等，應該要與例如西洋棋、拔河、或河中的內胎競賽（inner-tube race down in a river）等的活動做平衡。在不同以往的環境或採取不同的器材玩傳統運動，是引起興趣和刺激性的好方法。例如，在冰上玩冰上曲棍球，但也可以修改爲使用掃把來替代原來的曲棍球棍，在游泳池玩美式足球，並使用內胎，或是用單手打籃球，另一手綁在背後。

在可行的情況下，也可在課後時間規劃校內運動活動。有的學區，在有舉行校內運動活動的晚上，他們會安排晚班的學校巴士送學生回家。在高中與大學層級，很多有力的校內運動組織可使用設備到很晚，還有在上課前也可以使用、在午餐時間或甚至是週六時間都可安排，而且都經營得很成功。

運動社團和冒險性休閒Club Sports and Adventure Recreation

運動社團和冒險性休閒活動在近幾年成長得很快，運動社團擴張的原因有好幾個，在有些學校，大專院校因爲財務的關係而解散如棒球、角力、游泳、體操等的校隊，然後這些運動就演變爲運動社團。運動社團受到學校很少的經費補助，所以另一方面來說，這是提供競技型運動的有效成本方法。許多大專院校允許運動社團申請適當的經費補助，以支付裁判與比賽的旅費。有的運動社團會透過一些簡單的募款活動籌募資金，例如洗車或器材拍賣。有個滑雪和滑雪板競速社，每年靠拍賣二手器材賺取數千美金的收入。在一些學校，運動聯盟成立在非傳統大學

圖：裁判必須準備在比賽中執法，包括不同性別的執法。
資料來源：Appalachian State University Intramural Department。

運動聯盟中——比賽時有可能是以贊助企業的名稱掛名，或是以鎮之名，還有與二年制大學、小型四年制學院和大型的大學混合組隊。有些學生認爲部分的這些聯盟是有接受到如NCAA等的全國性協會資助，所以他們很重視這些比賽。其他在近幾年逐漸變得盛行的運動社團包括英式橄欖球（rugby）、美式足球、還有女子冰上曲棍球。對男女生來說，馬術、西洋劍、極限飛盤、健美、舉重、長跑和鐵人三項隊伍都已是很常見。

除了一般的運動社團，休閒性的冒險活動已變得很受歡迎。在許多學校和大學，因爲有越來越多的大學和高中建造攀岩牆，所以競技和休閒性攀岩活動已成長許多。如洞穴探險、輕艇（kayaking）、健行、獨木舟（canoeing）、泛舟（water rafting）、定向（orienteering）、航行（sailing）、越野滑雪等性質的社團，他們會經常聚會或舉行戶外活動。

裁判、抗議、和罰金Officials, Protests, and Forfeits

維持良好的裁判群，對所有層級的校內運動活動的主任來說都是一個很大的問題。在大專院校，裁判的費用佔了很大部分的經費預算。最明顯的方式是去付足夠的費用、擴大宣傳，還有透過一致的行政管理來支持裁判權威，但是因爲營運的資金不足，所以提供以下的方式供大家參考：

1.授與學分給選修裁判課程的大學生，而其部分實際操作課程即是擔任校內運動活動的裁判。
2.在較低程度的比賽時，可以尋求校隊選手支援裁判。
3.要求每個參加的球隊提供一名裁判。
4.比賽時在無裁判的狀況下進行。

在校內運動活動，他們常常花費很多時間與精力在抗議與罰金上。在高等教育學府有一個很有效的方式處理罰金，他們要求報名的隊伍在比賽開始前預繳「罰金」，如果有隊伍被處以罰金的罰責，那麼隊伍就會喪失部分的預繳罰金。如果比賽的隊伍沒有被以罰金處罰，那麼他們在整個比賽季結束後可以領回這筆預繳的款項。有關抗議的條款必須謹慎制定，以減少抗議案件數。有一種極端的方式，是僅允許因爲選手的資格不符才能提出抗議。無論是那種抗議，它應該要求抗議的一方需要上呈書面資料並且在規定的時間內辦理。如果僅根據一位裁判的判決而提出抗議的話，通常這是不被允許的。一個改善限制抗議的方式是要求抗議時得繳交費用，當抗議獲得通過的話才得退費。

統計和頒獎Statistics and Awards

在一個管理完善的校內運動活動中，有驚人統計數據計算量。爲了要鼓勵大家全年的參與，包含著所有活動參與人數、比賽數目、勝負紀錄系統需要妥善維護。

自我激勵的獎勵方式當然比物質的獎勵好，但是爲了要鼓勵學生參與，現實中還是需要使用到部分獎勵。學生所受到最大的獎勵是受到公衆的曝光和知名度，在校內刊物上登上全隊的照片，這個價值可能比獎杯還要高。通常來說，創新和花費不高的獎可以手工製造，很多公司會願意贊助獎勵的T恤，只要該件T恤印上該公司的名稱，然後校內運動部

可以將學校名稱甚至是運動項目印在另一面。

組織的競爭—錦標賽和聯盟賽制

Organization of Competition-Tournament and League Play

聯盟比賽和錦標賽通常以5種比賽制度進行：單淘汰（single elimination）、雙淘汰（double elimination）、冠亞軍淘汰賽（落選賽）（consolation elimination）、循環賽（round-robin）、或聯盟賽制（league play）和挑戰賽（challenge）。

單淘汰賽制（Single Elimination Tournament） 這種賽制在校內運動活動（intramurals）最常見，因爲冠軍可以在最短時間內產生。參賽者如輸掉該場比賽則立刻被淘汰出局，得勝者繼續比賽，到最後由兩隊進行決賽，在每一回合結束，就會有半數的隊伍被淘汰，單淘汰賽制圖請參照**圖13.2**。

這個單淘汰賽制的構造是根據2的次方數（the power of two），諸如4、8、16、32以此類推，當參賽者沒有落入2的次方數時，輪空的隊伍「byes」不需比賽勝負就晉升至下一輪的比賽。輪空隊是從下一個2的次方數減參加的隊數，如**圖13.2**，有10支參賽隊伍，所以應該有16格比賽隊伍，有6個是給輪空的球隊，如果事先知道隊伍實力的強弱，強隊應該要被安排至輪空，稍後這些「種子隊」應該盡量排開，使強隊到比賽後段時再碰頭。所以在第一輪後就沒有「輪空」。很顯然的，在**圖13.2**，第5參賽者獲得第1名，第9參賽者獲得第2名。但是第3和第4名如何產生必須在賽前決定。通常來說，參賽隊在第3輪碰上超級強隊（“1”）將是第3名，在第3輪失敗的球隊（“13”）爲第4名，有時候在第3輪的失敗隊伍會再比一場，以決定3、4名。全部比賽的場數需要決定冠軍將會是總參與隊伍數的減1（在**圖13.2**，需要6場比賽）。

圖13.2　單淘汰賽制

雙淘汰制（Double Elimination Tournament）　這是最公平的比賽制度，因為所有的隊伍在被淘汰前需要先失敗兩場。但是這個比賽結構是較難畫。當球隊必須到需要外地過夜的比賽時，他們比較喜歡此種比賽方式因為每個隊伍是保證至少比賽兩場，此種比賽的缺點是要完成所有比賽的時間、所需的比賽場地數、還有較難去公布準確的比賽時間。第一次失敗的隊伍會落入敗部，如**圖13.3**。種子隊、輪空、和比賽的分階都和單淘汰一樣，總比賽場數是參賽隊伍乘以2，然後減掉1或2（減一時是如果勝隊的參賽組擊敗敗隊的組，減2時如果敗隊的參賽組擊敗勝隊的組）。如**圖13.3**，8支參賽隊伍，大概會有14或15場比賽。

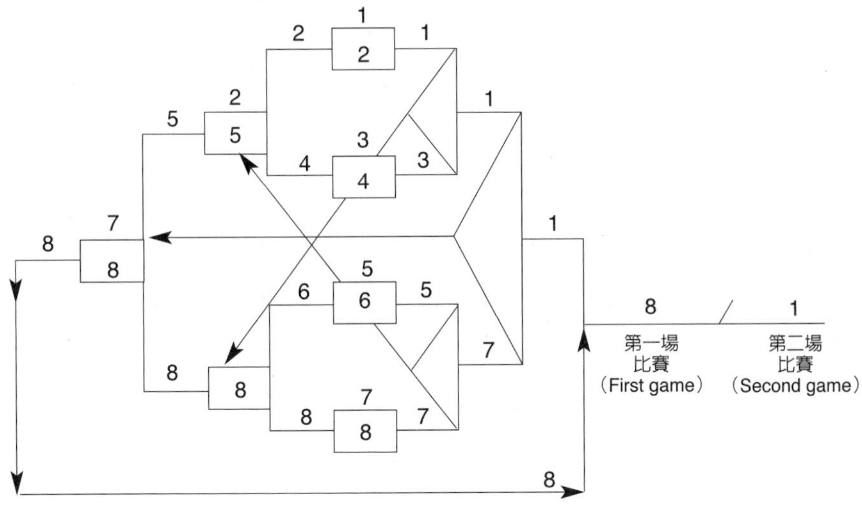

圖13.3　雙淘汰賽制

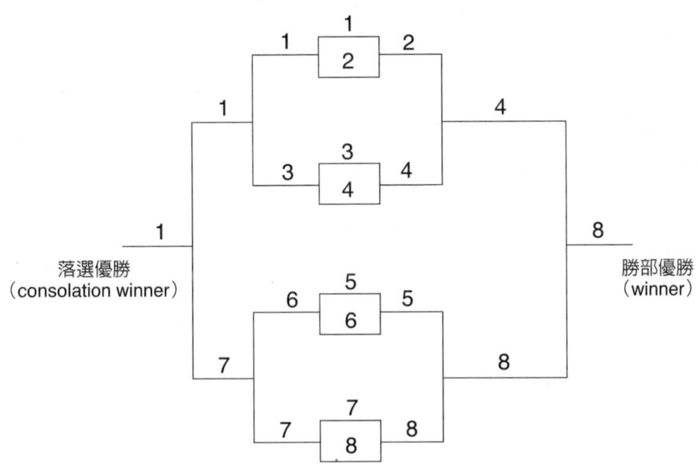

圖13.4　冠亞軍淘汰賽

表13.4　循環賽制度（雙數參賽者）

第一輪	第二輪	第三輪	第四輪	第五輪
A vs. F	A vs. E	A vs. D	A vs. C	A vs. B
B vs. E	F vs. D	E vs. C	D vs. B	C vs. F
C vs. D	B vs. C	F vs. B	E vs. F	D vs. E

注意：當所有其他的隊伍都逆時針方向輪轉時，A隊仍然維持不變

表13.5　循環賽制度（單數參賽者）

第一輪	第二輪	第三輪	第四輪	第五輪
X vs. E	X vs. D	X vs. C	X vs. B	X vs. A
A vs. D	E vs. C	D vs. B	C vs. A	B vs. E
B vs. C	A vs. B	E vs. A	D vs. E	C vs. D

注意：因為是單數隊參賽，所以X隊代表輪空，當所有其他的隊伍都逆時針方向輪轉時，X隊仍然維持不變。

冠亞軍淘汰賽（落選賽）（Consolation Elimination Tournament）　這種比賽方式和先前的是一樣，除了敗者留在另一個與所有失敗者同一組，但就是這樣的原因，所以這種比賽制度並不普及。如果在賽前就決定，那麼落選部的優勝可以與勝部的優勝對決，請參照**圖**13.4。

循環賽或聯盟賽制（Round-Robin or League Play）　這是所有賽制中最普遍且最公平的，因爲所有的參賽者都得面對其他所有的參賽者。總比賽場數是N（N-1）除以2，所以6隊參加的話，是6x5除以2等於有15場比賽。如果有8隊以上，參賽隊伍可以分4隊或6隊爲一組，分組比賽冠軍再進複決賽爭奪冠軍，**表**13.4和**表**13.5列出參與隊伍分別是單雙數時的狀況。注意循環系統是根據參與隊伍的逆時鐘輪轉；在固定位置的第一隊爲輪空。

挑戰賽（Challenge Tournaments）　這種比賽是在規定的期間繼續，與賽者企圖向上一級的參賽單位挑戰，這種賽制對如壁球（racquetball）和網球等的個人運動項目較有效。一般來說，參賽者會事先安排時間和地

點比賽，有些最常見的賽事方式是階梯型（the ladder）（請參照圖13.5）、金字塔型（the pyramid）（請參照圖13.6），以及漏斗型（the funnel）（請參照圖13.7）。梯型賽制可以決定選手在隊上的排名，如網球。通常，階梯型的比賽規定參賽者可以向「上」挑戰一個或兩個排名位，

梯型賽制

（Ladder Tournament）

1. ______________
2. ______________
3. ______________
4. ______________
5. ______________
6. ______________
7. ______________
8. ______________

圖13.5　梯型賽制

參賽者可以向「上」挑戰一個或兩個排名位，必須先與自己下一級的比賽後才能再向上挑戰。比賽應設有最後期限。

金字塔型挑戰賽

（Pyramid Tournament）

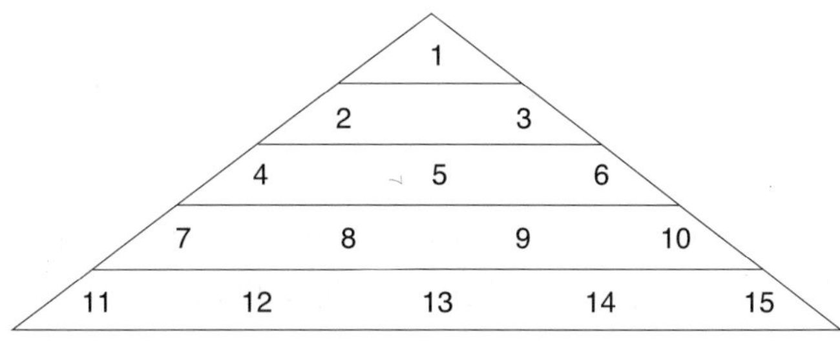

圖13.6　金字塔型挑戰賽

參賽者在挑戰更高一級前，必須得先擊敗同一級的人。

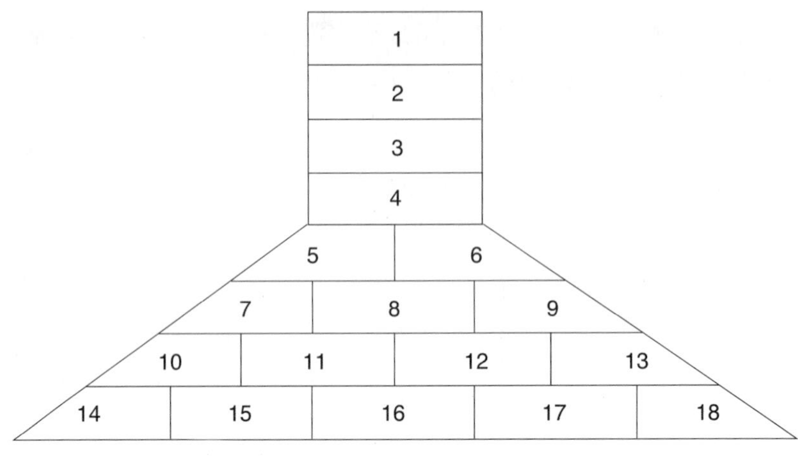

圖 13.7　漏斗型挑戰賽

在向更高一級挑戰前，參賽者必須先擊敗同一級的選手。如果已經到達漏斗的最頂端，參賽者必須「再次」挑戰最高名次前，得先面對且擊敗來自低一層的選手。

必須先與自己下一級的比賽後才能再向上挑戰。金字塔型挑戰賽是相同的，但可以容納更多的參賽者。在金字塔型挑戰賽中，參賽者在挑戰上一級前，必須得先擊敗同一級的人才可。漏斗型挑戰賽綜合了以上兩種型式。

失能者的比賽Competition for the Disabled

校內運動活動、校外運動活動和運動社團，都有管道提供許多機會給失能者參與運動比賽。如果有主動和肯定的行動，有可能會有足夠的失能學生、失能教職員人數去組成聯盟，在部分運動中，行政人員得先創造和調整規則和比賽方式，以使失能（disabilities）的學生可以和一般學生共同競賽。

關鍵思維 Critical Thinking

在大學時代，瑪麗·雪瑞兒（Mary Sheryl）活躍於校園運動活動並擔任數項運動的裁判，在畢業之後，她在一所大型高中擔任體育老師並且是兩項運動的助理教練。她逐漸在這教學於教練方面建立好口碑，後來她升為女子籃球隊總教練。有一年，她的球隊贏得許多比賽並且晉級到全州冠軍賽。在這些年，她已經試著發起多項的校內運動活動，但是每一項都維持不久。

在這時，她得到體育室主任的工作機會，所以她辭掉教練職位以接受新工作，她的新工作也同意她主導校內運動活動課程，而且也得到額外工作的合理津貼。很快地，她妥協處理校內運動活動和運動代表隊有相同課後、晚上的設備使用權，並且從學生會那為校內運動活動爭取到合理的預算。

在幾年後，部分一般性團體運動、創新的特殊賽會和個人運動，使得校內運動活動順利發展。為了協助活動的順利發展，她找到幾個企業贊助不同的運動。當活動的複雜性增加與活動的擴大，4個問題開始主宰她的時間和資源：裁判、抗議、罰金和受傷。

瑪麗·雪瑞兒沒辦法找到足夠的裁判，有些她找到的裁判很熱心，但卻缺乏裁判技巧和經驗。學生會甚至在她的預算表中，加入特別的項目讓她可以微薄地付裁判費。抗議的最主要原因來自於有太多太多的爭議性判決。她的目標是校內運動活動比賽應該要有絕對的運動家精神，但她害怕抗議的數目太多導致這個目標沒辦法達成。罰金最主要的問題發生在，當學生和裁判排開其他事在週末或夜間比賽時，發現另一隊參賽隊伍沒有出現。而受傷的最首要顧慮是，如果有一個危及生命的受傷卻沒有及時妥善處理發生的話，這可能會導致整個活動課程關門。而隊友和裁判看起來都可以處理輕微的受傷。

1. 裁判的問題要如何改善？
2. 列出可以減少抗議問題的方法。
3. 建議可以減少罰金／沒收比賽問題的方式。
4. 要如何地減少危及生命的傷害機會？

練習題

1.假設您是高中體育組組長，請把修改課程的步驟大綱列出。

2.寫下您最熟悉活動的一堂教學計畫。

3.假設學生需要從高一到高三每年都上些體育課，寫下3年在每個年級的足球課上課計畫。

4.請敘述在高中裡，體育課時間可以如何地彈性規劃。

5.解釋您如何向憤怒家長用壘球棒毆打的老師提出您建議？

6.擬出一個國中體育課後的淋浴管理程序。

7.指出您會建議的中學體育課點名方式。

8.請敘述何謂體育中的主流，還有它的來源。

9.請寫一個給九年級學生的IEP，該學生是超重且有學習障礙。

10.體適能概念是否應該是公立學校體育課的主軸？請參考1992c年的「議題」。

11.應該要有一個全國性標準體適能評量嗎？請參考1992d年的「議題」。

12.是否所有的體育老師應該要有共同的示範技巧和教學的自信？請參考1992b年的「議題」。

13.國小與高中的體育課競賽場地應該如何規劃？請參考1992e和1992a年的「議題」。

14.如果把一般生、行為偏差學生、失能學生放在同一班，那麼這樣有可能有效率地經營該堂課嗎？請參考1993年的「議題」。

15.請提出不同的建議標準經營程序給高中、大學校內運動活動主任，以規劃其學生校內運動活動顧問委員會。

16.請規劃排球比賽A-J隊的循環賽制，列出A球隊會如何地順利晉級到最後的優勝。假設要建立一個6週比賽的高賽程表，請指出總共有幾場比賽。

17.請規劃一個網球單打雙淘汰比賽，有單打編號1-15號，1號將獲得優勝，2號排名第2。

18.請列出3個休閒性與指導性的運動社團或活動，這可適合在1,000名學生的國中、1,500名學生的高中和10,000名學生的大專院校中。

參考文獻

Auxter, D.; Pyfer, J.; and Huettig, C. (1997). *Principles and methods of adapted physical education and recreation* (8th ed.). St. Louis: Mosby.

Bennett, G., and Hastie, P. (1997, January). A sport education curriculum model for a collegiate physical activity course. *Journal of Physical Education, Recreation and Dance* 68, pp. 39-43.

Block, M. E., and Conatser, P. (2002, May/ June). Adapted aquatics and inclusion. *Journal of Physical Education, Recreation and Dance* 73, pp. 31-34.

Block, M. E.; Brodeur, S.; and Brady, W. (2001, October). Planning and documenting consultation in adapted physical education. *Journal of Physical Education, Recreation and Dance* 72, pp. 49-52.

Bucher, C. A., and Krotee, M. (2002). *Management of physical education and sport.* Dubuque, Iowa: The McGraw-Hill Company.

Colvin, A. V. (1998, February). Learning is not a spectator sport: Strategies for teacher-student interaction. *Journal of Physical Education, Recreation and Dance* 69, pp. 61-63.

Corbin, C. (1993, January). The field of physical education-common goals, not common roles. *Journal of Physical Education, Recreation and Dance* 64, pp. 79-87.

Docheff, D. (1998, February). Character in sport and physical education-summation. *Journal of Physical Education, Recreation and Dance* 69, p. 24.

Doolittle, S., and Demas, K. (2001, November/ December). Fostering respect through physical activity. *Journal of Physical Education, Recreation and Dance* 72, pp. 28-33.

Falk, B. (1998, February). Standards-based reforms: problems and possibilities. *Phi Delta Kappan* 83, pp. 612-620.

Fisher, S. (1998, February). Developing and implementing a K-12 character education program. *Journal of Physical education, Recreation and Dance* 69, pp. 21-23.

Gough, R. W. (1998, February). A practical strategy for emphasizing character development in sport and physical education. *Journal of Physical Education, Recreation and Dance* 69, pp. 18-20.

Harrison, J. M.; Blakemore, C. L.; Buck, M. M.; and Pellett, R. L. (1996). *Instructional strategies for secondary school physical education* (4th ed.). Madison, WI: Brown & Benchmark.

Havens, B. (1993, March). Teaching "cadet teachers." *Education Leadership*, pp. 50-52.

Henderson, H. L.; French, R.; and Kinnison, L. (2001, August). Reporting grades for students with disabilities in general physical education. *Journal of Physical Education, Recreation and Dance* 72, pp. 50-55.

Henkel, S. A. (1997, February). Monitoring competition for success. *Journal of Physical Education, Recreation and Dance* 68, pp. 21-28.

Hudgins, J. L., and O'Connor, M. J. (1997). Let the surgeon general help promote physical education. *Journal of Physical Education, Recreation and Dance* 68, pp. 61-64.

Huettig, C., and Roth, K. (2002, January). Maximizing the use of APE consultants. *Journal of Physical Education, Recreation and Dance* 73, pp. 32-35, 53.

Issues: Competition in physical education: An educational contradiction? (1992a, March). *Journal of Physical Education, Recreation and Dance* 63, pp. 10-11.

Issues: Should all physical educators be expected to have a common set of performance skills and competencies for teaching? (1992b, April). *Journal of Physical Education, Recreation and Dance* 63, pp. 9-10.

Issues: Should physical fitness be the dominant component of the public school physical education curriculum? (1992c, May-June). *Journal of Physical Education, Recreation and Dance* 63, p. 15.

Issues: Should there be one standard fitness assessment nationwide? (1992d, September). *Journal of Physical Education, Recreation and Dance* 63, pp. 8-9.

Issues: Does competition improve performance skills of high school students? (1992e, October). *Journal of Physical Education, Recreation and Dance* 63, p. 12.

Issues: Is it possible for a physical education teacher to serve all students well? (1993, February). *Journal of Physical Education, Recreation and Dance* 64, p. 11.

Issues, (2001, May/ June). Can physical educators do more to teach ethical behavior in sports? *Journal of Physical Education, Recreation and Dance* 72, p. 12.

Kirk, D. (1993). Curriculum work in physical education: Beyond the objectives approach? *Journal of Teaching Physical Education* 12, pp. 244-265.

Kleinman, I. (1997, May-June). Grading: A powerful teaching tool. *Journal of Physical Education, Recreation and Dance* 68, pp. 29-32.

Kleinman, S. (1992, May-June). Name that discipline. *Journal of Physical Education, Recreation and Dance* 63, p. 11.

Lambert, L. T. (1998, January). This too shall pass—or will it? *Journal of Physical*

Education, Recreation and Dance 69, pp. 13-14.

Lee, A. M. (2002, June). Promoting quality school physical education: Exploring the root of the problem. *Research Quarterly for Exercise and Sport* 73, pp. 118-124.

Macneil, R. D. (1998, February). Leisure, lifelong learning, and older adults: A conceptual overview. *Journal of Physical Education, Recreation and Dance* 69, pp. 26-28.

Marston, R., (2002, May/ June). Addressing the university's tripartite mission through an early childhood movement program. *Journal of Physical Education, Recreation and Dance* 73, pp. 35-41.

McCall, R. (1994, January). An inclusive preschool physical education program. *Journal of Physical Education, Recreation and Dance* 65, pp. 45-47.

McDonald, J. M., and Fairfax, J. L. (1993, March). Meeting the needs of a multicultural society: Implications for professional preparation programs. *Journal of Physical Education, Recreation and Dance* 64, pp. 77-79.

McKethan, R. (2002, October). Personal correspondence: reform and change in physical education.

Mitchell, M. and Hewitt, P. (2002, August). Not dressing is disobedience, not just a nuisance. *Journal of Physical Education, Recreation and Dance* 73, pp. 28-31.

Mohr, D. J., Townsend, J. S., and Bulger S. M. (2001, November/ December). A pedagogical approach to sport education season planning. *Journal of Physical Education, Recreation and Dance* 72, pp. 37-46.

Mohr, D. J., Townsend, J. S., and Bulger S. M. (2001, January). Maintaining the PASE: a day in the life of sport education. *Journal of Physical Education, Recreation and Dance* 73, pp. 36-44.

Mosston, M. (1992, January). Tug-o-war, no more: Meeting teaching-learning objectives using the spectrum of teaching styles. *Journal of Physical Education, Recreation and Dance* 63, pp. 27-28, 56.

Mueller, R., and Mueller, S. (1992, January). The spectrum of teaching styles and its role in conscious deliberate teaching. *Journal of Physical Education, Recreation and Dance* 32, pp. 48-53.

Mull, R. F.; Bayless, K. G.; Ross, C. M.; and Jamieson, L. M. (1997). *Recreational sport management* (3rd ed.). Champaign, IL: Human Kinetics.

National teaching board calls for physical education standards. (1998, Winter). *NASPE News* (National Association for Sport and Physical Education) 50, p. 1.

Pangrazi, R. P. (1998). *Dynamic physical education for elementary children* (12th ed.). Boston: Allyn & Bacon.

Parr, M. G., and Oslin, J. (1998, February). Promoting lifelong involvement through physical activity. *Journal of Physical education and dance* 69, pp. 72-76.

Placek, J. P., and O' Sullivan, M. (1997, January). The many faces of integrated physical education. *Journal of Physical Education, Recreation and Dance* 68, pp. 20-24.

Promoting lifelong physical activity. (1997, March). Atlanta: USDHHS, Centers for Disease Control and Prevention.

Safrit, M. J., and Wood, T. M. (1995). *Introduction to measurement in physical education and exercise science*. St. Louis: Mosby.

Scantling, E.; Strand, B.; Lackey, D.; and McAleese, W. (1995). An analysis of physical education avoidance. *Physical Educator* 52, pp. 197-202.

Schilling, M. L., and Coles, R. (1997, October). From exclusion to inclusion: A historical glimpse at the past and reflection of the future. *Journal of Physical Education, Recreation and Dance* 68, pp. 42-44.

Scott, M. W. (1993, March). Faculty diversity: A crucial link to the successful recruitment and retention of minority students. *Journal of Physical Education, Recreation and Dance* 64, pp. 74-80.

Senne, T. A., and Housner, L. (2002, March). NASPE standards in action, introduction. *Journal of Physical Education, Recreation and Dance* 73, pp. 19-20.

Siedentop, D. (1992, September). Thinking differently about secondary physical education. *Journal of Physical Education, Recreation and Dance* 63, pp. 69-73.

Siedentop, D. (1994). *Sport education*. Champaign, IL: Human Kinetics.

Shape of the nation report. (1998, Winter). *NASPE News* (National Association for Sport and Physical Education) 50, p. 1.

Shapiro, A., and Barton, E. (1993, March). Disabilities are not handicaps. *Principal* 73, pp. 54-55.

Sparks, W. G., III. (1993, February). Promoting self-responsibility and decision-making with at-risk students. *Journal of Physical Education, Recreation and Dance* 64, pp. 74-78.

Stoll, S. K., and Beller, J. M. (1998, January). Character development: Can character be measured? *Journal oh Physical Education, Recreation and Dance* 69, pp. 19-23.

Timeline announced for phase-out of current NASPE/ NCATE standard (2002, Spring).

NASPE News, p. 11.

U.S. Department of Health and Human Services. (1996). *Physical activity and health: A report of the surgeon general*. Atlanta: U.S. Department of Health and Human Services.

Veale, M. L.; Johnson, D. J.; Campbell, M.; and McKethan, R. (2002, April). The North Carolina PEPSE project. *Journal of Physical Education, Recreation and Dance* 73, pp. 19-23.

Ward, B.; Everhart, B.; Dunaway, D.; Fisher, S.; and Coates, T. (1998). Emphasizing fitness objectives in secondary physical education. *Journal of Physical Education, Recreation and Dance* 69, pp. 33-35.

Chapter 14
運動代表隊與健康體適能中心的特殊管理問題

管理思維 Management Thought

在我們的社會中，運動獨特地跨越年齡、階層、宗教、種族的界線而使人們結合，並提供人們共同討論的焦點，特別的是，運動還提供人們機會來表達存在價值、承諾與情感⋯

Of all our social institutions, sport uniquely brings together people across age, class, regional, and ethnic boundaries and gives them a shared focus for discussion and, perhaps especially, an opportunity to express identification, commitments, and emotions...

～雷蒙與惠勒（Lever and Wheeler）～

案例討論：

行政者在哪？（Where Were the Administrators?）

管理運動代表隊活動的行政者，必須每天巡視所有場館（或委派他人）以確保設施的安全與其被安全地使用，但這樣的情形並不是都發生在每間學校。

一名高中壘球球員在例行練習中，因壘球不規則彈跳而打中臉受傷，但她一直無法完全康復。根據北卡羅萊那州（North Carolina）訴訟法庭指出，這名學生瞭解不平整球場的危險，也知道其他球員曾經被類似的壘球彈跳所擊中。

身爲高中壘球校隊一員，這名學生參加之例行練習是在教育理事會所擁有，練習場地是在市政府承租和維護的場地上。由於該場地正在施工中，零星的草地與許多的石頭使得地面不平整。在那次的練習裡，教練朝這名學生投出一個滾地球。因爲球的不規則彈跳，打中那名學生的臉，打掉了她一顆牙，且另一顆牙也鬆了。這名學生控告教育理事會、市政府以及她的教練。審訊法庭同意被告一方的動機，而該學生提出上訴。

受理上訴的法庭維持原判法庭的判決，指出該名學生由於自己的疏忽而妨礙復原。法庭強調，因爲該學生已知道不平坦場地的危險性，教育公會並無責任警告學生該場地的狀況。此外，公會之保險政策清楚地排除了對運動參與者的傷害部分。

至於球隊教練，法庭指出，雖然教練疏忽學生在危險場地進行練習，而且她明知道在該場地參與練習會導致傷害，教練還是告訴隊員們這樣練習有助於比賽。同樣地，這位學生也疏忽在這樣的場地練習，而且她也知道這樣的練習有受傷的危險。同樣的，縱使市政府疏於對該場地的維護，且允許其不平整的情形繼續下去，但是該場地所呈現出來的危險是顯而易見的，市政府並無警告的責任。（*Daniel v. City of Morgantown,* NC Ct. of App., 1997）（"Student Could Not Recover Damages for Softball Injuries", 1997: 8-9）.

本章目標

讀者應該能夠

1.指出中學與大學校際運動的問題及可行的解決方式。

2.敘述不同層級的運動代表隊的組織及控制。

3.討論教練的訓練準備、證照、支薪與用人。

4.討論關於運動中特殊管理之議題（如運動員行為、資格與獎學金、獎勵、賽程、裁判、餐飲販售、競賽控制、運動的女性）

5.說明青少年運動活動的議題與解決方式。

6.描述典型之健康一體適能俱樂部。

7.預測健康一體適能產業之未來方向。

運動代表隊
ATHLETICS

問題Problems

雖然有些高知名度的大學與少部分高中運動校隊違規報告持續不斷，青少年、高中、運動代表隊在近一個世紀以來與現在是差不多的。但是這並不代表沒有問題。不！應該是說不論是以前、現在或將來一直都有問題。

一項運動特性的檢視與分析，將顯示問題爲何會與生俱來：

1.運動的非實體性—表示它無法在事件發生前被觸碰到、嗅聞到、看到或聽到。
2.運動促成參與者、領導者、運動迷的情感依附。
3.運動是易逝的，生產與消費是同一時間。
4.運動就像是個未知事件的結果，是無法預測的。（Stotlar, 2001）

從運動員攻擊教練、運動迷攻擊裁判、家長逼迫子女從事運動來看，許多美國人覺得運動已經脫序了。另一方面，必須承認的是，絕大部分的運動員及教練們都是努力工作的，而且是誠實的參與者和專家。好的人生教訓、追求卓越、體適能、樂趣與娛樂，遠遠超越過運動帶來的壞處。

第29屆Phi Delta Kappa教育協會／蓋洛普（Gallup poll）投票調查大眾對公立學校的態度，其中首度包含有關運動代表隊的三個問題。第一個是關於重視運動（諸如籃球與美式足球）的程度，過半的人（53%）相信該重視是正確的。一項有趣的附帶統計數據指出，58%公立學校家長認爲該重視大概是正確的。幾乎所有人（96%）都同意運動參與必須要有最低的分數要求，有同樣比例的人贊成平均成績必須在C級以上

（Rose, Gallup, and Elam,1997）。

雖然全國皆知的問題都與大學運動員有關，同樣的問題其實也困擾著國、高中。其中一個問題是，有些國中生要求學生在進入高中運動校隊生涯之前，需重修8年級以獲得再一年的運動技術準備。據說，家長及教練都鼓勵這樣的程序。事實上，除非有正當的教育理由，這樣的措施對學生是很不公平的。此舉是鼓勵學生將他的未來完全寄託於運動，而犧牲他們的教育、社會成長與其自尊心。大約有100萬年輕學子參加中學美式足球校隊，其中大約有3萬名將會獲得大專院校獎學金補助，大約300名會被挑選出來參加職業球員的選秀，只有其中少數能眞正成爲職業球員；而他們的職業生涯卻只有幾年而已。

在中學層級，運動員常常能幫助學校建立學校精神，運動代表隊是不論學生自己本身參與或是觀賞球賽時，最常見到可以代表學校的實體。當學校有較多的運動代表隊時，全校通常會有超過一半的學生直接參與，大多數的學生將會前往觀賞比賽以及賽前的誓師大會（pep rallies），在另一方面，中等學校體育室列出以下問題：

1.納稅人常質詢教育經費是否應該分配給運動選手。

2.受傷—特別在接觸性運動中常見。

3.持續不公平地特別提撥經費給男子運動代表隊。

4.相較於可以終生參與的運動項目，校方給予美式足球代表隊過多的經費比例。

5.負面的訓練方式，例如沒有讓所有的代表隊隊員比賽，對未成年的學生運動員使用辱罵的口頭攻擊。

6.干涉運動員的學業成績。

7.因爲聘任較適合擔任教練而不適合教學工作的教師，所引發的問題。

8.高成本—尤其是「額外」採購器材與設備給美式足球與籃球隊。

在先前的第8章中的法律與運動中有提到過，在家上學的學生被質詢是否可以擁有校隊的資格去參加比賽。在美國所有的50州中，相關法律已允許在家授課，現在有超過100萬名的學生採用這種方式。可是這沒有上課出席率、操行和學業成績的達成，應該要讓這些學生參與比賽嗎？很明顯的，大部分的協會都不會相信，但是法院和父母有他們自己的意見。學校行政人員指出最大的問題，是校方在提供學生運動員的學業成績及其平均給各運動協會與比賽單位時有困難。另外一個危機是有些學校可以透過此種方式帶入實力較好的選手，所以大部分的協會已規定在家上課的學生們可以在他們戶籍地的學區中參與比賽。在1990年代後期，大約有20個州允許在家上學的學生可以參與校際運動，而且這個趨勢會繼續下去（Ashley, Landrum, and Dollar, 1996）。

在家自行教育（home-schooled）的學生議題已經延伸到大學層級，爲了爭取在NCAA第一級與第二級比賽的資格，他們必須讓自己的學業成績報告給相關單位審核程序，並且必須要和其他學生一樣要符合最初的資格審查。他們必須提出已完成所要求的核心課程，並且符合SAT考試的最低分數（School Law Newsletter, 1997）。

改革Reform

專家權威相信，所有層級的運動代表隊改革必須從行政管理者開始（體育室主任、校長、督學），而且這些人是直接參與改革並且在教育界擁有穩固且長久的職位。要發展改革的適當出發點是建立誠實、可衡量的使命宣言策略，還有來自所有層級的投入。可以使用這個做爲基礎，以規劃出5年的策略性計畫，列出需要完成該項計畫的關鍵目標，擬出體育室爲達到這些目標所需採取的方式（Hamhill, 1997）。

教練是站在最前線的，運動管理者需要去慢慢灌輸高道德標準的觀念，所以他們可以拒絕任何投機取巧的壓力。「任何故意欺騙或提倡不道德概念的教練，對上萬誠實與正直的教練來說是種腐化。甚至當一個教練作弊時，他會讓我們所有的教練變得很難堪」（Warren, 1988, p.52）。

「當海浪進來時，所有的船也跟著都漲高了」，這也就是說當一個教練或學校有不道德的行為時，遭受波及的是所有體育室組織。

有什麼樣長期的策略可以改變潮流？這需要諸如全國大學運動協會（NCAA）或學院運動協會（NAIA）等全國層級的協會來做道德與價值教育課程，因為許多的高中教練還是接受體育教師的訓練課程，類似課程有開在大學部中，提供想要擔任教練工作的學生一個選修課。還有，注意運動管理課程標準也已經把這項列入課程中。教練評鑑除了勝負成績外，也應特別要包括該學生運動代表隊的畢業率和場下行為表現。如果教練違反與學校之間的數年合約的話，那麼教練必須賠償學校，如果教練有任何作弊行為也應當馬上被開除。另外，學校如果施予壓力給教練以求得比賽勝利，因而導致嚴重違反法令時，學校應該受到更嚴厲的懲處。

有證據指出NCAA的改革已步上正確的軌道，但有些人相信大學體育室是在矛盾其目標，唯一的解決方式是撤除校隊，或是放棄體育室所宣稱的教育與學業的藉口（Lawry, 1991）。一份研究指出，如果學校的運動代表隊所屬比賽層級越高（如第一級），那麼學校的教授或老師對體育室就越不滿意（Cockley and Roswal, 1993）。

從管理的角度來看，如果體育室的焦點可以不包括業績與行銷，如果目標之一的賺取收入可以除去的話，如果要求其執行策略性規劃的

圖：有越來越多的男女生參與足球運動。
資料來源：NCHSAA, John Bell。

話，還有如果體育室主任的角色可以重新定位的話，或許大學運動代表隊的問題可以被改正（Maloy, 1993）。

運動中的青少年健康與行為

Youth Health and Behavior Concerns in Sport

有人說模仿是最真誠的阿諛，當這如果描述青少年模仿職業運動英雄時，這有可能是最危險的行為。當健康時常被列為青少年運動結果的目標時，有時會很難記錄下這樣的危險情形。有些行政管理領域需要很多的主動教育與主動的注意。

根據疾病防治中心（Centers for Disease Control, CDC）（2002）指出，在美國的青少年運動持續增加，那也就是為什麼運動是傳達給美國青少年選擇有關抽煙、身體活動和良好營養等重要健康訊息的最佳方式。

疾病防治中心已經與許多知名的運動員和教練一同提倡禁煙運動，「疾病防治中心很高興能與知名的成功人士，如國際影星成龍（Jackie Chan）、國際滑板選手東尼・霍克（Tony Hawk）、還有奧運金牌得主，也是世界女子撐杆跳紀錄保持人史戴西・瑞可利雅（Stacy Dragila）以及高山滑雪名將皮卡波・史垂特（Picabo Street） 等人，一同合作」。透過這些努力，禁煙運動已經受到廣大青少年群眾的好評。世界衛生組織（World Health Organization, WHO）與世界足球聯盟（the Federation Internationale de Football Association, FIFA）共同贊助全球禁菸足球活動（SmokeFree Soccer program），以在足球界推廣世界性的禁菸訊息。這個活動包括製作來自美國、澳洲、巴西、中國、加拿大等國的男女足球明星球員的海報，FIFA也在2002年5月31日籌劃了世界禁菸日（World No-Tobacco Day），也在2002年的日韓世界盃規劃主題為「禁菸運動」（Tobacco-Free Sports）的活動。甚至在2002的鹽湖城冬運與2000年的雪梨奧運，場地是全面禁菸，且所有的人員都是不抽煙的，在整個大會期間

中，大會也充分地宣導不抽煙與健康生活的概念。

疾病防治中心也出版一本可以電腦下載的書：「不抽煙運動守則」（The Tobacco-Free Sports Playbook），這是設計來協助教練、學校行政人員、州立與地方衛生局向年輕人伸出援手，訊息包括選擇健康、活力朝氣、不抽煙的生活型態 （www.cdc.gov/tobacco/sport_initiatives/overview.htm,2002）。NAIA與NCAA已經禁止教練在比賽時抽無煙香煙，因爲這對青少年來說是嚴重的影響，尤其他們會效法職業球員的一舉一動。

日以劇增的皮膚癌（skin cancer）也引起大衆的注意，有份研究報告顯示超過80%的青少年在太陽下度過週末，室外運動的運動員也大概是每天在午後的烈日下度過，但是大概只有9%的人使用防曬乳液，且有33%的人從未使用過。運動管理人員必須堅持促請室外運動的教練將此問題包含在他們的教育課程中。如想更深入瞭解健康問題與青少年運動，請參考美國小兒科學院（American Academy of Pediatrics）的官方網站：www.aap.org。

媒體報導運動員的挑釁和犯罪行爲（criminal actions）已經有一段時間了，根據卡德拉塞克（Kadlecek）（2001）指出，在某些案例中這些行爲甚至毀掉教練的工作。體育室主任的報告指出，他們最常碰見的危機是這些運動員場外的過失行爲。已有上千位高中與大學運動員已經接受過道德測驗，結果推論運動員的道德理念大概比普通高中生落後5年。「當大部分的學生採取別人的觀點，並且在做行爲抉擇時有責任感，但是學生運動員卻沒有這些考量。學生運動員通常是看那方面對他們是最好的，他們對自己所做的是非常全神貫注而沒有考量到其他人。」（Bradley, 1992: 17）。

在另一個研究當中，是以9~14歲的體操選手爲樣本，目的是調查身體活動達成、社會——理性與經驗考量的重要性。結果指出，最小的因素是以社交爲基礎的樂趣（socially based enjoyment）、正面的社交關係（positive social relationships）、和社交一競爭的成就（social-competitive achievement）。「學生的目標取向和知覺相關的競爭，或目標達成已經在理論上和經驗上與學業一智力、運動、社交背景的適應和不適應回應模式相關」（Lewthwaite and Piparo, 1993: 115）。

美國精神健康研究所（The National Institute of Mental Health）發現學生運動員涉入1／3的校園性侵害事件；另外一個以10年爲期的研究顯示在校園輪暴事件中，犯下罪行的包括校隊運動員或兄弟會成員；另一個研究也指出運動員比非運動員多5.5倍會犯下約會強暴的可能性（Melnick, 1992）。所以，我們應該要做什麼？梅林克（Melnick）（1992）建議大學應該要取消給運動員的特別住宿，本書的作者之一曾經擔任過兩個有全國排名的美式足球隊的一年宿舍總監，與一年的學業輔導員，他也是非常同意梅林克（Melinick）的建議。還有，運動管理人員應該要努力去消除在運動環境中任何有關「性」的不當言論，對那些確認有犯罪行爲的運動員採取嚴厲、迅速的懲罰制度、教育有關這方面的議題以及重新改造男性的運動經驗和文化。威德格（Wiederg）（1998）指出從1997年8月1日到1998年8月1日，有175名NCAA第一級的運動員被逮補。這些事件與研究結果顯示出，大學的體育室主任必須要盡速去處理這個問題（Kadlecek, 2001）。

有幾個大學已開始去調查是否社會／行爲會嚴重影響學生運動員的生活。有些人質疑爲什麼只有針對運動員做這樣的調查，尤其是某些學校並沒有顯示出有如此的問題，但其他人相信這些不當行爲應該是曾經發生過，只是沒有被報告出來，或者問題只是在表面下隨時都有機會發生。馬齊爾（Marchell）等人（1992）指出爲什麼運動員會參與高比例的性侵害（sexual assaults）案件的3個原因，第一個原因是群體文化，涉及這樣的行爲是要獲得團體的認同，被害人是偶然的。第二，有可能與團體運動項目轉移過來的侵略性有關。第三個因素是運動員瞭解他們的社會地位所賦予的免除懲處自由，還有先前曾發生過輕微不當行爲卻受到保護而不用受到刑罰的經驗。根據這些資料，運動管理人員需要準備去處理這些危機。但不幸的，有許多體育行政人員並沒有對此做準備。卡德拉塞克（Kadlecek）（2001）的研究發現當有許多大學體育室主任碰到運動員過失行爲的問題時，只有一位體育室主任在他的研究中規劃了一個危機處理（crisis management）計畫。

經由參與運動而感染愛滋病（AIDS）病毒的議題，也將會繼續是行政上的問題。在一份研究中指出，幾乎有一半的大學運動員在問卷上表示，他們擔心自己在運動比賽時，因爲對手沒有做過檢驗而受到愛滋病病毒傳染；而有3／4認爲所有從事身體接觸運動的運動員在比賽前都應該先受過檢驗。但是在另一方面，從來沒有記錄顯示過有任何人是因爲運動比賽的參與而感染到愛滋病病毒（"HIV Fears vs. Reality", 1994）。

大部分的運動組織和教科書在運動代表隊管理上的宗旨都寫到：「人格建立（character building）」爲主要的預期結果或目標（Stoll and Beller, 1998）。在看到前面提到「改革」的部分和這些問題時，會發現有不一致的現象。沙吉（Sage）（1998: 16-17）描述到：

> 只有少數幾個有關組織運動對青少年選手的社會發展影響的完善構思和基礎研究…。或許運動只不過是個可讓個人展現原有人格特性的情境，有些運動員或退休選手表現出文化上重視的良好個性和社會特性，因此我們不能說運動促使運動員擁有良好的人格。近來的研究也建議相對於建立人格，青少年的有組織性運動會對他們的道德發展有負面影響。

斯托爾（Stoll）和貝勒（Beller）（1998: 21）提到：「一個質性與量性的研究資料庫文獻，支持在運動場上發生的一些問題，因爲運動會負面影響個人對於道德的辨識能力。」「道德是得學習的，身爲教師和教練的我們，可以去正面影響運動參與者的學習過程」（Stoll and Beller, 1998: 23）。

運動員組織和控制 Organization and Control of Athletics

在所有體育室中最常見的組織構造是——體育室組主任得向學校的

總行政長（head administrator）報告，在中小學，這位總行政長通常是校長，在高等教育中，總行政長通常是校長或者是學院的院長。在很多的中學與大專院校中，會有一個諮詢委員會（advisory group）向總行政長做運動代表隊相關的建議。在中小學，這個委員會常會包括教練、學生與教師。在大專院校層級，這由教授、學生與校友組成，其中教授佔的比例爲最高。

控制管理各層級的運動代表隊的方式是透過協會，在美國的中小學，州立協會是最高行政單位。這有三種型式，志願、協會附屬於州政府教育局、大學管轄的附屬中小學。全國聯邦中學協會（The National Federation of State High School Associations）在1920年成立，在1922年改成現在使用的名稱。全國聯邦中學協會從來沒有試圖要接收州立協會，他們只負責在州內比賽的資格規則、使競賽規程標準化以及成爲州立高中的代表。該協會的主要貢獻之一是出版16種男女生運動的規則書，以及相關案例書籍及其他出版品。

在大專院校，學校志願加入數個協會其中之一。要加入哪一個協會必須依據學校層級、學校制度、學校大小和鄰近性質相近的學校。下列爲大專院校層級的相關協會：

1.全國專校體育協會（National Junior College Athletic Association, NJCAA） 該協會在1937年成立，主要是服務二年制學院。官方網站爲www.njcaa.org.。該協會是按照區域做管轄，每個地區都設有主任一名。每個地區都是遵照該協會的組織章程去營運，而且也遵守家長協會的規定。NJCAA贊助許多全國性的運動賽事和邀請賽。

2.全國學院運動協會（National Association of Intercollegiate Athletics, NAIA） 剛開始在1940年成立時，該協會只是一個籃球協會，後來在1952年時，慢慢擴大爲包含所有的運動。它服務的對象爲超過300所的小型學院，並且在許多項目都設有全國冠軍賽（www.NAIA.org）。

3. 全國大學運動協會（National Collegiate Athletic Association,

NCAA）　這個協會的源起是在1905年時的一個行政會議，當時的議題是在討論嚴重的美式足球傷害，隔年該協會即採用架構與規章，當時該協會的名稱爲大學運動員協會（Intercollegiate Athletic Association）；現在使用的全國大學運動協會（NCAA）乃是在1910年開始採用，現在NCAA擁有超過1000個會員學校與大約100個聯盟。違反NCAA規定的學校會受到緩刑觀察（probations）、禁止電視轉播或參與季後賽，以及開除會籍（expulsion）等處罰（www.ncaa.org）。

4.全美女性運動協會（National Association for Girls and Women in Sport, NAGWS）　這個協會的主要使命（這是美國健康體育休閒舞蹈聯合會AAHPERD的6個協會其中之一），是鼓勵兩性運動參與的完整管道與領導的機會。有些人在書上爭論男女平權法案（Title IX），並且提到這個NAGWS協會或許是個多餘的組織。而NAGWS的支持者指出該協會需要提出以下的統計資料以資證明其存在的必要性：

- 全美學校中，只有1／3的運動員爲女性。
- 學校提供給女生不合適的設備、不足的教練指導、較少的練習時間與比賽，以及較少的行政支援。
- 低於半數的女子校隊總教練是由女性擔任。
- 低於2%的男子校隊總教練是由女性擔任。
- 低於20%的女子校隊總行政管理由女性擔任（Carpenter and Acosta, 1997）。

在印製本書的同時，有本最詳盡的報告剛完成，這份報告討論到很多在男女平權法案通過30年後的案例。

除了國家級與州級的協會之外，很多有關直接與特別的控制是來自於各學校運動聯盟，高中運動聯盟的規定大部分是針對賽程安排與裁判，而在大專院校層級，運動聯盟通常是參與更深入。例如十大名校聯盟（Big 10）和長春藤聯盟（Ivy League）都已把標準制訂得比聯盟規定得更嚴格（www.aapherd.org/NAGWS）。

以教練爲職業生涯
COACHING AS A PROFESIONAL CAREER

準備（Preparation）

教練指導可以與教學一起練習，或是可以單獨準備。許多把教練指導與教學綜合在一起的人，後來都發現這兩種有角色的衝突。事實上研究建議，如果把教練指導與體育教學組合在一起的話，會導致比教練指導與其他科目教學同時進行時更嚴重的角色衝突。行政人員在分派任務給教練時，需要去把這個潛在的問題納入考量。

一個更重要的重點應該放在教練準備的人際關係方面，他們必須處理不可避免的抱怨與批評，還有感謝他們與球員、球員家長之間的信任感與特殊的情誼。很少有教練會與自己的工作人員或運動技術方面產生任何問題。除此之外，教練還得要處理球員、家長、球迷和行政上面的問題。

在所有學校中，控告教練的案件顯示出是優良教學的存在是很重要的，尤其是在中學層級。在這方面看來，有些教練缺乏的是去觀察和糾正運動員的技術能力。這在高階的運動技術領域中特別重要，因爲不純熟的運動技術往往導致更多的運動傷害。爲了要更有效率地評估和糾正運動技術，教練應該要使用慢動作與靜止動作的錄影技術。如果可以瞭解並可應用基本物理概念，對好的運動技術觀察與糾正是很重要的，因爲教練需得使用除了吼叫之外更有用的回饋方式。可以從某些正面的事物開始，使用相似的已知動作，使用輔助器材，例如像在腋下綁一個氣球以提醒要把手臂位置遠離身體，從簡單程度漸進到困難程度，對於直接或深度問題時使用過度補償的方式（Turner, 1998）。

沙吉（Sage）（1989）指出，基本上高中教練學得這份工作是經過第一年教練工作的社會化過程。他發現「對於眞實世界的打擊」對高中教練來說是個巨大的工作負荷——通常在球季中是每週30~40小時的工作量，這對全職教師來說，這種工作量是使他們精疲力竭的主因。

對中學教練來說，主要問題是他們有兩份全職工作。Kneer （1987: 28-29）建議處理此種狀況的4個方式：

1.繼續綜合教學與教練指導的工作，但把教練工作當做是教學工作量的一部分。
2.繼續綜合教學與教練指導的工作，但減少練習時間和練習次數。
3.在學校中把教學和教練的工作分開，聘請全職教練。
4.把教學職位和教練職位分開，把運動代表隊從學校中撤除。

在其他很多國家，頂尖運動員（通常我們會稱爲競技選手或大學運動代表隊）常常是不與中學、甚至是大專院校做結合的。

教練的專業認證Certification of Coaches

美國的大專院校並沒有提供科系專門屬於運動教練，只有少數幾個科系提供運動教練的副修課程。雖然長久以來都一直不斷地在討論著教練認證，只有少數幾個州實際上有規定教練認證的要求。在以往，行政人員可以仰賴體育老師去執行教練工作，但是現在有更多的運動選手，運動項目也增加，且女性的職業運動也大大增多。結果顯示體育老師所學的僅有少部分是與運動教練領域相重疊。而且，當體育老師隨著年紀增長，他們經常不希望再從事教練的工作，這導致行政管理人員會把教練工作指派給尚未準備好的人員。

爲什麼要求證照？心理諮商師、駕駛教育指導員、其他的特殊教育工作者都得受到認證。我們對於教練的資格並沒有很多要求與直接的控制，爲什麼不要求所有的教練要符合認證標準？很多的全國級協會都已積極著手建立運動教練的國家級標準，雖然這些規定還需要反覆的修改，包括從初級（entry level）到精通（master level）的5個程度別都已先制訂好了，這個資格認證有37個標準，並在下列的領域中：

- 受傷——防止、照顧與管理。
- 風險管理。
- 成長、發展與學習。
- 訓練、體能與營養。
- 教練的社會／心理方面。
- 技術、技巧與策略。
- 教學與管理。
- 專業準備與發展（www.aahperd.org/NASPE 2002; Carney, 1997; "Coaching Education Update," 1998）。

問題就在如果要指派教練是有困難的，然而如果標準又提高的話，那麼這個問題有可能解決嗎？建議各州可以在教練證照標準上設定3個等級。最高等級的是有身體接觸性運動的總教練，次一級的是其他運動的總教練。最低一級也是標準需求最少的是助理教練。如果要使認證更實際化，那麼州訂的教練薪資標準得需要適度調漲。

有幾個獨立組織已自行發展自己的教練證照系統，運動教練教育課程（The Program for Athletic Coaching Education, PACE）是由密西根州立大學（Michigan State University）的少年族群運動研究學院（The Institute for the Study of Youth Sports）所發展出來的。這套課程是設計來提供學校課程與訓練內容以維持有效的教練系統，已經有許多州使用這個課程系統，並且也培養出許多合格的教練（http://edweb3.educ.msu.edu/kin/certificates/cert_pace.htm ）。青少年運動國家聯會（The National Alliance for Youth Sports, NAYS, www.nays.org）也成立了教練協會及認證課程。因爲主要設立這個協會的原因是要協助志願的青少年運動教練的訓練和教育，NAYS發展訓練教材，已有許多男女生運動球隊、各城市的公園與休閒部門採用。在最頂尖的競技運動層級，大部分會參與奧運選拔的國家級運動行政組織擁有他們自己的教練訓練，也有從初級到奧運及國家級

的測驗和認證課程。

選任教練Staffing Coaching Positions

先前有提過，對於所有體育運動的行政管理人員來說，要僱用與保有受過認證的高水準教練是不易的，且日趨困難。在大專院校中，只有少數教練需要兼任教學工作，所以教練薪資都來自於體育室的經費。現在經常看到那些沒有門票收入的校隊是由兼職的教練來指導，這些兼職教練也僅在該校負責教練工作而已。這伴隨而來的問題很明顯，在中學，問題的中心是沒有足夠有資格的教師去執行教練的工作，或者對教練工作有興趣。

高中在選任教練時，經常是找尋其他替代方案，例如僱用「輔助專職人員」或是「非專業教練」，他們在學校都沒有全職的教學工作。他們通常是助理教練，近來根據報告指出有49個州允許沒有教師職位的教練。在有些州，將近有30%的高中體育室的教練職位是由輔助專職人員所任職。比例最高的地區包括在大都會地區和在女子運動中（Gillentine and Bryant, 1997）。

教練津貼Coaching Compensation

行政人員的重要職責之一是協助教練爭取更多的薪資，但是如果從理念上的觀點來說，這是種教學上的墮落，因爲基本的教學工作本來就是個全職的職業（無論是體育或其他科目），超額給薪是得到承認的，無論教學是否要求完全的專業投入，或者那位教練是否會私底下將重點只放在教學或教練工作上，因爲工作內容實在太多了。當然，有些教練因爲不怠慢其教學或教練工作，所以他們因爲投入太多的工作時間導致得犧牲家庭與休閒時間。很不幸的，這些工作內容對教練的身心健康來說是很不利的，但是這種情況卻是司空見慣。

下列各項爲其他補償教練的方式：

- 免除教學時數。
- 減少教學班級人數。
- 配有行政助理。
- 提供辦公室或更衣室。
- 得到學校行政或董事會的專業肯定（特別職稱或獎項）。
- 個人——社會肯定或提供誘因（在某鄉村俱樂部成爲榮譽會員，提供大學或職業比賽的門票或電影票）。
- 提供另外在非比賽季節時的額外收入機會，如暑期教學。
- 提供特別的服裝，如教練服飾和鞋子。
- 媒體曝光。
- 免費用車。
- 參與研討會和工作坊。
- 更多助理人員。
- 改善代表隊比賽時的生活安排（如提供專屬司機）。
- 控制比賽季的長短與外出比賽的距離。
- 特別的教學和教練用設備器材和場館（例如錄影帶或一個舒適的體育館）。
- 經常地從行政部門得到正面的回饋。

從專業的觀點，減低教學工作量以彌補教練工作，是最受歡迎的替代方案。從財務觀點來看，這種方式對學區的預算來說是一個更昂貴的負擔。在高中，教練津貼是最常使用的補償方法，而且，對學區預算來說，這比減少工作時數的方案成本更低，也吸引更多符合資格的教練來應徵。雖然這將對體育室的預算成本增加一些，但這比使用累進比例更划算。也就是說，按照教學薪資的比例來給薪，或者按照教練的工作年資來給薪。任何這些方式都將給予經驗較多的教練更多的獎賞，這也較可以降低工作人員的流動率。

對於補貼教練的薪水的比例，應該要謹慎規劃。如果要開始一個教練給薪系統，或要修改現有的實施方案，那麼應該要建立一個包括有門票收入的運動項目與無門票收入運動項目的代表、體育室主任、學校行政主管及學區主管的一個委員會。建議下列可以考量的標準包括：

- 運動項目活動所需的時數。
- 準備所需的時數。
- 參與比賽的人數。
- 需要的經驗。
- 需要特別的訓練或知識。
- 觀眾人數。
- 參賽者的受傷機會。
- 教練的受傷機會。
- 對教練的體能要求。
- 壓力。

圖：已有更多更高水準的球隊加入高中排球運動

資料來源：Watauga Democrat。

- 運動訓練、比賽時的場地環境狀況。
- 到各地比賽與監控的責任。
- 行政責任。
- 需要監視的人數。
- 運動活動的層級（新生、高三或大三的代表隊、競技運動代表隊）。
- 是否需要從頭開始。
- 需要判斷的程度。
- 需要創意能力的程度。
- 對心理與視覺集中力的要求。

特殊的運動代表隊管理議題

SPECIAL ATHLETIC MANAGEMENT CONCERNS

許多有關運動代表隊的管理議題都在前面章節討論過了，以下部分是運動代表隊有關行政管理方面的特別議題：

管理運動員和代表隊Conduct of Athletes and Teams

行政人員可以從4個方面來討論：參與者的公平性，運動團隊和學生的精神，增強運動努力的關係，教練、行政人員與學校的能力反應。有2個一般會影響管理的方式。第一，參加運動代表隊是一種課外活動與志願的，所以它是一個名望（privilege）而不是個權利（right）。第二，當規則是合理且直接與運動相關，他們通常會得到支持，尤其如果這是運動聯盟協會的規定的話。如果受到的懲罰是嚴厲的話，例如像失去資格，那麼需要訂立一個期限。建議可以透過學校的運動代表委員會建立一個適用於所有運動代表隊的管理辦法，例如如果在這個委員會有學生代表參與的話，行政管理人員必須謹慎評量這些建議的規定，以確保這

些是合理且可以執行的。

對於特殊案件可以做些程度上另外考量，如家境清寒、少數種族、失能或有特殊宗教原因。這些一般法則可以另訂細則來處理這些特殊情況。教練在訂立規則時，建議事先與其他教練群們、運動員先擬定，再經由投票的方式讓大家表決。這些規則可以讓運動員知道當他人違反規定時，他們會面對什麼樣的刑責有與那些可以上訴的方式。規則一旦通過，那麼就得一致地徹底執行。這些規則應該要由體育室簽署通過，在高中，則需要由家長同意。違反管理的懲處問題對校際運動來說並不陌生。最明顯的案例是在1994年的冬季奧運女子花式滑冰資格賽中，童雅．哈丁（Tonya Harding）安排攻擊另一位參賽者——南西．凱瑞根（Nancy Kerrigan）的事件，這是一件根據法律判決的良好管理法則。

不幸的，無論管理法則如何地合理，總是會有人違反。運動管理者必須確保教練謹慎地且經常地管理好選手，如果代表隊的紀律問題嚴重到引起大眾的注意，那麼運動管理者就必須加入參與其管理過程。

在**表14.1**列出高中教練的一般管理規則。

球員資格與獎學金Eligibility and Scholarship

球員資格已在法院中徹底的討論並建立合理的制度，球員資格制度是建立來提供公正與平等的比賽機會，以確保運動代表隊是在一般的教育體制下。保持球員資格，對每個體育室主任來說是一個最高任務。

數篇對高中運動員的研究結果都支持：「運動員比非運動員獲得更高的學業成績」的論點。如果是這樣的話，運動代表隊的參與加強了參與者的課業表現，亦或是運動代表隊吸引在水準之上的學生運動員呢？在一篇有關高中男性運動員的獎學金、曠課與遲到的研究指出，運動選手和非運動選手在曠課和遲到的結果是沒有差別的，而且運動員的學業成績還明顯優於非運動員（Horine, 1968）。現在的趨勢，是增加運動員必需要通過的，以獲得球員資格的「基本」課程數目。

表14.1　教練的管理守則

・教練對學生運動員的影響是非常大，他們永遠都不應該把追求比賽勝負置於追求端正品格之前。
・教練應該要與學生運動員、裁判、體育室主任、學校行政人員、州立高中運動協會、媒體與大眾一同設立高標準的道德與倫理的管理辦法。
・教練應對於違反規定或有不當行為的代表隊選手，處以懲罰。
・教練應該徹底知道比賽規則，並且要讓所有隊員都瞭解。而且，教練不應該有任何欺騙取巧的企圖。
・教練將與整個校際比賽系統和學校當局在和諧的狀況下工作。
・教練應該尊重與支持比賽裁判，他們要避免會刺激球員或觀眾對裁判的抗議行為。
・教練可以透過與行政者、啦啦隊、球隊贊助商與後援會的合作，以便積極推動觀眾的運動員精神。
・教練應該與另一隊教練在每場比賽前後互相打招呼，並維持比賽的正面氣氛。
・教練在宣導健康生活方式的同時，也應該對防止選手涉及煙酒與毒品採取積極的措施。

資料來源：Adapted from Handbook of the North Carolina High School Athletic Association, p.35 (1997-98). 222 Finley Golf Course Rd., Box 3216, Chapel Hill, NC27515;（919）962-2345;http://www.nchsaa.unc.edu.

運動代表隊獎勵Athletic Awards

運動獎勵長久以來是要去鼓勵學生的參與，還有公開表揚這些傑出教練選手；但是有很多權威都關心這種「外在動機（extrinsic motivation）」的形式。他們相信應該要把鼓勵導向為沒有獎杯與獎牌的「內在」（intrinsic）或「自我引導的動機（self-directed motivation）」，這在國中競賽裡尤其重要。另外重要的一點，是所有的獎勵都得經過學校的預算審核通過。通常最被重視的獎勵方式是那些花費較少的，例如在公開典禮中頒發的獎狀或獎牌、報紙照片，或是自行做的個人獎品。

高中運動協會通常不會讓學生運動員去收受獎金或是價值高的獎品，如球拍、球或鞋子。典型的協會規則是，如果禮物是發給隊上所有的成員，那麼高中運動員就可以收受，這些禮物要能完全可以消費且不可轉讓的（餐券、旅行），或是永久的標記，而且都要受到校長與學區督學的許可。

家長在運動代表隊的參與Parental Involvement in Athletics

教練和體育室已有很多年試著要將家長拉入中學運動中，在近幾年，很明顯的是不但有更多的家長加入，而且還有些過多投入。爲了要鼓勵家長參與，但又想在中間劃一條線避免太多的關心造成不必要的干預，因此建議在每個比賽季前，體育室行政管理、教練和家長先行召開協調會。

有一種作法是邀請所有運動代表隊的家長，同時和學校行政人員先看過一遍行政管理規則與標準營運程序。可以運用到所有運動的資訊應該都要包含在其中，如身體檢查、餐會與交通的保險或成本、營養建議、對運動員的課業要求與一般有關家長可以如何地協助志工工作和給予子女正面的鼓勵。對於某些特定運動應該要有明文規定，家長應該先要與教練溝通解決衝突，如果問題沒辦法解決，那麼體育室主任、家長、教練應該要開會共同討論。

在一般資訊的結論裡，各項運動教練在其比賽季節中應該要與選手們共同看過該項運動的規定與相關資訊。例如像美式足球，家長應該要收到一份詳細的裝備清單。在任何的練習中，教練的戰略總結、任何的特別訓練要求或建議都可以提出。

賽程表Scheduling

一般來說，賽程表設定可以從兩方面來看。第一個是該學區、學校和體育室的理念，他們的想法會影響該運動聯盟以外學校的賽程表，這涉及到可接受的比賽往返距離、白天或晚上、一週中有幾天幾夜、比賽場數。另一個因素是該運動聯盟的要求，運動聯盟經常會先設定比賽賽程表，之後就形成一個例行的工作。

制定賽程表應該要先考慮下列數點：

1.可以的時候，把主場和客場的比賽訂在同一比賽季，或者是輪流安排。

2.可能的對手實力是否有競爭性？

3.客場球隊的場館設備如何？

4.客場球隊的場館距離多遠？

5.客隊在運動家精神方面的名聲如何？

6.客隊是否可以在主場吸引足夠的觀眾？

7.如果是在主場比賽，客場球隊的球迷是否會跟著一起來？

有關於賽程的制定，州立體總可以把比賽限制在2年週期；比賽球季經常都會被明白規定。有時候在星期日不會安排任何比賽；州外的比賽需要事先得到許可。

有關延後比賽或取消比賽方式，必須明文規定。例如：如果一場夜間美式足球比賽需要在早上10點前做更改，體育室主任應該通知另一隊相關的可能，並在下午1點前答應做出決定。稍後，在與校長與總教練會談過後，體育室主任應該做出最後決定，然後要馬上通知客隊的體育室主任和當地的媒體記者。

裁判 Officials

對體育室行政人員來說，再也沒有比找到並且保留優秀的運動裁判更重要了。

在某些州，是由某些從州立體總的裁判組安排裁判。裁判組主要負責的運動有美式足球、籃球、足球與角力等等。一般有關裁判的規定有以下幾點：

1.在賽前、中場、賽後，教練都不得與裁判抱怨。

2.教練不得進入裁判更衣室或休息室。

3.教練或學校當局都不可以向媒體批評裁判。

4.裁判應該在抵達專用停車位時就被接待，並且由專人護送到私人休息室。

5.在比賽前就應該發予裁判費。

6.比賽結束後，裁判應該由專人護送至休息室，及休息室到停車處。

7.與裁判保持書寫合約。

8.遵照標準裁判費，不得少付。

9.不得僱用教練或體育室主任的家屬來擔任裁判。

10.避免在一連串的賽事中使用相同的裁判。

11.確認裁判的註冊資格，並且由適當的單位認證過。

12.如果沒有州立體總裁判組的人員來擔任執法的話，得請客隊認可擔任裁判的人。

教練應該評估每位裁判，那麼每個裁判也需要評量每一個教練。雖然這需要花時間和力氣的，但是唯有誠實坦白的評估才能使整個系統進步。現在很多的運動聯盟需要這些程序。建議教練可以在開始帶隊時參與一些裁判工作，以獲得裁判與教練觀點之間的平衡。

賽會管理Contest Management

如果預期會有更多觀衆的話，我們需要討論許多不同因素的細節。以下列出的事項需要很多次的籌備會和協調會去擬定執行方案：

- 賽程。
- 裁判。
- 比賽地點。
- 停車。
- 大會播報。
- 傳播（媒體、客隊）。
- 交通。

・觀衆進場人數限制。

・啦啦隊的管理。

・場上的人員。

・保全和法律的執行。

・賽後的活動。

・緊急危機處理計畫與醫療服務。

群眾管理Crowd Management

在最糟糕的情況之下，管理不當的群衆管理會導致傷亡與法院告訴，如果情況好些，觀衆只會有不好的觀賽經驗，但可能從此不再回球場觀賞。促使球場群衆暴行增加的因素，是把大型團體觀衆的座位安排在一起，而不是分散的座位；販賣酒精類飲料（或是不完全禁止酒精類飲料的存在）；允許座位太過擁擠；缺乏適當的走道空間、數目與座位的分區；比賽場地與觀衆席中間缺乏安全的距離以防止觀衆自行闖入，或是缺乏防護設施防止觀衆從旁或最後一排掉落；缺少足夠的領位人員（usher）或保全人員；品質低落的裁判人員；允許教練的行爲去刺激群衆；安排無聊的賽事（Farmer, Mulrooney, and Ammon, 1996）。

從風險管理的角度來說，其關鍵字是可預知（foresseability）。運動管理者，應該詢問在何種特殊狀況下是否會有可預知的特別狀況。貝爾曼對上聖母大學訴訟案（*Bearman v. Notre Dame,* 1983），這個案件考驗主辦單位對風險預知的能力。聖母大學允許衆人在美式足球比賽前在學校四週停車場舉行烤肉野餐活動（tailgating），但是學校在停車場區沒有提供足夠的保全人員巡邏，因爲有兩名喝醉酒的球迷打架而導致另一名觀衆的受傷，聖母大學被判決應該要對此事負責（Miller, 1997）。

下列爲曾經成功使用過可以鎖定群衆管理問題的方式：

1.通過禁止攜帶／夾帶酒精類飲料進入球場的法規。

2.訓練警衛人員和領位人員如何適當地服務大衆，及在緊急時刻如何

疏散群衆。

3.透過標識與大會宣傳，以明白告知觀衆行爲的規定。

4.使用團體動力技巧，例如音樂的形式和音量、燈光的明亮度和顏色等。

5.修正場館的建築構造問題。

6.在停車場提供充足的燈光照明與警衛巡邏。

7.預備並演練緊急災難計劃，包括如何地從運動場館中撤離。

8.考慮使用金屬探測器。

9.請所有的正式人員穿著顯著易辨識的服裝，例如穿戴臂章或註明標記的背心。

10.準備不當行爲的標準處理方式，請所有監督人員、領位人員與警察對程序做簡報——到最後時刻才使用警力。

11.把支持不同主客場球隊的學生座位分開。

12.把支持不同主客場的成人、家庭觀衆與學生的座位分開（Rochman, 1997）。

13.確定主客場觀衆間的屏障是足以隔開兩邊，而不是可以輕易跨越過。

女性運動Women's Sports

就如同先前有提過的，高中女生參與運動的數目在過去的10年中明顯地成長，同樣的，在大專院校中的情形也是如此。但在同時，女性教練的數目卻下降。女性離開教練工作有很多原因，而且也有許多因素導致教練工作轉變爲很多是由男性擔任。當然我們不可以一言以蔽之，但是這個情形有些是因爲供給與需求的結果、從認知的觀點來看（主要是男性），男女平權法（Title IX）已經使女性運動擁有更高的地位，男性面對這樣的競爭也比較泰然自若，但是也導致年輕女性缺乏訓練和累積經驗的機會以及缺乏社會對女性擔任教練的鼓勵與獎賞。

某研究指出在擔任教練時，他們不一定會把同樣性別的教練作爲心目中的典範，但是的確有更多由女性教練指導的運動員比那些由男性教練指導的運動員更嚮往在高中擔任總教練（Lirgg, Dibrezzo, & Smith, 1993）。

餐飲販售Food and Beverage Concessions

餐飲販售，從少棒聯盟到大聯盟等大大小小的比賽中，是主要的收入來源。基本上有3種經營方式（請參照**表14.2**）：

- 完全自營（Complete in-house）。這種形式經常爲較小的營業規模，由服務性團隊、志工或不同的球隊隊員來執行販賣。
- 完全委外（Full contract）。這種經營形式通常是在大規模營業規模使用，這些多種類的飲食販賣商會自負盈虧與風險、安排所有工作與支付雇主30%~50%的利潤（Motsinger, Turner, and Evans, 1997）。在過去的幾年中，有幾家公司已經開始在職業層級中主導整個餐飲外包服務的市場。亞洛馬克餐飲服務公司（ARAMARK）和數量服務美國飲食

表14.2 經營不同餐飲販賣方式的優缺點

影響餐飲表現的因素	優點	缺點
自行處理餐飲管理	彈性化	外包公司可以大量處理
使用志工擔任工作人員	大量減低薪資支付	高流動率、成本效率不高
使用服務人員	需要支付較高的薪資	依賴較高的觀衆人數
僅聘僱收銀人員	較少的開始成本	較不精確
經營較容易	沒有財務報表	希望有較大的營業空間
擁有更大的服務與儲藏空間	提高經常性開銷	使用可移動式器具
可在最佳銷售地點販售	增加經常性開銷與維修成本	使用移動式販賣機
方便且可以增加銷售	銷售不包含營運成本	使用連鎖餐廳
具知名度且可增加銷售	利潤需分享	販賣酒精類飲料
	高單價、具高收入潛力	在販售點可能有顧客會行為舉止不當

資料來源：Adapted from Motsinger, Turner, and Evans, 1997, p.46。

服務公司（Volumne Services America）為目前該業界的龍頭。

- 管理合約（Management contract）。這種合約是綜合前面兩個方式，這經常由中型營業規模的組織使用，組織維持自營部分營業點或者是高利潤的食品如爆米花，但是把其他營業點交由外包公司去經營（Farmer, Mulrooney, and Ammon, 1996）。

青少年運動的管理
YOUTH SPORT MANAGEMENT

雖然本書不特別探討青少年運動，但這是一個重要的議題。有越來越多的國小高年級與中學直接投入競技運動，但是大部分的活動是由休閒部門或志工服務組織所管理。

據估計有超過3,500萬的青少年投入有組織的運動，但僅有少數的教練是有經過正式的訓練。如果沒有直接負責管理的話，專業教育學者應該直接地並多投入青少年運動的政策制定。

有關生理構造與青少年運動的研究總結指出，一般來說，成長與發展不會被運動的參與所影響；青少年運動時的心肺耐力需求，是很容易地就可以調整適應；青少年雖然身體強壯，青少年運動管理人員必須要強調這些人還是小孩——不是「縮小版」的成人——訓練應該要根據個人的差異性。

青少年運動行政人員也顧及青少年的身心影響，有些人建議在青少年運動中，最多的學習是透過仿效與鼓勵，活動的價值與理念是經由教練傳達。教練素質的提升問題、認證與發行執照已經遭到許多不同的運動組織的猛厲抨擊。

圖：足球－蓬勃發展的青少年運動項目
資料來源：Watauga Democrat。

青少年發展Youth Development

「青少年發展是一個健全社會的理念，這會直接正面影響青少年全體」(Edginton, 1997: 5)。有人已經開始整合先前的課程活動，然後導引至新的方向。那就是，在過去的青少年運動、休閒、校內運動、舞蹈和健康活動都是獨自進行，但是現在「青少年發展」試圖要整合各領域，以正面影響青少年在健康／身體、個人／社會、認知／有創造力、職業的以及在公民品德等方面。發展這樣的課後青少年活動值得更多的關注，尤其是行爲偏差學生（Edginton, 1997; Hudson, 1997; Wit and Baker, 1997）。在休閒方面的研究指出：「休閒對青少年的識別認同形成是很重要的，而識別認同形成（identify formation）包括個人認同（個人核心個性）和社會識別認同（自己和他人之間的關係、團體成員、和團體的社會識別）」(Kivel, 1998: 36)。

體適能產業
THE FITNESS INDUSTRY

自從堪尼斯・古柏（Kenneth Cooper）在1967年出版他的第一本書——有氧運動（Aerobics）後，體適能產業漸漸穩定地成長。有些人士認爲這個產業已經達到成熟期，有些人則持有不同的意見，他們認爲體適能產業還處於青少年時期。有幾個趨勢看來都相當一致，其中一個是更嚴謹的法規、控制和標準（請參照先前在第9章討論的風險管理標準）。另外一個趨勢是與健康保健產業有更多的連結，另外增加的客戶群將大致是青少年與老年人。運動參與者也比較受過健康與運動的教育，這將使員工訓練與準備得更充份（Ganthan Patton, York, and Winick, 1998）。

國際健康及運動俱樂部協會（The International Health Racquet and Sports Club, IHRSA）長久以來，在體適能場館設備的管理扮演著龍頭的角色。他們的產業報告已經在全美廣爲被採用，是決定產業表現和效率的指南。在2001年，該協會報告美國的體適能中心與運動俱樂部的數量增加了10.5%。其他的資料指出，參與健康、體適能、運動場館的會員人數已達到3,280萬人。IHRSA也提供有價值的資料予經理人和投資人。他們的報告包括總體的收入、稅後收入、各類場館的收入、平均每平方英呎的收入。這些基準可以做爲與產業平均比較的營運效率。另外，還有體適能產業經理的平均薪資與體適能中心員工平均計時工資的資料。對運動經理人來說，他們更大的興趣是該協會有關健身俱樂部的比例和獲利率（IHRSA, 2001）。

最經常提供的課程是個人健身指導人員、有氧舞蹈與運動、體適能檢測、瑜伽、拳擊有氧、孩童照護、飛輪、按摩和營養諮詢。值得注意的是，很多這些課程得繳交額外費用，而不是包含在基本月費內。事實上，平均每個會員的年費都超過1,000美元，遠遠超過會員每月應繳50美元的標準（IHRSA, 2001）。像其他所有類型的運動管理一樣，健康體適能行業也需要有靈活的長期策略。健身俱樂部有5個策略元素：明確目的和方向、組織構造、資訊和控制系統、資源配置系統（預算）、獎賞和認可的系統。「健身俱樂部長久以來在經營管理方面很強，但是在計劃階段就比較弱。瞭解你自己和行業的現況，這可以幫助你建立好邁向成功之路」（Faust and Carim, 1993: 33-34）。

健康課程Wellness Programs

> 當健康照護和體適能的界線依舊模糊時，健身俱樂部在健康領域展現出更積極的做法。在有些俱樂部中，他們準備大力強調健康課程和營養諮詢。其他的健身俱樂部已引入身體治療，或特別健康需求的目標群體，例如罹患關節炎的人們（Handley, 1998: 36）。

健康課程在許多行業、單位和學校中已經提供運動管理許多新機會。完整的課程應該提供員工或學生多種類的課程：例如像戒煙的行爲矯正課、壓力管理和放鬆課程、營養諮詢、背部照護（back care clinics）、血壓和膽固醇檢驗、烹飪課；搭配如走路、慢跑、有氧、重量訓練、瑜伽、太極、自我防身和運動課程（Cioletti, 1997）。

大衆的教育水準逐漸提昇，他們對健康照護和體適能課程也較瞭解其相關性。不論是在醫學上或一般民衆的瞭解中，運動可以防止許多健康疾病。許多的健康體適能中心現在都設立了醫學諮詢委員會。這些潛力會員經常都已經是體適能中心的會員並且瞭解其業務，所以他們可以馬上給予建議。與其支付諮詢費給他們，倒不如把這些諮詢費轉爲部分或全部的會員費。維持該醫學諮詢委員會爲小規模（3~5人），每年2~4次與高階主管開會，傾聽和跟隨他們的建議（Handley, 1998）。

有那些具代表性的中心呢？ 有些獲獎的體適能中心反應出健康與體適能活動的現在趨勢「佛羅里達西棕櫚海岸慈善健康與安養中心（The

Good Samaritan Health and Wellness Center of West Palm Beach, Florida）」，在健康和體適能的推廣上被頒發「最佳創新獎」。該中心在歷經不成功、複雜且昂貴的體重管理課程後，經理和顧客開會討論，以瞭解中心到底哪邊出錯，後來針對建議設計較便宜、較不受監督且更多的團體課程，結果這些改進方案成功改善該中心的營運狀況（Renner, 1998a）。

另外，「冬季公園市健康基金會中心（The Winter Park Health Foundation Center for Health and Wellness）」被選爲最佳促銷、銷售、行銷。該中心的標語爲「不只是健康俱樂部（More Than a Health Club）」，除了平常的行銷方式之外，該中心還主動到新的服務中心演講、僅開放媒體、醫師和諮詢委員會的公關日，還有另外開放給一般民衆的體驗日（Renner, 1998b）。

關鍵思維 Critical Thinking

在很多的州，學生在家上學是合法的，但是這些學生對於是否可以擁有資格參與校際運動的規定卻不清楚。在某些案例中，是有利於在家上學的學生參與校際運動，但在以下的案例中，卻說明這並不是永遠如此。

有位在家上學的學生，被她的户籍地學區規定不得參與校際運動，學生家長提出女兒是遵守在家上課的法律規定。於是該學生的家長循求法律途徑，力求宣稱該學區可以讓在家上學的學生得以有資格參與校際運動，最高法院——阿爾巴尼郡，撤消該起上訴，但是學生家長繼續上訴。

上訴法院證實學區的決定，註解有關校際運動資格的規定，已經很清楚地要求該名學生需在該學區的學校中入學，才能符合資格參與校際比賽。在家上學的學生，很明顯的並沒有遵照法規所要求的「經常」在學區中的公立學校註冊。並且，教育委員拒絕讓這樣的學生參與校際運動，是因爲這僅是一種期待而沒有包含基本權力在內（*Bradstreet v. Sobol, N.Y. App. Div,* 1996）（"Home-Schooled Student Not Eligible to Participate in Sports, " 1997）

1.您認爲未來的案例結果將會有一樣的判決嗎？
2.您認爲家長有可能採取其他方式，而讓其意見更具優勢嗎？
3.您認爲爲什麼教育委員不通過這些家長所企圖要求的結果？
4.如果在未來的案例中，情況轉換爲在家上學的學生是有資格參與校際運動的話，那麼您認爲這所衍生出來的問題有那些？

練習題

1.假設您是一所大型高中的體育組組長（Athletic Director），美式足球教練已經把一部價值一萬元美金的高科技攝影機編入預算中，這台新的攝影機擁有高畫質的優點，也可以協助學生得到大學美式足球獎學金。有一群家長已經公開質詢相關的購買進度，您將如何處理這樣的情況？

2.您是擔任一所大型國中的男女籃球隊教練，學校的校隊組織不僅積極運作、資源豐厚並有家長的大力支援。學校家長會希望您在下次開會時出席，提出為什麼花費許多時間與金錢在12名球員上的證明。請提出您的答辯。

3.關於補償教練方面，請列出有關對教練與學區的優缺點：(a)增加兩個單位時間薪資、(b)另固定給付1,000美元的教練加給、(c)付一般教學薪資的5%做為加給。

4.假設您是一所高中的體育組組長，該所高中對所有的運動並沒有標準管理方式。校長請您去擬定一份管理草案以便在運動代表委員會上討論。請提出您大概會提出的建議。

5.您是一所等級為3A的高中體育組組長，按照州規定，最大的學校為4A等級。某個運動項目的教練，堅持要將所有2A的球隊排入所有的非運動聯盟的賽程中。您是贊成還是反對？為什麼？

6.假設您是一所高中的體育組組長，您的學校籃球隊將在3週後，在主場迎戰主要的敵隊。上次那場美式足球比賽，已經造成兩校間的不愉快。兩校間的球隊與球迷情勢緊張，請您列出所有可以採取可以防止再度發生衝突的策略。

7.在先前的章節中，已有美國失能者法案（Americans with Disabilities Act, ADA）的成立，那麼失能的學生可以允許到學校運動代表隊去甄試嗎？學校應該要負責提供課後運動活動機會給失能的學生嗎？

8.擬定一個新開幕的中型健康體適能中心的營運預算，而每月的房租費用為2,000美元。

9.畫出一份典型的健康體適能中心樓板配置平面圖，包括機械和徒手式健身器材、阻力機器、有氧運動教室以及兩面壁球場。

10.請指出「體適能中心」、「健康體適能中心」和「健康中心」之間，在課程和行銷方面的不同處。

參考文獻

Ashley, F. B., III; Landrum, K; and Dollar, J. (1996, October/November). A threat from home? *Athletic Management* 8, pp. 45-50.

Bradley, M. (1992, September). Great expectations. *Athletic Management* 4, pp. 14-21.

Carney, S. R. (1997, Winter). Coaching information on the Web. *U. S. Sports Academy Sports Supplement* 5, p. 6.

Carpenter, L. J., and Acosta, R. V. (1997, February). Statistics on females in athletics. *Journal of Physical Education, Recreation and Dance* 68, p. 10.

Catalano, J. (1997, October/November). Parents on the field. *Athletic Management* 9, pp. 47-52.

Cioletti, J. (1997, December). All's well. *Club Industry* 13, pp. 19-24.

Coaching education update. (1998, Winter). *NASPE News* 50, p. 10.

Cockley, W. T., and Roswal, G. M. (1993, March). A comparison study of faculty members' perceived knowledge and satisfaction regarding NCAA athletic programs. *Research Quarterly for Exercise Science* (Suppl.), p. A109.

Edginton, C. R. (1997, November/ December). Youth development: Enabling the future. *Journal of Physical Education, Recreation and Dance* 68, pp. 15, 20.

Farmer, P. J., Mulrooney, A. L., and Ammon, R. (1996). *Sport facility planning and management*. Morgantown, WV: Fitness Information Technologies.

Faust, G., and Carim, R. (1993, March). Managing clubs in the mid-1990s. *Fitness Management* 9, pp. 33-38.

Gillentine, A., and Bryant, L. G. (1997, May/ June). Paraprofessionals: The answer to staffing problems. *Coach and AD* 67, pp. 55-57.

Grantham, W. C.; Patton, R. W.; York, T. D.; and Winick, M. L. (1998). *Health Fitness Management,* Champaign, IL: Human Kinetics Publishers.

Hamhill, G. (1997, October/ November). Speaking on style. *Athletic Management* 9, pp. 55-57.

Handley, A. (1998, February). Wellness integration: Establishing a medical advisory board for your club. *Club Industry* 14, pp. 36-38.

HIV fears vs. reality. (1994, December/ January). *Athletic Management* 6, pp, 4-8.

Home-schooled student not eligible to participate in sports. (1997, January). *Your School*

and the Law 27, p. 8.

Horine, L. (1968, April). Attendance and scholarship of high school athletes. *Athletic Journal* 48 pp. 52-53.

Hudson, S. D. (1997, November/ December). Helping youth grow. *Journal of Physical Education, Recreation and dance* 68, pp. 16-17.

Kadlecek, J. C. (2001) Crisis management response to NCAA Divison I student athlete arrests. Greeley, CO: University of Northern Colorado. Unpublished doctoral dissertation.

Kivel, B. D. (1998, January). Adolescent identity formation and leisure contexts: A selective review of literature. *Journal of Physical Education, Recreation and Dance* 69, pp. 36-38.

Kneer, M. E. (1987, February). Solutions to teacher/ coach problems in secondary schools. *Journal of Physical Education, Recreation and Dance* 58, pp. 28-29.

Lawry, E. G. (1991, May 1). Conflicting interests make reform of college sports impossible. *Chronicle of Higher Education*, p. A44.

Lewthwaite, R., and Piparo, A. J. (1993). Goal orientations in young competitive athletes: Physical achievement, social-relational and experiential concerns. *Journal of Research in Personality* 61, pp. 103-117.

Lirgg, C. D.; DiBrezzo, R.; and Smith, A. N. (1993, March). Who should coach? *Research Quarterly for Exercise Science* (Suppl.), p. A103

Maloy, B. P. (1993, January). Beyond the balance sheet. *Athletic Business* 17, pp. 29-31.

Marchell, T.; Hofher, J.; Parrot, A.; and Cummings, N. (1992, November). Prevention by education. *Athletic Management* 4, pp. 44-48.

Melnick, M. (1992, May/June). Male athletes and sexual assault. *Journal of Physical Education, Recreation and Dance* 63, pp. 32-35.

Miller, L. K. (1997). *Sport business management*. Gaithersburg, MD: Aspen.

Motsinger, S. E.; Turner, E. T.; and Evans, J. D. (1997). A comparison of food and beverage concession operations in three different types of North Carolina Sport venues. *Sport Marketing Quarterly* 6(4), pp. 43-52.

Renner, M. (1998a, January). Good Samaritan Health and Wellness Center. *Fitness Management* 14, pp. 32-33.

Renner, M. (1998b, January). Winter Park Health Foundation Center for Health and Wellness. *Fitness Management* 14, pp. 36-41.

Rochman, S. (1997, April/ May). Prepare for the worst. *Athletic Management* 9, pp. 14-21.

Rose, L. R.; Gallup, A. M.; and Elam, S. M. (1997, September). The twenty-ninth annual Phi Delta Kappa/Gallup poll of the public's attitudes toward the public schools. Phi Delta Kappan 79, pp. 41-56.

Sage, G. H. (1989, March). Becoming a high school coach: From playing sports to coaching. *Research Quarterly for Exercise and Sport* 60, pp. 81-90.

Sage, G. H. (1998, January). Does sport affect character development in athletes? *Journal of Physical Education, Recreation and Dance* 69, pp. 15-18.

School Law Newsletter. (1997, Winter). 18, p.830.

Stoll, S. K., and Beller, J. M. (1998, January). Can character be measured? Journal of Physical Education, *Recreation and Dance* 69, pp. 19-24.

Stotlar, D. K. (2001). *Developing Successful Sport Marketing Plans*. Morgantown, WV: Fitness Information Technology.

Student could not recover damages for softball injuries. (1997, February 28). *Your School and the Law* 27, pp. 8-9.

The International Health Racquet & Sportsclub Association(2001). *Profiles of Success. Boston*, MA: IHRSA.

Turner, E. T. (1998, March). A concise guide for the teacher-coach to successfully observe and correct motor skills. *Journal of Physical Education, Recreation and Dance* 69, pp. 7-9.

Warren, W. E. (1988). *Coaching and winning*. West Hyack, NY: Parker Publishing.

Wiederg, S. (1998, September 18). Special report: colleges confront athletes' crime. *USA Today*, pp. 17C-20C.

Witt, P., and Baker, D. (1997, November/ December). Developing after-school programs for youth in high-risk environments. *Journal of Physical Education, Recreation and Dance* 68, pp. 18-20.

www.aapherd.org.NAGWS (2002, October 30). Department of Education's Blue Ribbon Panel-Commission On Opportunity In Athletics.

www.aahperd.org/.NASPE (2002, October 30). National standards for athletic coaches.

www.cdc.gov/tobacco/sport_initiatives/overview.htm (October 30, 2002). Sports Initiative Overview.

Chapter 15
體育運動行政與管理的未來

The Future in Physical Education Administration and Sport Management

管理思維Management Thought

勇往直前義無反顧之人將成爲明日之星

He turns not back who is bound to a star.

～李奧那多・達文西（Leonardo da Vinci）～

案例討論：

真實案例，有可能就發生在你身上。（A True Case, and It Could Be You）

比爾（Bill）有健康與體育主修的學士學歷，並且在大學時參與數個運動代表隊，比爾藉著這樣的資歷應徵工作。他有兩個工作選擇：（1）在大城市裡以美式足球爲重點發展的高中任教，但是除了當助理美式足球教練之外，他還必須教授非自己以前主修過或副修的科目；（2）在郊區的高中擔任一支有著55名球員的美式足球隊的總教練（配有一名助理），並且教授他以前主修或副修的課目，但是薪水比較少。他選擇了後者。後來他帶的隊伍贏了大多數的比賽，並且校長以及督學都希望他繼續留下，但是他卻選擇重回學生生活，繼續在研究所攻讀碩士學位，成爲一名美式足球隊研究生助理。

在取得碩士學位之後，比爾被招聘至一間優秀的大型高中裡擔任美式足球助理教練、棒球總教練以及任教體育與健康教育課程。他帶領的棒球隊伍贏得比賽，並且他的教學獲得高等的評價。美式足球隊的總教練欣賞比爾的衝勁、他規範學生的方法以及關心學生的方式，另外校長也高度評價比爾的這些特性。第一年結束，原本美式足球隊的總教練晉升至體育室主任（Athletic Director）的位置，而比爾接任了美式足球隊總教練的工作，同時繼續兼任棒球總教練。在往後3年的時間裡，因爲學校的球隊經常獲勝以及學校的精神、名聲大譟，比爾、體育室主任以及校長經常被社會大眾所讚揚。

接著新的一年開始，校長被晉升爲助理督學（assistant superintendent）的職位，負責5所高中、5所國中以及23所國小的課程系統；在他底下有負責指導各科目領域的人，其中一個領域便是健康、體育、安全以及運動部門。因此比爾的前校長便希望他能夠申請這個職位，比爾是所有申請人之中最年輕的。比爾很驚訝自己會雀屏中選，這當然主要是歸功於前校長的背書。在第一次與剛上任助理督學的私人會議中，比爾被告知三件事情：（1）他的考績評量將會根據他出現在辦公

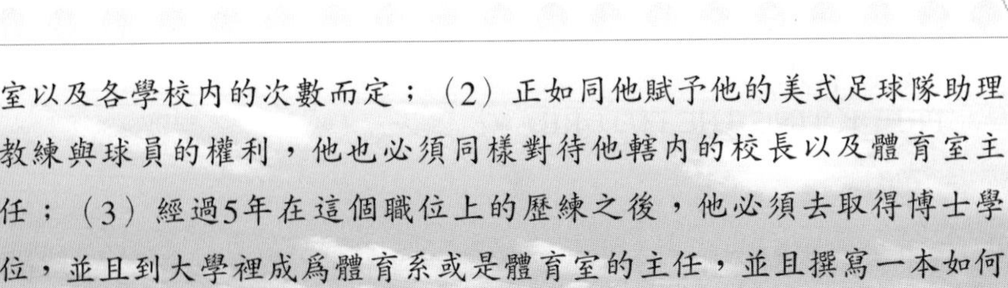

室以及各學校內的次數而定；（2）正如同他賦予他的美式足球隊助理教練與球員的權利，他也必須同樣對待他轄內的校長以及體育室主任；（3）經過5年在這個職位上的歷練之後，他必須去取得博士學位，並且到大學裡成為體育系或是體育室的主任，並且撰寫一本如何做到以上這些事情的專書。

結果，他都做到了。他辦到了，相信你也可以。

本章目標

讀者應能夠

1. 區分未來可能發生在社會以及資料處理上的主要變化。
2. 展現出對於未來在運動、休閒以及體育方面會影響到行政的理解力。
3. 預測行政或運動管理職位的未來發展。

預測未來
PREDICTING THE FUTURE

據說專家們對於預測未來的紀錄都一直不是很精確，但是有一本名叫《預言家（*The Futurist*）》的期刊卻致力研究於精確預測這件事上面。《預言家》的編輯回顧30年前，期刊的專家們所做的預測如下：

1.在空間的預測上，他們對了一半。
2.在藥物方面的預測，他們全都說對了；首先預測了移植的使用。
3.在休閒方面，只有兩個預測，並且都答對了；每週工時的縮短以及在運動與休閒方面的支出倍增。
4.在溝通與交流方面，5個預測中說對了3個。
5.在所有34個項目中，預測說對了其中的23個。（Cornish, 1997）

那現在專家們對於未來的說法又是什麼呢？《預言家》的編輯們從《展望2002（Outlook 2002）》中選出前10名預測如下：

- 未來農夫們可以銷售由風所創造的能量，這會比從土地賺錢容易且更多。
- 自動翻譯系統，讓使用不同語言的人們可以更自由自在地溝通。
- 當地球上的溼地乾旱時，自然的災害會變得更可怕。
- 學校可藉由更好的營養解決行爲上的問題。
- 世界上60歲以上的老年人口在2020年將達到10億，其中有3／4在開發中的國家。
- 接種疫苗將會改由食用基因改造食物來進行。
- 在往後的20年裡，缺乏水的情況會日趨嚴重。
- 時間總是被擠壓緊湊的人，對於休閒的需求會增加，並且將體驗不需要花費很多時間的活動。
- 教科書的型態將被改變，取而代之的是更多需要互動的作業將會被開

發。

- 魚群的飼養在2010年時將取代牲畜圈養，並且成爲食物的重要來源。（"Top 10 Forecasts from the Outlook 2002," 2001）

大學的角色在未來將變得很重要，康乃爾大學（Cornell University）已退休的榮譽校長法蘭克．羅德（Frank Rhodes）看到幾個大學的變化：

- 圖書館將成爲一個網路的資訊中心及資料庫。
- 遠距教學的效果，將使得遍佈全球的終身學習者數量遠遠超過一般學生。
- 未來大學將多數由私人資助而不是由公家主持。
- 學院則會朝國際化多元發展。
- 資訊科技不只造就了學校內的教學以及研究的進步，更會爲周遭的社區帶來利用電子工具學習的機會。
- 大學必須更現實的面對財務方面的行政效率，將更嚴謹的使用成本與效益來做分析。（"The University of the Future," 2002）

未來工作會變成什麼樣子？有報導指出，在未來的10到15年裡，有90%的白領工作將被撤銷或大幅度的更動；而新的工作名稱將會一一浮現，例如：生物資訊專家（bioinformationalists）、地球微生物學家（geomicrobiologists）、網路搜尋專家（cybrarians）以及電子郵件顧問（e-mail counselors）。美國的勞工統計局（U.S. Department of Labor State）指出「與個人外表、身體健康、溝通以及旅遊相關的工作將蓬勃發展…，而其中與身體狀況相關的工作將最爲突出…，在運動指導方面的工作將會增加，例如，在新增的行業工作中有25%與健康、社會以及教育服務相關」（"Economics, Tomorrow's Job Titles," 2002）。另一個直接影響全球體育、運動以及體適能的是全球性的肥胖問題，當美國正被持續增加的肥胖（obsity）問題所困擾時，統計數字顯示多數擁有廣大人口的國家，例如：俄羅斯以及中國等，也都和肥胖問題產生關聯，因爲速食文化的擴張以及科技都減少了人們身體運動的機會。一般相信這樣的趨勢會持續地擴張至各個開發中國家，並且引起一股世界性大量需要健康以及體育方面專家的熱潮（"Demography, Trends in Global Obesity," 2002）。

搜尋與未來相關之資訊的學生可連結至「www.wfs.org」網站，這是一個提供下列領域專家們的獨家專訪以及網路討論室的網站：

- 網路社會（cyber society）
- 方法學（methodology）
- 機會（opportunities）
- 社會革新（social innovation）
- 研究未來（study of the future）
- 世界的智慧（wisdom of the world）（"Special features on the Web," 2001）

網路世界Cyberspace

任何回顧到1980年代早期，並想找出與2000年以後是否有相似性的人都會感到失望與氣餒，因爲他們找不到相似的地方。有人可以預測到「網際網路」會廣披至5億個使用者、1億5,000萬部電腦以及3億台筆記型電腦上嗎？這個網路是由美國政府完全資助，而且公共與商業的進入主導操作不見得會被同意（Cerf, 2002）。一個日趨嚴重的問題是關於舊電腦的處理，依照摩爾定律（the Moore's Law），處理器的速度每18個月會倍增一次；表示在2005年時將有1億5,000萬台報廢但並未壞損（因爲鉛、汞以及鉻等物質在裡面）的電腦將被掩埋在垃圾場裡（Pescovitz, 2002）。

虛擬實境以及機器人製造／使用學Virtual Reality and Robotics

「將來會有愈來愈多虛擬眞實模擬器或程式，看起來像從螢幕裡活生生地跳出來一樣；連我們人體的基因工程以及解剖都可藉由虛擬實境在電腦螢幕顯示出來。現實與虛擬被混合在一起以增加現實的介面」

（Rosenbloom, 2002）。「瓦片系統（Tiles System）把虛擬與實際物體混合得天衣無縫，創造出一個兼具舒適與傳統的工作環境」（Poupyrev et al., 2002）

機器人的製造與應用將會持續的被廣泛使用，小型化以及逐漸提升的精密技術將使機器人的應用結合至現在無法預見的領域。「期待機器人可以自主並且應用到與人類互動的任何環境之中」（Sukhatme, and Mataric, 2002; Cook, 2002; Pauli, 2002）

任何一個在高等教育領域內的休閒研究、運動科學、人類行爲以及健康促進等學系，都應該配有一個虛擬實境的實驗室。這將可以被應用至人體解剖學的教學，例如：藉由在人體內旅行以及感覺任何器官在運動時的狀態；大學的運動員可以藉由虛擬實境練習罰球投籃、棒壘球打擊或者是高爾夫的揮桿練習。

現今的電腦實際應用Practical Applications of Computers Now

一份當今的文章透露出，目前電腦的某些使用方式將被大幅的擴張與發展。而每一個想要投身於運動管理的學生，都必須擅長電腦的使用以及具備資料處理的能力。一份報導曾指出，監督實習教師的教學將可使用網站以及電子郵件的方式，做爲剛開始幾年的實習教學教育（Everhart, 1997）。

電子匯款（Electronic Fund Transfers, EFT）應該應用至每一筆交易事項。例如：實驗室的額外費用，或是潛水用的水肺費用，及這些課程使用的工具或器材的損失帳單等等。目前許多私人的運動俱樂部已經使用這樣的機制，來處裡會員每個月月費的繳納（"Keep an Eye on the Operation," 1997）。

網際網路的溝通連結多有即時處理的效能；舉例來說，以滑雪場而言，它們與許多開設在附近的商業體產生較多的經濟聯合效益。無論一個區域內有4個或5個不同企業主的滑雪場，建立一個彼此相關的合作以及協調關係仍然可以達到獲得聯盟利益的效果。而以同一個集團所屬的運動俱樂部而言，開設在不同地點分部之間的網路連結更為重要（Tucker, 1997）。休閒活動的區域網路（Local area networks, LANs）可以連結管理、行銷以及財務上的經營管理，而這樣的應用應該要普及至全球（Ross&Wolter, 1997）。

電腦即將是運動代表隊休息室的必備設施，運動員可以在休息室內透過設立的電腦查詢他們每日的訓練表、體重控制、作業、關於研究的搜尋、器材需求以及課業指導。而器材管理員也可以藉由電子密碼管理器材，以及利用一個按鍵尋回所有關於器材的完整紀錄（Dillon, 1996）。

體適能的趨勢Fitness Trends

以下的體適能課程是人數增加最多的項目：

- 核心訓練（core conditioning classes）
- 柔軟度以及伸展（flexibility/ stretching classes）
- 團體肌力訓練（group strength strength）
- 瑜伽（yoga）
- 皮拉提斯（pilates）
- 綜合性的課程（綜合以上課程）（combination/ hybrid classes that combine several of the above into one class）

以下的幾種課程則是最近人數有所增加的項目：

- 其他形式的身心課程（other mind-body modalities）
- 團體性的個人訓練（group personal training）
- 專項運動的訓練（sport-specific training）
- 抗力球的訓練（stability ball training）
- 飛輪（indoor cycling）

- 健走（walking）
- 水中訓練（water training）
- 全適能與生活型態的課程（wellness/lifestyle classes）
- 戶外的活動（outdoor activities）

以下的幾種課程則是最近人數有所減少的項目：

- 以拳擊為基礎的課程（boxing-based classes）
- 拳擊有氧（kickboxing）
- 以武術為基礎的課程（martial arts-based classes）
- 室內的划船運動（indoor rowing）
- 綜合的衝擊性課程（mixed impact classes）（"IDEA Survey Discloses Leading Fitness Trends in 2001," 2002）

其他體育運動行政管理的開端
OTHER SPORT ADMINISTRATION INITIATIVES

隨著愈來愈多人願意成為志工（volunteers），且身體狀況良好的退休人員增加，運動志工並未開始被廣泛地應用。使用志工以醫院及療養院最多，要是沒有義工們的幫忙，這些機構的營運支出會非常的高。資料顯示，如果以適當的詢問方式，那些在健身俱樂部的中壯年、具有專業知識的會員，大多數願意擔任志工（Sattler and Doniek, 1998a, 1998b）。家長也很容易被徵召成為中學的志工，而在高等教育單位，非體育運動相關的教授會願意為休閒與運動活動擔任志工。

「孩子是我們的未來（future）」這句話對於健身俱樂部有著相當大的意義。許多雙薪的家長在尋找自己運動的地點時，若健身俱樂部能提供完善專屬孩子的運動計畫，家長會願意花額外的錢為自己的孩子辦理入會，因為這樣能節省時間但是又能達到自己以及孩子的運動需求。而傳統的保母已經不能滿足家長的需求，健身俱樂部早上時段的親子活動將會受到歡迎（Price, 1998）。

由於年輕族群、女性以及成年人的參與率增加，在運動管理方面的工作機會也在增加。此外在休閒以及運動器材方面的廣大消費增加，這將會提供運動用品零售與批發業許多的市場機會。

新式的運動或活動（或許是一些現在無法想像的）將提供新的管理機會，最近的例子是攀岩以及滑板滑雪。在近幾年之內，大部分高等教育的學府裡以及一些小社區內，將會設立營利式或公共的攀岩牆。另外滑板滑雪的愛好者數量呈大幅度的增加，因此創造出一整個滑板滑雪專屬的商業機會，包括：零售業、技術代理、批發商、指導者以及職業滑板滑雪者。

某些預言家開始將注意力從地面上開始轉移到地面下，因為許多在地面下進行的運動在學校場館內行之多年。地下室（underground sport）的運動設施提供了許多自然的優勢，例如：低廉的能源費用、沒有曬傷的問題以及許多地面上運動場館造成的環境退化問題都可以被避免。「在『地底烏托邦（underground utopia）』裡，建築可以是各式各樣，從野花裝飾的隔音圍籬到地底下的體育館或機場。大自然會滋養我們」（"An Underground Utopia," 2002）。

體育運動行政管理的未來
THE FUTURE OF SPORT MANAGEMENT/SPROT ADMINISTRATION

體育與運動選手的參與人數將會穩定的持續增加，就算這些人數維持不變，這仍代表著有一大堆行政方面的職位。職業運動組織提供許多運動行政的職位，這些職位提供組織內垂直的人力升遷以及更高的薪水。儘管有些人相信，這些主要的運動組織會以自己的存在來為自己定價，但是當我們回顧過去的長程發展計畫，並無法支持前述論點。

商業性的運動地點，例如：高爾夫球場、滑雪場、親水公園、海灘、湖泊、休憩公園以及休閒露營地等等，可以反映出從事休閒運動的人口增加，而以上各項目提供許多管理的職位。

提供給銀髮族的商業性或非商業性運動、休閒活動項目是非常多的，所有的數據都指出成年人口有更多可支配收入、興趣以及時間去追求他們自己的嗜好。因此，受過良好運動管理訓練的人才有廣大的工作來源。

拓展運動管理與行政的工作機會來自許多方面，重要的原因是來自美國外科醫師協會以及癌症疾病控制與預防中心的概況報導，這些報導所帶來的影響力大過其他任何與運動科學相關的專業組織。此外，人們不可能乖乖地去閱讀這樣的文章，而是必須提供改善生理疾病的正面建議才會吸引他們去看。這些疾病例如：糖尿病、癌症、心臟疾病、骨質疏鬆症、憂鬱症、免疫力不足、高血壓以及體重控制（"Preventing Hypertension," 1998）。這些報導會激勵原本只想藉由運動改善外表美醜的人，進而培養以健康為出發點的長期運動習慣。

性別與運動
GENDER AND SPORT

性別平等（gender equity）與男女平權法案（Title IX）在本書內的其他章節已經討論過很多了。男女平權法案至2002年6月已屆滿30週年，如果我們要充分討論這個議題的話，那必須花上整整一本書才討論得完。但是自從性別平等問題以及男女平權法案滲入年輕族群、校園、大專運動以及體育行政，這將可整合出一份目前的實施概況與未來的預測。由於缺乏對於學校內性別平等問題的確實資料，因此看來校園內的體育已在性別平等的議題上達到一個平衡；另外想當然爾，老師的薪水、設備以及場館設施也都沒有差異，這是因為校園內的班級是男女合併一起上

課的。在過去，男女同班中運動技術較弱的女生，通常不太有好的體育課經驗，所以體育老師就必須在未來努力解決這個問題。

在學校的運動方面，爲女性增加運動的機會已經是一個很大的進展。雖然由於獎學金的缺乏已經減少了高中學校在美式足球上的花費，但是和大專院校相比，高中的美式足球仍然佔了大多數的設備預算以及教練津貼。由於對女性來說，並沒有與美式足球相抗衡的運動項目（譯註: 美式足球隊需要較多的人員數、教練數、場地設備需求等等），因此預測這樣的不平衡狀況會繼續下去。然而從以前到現在都是這樣，很少女性擔任男子運動隊伍的教練，但男性卻經常擔任女性運動的教練；另外在學校的運動行政組織裡，只有少數職位是由女性擔任高階主管。

在大專院校裡，由女性擔任運動教練的數字在下降；在2002年的一篇關於NCAA管理者的文章裡談到：「在NCAA的第一級學校（Division I）裡，有27位女性運動教練，這數字與2000年一樣，但是這卻比1998年少了30位。在第二級學校（Division II）裡有41位，但是較之前的調查少了4位與7位。在第三級學校（Division III）有108位，比2000年多9位，但是比1998年少2位…在NCAA裡有3,210個行政職位供給女性運動員，相較於2000年的282位已經提升很多了。在第一級、第二級學校以及第三級的學校裡，行政工作的平均人數分別爲5.08、2.52以及2.36；而在2002年女性在運動行政部門任職的平均人數分別爲1.59（第一級學校）、0.87（第二級學校）以及0.95（第三級學校），而且有18.8%的NCAA行政組織是沒有女性任職的，這比2002年的23%還要少（"Acosta-Carpenter Study Shows Decline in Female ADs, Coaches," 2002）。」在NCAA的運動防護主任（head athletic trainers）的行政職位，在各等級的學校內約有1／4是女性，12%爲運動資訊主任（sport information directors）。在1977年，有90%的女性運動隊伍的領隊教練爲女性，但是到了2002年就降爲44%；這個慘澹的紀錄希望在未來能夠獲得改善，若需要更多資訊請參照下列網址：www.AthleticSearch.com（"Acosta-Carpenter Study Shows Decline in Female ADs, Coaches," 2002）。

在學校和大專院校內，不同性別的運動參與者從社會、感情與經濟方面影響著行政組織，對於執行男女平權法案的贊成與反對聲浪都很大，男女平權的進展是無庸致疑的，但是進展執行得夠快夠多嗎？這個進步在未來難道不用處理美式足球的資源分享的議題嗎？把沒有營收的運動項目隊伍，或是把男子的奧運項目隊伍解散以達到男女平權資源公平，這不是個良好的解決方式，而且，怪罪於男女平權法案和女子運動以達到目標並不是符合邏輯的做法（Boyce, 2002; White and Sheet, 2001）。

關鍵思維 Critical Thinking

回到一開始的個案討論，其中有許多重要的觀點，缺一者都足以讓那位教練卡在任何一個職位上不能前進。請回答以下問題，然後學習這些關於成功的重要觀念。

1.是什麼原因讓比爾剛從學校畢業就可以找到那兩份工作？而他們是可以取代的嗎？

2.爲什麼他要接受薪水比較少而且要待在小學校的那份工作？在他選擇下一份工作時，這個選擇會帶來什麼影響？

3.在只有擔任過一年的教練與老師之後，選擇回到學校繼續進修碩士學位的決定是聰明的嗎？這在選擇下一份工作時會有什麼差異嗎？

4.在第二份工作裡，使得比爾得到晉升機會的重要因素是什麼？

5.晉升至行政管理職位的重要因素是什麼？「靠人脈與影響力（Riding on the coattails）」這句話可以形容嗎？

6. 助理督學給的三個指示分別有什麼重要性？

練習題

1.試想在未來10年之內，體適能中心（fitness center）或健康、體適能與全適能複合中心（health-fitness-wellness centers）的成長是哪一個比較多？為什麼？

2.未來10年內，中學或高等教育的體育行政部門職位的成長契機是什麼？

3.在未來10年之內，中學或高等教育內運動代表隊行政部門職位的成長契機是什麼？

4.請問以下的組織之中，哪些可以提供最具未來發展性的管理職位：親水公園、游泳池、滑雪場、高爾夫球場、網球場地或是休憩度假營地？

5.若有選擇，請問您認為以下哪一個主修是最具有進入職場的潛力以及有最高的薪水：運動管理、運動代表隊行政、體適能管理、場館設施管理或是休閒管理？

參考文獻

Acosta-Carpenter study shows decline in female Ads, coaches (2002, June/ July). *Athletic Management* XIV, pp. 10-11.

An underground utopia (2002, March-April). *The Futurist* 36, pp. 33-36.

Boyce, A. (2002, September). Title IX: what now. *Journal of Physical Education, Recreation and Dance* 73, pp. 6-7.

Cerf, V. (2002, September). Looking ahead. *Computing Reviews* 43, cover.

Cook, D, (2002, September). Artificial intelligence through use of robotics. *Computing Reviews* 43, p. 305.

Cornish, E. (1997, January/ February). Futurist forecasts 30 years later. *Futurist* 31, pp. 45-50.

Demography, trends in global obesity (2002, May-June). *The Futurist* 36, p. 10.

Dillon, J. (1996, August/ September). Changes in the changing room. *Athletic Management* 8, pp. 45-49.

Economics, tomorrow's job titles (2002, May-June). *The Futurist* 36, p. 9.

Everhart, B. (1997, August). Using e-mail in student teaching. *Journal of Physical Education, Recreation and Dance* 68, pp. 36-38.

IDEA survey discloses leading fitness trends in 2001(2002, Winter). *The AAALF Active Voice* 7, p. 11.

Keep an eye on the operation. (1997, August). *Club Industry* 13, p. 20.

Pauli, J. (2002, June). Learning-based robot vision. *Computing Reviews* 43, p. 189.

Pescovitz, D. (2002, January). Please dispose of properly. *Computing Reviews* 43, cover.

Poupyrev, I.; Tan, D.; Billinghurst, M.; Kato, H.; Regenbrecht, H.; and Tetsutani, N.; (2002, March). Developing a generic augmented-reality interface. Computer, 35, 44-50.

Preventing hypertension: A new urgency. (1998, February 28). *Patient Care* 32, pp. 64-80.

Price, L. (1998, February). Energize kids (and families) with exercise. *Fitness Management* 14, pp. 37-40.

Rosenbloom, A. (2002, July). How the virtual inspires the real. *Communications of the ACM* 45, pp. 29-70.

Ross, C., and Wolter, S. (1997, October). Registration information. *Athletic Business* 21, pp. 59-65.

Sattler, T. P., and Doniek, C. A. (1998a, February). How to recruit volunteers. *Fitness Management* 14, p. 20.

Sattler, T. P., and Doniek, C. A. (1998b, February). Revise your vision with volunteers. *Fitness Management* 14, pp. 18-19.

Special features on the Web (2001, Winter). *Future times*, p. 5.

Sukhatme, G. S. and Mataric, M. D. (2002, March) Robots: intelligence, versatility, adaptivity. Robotics, 45, pp. 30-63.

Top 10 forecasts from the Outlook 2002 (2001, Winter). *Future Times*, p. 11.

Tucker, R. (1997, November). "Net" working your club's data. *Fitness Management* 13, p. 42.

The university of the future (2002, May-June). *The Futurist* 36, p. 7-8.

White, E. A. and Sheets, C. (2001, April). If you let them play, they will... .*Journal of Physical Education, Recreation and Dance* 72.

附錄A
運動用品及服務供應商名錄

Air Structures American Technologies; airbldg@aol.com; www.airbldg.com; (914) 937–4500

Amerec Sauna & Steam; AMEREC@amerec.com; www.amerec.com; (800) 331–0349

American Athletic, Inc.; info@americanathletic.com; www.americanathletic.com; (800) 247–3978

American Body Building Products; michaelFU@weider.com; www.americanbodybuilding.com; (800) 453–9542

American Leisure Corp.; amerleisco@aol.com; www.americanleisure.com; (800) FIT-MGMT)

American Locker Security Systems, Inc; 103303.1432@compuserve.com; www.americanlocker.com; (800) 828–9118

Aqua Products, Inc.; aquainfo@aol.com; www.aquaproducts.com; (800) 221–1750

Aqua Vac Systems, Inc. info@aquavacsystems.com; www.aquavacsystems.com; (800) 327–0141

ASF International; info@asfinternational.com; www.asfinternational.com; (800) 227–3859

ASICS Tiger Corp.; www.asicstiger.com; (800) 333–8404

Association Insurance Group; www.clubinsurance.com; (800) 985–2021

AVOCET/PHASE Heart Rate Monitors; sales@avocet.com; www.avocet.com; (800) 227–8346

Bailey Mfg. Co.; baileymfg@baileymfg.com; www.baileymfg.com; (800) 321–8372

Balanced Body Pilates Equipment; info@pilates.com; www.pilates.com; (800) 745–2837

Barker Rinker Seacat Architecture; rozschneider@brsarch.com; www.brsarch.com; (303) 455–1366

Befour, Inc.; befour@execpc.com; www.befour.com; (262) 284–5150

Beta Technologies, Inc.; sales@langecaliper.com; www.langecaliper.com; (800) 858–2382

Brownell Sports Products; brownell@cyberzone.net; www.brownellco.com; (860) 873–8625

BSA Architects; bsa@bsaarchitects.com; www.bsaarchitects.com; (415) 781–1526

Burlington Socks; www.burlingtonsocks.com; (800) 575–3497

Cap Barbell, Inc.; www.capbarbell.com; (800) 225–0505

Century, Inc.; info@centuryfitness.com; www.centuryfitness.com; (800) 626–2787

Clamshell Buildings, Inc.; sales@clamshell.com; www.clamshell.com; (805) 650–1700

Clubrunner, Inc.; sales@clubrunner.net; www.clubrunner.net; (800) 554-CLUB

CMS International (Club Marketing and Management Services); clubdoc@cms-clubweb.com; www.cms-clubweb.com; (406) 449–5559

Comtec Indust.; info@comtechindustries.com; www.comtechindustries.com; (800) 455–5148

Concept 2; rowing@concept2.com; www.concept2.com; (800) 245–5676

The Court Company; build@racquetballcourts.com; www.racquetballcourts.com; (901) 682–2600

Covermaster, Inc.; info@covermaster.com; www.covermaster.com; (800) 387–5808

Cox Target Media, Inc.; contact_sales@coxtarget.com; www.coxtarget.com; (800) 782–5725

CSSI Resilient Surfacing Products; jfy@carlsurf.com; www.carlsurf.com; (800) 851–4746

Cybex International, Inc.; www.ecybex.com; (888) GO-CYBEX

Cytech (USA), Inc.; usa@tomahawk.de; www.indoorcycling.com; (941) 596–8861

Dinoflex Rubber Flooring; dinoflex@dinoflex.com; www.dinoflex.com; (877) 713–1899

Dur-Flex, Inc.; info@dur-a—flex.com; (800) 528–9838

Durkan Patterned Carpet; durkan_sales@mohawkind.com; www.durkan.com; (800) 241–4580

Eltron Card Printer Products; cards@eltron.com; www.eltroncards.com; (800) 452–4056

Entre Prises Climbing Walls; paulp@epusa.com; (800) 580–5463

Environmental Coating Systems, Inc.; info@alldeck.com: www.alldeck.com; (800) ALL–DECK
Exerflex Aerobic Floor Systems; exerflex@exerflex.com; www.exerflex.com; (800) 428–5306

Fawn Vendor, Inc.; gbahr@fawnvendors.com; www.fawnvendors.com; (800) 548–1982
Ferno Ille; twells@ferno.com; www.ferno.com; (800) 733–3766
Fiberesin Indus., Inc.; info@fiberesin.com; www.fiberesin.com; (262) 567–4427
Fibre Tech, Inc.; resurface@fibretechinc.comgn.com; www.fibretechinc.com; (800) 393–7283
Fleet Insurance Services. LLC; erik_henricksen@fleet.com; (800) 526–4458
Flexo; info@flexcofloors.com; www.flexcofloors.com; (800) 663–3151
Fortress Lockers Systems; sales@fortresslockers.com; www.fortresslockers.com; (800) 683–2624

Game Time; info@gametime.com; www.gametime.com; (800) 235–2440
Gold's Gym International, Inc.; www.goldsgym.com; (800) 457–5375
Grizzly Fitness Accessories; mail@grizzlyfitness.com; www.grizzlyfitness.com; (800) 265–4504

Hayes Large Architects; altoona@hayeslarge.com; www.hayeslarge.com; (814) 946–0451
Health Fitness Corp.; info@hfit.com; www.healthfitnesscorp.com; (800) 639–7913
Healthtrax; trax@healthtrax.net; www.healthtrax.net; (860) 633–5572
Heat Pumps Unlimited; shari@poolheating.com; www.poolheating.com; (800) 533–5087
Helo Sauna & Steam; helo@saunatec.com; www.helosaunas.com; (800) 882–4352
Hillier; ggeier@hillier.com; www.hillier.com; (212) 629–4100
Hoist Fitness Systems; dsbragia@hoistfitness.com; www.hoistfitness.com; (800) 548–5438
HRH Insurance of Mass.; bryan.dank@hrh.com; www.insurefit.com; (800) 445–4664
Humane Mfg., LLC; humane@midplains.net; www.humanemfg.com; (800) 369–6263

Indoor Courts of America; info@indoorcourts.com; www.indoorcourts.com; (800) 373–4262
Integrated Architecture; tspaulding@intarch.com; www.intarch.com; (616) 574–0220

Jewell Insurance; staff@fitnessinsurance.com; www.fitnessinsurance.com; (800) 881–7130
Junckers Hardwood, Inc.; js@junckershardwood.com; www.junckershardwood.com; (800) 878–9663

K & K Insurance; shelly_myer@kandkinsurance.com; www.kandkinsurance.com; (800) 440–5580
Keiser Kiser Corp.; sales@kiser.com; www.kiser.com; (800) 888–7009
Kiefer (Adolph) & Assoc.; catalog@kiefer.com; www.kiefer.com; (800) 323–4071
Kiefer Specialty Flooring; kfloor@mindspring.com; www.kieferfloors.com; (800) 322–5448

L. Robert Kimball & Assoc., Inc.; aande@lrkimball.com; www.lrkimball.com; (814) 472–7700
Koala Corp.; koalaco@koalabear.com; www.koalabear.com; (888) 733–3456
Kraiberg Flooring; kraiburg@aol.com; www.kraiburgflooring.com; (888) 382–6767
KZF Design, Architects, Engrs.; kzfinfo@kzf.com; www.kzf.com; (513) 621–6211

Lady of America; charles@ladyofamerica.com; www.ladyofamerica.com; (800) 833–5339
Landice Treadmills; sales@landice.com; www.landice.com; (800) LANDICE
L & T Health and Fitness; ltwell@ltwell.com; www.ltwell.com; (703)204–1355
Langdon Wilson Achitecture; langdonwilson@lw-oc.com; www.langdonwilson.com; (949) 833–9193
Lee Tennis Products; hartru@leetennis.com; www.leetennis.com; (800) 327–8379
Leo A.Daly, Planning, Architecture; mjriordan@leodaly.com; www.leoadaly.com; (402) 391–8111
Life Fitness; webmaster@lifefitness.com; www.lifefitness.com; (800) 634–8637

McArthur Towels, Inc.; sales@mcarthur-towels.com; www.mcarthur-towels.com; (800) 356–9168
MediFit Corporate Services; rbaldwin@medifit.com; www.medifit.com; (973) 540–1800
M-F Athletic Company; performbetter@mfathletic.com; www.mfathletic.com; (800) 556–7464
Mikasa Sports; info@mikasasports.com; www.mikasasports.com; (800) 854–6927
Mondo USA; mondo@mondousa.com; www.mondousa.com; (800) 441–6645
Murria & Frick Insurance Agency; jfrick@murriafrick.com; www.fitnessandwellness.com; (800) 395–8075

Muscle Dynamics Corp.; trogan@muscledynamics.com; www.muscledynamics.com; (800) 544–2944
Musson Rubber Co.; info@mussonrubber.com; www.mussonrubber.com; (800) 321–2381

Nautilus Human Performance Systems; sales@nautilus.com; www.nautilus.com; (800) 628–8458
New Balance Athletic Shoe; www.newbalance.com; (800) 343–4648

Osborn Architects & Engineers; bax@osborn-eng.com; www.osborn-eng.com; (216) 861–2020

Paragon Aquatics; info@paragonaquatics.com; www.paragonaquatics.com; (888) KDI–SWIM
Pawling Corp.; sales@pawling.com; www.pawling.com; (800) 431–3456
Pellerin Milnor Corp.; mktg@milnor.com; www.milnor.com; (800) 469–8780
Peter Burwash International Tennis; pbihq@pbitennis.com, www.pbitennis.com; (800) 255–4707
Plexipave Sport Surfaces; info@plexipave.com; www.plexipave.com; (800) 225–1141
Polar Electro, Inc.; www.polarusa.com; (800) 290–6330
Precor, Inc.; commsls@precor.com; www.precor.com; (800) 786–8404
Prochaska & Assoc.-Planning Architecture; prochaska@earthlink.net; www.cmdg.com/profile; (402) 334–0755
ProMaxima Mfg., Inc.; dpayne@promaximamfg.com; www.promaximamfg.com; (800) 231–6652

R-B Rubber Products, Inc.; fitness@rbrubber.com; www.rbrubber.com; (800) 525–5530
Reebok International Ltd.; info@clubreebok.com; www.clubreebok.com; (800) REBOK1

S & S Architects & Planners; jmoyer@sasarch.com; www.sasarch.com; (847) 564–8333
Santana Products Co.; roger.smith@hinyhinder.com; www.santanaproducts.com; (800) 368–5002
Schwinn Cycling & Fitness, Inc.; www.schwinn.com; (800) SCHWINN
Sentinel Security Lockers; sentinel@tiffinmetal.com; www.tiffinmetal.com; (800) 537–0983
StairMaster Health & Fitness Products, Inc.; commercialsales@stairmaster.com; www.stairmaster.com; (800) 635–2936
Structures Unlimited, Inc.; info@structuresunlimitedinc.com; www.structuresunlimitedinc.com; (800) 225–3895
Sun Ports International, Inc.; isaacson@sunports.com; www.sunports.com; (800) 966–5005
Sussman Lifestyle Group; slg@sussmancorp.com; www.sussmanlifestylegroup.com; (800) 767–8326
SwimEx LLC; simex@tpicomp.com; www.swimex.com; (800) 877–7946

Texacraft Indoor & Outdoor Furnishing Mfg.; jsrega@aol.com; www.texacraft.com; (800) 231–9790
TKDA Engineers Architects Planners; janncs@tkda.com; www.tkda.com; (800) 247–1714
TMP Architecture; info@tmp-architecture.com; www.tmp-architecture.com; (248) 338–4561
Total Gym/EFI; sales@totalgym.com; www.totalgym.com; (800) 541–4900
Troy Barbell & Fitness; bob@troybarbell.com; www.troybarbell.com; (800) 872–7767
True Fitness; info@truefitness.com; www.truefitness.com; (800) 426–6570
Tuflex Rubber Flooring; info@tuflex.com; www.tuflex.com; (800) 543–0390

Ultimate Power Fitness Equip.; mrudolph@rudco.com; (800) 828–2234
Universal Gym Equipment; www.universalgym.com; (800) 843–3906
USFilter Stranco Products; stranco@usfilter.com; www.stranco.com; (866) 766–5987

Vita Tech International, Inc.; gregw@vitatech.com; www.vitatech.com (714) 832–9700

W. A. Schmidt; sales@waschmidt.com; www.waschmidt.com; (800) 523–6719
W2A Design Group/Wallace & Watson Assoc.; info@w2a.com; www.w2a.com; (610) 437–4450

Yeadon Fabric Structures, Ltd.; yeadon@yeadon.on.ca; www.yeadondomes.com; (888) 493–2366
York Barbell Company; echaillet@yorkbarbell.com; www.yorkbarbell.com; (800) 358–9675

Source: 2002 products and services directory, *Fitness Management* 18, pp. 1–81; 2002 buyer's guide for high school and college athletics (2002, Dec./Jan), *Athletic Management* XIV, pp. 28–145; Recreational sports and fitness resource buyers' guide (2002, May), *Recreational Sports and Fitness* 4, pp. 14–54.

附錄B
學生運動員檢查表格範本

姓氏　　　名字　　　健保卡字號 – –

運動項目　　　新生入學期體檢日期

個人病史：

I. 入學前體檢
【代表正常：(U); 異常：(*); 評語如下：】

身高	體重	脈搏	血壓	尿檢

一般項目		矯正項目	
耳鼻喉		上肢	
牙齒			
心臟		下肢	
疝氣／直腸			
腹部		X光	
皮膚			

評語：

內科醫生簽字：

年度複檢表：

日期：		身高：	體重：	脈搏：
血壓	尿檢	評語：		
檢驗員：		醫生核定：		

日期：		身高：	體重：	脈搏：
血壓	尿檢	評語：		
檢驗員：		醫生核定：		

日期：		身高：	體重：	脈搏：
血壓	尿檢	評語：		
檢驗員：		醫生核定：		

索引

Index

A

C

D

G

H

I

M

N

O

P

S

T

國家圖書館出版品預行編目資料

體育運動行政與管理 ／ Larry Horine, David Stotlar
著 ： 程紹同, 呂佳霙, 黃煜譯. ─ 初版. -- 臺北
市 ： 麥格羅希爾, 2005[民94]
面； 公分
含參考書目
譯自：Administration of Physical Education and Sport Programs, 5 th ed

ISBN 986-157-155-8（平裝）

1. 體育 ─ 管理 2. 運動 ─ 管理
528.91 94016277

體育運動行政與管理

Administration of Physical Education and Sport Programs

作　　者／LARRY HORINE、DAVID STOTLAR
譯　　者／程紹同、呂佳雯、黃煜
總 經 銷／揚智文化事業股份有限公司
發 行 人／葉忠賢
總 編 輯／林新倫
責任編輯／鄧宏如
共同出版／美商麥格羅．希爾國際股份有限公司 台灣分公司
台北市博愛路53號7樓
電話: (02)311-3000 傳真: (886) 2-388-8822
http://www.mcgraw-hill.com.tw

揚智文化事業股份有限公司
台北市新生南路三段88號5樓之6
電話: (02)2366-0309
傳真: (02)2366-0310
登 記 證／局版北市業字第1117號
郵撥帳號／19735365 戶名：葉忠賢
印　　刷／鼎易印刷事業股份有限公司
法律顧問／北辰著作權事務所 蕭雄淋律師
初版一刷／2005年9月
定　　價／650元
I S B N : 986-157-155-8
E-mail : yangchih@ycrc.com.tw
網　　址：http://www.ycrc.com.tw